《苏州通史》编纂委员会 ◇ 编

苏州通史

导论卷

王国平 ◇ 主编

学术总顾问

戴　逸

学术顾问

李文海　张海鹏　朱诚如　汝　信
茅家琦　段本洛　熊月之

总主编

王国平

苏州大学出版社
Soochow University Press

图书在版编目(CIP)数据

苏州通史.导论卷/《苏州通史》编纂委员会编；
王国平主编.—苏州：苏州大学出版社，2019.3
ISBN 978-7-5672-2530-5

Ⅰ.①苏… Ⅱ.①苏… ②王… Ⅲ.①苏州—地方史 Ⅳ.①K295.33

中国版本图书馆 CIP 数据核字(2018)第 263125 号

苏州通史 导论卷

主　　编	王国平
篆　　刻	陈道义
责任编辑	金振华　施　萍
装帧设计	唐伟明　吴　钰
出版发行	苏州大学出版社
地　　址	苏州市十梓街1号
邮　　编	215006
电　　话	0512-67481020　65222617(传真)
网　　址	http://www.SudaPress.com
邮　　箱	sdcbs@suda.edu.cn
印　　刷	苏州工业园区美柯乐制版印务有限责任公司
开　　本	787 mm×1 092 mm　1/16　印张 30　字数 539 千
版　　次	2019年3月第1版 2019年3月第1次印刷
书　　号	ISBN 978-7-5672-2530-5
定　　价	150.00元

版权所有　侵权必究

王国平　余同元　何　伟　叶文宪　孙中旺
戈春源　吴建华　李　喆　朱小田　王玉贵
吴恩培　张秀芹

序

在苏州市委、市政府领导和市委宣传部的组织实施下,经过长达十年的努力,皇皇16卷本的《苏州通史》即将出版,实在可喜可贺。

盛世修史,是中华民族的优良传统。伴随着经济的发展和社会的进步,2002年8月,党中央、国务院郑重做出了启动国家清史纂修工程的重大决定。在国家清史纂修工程的成功示范下,不少地方政府也开始组织力量,对本地区的历史文化进行深入挖掘和梳理,编纂区域性通史即是其中的重要途径。

苏州是我国重要的历史文化名城,在2 500多年的发展史上,苏州先民创造了光辉灿烂的地方文化,成为中华文化的重要组成部分。宋代以来,苏州就有"人间天堂"的美誉。明清时期的苏州,在很多方面都达到了中国封建社会发展的顶峰。当今的苏州,作为改革开放的前沿,在经济、社会和文化诸方面都取得了令人瞩目的成就,综合实力位居全国前列。深入挖掘苏州的历史文化内涵,总结苏州发展的得失成败,是历史赋予当今苏州人的光荣使命。《苏州通史》在这种背景下应运而生。

十年来,在苏州市委、市政府和市委宣传部的大力支持下,总主编王国平教授带领课题组的数十位专家学者,心怀高度的历史责任感,反复切磋,努力钻研,通力合作,高质量地完成了《苏州通史》的撰写,堪称"十年磨一剑"。可以说,这部《苏州通史》系统地厘清了苏州发展的历史脉络,全面展现了苏州丰厚的文化积淀,是第一部完全意义上的苏州通史。我认为,这部《苏州通史》不但可以作为苏州城市的文化名片,也可以作为爱国主义教育的乡土教材。

古人云:"鉴于往事,有资于治道。"对于一个国家如此,对于一个地区何尝不是如此。相信《苏州通史》的出版,必将会为苏州的进一步发展提供强大精神力量。

苏州是我魂牵梦萦的家乡。八年前,我曾为《苏州史纲》作序;八年后的今天,又躬逢《苏州通史》出版的盛事,何其幸哉!对于家乡学术界在苏州历史文化研究方面取得的历史性跨越,我感到由衷的喜悦,故赘述如上,谨以为序。

戴逸

2017年10月25日

绪　言

苏州是中国重要的历史文化名城。早在一万多年前,太湖的三山岛就已出现了光辉灿烂的旧石器文化,成为中华文明的摇篮之一。商代末年,泰伯奔吴,带来了先进的中原文化。此后,吴国在此立国。吴王阖闾时期,兴建了吴大城,吴国也渐臻强盛,最终北上称霸。秦汉时期,今苏州地区纳入统一王朝的治理,经过孙吴政权的经营和东晋南朝的发展,到唐代中叶,苏州已经成为中国的经济中心之一。宋元时期,苏州的经济文化得到长足发展。到明清时期,苏州的发展水平已臻历史巅峰,成为全国著名的经济和文化中心,影响直至今日。晚清至民国时期,苏州逐渐从传统走向现代。中华人民共和国成立后,特别是改革开放以来,苏州再度强势崛起,成为当今中国发展最快、率先基本建成高水平全面小康社会的地区之一,创造了新的奇迹。这是苏州历史进程的主要脉络,构成了《苏州通史》的主线。

作为第一部完全意义上的苏州通史,我们希望能够以16卷的体量,系统完整地厘清苏州历史发展的脉络,全方位地展现苏州政治、军事、经济、社会、文化各方面的历史风貌。《苏州通史》撰写所涉及的主要内容与问题说明如下:

一、《苏州通史》的时空界定

1. 时间界定:苏州的历史包括这一区域的史前史。今日苏州所辖吴中区的太湖三山岛,早在一万多年前就出现了旧石器文化,这就成了《苏州通史》的起点。《苏州通史》的时间下限为公元2000年。

2. 政区空间界定:兼顾政区空间的现状与历史,以现行行政区域为基准,详写;历史行政区域超越现行行政区域部分,在相关历史时期中略写。

二、《苏州通史》的体例

参照中国传统史书编撰体例,借鉴国家清史纂修工程的《清史》主体设计,《苏州通史》主体部分为导论以及从先秦至中华人民共和国时期的历史(分为若干阶段的断代史),另设人物、志表、图录等三部分。人物、志表、图录中的内容是对通史部分相关内容的补白与补强。

《苏州通史》共分16卷。第1卷为导论卷,第2卷为先秦卷,第3卷为秦汉至隋唐卷,第4卷为五代宋元卷,第5卷为明代卷,第6卷为清代卷,第7卷为中华民国卷,第8卷为中华人民共和国卷(1949—1978),第9卷为中华人民共和国卷(1978—2000);第10卷为人物卷(上),第11卷为人物卷(中),第12卷为人物卷(下),第13卷为志表卷(上),第14卷为志表卷(下),第15卷为图录卷(上),第16卷为图录卷(下)。

三、"导论卷"的结构与内容

"导论卷"为丛书首卷,包括苏州历史地理概要、苏州史研究概述以及苏州史论三个部分。

"导论卷"上篇为苏州历史地理概要。在对苏州各历史时期地理环境要素演变做分期分类的基础上,重点对苏州历史沿革地理和苏州历史自然地理演变做概要性叙述,主要包括苏州历史气候与生态变迁、苏州地质与地貌变迁、苏州古城水道变迁、苏州历史建置沿革以及苏州城池防务沿革。

"导论卷"中篇为苏州史研究概述。《苏州通史》是学术界业已取得的研究成果的集中体现。对于苏州各个时期历史的研究,学术界已有或多或少的成果,并以著作、论文等为载体展现世间。《苏州通史》的作者们充分关注和汲取了这些宝贵的学术营养。"导论卷"的苏州史研究概述,分别列举并适当评述了先秦、秦汉至隋唐、五代宋元、明代、清代、中华民国、中华人民共和国等历史时期苏州史的研究成果。

"导论卷"下篇为苏州史论。按照通史的体例,正文中不可能就论题展开详细的专题性论述,这些相关论述即构成了"导论卷"下篇的苏州史论。这些专题论述有:《春秋吴国国号及苏州城市符号的"吴"及其溯源》《秦汉至隋唐时期吴城所辖行政区域及政治地位的变迁》《五代宋元时期来苏移民问题》《明代苏州地位论纲》《晚清苏州的现代演进》《民国以降苏州经济社会发展的传统规定性》《人民公社时期苏州农村社队工业的兴起与发展》《改革开放时期苏州经济发展的三次跨越》,大体上覆盖了苏州历史发展进程中的一些重要节点。

四、自先秦至中华人民共和国各卷的章节体系

自先秦至中华人民共和国各卷是通史的主体,分为8卷断代史。各卷采用纵横结合的结构,根据本卷所跨时段的政治经济发展状况,划分若干客观发展阶段为若干章,主要写政治、军事、经济状况;另设社会一章,主要写整个时段苏州人口家族、宗教信仰、民风节俗等;另设文化一章,主要写科学技术、教育、文化艺术等。这样,以"X+2"模式架构和贯通8卷断代史。

自先秦至中华人民共和国共8卷的章节体系,展示了苏州历史进程的主要脉络,体现了《苏州通史》的主线。各卷设章如下:

先秦卷 第一章,远古文明;第二章,泰伯南奔与立国勾吴(泰伯至寿梦);第三章,从徙吴至强盛(诸樊至吴王僚时期);第四章,"兴霸成王"与吴大城建筑(阖闾时期);第五章,从称霸到失国(夫差时期);第六章,战国时期的吴地;第七章,吴国社会状况;第八章,吴国的文化。

秦汉至隋唐卷 第一章,秦汉时期的苏州;第二章,六朝时期的苏州;第三章,隋唐时期的苏州;第四章,秦汉至隋唐时期的苏州社会;第五章,秦汉至隋唐时期的苏州文化。

五代宋元卷 第一章,五代苏州从混战走向稳定;第二章,北宋苏州的稳固与发展;第三章,南宋苏州的复兴与繁华;第四章,元代苏州的持续发展;第五章,五代宋元时期苏州的社会组织与社会生活风俗;第六章,五代宋元时期苏州的文化。

明代卷 第一章,洪武时期苏州社会恢复性发展;第二章,建文到弘治时期苏州社会持续性发展;第三章,正德到崇祯时期苏州社会转型性发展;第四章,明代苏州社会生活;第五章,明代苏州文化。

清代卷 第一章,恢复、发展与繁荣(顺治至乾隆年间);第二章,衰退与剧变(嘉庆至同治初年);第三章,变革与转型(同治初年至宣统年间);第四章,社会风貌;第五章,文化成就。

中华民国卷 第一章,民初情势;第二章,革命洗礼;第三章,近代气象;第四章,战争浴火;第五章,社会生活;第六章,文化教育。

中华人民共和国卷(1949—1978) 第一章,向社会主义过渡;第二章,全面探索的十年;第三章,"文化大革命"的十年内乱;第四章,在徘徊中前进的两年;第五章,社会变迁;第六章,文教、卫生事业的曲折发展。

中华人民共和国卷（1978—2000） 第一章,全面拨乱反正和改革开放启动时期;第二章,推进改革开放和加快发展时期;第三章,深入改革开放和现代化建设勃兴时期;第四章,和谐多彩的社会生活;第五章,与时俱进的文化建设。

五、人物、志表、图录各卷的编排

人物卷 《苏州通史》第10—12卷为人物卷（上）（中）（下）,所录人物共1 600余人（含附传）,包括苏州籍人士、寓居苏州有影响的非苏州籍人士,以及主要活动在外地的有影响的苏州籍人士。所录人物主要按人物生卒年排序。

志表卷 《苏州通史》第13—14卷为志表卷（上）（下）,志表合一,分为建置、山川、水利、城市、街巷桥梁、园林、乡镇、人口、财政、职官、教育、藏书、文学、新闻出版、绘画、书法篆刻、音乐、昆曲、评弹、工艺美术、宗教、物产、风俗、古建筑、会馆公所、古迹等共26章。

图录卷 《苏州通史》第15—16卷为图录卷（上）（下）,所录历史图片按政区舆图、军政纪略、衙署会所、城池胜迹、乡镇名景、水陆交通、市政设施、农林水利、工矿企业、店铺商社、苏工苏作、园林园艺、科学技术、科举教育、文学艺术、报纸杂志、书法绘画、文献藏书、文化设施、文娱体育、医疗卫生、风俗民情、宗教信仰、慈善救济、人物图像、故居祠墓等共26类编排。各类图片基本按图片内容发生时间排序。图录卷共收录图片2 000余幅,每幅图片均附扼要的文字说明。

《苏州通史》的人物、志表、图录等卷与其他相关的人物传记、方志、专业志、老照片等著作体裁有别,详略不同,其内容取舍取决于丛书的学术需求。

六、苏州元素的体现

苏州通史,所以能区别于其他地区的通史,在于展现了苏州悠久的历史发展过程中形成的历史文化特色,这些特色又是通过其独特的元素来体现的。为此,《苏州通史》的撰写,对历史进程中的苏州元素予以重点关注与剖析。诸如三山旧石器文化、太湖与苏州水系、伍子胥建城、三国东吴、范仲淹与"先天下之忧而忧,后天下之乐而乐"、苏州府学、"苏湖熟,天下足"、"上有天堂,下有苏杭"、吴门画派、吴门医派、昆曲评弹、园林、丝绸、顾炎武与"天下兴亡,匹夫有责"、姑苏繁华、明清苏州状元、苏福省、冯桂芬与"中学为体,西学为用"、苏州洋炮局、东吴大学、社队企业、"苏南模式"、苏州工业园区等,都会在相关各卷进行重点论述。

绪言

从2007年撰写《苏州史纲》算起,至2010年《苏州通史》立项,再至2018年《苏州通史》付梓,整整十一年。若谓十年磨一剑,绝非虚语。

十余年里,我们怀抱美好的愿望,希望这部《苏州通史》能够成为第一部完全意义上的苏州通史,系统完整地厘清苏州历史发展的脉络,全方位地展现苏州政治、军事、经济、社会、文化各方面的历史风貌。希望这部《苏州通史》能够成为苏州城市的一张靓丽名片,展现苏州历史文化的丰厚积淀,展现当今苏州发展的辉煌成就,也在一定程度上展现苏州社会科学界在本土历史文化研究方面的学术成就。希望这部《苏州通史》能够成为苏州历史文化资源开发利用的一个坚实基础。

为此,《苏州通史》作者力求城市通史体系创新,力求新史料应用及史实考证的创新,力求观点提炼与论述创新,力求《苏州通史》能够达到同类通史的最高水平。

为此,《苏州通史》作者严格把握了保障学术水平的几个环节,诸如开题研讨、专题研讨、结项研讨、书稿外审、总主编审定、编委会审定等。在通史撰写过程中,熊月之、崔之清、姜涛、周新国、范金民、李良玉、戴鞍钢、马学强、张海林、王健、王永平、孟焕民、徐伟荣、汪长根、吴云高、卢宁、邓正发、涂海燕、陈其弟、陈嵘、尹占群、林植霖、张晓旭等专家学者参与了书稿的审阅,并提出了宝贵的意见与建议。

为此,苏州市领导还聘请了全国史学界及相关领域权威学者戴逸、李文海、张海鹏、朱诚如、汝信、茅家琦、段本洛、熊月之等先生担任学术顾问,并聘请戴逸先生担任总顾问。非常感谢他们听取相关事宜的汇报,并不吝赐教。

《苏州通史》作为市属重大社科研究项目,十余年来,得到苏州市委、市政府的高度重视和大力支持。先后担任中共苏州市委书记的王荣同志、蒋宏坤同志、石泰峰同志、周乃翔同志,以及先后担任苏州市市长的阎立同志、曲福田同志、李亚平同志等,都对《苏州通史》的研究编纂工作给予关心、指导和帮助。作为《苏州通史》编纂的主管部门,苏州市委宣传部历任部长徐国强同志、蔡丽新同志、徐明同志、盛蕾同志、金洁同志,历任分管副部长高志罡同志、孙艺兵同志、陈雪嵘同志、黄锡明同志等接续发力,从各方面为《苏州通史》编纂团队排忧解难,提供条件,创造了从容宽松的工作氛围。苏州市委宣传部副部长、市文明办主任缪学为同志和市社科联主席刘伯高同志积极支持项目立项和研究,并从资金等方面提供保障。苏州市委宣传部工作人员洪晔、吕江洋、徐惠、刘纯、刘锟、陆怡、盛征、陈华等同志先后参与了具体组织和协调推进工作。谨此致谢。

《苏州通史》杀青之际，掩卷而思著作之艰辛，能不感慨系之？感慨于《苏州通史》课题组各位同仁十余年来付出的难以言表与计量的刻苦与辛劳，感慨于众多学者专家审读各卷书稿所给评价与建议的中肯与宝贵，感慨于苏州市委宣传部历任领导对《苏州通史》从立项到出版全程的悉心呵护与大力支持，感慨于苏州大学领导从我们承接任务到付梓出版所给予的支持和关心，感慨于社会各界对《苏州通史》方方面面的关注与期待。

　　历经十余年打磨，《苏州通史》即将面世。果能得如所愿，不负领导希望，不负社会期待，不负同仁努力，则不胜欣慰之至！

王国平
2018年10月于自在书房

上篇　苏州历史地理概要

苏州历史气候与生态变迁 / 005
　　一、原始社会苏州气候及生态变化 / 006
　　二、先秦至明清时期苏州气候变迁及生态变化 / 007
　　三、民国以来苏州气候变化 / 014

苏州地质与地貌变迁 / 016
　　一、苏州地质变迁过程 / 016
　　二、苏州历史时期地质断裂及地震灾害 / 018
　　三、苏州地貌的历史变迁 / 019

苏州古城水道变迁 / 026
　　一、古城水道干道增减概况 / 026
　　二、古城内四直水道变迁 / 041
　　三、古城外水道变迁 / 046

苏州历史建置沿革 / 051
　　一、先秦汉晋苏州建置 / 051
　　二、隋唐宋元苏州建置 / 053
　　三、明清苏州建置沿革 / 054
　　四、民国以来建置沿革 / 055

苏州城池防务 / 061
　　一、古城防务 / 061
　　二、海防、江防、湖防 / 067
　　三、关隘冲要 / 071

中篇　苏州史研究概述

先秦时期苏州史研究 / 075
　　一、太湖地区的新石器文化谱系 / 075
　　二、关于良渚文化的去向 / 076
　　三、夏商时代的湖熟文化与马桥文化 / 078
　　四、关于太伯仲雍奔吴 / 080
　　五、关于吴国的王陵 / 082
　　六、关于吴国的都城 / 083
　　七、关于石室土墩遗存的性质 / 086
　　八、关于吴文化的内涵 / 087
　　九、吴国史与吴文化研究成果累累 / 089

秦汉至隋唐时期苏州史研究 / 091
　　一、综合性研究 / 091
　　二、政治史研究 / 092
　　三、经济史研究 / 093
　　四、社会史研究 / 097
　　五、文化史研究 / 099

五代宋元时期苏州史研究 / 102
　　一、有关全国经济重心转移南方问题 / 102
　　二、关于范仲淹的研究 / 103
　　三、关于一些苏籍作家的研究 / 107
　　四、关于马可·波罗有否到过中国的争论 / 109
　　五、五代宋元史研究中的一些缺失 / 109

明代苏州史研究 / 110
　　一、官、民田制度研究 / 110
　　二、明代苏州重赋研究 / 112
　　三、明代苏州农业生产发展研究 / 114
　　四、明代苏州手工业发展研究 / 119
　　五、明代苏州商业发展研究 / 122

六、明代苏州市镇研究 / 127
　　七、明代苏州资本主义萌芽研究 / 131
　　八、明代苏州党社、民变研究 / 133
　　九、明代苏州社会风气与风俗研究 / 139
　　十、明代苏州家族研究 / 142
　　十一、明代苏州文化研究 / 146
　　十二、明代苏州人物研究 / 153

清代苏州史研究 / 161
　　一、政治史研究 / 161
　　二、经济史研究 / 172
　　三、社会史研究 / 180
　　四、文化史研究 / 185
　　五、家族与人物研究 / 193

中华民国时期苏州史研究 / 203
　　一、关于反帝爱国运动研究 / 203
　　二、关于工人运动研究 / 204
　　三、关于抗日战争研究 / 205
　　四、关于丝织业研究 / 207
　　五、关于工业结构研究 / 208
　　六、关于乡村经济研究 / 209
　　七、关于地域市场史研究 / 213
　　八、关于城乡经济关系研究 / 216
　　九、关于商会研究 / 218
　　十、关于城镇化研究 / 219
　　十一、关于社团组织研究 / 221
　　十二、关于社会生活研究 / 222
　　十三、关于教育史研究 / 225

中华人民共和国时期苏州史研究 / 227
　　一、研究的总体情况 / 227
　　二、关于土地改革的研究 / 230

三、关于社会主义改造的研究 / 232
四、关于农村人民公社的研究 / 234
五、关于改革开放的研究 / 235
六、关于"苏南模式"的研究 / 236
七、对新"苏南模式"的研究 / 260
八、关于文化教育的研究 / 264

下篇　苏州史论

春秋吴国国号及苏州城市符号的"吴"及其溯源 / 267
一、文献记载的苏州城市符号"吴" / 267
二、"吴"字溯源 / 277
三、文献记载的吴国号与吴器吴国号铭文的文化背离 / 281
四、文献记载的吴国号"吴"与阖闾、夫差时期吴器铭文中吴国号"吴"的重合 / 317

秦汉至隋唐时期吴城所辖行政区域及政治地位的变迁 / 329
一、会稽郡时期 / 329
二、吴郡时期 / 330
三、苏州时期 / 333
四、吴城的政治地位变迁 / 335

五代宋元时期来苏移民问题 / 337
一、外来人口乐于迁苏的时空背景 / 337
二、外来人口的来源与组成 / 339
三、外来移民的安排与移民的作用 / 341

明代苏州地位论纲 / 346
一、明代苏州社会发展的三个阶段 / 347
二、行政上的京畿之府,弹丸之地 / 348
三、人口密集之区 / 349
四、经济重心 / 351
五、文化中心 / 356
六、社会风气移易的先导之区 / 358

晚清苏州的现代演进 / 362
  一、咸同之际的战火终结了传统的"姑苏繁华" / 362
  二、机器工业的产生与发展 / 365
  三、现代医院和中西医汇通 / 372
  四、现代学校教育的兴起 / 374
  五、现代城市空间的拓展 / 377

民国以降苏州经济社会发展的传统规定性 / 386
  一、苏州乡土特质：自然与人文的协调 / 386
  二、苏州共同体特色：稀缺的文化资源 / 393
  三、苏州民国变迁与传统绵延 / 398
  四、不绝如缕的传统脉络 / 410

人民公社时期苏州农村社队工业的兴起与发展 / 414
  一、社队工业的缘起 / 414
  二、社队工业的初步发展与整顿 / 419
  三、社队工业的复苏 / 423
  四、社队工业的平稳发展 / 424
  五、社队工业的快速发展 / 429
  六、社队工业的评价 / 435

改革开放时期苏州经济发展的三次跨越 / 441
  一、农转工：乡镇工业崛起推进工业化 / 441
  二、内转外："三外"齐上推进国际化 / 446
  三、量转质：绘就全面小康的现实图景 / 455

◎ 上篇 苏州历史地理概要 ◎

所谓历史地理学,从广义上讲,是研究一定历史时期人类地理环境变化和发展的学科。[1]从狭义上讲,是一门研究一定历史时期地域人地关系变化的学科。[2]历史地理学研究对象主要是区域发展的时空差异性及其变化规律,因而从本质上讲,历史地理学就是研究人地关系地域系统的历史变化及发展规律的学科。它重点研究区域空间结构的时间过程,通过比较的方法研究区域差异性和相似性的历史地理特征,研究区域社会变迁的阶段性特征,即不同地区在同一时代的空间分割及其差异性,或同一地区在不同时期的空间分割及其差异性。

苏州位于江苏省南部,长江三角洲中部,太湖流域中心,北依长江,南接浙江,西抱太湖,东临上海。苏州历史悠久,自然环境优越,社会经济发达,文化底蕴深厚,向以"东南之冠"和"天下三甲"[3]著称。至今尚未有系统的苏州历史地理专著问世,但学界对苏州历史地理问题所进行的相关研究早已开始。顾炎武、顾祖禹、顾颉刚等人,既是中国历史地理学研究的奠基人,也是苏州区域历史地理学研究的开创者,可称为"三顾舆地学"。[4]三顾舆地学中,如顾炎武的《肇域志》《天下郡国利病书》,顾祖禹的《读史方舆纪要》,顾颉刚的《苏州史志笔记》,都有苏州历史自然地理、苏州历史沿革地理及苏州历史经济地理研究的专篇。在此之前,还有唐代陆广微的《吴地记》、南宋范成大的《吴郡志》、明代卢熊的《苏州府志》、明代王鏊的《姑苏志》等苏州府县志,以及明代王士性的《广游志》《广志绎》[5]等地理著作中也都有苏州历史地理的诸多论述。

---

[1] 邹逸麟:《中国历史地理概述》,上海教育出版社2005年,第1页。
[2] 华林甫:《中国历史地理学·综述》,山东教育出版社2009年,第57页。
[3] 明华盖殿大学士徐有贞《苏郡儒学兴修记》云:"吾苏也,郡甲天下之郡,学甲天下之学,人才甲天下之才。伟哉!其有文献之足征也。"参见余同元《试论苏州历史文化定位》,苏州市传统文化研究会编:《传统文化研究》第22辑,群言出版社2015年。
[4] 本书以顾炎武、顾祖禹和顾颉刚三位舆地学大师合称"苏州三顾舆地学",其中顾祖禹虽祖籍无锡,但自幼长期生活在苏州常熟,亦可称苏州先贤。
[5] 王士性(1546—1598),明中后期士人,遍游当时全国两京十二省,写出《五岳游草》《广游志》《广志绎》等地理论著,记载了他所看到的自然地理和人文地理现象。

继起者,在谭其骧先生主持的《中国历史地图集》编绘过程中,有关江南和苏州的研究很多。在此基础上,邹逸麟先生主编的《中国历史人文地理》和《中国历史自然地理》(科学出版社2001年、2013年),周振鹤教授的《中国地方行政制度史》(上海人民出版社2005年)和《中国行政区划通史》(复旦大学出版社2007年),葛剑雄教授主编的《中国人口史》《中国移民史》,吴松弟教授主编的《港口—腹地和中国现代化进程》(齐鲁书社2005年),吴滔教授的《流动的空间:清代江南的市镇和农村关系研究——以苏州地区为中心》(复旦大学2003年博士论文),游欢孙博士的《近代苏州地区市镇经济研究——以吴江县为例》(复旦大学2010年博士论文),周运中博士的《苏皖文化地理研究》(复旦大学2010年博士论文),陈泳博士的《苏州古城结构形态演化研究》(东南大学2000年博士论文),等等,都含有苏州历史地理的相关研究。

改革开放三十多年来,苏南及苏州本地学者出版了较多的研究成果(论文众多,不能一一列举,这里仅述著作部分),分见于苏州历史和苏州地理学界的相关论著之中。如有关苏州历史研究著作中,除南京大学洪焕椿先生、罗仑先生、范金民教授、夏维中教授等《明清苏州农村经济资料》《苏州地区社会经济史》(江苏古籍出版社1988年,南京大学出版社1993年)和苏州市、下辖县级地方志办公室编修的苏州市、县志等成果外,还有曹子芳、吴奈夫先生的《中国历史文化名城丛书:苏州》(中国建筑工业出版社1986年),石琪先生主编的《吴文化与苏州》(同济大学出版社1992年),张海林教授的《苏州早期城市现代化研究》(南京大学出版社1999年),王卫平教授的《明清时期江南城市史研究:以苏州为中心》(人民出版社1999年)、《苏州史纪(古代)》(苏州大学出版社1999年),朱小田教授的《苏州史纪(近现代)》(苏州大学出版社1999年),王国平教授主编的《苏州史纲》(古吴轩出版社2009年)等,都曾对苏州历史地理做过概要介绍。再如有关苏州地理学论著中,原苏州铁道师范学院地理系徐叔鹰教授等主编的《苏州地理》(古吴轩出版社2010年)第一章即介绍"苏州历史地理",通俗性与学术性结合,有论有述,图文并茂。可惜篇幅所限,书中只是重点从"历史发展中地理环境的作用"等角度叙述苏州历史时期人地关系的变化概况。在这些研究成果的基础上,本书在对苏州历史时期地理环境要素演变分期分类的基础上,重点对苏州历史沿革地理和苏州历史自然地理演变做概要性叙述。难免挂一漏万,权当阅读《苏州通史》之参考。

苏州历史气候与生态变迁

余同元　何　伟

生态是指生物及其赖以生存的环境状态，本质上体现为生命之样态。历史生态是指历史时期不断累积的生态环境效应，受气候变化影响最大。[1]历史气候指人类历史时期气候冷暖度和干湿度变化过程及其时空差异性变化规律。这里所说的苏州历史气候，主要指近五千年来苏州气候冷暖度变化过程及变化规律。[2]

关于苏州历史气候变化的研究，目前尚未见有专门论著出版。竺可桢先生《中国近五千年来气候变迁的初步研究》(《考古学报》1972 年第 1 期)，王开发等《根据孢粉分析推论沪杭地区一万多年来的气候变迁》(《历史地理》创刊号)，德隆《长江中下游气候》(气象出版社 1991 年)，中国科学院资源环境科学与技术局、国际地圈生物圈计划中国全国委员会《过去 2000 年中国环境变化综合研究预研究报告》，牟重行《中国近五千年气候变迁的再考证》(气象出版社 1996 年)，中央气象局气象科学院《中国近五百年旱涝分布图集》(地图出版社 1981 年)，张德二《中国三千年气象记录总集》(江苏教育出版社 2004 年)及《18 世纪南京、苏州和杭州年、季降水量序列的复原研究》(《第四纪研究》2005 年第 2 期)，满志敏《中国历史时期气候变化研究》(山东教育出版社 2009 年)，吴文富《太湖流域气候资源研究》(气象出版社 1993 年)，刘炳涛《明代长江中下游地区气候变化研究》(复旦大学 2011 年博士学位论文)，施和金等《江苏农业气象气候灾害历史纪年(公元前 190—公元 2002 年)》(吉林人民出版社 2005 年)以及

---

[1] 文传浩：《人类活动的环境效应及生态环境变迁研究述评》，《重庆工商大学学报》2007 年第 6 期。

[2] 不同学科对气候定义不同，天文学认为气候是天气的总和；统计气候学认为气候是通过观测和统计分析得出的一系列统计参数(气候指标)和分布规律；动力气候学认为气候是大气动力过程和热力过程；地理学认为气候是各种气象的平均状况，影响到植物、动物和人类活动，以及土壤复区的类型。

《江苏历史气候变迁及其与农业灾害关系研究》(《历史地理》第 20 辑)等论著,都有苏州气候变迁的相关内容。李伯重《唐代江南农业的发展》(农业出版社 1990 年)、冯贤亮《太湖平原的环境刻画与城乡变迁 1368—1912》(上海人民出版社 2008 年)、王利华《中国历史上的环境与社会》(三联书店 2007 年)、魏嵩山《太湖流域开发探源》(江西教育出版社 1993 年)、郑肇经《太湖水利技术史》(农业出版社 1987 年)、高蒙河《长江下游考古时代的环境研究》(复旦大学 2003 年博士学位论文)、王建革《水乡生态与江南社会 9—20 世纪》(北京大学出版社 2013 年)、张蕾《宋代以来江南地区竹的生态史研究》(复旦大学 2013 年博士学位论文)、连雯《魏晋南北朝时期南方生态环境下的居民生活》(南开大学 2013 年博士学位论文)等论著,都有苏州历史时期生态变迁的相关内容。

一、原始社会苏州气候及生态变化

根据王开发先生等《根据孢粉分析推论沪杭地区一万多年来的气候变迁》等论著研究,包括苏州地区在内的太湖地区,原始社会气候的总体趋势是向温和略干发展,可分马家浜时期、崧泽时期和良渚时期加以认识。[1]

1. 马家浜时期

马家浜时期,苏州及其周边地区的典型遗址有罗家角、崧泽、草鞋山、青墩等。这些遗址的孢粉组合基本相似,均以草本花粉为主,水生植物花粉占优势。整个孢粉组合反映为森林草原植被类型,气候温暖潮湿,属北亚热带气候环境。马家浜时期各遗址还出土有很多植物种子和果核,计有稻谷、梅、菱、葫芦、核桃、橡子等,它们同样反映了当时长江三角洲地区为温暖湿润和多雨气候。总之,这些遗址反映了马家浜时期苏州地区的气候为湿热的中亚热带环境,年平均温度比现在高 2 ℃ ~ 3 ℃。[2]

2. 崧泽时期

根据上海同济大学对崧泽遗址孢粉资料分析,崧泽早期人类的生活环境与马家浜时期基本相似,遗址附近为常绿阔叶、阔叶落叶混交林植被。而中期呈温带温凉气候,比目前气候凉干。遗址所在地区湖沼面积小,地势较为高爽,相当于现在江北的植被,组合中桑科和禾本科数量增加,反映人类的耕作和养畜活动有所发展。接近晚期时,常绿阔叶树种青冈栎、栲属已不多见,针叶树中喜凉的

---

[1] 王开发等:《根据孢粉分析推论沪杭地区一万多年来气候变迁》,中国地理学会历史地理专业委员会、《历史地理》编辑委员会编:《历史地理》创刊号,上海人民出版社 1981 年。
[2] 高蒙河:《长江下游考古时代的环境研究》,复旦大学 2003 年博士学位论文。

柏科花粉增加,而水生植物减少。到崧泽末期,孢粉中青冈栎数量和水生植物花粉数量增大,遗址附近山地又为茂密的常绿阔叶和阔叶落叶的混交林所覆盖。气候又开始回升,比目前温度高1℃~2℃。[1]

3. 良渚时期

在苏南地区,学者们对福泉山和马桥等遗址的孢粉分析显示,早期气候比较温暖潮湿,湿生植物比例较大,反映出一种蘩蒿丛生的滨海湿地环境。遗址周围是湖泊、池塘和沼泽洼地。晚期阶段以草本植物为主,木本和蕨类植物减少,而菊科、藜科等较干旱花粉在这一时期含量较高,栽培禾本科含量更高。这反映出当时气候已转凉,森林覆盖率和河湖面积缩小,气候开始干旱,但沉积物和土壤粒度分析也表明,陆地水患引起的淡水沼泽环境尚存。[2]

二、先秦至明清时期苏州气候变迁及生态变化

竺可桢先生对中国近5000年来气候变迁提出的见解为历史时期气候研究做出了重要的贡献,近年来,历史气候的研究不断深入。从中国东中部温暖期与寒冷期交替变化的总趋势看,可以分为夏商温暖期、西周寒冷期、东周西汉温暖期、魏晋南北朝寒冷期、隋唐温暖期、唐末宋代寒冷期、宋末元代温暖期、明清小冰期等时期。[3]这一发展线索,对于苏州地区也是适合的。

1. 夏商温暖期

夏代至商代早期气候相对温暖。根据竺可桢先生研究,[4]此期大部分时间中国温度比现代高2℃左右,其中1月温度比现代高3℃~5℃。满志敏教授依据《夏小正》中所记载的物候信息推算,当时气候比春秋时期和现代更暖,自然带较今北移近3个纬度,春季提前半个月。殷墟卜辞中另有大量关于猎象的记载,说明殷商王者的田猎区内存在成群的大象,而田猎区的位置就在太行山以南,今天的河南沁阳一带。另外,安阳殷墟动物遗存中还可见到雉科的原鸡和鲟鱼这两种南方动物。1975年,殷墟遗址中发掘出一具食器铜鼎,其中除了装有

---

[1] 上海市文物保管委员会:《崧泽:新石器时代遗址发掘报告》,文物出版社1987年,第95、136页。
[2] 洪雪晴:《马桥遗址的自然环境重建》,上海市文物管理委员会编:《马桥1993—1997年发掘报告》,上海书画出版社2002年,第342页;高蒙河:《长江下游考古时代的环境研究》,复旦大学2003年博士学位论文。
[3] 参见余同元:《中国历史上气候变迁的时空差异性及社会影响》,《安徽教育学院学报》1996年第3期。
[4] 竺可桢:《中国近五千年来气候变迁的初步研究》,《考古学报》1972年第1期。

粟外,还有不少的果核,据对其尺寸和表面特有沟级和凹点的分析,当是梅子的果核,证明当时商都附近有梅树生长。现代野生梅的分布北界大致西起西藏通麦,东北延至四川松潘、广元,甘肃、陕西南部,然后经湖北罗田,安徽黄山,江苏宜兴,浙江昌化、四明山,抵于东海海岸。满志敏据此推测,当时商都应具有亚热带或邻近亚热带的气候条件,气候比现在要温暖。[1]

2. 西周寒冷期

西周时期是近5 000年来的寒冷期。据竺可桢先生研究:西周前期是由仰韶文化至商末第一温暖期转入第一个寒冷期,春秋时期才进入第二个温暖期。西周中后期的气候异常寒冷,使得今天并不结冰的江汉地区发生了结冰现象。西周时温暖动物开始南迁到江南地区,无论从殷墟考古发现的动物骨骼,还是甲骨卜辞的记载,都可以证实在安阳一带曾有成群的野象和犀牛生活着。进入西周后,这种现象消失了。[2]

3. 东周西汉温暖期

竺可桢先生在其《中国近五千年来气候变迁的初步研究》中指出,战国时期气候比现在温暖,秦和西汉气候继续温和,到了东汉时代即公元之初,天气有趋于寒冷的趋势。秦至西汉时平均气温较现今高1.51℃左右,东汉时平均气温较现今低0.61℃左右,平均气温上下波动的幅度超过2.1℃。近年来,众多学者对竺可桢的研究做了进一步补充。王子今认为,秦汉江南地区的气候环境于两汉之际由湿暖转而干冷。秦汉时期包括苏州地区在内的中国东中部地区气候相对温暖,冬半年平均气温较1951—1980年30年的平均状况高约0.24℃,但存在"温暖(公元前221—前150年)—偏暖(公元前150—前75年)—温暖(公元前75—前45年)—寒冷(公元前45—公元30年)—偏暖(公元30—180年)—寒冷(公元180—210年)"的多年代际波动,且在波动中趋冷。[3]其中,公元前210—公元30年,气候温暖,冬半年平均气温比现今高0.3℃;公元30—210年,气温虽较前一阶段为低,但仍处偏暖态势,冬半年平均气温比现今高0.15℃;最暖的30年出现在公元前210—前180年,冬半年平均气温较现今高1℃左右;最冷的30年出现在公元1—30年,冬半年平均气温较现今低0.4℃左右。[4]这一时期,太湖周边地区还是薮泽遍布、山林幽冥、走兽出没的景象。《越绝书》说吴

---

[1] 葛全胜:《中国历朝气候变化》,科学出版社2010年,第29页。
[2] 邹逸麟:《黄淮海平原历史地理》,安徽教育出版社1997年,第13页。
[3] 王子今:《试论秦汉气候变迁对江南经济文化发展的意义》,《学术月刊》1994年第9期。
[4] 葛全胜:《中国历朝气候变化》,科学出版社2010年,第66页。

地"山林幽冥"。《吴都赋》曰:"木则枫柙豫樟,栟榈椶古候根。绵杬杶栌,文欀桢橿姜。平仲桾榸,松梓古度。楠榴之木,相思之树。"深林广泽为动物提供了栖息之地。据统计,仅左思《吴都赋》中提到的野生动物就有64种。郦道元在论及江南动物时,往往用"百鸟翔禽""百鸟翔鸣"言其数量之多。[1]《汉书·枚乘传》谓吴王刘濞"长洲苑"中的"圈守禽兽"比"上林苑"还多。[2]

4. 魏晋南北朝寒冷期

三国两晋时期苏州地区气候比现在寒冷,南北朝时气候继续变冷。包含苏州在内的中国东中部地区冬半年平均气温较今低0.7℃左右,最冷30年(公元481—510年)可能较今低1.2℃。[3]据《三国志》和《宋书》载,嘉禾三年九月朔南京一带出现"陨霜杀谷",初霜出现的日期比现代平均值提前了30余天,次年七月南京一带又陨霜,初霜的日期至少比现代的平均日期提前了70~80天。由于气候转冷,三国时江淮一带结冰现象甚为普遍。黄初六年,魏文帝曹丕在广陵(今江苏淮安)的淮河边视察10多万士兵演习,因淮河水道冻结,水上军演被迫停止。[4]据竺可桢先生考证,这是史书第一次记载淮河结冰。[5]由于气候寒冷,南北朝时江南地区时有发生冬季连雪的现象。如刘宋元嘉二十九年南京地区"自十一月霖雨连雪,太阳罕耀",至次年"正月大风拔木,雨冻杀牛马"。大明六年,刘宋政权于南京覆舟山"置凌室,修藏冰之礼"。南齐建元三年十一月,"雨雪,或阴或晦八十余日,至四年二月乃止"。兴和三年"奇寒,江淮亦冰"。[6]

5. 隋唐温暖期

竺可桢先生依据文献资料指出,隋唐时期中国气候整体上比较温暖。其中两个暖峰分别出现在公元730年和公元850年前后。[7]隋唐时期包含苏州在内的中国东中部地区,气候在总体上比较温暖。隋唐时期冬半年温度存在显著波动,其中,最暖的四个20年(公元601—620年、公元641—660年、公元701—720年、公元781—800年)冬半年平均温度分别比1961—2000年高约1.0℃、

---

[1] 郦道元原注,陈桥驿注释:《水经注》卷三十七,浙江古籍出版社2013年,第486页。
[2] 班固:《汉书》卷五十一《枚乘传》,中华书局1962年,第2363页。
[3] 葛全胜:《中国历朝气候变化》,科学出版社2010年,第227页。
[4] 陈寿:《三国志》卷二《魏书二》,中华书局1959年,第85页;沈约:《宋书》卷三十三《五行志》,中华书局1974年,第959页。
[5] 竺可桢:《中国近五千年来气候变迁的初步研究》,《考古学报》1972年第1期。
[6] 陈刚:《六朝建康历史地理及信息化研究》,南京大学出版社2012年,第38页。
[7] 竺可桢:《中国近五千年来气候变迁的初步研究》,《考古学报》1972年第1期。

1.44 ℃、0.88 ℃、0.65 ℃。[1]自 6 世纪中叶起,苏州地区气候即已转暖。龚高法和陈恩久两人根据隋唐时期黄河中下游地区的梅树、长江中下游地区柑桔基本无冻害和春季物候期较今早 10～15 天等证据,推断出唐朝时中国东部地区亚热带北界北移了一个多纬度。朱士光等人根据《旧唐书》和《新唐书》中帝纪与五行志的记载,统计出"有唐一代关中地区冬无冰雪的年份竟达十六个"。刘昭民则据《古今图书集成·庶徵典》统计出唐代冬春无雪和无冰的年数高达"十九次之多,居中国历史上各朝代之冠"。此外,于希贤根据点苍山冬中有时坠雪,9 世纪日本樱花平均开花日最早以及 9 世纪冰岛和斯堪的纳维亚半岛的雪线上升情况,杨怀仁据小高温期(公元 8—10 世纪)间海面抬升了 1.5 米左右的情形,均证实了隋唐时期气候的温暖。

6. 宋代寒冷期

苏州地区的气温在唐后期开始转冷,公元 900 年前后的苏州地区,寒冷气候延续。如天祐元年"九月壬戌朔,大风,寒如仲冬。……吴、越地气常燠而积雪,近常寒也"[2]。据历史文献记载重建的江苏近 2 000 年温度变化结果显示,五代时苏州等地气温虽然已趋向转暖,但仍相当寒冷。从北宋中期至北宋末年,苏州地区气候更趋寒冷,苦寒记录频增,如政和元年太湖地区"积雪尺余,河水尽冰",洞庭山橘树全部冻死。次年,"以种橘为业者,其利与农亩等"的农民不得不"伐而为薪"[3]。

南宋早期中国处于中世纪暖期中的一个冷阶,中国东中部地区冬半年平均气温较今低约 0.3 ℃。[4]据《砚北杂志》记载:"(苏州洞庭山)以种橘为业者,其利与农亩等。"冬季气候异常寒冷,长江下游地区河港结冰现象相当普遍,由于气候寒冷,当时南宋政府为迎送金朝使者南来,官府曾专门"作浮筏,前设巨碓以捣冰,谓之冰簰",为防破冰后的河道再度冻结,又使用"小舟摇荡于其间,谓之晃舟"[5]。这种特殊破冰设备的普遍使用,反映了当时太湖流域冬季河道长时间、大面积封冻现象的常态性。绍兴二年冬,严寒侵袭南方,对太湖流域民生产生了巨大影响。平江府东、西则因"绍兴二年冬,忽大寒,湖水遂冰,米船不到,山中小民多饿死。富家遣人负载,蹈冰可行,遽又泮拆,陷而

---

[1] 葛全胜:《中国历朝气候变化》,科学出版社 2010 年,第 301 页。
[2] 欧阳修:《新唐书》卷三十六《五行志》,中华书局 1975 年,第 937 页。
[3] 陆友仁:《砚北杂志》卷上,转引自顾震涛:《吴门表隐》,江苏古籍出版社 1999 年,第 147 页。
[4] 葛全胜:《中国历朝气候变化》,科学出版社 2010 年,第 439 页。
[5] 赵彦卫:《云麓漫钞》卷一,中华书局 1996 年,第 10 页。

没者亦众。泛舟而往,卒遇巨风激水,舟皆即冰冻重而覆溺,复不能免"[1]。此后数年间,江南运河苏州段冬天河水常常结冰,破冰开道的巨碓成为冬季舟楫的常备工具。

7. 宋末元代温暖期

13 世纪气候开始转暖,大量历史文献记录了这段时间气候的温暖。13 世纪伊始,冬季回暖迹象日渐显著。[2]暖冬记录次数明显增加,距离苏州不远的杭州,在 1195—1220 年连续 9 年冬春无冰雪记载:如庆元四年冬,"无雪。越岁,春燠而雷";六年"冬燠无雪,桃李华,虫不蛰";嘉定元年,"春燠如夏";嘉定六年冬,"燠而雷,无冰,虫不蛰";嘉定十三年冬,"无冰雪。越岁,春暴燠,土燥泉竭"。[3]现代产于太湖一带的柑橘类水果,宋定年间成书的《景定建康志》记载在苏州以北的南京地区也有种植。

8. 明清寒冷期

洪武至成化中叶,苏州地区气候在总体上仍较为温暖。据洪武十二年《苏州府志》以及长谷真逸的《农田余话》所记录的种稻情形看,当时苏州地区已有了早、中、晚稻的区分。洪武《苏州府志》记载:"金柑出崇明县,实小而累累,其高三二尺,殊为可爱。"[4]今上海已处于柑橘种植的北缘,其种植主要依靠局部小气候。上海地区柑橘生产区划的评述是:"崇明县在其东北部小气候情况较好的区域发展柑橘是有希望的。"[5]可见,洪武时期苏州地区气候温暖,能够种植较为耐寒的金柑。其后继续增温,以至苏州以北的南京地区已经出现柑橘的种植。"据香橙园户葛川关等连名状告,内开各系应天府上元县北城等乡民,洪武年间编克本寺荐新香橙,园户递年九月分例该供荐,八月末旬本寺差官赍送。"[6]现代南京地区的相关资料表明其地均没有柑橘的种植,这个位置已经超过了现代柑橘可能种植的北界,说明当时苏州的气候可能比现代还要温暖。又如弘治元年纂修的《吴江志》载:"橘,有数种,有绿橘、匾橘、平橘及波斯橘、早红、糖楠、金柑之类,旧出洞庭山……三十年来,吴江盛植之,结实不减洞庭。"从成化后期开始,苏州地区的气候趋于寒冷,方志中开始出现太湖冰冻的记载。如

---

[1] 庄绰:《鸡肋编》卷中,上海古籍出版社 2012 年,第 44 页。
[2] 葛全胜:《中国历朝气候变化》,科学出版社 2010 年,第 443 页。
[3] 刘昌森编译:《上海自然灾害史稿》,同济大学出版社 2010 年,第 44 页。
[4] 卢熊:洪武《苏州府志》卷四十二《土产》,广陵书社 2015 年,第 536 页。
[5] 沈兆敏:《中国柑桔区划与柑桔良种》,中国农业科技出版社 1988 年,第 165 页。
[6] 罗玘:《圭峰集》卷二十三《奏议》,《景印文渊阁四库全书》第 1259 册,台湾商务印书馆 1986 年,第 298 页。

景泰四年冬,"大雪,太湖诸港皆冻,舟楫不通";成化十二年"大雪,十二月,太湖冰,舟楫不通逾月";弘治十五年冬"大雪,积四至五尺,太湖冰冻尺许";正德七年冬"大雪,太湖冰,冰上行人"。气候的严寒,对苏州地区的柑橘种植造成严重灾害,即便是洞庭两山柑橘也难免其灾,柑橘种植北界南退。嘉靖《吴邑志》载:"成化间,经大雪,洞庭橘皆冻死,培种未复。今市肆所售,皆江西三衢产。"[1]之所以"培种未复",就是因为连续出现严寒气候。弘治六年的寒冬,苏北沿海海水结冰,"自十月至十二月,雨雪连绵,大寒凝海"[2]。弘治年间纂修的《太仓州志》记载:"柑橘,出直塘、双凤等处,所种植以渔利。"其后,"连岁大雪,山之橘尽毙",山人"多不肯复种橘,而衢州江西之橘盛行于吴下"[3]。

满志敏通过对柑橘种植与相应气候背景分析,认为明后期上海年平均气温在15.7℃左右,1月平均气温在3.5℃左右,[4]低于现在上海的冬季平均气温。更多历史资料表明晚明是一个极端寒冷期。苏州洞庭东西山盛产柑橘,由于太湖湖水冬季热源效应,使此地的柑橘生产能克服冻害,一直长盛不衰。但弘治、正德年间经常出现冻害。"洞庭柑橘名天下,弘治、正德之交,江东频岁大寒,其树尽槁。"[5]这些物候现象说明弘治、正德初年苏州气候特别寒冷。

明末清初苏州气候更趋寒冷,文献中经常出现大雪、冰冻的记载,如顺治十到十二年间连续三年江、湖结冰,顺治十年"十一月冬至后江水断舟",顺治十一年"冬大雪旬余,太湖冰厚二尺,二旬始解","太湖冰厚二尺连廿日,桔柚死者过半",顺治十二年"十一月二十一日大冷,浦水(黄浦江)皆冰","十二月河冰断舟"[6]。

到清中期,苏州气温略有回升,处于一个相对温暖期。相对温暖期指1700—1770年左右。据竺可桢研究,这期间江南地区冬季温度较1951—1980年平均暖0.3℃。由于气候转暖,该时段寒冬年份仅为前一寒冷期的一半左右,湖泊结冰年数也是整个清朝最少的时段。[7]据苏州等地《雨雪分寸》中终雪期日期推

---

[1] 杨循吉:嘉靖《吴邑志》卷十四《物产上》,《天一阁藏明代方志选刊续编》第10册,上海书店1990年,第1110页。
[2] 薛鏊修,陈艮山纂,荀德麟、陈凤雏、王朝堂点校:正德《淮安府志》卷十五《灾异》,方志出版社2009年,第373页。
[3] 李端修,桑悦纂:弘治《太仓州志》卷一《土产》,宣统元年《汇刻太仓旧志五种》本。
[4] 满志敏:《中国历史时期气候变化研究》,山东教育出版社2009年,第267—269页。
[5] 王鏊著,吴建华点校:《王鏊集》卷七《瑞柑诗序》,上海古籍出版社2013年,第142页。
[6] 龚高法、张丕远:《我国历史上柑桔冻害考证分析》,章文才、江爱良等编:《中国柑桔冻害研究》,农业出版社1983年,第16页。
[7] 竺可桢:《中国近五千年来气候变迁的初步研究》,《考古学报》1972年第1期。

算,18世纪20年代至70年代长江中下游的春季来临较今早7~13天。[1]

晚清苏州气候再度处于严寒期。18世纪70年代以后直至清末,中国气候较为寒冷,特别是18世纪70年代,为清朝最冷的十年,包括苏州在内的整个中国东中部冬季温度,较1951—1980年平均低1.4℃。[2]据《苏州府志》记载,道光二十一年冬,苏州大雪,平地三尺。道光十二年至十五年,林则徐、李彦章等以康熙朝苏州成功种植双季稻为由,试图在苏州再次推行双季稻以缓和日益紧张的粮食供求形势。但收效甚微,咸丰二年,奚诚对这次双季稻推行成效进行了总结,称"迩年少穆林公抚吴时……课种两熟稻……终以泽土阴寒,两熟稻决非江南所宜,虽有一二成效,尚谓偶然得之"[3]。李彦章曾言"来驻吴门,适值苏、松各郡告灾,查由秋后雨雪过多所致","今江南近年春多雨雪,麦虽种矣,而郎伤且萎",道光十三年冬"严霜苦雾,饕风虐雪之厉,岁所恒有",次年二月"连雪不止,播麦不及,有播者弗苗"。[4]道光十四年冬又"严寒,泽腹皆坚"。据林则徐日记载,是年早稻到四月初五日才插秧,六月初二日早稻秀齐,但六月正遇一个凉夏,"天凉有著棉衣者",所种的水稻,"因日来遇凉,未能升浆,有成为瘪谷者",六月十五日后早稻才灌浆,余下的时间无法满足晚稻的生长周期。[5]

表1 苏州市历代冷暖、干旱变化情况表(清以前)

年代(公元)	朝代	冷暖	干湿
261—369	三国至南北朝	冷	湿
600—900	隋唐	暖	湿
968—1600	北宋	冷	湿
1061—1080	北宋	冷	干
1081—1026	北宋	冷	湿
1144—1170	南宋	暖	湿
1175—1263	南宋	暖	干

---

[1] 葛全胜:《中国历朝气候变化》,科学出版社2010年,第588页。
[2] 葛全胜:《中国历朝气候变化》,科学出版社2010年,第590页。
[3] 奚诚:《畊心农话》,陈祖槼主编:《中国农学遗产选集》甲类第一种《稻(上编)》,中华书局1958年,第470页。
[4] 李彦章:《江南催耕课稻编》,陈祖槼主编:《中国农学遗产选集》甲类第一种《稻(上编)》,中华书局1958年,第376、357页。
[5] 林则徐:《林文忠公日记》,《近代中国史料丛刊》第41辑,台湾文海出版社1966年,第144页。

(续表)

年代(公元)	朝代	冷暖	干湿
1264—1324	宋至元	暖	湿
1325—1339	元至明	冷	湿
1340—1570	明	暖	干
1571—1610	明	冷	湿
1611—1643	明	暖	干
1644—1700	清	冷	干
1701—1800	清	暖	干
1801—1870	清	冷	湿
1875—1882	清	冷	湿
1892—1898	清	冷	干

(转引自苏州市地方志编纂委员会:《苏州市志》,江苏人民出版社1995年,第199页。)

三、民国以来苏州气候变化

据徐叔鹰教授研究,民国以来,苏州年均气温约为16 ℃,最冷月1月平均温度为3 ℃左右,最热月7月平均温度为在28 ℃左右,冬季较冷而夏季炎热,气温年差可达25 ℃~26 ℃。苏州最冷的1月平均气温和最热的7月平均气温南北差异均在1 ℃以内,年平均气温、月平均气温一般均为南部略高于北部。吴江和张家港年平均气温分别为15.7 ℃和15.1 ℃,最冷月平均温度分别为3.1 ℃和2.4 ℃,最热月平均温度分别为28.2 ℃和27.5 ℃。[1]

表2 苏州市历代冷暖、干旱变化情况表(1912—1979)

1912—1921	民国	冷	湿
1924—1934	民国	冷	干
1935—1957	民国至新中国	暖	湿
1964—1979	新中国	冷	

(转引自苏州市地方志编纂委员会:《苏州市志》,江苏人民出版社1995年,第199页。)

---

[1] 徐叔鹰、雷秋生、朱剑刚:《苏州地理》,古吴轩出版社2010年,第52页。

表3 苏州市区及各县市1951—2006年平均气温状况表[1]　　　单位：℃

月份	1	2	3	4	5	6	7	8	9	10	11	12	年均
苏州	3.1	4.5	8.5	14.5	19.5	23.9	28.2	27.9	23.3	17.6	11.9	5.8	15.7
吴江	3.1	4.4	8.8	14.5	19.4	23.8	28.2	27.9	23.3	17.6	11.7	5.0	15.7
昆山	2.8	4.1	8.3	14.0	19.0	23.5	27.8	27.5	23.0	17.3	11.6	5.4	15.4
太仓	3.2	4.1	7.9	14.0	18.7	23.4	27.4	27.0	22.5	17.1	11.2	5.5	15.2
常熟	2.7	4.0	8.3	14.1	19.1	23.7	28.0	27.5	23.1	17.4	11.6	5.5	15.4
张家港	2.4	3.6	7.7	14.0	19.0	23.8	27.3	27.5	22.6	17.1	10.8	4.8	15.1

从苏州市区及各县市气温年际变化看，自20世纪50年代至80年代初30年间总体缓慢下降，此后25年间则有上升趋势。这一特点在苏州年平均气温变化方面表现较明显。影响气温变化因素虽是多方面综合性的，但近年气温升高与全球范围内化石燃料大量使用带来的CO_2排放造成的温室效应有很大关系。近几十年气温上升，也与苏州城市规模不断扩大带来的城市"热岛效应"有直接关系。[2]

综上所述，苏州虽然地处江南地区，但苏州的气候变化未能游离于全国气候变化的大势之外。苏州的气候变迁和全国的气候变迁基本上是一致的，经历了几次较大的冷暖波动。寒冷气候主要出现在魏晋南北朝、宋代和明清时期。

---

[1] 《苏州指南》编委会编：《苏州指南2007》，古吴轩出版社2007年，第3页；徐叔鹰、雷秋生、朱剑刚：《苏州地理》，古吴轩出版社2011年，第48页。

[2] 杨强、王涛：《1976—2006年江苏省气温和降水量的时空变化特征》，《生物灾害科学》2014年第4期。

苏州地质与地貌变迁

余同元　何　伟

关于苏州历史地质与地貌的变化，学术界有不少研究成果，如李超《苏州澄湖古泥沼洼地形成演化与全新世海侵研究》（华东师范大学2011年硕士学位论文），姜佳佳《苏州地区第四纪地层划分对比与断裂构造活动性分析》（中国地质大学2013年硕士学位论文），尹行《苏州及邻区第四纪地层、海平面变化与新构造运动》（中国地质大学2013年硕士学位论文），吴静红《苏州第四纪沉积物物理性质与地面沉降生命过程分析》（《岩土工程学报》2014年第9期）。除专门研究外，徐叔鹰《苏州地理》（古吴轩出版社2010年），苏州市地方志编纂委员会《苏州市志》（第一册）（江苏人民出版社1995年），魏子新《长江三角洲东部第四纪沉积环境演化：新构造运动、古气候与海平面变化的耦合作用》（华东师范大学2004年博士学位论文）等论著中，都有部分章节研究苏州地质与地貌变迁的相关内容，但多集中在古地质地理方面。

一、苏州地质变迁过程

苏州和无锡、常州、镇江、南京四市及浙江湖州市等同属下扬子准地台，在漫长的地质时期，经受了印支、燕山、喜山等造山运动及新构造运动的冲击和荡涤，地壳上升，岩浆上侵，地质沉积，加以海侵海退，最终形成今天的地质地貌。[1]

距今5亿至4亿年前，地质史上古生代期，苏州为广阔的海洋，沉积了含有雷氏三叶虫等海洋生物化石的白云质灰岩、硅质灰岩和砂岩、粉砂岩。此地层出露于昆山玉峰山一带，是苏州已知最古老的岩层。[2]大约距今3亿年的古生代石炭纪，苏州洞庭西山的元山、林屋山、石公山以及光福玄墓山南坡一带露出地

---

[1]　苏州市地方志编纂委员会编：《苏州市志》，江苏人民出版社1995年，第162页。
[2]　徐叔鹰、雷秋生、朱剑刚：《苏州地理》，古吴轩出版社2010年，第20页。

面。长期地表水和地下水的溶蚀,形成了林屋洞等喀斯特地貌,以及"皱、瘦、透、漏"的太湖石。[1]大约距今2亿年的古生代二叠纪,苏州地壳升降运动较强烈,海侵和海退频繁。在此海陆交替过程中,沉积了含有煤系的砂页岩、灰岩、泥岩地层,主要出露在凤凰山、蒸山、玉屏山等地。[2]

大约至中生代三叠纪,苏州地壳再次下沉,地壳运动使富含矿液的酸性岩浆侵入,形成了城隍山石英斑岩体及东渚小茅山和光福迁里多金属矿床。该地层主要出露于玉屏山、蒸山、西山和狮子山以北至浒墅关以南一带。[3]大约距今1亿年的中生代侏罗纪、白垩纪,气候变得干热,发生了大规模燕山期造山运动,苏州地层受剧烈的地壳运动影响,产生了多期次、多形式的褶皱和断裂,并使地壳深处岩浆沿断裂破碎带频繁侵入或喷出,形成矿物结晶花岗岩,构成了灵岩山、天平山、天池山、金山、狮子山等花岗岩体。岩浆喷出地表,形成了分布于虎丘、何山、阳山、观山、小南山等地的火山岩系,[4]从而奠定了现代苏州地貌的雏形。

距今7 000万年左右的新生代第三纪,地壳运动以升降为主,在沉降盆地中形成系列沉积,如常熟白茆—莫城、昆山蓬朗—吴中甪直、吴江七都—盛泽等区域沉积了内陆湖泊相的红色砂岩、砂砾岩,园区斜塘—胜浦断陷盆地沉积了湖盆相。大约距今300万至200万年的地质第四纪,气候冷暖交替,苏州再次经历海侵和海退,境内第四纪松散沉积地层受西高东低地势控制,西薄东厚,东部厚处可达200多米,其他为150～170米。这些松散黏土、砂土层,构成了苏州现代地形地貌的基本轮廓。[5]

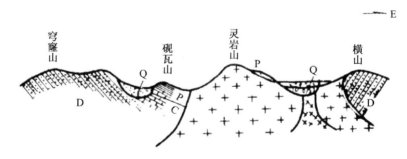

图1　苏州地质构造剖面示意图[6]

---

[1] 徐叔鹰、雷秋生、朱剑刚:《苏州地理》,古吴轩出版社2010年,第22页。
[2] 徐叔鹰、雷秋生、朱剑刚:《苏州地理》,古吴轩出版社2010年,第23页。
[3] 徐叔鹰、雷秋生、朱剑刚:《苏州地理》,古吴轩出版社2010年,第23页。
[4] 孙洋:《江苏宁镇地区晚中生代侵入岩成因及其与成矿关系探讨》,中国地质大学2012年博士学位论文。
[5] 唐贤君:《下扬子东部及邻近海域中新生代构造特征研究》,中国地质大学2011年硕士学位论文。
[6] 唐益群等:《工程地质学实习教程》,同济大学出版社2002年,第110页。

二、苏州历史时期地质断裂及地震灾害

关于苏州历史时期断裂构造与地震灾害研究,目前尚未发现有专门论著出版。国家地震局地球物理研究所《中国历史地震图集》、江苏省地震局《江苏省地震监测志》、徐叔鹰《苏州地理》等论著中已有部分章节研究苏州历史时期断裂构造与地震灾害。

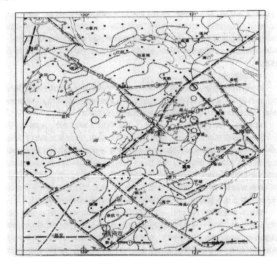

图 2　苏州及其邻近区地质构造图[1]

地质构造上苏州位于扬子准地台的太湖—钱塘褶皱带,地质构造运动表现为沉陷、隆升、褶皱、断裂、岩浆侵入和喷出等现象。苏州断裂构造大多生成于1亿年左右的燕山构造运动时期,主要有北东走向的压性断裂、北西走向的张性断裂和近东西走向的张性断裂等大断裂条。[2]其中:

湖州—苏州断裂带,起于浙江菱湖,经湖州、吴江、吴中等地,在地貌上表现为系列低山丘陵。昆山—嘉定断裂带,自苏州工业园区唯亭向昆山市南、蓬朗、上海外岗一线延伸。

苏州—无锡断裂带,在地貌上表现为断裂,南西侧为低山丘陵区,北东侧为湖荡平原区。该断裂与湖苏断裂交汇,明弘治十四年曾发生过4 3/4级地震。太仓—支塘断裂带,长100公里左右,构成了常熟白茆早新生代断陷盆地与甪直凹陷东界的边界断裂。该断裂与北西西向沙溪—藕渠断裂交会,曾发生过1990年

---

[1] 徐叔鹰、雷秋生、朱剑刚:《苏州地理》,古吴轩出版社2010年,第34页。
[2] 陈智梁、陈世瑜:《扬子地块西缘地质构造演化》,重庆出版社1987年,第32页。

常熟5.1级地震。无锡—崇明断裂带,自无锡南向东经常熟、太仓北部延伸至崇明附近长江口。在崇明新河—马桥一带,沿断裂东南侧分布燕山期花岗岩岩体。浏河—新场断裂带,明万历四十三年(1615年)在南通发生5级地震。长江中下游—南黄海地震带,处于华北多震区和华南少震区过渡带,自公元1500年至2005年共发生4级以上的地震45次,其中6.0~6.9级地震15次,7级1次。[1] 苏州市域范围内自1133年以来发生的破坏性地震如下:

1133年(绍兴三年)八月己丑,苏、湖地震。(《宋史·高宗纪》)

1505年(弘治十八年)九月,地震有声,生白毛,雨粉。(康熙《苏州府志》卷2)

1523年(嘉靖二年)冬,地震,生白毛。(康熙《苏州府志》卷2)

1554年(嘉靖三十三年)地震,生白毛。(康熙《苏州府志》卷2)

1658年(顺治十五年)八月丁丑,苏州地震。(乾隆《苏州府志》卷77)

1664年(康熙三年)九月二十二日午时,地震,声自南而北。(光绪《昆山新阳两县志》卷51)

1668年(康熙七年)六月十七日戌时,地震有声。(光绪《昆山新阳两县志》卷51)

1676年(康熙十五年)十一月初四日,苏州地震有声。(《清史稿·灾异志》)

1707年(康熙四十六年)七月四日地震。(光绪《苏州府志》卷143)

从区域地震构造图上可以看出,以上地震均发生在北西向断裂和东西向断裂的交会部位,或断陷盆地边缘,地震活动分布明显受新断裂构造运动和地层脆弱部位控制。

三、苏州地貌的历史变迁

韩慎予《苏州地貌概况》(《苏州教育学院学报》1986年第1期)一文对苏州历史地貌的变迁进行了概要介绍,张振雄《苏州山水志》(广陵书社2010年)一书对苏州诸山进行了翔实的调查与叙述,苏州市地方志编纂委员会《苏州市志(第一册)》(江苏人民出版社1995年)中有部分章节涉及苏州地貌变迁的研究。杜国玲《吴山点点幽》(上海文艺出版社2008年),虽属苏州城郊山水游记,但不乏苏州历史地貌的考察资料。大约新生代第四纪后,苏州现代地表形态形成,是

---

[1] 徐叔鹰、雷秋生、朱剑刚:《苏州地理》,古吴轩出版社2010年,第36页。

一块西南略高于东北、微向黄海倾斜的陆地,地貌类型主要以平原为主,是燕山运动以来下沉占优势的平原,其间散布着稀疏的孤山残丘(岛状山)。平原平均海拔 3~4 米,低山、丘陵偏集于苏州西南太湖沿岸地区。穹窿山海拔 341 米,为苏州市的最高峰。

1. 苏州平原的历史形成

（1）长江冲积平原

河漫滩位于长江沿岸,由细、粉砂及粉砂亚黏土等组成,质地疏松,涨潮时沉没于水面下,落潮时则露出水面。它是长江冲积平原的雏形产物。新三角洲冲积平原分布在长江沿岸的内侧。其南部东起常熟市福山沿老海城堤,西至张家港止。平原成陆时间短,有的仅数年到数十年,最老的不过百来年,因沉积时间不同,利用年限不同,故有老沙与新沙之分：老沙多位于南部,以黄泥土为主；新沙多位于北部,以沙土、灰沙土为主,高程 3.4~4 米。土壤偏碱性,是稻、麦、棉轮作区。老三角洲冲积平原分布在太仓—白茆—兴隆—张家港一线以北,呈宽条状分布,面积约 1 100 平方公里,成陆时间较长,多沙质与沙壤质。剖面下部即底土层,大都埋藏有青紫泥,土质越近长江岸边越偏弱酸性,越远离长江则越偏弱碱性。沉积物的颗粒度越近长江越粗,以沙土、灰沙土为主,远离长江岸边则以抟泥土、乌山土为主,是棉、麦、稻轮作区,也是苏州棉花集中产地。[1]

（2）太湖水网平原

太湖水网平原区位于江苏东南部,是长江南岸沙坝与钱塘江北岸沙坝围封而成的古湖沼平原—太湖平原。其西线从常州绕经长荡湖、滆湖和太湖以西的山麓,南过浙江省的吴兴到杭州,东线从无锡市江阴起,经常熟、昆山、苏州市郊及太湖东岸一带。太湖平原成碟形,边缘高,中间低。平原海拔大都在 3~4 米,吴江一带为最低,其最低部分海拔只有 1.7 米。地表物质以粒径较小的淤积物和湖积物为主。它们在人类长期改造、利用下,形成了水网平原、圩田平原、湖荡平原三种地貌形态。水网平原主要分布在苏州、无锡一带,海拔 3~4 米,水网稠密,一般年份旱涝无忧。组成物质大多为河、湖淤积物,自然肥力较高。圩田平原主要分布在太湖周围地区,海拔一般在 2 米以下,地面海拔一般在 1.5~3.5 米之间。水网稠密,地面往往低于堤外河水水位,径流极易汇集。因此,人们筑圩成田,挡水防淹。地面物质以河、湖淤积物为主。圩田平原细分则有低洼圩田平原、水网圩田平原和滨湖圩田平原。湖荡平原主要分布在太湖平质的湖荡地

---

[1] 苏州市地方志编纂委员会：《苏州市志》,江苏人民出版社1995年,第190页。

区。地势较高的为湖荡平田，一般旱涝保收；地势较低的地区称为湖荡圩田，易受涝害。[1]

(3) 苏州市区堆积平原

冲湖积高亢堆积平原亚区，包括蠡口以南、长桥以北，东至阳澄湖—尹山湖湖群西岸，西连基岩山丘之间的平原地带。其标高一般在 1~3.6 米之间，略有起伏，境内又可分为高亢平原、封闭碟形浅洼地、宽槽形沼泽低地、湖滨低地、海湖积低洼堆积平原亚区 5 种微地貌类型。此外还有人工平原地貌，分人工堆积地貌及人工水网地貌两类。人工堆积地貌主要为古城区及阊门外历史上繁华地段，地面标高 3~5.5 米，包括黄桥—蠡口一带、东部湖群西岸、太湖梢及石湖周围；围垦区地形低平，该亚区直接受到全新世海侵影响，地表普遍分布有全新世潟湖相及较晚湖沼相沉积物。[2]

2. 苏州山丘分布及变迁

苏州有大小山丘百余座，从地质构造上讲，属浙西天目山向东北延伸的余脉，主要分布在吴中、虎丘两区及常熟、张家港两县市。这些山丘和浙江省天目山及宁镇地区茅山一样，都是成生于 2 亿~1.6 亿年前的印支—燕山运动，系皖南黄山山脉及浙西天目山山脉向东北延伸余脉，海拔一般在 100~200 米间，穹窿山最高，主峰海拔 341.7 米。苏州山"其大者曰阳山、穹窿、天平、岸嶤、俗名狮子山、邓尉、灵岩、西脊、铜井而虎邱、支硎，亦为胜地，其山脉之蜿蜒北出者，至常熟为虞山，其余如洞庭东西两山暨鼋山等均在太湖中，马鞍山在昆山城内"[3]。明代正德《姑苏志》曰："吴中诸山奇丽瑰绝，实钟东南之秀，地理家谓其原自天目而来，发于阳山，今纪自阳山分华鹿而南，迤逦天平，尽于灵岩，别由穹窿而东，尽于楞伽以及湖中诸山。若虎丘，于诸山最小，而名胜特著。"[4]

关于苏州诸山分布，《宋平江城坊考》曰："郡城之山皆在西，惟洞庭两山最为高广，而在太湖之中，西山有林屋洞天，世称为福地，皆属吴县。而长洲、昆山、常熟之山仅余四十，若川、泽、浦、荡之名则不可胜纪，而数倍于山。"[5]苏州城区以西为构造—剥蚀低山丘陵区，存在着两片面积较大的基岩山体，正西方向一片南北长 7 公里，东西宽 1~3 公里，由天平山、灵岩山、大焦山、观音山、高景山

---

[1] 韩慎予：《苏州地貌概况》，《苏州教育学院学报》1986 年第 1 期。
[2] 苏州市地方志编纂委员会：《苏州市志》，江苏人民出版社 1995 年，第 192 页。
[3] 陆璇卿：《旅苏必读》，吴县市乡公报社 1922 年，第 5 页。
[4] 王鏊：正德《姑苏志》卷八《山》，《天一阁藏明代方志选刊续编》第 11 册，上海书店 1990 年，第 635 页。
[5] 王謇：《宋平江城坊考》卷首《山水》，广陵书社 2003 年，第 20 页。

等组成,主峰天平山。这些山丘中最著名的当属天平山和灵岩山。

天平山西距苏州古城8.5公里。东南为金山,南连灵岩山,西北通华山、天池山,北接寒山岭和观音山,占地面积7.7万平方米。山高海拔201米,为天平、灵岩诸山中最高峰,山顶平正,故名天平山,又名白云山。天平山形成于距今1.36亿年前的造山运动,山体为钾长岩花岗石组成。山半有白云泉,陆羽品为"吴中第一水"。庆历四年参知政事范仲淹因祖坟在天平山东麓,获宋仁宗赐山,天平山因而又名"赐山",俗称"范坟山"。天平山范氏界内自宋以来严禁樵采,"因系禁山,从前未经开凿,至康熙二十七年,奸徒射利采石,有毛世楷等具呈,前抚宪田重惩首恶,严行禁止,至五十六年复有奸徒开采"[1]。其后,开山采石之事屡禁不止。1954年苏州市园林管理处接管天平山。[2]

灵岩山在苏州古城西南13公里,木渎镇西北里许,距太湖约1.5公里。山高180米,面积1 800亩,旧有灵芝石,故名。因山势右旋,遥望似巨象回顾,山麓嵝村产石可制砚,又名象山、砚石山。山体由花岗岩组成,岩中除含有长石、石英、黑云母、角闪石等矿物外,还含有多种放射性元素和稀有元素。《越绝书》载,"吴人于砚石山作馆娃宫",相传吴王与西施游乐于此。明万历末年,户部官员马之骏捐俸赎山禁采,山获保全。至清代,盈谷皆松,康熙帝、乾隆帝数来灵岩。山寺广植林木,整修山路,春秋佳日,游人接踵。[3]

西南方向、西北向及东西向皆约5公里,由横山、南黄山、吴山岭、福寿山、上方山等组成,主峰七子山。这些山丘中最著名的当属横山。横山在原吴县西南约15里处,俗称"七子山",又名"踞湖山",因其山背临太湖,若箕踞之势故名。此山临湖控越,向为吴国军事要地。隋开皇十一年,杨素迁郡城于横山东,唐初迁回旧治。因吴越广陵王钱元僚葬此,香火院即为荐福寺,故此山又名"荐福山"。[4]

此外,还有一些孤立突起于平原之上的陆屿残丘,有名者如虎丘山、何山、狮子山及黄山等。[5]

3. 逐渐消失的苏州名山

苏州诸山中有石灰石和花岗岩。石灰石主要分布于洞庭西山东侧的乌峰

---

[1]《江南苏州府吴县正堂冯为禁斩脉事》(乾隆七年十一月),《历届天平禁山碑文》,上海图书馆藏,第7页。
[2] 苏州市地方志编纂委员会:《苏州市志》,江苏人民出版社1995年,第192—193页。
[3] 苏州市地方志编纂委员会:《苏州市志》,江苏人民出版社1995年,第192—193页。
[4] 陈桥驿:《中国都城辞典》,江西教育出版社1999年,第660页。
[5] 苏州市地方志编纂委员会:《苏州市志》,江苏人民出版社1995年,第34页。

顶、元山、石公山、龙涧山、马石山及三山岛一带,经历代开采,储量渐少。至唐代,石料除了用以烧制石灰外,已直接作为建筑材料,用于房屋、桥梁等建筑。宋代,主要用于砌筑太湖堤岸,并被广泛用作碑碣材料。雍正年间,用于踹布的"石灰石元宝",仅苏州城区就有 10 900 只之多。苏州花岗石开采历史也相当悠久,宋代后屡禁屡开,明代金、焦两山被大肆开采。嘉靖年间扩延到灵岩山下,奇峰怪石大半被采。清代中期之后,各类建筑上的石灰岩构件,越来越多地被花岗石取代,开采规模不断扩大。1840 年至民国初年,金山等地是花岗岩开采盛期,石作、石铺遍布苏、沪各地。金、焦两山石料大量运到上海,成为"万国楼""万国公墓"的建筑材料。藏书镇"石码头",船只云集,装卸繁忙,成为石料下水码头。随着石料不断开采,一些山、丘、墩已被夷平或仅留遗迹。现据《苏州山水志》所述,将逐渐消失的苏州名山列举如下:

鼋头山,一名鼋山,今称元山。宋《吴郡志》载:"(鼋山)在洞庭西山之东麓,有石闯出如鼋首,相传以名。"民国《吴县志》载:"山悉巨石,有如鼋形之立,盖两山相沓,四角如足,与下石相接,其间断处,才通一指。宋宣和间,朱勔力欲取之不能得,碎其首……山下有石如鸟立者,曰鸡距石;山东湖中有蹒跚见水面者,曰鼋壳石。"鼋山"山产青石,可作碑碣",历代开采不绝,今山体大部分已被开采,仅存遗迹。

龙头山又名龙渚山,在吴中区西山镇。《林屋民风》曰:"龙渚大小二山,石多瑰异琳琅。"小龙渚山在圻村大龙山渚麓,大龙渚山因"临水有石如龙,往年里人疑为耗魇而残之"。龙渚山为石灰岩小丘,曾被开采。山下龙山泉,深丈余,大旱不涸,60 年代毁于开山采石。乌砂泉,水中有乌砂沉淀,故名。有巨型太湖石,名小洞庭石,上有 72 峰,故名,毁于 20 世纪 60 年代开山采石。

高景山,《越绝书》作高颈山。高景山位于支硎山北端,南与大禹山相连。北东走向。大禹山、小禹山为高景山支脉,正德《姑苏志》云:"高景山在定山、羊山北三里,自天平来漫衍数里,至此而止。"高景山山体均由花岗岩构成,有萤石矿点。因修筑海塘,雍正年间巡抚张楷令石工采石,山多残毁。乾隆三年,巡抚许容勒石永禁。同治十一年,苏州知府李铭皖普禁诸山违禁开采。至 2000 年,仅存残丘,山南坡已被夷平。

茯苓山,《姑苏志》云:"因山产茯苓而名。"乾隆《苏州府志》云,"(茯苓山)在县西北六十五里,高数丈,周三百步",传宋韩世忠为抗金堆筑。1997 年茯苓山被夷平。

周和山,乾隆《苏州府志》云,"周和山在娄门外三里",宋太守周和葬此,故名。现属苏州工业园区娄葑镇,在娄门外官渎桥西北。原属新苏村,已被夷平,现为娄江小学。

白蚬山,俗称"蚬子山",在相城区太平镇沈桥行政村蚬山村,位于阳澄湖西岸蚬山嘴,其东为阳澄湖高山湾。隆庆《长洲县志》载:"白现(蚬)港,二十六都。"乾隆《苏州府志》云:"白蚬山在府城东三十五里,阳城湖南,去夷亭镇三里。"乾隆《元和县志》载:"渔户堆螺蚬于土阜上,日积月累渐次成山,远近过者照耀如晴雪云。蚬山嘴突出于湖中,为观日出佳处。"因山上蚬壳被用作建筑材料,至20世纪70年代,蚬子山已被夷平。

蔡墩,在张家港市塘桥镇东1公里处。光绪《常昭合志稿》曰:"有东、西二墩,相传唐蔡将军所筑。"东、西两蔡墩相距约百米。清末民初,曾在西墩旁发现墓室大石条和残缺的墓碑,内容为"唐咸通十二年蔡将军墓"。20世纪90年代时,东墩周长约150米,高5米,两墩仅剩4平方米。2003年,土地被征用,两墩被夷平。

李坞墩,光绪《常昭合志稿》云:"李坞墩在东金村东北,旧传李姓聚族居此,前志记各乡村名所称李乌即此地是也,后讹呼为令狐墩。"在张家港市塘桥镇金村东北。20世纪70年代,为增加耕地,李坞墩被夷平。

段山,南宋时山在长江中,远望似浮在江面的蛤蟆,俗称癞团山,又名摩诃山。在张家港市大新镇西北沿江,因泥沙淤积,晚清时与陆地相连。山原高32.4米。20世纪50年代起开山采石,现已夷为平地。

宛山,一名苑山、马鞍山。在张家港市凤凰镇凤凰山西麓。正德《姑苏志》云:"宛山在县西南五十里,高七十丈,周五里。"山原高60米,长0.9千米。因山"产石坚润可为砚",历代开采不绝,现已被夷平。

崇德山,又名石塔山、塔山、塌山,山体形态如箬帽,俗呼箬帽山,因曾开采过白泥,又称白泥山。位于张家港市塘桥镇与常熟市海虞镇交界处。乾隆《苏州府志》云:"崇德山在县西北三十八里,河阳山南,高六十五丈,周七里。"晋处士夏统、宣城太守邴臻曾居此山。山已被夷平。

虞山,虞山因虞仲葬于山首而名。一名乌目山、海隅山。北有低丘,名小山,20世纪50年代起,在小山采石,现小山已被夷平,采石坑穴深达40多米。

涛山,原名寿山,又作陶山。在常熟市海虞镇,西南与福山相连,北滨长江,横亘无峰。正德《姑苏志》云:"寿山与福山相连,北滨大江,又名陶山。"因开山采石,山已被夷平,采石坑深逾20米。

姜家墩,在昆山市花桥镇西陶家村,金城遗址东南侧。土墩高6米,底部面积约500平方米。后姜家墩被夷平。

石家山，在常熟市海虞镇铜官山东北。道光《苏州府志》云："石家山在县北三十七里，常熟山北，高五十七丈，周二里。"20世纪70年代开始采石，现仅存残丘。

茅家山，在常熟市海虞镇石家山东北。《虞书》云："茅家山在县北四十里。"20世纪70年代开始采石，现仅存残丘。

小山，在常熟市大义镇，原为海拔近50米小山岗，主要由石英砂岩构成。因开山采石，已成为40多米深的石坑，面积近700亩。

马山又名石套山。位于虎丘区镇湖镇北部，濒临太湖，与大贡山岛隔湖相望，山体由泥盆系石英砂岩构成。大部分山坡在开采石英石和瓷土时被夷平。

镇山，在张家港市金港镇三甲里北，为香山东北支脉。《常州赋》载："镇山在县东三十里，昔有虹蜕出此山，以镇星所陨化，故名。"[1]一名振山，古称牛头山、桃花山。20世纪70年代末，镇山毁于采石。

龙山，在虎丘区东渚镇龙山、东新两村。山体由石英砂岩构成，东西走向，60至90年代开山采石，现仅存西坡和东坡残迹。

综上，苏州地区地貌以平原为主，是燕山运动以来下沉的平原，其间散布着稀疏的孤山残丘（岛状山）。低山、丘陵偏集于苏州西南太湖沿岸地区，地质灾害较少。苏州地貌的特征及其发生、发展和分布规律，同江南地质、古气候和长江、太湖的演变都有密切关系。

---

[1] 褚邦庆著，张戬炜、程广荣、王继宗校点：《常州赋》，南京大学出版社2011年，第198页。

苏州古城水道变迁

余同元　何　伟

苏州古城水道体系可分为环城河、干道系统和支流系统三个层次。由环城河、三横四直干河与诸多横河组成的水道网承担着整个古城引水、排水、运输、防卫、生产、生活等功能,而水门和埭堰则是调节枢纽和防洪屏障。其中,干道直河主要沟通和调节横河之水,使全城水位水流平衡一致,即"以塘行水,以泾均水,以塍御水,以埭储水"[1],对全城起着支撑作用。河道疏浚和管理历来由官方主持,故河称"官河",桥称"官桥"。关于苏州古城水道变迁的研究,有《苏州河道志》(吉林人民出版社 2006 年),张光玮《古地图中的苏州古城河道变迁》(《建筑史》2013 年第 3 期)、陈栋《苏州城区水道的历史变迁》(《现代苏州》2012 年第 14 期),陈光明、周翠娇《建国以来苏州内城河变迁述略》(《湖南科技学院学报》2007 年第 12 期),何峰《历史时期苏州城市水道研究》(《中国水利》2014 年第 3 期)等论著。同时,薛焕炳《江南运河与吴古故水道》(《江南论坛》2014 年第 7 期),顾永红《苏州历史水街区及其历史变迁考察》(《苏州职业大学学报》2006 年第 2 期),黄信《苏州古城水巷研究》(《城市建设理论研究》2013 年第 29 期),《苏郡城河三横四直图说碑》(《东南文化》1988 年第 1 期),郑罡《浅论苏州城历史水系与沧浪亭水体之关系》(《当代人》2008 年第 6 期)等论著中也有部分章节涉及苏州古城水道变迁。这些论著考证论述有繁有简,存在不少差异。本节在这些研究的基础上,结合各个时期苏州古城地图,试就苏州古城水系的历史沿革和变迁做概要叙述。

一、古城水道干道增减概况

苏州地区东濒大海,北临长江,位于太湖出水口区要冲的湖东洼地,四周有

---

[1] 朱长文:《吴郡图经续记》卷下,中华书局 1985 年,第 51 页。

石湖、独墅湖、黄天荡、金鸡湖、阳澄湖等十多个大湖泊,还有松江、娄江、东江三条太湖泄水大河,可谓河江纵横,湖泊棋布。[1]苏州古城的水网建设是与城市的建设同时进行的。吴国在这个险阻润湿又有"江海之害"的地区建设都城时,可能是先设城池以阻挡外来的洪水。据《越绝书》和《吴越春秋》记载,古城采用象天法地的规划模式,城墙四周各设水陆城门两对,有"陆门八,以象天八风。水门八,以法地八聪"[2]之说,城门位置并不完全对称,可能是根据城外河水流势而设,便于引水入城或排水出城。周十二里的宫城位于都城中央地势较高处,其外围亦有高大的城墙和深广的城河。城内辟有宽广的街衢和河道,"从阊门到娄门,九里七十二步,陆道广二十三步;平门到蛇门,十里七十五步,陆道广三十三步,水道广二十八步"[3]。街衢河道通过八对水陆城门出城,其中西北陆上要道出胥门,北上水道出平门。在都城的八对水陆城门和宫城的外城河之间形成了最初的水陆架网,并以城外的河湖水系为依托,内外息息相通。

楚时,春申君黄歇请封于江东,以苏州城为封国都邑,相传他是位精通水利的专家,为免遭洪水威胁,封闭了位于太湖洪水正面冲击之处的胥门,使胥江之水绕道入城,在城东南增设葑门,利于城内泄水。同时在城内原有的基础上,有计划地增辟许多纵横的小河道以宣泄和蓄存暴雨后的积水。据《史记正义》载,当时"大内北渎,四纵五横",说明子城北面的水系已呈"四纵五横"的布局。三国至六朝时期,城内陆路水道又有所开拓,其建构大致从北至南,与城市建设同步。唐朝,一方面是江南运河的修筑使地面水网更加通畅,另一方面是大量宽厚平坦的湖堤塘岸的兴修促成了苏州与外界陆路的联系。苏州自此"陆骑水舫"四通八达,八对陆门和水门全部开启,这种开放的环境带动了城内水陆双棋盘架网的建设,"大河三横四直,郡郭三百余巷"[4],小桥流水的水城风貌基本形成。正是在这种"智者创于前,能者踵于后"的水网建构中,以水系为脉络、河道为骨架、街巷相依附的水陆双棋盘格局在唐朝基本定型,至宋后更加完善。据南宋绍定二年所刻《平江图》碑所示,当时苏州城内有"七纵十四横"水道纵横交错。

元初,意大利人马可·波罗东来,盛赞苏州水众桥多,风物清嘉,与他的故乡威尼斯相似,苏州"东方威尼斯"之名由此而来。明代,便捷的水上运输和开放的地区水网促进了苏州成为全国的工商业重地,商业手工业的繁盛又进一步带

---

[1] 陈泳:《苏州古城水系的更新与发扬》,同济大学2003年博士学位论文。
[2] 赵晔:《吴越春秋》,江苏古籍出版社1986年,第25页。
[3] 袁康、吴平:《越绝书》,上海古籍出版社1985年,第10页。
[4] 廖志豪、叶万忠:《苏州史话》,江苏人民出版社1980年,第72页。

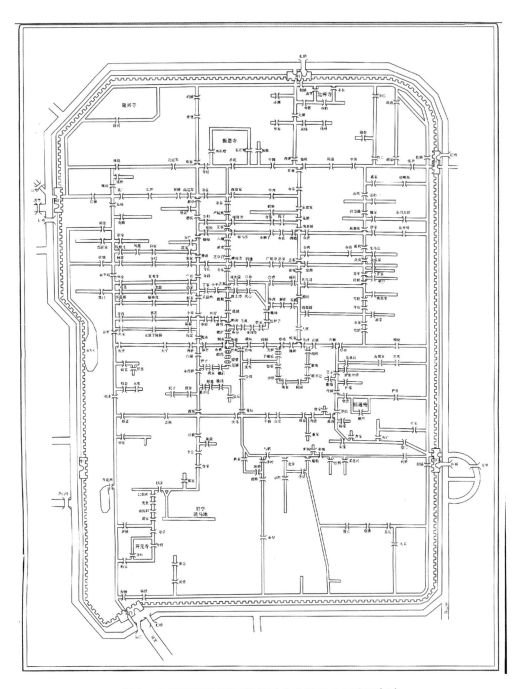

图3 宋《平江图》所记苏州城内水道分布示意图[1]

---

[1]《苏州河道志》编写组:《苏州河道志》,吉林人民出版社2007年,以下图4至图13皆引自该书。

动了人口的集聚和空间的扩展,作为生活之脉的河道也进入了新的建设时期。正如《吴中水利全书·苏州府水道总图》所述:"城内河流三横四直外,如经如纬尚以百计,皆自西趋东,自北而南,历唐、宋、元不湮。"[1]刊于明崇祯十二年的《吴中水利全书》收录有《苏州府城内水道图》。将宋《平江图》与《苏州府城内水道图》进行对比,可以绘制出《〈苏州府城内水道图〉与宋〈平江图〉水道对照示意图》。

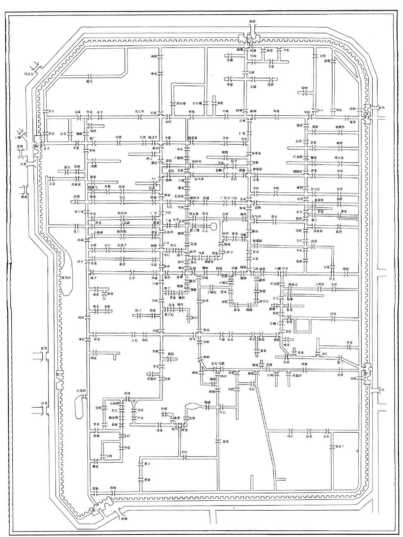

图4　明末《苏州府城内水道图》所记苏州城内水道分布示意图

---

[1] 张英霖:《明末吴中水利全书所载苏州府城内水道总图初探》,见曹婉如等编:《中国古代地图集(明代)》,文物出版社1995年,第128页。

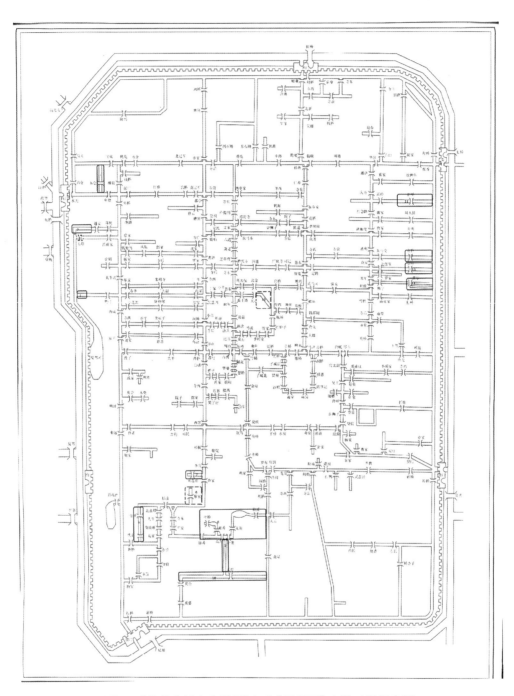

图 5 《苏州府城内水道图》与宋《平江图》水道对照示意图

两图相对照,河道增加者12处,减少者3处(为图中标号2、6、15处)。增加的河道总长度远超过减少的河道总长度。此时期河道的增减情况详见表4：

表4 宋、明两代苏州城内水道增减情况表

年代	水网结构	河道总长/公里	河道密度（公里/公里²）	河道数量	东西向河道数量	南北向河道数量	桥梁数量（座）	桥梁密度	与上一时期相比差值（公里/数量）
宋代	两环七纵十四横	82	5.77	113	75	38	314	22.1	
明代	两环三横四直	86	6.07	121	80	41	340	23.9	+4/8

清代苏州城内河道较宋明大减,主干河道以外支河多被填塞,特别是城西部不少短横河湮塞。清代是苏州古城河道填塞最多的时期,共填塞河道47条(段),占历史上废弃河道总数的一半以上。[1]造成这种现象的原因主要有以下三条：

第一是人口激增。苏州府至嘉庆十五年,人口已突破300万,10年后又翻一倍,增至近600万,城内在50万以上,达到有史以来苏州人口的顶峰。城市人口的剧增必然带来居民生存空间的膨胀,导致河道被侵占,居民"叠屋营构,跨越侵逼。且烟火独密,秽滞陈因"[2],有"以前河狭者二丈,宽者四丈不等……居民已侵占过半"之说。

第二是市场冲击。清代,苏州作为全国的工商业重地,在商品经济的冲击下,原有的社会秩序失范,个人的逐利行为开始侵蚀城市公共空间。史载,商业区的民舍店铺"渐占官路,人居稠密,五方杂处,宜乎地值寸金矣"[3]。侵街的同时,侵河现象也不可避免。《吴县示禁清理张广泗桥附近摊柜以防火灾而通水埠碑》载："桥之四堍,向均有起水埠头,现在西南角一水埠,今春为沈万兴鸡鸭店搭出柜台,占住水路,西北角之水埠为糖果摊子及垃圾堆满,仅剩东北及东南两埠可通行走,桥面也为摊棚所占,只剩狭路,火起之时,尚不肯

---

[1] 陈泳：《苏州古城水系的更新与发扬》,同济大学2003年博士学位论文,第41页。
[2] 费淳：《重浚苏州城河记》,苏州历史博物馆：《明清苏州工商业碑刻集》,江苏人民出版社1981年,第305页。
[3] 苏州市地方志编纂委员会：《苏州市志》,江苏人民出版社1995年,第288页。

拆,以致南北往来,极为拥挤。"[1]可见,由于在桥头乱设摊点,侵占了公共水路,甚至酿成了火灾。

第三是水政松懈。城市水系的严格管理和疏浚治理历来是地方政府工作的重中之重。清代,苏州各级衙门对于社会秩序失范而引起的河道破坏问题也进行了管理,但力度不够,收效甚微,特别是乾隆十一年至嘉庆二年停浚50余年,"积久未修,壅塞渐甚",引发了部分河道的自然淤塞,古城此时期的河道已缩减至57公里。在后来的太平天国战争中,阊门商业区遭到严重破坏,大面积烧毁的房屋废墟坠入河道,又引起河道的淤塞。在战后的恢复过程中,地方政府无暇顾及河床的整修工作,反而听任居民用房屋废墟去填塞河道发展商业用地,因而出现了闹市区河道大面积淤塞消失的情况。[2]

嘉庆元年8月至次年5月,苏州城内全面疏浚了一次河道。当时主持此事的地方官将详细经过写成《重浚苏州城河记》,立石刻碑,存于城中景德路、城隍庙工字殿内。该碑碑阴刻有《苏郡城河三横四直图》,图的上部刻有《苏郡城河三横四直图说》,三者合称《苏郡城河三横四直图》碑。图中详细标明了以三横四直为骨干的河道及主要桥梁的分布,还绘有城墙、城门和城中主要建筑物。按图所绘之河道,各段宽深排浚尺丈,均逐一详载,作为以后河道疏浚的准衡,并以备他日修志采录。图说则将城内河道的来龙去脉、起止分合、流向等详细说明,据此碑的尾下角可知,当时苏州疏浚河道长8 141丈零2寸,出土25 559方9分7厘。共耗银2 159两4钱3分7厘,水利工程的各项明细十分清楚。[3]将《苏州府城内水道图》与《苏郡城河三横四直图》中所绘城内水道名称、起止、走向进行对比,可以绘制出《〈苏州府城内水道图〉与〈苏郡城河三横四直图〉水道对照示意图》。

---

[1]《吴县示禁清理张广泗桥附近摊柜以防火灾而通水埠碑》,王国平、唐力行主编:《明清以来苏州社会史碑刻集》,苏州大学出版社1998年,第662页。
[2] 陈泳:《苏州古城水系的更新与发扬》,2003年同济大学博士学位论文。
[3] 黄锡之:《苏州水利》,南京大学出版社1994年,第92页。

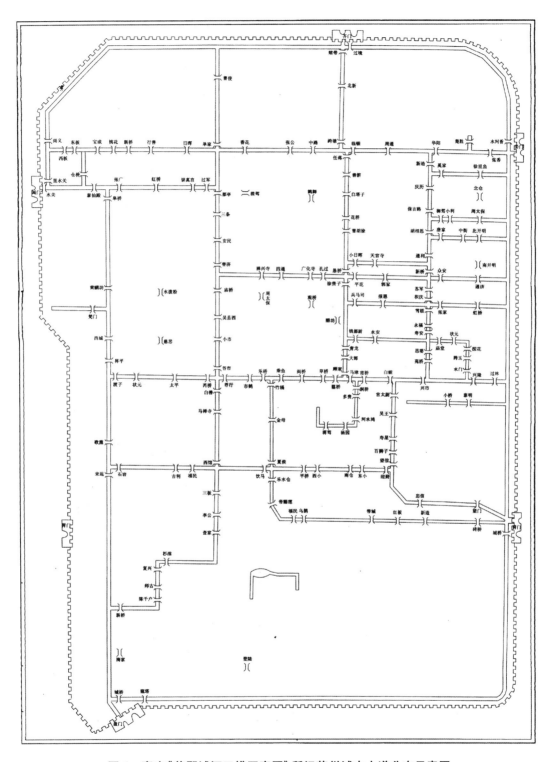

图6 嘉庆《苏郡城河三横四直图》所记苏州城内水道分布示意图

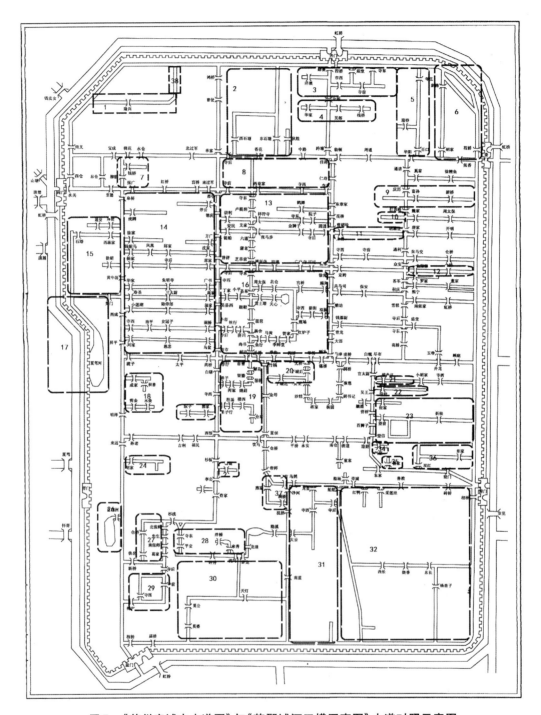

图 7 《苏州府城内水道图》与《苏郡城河三横四直图》水道对照示意图

两图相对照,河道增加者 0 处,减少者 37 处,全部为减少的河道,未见此时期新增河道。此时期河道的增减情况详见表 5:

表5　明、清两代苏州城内水道增减情况表

年代	水网结构	河道总长/公里	河道密度（公里/公里²）	河道数量	东西向河道数量	南北向河道数量	桥梁数量（座）	桥梁密度	与上一时期相比差值（公里/数量）
明代	两环三横四直	86	6.07	121	80	41	340	23.9	+4/8
清代	两环三横四直	62	4.37	45	30	15	261	11.9	−24/76

光绪二十一年(1895)苏州开埠,城河、道路建设摆上议事日程。《苏州巡警分区全图》是清末第一张实测后新法绘制的苏城图。与《苏郡城河三横四直图》相比较,水道分布更加清楚可见。将《苏州巡警分区全图》与《苏郡城河三横四直图》中所绘城内水道名称、起止、走向进行对比,可以绘制出《〈2000年苏州市古城区水道分布示意图〉与〈苏州巡警分区全图〉水道对照示意图》。

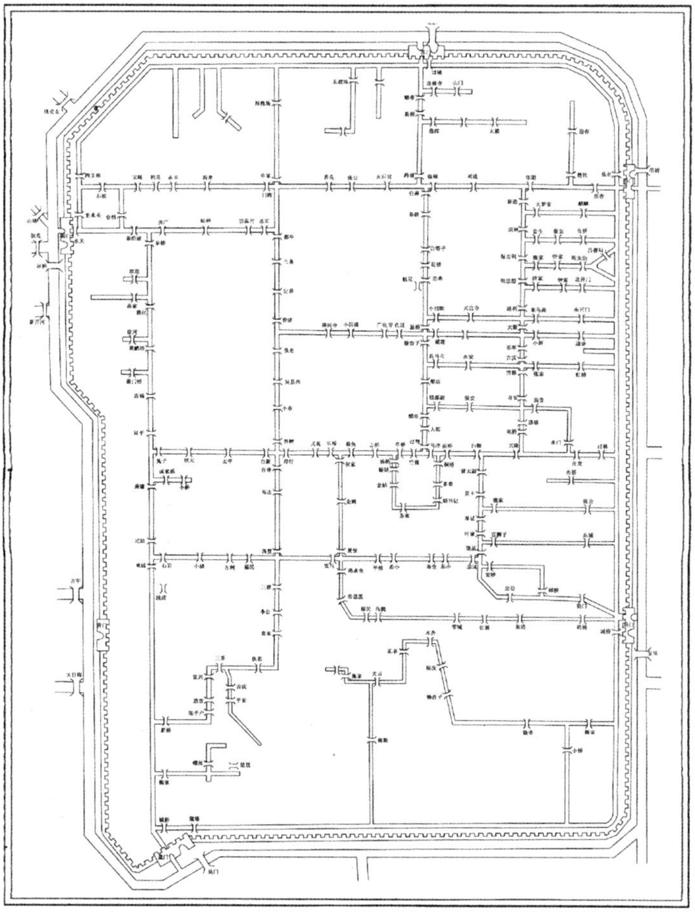

图8　清末《苏州巡警分区全图》苏州水道示意图

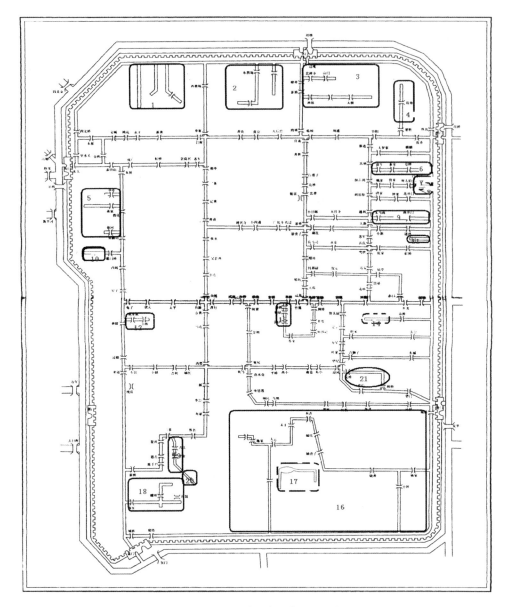

图 9 《2000 年苏州市古城区水道分布示意图》与《苏州巡警分区全图》水道对照示意图

两图相对照,河道增加者 3 处(为图中标示的 8、14、17 处),减少者 18 处。

民国时期苏州城内填埋河道有进无止,1940 年绘制的《吴县城厢图》所载河道较前又有减少,主要是第二直河中段已填塞,干河基本结构遭破坏,进水和排水以及交通功能和作用均在削弱。但由于农田种植业灌溉需要,南园和北园地区新辟了一些河道,且增加了一些蓄水池塘。将《苏州巡警分区全图》与《吴县城厢图》中所绘城内水道名称、起止、走向进行对比,可以绘制出《〈苏州府城内水道图〉与〈吴县城厢图〉水道对照示意图》。

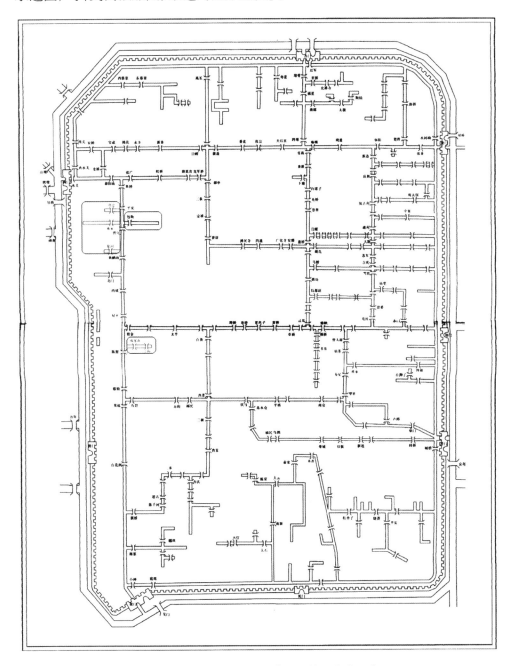

图10 1940年《吴县城厢图》所记苏州水道示意图

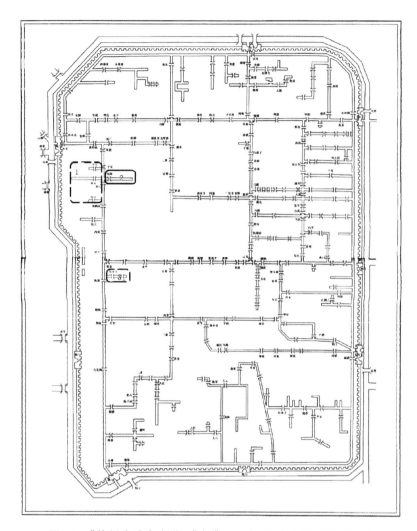

图11 《苏州府城内水道图》与《吴县城厢图》水道对照示意图

两图相对照,河道增加者1处,减少者2处。此时期河道的增减情况详见表6:

表6 清、民国苏州城内水道增减情况表

年代	水网结构	河道总长/公里	河道密度（公里/公里²）	河道数量	东西向河道数量	南北向河道数量	桥梁数量（座）	桥梁密度	与上一时期相比差值（公里/数量）
清代	两环三横四直	62	4.37	45	30	15	261	11.9	−24/76
民国	两环三横四直	47	3.31	30	18	12	169	18.4	−15/15

自 20 世纪 40 年代以来,苏州古城内水道又进一步淤塞,不少河道成为垃圾堆积和蚊蝇滋生场所。如第一横河,从桃花坞河至平门小河交汇处,向东至张公桥再向东至临顿河交汇处河段填没。特别是"文革"期间,第二横河太平桥至言桥段河水被排干,建成地下防空设施,使古城干道体系遭到严重破坏。据《2000年苏州市古城区水道分布示意图》,将《苏州巡警分区全图》与《吴县城厢图》中所绘城内水道名称、起止、走向进行对比,可以绘制出《〈2000年苏州市古城区水道分布示意图〉与〈吴县城厢图〉水道对照示意图》。

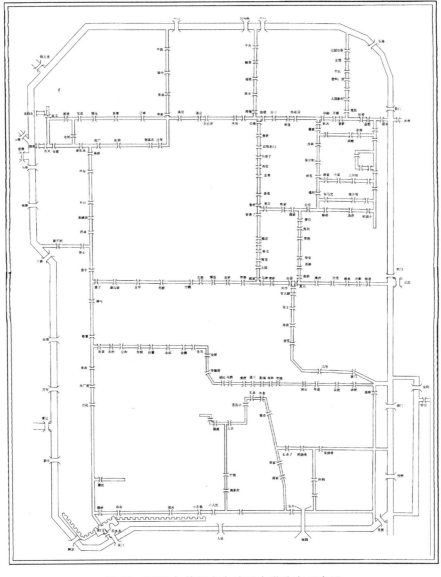

图 12　2000 年苏州市古城区水道分布示意图

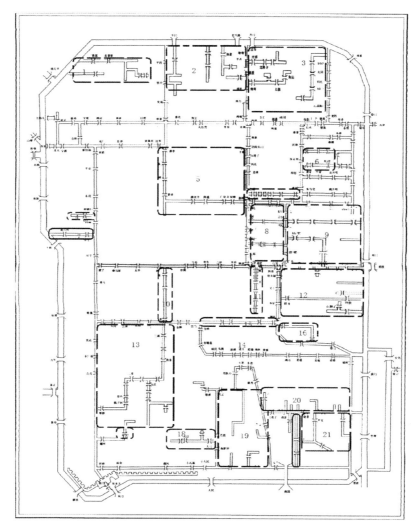

图 13 《2000 年苏州市古城区水道分布示意图》与《吴县城厢图》水道对照示意图

两图相对照,河道增加者 2 处,减少者 19 处。此时期河道的增减情况详见表 7:

表 7　民国及当代苏州城内水道增减情况表

年代	水网结构	河道总长/公里	河道密度（公里/公里^2）	河道数量	东西向河道数量	南北向河道数量	桥梁数量（座）	桥梁密度	与上一时期相比差值（公里/数量）
民国	两环三横四直	47	3.31	30	18	12	169	18.4	-15/15
当代	一环三纵三横	35	2.36	26	12	14	185	13	-12/4

综观各时期苏州水道变迁可见,春秋阖闾大城已奠定水道系统,大城四面各设水、陆城门,子城位于城中央地势较高处,外围环绕河道,大城城门和子城外城河之间有水陆方格网,形成"通门二八,水道陆衢"大格局。[1]战国春申君黄歇徙封于吴,封胥门使胥江之水绕道入城,在城东南增设蛇门宣泄城内积水,在城内增辟纵横小河以宣泄和蓄存雨水。秦汉魏晋时期,城内水道又有开拓,到唐朝"水陆双棋盘系统"已基本定型。至五代宋元时期,由于城外水网和陆路交通改善,八对水陆城门全部开启,城内外联系通畅。明代城内外水道系统日益完备,城内水道总长达到 90 公里左右。入清以后,由于城市人口增加,工业商业繁荣和市政管理不善,河道不断被侵占填塞。民国以来,随着工业化和城市化的发展,城内外水道淤塞状况继续恶化,直到"文革"结束后,古城水道才得到部分整治。[2]

二、古城内四直水道变迁

苏州古城内河道以"三横四直"为主干河道。《读史方舆纪要》曰:"(苏州)城内大河,凡三横四直,内外皆夹以长濠。"[3]下面重点论述苏州古城四直河道的历史变迁。

(1)第一直河

表 8　苏州古城第一直河的变迁

朝代	河流走向	资料来源
南宋绍定	自盘门水关起,经明泽桥、升平桥、黄牛坊桥、皋桥、柳毅桥,至桃花桥入第一横河止。	《平江图》
明隆庆万历	自皋桥起南行至黄牛坊桥长二百五十丈有奇,阔二丈有奇;黄牛坊桥至西城桥长一百丈有奇,阔二丈;西城桥至升平桥长十八丈有奇,阔三丈;升平桥至明泽桥长二百丈有奇,阔三丈;明泽桥至来远桥长七十丈有奇,阔三丈有奇;来远桥南下稍东至盘门水关长五百丈有奇,阔五丈有奇。	《苏州府城内水道图》
清嘉庆	自盘门水关起,经来远桥、歌勋桥、升平桥、西城桥、黄鹂坊桥、皋桥,至第一横河南支河止。	《苏郡城河三横四直图》
清光绪	自盘门水关起,经来远桥、歌勋桥、乘骝桥、升平桥、西城桥、黄鹂坊桥、敦化桥、皋桥,至第一横河南支河止。	《苏州巡警分区全图》

---

[1] 左思:《吴都赋》,严可均校辑:《全上古三代秦汉三国六朝文》,中华书局 1958 年,第 1885 页。
[2] 《苏州河道志》编写组:《苏州河道志》,吉林人民出版社 2007 年,第 132 页。
[3] 顾祖禹:《读史方舆纪要》卷二十四《江南六》,上海商务印书馆 1937 年,第 1100 页。

（续表）

朝代	河流走向	资料来源
民国	自盘门内水关起，经百花洲桥、来远桥、歌勋桥、陈留桥、升平桥、西成桥、黄鹂坊桥、敦化桥、平安桥、皋桥至第一横河南支止。	《吴县城厢图》
现代	自盘门水关起，经幸福村桥、船厂木桥、百花桥、水厂桥、来远桥、歌新桥、乘骝桥、升平桥、西城桥、黄鹂坊桥、敦化桥、平安桥、皋桥，至第一横河止。	《2000年苏州市古城区水道分布示意图》

  从上文几个水道对比图中可知，宋代到明代，第一直河的变迁，主要是在图13《〈2000年苏州市古城区水道分布示意图〉与〈吴县城厢图〉水道对照示意图》标注1处，增加了一条支河，这与粮仓的移建有关。据乾隆《长洲县志》卷七"仓庾"："浒溪仓在阊门内，又名西仓。"该仓原在城外郊县农村，"明宣德间周文襄公忱移建于此"，由所记"廒宇轩豁，垣墙周峻，前后凿垣为门，门皆临水"的情况可知，标注1处不见于《平江图》的支河，是粮仓移建后开通的。

  明代到清代，第一直河的变迁，图13有标注15、16、27的淤塞。其中标注16为"夏家湖"的遗迹"夏驾湖"，夏驾湖最初为吴王寿梦时的苑囿，《吴地记》曰："夏驾湖，寿梦盛夏乘驾纳凉之处。凿湖为池，置苑为囿。故今有苑桥之名。"[1] 北宋杨备诗中"夏驾湖"是"风物还依旧"。南宋范成大《吴郡志》则说"今城下但存外濠"，至明朝仅存"夏驾湖"和运河相连。王鏊正德《姑苏志》进一步明确指出，"在吴县西城下"，城下外濠处"有湾亦名夏驾，连运河而水浸广，旧产菱茨，今多埋为民居，其半在城内者为民田，惟二水汇处犹称旧名"。随着自然条件的变迁、战争的破坏以及苏州城市的发展，"夏驾湖"逐步缩小以致全部湮废。至嘉庆《苏郡城河三横四直图》，"夏驾湖"则全然不见了踪影。

  图13标注27的为百花洲。百花洲是春秋时期吴王游乐之地，在胥门、盘门之间，遗址在今苏州道前街、胥门、接官厅之间，与念珠街、吉庆街隔河相望。宋杨万里有《泊平江百花洲》诗："吴中好处是苏州，却为王程得胜游。半世三江五湖棹，十年四泊百花洲。岸傍杨柳都相识，眼底云山苦见留。莫怨孤舟无定处，此身自是一孤舟。"[2] 至明代，高启有《百花洲》诗云："吴王在时百花开，画船载乐洲边来，吴王去后百花落，歌吹无闻洲寂寞。"[3] 清代以后，第一直河未见有大的变迁。

---

[1] 陆广微：《吴地记》，江苏古籍出版社1986年，第41页。
[2] 杨万里：《泊平江百花洲》，乐云主编：《唐宋诗鉴赏全典》，崇文书局2011年，第1087页。
[3] 高启：《百花洲》，马美信、贺圣遂主编：《中国古代诗歌欣赏辞典》，汉语大词典出版社1990年，第586页。

（2）第二直河

表9　苏州古城第二直河的变迁

朝代	河流走向	资料来源
南宋绍定	自第一直河东侧新桥起，经葛家桥、南张师桥、先生桥、北张师桥、杉渎桥、查家桥、李公桥、杉板桥、西馆桥、马禅寺西桥、白鳝桥、谷市桥、小市桥、县西桥、雍熙寺西桥、善济桥、艇船桥、德庆桥、都亭桥、单家桥、曹使桥，至鸿桥入北内城河止。	《平江图》
明隆庆、万历	自董家桥起至都亭桥长一百十丈有奇，阔二丈；都亭桥至德庆桥长六十丈有奇，阔一丈五尺；德庆桥至艇船桥长七十丈有奇，阔一丈五尺；艇船桥至普济桥长六十丈有奇，阔一丈五尺；普济桥至雍熙寺西桥长七十丈有奇，阔一丈五尺；雍熙寺西桥至旧吴县西桥长七十丈有奇，阔一丈五尺；旧吴县西桥至小市桥长七十丈有奇，阔一丈五尺；小市桥至谷市桥长八十丈有奇，阔二丈；谷市桥至白善桥长五十丈有奇，阔二丈；白善桥至马禅寺桥长五十丈有奇，阔二丈；马禅寺桥至西馆桥长一百五十丈，阔二丈；西馆桥稍东仍南行至杉渎桥至李公桥长八十丈有奇，阔二丈；李公桥至查家桥长七十丈有奇，阔二丈有奇；查家桥西行至杉渎桥转南至葛家桥再西至新桥长四百丈有奇，阔二丈有奇。	《苏州府城内水道图》
清嘉庆	自第一直河起，经新桥、陈千户桥、师古桥、复兴桥、杉渎桥、查家桥、李公桥、三板桥、西馆桥、马禅寺西桥、白善桥、壳市桥、小市桥、吴县西桥、庙桥、普济桥、安民桥、三条桥、都亭桥、单家桥、曹使桥，入北内城河止。	《苏郡城河三横四直图》
清光绪	自第一直河起，经新桥、陈千户桥、思古桥、复兴桥、三多桥、无名桥、查家桥、李公桥、三板桥、西贯桥、百善桥、谷树桥、小市桥、吴县西桥、普济桥、定善桥、三条桥、都亭桥（穿第一横河）、单家桥、西教场桥入北内城河。	《苏州巡警分区全图》
民国	中段已填没，南北二段仍存。南段自第一直河起，经新桥、陈千户桥、思古桥、佚名桥、复兴桥、三多桥、小木桥、查家桥、吕公桥、三板桥、西贯桥、百善桥至第二横河止。中段自第二横河至普济桥段已填平。北段自普济桥起，经定禅桥、三条桥、都亭桥（穿第一横河）、单家桥、高长桥至北内城河止。	《吴县城厢图》
现代	自第一横河南支过军桥起，向北穿第一横河、经单家桥、教场桥、铁中桥、平四桥、出城入外城河止。	《2000年苏州市古城区水道分布示意图》

宋代以来，第二直河的主要变迁是淤塞。从1940年绘制的《吴县城厢图》中可以看出，相较于嘉庆《苏郡城河三横四直图》，第二直河自第二横河至普济桥段（《〈2000年苏州市古城区水道分布示意图〉与〈吴县城厢图〉水道对照示意图》中标号19处）已填没，南北二段仍存。

（3）第三直河

表10　苏州古城第三直河的变迁

朝代	河流走向	资料来源
南宋绍定	自马禅寺北弹子桥起，经芮家桥、黛眉桥、憩桥、望婆桥、献花桥、草鞋桥、西市桥、利市桥、鹅栏桥、鸭舍桥、琵琶桥、跂鞋桥、县东桥、雍熙寺东桥、芝草营桥、蒲老桥、元通桥、艾家桥、卢家桥，至能仁寺东桥入第一横河止。	《平江图》
明隆庆、万历	自齐门赌赛桥至北新桥长一百丈有奇，阔三丈；北新桥至跨塘桥长一百五十丈有奇，阔二丈；稍东行入第一横河内仍南行至任蒋桥长五十丈有奇，阔二丈；任蒋桥至仁寿桥长七十丈有奇，阔二丈；仁寿桥至东章家桥长八十丈有奇，阔二丈；东章家桥至花桥长四十丈有奇，阔二丈；花桥至曹胡徐桥长三十丈有奇，阔二丈；曹胡徐桥至旧长洲县东桥长一百丈有奇，阔二丈；旧长洲县东桥至徐贵子桥长四十丈有奇，阔二丈；徐贵子桥至醋坊桥长八十丈有奇，阔二丈；醋坊桥至青龙桥长九十丈有奇，阔二丈；青龙桥至大郎桥长二十丈有奇，阔二丈；大郎桥至顾家桥长四十丈有奇，阔二丈；自此稍西行合第二横河之水仍南行接竹隔桥；竹隔桥至金母桥长一百丈有奇，阔二丈；金母桥至夏侯桥长一百二十丈有奇，阔二丈；夏侯桥越第三横河至仓桥长四十丈有奇，阔二丈；仓桥南行迤东至帝师莲桥长六十丈有奇，阔二丈；帝师莲桥过岁有桥至乌鹊桥长一百丈阔二丈；乌鹊桥至带城桥长二百丈有奇，阔二丈；带城桥至善教桥长一百五十丈有奇，阔二丈；善耕桥至砖桥长一百五十丈，阔二丈有奇；砖桥至葑门水关与自西北来第二横河之水合流而出，长六十丈有奇，阔二丈；至龙船嘴倍宽。	《苏州府城内水道图》
清嘉庆	自第二横河起，经顾家桥、大郎桥、青龙桥、醋坊桥、徐贵子桥、悬桥、曹胡徐桥、花桥、白塔子桥、善耕桥、任蒋桥（穿第一横河）、跨塘桥、北新桥、赌带桥，入齐门水关。	《苏郡城河三横四直图》
清光绪	自第二横河起，经过驾桥、大郎桥、醋坊桥、徐贵子桥、悬桥、忠善桥、花桥、白塔子桥、善耕桥、任蒋桥（穿第一横河）、跨塘桥、新桥、赌带桥至齐门水关止。	《苏州巡警分区全图》
民国	自葑门内望门桥起，经忠信桥、望星桥、百狮子桥、寿星桥、吴王桥、管太尉桥、苑桥、思婆桥、寿安桥、雪糕桥、吉庆桥、苏军桥、大新桥、通利桥、胡相思桥、保吉利桥、庆林桥、无名桥、新造桥至第一横河止。	《吴县城厢图》
现代	自第二横河起，经顾家桥、大郎桥、清龙桥、落瓜桥、醋坊桥、徐贵子桥、悬桥、忠善桥、花桥、白塔子桥、善耕桥、任蒋桥、跨塘桥、渔郎桥、福星桥、赌带桥、平四桥出城入外城河。	《2000年苏州市古城区水道分布示意图》

第三直河在清代填没了今仓米巷一段、人民路一段。民国时期填没了今锦帆路一段。此处原有"锦帆泾"，位于今十梓街西段北侧，南出十梓街，北至干将东路。明卢熊《苏州府志》云："锦帆泾，即城里沿城濠也。相传吴王锦帆以游。

今濠固在,亦通大舟,间为民间所侵,有不通处。今之市河,南自憩桥,北出香花桥,之西及昔之新河即锦帆泾也。盖自古沿河无民居,两岸栽植花柳,春时映水如泛锦"[1]。故唐代诗人杜荀鹤诗曰"夜市卖菱藕,春船载绮罗",亦以"锦泛泾夹映花柳而云。今俾俗乃指此为锦帆泾,相承既久,莫知其非,盖帆乃泛行之讹耳"[2]。《吴门表隐》云:"锦帆泾,吴王挂锦以游,今憩桥北至香花桥西,址多淤塞。"[3]元末,张士诚焚毁子城后,锦帆泾也逐渐湮塞,成为荒地。后逐渐有人在此搭棚居住,渐成为巷,1931年填泾筑路,即名"锦帆路"。

（4）第四直河

表11　苏州古城第四直河的变迁

朝代	河流走向	资料来源
南宋绍定	自西内城河起,经桃花桥、北过军桥、能仁寺后桥、香花桥、中路桥、临顿桥、周通桥、华阳桥、张香桥,至娄门水关止。	《平江图》
明隆庆、万历	自阊门水关桥起至至德桥长一百三十丈有奇,阔二丈五尺;至德桥至张广桥长三十丈有奇,阔二丈;张广桥至红桥长一百丈有奇,阔二丈;红桥永丰仓至崇真宫桥长一百丈有奇,阔二丈;崇真宫桥至南过军桥长四十丈有奇,阔二丈;又里水关桥转北西仓桥至尚义桥长一百丈有奇,阔三丈;尚义桥至宝成桥长一百三十丈有奇,阔三丈;宝成桥至桃花桥长四十丈有奇,阔二丈;桃花桥至永仓桥长三十丈有奇,阔二丈;永仓桥至北过军桥长一百五十丈有奇,阔二丈有奇;北过军桥至报恩寺香花桥长一百三十丈有奇,阔三丈;香花桥至中路桥长一百三十丈有奇,阔三丈;中路桥至临顿桥长一百三十丈有奇,阔三丈;临顿桥至周通桥长八十丈有奇,阔三丈有奇;周通桥至华阳桥长七十丈有奇,阔三丈有奇;华阳桥至张香桥长一百五十丈有奇,阔三丈有奇;张香桥至娄门长八十丈有奇,阔四丈有奇。	《苏州府城内水道图》
清嘉庆	自阊门内尚义桥第一直河起,经西板桥、东板桥、宝成桥、桃花桥、新桥、行善桥、日晖桥、香花桥、张公桥、中路桥、临顿桥、周通桥、华阳桥、张香桥、至娄门水关止;自阊门水关起,经泰伯庙桥、张广桥、虹桥、崇真宫桥、过军桥,至第二直河止。	《苏郡城河三横四直图》
清光绪	自西内城河起,经东板桥、宝成桥、桃花桥、永丰桥、新善桥、日阵桥(穿第二直河)、香花桥、张公桥、天后宫桥(穿第三直河)、临顿桥、周通桥、华阳桥、张香桥至娄门水关;自阊门水关起,经水关桥、泰伯庙桥、张广桥、虹桥、崇真宫拆、苏军桥(即南过军拆),至第二直河止,为第一横河。	《苏州巡警分区全图》

---

[1] 曹允源、李根源纂:民国《吴县志》卷七十八《杂记一》,苏州文新公司铅印本1933年,第32页。
[2] 王謇:《宋平江城坊考》卷五,江苏古籍出版社1999年,第273页。
[3] 顾震涛:《吴门表隐》,江苏古籍出版社1999年,第5页。

第四直河在明代填没了徐胡桥西一段和蔡家桥所跨河段,清代填没了蔡家巷一段、幽兰巷一段和马大箓巷河道,民国时期填没了永定寺巷、西美巷段和三茅观巷、高师巷段,以及阁村坊、闾邱坊、史家巷三段河道。

苏州人生活在水网之上,水道给人们带来了生活和生产用水,带走了城市污水。"吴人不可一日废舟楫",河道既是城内交通所必需,也是联系城乡的渠道,国内国外无往不至。尤为重要的是,发达的水系保护着生态环境,滋润着草木生长,控制着沙尘污染,净化着空气。明代苏州城内河水总容量约135万立方米,并通过水门迅速排水,保证古城在暴雨或久雨后不致水潦。明末古城河道面积约占全城总面积的1/19,对调节和改善城市小气候作用较大,夏季临河街区要比远离河道的街区低1℃~2℃,众多的河道水巷形成水上空间和通风走廊,夏天循此导入凉风。如果河道淤塞不通,则水质污秽,蚊蝇滋生,瘟疫流行,成为城市重要污染源。[1]

三、古城外水道变迁

苏州城外的主要水道基本上以城门为节点呈放射状分布,苏州城门开启与闭塞状况直接影响苏州城水道系统的变化。[2]唐宋时期,以城门为节点的水道网络基本定型,明清时期已形成规范的水网系统。《吴邑志》描述苏州古城水道时说:"观水之流派,常自阊盘二门入,即西南、西北水也,由葑娄齐三门出,即正北、正东、东北水也。"[3]《费文宪公淳碑记》曰:"苏郡多水道,盘门南通震泽,阊门西绕运河。故环城夹濠,而水之由盘阊入城者,分流交贯,形如浍沮,要以四直为经,三横为纬,演迤东注于娄、葑二门,为出水处。"[4]

1. 胥门外水道变迁

胥门是苏州城西面偏南城门,即西南门。胥门虽无水门,但陆门一直开启。吴王阖闾曾在胥门外修"九曲路"通太湖。[5]陆广微《吴地记》说胥门出太湖有水、陆二路[6],至唐代陆路似已废弃。明清胥门外有"胥塘"通太湖。《吴邑志》称"胥塘自正西帝旺来,是谓武曲之水,本由胥门入"[7]。同时,有江南运河经

---

[1] 陈泳:《苏州古城结构形态演化研究》,东南大学2000年博士学位论文。
[2] 何峰:《历史时期苏州城市水道研究》,《中国水利》2014年第3期。
[3] 杨循吉:嘉靖《吴邑志》卷十二《水》,《天一阁藏明代方志选刊续编》第10册,上海书店1990年,第1033—1034页。
[4] 曹允源、李根源纂:民国《吴县志》卷四十二《水利二》,苏州文新公司铅印本1933年,第6页。
[5] 何峰:《历史时期苏州城市水道研究》,《中国水利》2014年第3期。
[6] 陆广微:《吴地记》,江苏古籍出版社1986年,第19页。
[7] 杨循吉:嘉靖《吴邑志》卷十二《水》,《天一阁藏明代方志选刊续编》第10册,上海书店1990年,第1034页。

过胥门外,因其兼作阊门城外护城濠,也被称为"南濠"或"胥江"。太湖水经胥江进姑苏城,胥江西起西太湖胥口,经胥口,走木渎,沿着木渎西街东街一直东去,穿横塘南桥左转绕入苏州护城河,由彩云塘经彩云桥向东通入胥江,再由原胥江进入市区的河段,沿枣市街南侧穿过泰让河进入护城河,到万年桥即胥门河段交汇,全长28公里。崇祯《吴县志》卷五"水"部介绍胥江曰:

> 胥江即城西运河,为城外巨濠,北至阊门钓桥,与北濠山塘水会,曰沙盆潭,即长洲县界。又西转渡僧桥,为阊西运河,北岸皆长洲县,南岸本县(吴县)境。其闻德桥河及洞泾又与长洲县界交错。

运河经盘门历胥门至阊门,对城西南街区发展有很大影响。运河从苏州城区环绕而过,与长江、太湖、苏州护城河及城内河道互通互融,共同组成了一个完整的城市水网。如枫桥处于各条水道交汇点上,渐成苏州城外繁华街区,与阊门城外街区连成一片,被《红楼梦》说成是"天下一二等富贵风流之地"。又如苏州南下江浙的澹台湖口,西界太湖、东过宝带桥入运河,分流入黄天荡,直北正行则经葑门环城为濠,至娄门东入娄江,既是京杭运河贯通南北的要道,也是宣泄诸湖之水入海的咽喉。[1]

2. 阊门外水道变迁

阊门是苏州城的西北门。阊门外水道地处要冲,因其突出地位,至明清时期这一带商贾云集,市店密布。阊门北码头处,运河、枫江、山塘河、平门河和内城横河五水交汇。阊门外水系主要围绕下列几条河道展开:

一是"阊门运河",又称阊西运河或者枫桥运河。《吴中水利全书·水脉》称之为"无锡北来水",自望亭,经浒墅、枫桥,东出渡僧桥,直达阊门。唐寅有《阊门即事》七律诗一首,写阊门运河的繁华情形:"世间乐土是吴中,中有阊门更擅雄。翠袖三千楼上下,黄金百万水西东。五更市买何曾绝,四远方言总不同。若使画师描作画,画师应道画难工。"[2]

二是"南濠",即胥门外"胥塘"与"胥江",属江南运河一部分,又兼作胥门、阊门之间外城濠,因由嘉兴经过平望而来,《吴中水利全书》卷四《水脉》又称之为"嘉兴南来水",至阊门与阊西运河交汇。

三是"山塘",在阊门运河北,自阊门至虎丘。始凿于唐代宝历年间,为白居易任苏州刺史时所修水利工程。《长洲县志》云:"唐白居易始凿渠,以通南北而

---

[1] 陈泳:《苏州古城结构形态演化研究》,东南大学2000年博士学位论文。
[2] 唐寅:《唐寅集》,上海古籍出版社2013年,第48页。

达运河,由是南行北上,无不便之,而习为通川是也。"《苏州府志》云:"山塘桥河,南接沙盆潭,西北行至通贵桥,长一百一丈有奇,南阔十五丈有奇,北阔三丈有奇;通贵桥至通济桥,长三十六丈有奇,阔二丈有奇;通济桥至半塘桥,长三百丈有奇,阔三丈有奇,此为白公堤之东段。半塘桥至西山桥长二百五十丈,阔四丈有奇,此为白公堤之西段。塔影浜等河三道,共长一百六十三丈,阔三丈有奇,此山塘河之支流也。"[1]明清时期,山塘靠近阊门段形成城市景观,靠近虎丘段形成了以酒楼茶馆景观,沿河现为中国历史文化名街"山塘街"。[2]

3. 齐门、平门外水道变迁

苏州城北有二门,即齐门(偏东)与平门(偏西)。历史记载先秦吴国通往其他地区主要水道皆从平门出发。《越绝书》卷二说,吴国古水道,出平门,上郭池,入渎,出巢湖,上历地,过梅亭,入杨湖,出渔浦,入大江,奏广陵。[3]吴国进攻齐国就是从平门出发的。清顾震涛《吴门表隐》卷八记载,平门淤塞于宋代之后,门外有"平门塘"。[4]平门塘在历史时期一直存在,但随着平门淤塞,平门塘在苏城水道系统中地位下降。齐门地位日渐凸显。郑若曾《江南经略》卷二说苏州城北水道交通,主要是指齐门外水道元和塘。元和塘南起苏城齐门,北迄常熟南门,开辟于唐元和四年(809),又称作"云和塘",明代也称"常熟塘",为北通常熟、昭文主干道。向东入阳澄湖,向东北入常熟环城河,折东经白茆塘入江。塘东有昆承湖,西有南湖荡、六里塘,北与白茆塘、常浒河、福山塘相通,形成阳澄地区河网和内河航道网。元和塘全长39公里,其中常熟境内19公里,苏州市区境内20公里。[5]

4. 娄门、匠门、葑门外水道变迁

苏州城东面有娄、葑二门,娄门偏北为东北门,葑门偏南为东南门。《江南经略》卷二记载,明代娄门外有三条主要水道:一条是经阳城湖东北行至常熟的水道间道;一条是经过陆泾坝的水道正道,该水道修成于宋代至和年间,被称为至和塘(亦称致和塘,又名昆山塘),是通昆山[6]、新阳的主要干道;因从娄门出发,所以在有些文献中至和塘亦被称为"娄江";一条是出阳城湖东行的水道间道。[7]

---

[1] 李铭皖、谭钧培修,冯桂芬纂:同治《苏州府志》卷八《水》,江苏古籍出版社1991年,第243页。
[2] 何峰:《历史时期苏州城市水道研究》,《中国水利》2014年第3期。
[3] 袁康、吴平:《越绝书》卷第二,上海古籍出版社1985年,第10页。
[4] 顾震涛:《吴门表隐》卷八,江苏古籍出版社1999年,第97页。
[5] 何峰:《历史时期苏州城市水道研究》,《中国水利》2014年第3期。
[6] 郑若曾:《江南经略》卷二,《景印文渊阁四库全书》第728册,台湾商务印书馆1986年,第113页。
[7] 何峰:《历史时期苏州城市水道研究》,《中国水利》2014年第3期。

娄、葑二门之间,原来还有一个匠门(又名将门、相门)。匠门城外有"匠门塘"可以通外濠。《吴地记》说匠门东南原有水、陆二路。陆路在唐代已废,但有出海水道。可见唐代之前,匠门外水道交通地位重于娄、葑二门外水道。[1]

葑门又称"封门",原名"浦门"。元末、明、清皆重修,水陆两门并列。[2]苏州葑门外护城河名"北栅头",南起安里桥东堍,北连庄先湾。这里原有河道,东通金鸡湖、独墅湖,再达斜塘、车坊等城东地区及至昆山、上海等地。清代在葑门外城河中设木栅水关,昼启夜闭,位于葑门以北,故称"北栅头"。北栅头南面叫"沿河浜",沿运河东岸向西呈马蹄形凸出,再半环弧形回到北栅头北面与之交合,是清朝葑门水关泊船处。再南边为灭(觅)渡桥,为护城河南段、东段及苏州—吴江段运河交汇处,是水陆要津。《江南经略》卷二记载葑门至华亭县有三条水道,其中一条为正道,两条为间道。葑门至吴江有两条水道,一条正道,一条间道。这些水道都与葑门塘相连。葑门塘进入金鸡湖和独墅湖。金鸡湖位于葑门以东3公里处,通过葑门塘与葑门护城河连通。古代葑门塘是海上船只经过吴淞江进入姑苏古城的黄金通道,宋元时期河两岸还有不少修理海船的船坞。金鸡湖南连独墅湖,据《元和县志》载:"独墅湖湖之西为朝天湖,湖之北为王墓湖,湖之东为尹山湖,每遭风波几至断渡,东南最险处也。"皆属吴淞江水系。

5. 盘门、赤门、蛇门外水道变迁

明清苏州城南面仅有盘门一门,盘门之东有古蛇门、古赤门。据《吴地记》载,赤门在蛇门之东,有陆道无水道,因此称赤门。[3]洪武《苏州府志》谓:明初郡治南门下有大沟"古赤门水道也"。唐代赤门已淤塞,至明清古赤门外依然有赤门湾,外接灭(觅)渡桥,运河自西北而东南,转而经尹山湖、夹浦至吴江。蛇门为正南门。春申君建造蛇门抵御越国军队,因地处巳地属蛇,所以叫蛇门。[4]据《吴郡志·城郭》载,在宋代之前蛇门已淤塞。盘门一名蟠门,相传以水陆萦回得名。[5]《江南经略》卷二记载,由盘门五龙桥出鲇鱼口有一条水道通往太湖。[6]盘门地处水陆要冲,京杭大运河环抱城垣,自北而南绕城而过,然后折向东去;从盘门登舟,沿运河溯河北上,至胥江口,折而往西即可抵达太湖;往南可达江浙咽喉要地松陵、平望等镇。古盘门由水陆两门、瓮城、城楼和两侧城垣组

---

[1] 陆广微:《吴地记》,江苏古籍出版社1986年,第24页。
[2] 顾祖禹:《读史方舆纪要》卷二十四《江南六》,商务印书馆1937年,第1100页。
[3] 陆广微:《吴地记》,江苏古籍出版社1986年,第25页。
[4] 何峰:《历史时期苏州城市水道研究》,《中国水利》2014年第3期。
[5] 范成大:《吴郡志》卷三,江苏古籍出版社1986年,第23页。
[6] 郑若曾:《江南经略》卷二,《景印文渊阁四库全书》第728册,台湾商务印书馆1986年,第101页。

成,始建于春秋,重建于元末,有两道水关、三道陆门和瓮城相互组合而成。陆城门分内外二重,二门之间设有瓮城,可藏兵数百。由盘门水城门流出的内城河水,流入大运河河口处水关桥。此处北倚高耸城墙,南临东去运河,水流湍急,形势险要,扼运河与内城河交汇水道口,与吴门桥相接。吴门桥始建于北宋元丰七年(1084),又称"新桥",因当时河面比现在宽阔得多,新桥由北岸两座木桥加南岸石桥组成,所以又称"三桥"。

6. 外城濠变迁

苏州城西和城南的外城濠由运河充当,一些文献将城北和城东外城濠称为运河,大概是因为苏州城外城濠都是连接府城与邻县乡镇干道的重要交通路线。崇祯《吴县志·城池》称西半城外城濠深阔,有"天堑之雄"。[1]其城内一段因房屋较多,明清之后淤塞严重,因此城内河道不及城外河道宽阔,一些难以进城的船只直接由外城濠通行。如由枫桥至城东就直接由北濠(阊门外北段外城濠)过齐门至娄门,明初这一带水面还比较宽阔。[2]至2000年,苏州外城濠全长17.48千米,上游来水河道均在城西、西北部,自南向北有胥江、上塘河、山塘河、十字洋河等;下游出水河道均在城东、东南部,自南向北有大龙港、江南运河、葑门塘、相门塘、娄江(至和塘)、元和塘等。环城河宽50~130米。枯水时水深2.5米左右,平均水深2.8米。上游来水量最大的是胥江,约占总进水量的66%;下游排水量以大运河为最大,约占总排水量的60%。[3]

水道交通是苏州城市发展繁荣的重要条件,苏州古城主要水道沿岸往往容易形成经济集聚效应。但城市的发展繁荣必然导致城市用地的扩张,常常会侵占原本完善的水道系统,并且不断利用更外围的水道网络。城市的不断向外扩张,带来了郊区的城市化,然而古城内的水域面积却不断减少。如何解决城市发展与城市水域面积缩减之间的矛盾,过去、现在和将来都会是苏州可持续发展的重要问题。

---

[1] 牛若麟:崇祯《吴县志》卷一《城池》,《天一阁藏明代方志选刊续编》第15册,上海书店1990年,第191页。
[2] 何峰:《历史时期苏州城市水道研究》,《中国水利》2014年第3期。
[3] 江苏省地方志编纂委员会编:《江苏省志·城乡建设志》第10章《城市排水》,江苏人民出版社2008年,第785页。

苏州历史建置沿革

余同元　何　伟

苏州曾为春秋之吴国、战国之越国、汉代所封荆国、元末张士诚吴国等多个地方政权的都城。其余时间皆为郡县、州路、府县和市县建制。其具体建置的历史沿革如下。

一、先秦汉晋苏州建置

大约距今3 000多年前,中国西北周族的太王古公亶父准备让位给他的儿子。其长子泰伯和次子仲雍为了让弟弟季历继承王位,离家南迁江南,建国名"句吴",又称"吴国",与楚国、越国并列为南方三大诸侯强国。公元前11世纪中期,季历的孙子周武王灭商建立周朝后,正式册封仲雍五世孙周章为吴国国君。

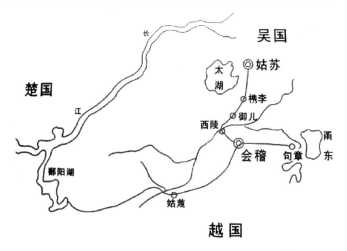

图14　春秋吴越楚分布图[1]

公元前514年,吴王阖闾下令伍子胥督造水陆双棋盘格局的城池,拓展疆

---

[1] 徐宇宁:《衢州简史》,浙江人民出版社2008年,第27页。

域,"西破强楚,北威齐晋,南服越人"[1],使吴国强盛起来,成为当时一等强国,号称春秋五霸之一。

秦始皇在吴都设会稽郡及吴县。《读史方舆纪要·卷二十四》:"吴县,(苏州)府治西,故吴都,秦置吴县,为会稽郡治。"《史记·秦始皇本纪》曰:"(三十七年)还过吴,从江乘渡,并海上,北至琅邪。"[2]《汉书·樊郦滕灌列传》:"(灌婴)度(渡)江,破吴郡长吴下,得吴守,遂定吴、豫章、会稽郡。"[3]《汉志》会稽郡领县吴县,"故国,周太伯所邑"。秦吴县为会稽郡治。现出土有秦封泥"吴丞之印"[4]。

汉初会稽郡地域广大,"东接于海,南近诸越,北枕大江"[5]。据周振鹤教授研究,当时会稽郡境与诸越之分界当为《汉志》大末、鄞县一线,此线以南在秦为闽中郡地,在汉高帝年间为闽越王无诸地。[6]会稽郡始辖二十四县。顺帝永建四年,因会稽郡界广大,析置吴郡,十三县别属吴郡。《后汉书集解》引惠栋曰:"遂以浙江西为吴,以东为会稽。"吴郡领域自此至灵帝时无变更。汉末,吴郡析置数县:永安,《南史·沈约传》载,分乌程余杭置(永安);临水,《吴书·贺齐传》云:"建安十六年吴郡余杭民郎稚合宗起贼,复数千人,齐出讨之,即复破稚,表言分余杭为临水县";海昌,《吴志·陆逊传》云:"孙权为将军,逊年二十一……出为海昌屯田都尉,并领县事。"

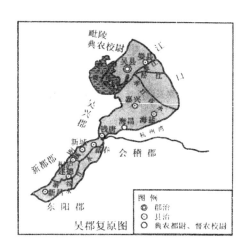

图15 吴郡复原图[7]

孙策平定江东以后,以丹杨朱治为吴郡太守,自领会稽太守,屯吴。建安三年,孙策改封吴侯。终吴之世,吴侯之封皆为孙氏宗室。五凤元年国除。晋成帝咸康七年,罢盐署,立以为南沙县。[8]

---

[1] 司马迁:《史记》卷六十六《伍子胥列传》,中华书局1959年,第2177页。
[2] 司马迁:《史记》卷六《秦始皇本纪》,中华书局1959年,第263页。
[3] 班固:《汉书》卷四十一《樊郦滕灌列传》,中华书局1962年,第2083页。
[4] 傅嘉仪:《新出土秦代封泥印集》,西泠印社2002年,第135页。
[5] 班固:《汉书》卷六十四《严助传》,中华书局1962年,第2789页。
[6] 周振鹤:《西汉政区地理》,人民出版社1987年,第34页。
[7] 孔祥军:《三国政区地理研究》,南京大学2007年博士学位论文。
[8] 陈健梅:《孙吴政区地理研究》,岳麓书社2008年,第63页。

二、隋唐宋元苏州建置

《太平寰宇记》曰:"隋平陈,改吴州为苏州,盖因州西有姑苏山以为名。"[1]《读史方舆纪要》亦称:"隋平陈,废吴郡,改州曰苏州,因姑苏山为名。大业初,复曰吴州,寻又为吴郡。唐武德四年,复曰苏州。开元二十一年,分置江南东道,治于此。天宝初,曰吴郡。乾元初,复曰苏州。五代时,吴越表建中吴军。后唐同光二年,以苏州为中吴节度。"[2]唐代苏州称天下"雄州",领县七:吴县、长洲县、嘉兴县、昆山县、常熟县(信义县、南沙县、海虞县、海阳县、前京县、兴国县并入)、海盐县、华亭县。《张正甫苏州刺史制》云:"浙右列城,吴郡为大,地广人庶,旧称难理。"[3]白居易《苏州刺史谢上表》云:"当今国用,多出江南,江南诸州,苏最为大,兵数不少,税额至多。"[4]

五代时期苏州属吴越国。吴越天宝元年,割苏州嘉兴、海盐、华亭三县置开元府。大约在此年,吴越改苏州为中吴府。后梁贞明初,置中吴军节度使,中吴府又改称苏州。[5]吴越天宝二年,析吴县置吴江县。

图16 中吴军辖境示意图[6]

---

[1] 乐史:《宋本太平寰宇记》卷九十一,中华书局2000年,第100页。
[2] 顾祖禹:《读史方舆纪要》卷二十四《江南六》,上海商务印书馆1937年,第1097页。
[3] 白居易著,朱金城笺校:《白居易集笺校》,上海古籍出版社1988年,第3171页。
[4] 白居易著,朱金城笺校:《白居易集笺校》,上海古籍出版社1988年,第3672页。《旧唐书》卷四十《地理志三》载苏州领吴、嘉兴、昆山、常熟、长洲、海盐六县;《新唐书》卷四一《地理志五》载苏州辖吴、长洲、嘉兴、昆山、常熟、海盐、华亭七县,且在华亭县下注曰:"天宝十载析嘉兴置。"唐末,苏州领《新唐书·地理志》所载之7县,治吴县。
[5] 钱大昕《潜研堂文集》卷三十二《跋高阳许氏夫人墓志》曰:"钱塘何君梦华过吴门,出此志铭见示。首题'吴越国中吴府','吴'字稍漫漶。其志文云迁厝于府城西长洲县武邱乡大来里。考吴越以苏州为中吴军节度,史未见中吴府之名。"
[6] 李晓杰:《吴越国政区地理考述》,《历史地理》2014年辑。

北宋开宝八年,改中吴军节度使为平江节度使。《吴郡志》卷一曰:"(后)唐同光二年,升苏州为中吴军……本朝开宝八年,改中吴军为平江军。"[1]《续资治通鉴长编》卷十六曰:"(开宝八年)五月壬申朔……以(吴越)行军司马孙承祐为平江节度使。"[2]《读史方舆纪要》曰:"太平兴国三年,改军名曰平江。政和三年,升为平江府,元为平江路。(至正十六年,张士诚据之,改为隆平府,明年复曰平江路。)明初改为苏州府,直隶京师,领州一、县七……说者曰:吴郡之于天下,如家之有府库,人之有胸腹也。门户多虞,而府库无恙,不可谓之穷;四肢多病,而胸腹犹充,未可谓之困。盖三代以后,东南之财力,西北之甲兵,并能争雄于天下。谓江淮以南,必无与于天下之形胜者,非通论也。春秋之末,吴始都于此,以齐、楚、晋三国之强,而吴足以入楚、祸齐、胁晋。"[3]《吴郡志》卷一曰:"政和三年,以徽庙节镇之所,升苏州为平江府。"[4]平江路领吴县、长洲二直县,加上昆山、常熟、吴江、嘉定四县。元与宋代平江府比较,平江路变化主要为府升路,设录事司,昆山、常熟、吴江、嘉定四县升州。

三、明清苏州建置沿革

明太祖吴元年,改平江路为苏州府,沿元之旧领二县:吴县、长洲;四州:昆山、常熟、吴江、嘉定。洪武二年,昆山、常熟、吴江、嘉定等四州复为县。

洪武八年以扬州府崇明县归属苏州府。由是苏州府领七县,吴县、长洲、昆山、常熟、吴江、嘉定、崇明。弘治十年割昆山、常熟、嘉定三县地置太仓州,仍属苏州府。于是,七县之外,又领一州。太仓州本太仓卫,太祖吴元年四月置,弘治十年正月置州于卫城,析昆山、常熟、嘉定三县地益之。东滨海,海口有镇海卫,洪武十二年十月置,后移于太仓卫城。南有刘河,其入海处曰刘河口,有刘家港巡检司。北有七鸦浦,亦东入海。东北有甘草巡检司。又有唐茜泾口巡检司,后移于东花浦口,寻废。又有茜泾巡检司,亦废。领崇明县一。[5]

---

[1] 范成大:《吴郡志》卷一,江苏古籍出版社1986年,第3页。
[2] 李焘:《续资治通鉴长编》卷十六,《景印文渊阁四库全书》第314册,台湾商务印书馆1986年,第232页。
[3] 顾祖禹:《读史方舆纪要》卷二十四《江南六》,上海商务印书馆1937年,第1097—1098页。
[4] 范成大:《吴郡志》卷一,江苏古籍出版社1986年,第4页。
[5] 郭红、靳润成:《中国行政区划通史(明代卷)》,复旦大学出版社2007年,第42页。

图 17　明正德苏州府境图（拍摄于复旦大学历史地理研究中心）

崇明位于太仓州东,元为崇明州,洪武二年降为县,八年改属苏州府,治所在县东北,曰东沙。万历十三年,迁于平洋沙巡检司。崇明四面环海,西有西沙、北有三沙二巡检司。顺治二年改南直隶为江南省,治所在江宁府,苏州府隶江南布政使司,领一州七县。顺治十八年分置右布政使驻苏州。康熙六年江南省分置为江苏、安徽两省。改右布政使曰江苏布政使司,仍治苏州。雍正二年,析长洲县地置元和县,取元和塘为名,与吴县、长洲分治郭下;析昆山县西境置新阳县,以界内有新阳江得名,与昆山县同城分治;析常熟县东境置昭文县,与常熟县同城分治;析吴江县西境置震泽县,因滨太湖得名,与吴江县同城分治。乾隆元年又设太湖厅,光绪三十年设靖湖厅。通计清代苏州府领太湖、靖湖两个厅和吴县、长洲、元和、常熟、新阳、昆山、昭文、震泽、吴江九个县。苏州府为分巡苏州道治所,江苏抚署及江苏布政、提学、提法(原按察使)三使,巡警、劝业二道,织造兼督浒墅榷关皆驻苏州府。[1]

四、民国以来建置沿革

公元 1911 年 11 月 5 日,武昌起义成功,全国各省纷纷起义脱离清王朝,江苏巡抚程德全宣布苏州和江苏独立,自任江苏都督。1912 年,废苏州府,长洲、元和并入吴县,将震泽县并入吴江县,昭文县并入常熟县,新阳县并入昆山县。1914 年,实行省、道、县三级政制,分一省为数道,于苏、常之地设苏常道,治所在

---

[1]　傅林祥、林涓等:《中国行政区划通史(清代卷)》,复旦大学出版社 2013 年,第 265 页。

苏州,辖吴县、常熟、昆山、吴江、武进、无锡、宜兴、江阴、靖江、南通、如皋、泰兴12县,1927年废。1928年,江苏省政府决议成立苏州市政府,1930年据省政府训令撤销苏州市政府,原苏州市辖区归属吴县,1933年江苏省划分为13个行政督察区,设立行政督察专员公署,江苏第三区行政督察专员公署设于苏州,为二等区,下辖吴县、常熟、昆山、吴江四县。1937年,日本发动全面侵华战争,11月19日,苏州沦陷。次年5月,日伪江苏省政府在苏州成立,管辖苏南。1945年,抗日战争胜利,伪江苏省政府消亡,国民政府还都南京。苏州仍称吴县,隶属江苏省江南行署。[1]

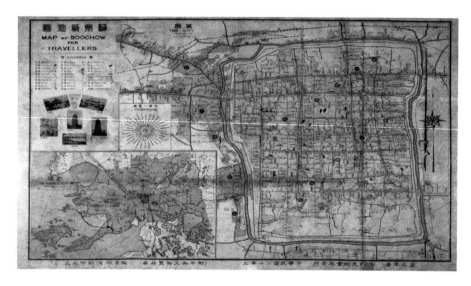

图18　1931年《苏州新地图》[2]

1. 苏州专区建置

1949年苏州解放,划苏州为市;划苏州市及吴县、常熟、昆山、吴江、太仓五县为苏州行政区,同年成立苏南苏州行政区专员公署。1950年,苏南苏州行政专员公署改称苏南人民行政公署苏州区专员公署。1953年1月1日江苏省人民政府成立,苏南人民行政公署苏州专区公署改为江苏省苏州专员公署。苏州专员公署辖常州市、常熟、吴县、吴江、太仓、昆山、太湖办事处。1953年2月6日撤销常州专区,所属的江阴、宜兴、无锡三县划归苏州专区。[3]

---

[1] 张在普:《中国近现代政区沿革表》,福建省地图出版社1987年,第73页。
[2] 张英霖:《苏州古城地图》,古吴轩出版社2004年,第30页。
[3] 《江苏政区通典》编纂委员会:《江苏政区通典》,中国大百科全书出版社2007年。

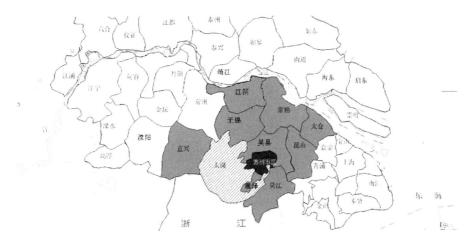

图 19　1953 年 3 月苏州专区图

1955 年苏州市东区、西区、南区、北区、中区、郊区更名为平江、北塔、沧浪、金阊、观前、城郊六区。[1]1956 年 2 月宜兴县划归镇江专区[2]，镇江专区的武进县划归苏州专区。[3]

1957 年，江阴东部分出一部分与常熟西北部的一部分组成沙洲县。江阴与沙洲县、无锡县、常熟县等同属苏州专区。[4]

1958 年 4 月 8 日撤销松江专区，所属的松江、川沙、南汇、奉贤、金山、青浦六县划入苏州专区。[5]4 月 12 日，原江苏省松江专区管辖的嘉定、宝山、上海三县划归上海市管辖。[6]苏州专区辖常熟、吴县、吴江、太仓、武进、昆山、震泽、沙洲、无锡、江阴、松江、川沙、南汇、奉贤、金山、青浦。

1958 年 6 月原属苏州专区的武进县划归镇江专区领导，1958 年 8 月武进县复划回常州专区领导。1958 年 7 月 6 日无锡县改属无锡市，无锡市为江苏省直辖市。[7]1958 年 8 月原属苏州专区的宜兴县改属镇江专区。1962 年 9 月 25 日无锡市的无锡县划归苏州专区。[8]1958 年 11 月 21 日江苏省苏州专区的川沙、青浦、南汇、松江、奉贤、金山六县和南通专区的崇明县划归上海市。[9]

---

[1]　苏州市地方志编纂委员会：《苏州市志》，江苏人民出版社 1995 年，第 103—104 页。
[2]　江苏省宜兴市地方志编纂委员会：《宜兴县志》，上海人民出版社 1990 年，第 8 页。
[3]　江苏省武进县县志编纂委员会：《武进县志》，上海人民出版社 1988 年，第 65 页。
[4]　张家港市地方志编纂委员会办公室：《沙洲县志》，江苏人民出版社 1992 年，第 53 页。
[5]　苏州市地方志编纂委员会：《苏州市志》，江苏人民出版社 1995 年，第 103—104 页。
[6]　谭其骧、周振鹤：《上海政区沿革：纪念上海建城 700 周年》，《科学画报》1991 年第 1 期。
[7]　无锡市地方志编纂委员会：《无锡市志》，江苏人民出版社 1995 年，第 121—123 页。
[8]　苏州市地方志编纂委员会：《苏州市志》，江苏人民出版社 1995 年，第 103—104 页。
[9]　谭其骧、周振鹤：《上海政区沿革：纪念上海建城 700 周年》，《科学画报》1991 年第 1 期。

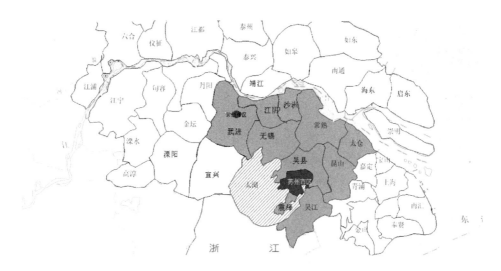

图 20　1957 年苏州专区图

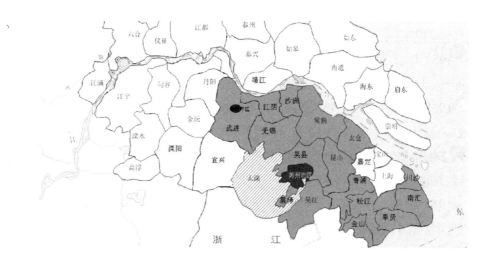

图 21　1958 年 4 月苏州专区图

2. 苏州地区建置

1968 年苏州专区成立苏州专区革命委员会,1971 年改称苏州地区革命委员会。1978 年 7 月改为苏州地区行政公署,简称"苏州地革会"。1983 年撤销苏州地区行政公署,地市合并,原辖区域六个县(市)划归苏州市。

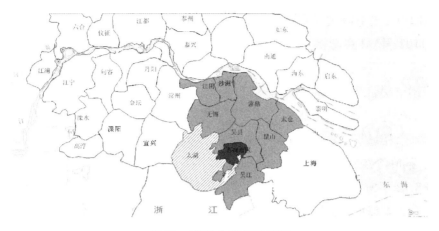

图 22　1971 年苏州地区图

3. 苏州市建置

1949 年 7 月 14 日设立苏州市,由吴县析置。1950 年 10 月 24 日苏州市升格为地级市,暂由苏州专区代管。1983 年 1 月 18 日撤销苏州地区,实行市管县体制,所属的吴县、吴江、太仓、昆山、沙洲五县划归苏州市;江阴、无锡两县划归无锡市。1983 年 11 月 24 日设立苏州市郊区。1986 年 9 月 16 日撤销沙洲县,设立张家港市。1989 年 7 月 27 日撤销昆山县,设立昆山市。1992 年 2 月 17 撤销吴江县,设立吴江市。1993 年 1 月 8 日撤销太仓县,设立太仓市。1994 年成立苏州工业园区,1995 年 6 月 8 日撤销吴县,设立吴县市。2000 年 1 月 5 日将苏州市郊区更名为虎丘区。[1]撤销吴县市,分别设立苏州市吴中区、相城区。2002 年虎丘与高新区进行区划调整,实行两块牌子、一套班子。

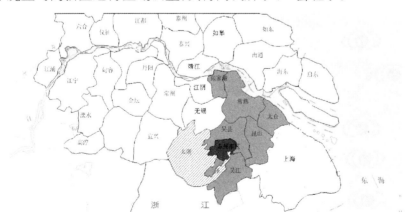

图 23　1986 年苏州市图

---

〔1〕　苏州市地方志编纂委员会:《苏州市志》,江苏凤凰科学技术出版社 2014 年,第 59—69 页。

2012年《国务院关于同意江苏省调整苏州市部分行政区划的批复》(国函〔2012〕102号)同意撤销苏州市沧浪区、平江区、金阊区,设立苏州市姑苏区,以原沧浪区、平江区、金阊区的行政区域为姑苏区的行政区域;撤销县级吴江市,设立苏州市吴江区,以原县级吴江市的行政区域为吴江区的行政区域。截至2015年,苏州市辖5个市辖区:姑苏区(苏州国家历史文化名城保护区)、虎丘区、吴中区、相城区、吴江区;4个县级市:常熟市、张家港市、昆山市、太仓市。全市共设40个街道和55个镇,其中苏州市区设37个街道和22个镇。全市面积8 488.42平方公里。至2013年年底,苏州全市常住人口为13 076 908人,户籍人口数为6 538 372人,流动人口登记数为6 538 536人。

市县以下,乡村自秦至清设"乡",城区唐宋建"坊",明清改"厢"。乡以下基层组织,秦为亭、里,唐设里、保、邻,宋改保、甲,元建村、社,明初为里、甲,后又改设都、图、村(镇),清袭明制,保留都、图,增建保、甲、牌制。民国初,县以下改为市、乡,市、乡下沿用清末都、图;继而改为区、乡(镇)、闾、邻制,旋又改闾、邻为保、甲。中华人民共和国成立初,保留区、乡(镇)制,废保、甲,改设行政村、组;1957年撤销区级建制,1958年又改乡、村、组为公社、大队、生产队;1983年起恢复为乡(镇)、村、组。

苏州城池防务

余同元　何　伟

关于苏州历史战略地理与历史军事地理，顾炎武《肇域志》卷一曰："古之吴界，北至淮南，西至宣歙。今之节钺，止制江东，迨于弘光，仅统四府。要害之地，咸在上游……苏州一府七郡之中，兵从北下，一破京口，便无可守之地；若自南来，一渡钱塘，亦无可凭之险者乎！惟是田居天下百分之一，而赋当天下百分之九，国家常倚办焉。"[1]关于苏州城池防务的历史沿革，旧府县志有重点介绍，现代相关研究成果也不少，如吴奈夫《先秦时代吴国都城的盛衰与变迁》和《吴国古都的城池与宫苑》(《苏州大学学报》1985 年第 4 期；苏州大学历史系，1986 年印本)，石琪主编《吴文化与苏州》(同济大学出版社 1992 年)，曲英杰《吴城复原研究》和《楚、吴、越三都城综论》(《东南文化》1989 年第 1 期，1992 年第 6 期)，林华东《苏州吴国都城探研》(《南方文物》1992 年第 2 期)，张立、吴健平《春秋时期吴国都城遗迹位置的遥感调查及预测》(《遥感学报》2005 年第 5 期)，王卫平《明清时期江南城市史研究：以苏州为中心》(人民出版社 1999 年)，等等。现据资料和研究成果，做概要介绍。

一、古城防务

1. 阖闾大城修筑及布局

早在 3 000 多年前，泰伯在梅里始建勾吴[2]国。其都城详细城址和布局现难以查考，其布局不一定很规整。自寿梦开始到苏州营建宫室、城郭，建立新都城，到诸樊元年吴正式迁都苏州时，苏州已经过几十年营建，但早期都城规模和

---

[1] 顾炎武：《肇域志》卷一，上海古籍出版社 2004 年，第 27 页。
[2] 勾吴即句吴，下文在使用时依具体语境，不做统一处理。

布局皆无以考证。[1]阖闾元年,为了"安君治民,兴霸成王"[2],吴王阖闾委托伍子胥重建都城。伍子胥"相土尝水,象天法地",将原有都城扩建为阖闾大城。最早对阖闾城做具体记载的是《越绝书》和《吴越春秋》,从中可以梳理出阖闾大城建构的大致布局。一是都城由廓城、大城、宫城三重构成。二是宫城择中而立,略偏城东南。吴宫遗址即今西起锦帆路,东迄公园路,北达前梗子巷,南至十梓街地区。[3]三是大城采用象天法地模式,设水陆城门八对,"陆门八,以象天八风;水门八,以法地八聪"[4],分别是:西面为阊、胥二门;南面为盘、蛇二门;东面为娄、匠二门;北面为齐、平二门。平时不开东门,表示"绝越"。城门名称、方位及朝向上皆赋予象征意义,如"立阊门者,以象天门通阊阖风也。立蛇门者,以象地户也。阖闾欲西破楚,楚在西北,故立阊门以通天气,因复名之破楚门。欲东并大越,越在东南,故立蛇门以制敌国"[5]。四是大城内有宽广街衢和密集河道。中心干道"从阊门到娄门,九里七十二步,陆道广二十三步;平门到蛇门,

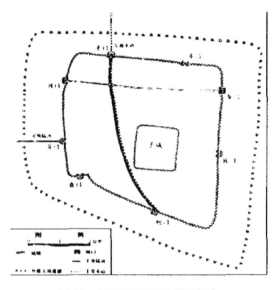

图24 阖闾城平面示意图[6]

---

[1] 有学者认为,诸樊南迁是逐步迁移过来的,在望亭枫桥附近皆有小城遗址,然后迁到苏州。也有学者以为在今苏州市西南角,周围只有三里左右。陆广微《吴地记》云,"至寿梦始别筑城池宫室于平门二里",并云"基址并存"。
[2] 赵晔:《吴越春秋》,江苏古籍出版社1986年,第25页。
[3] 杜瑜:《从宋〈平江图〉看平江府城的规模和布局》,《自然科学史研究》1989年第1期。
[4] 赵晔:《吴越春秋》,江苏古籍出版社1986年,第25页。
[5] 赵晔:《吴越春秋》,江苏古籍出版社1986年,第25页。
[6] 陈泳:《苏州古城结构形态演化研究》,东南大学2000年博士学位论文。

十里七十五步,陆道广三十三步,水道广二十八步"[1]。条条街衢河道对应水陆城门,内外交通畅达。五是都城规划有明确的功能分区。大城既是政治城堡又是经济中心,设有吴市和手工业作坊。《吴门表隐》曰:"吴市在乐桥干将坊,即东市门,又东有尽市桥,西市坊即西市门,又西则市曹。"

2. 苏州古城营建规制沿革

据《考工记》记载,春秋战国时期各地诸侯都城的营建规制[2],一般皆由外郭、大城和宫城等组成。《越绝书》载:"吴大城,周四十七里二百一十步二尺。陆门八,其二有楼。水门八,南面十里四十二步五尺,西面七里百一十二步三尺,北面八里二百二十六步三尺,东面十一里七十九步一尺。"大城外有"吴郭,周六十八里六十步",内有"吴小城,周十二里,其下广二丈七尺,高四丈七尺。门三,皆有楼,其二增水门二,其一有楼,一增柴路"。八座水陆城门分别为阊、胥、巫(平)、齐、娄、匠(相)、盘、蛇(居南)门。其东西之间,从阊门到娄门九里七十二步;南北之间,平门到蛇门十里七十五步。以秦汉六尺为步计算,阊间大城内街道、河道宽达30~40米,超过当时北方诸侯都城,且陆水八门连通城外,形成水陆双棋盘格局。

楚考烈王十五年(公元前248年),楚春申君黄歇被封地江东后,造宫殿于阊间大城子城旧址。据《越绝书》曰:"前殿屋盖地东西十七丈五尺,南北十五丈七尺。堂高四丈,十(户)溜高丈八尺。殿屋盖地东西十五丈,南北十丈二尺七寸。户溜高丈二尺。库东乡屋南北四十丈八尺,上下户各二;南乡屋东西六十四丈四尺,上户四,下户三;西乡屋南北四十二丈九尺,上户三,下户二:凡百四十九丈一尺,檐高五丈二尺,溜高二丈九尺。周一里二百四十一步。"[3]司马迁在《史记·春申君传》中说:"吾适楚,观春申君故城,宫室盛矣哉!"又据《史记正义》考证,此时"大(城)内北渎四纵五横"已存在。

隋开皇十一年(591年),杨素师师平定江左之乱后,以苏州城无险可据,徙城于城西横山东麓。唐武德九年(626年)苏城由新郭迁还旧城。上元元年(760年)江南东道、浙西道、淮南东道三道节度使刘展叛乱,苏城"城郭邑居为之空虚"[4]。元和四年(809年),郡守李素命长洲县县令李暎、常熟县县令李仲芳分任董役,疏浚齐门北至常熟之百里河塘,名"元和塘"。元和五年(810年),因运

---

[1] 袁康、吴平:《越绝书》,上海古籍出版社1985年,第10页。
[2] 贺业钜:《考工记营国制度研究》,中国建筑工业出版社1985年,第62页。
[3] 袁康、吴平:《越绝书》,上海古籍出版社1985年,第17页。
[4] 李季平主编:《全唐文政治经济资料汇编》,三秦出版社1992年,第357页。

河自望亭至平望间地势低下,太湖弥漫其间,苏州刺史王仲舒在太湖东沿修筑长堤,将运河与太湖分开,并捐玉带建宝带桥。宝历元年(825年),白居易任苏州刺史,于虎丘山四周开环山河,并在虎丘至阊门运河间凿渠以通南北,沿河筑堤为路,从此往来称便,人称"白公堤"。山塘河、山塘街由此而来。

五代十国梁龙德二年(922年),吴越王钱镠以砖砌筑苏州城墙,高二丈四尺,厚二丈五尺,里外有濠。这是苏州最早的砖城,在此之前系土城。南宋建炎四年二月,金兀术率兵从临安北归途中,进犯平江。金兵"自盘门入,劫掠官府民居子女金帛、廪库积聚,纵火延烧,烟焰见二百里,凡五昼夜"[1]。此后,经过几次大修缮,现存宋《平江图》即为经过恢复后又有所发展的平江府城平面图。其中有六十五"坊"如下:

乐桥东南有孝义坊(东憩桥巷)、通阛坊(金母桥西)、绣锦坊(大市)、儒教坊(饮马桥南)、旌义坊(蔡汇头)、孝友坊、玉渊坊(南星桥)、儒学坊(乌鹊桥南)、衮绣坊(乌鹊桥北)、状元坊(醋库巷)、吴会坊(府治东)、晋宁坊(濠股口)、和令坊(杨郡王府前)、绣衣坊(南仓桥北)、孔圣坊(南仓桥南)、积善坊(府治西)、阜通坊(夏侯桥西)。

乐桥东北有干将坊(东市门)、建善坊(干将巷)、真庆坊(天庆观巷)、迁善坊(草桥)、布德坊(顾家桥)、豸冠坊(仁王寺前)、富仁坊(鱼行桥东)、闻德坊(周太尉桥东)、崇义坊(禅兴寺桥南)、乘鲤坊(张马步桥南)、间丘坊(张马步桥北)、大云坊(天庆观西)、碧凤坊(天庆观前)、庆源坊(大郎桥东)、天宫坊(迎春巷)、迎春(百口桥)。

乐桥西南有武状元坊(东桥南纸廊巷)、义和坊(杉渎桥东)、平权坊(跨街楼南)、画锦坊(南营西)、和丰坊、坤维坊(瑞光寺东)、通波坊(吉利桥南)、南宫坊(南园巷)、宾兴坊(贡院南)、吴歈坊(西憩桥巷)、馆娃坊(果子行)、灵芝坊(侍其巷)、丽泽坊(吉利桥北)、载耜坊(开元寺东)、孙君坊(孙老桥)、同仁坊(金狮巷)、好礼坊(富郎中巷)。

乐桥西北有西市坊(铁瓶巷)、嘉鱼坊(鱼行桥西)、太平坊(太平桥)、武状元坊(雍熙寺东)、流化坊(吴县东)、盍簪坊(张马步桥北)、文正范公坊(范家园)、甘节坊(承天寺东)、德庆坊(禅兴寺桥西)、立义坊(北寺西)、乐圃坊(三太尉桥北)、仁风坊(十九胜巷)、清嘉坊(朱明寺桥北)、吴趋坊(皋桥西)、至德坊(泰伯

---

[1] 李铭皖、谭钧培修,冯桂芬纂:同治《苏州府志》卷二十八《军制》,江苏古籍出版社1991年,第694页。

庙前)。

宝祐五年(1257年),知府赵与訔于至德庙后建宝佑百万仓。共建廒250间,浚河通舟,直至仓岸。

《吴郡志》记载,宋熙宁八年(1075年),在平江营桥(今寿星桥)置壮城指挥机构,将专门从事修缮城市的工程兵称为"壮城兵"。元丰三年(1080年)五月,朝廷规定壮城兵士,大城五十人,小城三十人,专充修城,不许移作他用。大观元年(1107年),各府城增至三百人,加上作院工匠一百人,隶属工部。

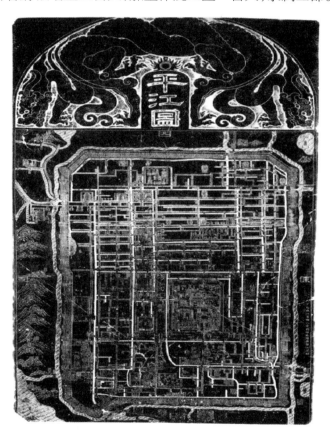

图25 宋平江府图

至元十六年(1279年),元兵平定江南,苏州城墙遭拆除。至正十一年(1351年),筑周围四十五里新城,城高二丈三尺,皆甃以甓。至正十七年(1357年),张士诚于阊、胥、盘、葑、娄、齐六门加筑瓮城。至正二十七年(1367年),明将徐达、常遇春攻破平江城,使城市遭到严重破坏。洪武年间修筑后,苏州城周长三十四里五十三步九分(约17100米),比元末苏州城缩小了十一里。据正德《姑苏志》载,城高二丈三尺,女墙高六尺,基广三丈五尺。周城雉堞,内外夹以长濠,广至数丈;沿宋元旧制,仍启阊、胥、盘、葑、齐、娄六门,除胥门外,都辟有水门。宣德年间(1432—1435年),巡抚周忱、知府况钟移原设于城外的东、西、南、北四仓于娄门内东城下,以贮原运南京之粮百万石。嘉靖三十六年(1557年),为防倭寇侵犯,巡按御史尚维持于木渎镇东、葑门外及枫桥建敌楼三座。关高三层,垒石为基,四面甃砖,上覆以瓦,旁置多孔,可发矢石铳炮。

明末清初,为抵挡清兵,民兵纵火烧断阊门吊桥,火势延及月城之内;又放火烧府县署及都察院、北察院、监兑署,俱成煨烬。清兵到阊门外亦纵火烧城,苏州遭到严重破坏。康熙元年(1662年),巡抚都御史韩世琦改筑城垣,拓女墙,城周四十五里,高二丈八尺,宽一丈八尺,女墙高六尺。仍循旧制为六门:葑、娄、齐、阊、盘、胥;除胥门外,各有水门。城上凡窝铺一百五十七,敌台五十七,雉堞三千五十一。

3. 古城交通

宋绍定二年(1229年)春,知府李寿朋主持刻制《平江图》碑,显示当时平江城四周城墙南北长约9里,东西宽约7里,周长32里,呈不规则长方形,西北和东北转角呈梯形,西南略向外凸出呈弧形,东南是直角。城开五门,分别是阊、盘、葑、娄、齐。碑上所绘河道总长164里,桥梁314座。除内城河外,有横河12条,尤以城北最密,形如棋盘。碑上刻有大街20条,另有巷246条、里弄24条,这些街巷一般与城河平行。

宋庆历八年(1048年),因开江营兵废,塘路失修,县宰李明等筑自苏州经吴江至嘉兴一百余里塘路,号称"百里石塘",为苏州通向浙江的水陆要道。至和年间(1054—1055年),疏挖自娄门至昆山长七十里之昆山塘,建桥52座,植榆柳蒲荷等,改名"至和塘",为苏州向东之水上主干道。据《吴郡志》记载,绍定元年(1228年)前,苏州有桥277座,其中168座系初次记载。

明万历二十四年(1596年),榷关主事董汉儒重筑浒关至枫桥运河堤,皆甃石成之,称"董公堤"。崇祯九年(1636年),江南巡抚张国维编辑《吴中水利全书》,命人详细绘制《苏州府城内水道总图及四隅分治图》附于书中(简称《水道图》)。按《水道图》核对,1506年至1636年间拆除桥梁24座。崇祯十年,巡抚张国维疏导四纵三横之内渠。

据明末《水道图》所载河道桥梁统计,明代苏州城内有以三横四直为骨干、经纬交织之长短水道百余条,总长度约在84~89公里之间,较《平江图》上所载河道长度增加4 154.91米。《水道图》所绘340座桥梁中,城内桥有329座,较《平江图》所载之城内桥增加34座。[1]

二、海防、江防、湖防

苏州古代军事防务,以海防、江防与湖防为重点。苏州为江南长江三角洲之中心,战略地位极其重要,自古为国防要地。《读史方舆纪要》曰:"(明唐顺之、王士祺等辑防海、防倭、防江等说凡数十家,合为《防险说》)吴郡越江而北,可以并有淮南(常熟与江北接壤);涉海而南,可以兼取明、越(崇明去明、越密迩);沂江而上,可以包举升润;渡湖而前,可以捷出苕、浙(由太湖过湖州,径向杭州也)。夫浙西为赋财渊薮,而吴郡又为浙西都会。天下大计,安可不以吴郡为先务哉?《海防考》:苏、松喉吭,皆在吴松江,(见大川三江,又详见嘉定县)吴松江沿衺而南,则自老鹳渚(在嘉定县东南六十里海滨)以至宝山、南汇、金山;出江口迤逦而北,则自采淘以至黄姚、刘家河;繇江口而深入,则南迤五十里即为黄浦,直至上海;由黄姚而登岸,则嘉定、太仓、昆山、苏、常,连数百里。是吴松江者,南为上海门户,西为苏、常藩篱,备吴松即所以备上海,备上海即所以备苏、常也。而崇明一县,孤悬海中,诸沙环之,几三百里,为诸郡外护。此亦天设之险矣。"[2]

1. 海防

明代苏松海防建设是中国古代海防发展的重要标志。永乐间,"屡以天兵震叠东南诸番,更通西洋,则此州实为咽喉之地,且城属要害,联卫建州,特遣宪臣提兵临之,制至备也"[3]。明代军事理论家郑若曾概括苏州有十四处海防要地,曰:

> 或问苏之险要有几:曰倭寇之犯郡城也,水港浩繁塍路交错不可胜纪。而要其总要枢纽所当控扼者,不过十四处而已。请详言之:贼若自海口而入,则嘉定之吴淞江、黄洼港,太仓之刘家河、七丫口四者其险要也;若自大江而入,则常熟之福山港、许浦、三丈浦三者其险要也;此皆本府险要之在外境者也。……但滨海不止于太仓、嘉定二邑而已,在南则嘉兴之海盐,平湖;在东南则松江之华亭、上海皆是也。江口亦不止于常熟而已,在西北则常州之江阴、武进,镇江之丹徒、丹阳皆是也。镇江路远且置勿论,嘉、松、常三郡江海口岸,贼一内犯则长驱至苏。苏之所恃以御之者,不在于交界设险乎?此之谓腹内险要也。

---

[1] 参见苏州城市建设博物馆:《苏州城建大事记》,上海科学技术文献出版社1999年。
[2] 顾祖禹:《读史方舆纪要》卷二十四《江南六》,上海商务印书馆1937年,第1099—1100页。
[3] 张寅:嘉靖《太仓新志·序》,太仓县纪念郑和下西洋筹备委员会等编:《古代刘家港资料集》,南京大学出版社1985年,第169页。

若不能守而纵贼过界,则海口江口所设之险均为无用,与不设同。故设险于外境,固为制敌上游,策之上也,而腹内险要亦不可视为轻缓。在南方,则吴江之平望所以御海盐、平湖之冲,长洲之周庄所以御华亭南路之冲;在东南则长洲之陈湖所以御华亭中路之冲,昆山之碛澳、安亭所以御华亭、上海之冲,为途不同,同于备海寇之深入也;在北方则长洲之蠡口所以御无锡间道之冲,长洲之望亭所以御江阴南来之冲,吴县之太湖洞庭两山所以御江阴、无锡、武进寇舟逸入之冲,为途不同,同于备江寇之深入也。

总而计之,外境之险要有七,腹内之险要亦有七,此十有四者,苏郡之安危所系。[1]

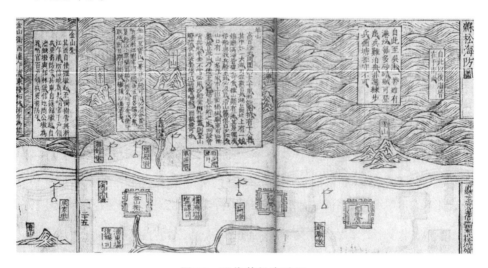

图26 明代苏松海防图

2. 江防

江防与海防相为表里,江、海互防不可替代。江防为沿江分兵南北戍守,游兵在其间往来巡哨。但在实际防务实践中,江南江北二巡抚与操巡行动难以协调统一。"大江南北各设巡抚,留都专设操江巡江,所敕信地虽殊,而四院事体则相关而不可分也。今操巡专管江中之寇,寇若登陆则让曰:此巡抚之事也。巡抚专管岸上之寇,寇若入江则让曰:此操巡之事也。"[2]一江之隔而分南北,将

---

[1] 郑若曾:《江南经略》卷二(上),《景印文渊阁四库全书》第728册,台湾商务印书馆1986年,第95页。
[2] 吴相湘主编,陈仁锡撰:《皇明世法录》卷七六《沿海置防区》,台湾学生书局1965年,第2017页。

领同握兵权却相互推诿。"莫若先正官联。官联者,联属四人为一,利害休戚,异形而同心。战守赏罚会谋而齐举。如江寇而登陆也,操巡督发江船进内港以协捕之。陆寇而入江也,巡抚督发哨船出外江以策应之,庶乎寇计穷而无所容,江中其永清矣。"[1]如江南、江北巡抚与操巡能协力同心,则江防海防威力大增。

苏州江防必须有崇明设险协守,才能御敌于江口之外。"崇明者,天生北沙以锁江之水口,江防第一关键实在是也。过此以西,方论营前靖江金焦,此设险之大旨也。向之建议者,设将官、结水寨,分守乎江之两岸,而海口入江之处止以崇明官兵御之,游兵都司应援之。愚以为非计也。海口兵力孰与江中诸寨之多?分战江中孰与并力御外之易?似宜立为规制。贼尚在海之时,江南江北兵船分番互出,常以一半至海口协守崇明,南北二路舟众力齐,则贼必不能入江矣,此守江之上也。"[2]这实际是御敌于外洋的海防思想。

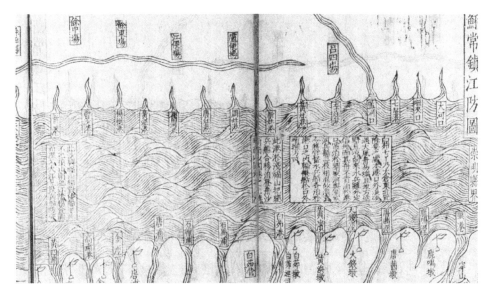

图 27 《苏常镇江防图》(局部)

3. 湖防

太湖跨苏州、常州、湖州数府之境,江南诸府安危皆系于此。海防防于海,江防防于江,则湖防必防于湖。明代防御倭寇之时,郑若曾《湖防论》论太湖设防

---

[1] 郑若曾:《江南经略》卷一(下),《景印文渊阁四库全书》第728册,台湾商务印书馆1986年,第43页。

[2] 郑若曾:《江南经略》卷一(下),《景印文渊阁四库全书》第728册,台湾商务印书馆1986年,第43页。

曰:"太湖在苏松西南,倭寇之来不由乎此,本不当与江海例论,但雄跨数郡,盐盗出没,逋亡伏匿,险莫甚焉,大非淀陈涌练之比。万一世变,巨寇从溧阳宜兴下太湖,直捣姑苏,或南冲吴兴,北冲毘陵,可不虑哉。故作湖防图与海防、江防图并列为三。"[1]明代开始于太湖正式置兵设守,郑若曾提出湖防战略理论,并实地考察绘图,对太湖防御体系进行详细论述。太湖港汊众多,唯于要害之地设险防守,才便于管理。"凡港渎通塞之迹,古今同异之名,何者为水利之所关,何者为兵防之所要,悉详识之而绘为二图。绘全湖之图者,昭形胜也。绘沿湖之图者,详区画也。庶司兵者得有所据以便规画矣。"[2]"太湖之防,具区西近留都。东南北跨苏湖常三郡,寇易纵横,须各郡湖船会剿协逐,勿容流注地方,乃为上策。"[3]

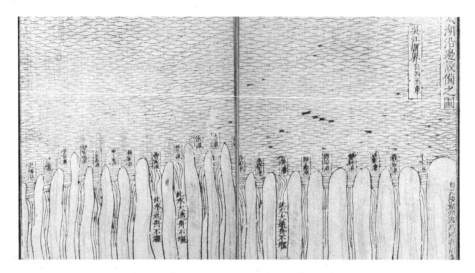

图28 《太湖沿边湖防设备之图》(局部)

海、江、河、湖,风波不同,沙域各异,所以江船与海船不同,海船与内河之船不同,内河之船与湖泖船又不同。郑若曾认为,厂梢船、边江船、剪网船、丝网船、鸬鹚船、山船、驳船、塘船、巡船、哨船、划船、渡船,应联舟互动,多方协守,官兵民兵互相协守应援。太湖周边港口不下百数,"湖口虽多通舟往来者,不过如吴江县之韭溪、叶港、雪落洪、埘关、鲇鱼口,吴县之莫舍溇、胥口港,无锡县之独山、浦

---

[1] 郑若曾:《江南经略》卷一(下),《景印文渊阁四库全书》第728册,台湾商务印书馆1986年,第55页。
[2] 郑若曾:《江南经略》卷一(下),《景印文渊阁四库全书》第728册,台湾商务印书馆1986年,第55页。
[3] 郑若曾:《江南经略》卷一(上),《景印文渊阁四库全书》第728册,台湾商务印书馆1986年,第6页。

岭、吴塘门,武进县之马迹山,宜兴县之荆溪、东蠡河、忻溪、直渎之类,可指而数也"[1]。太湖平原各地区之间、卫所之间、海陆之间、江海之间、湖陆之间、湖江之间要统一协守,一方有警,各方互应。

三、关隘冲要

自春秋以降,苏州及其周边地区发生过多次规模不等的战事,如民国《吴县志》所说:"从阖庐夫差以与晋楚争雄,又为项氏孙氏力战以定霸业,汉以后此风无闻焉。陵夷至南宋建炎之末而兵祸烈,更历清咸丰同治以迄宣统而变故益多。"[2]历代战事与寇匪之乱突显了苏州城防和海防、江防、湖防的重要性和必要性,也突显了苏州地区一些关隘冲要的军事地理地位和防务价值。

胥口　胥口是胥门往太湖莫厘、包山之渡口。太湖东壖两山对峙,南面是胥山,北面是香山,胥口介于其中。胥口直通太湖,船艘往来必由之道,盗贼出没,最为险要。敌寇若从胥口进入,则或由木渎东行而犯胥门,或由木渎西北踰灵岩、支硎而掠枫桥、犯阊门。"吴县之险,太湖为最;太湖设险,胥口为最。"[3]

包山　位于苏州城西南太湖中,一名夫椒山。春秋时,吴军伐越,败之夫椒。隋军灭陈,亦曾战于包山。元末明初,张士诚结砦于包山抵御朱元璋军。宋代曾于包山建置用头寨,明代相沿为戍守处。

五龙桥　五龙桥,一名五泓桥,在盘门外五里五水合流湍急处,为苏州城南锁钥。宋淳熙间(1174—1189)提举薛元鼎建,明弘治十一年(1498)傅潮重建,崇祯六年(1633)圮、十五年(1642)知县牛若麟修、倪长圩记。清顺治十八年(1661)诸生张我、城里人沈某等重修,同治十二年(1873)重建。五龙桥为苏州东南屏障及扼守苏州与两湖(太湖和澹台湖)间的军事要冲。桥联云:"锁钥镇三吴,下饮长虹规半用;支条钟五水,远通飞骑扼全湖。"五龙桥"东通宝带桥,西通跨塘,乃郡南之关钮也。设险于此,则北可以屏捍盘门,而新郭、仙人堂、胥泾诸近地亦不至罹屠戮之惨矣"[4]。民国《吴县志》记载了明代倭寇来犯苏郡被击溃的战事。清咸丰十年(1860),太平军攻占苏州。其后,李鸿章与太平军争夺苏州时,令诸军削平城外十垒,即五龙桥、宝带桥、蠡口、黄埭、王瓜泾、浒关、观

---

[1] 郑若曾:《江南经略》卷一(下),《景印文渊阁四库全书》第728册,台湾商务印书馆1986年,第57页。
[2] 曹允源、李根源纂:民国《吴县志》卷五十三《兵防考一》,苏州文新公司铅印本1933年,第1页。
[3] 杨循吉:嘉靖《吴邑志》,《天一阁藏明代方志选刊续编》第10册,上海书店1990年,第690页。
[4] 杨循吉:嘉靖《吴邑志》,《天一阁藏明代方志选刊续编》第10册,上海书店1990年,第694页。

音庙、十里亭、虎邱与浒墅土城。并进而攻取苏州。淮军将领程学启攻下五龙桥后由英国人戈登率领的洋枪队防守，威胁太平军苏州城的防守。

枫桥铁岭关 位于苏州城西，为水陆孔道。《吴地记》称："吴门三百九十桥，枫桥其最著者。"铁岭关又称枫桥敌楼，垒石为基，四面甃砖，中为三层，上覆以瓦，旁列孔发矢石铳炮。嘉靖三十三年（1554），倭寇烧阊阖门枫桥一带，"焚掠殆遍"，"积蓄纤悉无遗"。一年后，倭寇又自浒墅关窜犯枫桥。经苏州军民英勇奋战，终于全歼寇贼。明人郑若曾在《枫桥险要说》中记载："天下财货莫盛于苏州，苏州财货莫盛于阊门。倭寇垂涎，往事可鉴。枫桥北近射渎、长荡，南通蠡塘、太湖。寇之所热中者，城内十一，而此地十九。"明嘉靖三十六年（1557）巡抚御史尚维持为抵御倭寇而建。

黄天荡 位于苏州鞋靯门外，上接澹台诸湖之流，东汇为渎墅诸湖，又东接于尹山湖。唐乾宁年间（894—898），杨行密军于黄天荡击败钱镠军进围苏州。后梁开平年间（907—911），淮南兵围苏州，亦曾激战于黄天荡。

夹浦 位于吴江城北鲇鱼口下游，有南北两柳胥港，分太湖支流并汇于此。由夹浦而东会流于澹台、庞山诸湖，仍注于吴淞江。"说者谓县当吴、浙之咽喉，而夹浦又县之冲要云。"[1]

平望 位于吴江城南，为控接嘉兴、湖州之要道，扼江浙之吭。宋德祐年间（1275—1276），元军渐迫临安，宋将刘泾于平望筑砦御敌。明初，常遇春军攻湖州，在平望击败张士诚的水师。嘉靖年间（1522—1566），明军据守平望之莺脰湖，以扼倭寇。清咸同（1851—1874）之际，平望更为清军与太平军之必争之地。

福山港 位于常熟城北，下临长江。天祐（904—919）初，吴越于此筑城戍守，控扼江道。南宋置水军砦，建炎三年（1130）韩世忠控守福山，以备金兵由海道进犯。明初，朱元璋遣军于福山击败张士诚军，置福山寨并巡司于此。嘉靖年间（1522—1566），倭寇来犯，明军于福山"筑堡屯兵，为控御要地……吴郡之重险也"[2]。清代同治二年（1863），淮军攻取福山，并由此进窥苏州郡城。

地方志乘及相关典籍所载苏州地区的关隘险要之地还有：莫釐山在太湖中，太湖中群山错列而莫釐最大，险固可守。横山位于苏州西南，据湖山之中，临湖控越。浒墅在阊门外西北，南北运道要冲。刘河位于太仓城南，港口为吴地噤喉。兹不一一列举。

---

[1] 顾祖禹：《读史方舆纪要》卷二十四《江南六》，上海商务印书馆1937年，第1110页。
[2] 顾祖禹：《读史方舆纪要》卷二十四《江南六》，上海商务印书馆1937年，第1118页。

◎ 中篇　苏州史研究概述 ◎

先秦时期苏州史研究

叶文宪

先秦时代苏州的历史是与吴国的存亡联系在一起的,而吴国的兴衰又与越国息息相关。20世纪80年代以后,随着学术界与社会上"文化热"的持续升温,不仅吴国史,而且吴地文化也成为研究的一个热点。

一、太湖地区的新石器文化谱系

狭义的"先秦"指夏商周,广义的"先秦"还包括新石器时代。

1956年在吴县草鞋山、桐乡罗家角,1957年在吴兴邱城,1959年在嘉兴马家浜都发现了一种以红陶、腰沿釜和大量骨器为特征的新石器文化遗存,以后又在吴江梅堰、苏州越城、常州圩墩、青浦崧泽等遗址不断地发现同类遗存,学者们对这一文化类型的认识日益深化。经过1977年"长江下游新石器时代文化学术讨论会"的讨论[1]及以后的考古实践,夏鼐首先提出"马家浜文化"的概念,当时他认为"马家浜文化来源于较早的河姆渡(下层)文化"[2],但1979年发掘了桐乡罗家角遗址以后,学者们认识到"马家浜文化与河姆渡文化是两支完全不同的文化,它们各有自己的基本风格、特征和发展源流,构成各自文化的主流方面"[3],马家浜文化与河姆渡文化是相互影响的并存关系而非发展演变关系。

20世纪50年代末和60年代初在田野调查中已经发现了崧泽文化遗存,1960年对青浦崧泽遗址的试掘又获得了丰富的资料,但当时只认为这是一种很有特色的文化遗存,并没有把它视为一支独立的考古文化。在1977年的"长江

---

[1]《文物》月刊通讯员:《长江下游新石器时代文化学术讨论会纪要》,文物编辑委员会编:《文物集刊》第1辑,文物出版社1980年。
[2] 夏鼐:《碳-14测定年代和中国史前考古学》,《考古》1977年第4期。
[3] 姚仲源:《二论马家浜文化》,中国考古学会编辑:《中国考古学会第二次年会论文集(1980)》,文物出版社1982年。

下游新石器时代文化学术讨论会"上,学者们也只是称其为崧泽类型或崧泽期,相对年代介于马家浜文化与良渚文化之间,是马家浜文化与良渚文化的过渡期。在1979年中国考古学会第一次年会上,汪遵国与黄宣佩正式将其命名为"崧泽文化"[1],以后逐渐得到普遍的认同。

良渚文化是1936年杭州西湖博物馆的施昕更发现的,1938年浙江省教育厅出资印刷出版了他的《良渚——杭县第二区黑陶文化遗址初步报告》,这是研究良渚文化的开端。由于良渚文化有大量的黑陶,因此施昕更把它纳入了以黑陶为主要特征的龙山文化的范畴,认为它是龙山文化向东南地区发展的产物。50年代在太湖周围地区陆续发现了一批良渚文化遗址,强烈地显示出良渚文化的独特性,并大体确定了它的分布区域,使学者们认识了良渚文化的内涵。1959年,夏鼐首先使用了"良渚文化"的名称,并很快被学术界接受。[2]

20世纪70年代,随着吴县草鞋山、昆山张陵山等遗址的发掘和对太湖周围地区河姆渡文化、马家浜文化、崧泽文化、马桥文化研究的深入,以及C^{14}测年技术的广泛应用,对良渚文化的研究取得了显著的进展,从而确立了距今7 000年到距今4 200年"马家浜文化—崧泽文化—良渚文化"一脉相承的太湖地区新石器文化谱系。

二、关于良渚文化的去向

大约距今4 200年前后,良渚文化从太湖地区消失了,随后出现在太湖地区的是马桥文化。但是,两者的年代相隔500年以上,而且在遗址中两者的文化层之间常常发现存在着淤土层,良渚文化与马桥文化的内涵也缺乏明确的继承关系。芮国耀指出"马桥文化不是良渚文化的完全继承者"[3],朱国平也认为"马桥文化有明显的低落期特点——马桥文化较良渚文化并没有发展和进步"[4],良渚文化似乎突然消失了。

关于良渚文化消失的原因,叶文宪、俞伟超、张明华、程鹏、朱诚等认为是距

---

[1] 汪遵国:《太湖地区原始文化的分析》,黄宣佩:《关于良渚文化若干问题的认识》,中国考古学会编辑:《中国考古学会第一次年会论文集(1979)》,文物出版社1980年。
[2] 夏鼐:《长江流域考古问题》,《考古》1960年第2期。
[3] 芮国耀:《良渚文化时空论》,余杭市文史资料委员会编:《文明的曙光——良渚文化》,浙江人民出版社1996年。
[4] 朱国平:《良渚文化去向分析》,徐湖平主编:《东方文明之光——良渚文化发现60周年纪念文集》,海南国际新闻出版中心1996年。

今4 000年前的大洪水造成的。[1]苏文、谷建祥、贺云翱、吴建民、林志方等认为是因为海侵造成了长江三角洲地区文化发展的中断。[2]王富葆、李民昌、吴文祥、刘东生等认为是因为气候突然变冷导致了良渚文化的衰亡。[3]陈淳和许倬云认为良渚社会为维持其神权政体而过度消耗资源,把大量的社会能量与资源不断地投入毫无经济效益可言的祭祀活动中去,终于拖垮了其社会体系。[4]陈杰也赞同他们的观点,并进一步指出:"良渚文化的最后消失可能就是生态系统各方面因素矛盾激化到不可调和地步的结果。"[5]

良渚文化先民从太湖地区消失后去向何方?叶文宪认为他们中的一支南下到达粤北,融入了石峡文化,而其主体则渡江北上,辗转到了中原,融入了中原文化之中,他们可能就是传说中蚩尤的原型。[6]纪仲庆也认为"良渚文化很可能就是古史传说中的蚩尤部落集团"[7]。谷建祥、贺云翱认为,由良渚文化和山东龙山文化大部分先民组成的天然盟友与中原部落之间发生过战争,最后这场战争以"东方集团的失败和中原集团的胜利而结束。这场战争带来的直接后果就是在中原大地上诞生了中国第一个国家——夏……这段历史过程与古史传说的黄帝与蚩尤之战却有着惊人的相似之处。这里面也许存在着有机的联系"[8]。程鹏、朱诚认为,"良渚文化北迁至南巢后与当地文化交融、发展,并通过联姻、联盟的方式向北扩展至淮河流域","到达淮河之后沿着颍水上溯进入豫西,与晋南的唐尧部落结成联盟,并最终在伊、洛地区建立了夏王朝"。[9]

---

[1] 叶文宪:《良渚文化去向蠡测》,《余杭文史资料》第3辑,1987年12月;俞伟超:《龙山文化与良渚文化衰变的奥秘》,《文物天地》1994年第2期;于世永、朱诚、史威:《上海马桥地区全新世中晚期环境演变》,《海洋学报》1998年第1期;张明华:《良渚文化突然消亡的原因是洪水泛滥》,《江汉考古》1998年第1期;程鹏、朱诚:《试论良渚文化中断的成因及其去向》,《东南文化》1999年第4期。

[2] 苏文:《从考古发现谈长江三角洲地区及太湖平原史前文化和环境的关系》,《南京大学学报》1986年增刊;谷建祥、贺云翱:《中国新石器时代海洋文化体系中不同文化圈之形成与交融》,《东南文化》1990年第5期;吴建民:《长江三角洲史前遗址的分布与环境变迁》,《东南文化》1998年第6期;林志方:《江南地区夏商文化断层及原因考》,《东南文化》2003年第9期。

[3] 王富葆、李民昌等:《太湖流域良渚文化时期的自然环境》,徐湖平主编:《东方文明之光——良渚文化发现60周年纪念文集》,海南国际新闻出版中心1996年;吴文祥、刘东生:《4000aB.P.前后降温事件与中华文明的诞生》,《第四纪研究》2001年第5期。

[4] 陈淳:《资源,神权与文明的兴衰》,《东南文化》2000年第5期;许倬云:《良渚文化哪里去了?》,《新史学》1997年第1期。

[5] 陈杰:《良渚文明兴衰的生态史观》,《东南文化》2005年第5期。

[6] 叶文宪:《良渚文化去向蠡测》,《余杭文史资料》第3辑,1987年12月。

[7] 纪仲庆:《良渚文化的影响与古史传说》,《东南文化》1990年第5期。

[8] 谷建祥、贺云翱:《中国新石器时代海洋文化体系中不同文化圈之形成与交融》,《东南文化》1990年第5期。

[9] 程鹏、朱诚:《试论良渚文化中断的成因及其去向》,《东南文化》1999年第4期。

1997年在瓯江上游的遂昌发掘了好川墓地[1]，2003年又在温州鹿城的老鼠山发掘了35座好川文化墓葬，出土的玉器、石器、陶器和良渚文化有着极大的一致性，好川文化可能就是一支南下的良渚文化移民留下的遗迹。

1999年至2005年在上海松江广富林遗址的良渚文化层之上发现了一类新的文化遗存，同类遗址已发现了十几处，距今4300年左右，2006年被命名为广富林文化。宋建指出："广富林遗存同良渚文化差别很大，在当地找不到它的渊源关系。"[2]陈杰认为，"广富林文化处在良渚文化之后、马桥文化之前"，"以王油坊类型为主的中原龙山文化因素对其形成和发展起到了主导作用，本地传统文化和浙西南闽北印纹陶文化因素也对其发展起到了重要影响"。[3]

三、夏商时代的湖熟文化与马桥文化

1951年至1959年在宁镇地区先后发现了159处台形遗址，在其周围分布着数量众多的土墩墓。曾昭燏与尹焕章在《试论湖熟文化》[4]一文中论述了湖熟文化的面貌、时代、社会性质及其与周文化的关系等问题。1961年，他们又撰文指出：江苏省已发现的原始文化有青莲岗文化、龙山文化、刘林文化遗存、良渚文化、湖熟文化和以几何印纹硬陶为主的一种文化。青莲岗文化是江苏最早的原始文化，龙山文化晚于青莲岗文化，刘林文化遗存的下层相当于青莲岗文化的晚期、上层与龙山文化同时。良渚文化与龙山文化似乎是同时的，湖熟文化与良渚文化同时，各在其地区发展，但其下限可能比良渚文化更晚一些。以几何印纹硬陶为主的文化到达江苏较早，曾给良渚、湖熟两文化以影响，到后来在太湖地区代替了良渚文化。这种文化发源于福建，发源的时间较早，距今四千几百年甚至五千年以上，而在江苏境内以几何印纹硬陶为主的文化上限不过距今两千七八百年，下限不过距今两千三百年左右。[5]现在看来，他们的认识未必完全正确，但这在当时却是走在时代最前列的，而且大多数观点至今仍未过时。

《史记·吴太伯世家》记载："太伯之奔荆蛮，自号句吴。荆蛮义之，从而归之千余家，立为吴太伯。"后来，夫差在黄池与晋定公争夺霸主之位时称"于周室我为长"，就是以此为本的。虽然太伯仲雍为周人之后，但他们奔荆蛮后"文身

---

[1] 王海明：《好川墓地》，文物出版社2001年。
[2] 宋建：《上海考古的世纪回顾与展望》，《考古》2002年第10期。
[3] 陈杰：《广富林文化初论》，《南方文物》2006年第4期。
[4] 曾昭燏、尹焕章：《试论湖熟文化》，《考古学报》1959年第4期。
[5] 曾昭燏、尹焕章：《古代江苏历史上的两个问题》，《江海学刊》1961年第12期。

断发"接受了当地土著的文化,因此李学勤认为吴国的统治者是周人,而人民为荆蛮。历来中原华夏都称生活在长江中游地区的楚人为"荆蛮",吴人当然不会是荆楚之后,那么生活在长江下游地区的土著"荆蛮"究竟是什么人呢?李白凤认为吴人系徐夷之后。[1]徐松石认为吴人是三苗的后代:"古代三苗领域的土著在最东的称为'于'、'阳'、'凤'、'畎'等夷,后来形成吴越民族,其余则称为荆蛮、扬蛮。"[2]曾昭燏与尹焕章在研究了湖熟文化以后指出,湖熟文化是"当地的土著人"的遗存,在殷末周初时期受到了中原文化的影响,[3]即太伯仲雍奔吴给当地土著带来了中原文化。这一观点得到许多学者的赞同。李伯谦指出:"通过对宁镇、太湖及其邻近地区新石器文化、青铜文化不同特点及其发展演变关系的研究,并结合有关文献和文字资料,初步推定流行于宁镇、太湖及其邻近地区的土墩墓和与其同时的遗址为西周——春秋时期的吴文化遗存,主要分布于宁镇、皖南地区的湖熟文化与吴文化关系密切,有继承发展关系,是相当于商代早期吴立国之前的先吴文化,宁镇、皖南地区应是吴文化的发源地。"[4]黄宣佩与孙维昌也认为湖熟文化可能是吴文化的先驱。[5]

在探讨吴人族源的同时也涉及越人的族源,涉及吴人与越人是不是同族的问题。有的学者认为,吴、越根本不同族,文化也不同,吴文化和越文化不应合称为"吴越文化"。但是,大多数学者认为,吴、越是同族。卫聚贤说:"于越即虞越,亦即吴越。吴越原系一个民族,后越人发明钺而独立,故越有超越之义,言越人发明钺而武器超过吴人。"[6]蒙文通认为,吴、越民族具有共同的语言和断发文身之风俗,"则其人民宜为同一民族也"[7]。谭其骧认为,吴和越是语系相同的一族两国。[8]陈桥驿认为:"于越与勾吴"是同一部族的两个分支。[9]王文清认为:"吴、越两国的土著居民本是同族,他们的文化基本上是一个系统,吴文化和越文化可以合称吴越文化。"[10]吴绵吉认为:"太湖周围至杭州湾地区在春秋战国时代固然分属于吴、越两国的辖地,但从物质文化面貌上看却基本上是同一

---

[1] 李白凤:《徐夷考》,《东夷杂考》,河南大学出版社2008年。
[2] 徐松石:《东南亚民族的中国血缘》,香港平安书店1959年,第72页。
[3] 曾昭燏、尹焕章:《试论湖熟文化》,《考古学报》1959年第4期。
[4] 李伯谦:《吴文化及其渊源初探》,《考古与文物》1982年第3期。
[5] 黄宣佩、孙维昌:《马桥类型文化分析》,《考古与文物》1983年第3期。
[6] 卫聚贤:《吴越释名》,吴越史地研究会编:《吴越文化论丛》,江苏研究社1937年。
[7] 蒙文通:《百越民族考》,《历史研究》1983年第1期。
[8] 邹逸麟:《谭其骧论地名学》,《地名知识》1982年第2期。
[9] 陈桥驿:《浙江省地理》,浙江教育出版社1985年;《浙江地理简志》,浙江人民出版社1985年。
[10] 王文清:《论吴、越同族》,《江海学刊》1983年第4期。

系统的不可分割的一个整体,这也就是为什么有的著作把这一地区的几何印纹陶文化统称之为吴越文化的道理所在。"[1]目前学术界一般认为吴人为百越之干越,越人为百越之于越。

有的学者在追溯吴人族源的时候把太湖地区的新石器文化统统视为"先吴文化",其实考古学家早已指出:"良渚文化消失后,控制其分布区域的是马桥文化,但两者文化面貌差别很大,似属不同文化系统,良渚文化去向仍是有待解决的问题。"[2]虽然良渚文化分布区与后来吴国的地盘大体重叠,但良渚文化并不是吴文化的前身,而"马桥文化也应该是越文化的来源之一"[3]。

四、关于太伯仲雍奔吴

学术界对于太伯仲雍所奔之地历来有东吴、西吴、北吴三种不同的说法。

东吴说是历史文献上传统的说法。《史记正义》曰:"太伯居梅里,在常州无锡县东南六十里。至十九世孙寿梦居之,号勾吴。"《世本·居篇》曰:"吴孰哉居蕃离。"宋忠注曰:"孰哉,仲雍字。蕃离,今吴之余暨也。"后世文献更是言之凿凿,都说"吴"就在今苏州、无锡一带。

西吴说认为"吴"在陕西陇县。卫聚贤就认为:"太伯之封在西吴,而云太伯之封在东吴者,由于春秋末年致误;北吴亦为太伯之后所封者,亦系因东吴之误而误,惟西吴为太伯的封地。"[4]尹盛平根据宝鸡一带出土的考古遗存认为,在宝鸡渭水两岸到凤县一带曾经存在过一个外族的方国——弜国,其国名从弓从鱼,应当是弓鱼氏。弓鱼氏是巴族的一支,原居于江汉之间的荆山地区,所以被称为"荆蛮"。太伯奔荆蛮,就是向西奔到了弜国。这是一种新的"西吴说",但是,由于在宝鸡附近还没有发现可以确定是早期吴国的遗存,因此尹盛平十分谨慎地说自己的这一推论"尚不足定论"[5]。刘启益考证了1973年陇县出土的"矢仲"戈后认为,太伯在岐山以西建立了吴国,之所以称国名为吴,是因为附近有一座吴山(今陕西陇县西南)。[6]

---

[1] 吴绵吉:《江南几何印纹陶"文化"应是古代越人的文化》,百越民族史研究会编:《百越民族史论集》,中国社会科学出版社1982年。
[2] 中国社会科学院考古研究所编著:《中国考古学·新石器时代卷》,中国社会科学出版社2010年,第691页。
[3] 李伯谦:《马桥文化的源流》,田昌五、石兴邦主编:《中国原始文化论集》,文物出版社1989年。
[4] 卫聚贤:《泰伯之封在西吴》,吴越史地研究会编:《吴越文化论丛》,江苏研究社1937年。
[5] 尹盛平:《关于泰伯、仲雍奔荆蛮问题》,江苏省吴文化研究会编:《吴文化研究论文集》,中山大学出版社1988年。
[6] 刘启益:《西周矢国铜器的新发现与有关的历史地理问题》,《考古与文物》1982年第2期。

北吴说认为太伯仲雍留居之地并不是江南的"吴",而是河东(今山西平陆以东)的"虞",或称"北虞"。1954 年江苏丹徒烟墩山出土了宜侯夨簋,经诸多专家考证,大家比较一致地认为"宜"地就在今丹徒一带,铭文中的"虞侯夨"和"虞公父丁"应该都是北虞的君主,江南的"吴"是在周康王时改迁过来的,那么太伯仲雍所奔之地当然就只能是北虞了。黄盛璋认为西吴说不能成立,他考证了"夨"字不是"吴"字或"虞"字,认为虞侯夨与其父虞公都是北虞之君,是春秋虞国的祖先,其地就在今山西平陆之北的虞城,而所封之宜地必定在离虞不远的郑地(今陕西华县),即洛阳以西的宜阳(今河南宜阳西)。[1]

清代在陕西凤翔出土了一件青铜盘,当时被称为"散氏盘",实际上作器者是夨,应该定名为"夨人盘"。1917 年凤翔又出土了一件铜尊,铭文为"夨王作宝彝"。1949 年以后在宝鸡、陇县一带又出土了"夨仲"戈、"夨王"簋盖、有"夨"字铭文的当卢与铜泡等。这一地区应是夨国所在地,而吴山就在陇县西南,因此有的学者认为,"夨"就是"吴","夨仲"就是"虞仲","夨国"就是太伯奔到此地后所建立的吴国或虞国,后来传至虞仲时被周武王改封到晋南,此即北虞。周康王时虞侯夨再被改封到江南的宜,故改称"宜侯夨"。[2]这样,就构成了"西吴—北吴—东吴"这样一条吴国受封与迁徙的路线。

王晖独辟蹊径,他把宜侯夨簋的"宜"字隶定为"俎"字,认为"依俎侯夨簋铭文来看,吴太伯至周康王封虞(吴)侯于俎之前,吴国所居的确已在长江南北一带"。周康王之时,虞(吴)侯被封在今江苏邳县北偏西的"加口",或作"迦口",春秋时为"柤"地,故称"俎侯",从西周康王时到西周晚期,吴国一直以俎为其国都。春秋初期,吴取邗(干)国而建都于邗,即今扬州一带,一直到吴王诸樊时代。诸樊为了躲避楚国的锋芒,不得不把都城迁到今无锡西南闾江乡一带。明洪武《无锡县志》说闾江乡境内的阖闾城是阖闾派伍子胥所筑的,同时还在今苏州筑了一座大城,其地本名"姑苏"或"姑胥",直至夫差亡国一直为吴国的都城。[3]此说的缺点是在邳县一带尚未发现相关的遗址与墓葬。

此外还有其他的一些观点,例如赵建中认为"太伯奔吴最先是到宁镇地区,具体而言就是现在的南京市江宁区横山一带"[4]。王岳群认为太伯仲雍"奔荆蛮"的地望为今江苏江阴,具体地点为花山和佘城,佘城为太伯所筑,并可能是吴

---

[1] 黄盛璋:《铜器铭文宜、虞、夨的地望及其与吴国的关系》,《考古学报》1983 年第 3 期。
[2] 梁晓景、马三鸿:《论弶、夨两国的族属和太伯奔吴》,《中原文物》1998 年第 3 期。
[3] 王晖:《西周春秋吴都迁徙考》,《历史研究》2000 年第 5 期。
[4] 赵建中:《吴文化源头辨析》,《江苏地方志》2008 年第 4 期。

最初的立国地。[1]袁进与彭明瀚认为江西樟树的吴城文化即勾吴族的遗存[2]，太伯所奔之吴就是江西樟树的吴城[3]。虽然太伯仲雍奔吴是一个不易之史实，但他们究竟奔到了哪里？至今仍然众说纷纭。甚至有人认为所谓"太伯奔吴"只是一个虚构的美丽传说而已。[4]

五、关于吴国的王陵

自从1954年烟墩山M1出土了宜侯夨簋以后，在镇江丹徒沿江一带的断山墩、磨盘墩、母子墩、北山顶、青龙山、粮山、双墩等丘陵小山的顶部陆续发现并发掘了一系列西周、春秋时期的大墓，出土了大批青铜器。其中，母子墩出土了有铭文的伯簋，北山顶出土了15件有铭文的青铜器，使宜侯夨簋不再是孤立的现象。基于这一事实，肖梦龙认为："镇江东乡一带的大港、谏壁一带的土墩墓处于山脊之上，面对浩浩长江，气势开阔，多出青铜礼器，如烟墩山'宜侯夨簋'墓、北山顶吴王馀眛墓、青龙山带墓道的竖穴石坑大墓等。说明沿江一带的山脊之上主要是王侯贵族墓地，而丹徒一带离长江较远的丘陵岗地上分布着的土墩墓和遗址证明这里生活着的是普通的土著居民。"[5]

1992年在苏州浒关大真山顶部发掘了一座春秋时期的大墓，虽然这座墓葬早年就被盗掘破坏，无法明确判定墓主的身份，但就墓葬的规模和所出数量众多的玉器来看，墓主无疑是一位地位显赫的人物，发掘者认为真山大墓可能是寿梦的墓。以后又在阳宝山、獾墩、树山、横山、馒头山、挂灯山等小山顶部发现多座春秋时期的大墓，可惜几乎都被盗掘一空。[6]基于这一事实，钱公麟认为苏州西部山区是吴国的王陵区。[7]他和肖梦龙的观点看似对立，实际上并不矛盾，因为这恰恰反映了吴国疆域的变迁和吴国政治中心的转移。

阖闾死后葬在虎丘，史书记载墓在剑池之下。在剑池下确实发现有一个被条石封堵的洞穴，剑池旁的崖壁上还有明代王鏊、唐寅等人实地勘测后刻石记事的文字。然而，程伟经过考证后认为阖闾墓不应该在剑池之下，而应该像真山大墓和印山大墓一样坐落在虎丘山顶，只是后来在山顶上建虎丘塔和寺庙时被破

---

[1] 王岳群：《太伯、仲雍奔荆蛮地望考》，《东南文化》2003年第3期。
[2] 袁进：《吴城文化族属勾吴说》，《南方文物》1993年第2期。
[3] 彭明瀚：《太伯奔吴新考》，《殷都学刊》1999年第3期。
[4] 崔凡芝、张莉：《〈史记〉"太伯奔吴"说质疑》，《山西大学学报》2002年第5期。
[5] 肖梦龙：《吴国王陵区初探》，《东南文化》1990年第4期。
[6] 丁金龙、陈军：《苏州地区周代土墩的发掘与研究》，《东南文化》2012年第4期。
[7] 钱公麟：《春秋晚期吴国王陵新探》，徐湖平主编：《东方文明之韵》，岭南美术出版社2000年。

坏殆尽了。[1]

这类位于丘陵小山顶部的墓葬都有高大的封土堆,有的是凿山为穴的竖穴岩坑墓,也有其他类型的土坑墓。这类墓葬往往随葬有青铜器或玉器,被称为"丘陵山地类型土墩墓",与丘陵山地类型土墩墓同时代而坐落在平地或山冈缓坡上的是"平原类型土墩墓"。[2]

平原类型土墩墓主要分布在以丹徒、丹阳、金坛为中心的宁镇地区,西至句容、溧水、高淳、江宁、南陵,东至常州、无锡、苏州。经常是数十、上百座土墩墓成群分布在一地,土墩的大小不尽相同,一般底径7~8米、高2米左右,每群土墩墓中常常有一座或几座特别高大的,最大的底径可达80余米、高10余米。20世纪70年代通过发掘句容浮山果园,高淳顾陇、永宁,溧水柘塘、乌山等地的土墩墓群,学者们开始认识了土墩墓,90年代发掘了丹徒南岗山、金坛连山、丹阳大泊等地的土墩墓群以后进一步加深了对土墩墓内涵的认识。这类土墩墓大多数是一墩一墓,但很早就已经发现还存在着一墩多墓的现象,而且在一墩多墓的土墩墓中还发现有周围不同层面墓葬的墓主头向均朝向土墩中心主墓的布局方式。无论一墩一墓还是一墩多墓的土墩墓都有在堆筑土墩墓的过程中渐次埋入祭祀器物的现象,有的墓内还有两面坡木屋结构的墓内建筑。这类土墩墓中的随葬品主要是陶器、几何印纹硬陶与原始瓷,罕见青铜器,文化内涵与湖熟文化的台形遗址一致。邹厚本认为土墩墓是"土著文化"或"吴越文化"的墓葬。[3]

六、关于吴国的都城

战国末成书的《世本》中有"吴孰哉(仲雍字)居蕃离""孰姑(寿梦)徙勾吴""诸樊徙吴"的记载,但"蕃离""勾吴"和"吴"在何处则不知其详。东汉赵晔《吴越春秋》始言"太伯起城,周三里二百步,外郭三百余里,在西北隅,名曰故吴",又说"太伯卒,葬梅里平墟",但梅里的地望也不明确。《史记集解》引三国王象《皇览》曰:"泰伯冢在吴县北梅里聚,去城十里。"南北朝萧梁时顾野王《舆地志》云:"吴筑城梅里平墟。"刘昭注《后汉书·郡国志》曰:"无锡县东皇山有太伯冢,民世修敬焉,去墓十里有旧宅、井犹存。"唐初李泰主编的《括地志》曰:

---

[1] 程伟:《吴王阖闾墓在剑池之下吗?——苏州虎丘阖闾墓考》,《苏州科技学院学报》2009年第1期。
[2] 耕夫:《略论苏南土墩墓》,《东南文化》2001年第3期。
[3] 邹厚本:《江苏南部土墩墓》,文物编辑委员会编:《文物资料丛刊》第6辑,文物出版社1982年。

"太伯奔吴所居城在苏州北五十里常州无锡县界梅里村,山有太伯冢,民世修敬焉,去墓十里有旧宅、井犹存。"唐张守节《史记正义》曰:"太伯居梅里,在常州无锡县东南六十里。至十九世孙寿梦居之,号勾吴。"唐陆广微《吴地记》、宋朱长文《吴郡图经续记》、宋范成大《吴郡志》等历代史志都沿用此说。关于"泰伯始居梅里"的说法是年代越晚越清晰,显然有一个"层累"形成的过程。尽管方志对"泰伯始居梅里"言之凿凿,但有明文记载无锡梅里鸿山上的泰伯墓是东汉时吴郡太守糜豹所建的,梅里有太伯所居之城也得不到考古发掘的证实。

商志醰根据《世本》"吴孰哉居蕃离"的另一版本为"吴熟移丹徒",认为在古人看来,"蕃离"与"丹徒"实为一地,而在宁镇一带又的确发现了许多西周春秋时期的吴文化遗存,因此他推断吴国早期的都城可能在镇江、丹徒一带。[1]肖梦龙根据镇江地区的考古资料并参照文献记载也认为吴国早期都城是"宜",即今丹徒,春秋时称"朱方"或"矢方",战国时称"谷阳",秦始皇南巡至此觉得这里王气太重,遂发三千囚徒平之,始改称"丹徒"。吴国中期的都城在常州淹城(有人认为在高淳县的固城),晚期才定都苏州。[2]张敏认为吴国年代最早的都城是丹阳珥陵镇的葛城遗址,他认为常州与无锡之间的阖闾城是吴王阖闾的都城,而在木渎发现的春秋城址是夫差的都城,战国时期又成为越国的都城。[3]

张守节《史记正义》曰:"寿梦卒,诸樊南徙吴。至二十一代孙光,使子胥筑阖闾城都之,今苏州也。"虽然诸樊所徙之吴在哪里不清楚,但阖闾使伍子胥所筑的吴大城在苏州一直不成问题。然而,进入21世纪后这件铁板钉钉的事情居然也成问题了。

钱公麟在1989年就发表论文指出,伍子胥修筑的阖闾大城应该位于木渎一带群山环抱之间的平原上。[4]1990年,他进一步论证了今天的苏州城最早是在汉代建造的。[5]1991年,他又通过吴大城与列国都城的比较重申了自己的观点。[6] 2000年,苏州博物馆考古部在灵岩山侧发现了面积甚大的春秋时期城址遗存,并进行了抢救性试掘。2002年11月召开专家论证会,对苏州西部山区发掘的

---

[1] 商志醰:《吴国都城的变迁及阖闾建都苏州的缘由》,江苏省吴文化研究会编:《吴文化研究论文集》,中山大学出版社1988年。
[2] 肖梦龙:《吴国的三次迁都试探》,江苏省吴文化研究会编:《吴文化研究论文集》,中山大学出版社1988年。
[3] 张敏:《吴国都城初探》,《南方文物》2009年第2期。
[4] 钱公麟:《春秋时代吴大城位置新考》,《东南文化》1989年第Z1期。
[5] 钱公麟:《论苏州城最早建于汉代》,《东南文化》1990年第4期。
[6] 钱公麟、陈军:《吴大城与列国都城之比较》,《东南文化》1991年第6期。

春秋古城遗址进行了鉴定；接着,苏州博物馆的专家发表了一系列论文来论证他们的发现。[1]

2007年,江苏省考古研究所对无锡胡埭镇与武进雪堰镇之间的阖闾城遗址进行了一年半的勘察复查,在已知的两个面积仅100万平方米的小城之外又发现了被护城河围绕的面积为2.94平方公里的大城,他们认为这座大城就是阖闾大城,[2]但是围绕大城的河道历经两千多年依然畅通,这实在令人怀疑。有人指出,在1983年出版的无锡市城市地名录所附的地图上,武进港是向南流入太湖的,向东还是断头河,所谓的大城南边的护城河还没有开挖。[3]

2008年,无锡阖闾城遗址被评为全国考古十大发现之一,这推动了苏州重新启动木渎春秋城址的发掘。经过两年的努力,苏州木渎古城遗址被认定是春秋晚期一座规模大、等级高、具有都邑性质的城址。2010年,木渎古城遗址也被评为全国考古十大发现之一。

吴恩培《春秋"吴都"之争与苏州古城的历史地位》一文则认为:"2000多年以来,经历代文献记载且经现代考古印证的春秋晚期江南吴地地域历史文化学术体系认定,吴地历史遗址包括:吴都(吴大城)——苏州古城、春秋时吴国所建'离宫'——'木渎古城'及拱卫吴都的军事城堡——无锡'阖闾城'、昆山'南武城'等。这一学术认定体系的核心要素为经《春秋经》《左传》《国语》《史记》《越绝书》等多部文献记载且经1957年起的多次考古印证的论题——位于今苏州古城区的苏州古城'春秋时建、战国时重修'。这一论题亦为2200多年前秦代于'故吴旧都'置会稽郡治'吴县'所证明。它的学术稳定性,是建立在王国维'二重证据法'和李学勤'研究历史时期以文献材料为主'等理论基础上的。1982年国务院下发《国务院批转国家基本建设委员会等部门关于保护我国历史文化名城的请示的通知》(以下简称国发〔1982〕26号)文件所附《国家第一批历史文化名城名单(二十四个)》中有关苏州古城历史地位的定义为'春秋时为吴国都城'

---

〔1〕 张照根：《苏州春秋大型城址的调查与发掘》,《苏州铁道师范学院学报》2002年第4期；张铁军：《吴大城位置的文献疏理》,《苏州铁道师范学院学报》2002年第4期；姚瑶、金怡：《从苏州春秋晚期聚落形态看灵岩大城址》,《苏州科技学院学报》2003年第4期；姚继元、王建华：《吴都地望及其定量分析》,《苏州科技学院学报》2003年第4期；张立、吴健平：《春秋时期吴国都城遗迹位置的遥感调查及预测》,《遥感学报》2005年第5期；陆雪梅、钱公麟：《春秋时代吴大城位置再考——灵岩古城与苏州城》,《东南文化》2006年第5期。

〔2〕 无锡市第三次全国文物普查办公室：《阖闾城遗址考古复查获重要成果》,《中国文物报》2008年10月31日。

〔3〕 钱陌：《无锡阖闾城遗址考古疑点众多》,http://www.xici.net。

也认同了该论断。[1]戈春源肯定春秋末期吴都建在老城区的基础上,并探讨了苏城空间结构的稳定及基址未变的原因。

七、关于石室土墩遗存的性质

1954年,在苏州五峰山第一次发掘了石室土墩遗址。由于当时发掘的石室土墩遗存还不多,因此,学者们普遍认为这些人为建造在山顶上的石室土墩就是方志记载和民间所说的瞭望台、风水墩、烽燧墩、藏兵洞、古战堡、炮墩或旺(望)墩。

20世纪70年代以后,在环太湖地区以及浙北地区的丘陵低山顶部发现了数以千计大大小小的石室土墩,陆续发掘清理的也数以百计,于是,学者们又提出了祭天台和石构建筑等新的见解。[2]然而,它们的数量之多已经远远超过了这些用途的需要,所以,大多数考古学家都认为它们应该是西周春秋时期的墓葬,不过究竟是谁的墓葬却有不同的看法。冯普仁认为是吴国墓葬[3],丁金龙认为苏州鸡笼山的石室土墩墓是春秋时期吴国贵族的墓葬[4],张敏把无锡龙山上的石冢(石室土墩墓)和龙山下的阖闾城联系在一起,也认为是吴国的大墓[5]。然而石室土墩墓并不只是分布在太湖以北吴国的范围内,它在太湖以南的越国领地内有更加广泛的分布,而且年代更早。[6]虽然吴国在夫椒之战大败越国之后曾经深入越国腹地,但是时隔不久就被勾践卧薪尝胆反败为胜,吴人不可能在越地留下如此众多的墓葬。再说,如果太湖南北各地的石室土墩墓都是吴人的墓葬,那么同时代的越人葬在哪里呢?吴文化和越文化虽然非常接近但还是有区别的,宁镇地区的土墩墓与太湖以南地区的土墩墓在葬俗、葬制等方面的区别正是吴文化与越文化区别的表现之一,所以,石室土墩墓应该是越人的墓葬而非吴人的墓葬。[7]

---

[1] 吴恩培:《春秋"吴都"之争与苏州古城的历史地位》,《社会科学文摘》2016年第4期。
[2] 陈军:《试论太湖地区土墩石室建筑的祭祀性质》,《东南文化》1990年第4期;钱公麟:《江南地区石构建筑性质的多元说》,载江苏省吴文化研究会编:《吴文化研究论文集》,中山大学出版社1988年;钱公麟:《再论吴越地区石构建筑性质的多元说》,《浙江学刊》1990年第6期。
[3] 冯普仁:《试论吴国石室墓》,江苏省吴文化研究会编:《吴文化研究论文集》,中山大学出版社1988年。
[4] 见中国网 http://china.com.cn,2007年12月13日。
[5] 张敏:《阖闾城遗址的考古调查及其保护设想》,《江汉考古》2008年第4期。
[6] 杨楠:《江南土墩遗存研究》,民族出版社1998年。
[7] 陈元甫:《江浙地区石室土墩遗存性质新证》,《东南文化》1988年第1期;林华东:《为江浙石室墓正名》,《浙江学刊》1986年5月;刘建国:《论太湖越族石室墓》,载《1981年江苏省考古学会第二次年会暨吴文化学术讨论会论文集》;叶文宪:《越人石室土墩墓与华南悬棺葬》,《浙江社会科学》2003年第5期;《论吴人土墩墓》,苏州博物馆编:《苏州文博论丛》(总三辑),文物出版社2012年。

八、关于吴文化的内涵

"吴国史"始于太伯奔吴,终于夫差失国,这是明确无疑的,但"吴文化"的定义与内涵——究竟什么是"吴文化"——却是最令人头疼、也是绕不过去的一个问题。

当初卫聚贤等人提出"吴越文化"这个概念是因为在江浙一带发现了许多新石器文化和几何印纹陶遗存。他们所说的"吴越文化"主要是指先秦时代(包括新石器时代)分布在苏南浙北地区的考古文化,他们的用意是想强调江南文化的古老悠久并不输于中原文化,并想以此证明江南地区也是中华文明的发源地之一,他们所用的"吴越"首先是地理概念,其次是国族概念。

20世纪80年代学术界对吴文化的理解也是指"商代晚期相传吴太伯奔吴时始至春秋末期吴王夫差二十三年(公元前473年)吴被越所灭这一特定的700年左右的时间里吴国范围内的文化史"[1]。由于关于吴国的史料很有限,因此主要是依据考古资料来进行研究,江苏吴文化研究会就是隶属于江苏省考古学会的一个组织。在追溯吴人起源时自然离不开对太湖地区新石器文化的探索,但对吴文化的研究并不向下延伸到吴国灭亡以后的历史时期。

20世纪90年代,随着地方经济的腾飞,各地政府为了塑造地方形象和增强软实力,大力发掘甚至互相争夺历史文化资源,于是对"吴文化"的界定出现了由狭义向广义扩展的趋势。无锡堰桥吴文化公园的高燮初首先提出了"大吴文化"的概念,他说:"我们所指的吴文化,是吴地文化,在时限上是通史范畴,上自吴地旧石器时代……下至当代,凡属在吴地人类活动创造的文化,都包括在内……我们暂称史前的为先吴文化,春秋时为吴国文化,以下为后吴文化。"[2]"大吴文化"的概念得到许多学者的支持,在社会上更是受到热烈的追捧,但仍然有许多学者不媚俗,不跟风,不赶时髦,不随大流。例如,王赓唐就指出,"把吴文化在时间范围内作无限延伸颇有不周","把近代以来苏南地区在创造和发展物质文化和精神文化方面的一切成就都说成是'吴文化',是吴文化的成就,是吴文化的'特色',其目的无非是想说明吴文化自创立以来一直成为一支独立的文化体系,有自己的发展历史,但正是这一点与历史事实相去很远,因而也很难为学术界所接受"[3]。

在吴文化研究热潮中,许多学者总结归纳了吴文化的特征与内涵。高燮初

---

[1] 陈军:《吴文化研究的反思》,《东南文化》1999年第2期。
[2] 高燮初:《吴文化与吴文化公园》,《东南文化》1989年增刊吴文化研究专号。
[3] 王赓唐:《吴文化研究应有它的特定对象》,《东南文化》1992年第1期。

认为吴文化的特点第一是水的文化,第二是融合古今、汇通中西,第三是后来居上、敢为天下先,第四是从尚武任侠发展到重工商、重文教,第五是具有抗争力、亲和力和凝聚力。[1]钱正考察了吴地的生产、生活、思想、科技、民间习俗后指出,吴文化中蕴藏的基本素质及其所闪耀的特殊光彩即机智巧思,变不离宗,思路开阔,积极进取。[2]严明认为,吴文化的特色"如果分而言之可以表述为精秀柔美的艺术风采,精明缜密的思辨特点,注重实际的人生态度,精细灵巧的美学风格以及惯性极大的传统色彩,等等。如果统而言之就是清秀、灵巧、通达、古雅"[3]。杨义认为:"经过2 000年吴地民众的经营,最终形成了粮仓、商城、智库三位一体的吴文化基本特征。"[4]这些对"吴文化"的归纳总结其实都属于"大吴文化"中的后吴文化,与先秦吴人、吴国的文化相去甚远,而且这些归纳都是有选择地从古人身上提取一些对现实有用的"正能量",而屏蔽了古人身上丑陋的负面因素,无论借古讽今还是借古颂今,这种"古为今用"都是利用历史来为现实服务,而不是研究历史的科学态度。

张英霖把吴文化的特色归纳为:几何印纹陶与原始瓷器、玉器、青铜器、渔稻文化、纺织、水利工程、军事理论(孙子兵法)、吴歌吴舞八个方面,有物质形态的也有精神层面的。虽然他认为"吴文化即吴国文化,其内涵是指商末(公元前十一世纪末)自周太王之子泰伯、仲雍奔江南与当地土著部族相结合建立勾吴国起,至春秋末吴王夫差二十三年(公元前473年)吴国被越国灭亡为止,大约七百年的时间在吴国疆域范围内的物质文化和精神文化"[5],但是他所归纳的吴文化八个特色中不仅包括了先吴文化的良渚玉器,而且涵盖了后吴文化的吴歌吴舞。

"文化"是指某个人类共同体或某一人群共同的生活方式,所谓"先吴文化"就应该是先秦时代吴人的生活方式。由于吴国已经成为历史,因此我们只能从考古的层面来研究吴人的遗存。叶文宪在他的著作中把吴文化的内涵归纳为土墩墓、城址、几何印纹陶、原始瓷、青铜器、玉器和金文这样几个方面。[6]

---

[1] 高燮初:《大吴文化研究纵横谈》,《苏州铁道师范学院学报》2002年第3期。
[2] 钱正:《太湖孕育的吴文化》,《历史教学问题》1991年第4期。
[3] 严明:《吴文化的基本界定》,《苏州大学学报》1991年第3期。
[4] 杨义:《吴文化的发生特质及其意义》,《中国社会科学院研究生院学报》2011年第6期。
[5] 张英霖:《吴文化研究史略》,《长江文化论丛》编辑部:《长江文化论丛》第2辑,中国社会出版社2002年。
[6] 叶文宪:《考古学视野下的吴文化与越文化》,中国社会科学出版社2015年。

九、吴国史与吴文化研究成果累累

近年来,吴国史与吴文化研究,取得丰硕成果。王国平主编《苏州史纲》先秦部分对吴国的族性、兴灭做了深入的探讨。潘力行、邹志一主编的《吴地文化一万年》,重点在原吴县地区的考古发掘研究,兼及吴地文艺、园林、绘画、经学、科技、农商文化的探析,从不同角度,尤其从考古角度反映了历史画貌。戈春源、叶文宪《吴国史》是第一部关于古吴国的专著,它在吴的来历、吴的兴灭原因等,都有自己的见解。管正《孙子兵法与行政管理》一书,从孙子军事哲学的视角对现代行政管理做了审视。

吴恩培的《勾吴文化的现代阐释》联系社会文明发展动态,揭示太伯奔吴至夫差兵败自杀的过程,显示了吴国文化概貌与变化特点。许树东主编《古都苏州新天堂》,收集众多苏州古城的历史与典型文化特征的文章。宗菊如、戈春源等作《吴文化简史》扼要地介绍了吴地物质与精神文化演变的脉络。王卫平《吴文化江南社会研究》,总结了吴国崛起与盛衰经验,阐述吴文化的流变与特征。叶文宪《吴国历史与吴文化探秘》,是一部探讨吴史源流与吴国古城、墓葬、器物特点的普及性学术著作。原市经委教育培训处长徐国保《吴文化的根基与文脉》,介绍了古吴国地理概况与吴地农业、手工业及其文化心理特色。陆咸《吴史杂论》,对苏州的一些历史真相进行了考辨。张志新作的《吴史漫考》也对吴国与吴地历史做了深入探讨。苏简亚主编《吴文化概论》,汪长根、蒋忠友在《苏州文化与文化苏州》中对苏州文化的历史、精神实质做了探索,为苏州建设文化强市,提出了建议。苏州大学出版了《吴文化资料选辑》《吴文化研究目录索引》。王稼句、陈其弟的《苏州文化丛抄编》《吴中小志丛刊》,徐刚毅关于苏州旧时图录与照片的汇集,为吴文化研究提供了翔实的资料。此外各区也都组织编写了诸如《文化沧浪丛书》《历史人物与金阊》《吴县风物》一类的普及型学术著作。吴文化研究可谓盛况空前,一派繁荣。

关于古代吴国的疆域变迁,王卫平在《寿梦以前吴国史探讨》中做了深入的探析,并对当时吴国国力做了评估。戈春源《吴国疆域补考》一文,认为吴国后期疆域南至今嘉湖、广德,西南至皖南、江西,西从六(今六安)至州来(今凤台),北至山东南部,考证较为详密。

王卫平等就春秋吴国人物写出了系列文章,充分肯定了阖闾、夫差在吴国称霸中的作用。对伍子胥与伯嚭也做了实务求是的评价,并作有《伍子胥》书。戈春源《端午节起源于伍子胥考》一文,提出"赋予端午节纪念意义的人物首推伍子胥而不是屈原"的论点,成为苏州端午节申请为世界非物质文化遗产的重要依据。吴恩培编成《伍子胥史料新编》,收集较完整。孙子及其兵法研究,一直是吴国史与军事科学上的热门话题。管正《孙子兵法与吴文化研究》及《孙武及吴地》两书,论证了《孙子兵法》受吴国军事思想浸渍并形成于吴地的事实。沙镇寰与谈世茂做《孙武》介绍了孙子的生平与兵学成就。陆允昌《孙武研究新探》对孙武出身经历提出了自己的看法。多年来吴国文化的研究涉及政治、经济、文化等诸多方面,既有史料的考证,也有理论的阐释,做到提高与普及相结合,内容丰富、题材广泛,是我市吴国文化研究的重要特点。[1]

---

[1] 参见戈春源:《苏州六十年来吴文化研究成就》,《吴文化研究》2010年第2期。

秦汉至隋唐时期苏州史研究

孙中旺

秦汉至隋唐时期是苏州发展史上的重要阶段，在这一千一百余年的历史进程中，今苏州地区在政治、经济、社会、文化诸方面都得到了较快发展，由秦汉时期偏处一隅的落后之区一跃而成为唐代安史之乱后中央政权赖以立足的财赋重地，为以后苏州的进一步发展奠定了坚实的基础。

但迄今为止，学术界关于秦汉至隋唐时期苏州地区发展状况的研究还比较薄弱。苏州区域史的研究时段主要集中在两头，一是先秦时期，尤其是对吴国的研究；二是宋元以后，尤其是对明清以来的研究。而在苏州发展史上占据重要地位的秦汉至隋唐时期的研究却非常薄弱，由于史料的缺乏，相关研究成果大多集中在对江南或太湖流域的总体描述上，针对苏州地区的专题研究成果寥寥无几。下面从综合性研究及政治、经济、社会、文化五方面对苏州地区秦汉至隋唐时期的研究成果加以评述。

一、综合性研究

针对秦汉至隋唐时期苏州的综合性研究，在王文清、沈嘉荣《江苏史纲》（江苏古籍出版社1993年），宗菊如、周解清《中国太湖史》（中华书局1999年），王国平《苏州史纲》（古吴轩出版社2009年），以及宋林飞《江苏通史》（凤凰出版社2012年）的秦汉卷、魏晋南北朝卷、隋唐五代卷中均有所涉及，但《江苏史纲》《中国太湖史》论述区域宽泛，且过于简略，对这一历史阶段的苏州区域着墨不多。《苏州史纲》的秦汉至隋唐部分相对比较系统，但限于体例没能进一步展开。《江苏通史》的秦汉卷、魏晋南北朝卷、隋唐五代卷虽然也是着眼于江苏全省，但对苏州地区关注颇多，兼之资料翔实，视野开阔，为研究秦汉至隋唐的苏州历史提供了重要的参考。另外臧知非《周秦汉魏吴地社会发展研究》（群言出版社2007年）对秦汉孙吴时期包括苏州地区在内的吴地社会整体发展也有比较深入的研究。

刘丽所著《7—10世纪苏州发展研究》(中国社会科学出版社2013年)是迄今为止唯一的关于这一时期苏州的整体研究专著。此书共分上、下两篇，上篇以"低乡圩田·雄州崛起"为中心，从苏州的低乡圩田、稻作农业的进步、区域经济发展的深入、苏州的户口发展等角度对隋唐五代时期苏州的崛起进行深入探讨；下篇则围绕"大族文化·苏州秩序"对苏州在隋唐至五代时期保持了长达数百年相对稳定的原因进行研究，指出苏州秩序之稳定源于区域文化之稳定，尤其是吴郡大族和精干良吏对维持苏州秩序起着举足轻重的作用。虽然其研究集中于隋唐五代时期苏州的政治、经济和大族，对社会风俗及文化研究涉及较少，但仍是这一历史阶段的苏州区域研究领域中难得的佳作。

二、政治史研究

关于秦汉至隋唐时期专论苏州地区政治状况的研究成果较少，大多包含在对江南地区的政治研究中。综合性研究的文章仅有马里千《吴·苏州·苏州城》(《中国历史地理论丛》1992年第4期)等少数几篇。下面从秦汉、六朝及隋唐三个历史阶段对相关成果加以回顾。

秦汉政治方面。廖志豪《两汉时期的苏州》(《苏州教育学院学报》1994年第4期)对两汉时期的吴郡沿革、瓜田仪起义及地方士人等方面做了初步探讨。王永平《两汉时期江南士人行迹述略》(《中国史研究》1997年第4期)及《东汉时期江南士人群体的兴起》(《江苏社会科学》1997年第2期)两文考察了两汉时期江南士人及其政治活动，其中包含有籍贯吴县的严助、朱买臣、陆康等人。张承宗、李家钊《秦始皇东巡会稽与江南运河的开凿》(《浙江学刊》1999年第6期)论述了秦始皇东巡会稽与江南运河的开凿两大事件的关系。辛德勇《汉武帝徙民会稽史事证释》(《历史研究》2005年第1期)通过对当时会稽郡接纳移民的条件和边防形势的严密考证，肯定了汉武帝徙民会稽史事的存在。另外，郑炳林《秦汉吴郡会稽郡建置考》(《兰州大学学报》1988年第3期)认为吴郡和会稽郡在秦汉间已并存，虽不无商榷之处，但也可备一说。

六朝政治方面。闻立鼎《六朝时期苏州述略》(《苏州大学学报》1988年第1期)对孙吴政权与吴郡、两晋吴郡的兵祸及侯景之乱对吴郡的破坏做了初步的研究。张承宗《吴地人士与东吴兴亡》(《苏州大学学报》1991年第4期)认为孙吴立国很大程度上依靠吴地人士，他们是东吴政权的重要支柱。吴地人士的进退，直接影响东吴兴亡。该文论述的"吴地人士"不少都来自吴郡。王永平《江东士人与陈敏之乱关系考实》(《江海学刊》1997年第1期)、李培芬《吴姓士族与东晋政治》(《晋阳学刊》1996年第2期)及孙中旺《吴姓士族与刘宋建国》(《苏州大学学报》2000年第3期)分别考察了江东士人及吴姓士族与陈敏之乱、东晋政治和刘宋建国的关系,其中包含吴郡的士人及士族。另外,对于东晋南朝"三吴"的地理范围学术界关注颇多,王铿《东晋南朝时期"三吴"的地理范围》(《中国史研究》2007年第1期)认为"三吴"是吴、吴兴和会稽;余晓栋《东晋南朝"三吴"概念的界定及其演变》(《史学月刊》2012年第11期)认为"三吴"是吴、吴兴和丹阳;杨恩玉《东晋南朝的"三吴"考辨》(《清华大学学报》2015年第4期)认为"三吴"是吴、吴兴和义兴。三者的观点都各有所据,其中涉及吴郡史料颇多。

隋唐政治方面。高敏《隋初江南地区反叛的原因初探》(《中国史研究》1988年第4期)、何德章《隋文帝对江南的控制及其失策》(《西南师范大学学报》1993年第2期)和《江淮地域与隋炀帝的政治生命》(《武汉大学学报》1994年第1期)、王永平《隋代江南士人的浮沉》(《历史研究》1995年第1期)、韩昇《南方复起与隋文帝江南政策的转变》(《厦门大学学报》1998年第2期)、贾发义《隋初"关中本位"文化政策与江南的反叛》(《山西大学学报》2016年第6期)诸文对隋代包括苏州在内的江南统治政策转变及江南地方势力的反应等方面均有深入考察。相关唐代苏州政治的研究成果较少,胡耀飞《唐宋之际苏州军政史研究》(载《苏州文博论丛》第4辑,文物出版社2013年)是仅见的关于唐代苏州政治情况的专题论文。该文针对苏州在唐末五代杨吴政权和吴越国政权之间的战争和归属问题进行了详细的梳理,揭示了苏州从唐王朝的地方行政区到自立政权,再到吴越国与杨吴政权之间反复争夺,最终固定为吴越国最北边疆州的过程。另外,郁贤皓在《唐刺史考全编》(安徽大学出版社2000年)中对唐代历任苏州刺史进行了详细的考察。

三、经济史研究

相对于政治史来讲,研究秦汉至隋唐时期苏州地区经济发展的成果相对较多,但也是主要分散于研究江南或者太湖流域的通史性论著中。下面分别从综合性研究及秦汉、六朝、隋唐三个历史阶段回顾相关成果。

综合性研究方面。叶文宪《关于苏州历史地理的几个问题》(《铁道师院学报》1989年第1期)中的"秦汉之际的越汉置换与同化""汉代吴郡地广人稀""六朝时期江南开发重点不在吴郡"及"唐五代苏州经济的起飞"诸节,对苏州地区这一时期的经济发展做了初步研究。江苏六朝史研究会主编的《古代长江下游的经济开发》(三秦出版社1989年)中有数篇论文从不同角度对秦汉至隋唐时期包括苏州地区在内的长江下游区域的经济发展状况进行了探讨。农田水利方面学界关注尤多,缪启愉的《太湖圩田史研究》(农业出版社1985年)是研究太湖流域圩田的力作。黄锡之的《太湖地区圩田、潮田的历史考察》(《苏州大学学报》1992年第2期)和《论太湖地区塘浦圩田的成因与变迁》(《铁道师院学报》1995年第3期)也论述了相关问题,颇资借鉴。郑肇经《太湖水利技术史》(农业出版社1987年)、太湖地区农业史研究课题组《太湖地区农业史稿》(农业出版社1990年)、太湖水利史稿编写组《太湖水利史稿》(河海大学出版社1993年)等专著深入研究了这一时期太湖流域的农业和水利。在上述论著中,苏州作为太湖流域的核心地区涉及颇多。在苏州城市研究方面,汪永泽《姑苏纵横谈——苏州城市的历史演变》(《南京师大学报》1978年第3期)、高泳源《古代苏州城市布局的历史发展》(《中华文史论丛》1985年第3期)、陈泳《城市空间:形态、类型与意义——苏州古城结构形态演化研究》(东南大学出版社2006年)及丁应执《苏州城市演变研究》(南京师范大学2008年硕士论文)等论著中,均包含有对秦汉至隋唐时期苏州古城发展演化的研究。

秦汉经济方面。黄今言《秦汉江南经济述略》(江西人民出版社1999年)分别从江南人口、自然资源与生态环境、农业经济、手工业、交通运输业、城市的兴起与商业、江南人民反赋税的斗争等角度对秦汉江南地区经济进行了探讨,比较系统地论述了江南经济发展情况。范志军《东汉江南经济发展探讨》(郑州大学2002年硕士论文)对东汉时期江南经济的整体发展做了比较深入的研究。此外,还有数十篇论文从不同角度论述秦汉时期江南经济发展概况,其中论述农业的主要有裘士京《"呰窳偷生"辨——兼谈汉代江南经济的特点》(《安徽史学》1991年第1期)、张燕飞《汉代江南农业的发展》(《中国农史》1994年第4期)、陈国灿《"火耕水耨"——兼谈六朝以前江南地区的水稻耕作技术》(《中国农史》1999年第1期)、王福昌《秦汉江南稻作农业的几个问题》(《古今农业》1999年第1期)及《秦汉江南农村的多种经营》(《农业考古》1999年第3期)等。论述工商业及城市的有周琍《汉代江南漆器制造业初探》(《南方文物》1997年第2期)、《从考古资料论秦汉时期江南手工业与中原的关系》(《四川文物》2004年第2期)等系列论文以及陈晓鸣《汉代江南城市与商业问题述论》(《中国社会经济史研究》2005年第4期)、黄爱梅《秦汉江南地区城市发展的阶段与特征》(《华东师范大学学报》2012年第5期)等。周霖《秦汉江南人口流向初探》(《江西师范大学学报》1997年第3期)和王子今《汉代"亡人""流民"动向与江南地区的经济文化进步》(《湖南大学学报》2007年第5期)研究了当时江南的移民情况。另外王子今《试论秦汉气候变迁对江南经济文化发展的意义》(《学术月刊》1994年第9期)从气候变迁的角度论述气候对江南经济文化的影响。从上述研究秦汉时期江南区域经济的论著中,我们也可以看出当时苏州地区经济发展的大体情况。

六朝经济方面。六朝江南经济研究专著主要有黄淑梅《六朝太湖流域的发展》(联鸣文化有限公司1982年)、许辉《六朝经济史》(江苏古籍出版社1993年)、胡阿祥《江南社会经济研究》(六朝隋唐卷)(中国农业出版社2006年)等,这些专著均对苏州地区当时的经济发展状况有所涉及。吴奈夫、徐茂明《试论孙吴集团对苏州经济文化的初步开发》(《苏州大学学报》1997年第4期)是这一时期为数不多的以苏州为研究对象的专文,该文从人口、农业、工商业及城市建设诸方面论述了孙吴政权建立后对苏州经济的促进作用。张学锋《试论六朝江南之麦作业》(《中国农史》1990年第3期)、何德章《六朝江南农业技术两题》(《南京晓庄学院学报》2005年第3期)、王勇《六朝时期江南低地平原的开发》(《中南大学学报》2016年第1期)、郑欣《东晋南朝的士族庄园制度》(《文史哲》1978年第3期)及汤其领《东晋南朝世族地主庄园探析》(《苏州大学学报》1990年第1期)诸文对当时的农业和庄园经济做了探讨,很多结论都适合于当时的苏州地区。王仲殊《吴县、山阴和武昌——从铭文看三国时代吴的铜镜产地》(《考古》1985年第11期)和《"青羊"为吴郡镜工考——再论东汉、三国、西晋时期吴郡所产的铜镜》(《考古》1986年第7期),熊承芬《六朝江南造纸业述考》(《南京社会科学》1996年第6期),刘丽《六朝江南城墙的修筑和形制》(《史学集刊》2013年第5期),张剑光、邹国慰《六朝江南城市人口数量的探测》(《上海师范大学学报》2014年第3期)分别研究了当时包括苏州地区在内的江南的工商业及城市的发展状况,尤其是王仲殊的两文,考证出了吴郡为当时铜镜的中心产地,并涌现出不少优秀的镜师。另外,刘希为《六朝江南交通发展的新态势及其特点》(《社会科学战线》1994年第1期)、张承宗《六朝时期的江南园林》(《苏州大学学报》2004年第3期)及《六朝江南妇女的经济活动》(《浙江师范大学学报》2006年第5期)诸文分别考察了当时江南的交通、园林及妇女的经济活动,均涉及苏州地区。

隋唐经济方面的研究成果相对较多。在综合性研究方面,柴德赓《从白居易诗文中论证唐代苏州的繁荣(初稿)》(《江苏师院学报》1979年第1期)和李菁《陆龟蒙所见晚唐太湖地区的社会经济状况》(《中国社会经济史研究》2002年第 2 期)均采用以诗证史的方法,分别从白居易和陆龟蒙的诗文中论证了当时苏州的经济发展状况。郑学檬《唐五代太湖地区经济试探》(《学术月刊》1983 年第 2 期),林立平《唐代江南地区的开发》(《史学集刊》1984 年第 2 期),方亚光《论唐代江苏地方的经济实力》(《中国史研究》1993 年第 1 期),张剑光、邹国慰《略论唐代环太湖地区经济的发展》(《苏州大学学报》1999 年第 3 期)诸文均有相当篇幅考察了当时苏州的经济发展。而从农业、工商业、城市及户口赋税等专门角度来考察以苏州为中心的江南地区经济的论著更多。农业方面,李伯重《我国稻麦复种制产生于唐代长江流域考》(《农业考古》1982 年第 1 期)及《唐代江南地区粮食亩产量与农业耕田数》(《中国社会经济史研究》1982 年第 2 期),李根蟠《长江下游稻麦复种制的形成与发展——以唐宋时代为中心的讨论》(《历史研究》2002 年第 5 期),张剑光、邹国慰《唐五代时期江南农业生产商品化及其影响》(《学术月刊》2010 年第 2 期)分别考察了江南地区的稻麦复种制、粮食亩产量与农业耕田数、农业生产商品化等问题。张剑光、邹国慰《唐五代环太湖地区的水利建设》(《南京大学学报》1999 年第 3 期),何勇强《论唐宋时期圩田的三种形态——以太湖流域的圩田为中心》(《浙江学刊》2003 年第 2 期),钱克金《唐五代太湖流域水环境的优化》(《史林》2011 年第 4 期)考察了当时的水利、圩田及水环境。另外,张春辉、戴吾三《〈耒耜经〉版本校勘纪要》(《文献》2000 年第 1 期)和《江东犁及其复原研究》(《农业考古》2001 年第 1 期)还考察了苏州人陆龟蒙所著的农业典籍《耒耜经》版本及当时重要的农业工具江东犁。工商业方面,张剑光《唐五代江南工商业布局研究》(江苏古籍出版社 2003 年)从工商业的角度对江南地区的经济进行了比较深入的研究,尤着力于苏州地区,为研究当时苏州地区工商业发展状况的综合性之作。冻国栋《唐代苏州商品经济的发展初探》(《苏州大学学报》1988 年第 3 期)集中考察了唐代苏州地区的商品经济,是这一时期为数不多的苏州经济研究专论之一。城市研究方面,潘京京《隋唐运河沿岸城市的发展》(《云南师范大学学报》1988 年第 2 期)、史念海《隋唐时期运河和长江的水上交通及其沿岸的都会》(《中国历史地理论丛》1994 年第 4 期)、张剑光《六朝唐五代江南城市市场的形制与变化》(《唐史论丛》2012 年第 2 期)和《唐五代江南的城市灾害与社会应对》(《陕西师范大学学报》2015 年第 1 期)等论著均对苏州的城市发展有所论述。而陈勇、顾春梅《唐代经济研究三题》(《西华师范大学学报》2003 年第 5 期)中还有专章讨论唐后期苏州的城区人口。户口赋税研究方面,刘丽《从苏州户口变化看唐代太湖东部地区经济发展的轨迹》(《苏州文博》,文物出版社 2010 年)及《"江南第一雄州"的形成——从财赋能力看中唐以后苏州的崛起》(《江西社会科学》2010 年第 12 期)两文对苏州的户口赋税做了专门探讨,并揭示了苏州崛起的原因。另外,吴松弟《唐后期五代江南地区的北方移民》(《中国历史地理论丛》1996 年第 3 期)及闵祥鹏《疫病对唐江南地区天宝末年到元和初年户籍的影响》(《信阳农业高等专科学校学报》2005 年第 2 期)分别从移民和疫病方面对当时包括苏州在内的江南地区的人口增减做了考察。

四、社会史研究

由于史料所限,秦汉至隋唐时期苏州社会史研究成果主要集中在以吴郡四姓为代表的吴郡大族方面,在社会风俗及宗教信仰方面也略有涉及。下面分别予以综述。

吴郡大族研究方面。方北辰《魏晋南北朝江东世家大族述论》(文津出版社 1991 年)和王永平《汉魏六朝时期江东大族的形成及其地位的变迁》(《扬州大学学报》2000 年第 4 期)都从政治和经济等方面考察了江东大族的形成和变迁;顾向明《试论唐代江南旧士族及其家学渊源》(《山东师范大学学报》2003 年第 4 期)及《关于唐代江南士族兴衰问题的考察》(《文史哲》2005 年第 4 期)两文考察了唐代江南士族的兴衰及其家学渊源。另外,徐茂明《南北士族之争与吴文化的转型》(《苏州大学学报》1995 年第 2 期)及《东晋南朝江南士族之心态嬗变及其文化意义》(《学术月刊》1999 年第 12 期)两文论述了江南士族在六朝的演变及与吴文化转型的关系。牟学林《隋唐江东士族入仕研究》(曲阜师范大学 2007 年硕士论文)对隋唐时期江东士族的入仕问题进行了考察。关于吴郡大族的研究均为上述论著中的重要部分。张承宗《三国"吴四姓"考释》(《江苏社会科学》1998 年第 3 期)与张旭华、王宗广《"吴四姓"非"东吴四姓"辨——与张承宗先生商榷》(《许昌师专学报》2000 年第 4 期)两文对三国时期"吴四姓"中的朱、张两姓究竟分别落实到哪一个家族进行了学术争鸣。王宗广《"吴四姓"与东吴政权》(郑州大学 2001 年硕士论文)对吴四姓在不同时期与孙吴政权的关系问题,进行了较为详尽系统的探讨和研究。冻国栋《六朝至唐吴郡大姓演变》(《魏晋南北朝隋唐史资料》1997 年刊)集中分析了吴郡大姓在六朝至唐之间的演变过程。在吴郡四姓的个案研究中,王永平《六朝江东世族之家风家学研究》(江苏古籍出版社 2003 年)及吴正岚《六朝江东士族的家学门风》(南京大学出版社 2003 年)两书中均有相当篇幅分别论述吴郡顾氏、陆氏及张氏的家风和家学。吴郡四姓中,学界对陆氏的研究尤为关注,专文有胡秋银《魏晋吴姓陆氏门风》

(《南京晓庄学院学报》2002年第3期)、郭凤娟《南朝吴郡陆氏研究》(山东大学2008年硕士论文)、张筝《吴郡陆氏家族文化与文学研究》(曲阜师范大学2008年硕士论文)、傅绍磊《隋唐时期的吴郡陆氏》(《中华文化论坛》2013年第10期)等文,尤其是陈家红《六朝吴郡陆氏家族文化与文学研究》(上海师范大学2013年博士论文)和高淑君《唐代吴郡陆氏家族与文学研究》(西北大学2013年博士论文)分别对六朝及唐代吴郡陆氏进行了深入研究,从中可以看出该家族发展过程和在文学方面取得的突出成就。研究吴郡张氏的专文有孙中旺《南朝吴郡张氏研究》(苏州大学2001年硕士论文)、郜林涛《吴郡张氏及南朝士族的佛教信仰》(《忻州师范学院学报》2001年第1期)及王彦红《六朝吴郡张氏家族文化与文学研究》(曲阜师范大学2009年硕士论文),而郭锋《唐代士族个案研究——以吴郡、清河、范阳、敦煌张氏为中心》(厦门大学出版社1999年)一书中对唐代张氏的发展及演变有相当深入的研究,其中就包括吴郡张氏。研究吴郡顾氏的专文有许占凤《吴郡顾氏家族与两晋政治》(江西师范大学2013年硕士论文)及景遐东、曾羽霞《汉唐时期江南顾氏家学家风发展与演变》(《中国文化研究》2013年第3期)。尚未见以吴郡朱氏为研究对象的专题论著。

社会风俗研究方面。秦汉至隋唐时期苏州的民风完成了从尚武到崇文的重要转型,不少学者从不同角度对这个过程进行了探讨。如曹文柱《六朝时期江南社会风气的变迁》(《历史研究》1988年第2期)、王卫平《从尚武到尚文——吴地民风嬗变研究之一》(《苏州大学学报》1992年第3期)、叶文宪《东晋南朝北人南徙对吴文化的影响》(《铁道师院学报》1995年第2期)、徐茂明《论吴文化的特征及其成因》(《学术月刊》1997年第8期)、李伯重《东晋南朝江东的文化融合》(《历史研究》2005年第6期)、吴恩培《从苏州沧浪亭五百名贤祠奉祀的六朝文士看吴地文化的嬗变》(《安徽史学》2009年第5期)诸文均是。张承宗《六朝民俗》(南京出版社2002年)对六朝时期的民俗进行了全面研究,其中就包括苏州地区。武锋《六朝时期士人守丧不食盐习俗论析——以江浙士人为考察中心》(《江苏社会科学》2009年第3期)对当时包括苏州地区在内的江浙士人守丧不食盐习俗进行了考察。张剑光《六朝至唐代江南城市游览风尚的变化及其原因》(《社会科学》2014年第5期)认为江南城市游览风尚转变与城市人口数量的增加、城市居民生活的富有、官员与士大夫的心理需求和思想影响等因素有关,其中不少涉及苏州地区。另外张剑光、邹国慰《略论两汉疫情的特点和救灾措施》(《北京师范大学学报》1999年第4期)、薛瑞泽《六朝时期的水灾及救助》(《金陵职业大学学报》2003年第3期)及张学峰《唐代江南灾荒研究》

(《江苏社会科学》1990年第5期)考察了秦汉至隋唐时期的灾害及社会救助,所得出的结论也适用于当时的苏州地区。

宗教信仰方面。刘跃进《道教在六朝的流传与江南民歌隐语》(《社会科学战线》1996年第3期)、张剑光《略论唐五代三吴地区的宗教信仰》(《学术月刊》1998年第9期)、严耀中《江南佛教史》(上海人民出版社2000年)、王建明《东晋南朝江南地区民间信仰研究》(安徽师范大学2003年硕士论文)及周玉茹《六朝江南比丘尼禅修考论》(《人文杂志》2014年第12期)诸文中均有部分内容涉及苏州地区。尤其是在李映辉《唐代佛教地理研究》(湖南大学出版社,2004年)、蒋少华《六朝江东佛教地理研究》(南京大学2011年硕士论文)、孙齐《唐前道观研究》(山东大学2014年博士论文)等论著中,都有关于苏州地区佛教或道教的统计数据,客观反映出了当时苏州佛教和道教在全国所处的地位。

五、文化史研究

秦汉至隋唐时期苏州文化史研究成果相对比较丰富。下面从经学、文学和教育三方面分别加以评述。

经学方面。秦汉至隋唐时期苏州地区经学大家辈出,吸引了不少学者的关注。除了戈春源《试论六朝吴地经学的特点及其影响》(《六朝历史与吴文化转型高层论坛论文专辑》2007年)等少数论文从整体方面研究当时苏州一带的经学外,其他论文大多是对苏州地区当时的经学家陆绩、皇侃、顾野王、陆德明、陆淳等人及其著作进行个案研究。对汉末三国时期吴郡经学家陆绩的研究主要集中在其易学的成就上,如林忠军《陆绩象数易学述评》(《周易研究》1996年第1期)及姜喜任《陆绩易学思想研究》(山东大学2013年硕士论文)均是如此。对南朝吴郡经学家皇侃的研究是学术界的热点,相关论著有数十篇之多,对皇侃及其著作《论语义疏》《礼记义疏》等做了深入探讨,其中比较全面考察之作有刘咏梅《皇侃〈论语义疏〉研究》(曲阜师范大学2006年硕士论文)、张波《皇侃哲学思想研究》(陕西师范大学2010年博士论文)及宋力《皇侃老学观》(四川师范大学2014年硕士论文)等。对南朝吴郡另一经学大家顾野王及其作品的专题研究也不少,主要有路广正《顾野王〈玉篇〉对许慎〈说文解字〉的继承与发展》(《文史哲》1990年第4期)、李迪《顾野王〈舆地志〉初步研究》(《内蒙古师大学报》1998年第3期)、姚永铭《顾野王之〈说文〉研究索隐》(《古汉语研究》2002年第1期)等。孙照海《陆德明考论》(山东大学2005年硕士论文)一文对隋唐经学家陆德明进行了全面的考察,而文建刚的《陆德明研究史略论》(西华师范大学2015年硕士论文)从学术史的角度认真梳理了陆德明的研究史。另外,关于陆德明的专题研究,还有杨荫楼《陆德明的南学风韵及其对经学的贡献》(《孔子研究》1999年第3期)、《〈经典释文〉陆德明反切的类相关研究》(首都师范大学2004年硕士论文)及汪业全、孙建元《陆德明叶音及其古韵分部》(《语言研究》2013年第3期)等。宋淑华《陆淳〈春秋〉三书研究》(山东师范大学2012年硕士论文)从文献学的角度,考述了中唐苏州经学家陆淳的生平事迹及其与啖助、赵匡的关系,对陆淳所著《春秋集传纂例》《春秋集传辨疑》及《春秋微旨》三书的内容、思想观点、方法等进行系统而深入的分析与研究。另外,对陆淳的重要研究论文,还有杨世文《经学的转折:啖助、赵匡、陆淳的新春秋学》(《孔子研究》1996年第3期)、葛焕礼《论啖助、赵匡和陆淳〈春秋〉学的学术转型意义》(《文史哲》2005年第5期)及高淑君《陆淳对啖助、赵匡〈春秋〉学思想的继承与发展》(《孔子研究》2012年第5期)等。

　　文学方面。秦汉至隋唐时期苏州地区也涌现出了不少在中国文学史上具有重要地位的著名文学家,对后世影响深远,因此对该时期苏州文学家及其作品的研究成为中古文学史研究的重要方向之一,成果丰硕。范培松、金学智《插图本苏州文学通史》(江苏教育出版社2004年)的秦汉至隋唐部分,从文学史的角度对该时期苏州地区的文学发展状况进行了系统研究,并对重要人物和作品做了比较详细的评述。程章灿《士族与六朝文学》(黑龙江教育出版社1998年)中有专章讨论了吴郡张氏的文学贡献。景遐东《江南文化与唐代文学研究》(人民文学出版社2005年)中有相当多的篇幅涉及苏州地区的作家和作品。专题论文主要集中在对陆机、顾况、白居易与陆龟蒙和皮陆唱和等研究上面。对陆机的研究是中古文学史的热点之一,以此为主题的硕士和博士论文就出现了数十篇之多。2005年以来,对陆机的研究以孙明君和顾农较为突出,两人在《文学遗产》《文学评论》《文献》《中国典籍与文化》《北京大学学报》《清华大学学报》等重要刊物上发表了十余篇论文,影响较大。对唐代苏州诗人顾况的研究也比较集中,冯淑然《顾况及其诗歌研究》(河北大学2007年博士论文)全面考察了顾况的生平及文学创作。另外的重要论文还有王启兴《顾况的文学思想和诗歌创作》(《文学遗产》1985年第3期)及邓红梅《顾况诗歌新论》(《苏州大学学报》1988年第3期)等。梁近飞的《唐代苏州郡守文学研究——以韦应物、白居易、刘禹锡为中心》(苏州大学2010年硕士论文)一文对韦应物、白居易、刘禹锡在苏州的文学活动进行了全面考察,并提出了"苏州郡守文学"的概念。其他相关论文还有姜光斗、顾启《韦应物任苏州刺史时的建树和晚年概况》(《苏州大学学报》1986年第4期),高树森《诗篇遗爱留吴中——白居易与苏州》(《苏州大学学报》1988年第3期)等。陆龟蒙与皮日休的松陵唱和对后世影响深远,相关研究成果也比较丰富。王锡九《皮陆诗歌研究》(安徽大学出版社2004年)在广罗资料、充分利用学界研究成果的基础上对皮陆诗歌做了深入的探讨。王永波《晚唐皮陆诗人群体研究》(四川大学2006年博士论文)以皮陆诗人群体作为研究对象,对他们的文学创作做了较为详细的论述。熊艳娥《陆龟蒙及其诗歌研究》(南京师范大学2008年博士论文)对陆龟蒙的人格思想、诗歌渊源及风格等方面进行了深入的研究。2002年至2007年间,李福标在《学术研究》《中国典籍与文化》《中国韵文学刊》《西北大学学报》及《湖南大学学报》等刊物上发表的系列论文对皮陆唱和的历史渊源、活动背景、心理因素等方面的研究也颇有价值。另外,相关这一时期苏州文学的重要研究成果还有廖大国《沈既济和他的传奇小说》(《苏州大学学报》2002年第4期),曹林娣、梁骥《论茅山上清派宗师杨羲的道教诗歌》(《苏州大学学报》2003年第3期),土谷彰男《关于皎然〈诗式〉与大历贞元文学的划分——以中唐苏州文坛为中心》(《唐代文学研究》(第12辑),2006年)等。

教育方面。秦汉至隋唐时期苏州教育史的研究成果不多,也都包含在对太湖、江苏或江南等区域的整体研究中。华志栋的《太湖教育史》(中华书局2000年)一书中,分别对秦汉、魏晋南北朝及隋唐五代时期太湖地区的教育机构、教育政策及教育思想做了研究,其中也反映了当时苏州教育的发展概貌。其他的论文还有顾向鸣《唐代太湖地区家学初探》(《历史教学问题》1991年第5期)及《唐代太湖地区官学考析》(《临沂师范学院学报》2003年第1期),张连生《论三国时期江苏地区的教育》(《扬州大学学报》2002年第1期),景遐东、王后卿《唐代江南地区的私学教育述论》(《沙洋师范高等专科学校学报》2005年第2期)等。

由上述可见,秦汉至隋唐时期的苏州史研究总体上还比较薄弱,但近年来涉及这一时期苏州地区的研究内容开始成为不少硕士及博士毕业论文的选题,有渐受关注的趋势。总体来说,还存在以下不足:一、专门研究苏州的论著极少,不少研究成果侧重于从江南整体进行考察,但是江南区域广大,内部的发展也各有特点,有些大而化之的结论不一定适合苏州地区。二、研究这一时期的苏州文学及世家大族方面的文章相对比较多,但对政治、艺术及社会其他方面的研究比较少。三、侧重于孙吴时期及唐代中后期的考察,而其他时段研究薄弱,影响了对这一时期苏州发展过程的整体认识。上述问题产生的主要原因在于资料缺乏,这就需要我们继续挖掘包括宗教典籍在内的其他文献资源,深层次解读相关考古资料,推进秦汉至隋唐时期的苏州史研究走向全面和深入。

五代宋元时期苏州史研究

戈春源

五代宋元时期的苏州历史,目前还没有综合性、全面性的论著出现,只是在《苏州史纲》(王国平主编,古吴轩出版社2009年)、《苏州史纪》(王卫平、朱小田著,苏州大学出版社1999年)、《话本苏州简史》(朱红著,古吴轩出版社2006年)等著作中作为一个阶段或一个部分加以论述。它们虽然提供了这段历史的脉络,但失之于"简",缺乏详细的、精密的记叙与充分的论证。现在我们所能见到的有关这段历史的论著都是有关某一事物、某一事件、某一人物的研究,且大多把苏州置于江南、太湖、长三角等区域性政治、经济、文化的发展中,作为一个部分进行论述。这一时段中纯苏州史的研究论著除人物评论外,仅有三四十篇。今将苏州五代宋元历史研究中重要问题综述如下。

一、有关全国经济重心转移南方问题

苏州是江南经济重镇,研究全国经济重心的转移,必定牵涉到苏州。关于这一研究内容,早在20世纪五六十年代已做过较为深入的探讨,至新时期仍为讨论的热点。韩国磐在《隋唐五代史纲》中提出江南太湖流域是国家"财赋"倚重地区,是财赋的重心;袁英光、李晓路也提出这一带是财政收入的中心。但这一"重心"何时形成,却有争议。罗宗真《六朝时期全国经济重心南移》(《江海学刊》1984年第3期)一文认为,六朝时期南方经济得到很大发展,"逐渐形成全国经济重心南移"。而郑学檬、陈衍德在《中国古代经济重心南移的若干问题探讨》中有不同的意见,认为六朝时期,南方大多数地方仍然是地广人稀,多数地方未经开发。而到宋代,南方人口增加,荒地开垦,亩产提高,农产品商品化程度高,以纺织业为代表的手工业特别发达。且经济发展具有恒定性、持续性,其优势为后世所继承,是封建政府倚重的经济中心。因此,郑文认为,至南宋,江南作为经济重心才完全形成。何荣昌《古代长江三角洲江南经济区的形成》(《苏州

大学学报》1988年第2期)一文亦认为,太湖流域有优良自然条件的基础,"随着全国的统一,南北大运河的沟通,人口的增长,圩田、湖田大量开辟,水利发达,农业生产力迅速提高",宋时"成为封建经济的核心"。施和金《唐宋时期经济重心南移的地理基础》(《南京师大学报》1991年第3期)一文分析了江南(包括苏州)成为经济重心的原因在于客观上有优越的气候与丰富的物产,而根本在于人口的增长及其素质的提高。他们辛勤劳动,兴修水利,开发土地并高效利用。

其他如葛金芳《"农商社会"的过去、现在和未来》(《安徽师大学报》2009年第5期)对宋到20世纪江南区域社会经济变迁做了分析,认为宋朝之后江南区域社会经济发生了重大变化,"尤以农产品商品化的扩大、市镇网络的兴起、内外贸易的发展以及早期工业化的发轫等现象特别引人注目"。因此,江南从宋开始是与汉唐时代和同时代的北方,在产业结构、经济类型与发展方向上有区别的"农商社会",而不是自给自足的自然式的封建经济。

在承认江南在两宋时期成为经济重心的研究者中,对这一时期具体的经济成就和人口、户数存在不同的评估。方健《两宋苏州的经济考略》(《中国历史地理论丛》1998年第4期)与吴松弟《就〈两宋苏州经济考〉致方健先生》(《中国历史地理论丛》2000年第3期)两文,就两宋时苏州人口的增长率、户口数等开展了争鸣。方文认为吴说"宋代全国年平均人口增长率3.8‰,未免失之过低",并认定苏州在宣和时户口有17万,不是17万人口。而吴松弟在文中做了答辩,维护己说。

二、关于范仲淹的研究

范仲淹是北宋时期著名的思想家、政治家、军事家与文学家。他"先忧后乐"的思想,影响了一代士风,具有永恒的价值。范仲淹是苏州人,且担任过苏州知州,是苏州人的骄傲。因此,范仲淹的研究者众多,特别是苏州的学者对他更是关注,三十多年来发表了不少真知灼见的论著。苏州市范仲淹研究会在其中起了重要作用,先后出版了《范仲淹史料新编》(沈阳出版社1989年)、《范仲淹研究论集》(苏州大学出版社1995年)、《范仲淹研究文集》(群言出版社2009年),提供了范仲淹的重要史料,所编文集发表论文79篇。范仲淹一直是研究的重点。本节下列所提论文题目,除特别指明外,均采自上述两论文集。

全面论述范仲淹思想的著作有汤承业《范仲淹研究》(台北"国立"编译馆编,1977年)、程应镠《范仲淹新传》(上海人民出版社1986年)、陈荣照《范仲淹研究》(三联书店香港分店1987年)。综述评析范仲淹一生的论文,至今不下一二百篇。这些专著与论文的出现说明范仲淹研究已取得重大成绩,他们从自己的思想出发,对范仲淹做了较为深入的研究,有些论点已成为不易的定论。但对范仲淹的研究不够深细,在方法上也存在某些框框,存在思维定式。稍为后出的是方健所作《范仲淹评传》(南京大学出版社2001年),用翔实丰富的资料对范仲淹做了较为客观的全面评价。以探讨范仲淹思想为主的文章中,有蒙培元《范仲淹的哲学与理学的兴起》(《北京社会科学》1992年第4期),文章指出范仲淹一扫汉代易学的烦琐,以"理"解经,指出"理"是天地化育之所以然者,理在人的贯彻便是德与诚,主张变革与超越。范仲淹是宋代理学的开创者之一。郭正忠《论范仲淹"先忧后乐"的崇高境界与思想渊源》,指出范仲淹崇高品质的思想来源,来自老庄的"清心洁身"、佛家的"胸臆豁然"以及儒墨的思想影响。王文钦、周可真《范仲淹哲学思想管窥》,指出"仁学社会观、易学宇宙观,是他立身处世、治国安邦的理论基础"。范仲淹的创造性贡献在于顺乎人心,惠民乐民,富有辩证法思想。余行迈、徐茂明《儒学"天下"观与范仲淹的"天下忧乐"思想》一文,认为范仲淹认定的"天下"是一种重民的人文观念,其天下忧乐的思想特征在于忧民之疾苦,居安而思危,树立了"士志于道"的人格典范。

一些论文重点论述了范仲淹的政治思想。卞孝萱《庆历新政与永贞革新》,探求了范仲淹在《述梦诗序》中表露的由于忧患而迫切要求改革的思想,阐明了唐永贞革新与庆历新政的继承关系。田泽滨《简论庆历新政及其改革主张》,分析了庆历新政的时代背景与范仲淹在内忧外患中的加强君权、改革吏治的设想。戈春源《略论范仲淹的廉政思想》与《范仲淹社会稳定观初析》两文,介绍了范仲淹的廉政思想内容与切实措施,探索了达到社会和谐稳定的构想。郭学信《庆历新政指导思想探论》,认为新政中的措施反映了中国传统文化中民本、仁政思想,表现了范仲淹对国家兴亡、人民安危深切关注的精神。艾永明《法度所以示信》一文,揭示了范仲淹谨慎立法、严明司法与择良执法的思想,以及这些思想的借鉴作用。

与政治相联系的,是论述范仲淹国防军事思想的文章。耿曙生《论范仲淹国防思想》,指出范以富国强兵作为国防之本,在严边实内的具体策略上,主张持久的防御和睦邻招抚的安境之法,由于这些思想的实施而取得了一定的成功。李直《范仲淹军事辩证法思想初探》,对范的军事思想进行了探讨,以为范能做到文经与武纬相结合,士兵与营田相结合,将校与士兵相结合,防御与速战相结合,充满了辩证思想。

范仲淹关心国计民生,注重发展经济,在他担任地方官吏与中央高官时都采取过发展经济的政策,取得成效。因此,有些论文对范仲淹的经济思想进行了探析。孙炳元《浅论范仲淹的财经思想》(《盐城师专学报》1993年第4期)一文指出,范仲淹力主"厚农桑、轻赋役、用工商、限奇货以及守边城、实关中的政策,适合于当时国情,是他忧国忧民思想的反映"。方健《范仲淹经济思想论析》指出,范仲淹经济思想突出之处,在于在传统思想中注入了全新的内容。他主张茶盐通商,发展商品经济的观念;主持改革,兴修水利,奖劝农桑的远见卓识;以军事、经济手段双管齐下的深谋远虑;刺激消费、以工代赈、救荒赈济的独特见解,是11世纪经济思想史上独具只眼的见解。皇甫志新《范仲淹荒政述论》,揭示了范仲淹荒政中"惠民兼济""散利赈济""整顿吏治"的一系列基本措施,并分析了荒政的思想渊源与社会背景。沈建洪《范仲淹重商的认知与实践》指出,范仲淹肯定商业的社会作用,用经济的观点赈济灾民,采取切实措施保护商品资源,为惠民、治政、安边做出了贡献。

发展水利,是范仲淹"厚农桑"的重要措施。一些论文专门探讨了范仲淹的水利思想与建设成就。何荣昌《范仲淹与太湖水利》,对太湖地区的经济地位做了充分的估量,并对范仲淹治水主张与措施做了充分肯定。贡瑞金《范仲淹与苏州水利》一文,对范仲淹"浚河、修圩、筑闸"三者并举的治水方针做了高度评价,认为至今仍有实用价值。吴奈夫《范仲淹治苏政绩考》(《苏州大学学报》2002年第1期)一文,全面论述范仲淹在苏州的政绩,把"兴修水利"一项置于首选地位,指出由于范采取得法的水利措施,"使苏州大批沼泽之地,改造成为旱涝保收的高产、稳产田,一跃成为我国的重要粮仓"。

一些论文论述了范仲淹的教育思想。杨布生《范仲淹掌应天书院及其教育思想考评》,简述范仲淹的教育生涯与优良的师德,充分肯定他在各地办学获得的成就,并从教育目的、培养方针、教学内容与方法上,对范仲淹的教育思想进行剖析。凌文凯、徐锦魁《范仲淹教育思想初探》认为,范仲淹的教育思想具有独特性与开拓精神。范仲淹提出"善国者,莫先育材",充分肯定教育的作用,强调教育的目的在于培养崇高的精神境界。王卫平《范仲淹的人才思想及其实践》,对范的人才观进行了评析。范仲淹把人才看成是兴国治天下的关键,提出考拔人才的几条途径与培养人才的标准。廖志豪《范仲淹兴学育才》一文,记叙了范仲淹办学经历与人才培养的成就。张希清《范仲淹与庆历科举改革》,专就范仲淹在北宋科举改革中的作用做了研讨,其实施"立学合保荐送之法",先策论后诗赋等方法,产生了巨大的影响。

范仲淹是宗族慈善机构义庄的首倡者,在中国慈善史上占有重要地位。一些论文对"范氏义庄"进行了研究。王卫平《从普遍福利到周贫济困》一文,论述了范仲淹办范氏义庄的目的在于爱护族人,是利泽生民的义举,具有积极作用,对陆荣照等认为义庄制度"助长兼并之风,对农业经济有不良影响"的观点,提出了不同的看法。秦兆基《范氏义庄与宗法制度》(《传统文化研究》第9辑)介绍了范氏义庄的章程,指出宗族组织对维护封建基层政权起了稳定作用。廖志豪、李茂高《略论范仲淹与范氏义庄》一文,介绍了范氏义庄稳定、困难和兴盛三个阶段,探讨了范仲淹办义庄的思想根源,肯定义庄在当时社会的积极作用。

范仲淹是文学大家,其散文《岳阳楼记》家喻户诵,所作边塞词脍炙人口。范仲淹的作品与文学成就历来是研究的重点。沈建洪《范仲淹与北宋新古文运动》指出,范仲淹继承发展了唐古文运动的传统,以清新的创作风格,取得了丰厚的创作成就,成为新古文运动不可或缺的主将之一。张兴璠《理想的闪光和现实的投影》,认定范仲淹的诗是呼唤改革的闪电,是高洁人格的显现,是山水自然的知音,也是现实压抑的沉吟,完全可以列入优秀文学作品之列。罗时进《生命运行的真实轨迹》,对范仲淹传世的近200首诗进行了梳理品鉴,认为范仲淹诗具有道德性倾向,集中表达了范仲淹"呼唤清廉、仁爱生民、亲和自然、倾慕栖隐的思想"。黄益元《政家忧乐和文士情怀》一文,对范仲淹所作《渔家傲》等五首词做了一一具体分析,指出范词是英雄豪气与儿女情长相统一,是豪放、婉约、幽默诸种风格的完美结合,对宋词各流派的发展均产生了影响。曹林娣具体分析了范仲淹代表作《岳阳楼记》,认为该文把记事、论理、言志、写景融为一体,表现了人格美、意境美、形式美,达到了散文艺术的高峰。范培松《重读〈岳阳楼记〉》,对《岳阳楼记》做了鉴赏性的分析,认为该记是创作冲动的喷发,是从一悲一乐的对比中引出正确的忧乐观;而这一忧乐观成为文章立得起来的脊梁。卢荻《范仲淹诗词中的民本思想》,重点分析范仲淹诗词的思想特色在于"政为民设",包含着重民、爱民、养民、顺民、济民等基本要素,至今仍有借鉴作用。朱明霞《范仲淹的文学思想及其创作实践》一文指出,范仲淹为"救斯文之薄"而积极参加当时的诗文革新运动,他的文学思想极富传统的儒学色彩,以宗经为文学的价值取向,以传道育人为文学的功能,以雅正淳厚为文学的风格。范仲淹以自己的创作实践丰富了他的文学理论,给后人留下了不少佳篇力作。廖大国《范仲淹论辩的锐气与艺术》,分析了范仲淹在辩论中的奋勇、自信、无隐、无讪,善于心理沟通的特色。

更多的文章是对范仲淹生平的考证。范敬中《范仲淹其人其事》,近乎编年式的格局介绍了范仲淹的主要生平与政治成就,以及后人对范仲淹的高度评价。张晓旭《论范仲淹的人格魅力》一文,介绍了范仲淹的生平,突出他在立功、立德、立言中的闪光点。孙纲《范仲淹与应天书院》一文,介绍了范仲淹在应天书院受读与教学的经过,认为他在书院读书时吸收了诸家学说的精华,形成了自己的独立思想;主持书院时,从教学目的到教学内容都进行了一系列改革,培养了众多人才。朱瑞熙《范仲淹和庆历新政研究中的一些问题》,对范仲淹所任职务的名称、范仲淹有没有与富弼联合上奏《答手诏条陈十事》、范仲淹所提十项建议是否全部实行,做了翔实的考证。方健《论范仲淹与范成大》,从时代背景、政治理念与治绩、文学创作才能等几个方面比较异同,强调范成大对范仲淹的继承关系。曲延庆则论述了范仲淹与苏州范氏、长山朱氏两个家庭的关系,认为范仲淹能以崇高的品格,做到"以德报怨""贵不忌恩",正确处理这复杂的家庭伦理问题。其他如张承对范仲淹仕官之路进行的探索,汪毓苹《范仲淹与苏州二三事》、萧飒《范仲淹与苏舜钦》(两文均发表于《传统文化研究》第4辑),分别介绍了范仲淹在苏治水、育人的政绩,以及范仲淹对苏舜钦的影响。关于范仲淹的研究,从人物考证到思想探析,已经比较全面与深入,但对他生平的一些细节,诸如思想观念的变化与家族群体史迹的研究,还有待于进一步加强。

三、关于一些苏籍作家的研究

宋元时期苏州出了一些著名的文学家如范成大、叶梦得、顾瑛等人,他们也是一些学者关注的重点。今将有关这些人的研究情况做一总结与梳理。

叶梦得(1077—1148),生活在两宋之交,在文学艺术与政治上都是有影响的人物,其著作多达三十余种。自20世纪以来,已发表叶梦得的研究论著八十余种。有关叶梦得生平事迹的,有方建新《叶梦得事迹考辨》(《文献》1991年第1期),认为叶梦得应是苏州长洲县人。叶虽由蔡京引见而入中枢,但也没有参与元祐党籍碑一事,且敢于批评蔡京等胡作非为,揭露社会黑暗,是一位正直的士大夫。潘君昭《叶梦得评传》(山东教育出版社1989年),介绍了叶梦得生平,尤其对《石林燕语》《石林词》等成书经过及书的内容、价值等做了介绍。关于叶梦得文学方面的研究,有蒋哲伦《〈石林词〉和南渡前后词风的转变》(《文学评论》1982年第4期)一文,认为叶梦得早期词作"婉丽绰约有温李之风",中年贬官后寄情于山水,抒写田园逸兴。南渡后,有匡复故国的坚定志向,是由苏轼向辛弃疾过渡的中介人物。黄文吉《宋南渡词人》(台湾学生书局1985年)认为,叶词继承苏轼的豪放风格,而偏取其旷达出世之怀,善于调配情景,使意象更加鲜明。李庚、李康《试论叶梦得词》(《北方论丛》2003年第2期),从抒情内质与审美风貌等方面做详细分析,认为叶梦得开辟以气入词的新路,促进了词风转变。樊运宽《叶梦得诗学理论初探》(《学术论坛》1995年第5期),认为《石林诗话》虽为心得、随感的记录,但他主张诗歌内容、形式统一,作诗要体察实际,出于自然,诗贵储蓄,用字锤精等,道出了文学的实质。刘晓林《试论〈石林诗话〉的理论价值》(《中国文学研究》1993年第3期)认为,《石林诗话》是以记事为主转向诗歌本身评述的转折点,其强调"缘情体物",抒写胸臆,重在抒情,注重法度,又反对用巧太过,以禅解诗,都具有理论的积极意义,从而肯定了叶梦得在文学史上的地位。

范成大(1126—1193),南宋四大家之一,研究者众多,而多数放在文学史、诗传之类的著作中加以论述,单独成篇且有特色者有下列几篇:柯勤《石湖居士范成大》(《苏州教育学院学报》1992年6月),全面介绍了范成大的成长过程及其政绩。时吉宝《浅论范成大的爱国诗》(《殷都学刊》1986年第1期),重点分析了范成大出使金国所写的72首纪行诗,这些诗反映了金占区人民受奴役的痛苦和中原人民的爱国热情,表达了自己不辱国体、全节赴死的决心,起了鼓舞斗志的作用。施伟萍《范成大诗品文风和文化石湖的建设》(《传统文化研究》第15辑)认为,石湖诗从江西诗派入手,而后又摆脱了其束缚与影响,诗题广泛,反映了农村生活面貌和清丽景色。陆嘉明《石湖山水间,田园怀诗魂》(《传统文化研究》第18辑)认为范成大的诗写出了人的风景,使自然与人文、人情相交融。苗青、张立华《试论范成大诗的艺术特色》(《聊城师范学院学报》1990年第4期),探讨了范诗的艺术成就,认为范诗突破了江西诗派的藩篱,形成了自己的独特风格,具有具体性、写实性的特点,善于将色彩与作品反映的客观环境与作者的情感融合起来;在用色彩点染景物时,注意不同色彩的对照,以收相反相成之效。范成大是具有艺术创新精神的诗人。陈本源《殊声而合响,异翮而同飞》(《传统文化研究》第5辑),研究了范成大与大诗人陆游的交往,指出两人同朝为官,曾有上下属关系,但他们感情相通,都具有崇高的爱国思想与杰出的文学才能,是抗金的战友与真挚的文友。

宋元时期殿后的诗人是昆山人顾瑛(1310—1369)。关于顾瑛研究的文章,公开发表的不多。杨镰《顾瑛与玉山雅集》(《西南民族大学学报》2008年9月)介绍了顾瑛举办玉山雅集的历程,这一研究对元代吴中文学传承、元代文人群体形成与活动、元人著述的编辑与刊刻、元明诗的衔接与过渡,以及元明易代期间文人生存状况与文学创作等内容,都有启示意义。李晓航《仕隐之间——元末顾瑛的一段心路历程》(《长沙铁道学院学报》2007年第4期),认为顾瑛早年有荣进之意,佐父经商,希望光大门楣;中年曾壮志报国,却英雄失意;最终的退隐是自全于乱世而不得已的选择。

由于唐宋之后吴地文学艺术水平逐步提高,已超过北方,因而对这一时期苏州文人的研究得到了加强。

四、关于马可·波罗有否到过中国的争论

马可·波罗是意大利著名旅行家,他所著《马可·波罗游记》,使中国名扬全球。但是,他有没有到过中国,在他笔下的苏州是否真实,历来存在争议。(英)克雷格·克鲁纳斯《马可·波罗到过中国没有》(《泰晤士报》1982年4月14日,《编译参考》1982年第7期)一文,指出由于马可·波罗在浩如烟海的中国文献中不见记载,因而对马可·波罗是否来过中国表示怀疑。而杨志玖《马可·波罗与中国——对〈马可·波罗到过中国没有〉一文的看法》(《环球》1982年第10期),根据《永乐大典》中的史料与《游记》对照,认为两者存在一致性,因而肯定马可·波罗来过中国。王育民《关于〈马可·波罗游记〉的真伪问题》(《史林》1988年第4期)基本同意杨志玖的看法,认为他"倘非到过中国,是不可能从道听途说中了解(中国)得如此周详的",但他对杨志玖所用《永乐大典》的材料,在理解上提出了一些异议。方如金《福建版〈马可·波罗游记〉再质疑》(《浙江师范大学学报》1987年第4期)认为马可·波罗对中国南方"蛮子省"大肆美化和夸张,其中苏州桥梁数夸大50倍以上,所记旅游线路与各城镇方位错乱,在他笔下的九江、襄阳的情况多违事实,因而认为马可·波罗并未到过中国南方。王翔《马可·波罗与苏州》(《世界知识》1980年第3期)一文认为,马可·波罗所记基本上以"亲耳所闻、亲眼所见"为根据,肯定马可·波罗到过中国南方与苏州。关于马可·波罗的争论还在持续之中。

五、五代宋元史研究中的一些缺失

关于这段历史的研究中最大的缺失是有关社会史的研究。迄今为止,除了上述葛金芳《"农商社会"的过去、现在和未来》,包伟民、黄海燕《专业市镇与江南市镇研究范式的再认识》(《中国经济史研究》2004年第3期)、马润潮《宋代的商业和城市》(台北"中国"文化大学出版部1985年)、朱瑞熙《宋代社会研究》(中州书画社1983年)、陈忠平《宋元明清时期江南市镇社会组织述论》(《中国社会经史研究》1993年第1期),包伟民等宋代城市史研究,郑克晟《元末的江南士人与社会》(《东南文化》1990年第4期)等一些论著外,缺乏研究苏州社会的专门论著。尤其是当时苏州的社会基层组织、社会团体、社会活动、宗族、家庭、婚姻、日常生活等都缺乏深入的研究。

明代苏州史研究

吴建华　范莉莉　陈莉莉

明代苏州史研究,作为中国封建社会晚期这一重要时期的重点区域的研究,无论在政治、经济,还是社会、文化等方面,自晚清以来都引起了学术界的极大关注。研究成果集中体现在两个方面:一是具体事件与人物研究。苏州有很多突出的地方值得关注,具体的、专题的研究较多。二是将苏州置于江南地域开展实证个案研究,得到很多重要的研究结论。然而,整体上研究明代苏州的论著反而很少。在有关苏州的历史专著中开辟专章论述明代苏州史,有廖志豪等《苏州史话》(江苏人民出版社 1980 年)、王卫平、王建华《苏州史纪(古代)》(苏州大学出版社 1999 年),王国平主编《苏州史纲》(古吴轩出版社 2009 年)的相关章节。美国迈克尔·马默(Michael Marme)《苏州:诸省货物汇聚之地》(*Suzhou: where the goods of all the provinces converge*)(斯坦福大学出版社 2005 年)着重介绍了明代苏州繁华的经济社会状况。王家范主编《明清江南史研究三十年,1978—2008》(上海古籍出版社 2010 年),所收文章从多角度总结了明清江南包括明代苏州的研究进展。

随着区域史或地方史研究的广泛深入,明代苏州因其在资料上的巨大优势,历史上的经济与文化中心地位,社会发展的前沿地带,更加吸引学人关注,其研究进程将得到推进,研究质量也将不断提高。于此仅就笔者所见,分成 12 个专题,略述明代苏州研究成果。

一、官、民田制度研究

南宋开始,江南官田形成,之后逐步发展,到明代,成为全国土地制度中最为显著的现象。对于官田的所有权性质,即民有还是官有、私有还是国有的问题,史学界展开了激烈的讨论,历来有两种观点。周良霄《明代苏松地区的官田与重赋问题》(《历史研究》1957 年第 10 期),林金树《试论明代苏松二府的重赋问题》(《明史研究论丛》第一辑,江苏人民出版社 1982 年)、《关于明代江南官田的几个问题》(《中国经济史研究》1988 年第 1 期)代表传统的观点,认为明朝的官田系官府籍入豪强田地,是土地所有权从个别地主到官府的转移,官田的土地所有权是属于官府的,即为封建国家所有。另一种观点可见伍丹戈《明代土地制度和赋役制度的发展》(福建人民出版社 1982 年),对明代赋役制度及其变革的研究,多着眼于明中后期和江南地区,认为江南官田不是国有田地;明代的官田无论在买卖上,还是在占有地租上,都不能充分体现出封建朝廷的所有权。王春瑜、林金树、李济贤《论明代江南官田的性质及私有化》(《晋阳学刊》1985 年第 5 期),详细介绍了明代江南几种官田的性质,论述了官田私有化的发展过程及其内在原因、长远影响。关于官田的研究还有杜黎《站不住脚的"历史依据"——驳吴晗同志对苏松地区"官田"变化实况的歪曲》(《学术月刊》1966 年第 3 期)。

与官田概念相对的是民田。林金树《日本森正夫教授谈明代江南官田问题》(《中国史研究动态》1984 年第 2 期)、《明代中后期江南的土地兼并》(《中国史研究》1987 年第 2 期)、《明代江南民田的数量和科则》(《中国社会经济史研究》1987 年第 3 期)、《明代江南官田的由来、种类和科则》(《郑州大学学报》1987 年第 5 期)、《关于明代江南官田的几个问题》(《中国经济史研究》1988 年第 1 期),认为民田与官田的差别,最主要的是科则上的不同。他还就明代中后期江南的土地兼并问题加以讨论,指出从明代中叶开始,豪强兼并之风日趋加剧,兼并者已由新贵地主转为缙绅地主,兼并范围由民田扩及官田。李根蟠《官田民田并立 公权私权叠压——简论秦汉以后封建土地制度的形成及特点》(《中国经济史研究》2014 年第 2 期),可以视作对原有地权问题研究思路的反思。

日本森正夫《明初江南的官田——苏州、松江二府的具体情况》(《东洋史研究》1960—1961 年)、《十六世纪太湖周围地带官田制度的改革》(《东洋史研究》21—4、22—1,1963 年),用官田在耕地中所占比重、每亩平均赋税及亩产量的具体数据,来说明官田情况。他的成果汇聚于专著《明代江南土地制度研究》(同朋舍 1988 年,同名中译本,伍跃、张学锋等译,江苏人民出版社 2014 年),论述明代江南官田的形成、演变,赋税改革过程与影响等问题。王翔曾专及于这一研究成果,发表《关于明代江南土地制度史的几个问题——兼评〈明代江南土地制度研究〉》(《江海学刊》1990 年第 6 期)。

日本小山正明《明末清初的大土地所有——特别是以江南三角洲地带为中心》(《史学杂志》66—12、67—1,1957—1958 年),讨论了明末江南土地与农业生产关系的变化。

二、明代苏州重赋研究

宋元以来,江南地区的赋税剥削日益加重,尤其是苏松重赋问题,成为中国经济史十分突出的问题,并且它又和官田密切相关。关于明代江南重赋的问题,顾炎武《天下郡国利病书》就有《苏松二府田赋之重》予以专门揭示。

关于江南重赋成因的研究,有两种主要观点,分别是官田重赋说和经济发展说。持前一种观点的有林金树、杨亚非、韦庆远、唐文基。林金树《试论明代苏松二府的重赋问题》(《明史研究论丛》第一辑,江苏人民出版社1982年)认为,从税粮总数、亩税、人口平均负担、与全国某些重点产粮区比较,明代苏松二府田赋独重是毋庸置疑的事实,但苏松赋重并非明太祖"迁怒"苏松的缘故,而是由于历来官田多,而且官田之赋苛重。杨亚非《明代苏松嘉湖地区重赋之由》(《江海学刊》1983年第5期)指出,明代苏松嘉湖地区的重赋,从其直接原因来看,是由于增加了大量官田引起的。韦庆远《明初"江南赋税畸重"原因辨析》(《明清史辨析》,中国社会科学出版社1989年)指出,从明朝前期朱元璋与陈友谅、张士诚的斗争过程、江南赋税制度的形成和演变等方面来看,明初江南赋税畸重是当时特定历史条件下的产物,绝不是由于朱元璋不满江南军民支持张士诚迁怒而成的。唐文基《明代江南重赋问题和国有官田的私有化》(《明史研究论丛》第四辑,江苏古籍出版社1991年)更直接地说:"明初江南重赋,是新王朝利用这地区土地产量高的有利条件,一方面继承宋元以来国有官田,同时又通过政治暴力扩大近额官田的结果。"而吴缉华、樊树志、郭厚安等人持后一种观点,即经济发展说。吴缉华《论〈明史·食货志〉载太祖迁怒与苏松重赋》(《中国学报》1967年第6辑)、《论明代粮税重心之地及其重税之由来》(《中央研究院历史语言研究所集刊》,下称《史语所集刊》,38本,1968年),也否定了太祖迁怒的传统看法,认为重赋是唐宋以来历代延续积累下来的问题。樊树志认为,官田重赋虽是重要的症结所在,但江南重赋的存在自有其更为深刻的社会经济根源。它是伴随着江南农业经济的进展而不断加重的,是与江南经济发展水平相适应的。江南农业经济的高水平发展以及它所带来的较别地富庶的农家经营,是江南成为国家财赋重地的根本原因(《明代江南官田与重赋之面面观》,《明史研究论丛》第四辑,江苏古籍出版社1991年)。郭厚安也认为,明代在江南实行重赋,就是由于这里的经济繁荣,同时也是继承了东南赋税不断加重的历史趋势(《明代江南赋重问题析》《西北师大学报》1984年第4期)。

范金民《江南重赋原因的探讨》(《中国农史》1995年第3期)、《明清江南重赋问题述论》(《中国经济史研究》1996 年第 3 期)、《明清江南重赋问题》(范金民主编《江南社会经济研究(明清卷)》,中国农业出版社 2006 年),深刻系统地辨析了这一问题。

赵全鹏《明代漕运与江南重赋》(《历史教学问题》1995 年第 2 期)指出重赋与漕运之间的关联,郑克晟《明代重赋出于政治原因说》(《南开学报》2001 年第 6 期)从政治路径解释重赋的成因。周岐琛解释《明代苏松重赋的成因》(《淮阴师范学院学报》2014 年第 1 期)。方兴《从"苏松重赋"到"三饷"均摊》(《中国经济史研究》2010 年第 1 期),是目前少见的肯定明代苏松重赋存在合理性的论文。

封建朝廷为了能在江南完成重额赋税的征收,必须采取一系列调节措施。关于这些调节措施的研究有:吴缉华《论明代前期税粮重心之减税背景及影响》(《史语所集刊》39 本下,1969 年),具体分析了明代前期对苏松等地赋税的减免及其对社会经济和明代财政收入的影响。韦庆远《论明初对江南地区的经济政策》(《明史研究论丛》第三辑,江苏古籍出版社 1985 年)指出,明朝在江南优先实施了一些扶植经济的措施,以保证生产的恢复和发展。林金树《简论明皇朝保护江南重赋区的若干重要政策》(《明史研究》第 3 辑,黄山书社 1993 年),考察了明王朝确保江南财赋重地的调节措施,包括适当调整土地占有关系、兴修水利、发展手工业、减免田赋、改革赋役,最后稳定了苏松局面。范金民《明清江南重赋问题述论》(《中国经济史研究》1996 第 3 期),在探讨了明清江南重赋的程度及其产生的严重社会后果后,考察了朝廷采取的各种补救措施,包括减征、免征、折征、降低考成标准、注重对地方的投入如兴修水利等。胡克诚《明代江南逋赋治理研究》(东北师范大学 2011 年博士论文),结合明代货币财政体制变迁大势,分阶段考察包括苏州在内的江南逋赋情况及明廷的蠲免和改折政策,指出晚明前后的逋赋危机与赋役白银化的负面效应关系密切。

讲到江南重赋与赋役的改革,势必要提到周忱。周忱在江南巡抚任上针对苏松重赋造成的问题,有实行"平米法"、修改田赋征收办法、改革粮长制度、改革漕运办法、在苏州设济农仓等措施。江涛《论周忱整顿苏松诸府税粮的政策措施——〈明史〉人物评论之四》,(《杭州师院学报》1987 年第 2 期)、郁维明《明代周忱对江南地区经济社会的改革》(台北商务印书馆 1990 年)、熊桂兰《明前期江南赋重情况及周忱的减负活动》(《江西教育学院学报》2000 年第 5 期》,对此都有论述。侯官响《明代苏州府徭役折银考论》(《明史研究论丛》第 12 辑,中国广播电视出版社 2014 年)考察了明代苏州徭役运行机制与变动过程。李义琼、张妍妍《周忱改革、"京库"与中央财政再分配》(《社会科学》2016年第7期),在明代中央财政分配机制的历史脉络下,重新理解宣德至正统时期由周忱在江南地区主导的税粮折征改革,认为这使折征后的田赋以白银和布匹的形式从户部转移到内廷,体现了明代中叶以后财政白银化趋势。

也有人不认同江南重赋说。周良霄《明代苏松地区的官田与重赋问题》(《历史研究》1957年第10期)不赞成明代江南尤其是苏松诸府存在重赋,认为无论是税率与绝对量,还是按田亩与人口平均计算赋税之重,都是如此。因为明初官田和民田在概念上与实际负担上皆有明确的区分。如果看不到苏松诸府存在大量的官田这一事实,而单纯从赋税数额同其他地区比较,得出苏松重赋的结论是很不妥当的。除去极少数地方之外,根本不存在所谓重赋问题。

关于明代苏州地租田赋的研究还有:吴竟《从苏州东山〈寒山周氏重买祭田碑记〉看明末地租剥削的苛重》(《中学历史教学》1979年第1期),以碑刻记录反映苏州在明朝末年地租的沉重;郑志章《明清时期江南的地租率和地息率》(《中国社会经济史研究》1986年第3期),通过复杂的计算,得出明清江南的地租率和地息率。由于受到封建惯例的约束和限制,江南地区常年实物地租率在32%~48%之间,地息率大多在4%~10%之间。这些数据对研究明代苏州赋税情况和农民负担具有极大的价值。卜国群《试析明代苏松地区的田赋量》(《中国经济史研究》1987年第4期),通过对明代苏松二府各类田赋的折算统计分析,认为自宣德七年起这个地区的田赋定额增长停滞,自弘治中期起这个地区的赋税开始下降,呈现了一个极不景气的趋势。

重赋之外,还有重役。胡铁球《明代"重役"体制的形成——以白粮解运为例》(《社会科学》2012年第6期)指出明代北运白粮重役的形成原因在于粮长解运过程中各个环节产生的额外费用。秦博《明代白粮的加耗与改折》(《中国经济史研究》2015年第4期)指出,明代白粮频频增加,加耗却很少改折,导致负担很重。

三、明代苏州农业生产发展研究

唐宋以后,全国经济重心南移,到明代,太湖流域成为十分重要的产粮区。在农业时代,明代苏州等江南农业生产情况,自然引起学术界的关注。傅衣凌敏锐地审视明代江南富户经济、地主经济的新发展,以及纺织工业、城镇阶层等现象,其研究成果集中体现在《明代江南市民经济试探》一书(上海人民出版社1957年)。中国农业科学院与南京农业大学的中国农业遗产研究室"太湖地区农业史研究课题组"编著的《太湖地区农业史稿》（农业出版社1990年）比较完整地研究了历史上太湖地区农业发展的情况。罗仑主编，范金民、夏维中著《苏州地区社会经济史（明清卷）》（南京大学出版社1993年），是大陆最早全面研究明清苏州社会经济的专著，开创之功极大。其中，明代部分为夏维中所撰，他以后继续对这一课题研究。范金民主编的《江南社会经济研究·明清卷》（中国农业出版社2006年）收录多篇明代江南农村、农业、水利、赋役方面的论文，对明代苏州研究极有参考价值。

农业的发展与其他资源的配置密切相关，如水利、劳动力、农作物种类等。水利是农业的命脉，明代苏州重赋的顺利征收，不得不说与农田基本水利建设有关。明代昆山人归有光所著《三吴水利录》是一部专门论述太湖流域水利的著作，提出了治理水患的基本思路和具体措施。史学界在20世纪40年代就出现以明代苏州地区的水利建设为研究的文章，像吴天墀《明代三吴水利考》（《贵善半月刊》1卷第21、22期，1941年）。50、60年代因为国际国内客观因素的影响，对明代苏州水利研究不多。改革开放以后，这方面研究增多。李广廉《永乐初年的苏松水利》（《学习与思考》1982年第3期），主要介绍永乐初年夏原吉在苏松的治水活动，认为这次水利建设成效显著。张芳《明代太湖地区的治水》（《太湖地区农史论文集》第一辑，1985年），考察了太湖水系的治理，认为治水与政治有莫大的关系，指出明代对于太湖治水主要针对太湖上游、中游、下游不同地理环境制定治理方针。郑肇经主编《太湖水利技术史》（农业出版社1987年）、袁明全《明代太湖水政初探》（《中国史研究》1987年第3期），对明代苏州水利建设也有论述。洪焕椿《明代治理苏松农田水利的基本经验》（《中国农史》1987年第4期），从总体上总结了明代苏松治水的三条经验：疏导太湖、刘家河等，引水入海；修筑圩田；开通塘浦。沙郑军、王建华《浅谈明代苏松水利》（《苏州大学学报》1988年第4期），认为明政府为消除水患，设立了专门机构，并派驻专门官员进行水利管理，还进行了一系列的修治活动。王社教《明代苏皖浙赣地区的水利建设》（《中国历史地理论丛》1994年第3期），比较各地水利建设特点，其中包含苏州平原地区。吴滔《明清江南地区的"乡圩"》（《中国农史》1995年第3期），涉及明清江南地区水利建设。潘清《明代太湖流域水利建设的阶段及其特点》（《中国农史》1997年第2期）认为，明代太湖治水分洪武至正统时期、成化至隆庆时期、万历至崇祯时期三阶段。在这三个时期，管理组织方式、经费来源及治理结果都具有不同的特点。

谢湜《明前期江南水利格局的整体转变及相关问题》（《史学集刊》2011年

第4期),肯定明代前期江南水利新格局奠定的契机,在于太湖上游改筑了东坝这一大工程,使黄浦江成为太湖以东的泄水主干。他的《治与不治:16世纪江南水利的机制困境及其调适》(《学术研究》2012年第9期)将明代中期以后江南水利徘徊不前的原因归结为官方财政机制、州县行政机制与市场机制之间的矛盾。王建革《水流环境与吴淞江流域的田制(10—15世纪)》(《中国农史》2008年第3期)、《10—14世纪吴淞江地区的河道、圩田与治水体制》(《南开学报》2010年第4期),考察宋元至明初太湖地区水利社会组织的因革损益,揭示制度变迁的生态背景,并汇总成著作《江南环境史研究》(科学出版社2016年),详细揭示了江南生态文明发展过程,对明代苏州农业环境,包括河流、水利、植物与环境的文化关系均有所涉及。

除了国内学者的研究外,国外特别是日本学者在这方面的研究成果较多,主要有滨岛敦俊《明代江南水利的考察》(《东洋文化研究所纪要》第47期,1969年)、川胜守《明代江南水利政策的发展》及附录"明代江南水利政策年表"(《明清史国际学术讨论会论文集》,天津人民出版社1982年)。两文对明代苏州水利事业均有研究,并指出明代在嘉靖前对于江南治水相当重视。

注重考察水利与政治关系的,除上文所提张芳一文外,通过李卓颖《圣人复作·水归其壑——夏元吉治水江南与永乐政权正当性之建立》(《新史学》22卷第4期,2011年)一文,可以了解更多在水利事件中隐而不显的政治期待、文化意涵与环境变迁等因素。王建革《明代江南的水利单位与地方制度:以常熟为例》(《中国史研究》2011年第2期)指出,该县水利行政与赋役单位具有一致性。谢湜《16世纪太湖流域的水利与政区》(《中山大学学报》2012年第5期),强调16世纪太湖流域的水利统筹得益于财政货币化改革和相关赋役政策调整提供的契机,促使政区调整最终实现。胡克诚《明代江南治农官述论》(《古代文明》2012年第2期),专门考察明永乐以降在江南地区以治理农田水利为本职、一度兼摄催粮之役的治农官,指出这项官制没有发挥应有的作用,甚至由于本身不可克服的矛盾而成为阻碍农业与赋役的消极因素。这是继日本森田明《明代江南の水利と治农官》(载其《清代水利史研究》,亚纪书房1974年)之后有关江南治农官的研究。范金民《海瑞江南施政述论》(《首都师范大学学报》2014年第3期)也涉及整治水利和赋役。周杰灵、惠富平《夏原吉苏松治水得失评析》(《农业考古》2014年第6期)认为永乐时期夏原吉主持的"掣淞入浦"工程之所以能够取得成效,在于顺应了当时的水文环境,而后期也因不再适应水文环境变化而最终被废弃。

有关农业劳动力的研究,有朱宗宙《明末清初太湖地区的农业雇佣劳动》(《明清资本主义萌芽研究论文集》,上海人民出版社 1981 年)。从翰香《论明代江南地区的人口密集及其对经济发展的影响》(《中国史研究》1984 年第 3 期),运用比较研究方法,对比 14 世纪江南地区与 19 世纪初英、法、德、意四国人口的平均密度,得出江南人口密度高于后者,对于经济发展具有不可忽视的作用。林金树《关于明初苏松自耕农的数量问题》(《明史研究论丛》第四辑,江苏古籍出版社 1991 年),估算了明初苏松二府自耕农数量,分析了自耕农数量较少的原因。李伯重《从"夫妇并作"到"男耕女织"——明清江南农家妇女劳动问题探讨之一》(《中国经济史研究》1996 年第 3 期)、《"男耕女织"与"妇女半边天"角色的形成——明清江南农家妇女劳动问题探讨之二》(《中国经济史研究》1997 年第 3 期)两文,专门论述明清江南农家劳动力投入方式,指出以"男耕女织"为代表的男女分工模式虽然早已存在,但直到明后期,以"夫妇并作"为代表的男女同工模式仍然有重要的地位。他的《"人耕十亩"与明清江南农民的经营规模——明清江南农业经济发展特点探讨之五》(《中国农史》1996 年第 1 期)一文,通过对明清江南耕地与农业劳动力数量的分析,对比近代江南农户耕田数量,指出明清江南存在"人耕十亩"这一农家经营的标准模式。他的《宋末至明初江南人口与耕地的变化——十三、十四世纪江南农业变化探讨之一》(《中国农史》1997 年第 3 期),也探讨了江南人口数量与土地变化关系。

关于劳动力投入又引出一个问题——明代江南农业是粗放型还是集约型?李伯重《明清时期江南水稻生产集约程度的提高——明清江南农业经济发展特点探讨之一》(《中国农史》1984 年第 1 期)、《"桑争稻田"与明清江南农业生产集约程度的提高——明清江南农业经济发展特点探讨之二》(《中国农史》1985 年第 1 期)、《明清江南种稻农户生产能力初探——明清江南农业经济发展特点探讨之四》(《中国农史》1986 年第 3 期)、《明清江南蚕桑亩产考》(《农业考古》1996 年第 1 期)及《明清江南蚕桑亩产考(续)》(《农业考古》1996 年第 3 期)等文章,通过计算劳动与资本投入,探讨了明清江南水稻和蚕桑生产的集约程度,并考证出明清江南蚕桑与水稻的亩总产值、亩净产值数据。李伯重的江南农业计量经济史的研究结论无疑具有开创性,其明代苏州农业研究,成为以后黄宗智借以说明长江三角洲经济过密化的重要依据,但李伯重后来重新解释了这些现象的原因,得到相反的结论,否定了黄宗智的过密化江南经济说。

关于农业多样化发展的研究,陈忠平《论明清江南农村生产的多样化发展》(《中国农史》1989 年第 3 期)论述了明清江南农村生产的多样化发展,除粮食生产和种植业以外,农业生产的多样化发展并最终引起了农村经济结构的变化。王社教《明代苏皖浙赣地区麦类作物的生产和分布》(《中国历史地理论丛》1996年第3期)、《明代苏皖浙赣地区的棉麻生产与蚕桑业分布》(《中国历史地理论丛》1997年第2期)、《明代苏皖浙赣地区的杂粮作物及其分布》(《中国农史》1997年第3期),依据大量地方志等资料,对明代苏州在内的苏皖浙赣地区麦类、棉麻、桑树、豆类、芋薯类等的生产及分布情况做了详细的探讨。张家炎《明清长江三角洲地区与两湖平原农村经济结构演变探异——从"苏湖熟,天下足"到"湖广熟,天下足"》(《中国农史》1996年第3期)一文,论及苏州等江南农业结构的变化。

农业发展还与其他资源的合理利用有关。李伯重《明清江南农业资源的合理利用——明清江南农业经济发展特点探讨之三》(《农业考古》1985年第2期),探讨江南农业资源的有效利用,而其《明清江南肥料需求的数量分析——明清江南肥料问题探讨之一》(《清史研究》1999年第1期),专门研究农业生产必不可少的肥料问题。《明清江南工农业生产中的燃料问题》(《中国社会经济史研究》1984年第4期)和《明清江南工农业生产中的动力问题——与中世纪中后期至工业革命前英国的比较研究》(《浙江学刊》1986年第4期)两文,探讨燃料和动力问题,以明清时期的江南与16—17世纪的英国做比较,认为江南的燃料供应和生产动力来源与英国存在巨大差异。他的《明清江南社会生产中的铁和其他贱金属》(《中国史研究》1987年第2期),探讨常用的工农业生产工具,对铁和其他贱金属来源、人均消费量与英国进行比较,指出金属的稀缺阻碍着生产工具的改进。他在《明清江南生产工具制造业的发展及其特点》(《浙江学刊》1987年第4期)一文中,又做了进一步阐述。李玉尚《明清以来苏松太地区耕牛的时空分布》(《中国农史》2008年第4期)也进行了探讨。杜新豪、曾雄生《经济重心南移浪潮后的回流——以明清江南肥料技术向北方的流动为中心》(《中国农史》2011年第3期)则总结了江南肥料技术向北方传播的途径和收效甚微的原因。日本滨岛敦俊《明代中叶江南土地开发和地主的客商活动》(《广东社会科学》1988年第2期)、王克强《明清苏州地区土地利用的特点》(《中国农史》2000年第2期)等论文,从土地资源的开发角度出发,探讨了农业生产活动的发展变化。

从生态角度对江南农业生产进行研究的有,陈家其《明清时期气候变化对太湖流域农业经济的影响》(《中国农史》1991第3期),指出该时期气候变化对太湖流域农业带来巨大影响:气候变冷使得双季稻产量下降,自然灾害频发,亚热带经济作物受到严重威胁。李伯重《"天"、"地"、"人"的变化与明清江南的水稻生产》(《中国经济史研究》1994 年第 4 期),从生态环境的角度,探讨了天、地、人的变化与明清江南水稻生产的关系。李伯重《十六、十七世纪江南的生态农业(上、下)》(分见《中国经济史研究》2003 年第 4 期、《中国农史》2004 年第 4 期),进一步对明代中期初现于常熟农业经营中的这种增效降耗方式进行了探析。洪璞《明代以来江南农业的生态适应性——以吴江县为例》(《中国农史》2001 年第 2 期),从农业生态学的角度,以明代苏州吴江地区为例,认为气候、土壤、生物等因素在内的农业生态环境的转变,引起种植结构甚至整个经济结构的转变。朱冠楠、李群《明清时期太湖地区的生态养殖系统及其价值研究》(《中国农史》2014 年第 2 期),总结并评价了明清太湖地区种养结合的四种生态养殖系统。

有关明代苏州农业经济的研究,有日本寺田隆信《明代苏州平原的农家经济》(《东洋史研究》16—1,1957 年)、滨岛敦俊《明代江南农村社会的研究》(东京大学出版会 1982 年)、樊树志《明代江南农业经济的新变化》(《历史教学问题》1983 年第 1 期)。潘国英《从庙会活动看明清苏州农业经济》(《中国农史》1992 年第 1 期),则从庙会活动的角度,探讨明代江南农业经济面貌。李伯重《江南农业的发展(1620—1850)》(王湘云译,上海古籍出版社 2007 年),涉及晚明江南农业变化。洪璞《明代以来太湖南岸乡村的经济与社会变迁——以吴江县为中心》(中华书局 2005 年),选用吴江为例,研究其乡村变动与社会变化的相关问题。

四、明代苏州手工业发展研究

明代江南特别是苏州的手工业发展突出,如刺绣、印刷、玉器制作、雕刻等,其中农业时代最大的手工行业,即丝织业和棉纺织业,对全国经济有着重要影响。明代苏州手工业不但种类繁多,而且官营手工业和民间手工业都达到了鼎盛,涉及商品经济与市场的发展和生产关系的新因素,广为学者关注。

具体研究明代苏州丝织业的有,彭泽益《从明代官营织造的经营方式看江南丝织业生产的性质》(《历史研究》1963 年第 2 期),考察明代官营织造的经营方式和生产特点,进一步探讨明代江南机户及其生产活动,涉及苏州地区。张一中《明清间苏宁杭湖丝织业的新发展》(《湖南师院学报》1982 年第 3 期)指出,明清间江南这些地区的丝织业出现机张和工人集中程度高;分工专业化,产生雇佣劳动;资本集中,市场扩大的新变化。段本洛《论明清苏州丝织手工业》(《苏州大学学报》1985年第4期),研究了苏州地区的丝织业。范金民《明清苏州官营织造的生产形式和生产关系——明清江南丝绸史研究之二》(《丝绸史研究》1987年第1—2期),研究官营织造生产形式和生产关系。他和金文合著《江南丝绸史研究》(农业出版社1993年),利用大量档案资料,从江南丝绸业的起步开始论述,重点介绍了明清时期江南丝绸业,涉及江南官营织造机构的数量,官营织造的生产规模、生产形式,官营与民间丝织业的关系,江南丝绸的生产技术,染色工艺等。范金民对明清江南尤其是苏州丝绸研究的系统论文结集为《衣被天下——明清江南丝绸史研究》(江苏人民出版社2016年)。他的《明清时期的苏州丝织业》(《丝绸》1989年第7期),概述了明清时期苏州官营和民营丝织业的发展状况,指出资本主义萌芽式的简单协作形式虽自明代出现,但未能在清代发展成工场手工业,而以账房领织制为主要形式。徐新吾、张守愚《江南丝绸业历史综述》(《中国经济史研究》1991年第4期),对江南丝绸业的发展历程做了一个宏观把握。魏文静、夏维中、汪亮《从岁造任务看明代地方织造的兴衰变迁》(《丝绸》2014年第3期),通过考察各个地方丝织业生产情况的消长,分析领织制在江南丝织业出现的必然性和促进性。

作为苏州丝织业的重镇,明代盛泽的研究不仅在很多相关研究论著中均有提及,而且有专门论著。姚天祐有《明清时期的丝织巨镇——盛泽》(《中学历史》1981年第1期),而朱苏南《试论明清时期盛泽镇社会经济的发展及其原因》(《铁道师院学报》1987年第2期),分析盛泽发展的原因,认为丝织手工业和商业的发展使得该镇繁荣兴起。罗婧则从交往力的视角,探讨盛泽的兴盛发展(《江南市镇网络与交往力——以盛泽经济、社会变迁为中心,1368—1950》,上海人民出版社2010年)。

具体研究明代苏州棉纺织业的有,王仲荦《明代苏松杭嘉湖租额和江南纺织业》(《文史哲》1951年第2期),对地租与纺织业的关系作了探讨,涉及明代苏州手工业生产。段本洛《论明末清初苏松地区的棉纺织手工业》(《江苏古史考论》,江苏古籍出版社1989年),涉及苏州地区棉纺织业的生产与市场。张海英《明清江南地区棉布市场分析》(《华东师范大学学报》1991年第1期)认为,江南棉布业的发展得益于全国市场需求的支持,政府军事需要及赋税征收的变相刺激,但缺少相应的生产技术支持,所以当江南棉布市场衰落时,江南商品经济也会随之衰落。徐新吾主编《江南土布史》(上海社会科学院出版社1992年),利用大量地方文献和实地访谈资料,全面研究江南棉布生产的有关问题,该书下编汇录苏州等地土布史料。王廷元《论明清时期江南棉织业的劳动收益及其经营形态》(《中国经济史研究》1993年第2期)认为,明清江南棉织业的绝大部分一直停留在"以织助耕"的经营形态上,没有从农业中分离出来,问题的症结就在于当时棉织业的劳动收益过低。

范金民《明清时代的徽商与江南棉布业》(《安徽史学》2016年第2期),考察了苏州城中棉布加工字号的经营方式,揭示徽商在苏州以及江南棉布业占据的垄断地位。其《明清江南官布之征解》(《西南大学学报》2017年第1期)一文,考察明清时期苏州府官布的征解数量、承运方式及其变化过程,肯定这一负担所具有的承值应差性质并未发生改变。

除了丝织业和棉纺织业外,其他手工业部门的研究也有不少成果。如李伯重《明清江南地区造船业的发展》(《中国社会经济史研究》1989年第1期),认为明清时期江南造船业较前有重大发展,成为该地区最重要的产业部门之一,但是从世界史角度看,明清江南造船业发展显然较以英国为代表的先进地区缓慢。他在《明清时期江南地区的木材问题》(《中国社会经济史研究》1986年第1期)中指出,江南工农业生产所使用的大多数工具都以或主要以木材制成,尤其是发达的造船业和建筑业是最大的木材消费行业。还有关于钟表制作的研究,汤开建、黄春艳在《明清之际自鸣钟在江南地区的传播与生产》(《史林》2006年第3期)中指出,明清之际自鸣钟在江南地区已广泛传播并开始生产,形成了一定规模的制作钟表的手工业行业和相当数量的手工作坊。

关于苏州手工业研究的著作有,段本洛、张圻福《苏州手工业史》(江苏古籍出版社1986年),对苏州手工业的发展做了系统的历史考察,论述了丝织手工业、棉纺织手工业、刺绣业、雕刻业等,既有官营手工业,也有民间手工业。该书通过分析这些行业的盛衰,阐述苏州地区生产力和生产关系的变化发展。洪焕椿编《明清苏州农村经济资料》(江苏古籍出版社1988年),以丰富的资料,如地方志、官修史志、实录、政书,以及文集、家谱、契约、簿册等为依据,全面系统地反映了明清时期苏州农村经济面貌,其中包括手工业情况。他的论文集《明清史偶存》(南京大学出版社1992年),后十篇论文探讨明清江南经济,涉及苏州手工业情况。范金民《明清江南商业的发展》(南京大学出版社1988年),从商品生产角度,探讨明清时期江南棉布、丝绸、纸张、书籍、玉石器等业的生产规模。李伯重《江南的早期工业化(1550—1850)》(社会科学文献出版社2000年),运用早期工业化理论,对16世纪中叶到19世纪中叶江南手工各业做了全面系统的探讨,涉及丝棉纺织业、服装制作业、造纸业、印刷业、造船业等。

涉及明代苏州手工业研究的文章,还有陈守实《跋苏州织造局志——明清间特种史料考释之一》(《复旦》1959年第10期),以史料考证苏州织造局的发展运营过程,认为可以从侧面反映明代苏州官营手工业的兴盛。田中正俊《关于明末清初江南农村手工业的考察》(《和田博士古稀纪念东洋史论丛》,讲谈社1961年),涉及苏州地区手工业发展情况。晓峰摘译《田中正俊对明末清初江南农村手工业研究简介》(《中国史研究动态》1983年第5期),也可一并参考。

五、明代苏州商业发展研究

明代江南地区农业商品化发展,手工业发达,交通便利,思想上重商观念的变化,都促进了商业繁荣。明代苏州是南方商业中心,天下商业大都会,学界对其研究非常重视。有关明代苏州商业总体论述的有,陈学文《明清时期的苏州商业——兼论封建后期商业资本的作用》(《苏州大学学报》1988年第2期),考察了明清时期苏州商业发展的前提和特点,认为苏州商业主要以丝绸、棉布贸易为中心,汇聚了各地客商以及以苏州为据点的长途贩运商,建立了商人集团和会馆,并以苏州府城为中心形成了一个密集的商业市场网络,还出现了商业资本向产业资本转化等新迹象。洪焕椿《明清时期苏州城市工商业的优势及其活力》(《郑天挺纪念论文集》,中华书局1990年)和王日根《论明清时期的吴地商业发展与文化发展》(《厦门大学学报》1993年第1期),对明代苏州商业活动有所论述。范金民《明清江南商业的发展》(南京大学出版社1998年),运用计量方法,全方位系统地论述明清江南商业发展,在对江南商品的生产、流通、市场以及江南商人商帮做扎实研究的基础上,描述明清江南商业发展概貌,理清江南商业经济发展线索,回答商业兴盛与江南社会经济相互关系的一些重要问题。王卫平《明清时期江南城市史研究:以苏州为中心》(人民出版社1999年),有部分章节涉及苏州商业与商业机构发展。

明清江南由于商品生产发达与对外交流便利,无论区域内部,还是与其他区域之间,甚至对国外的商品流通,都达到了前所未有的程度。关于明代江南商品贸易与市场的研究,李伯重《明清江南与外地经济联系的加强及其对江南经济发展的影响》(《中国经济史研究》1986年第2期)对江南与外地的经济联系进行了全面的动态研究,逐一考察了稻米、豆及豆饼、丝绸、棉花棉布等商品的输出入贸易,并客观分析其积极与消极影响。刘秀生《清代棉布市场的变迁与江南棉布生产的衰落》(《中国社会经济史研究》1990年第2期),从全国棉布生产和销售,考察江南棉布生产衰落的必然性,指出其原因不在于外国机制棉布的排挤,而在于棉布业技术水平停滞,棉布市场不是建立在社会分工基础之上的。陈忠平《明清时期江南地区市场考察》(《中国经济史研究》1990年第2期)认为,明清时期江南的市场体系逐渐形成并发展,具体可从市镇初级市场、城镇专业市场以及城市中心市场三个等级来探讨江南棉布市场。

张海英《明清江南地区棉布市场分析》(《华东师范大学学报》1991年第1期)、《明清江南地区棉花市场分析》(《上海社会科学院学术季刊》1992年第2期),从棉布生产与流通、三类市场主体的活动入手分析,认为建筑于全国市场需求的支持与政府军事需要及赋税征收的变相刺激基础之上的江南棉布业发展,缺少与之相应的生产技术为后盾。当江南棉布市场最终走向衰落时,也使江南商品经济失去了腾飞的机会。她的《明清时期江南地区商品市场功能与社会效果分析》(《学术界》1990年第3期)、《明代江南与西北地区的经济交流:兼论"官方市场"对江南经济发展的影响》(《社会科学》2000年第3期),对明代江南地区市场功能与交流有所研究。她的商品流通与市场体系研究,最后汇集成专著《明清江南商品流通与市场体系》(华东师范大学出版社2002年)。

范金民、夏维中《明代江南丝绸的国内贸易》(《史学月刊》1992年第1期),论述明代江南丝绸国内贸易的盛况及其互市、民间贸易两种形式,并根据江南官局织机数和额定织机数及民机的实际生产能力,估算明后期江南丝绸贸易的商品量。范金民《明清时期中国对日丝绸贸易》(《中国社会经济史研究》1992年第1期),探讨中日之间丝织贸易中的经营者、过程、数量、利润率及兴衰原因等问题,亦对苏州丝织有所涉及。赵金鹏《明代江南粮、布对北部地区的贡献》(《社会科学》1995年第5期),探讨明代北部京师地区和军事集团对江南粮食和棉布的需求,认为这种需求不仅扩大了江南粮棉市场,还促进了农业和手工业发展,但也指出过分依赖北方市场,势必使江南经济受北方地区实力衰退的影响。明清时期江南水运事业发达,陈学文《明清时期江南的商品流通与水运业的发展——从日用类书中商业书有关记载来研究明清江南的商品经济》(《浙江学刊》1995年第1期),利用日用类书中商业书有关记载来研究江南商品经济,高度评价江南发达的水运网在担负商品流通和漕运、旅行等过程中所起的作用。孙竞昊《明清江南商品市场结构与市场机制探析》(《华东师范大学学报》1996年第5期),认为明清时期江南地区初步形成了以市场为枢纽、存在一定联系和共同点、粗具近代意义的"经济区",并且指出一个缺乏海外贸易、没有海外殖民地,而且国内市场充满内耗的大陆农业国,不能自行生产出资本主义。

徐永斌《明清时期长江下游地区文人与书画治生》(《苏州大学学报》2009年第3期),探讨文人凭借市场以书画谋生现象。杨莉萍《明代苏州地区书画交易方式探析》(《徐州师范大学学报》2011年第6期),论述明代苏州书画交易方式逐渐正规化、专业化和固定化发展的过程:从私下物质交易,到直接货币交换,直至普遍由画商经手。

关涉明代苏州市场体系研究的,还有王卫平《论明清时期江南地区的市场体系》(《中国社会经济史研究》1998年第4期),杨素华《明清时期江南地区市场的等级划分及其特征》(《历史教学问题》1998年第6期)。陈学文专著《明清时期太湖流域的商品经济与市场网络》(浙江人民出版社2000年),采用计量定性分析、个案和总体研究相结合的方法,对太湖流域商品市场做了多层次和多形式的阐述,勾勒了明清时期太湖流域商品市场的多级结构和初具的网络化功能。龙登高《江南市场史——十一至十九世纪的变迁》(清华大学出版社2003年),长时段考察了江南市场的变化与功能。

探讨江南市场时,还需加强对金融市场的研究。这方面涉及的已有陈学文《明清时期的苏州商业——兼论封建后期商业资本的作用》(《苏州大学学报》1988年第2期)、孙竞昊《明清江南商人资本市场结构与功能初探——兼析该地区货币财富形态的品性》(《浙江学刊》1996年第4期)。

明代中后期江南地区经济领域最为显著的变化就是商品经济发展。关于商品经济兴起与发展情况的研究有,叶依能《明清时期太湖地区农村商品经济的发展》(《农业考古》1985年第1期)、段本洛《明末清初苏州商品经济的发展》(《中学历史》1985年第6期)、孙竞昊《明清江南商品经济与分配结构关系探析》(《史林》1996年第4期)。陈新权在《明代江南农业中商品经济略论》(《史林》1987年第1期)中指出,明代中叶商品经济性农业和家庭手工业得到发展,商品经济已渗透到农村。朱子彦《论明代江南农业与商品经济》(《文史哲》1994年第5期),从农业与商品经济关系角度出发,认为由于封建经济结构和专制政权压抑,中国社会在明代时经济结构仍是农业和家庭手工业的统一。洪焕椿《明清苏州地区商品经济的繁荣及其阻力》(《明清史偶存》,南京大学出版社1992年),分析了商品经济缓慢发展的原因。陈忠平《明清时期长江、珠江三角洲商品经济发展的比较》(《学术研究》1989年第5期),从区域经济角度比较商品经济发展的区别与相同点。王翔《明清商品经济与江南市民生活》(《苏州大学学报》1993年第3期),则分析商品经济发展对市民生活产生的影响,认为商品经济生产刺激了手工艺进步,使市民阶层觉醒,并冲击了封建伦理与等级观念。刘志刚《"靠天吃饭":灾荒史视野下的明代中后期商品经济》(《中南大学学报》2011年第4期)注意到,虽然包括苏州在内的江南、华中和华北借助水利条件形成了区域性市场分工,但明清之际连年大灾,却使整个经济体系进入了一个以气候变化为导向的大调整。余清良《明代钞关制度研究(1429—1644)——以浒墅关和北新关为中心》(厦门大学 2008 年博士论文),通过税关来研究苏州商品流通的情况。

商业活动离不开商人商帮。早在 20 世纪 40 年代,傅衣凌就发表了论文《明代江苏洞庭商人——中国商业资本集团史研究之三》(《社会科学》1948 年第 2 期),后收入其论文集《明清时代商人及商业资本》(人民出版社 1956 年),但较为全面展开研究则是在 20 世纪 80 年代后。明代苏州商人商帮既有苏州本地商帮,也包含在苏州活动的外籍商人。前者的研究主要集中于太湖洞庭东西山商人,有吕作燮《明清以来的洞庭商人》(《平准学刊》第一辑,中国商业出版社 1985 年)、张志新《读王鏊〈吴中赋税书与巡抚李司空〉——兼谈明代洞庭商人从商的原因》(《苏州大学学报》1985 年第 1 期)、陈锋《论明清时期区域性商人集团的发展》(《社会科学辑刊》1990 年第 4 期)。范金民《钻天洞庭特点的探讨》(《货殖》1995 年第 1 辑)和《洞庭商人的经营方式与经营手段》(《史学月刊》1996 年第 3 期),在搜集地方文献、洞庭商人会馆征信录等材料的基础上,全面探讨洞庭商人的活动地域、经营方式、内容、观念、特点及兴衰演变等,大致勾勒出了明清洞庭商人的活动面貌。张海鹏、张海瀛主编《中国十大商帮》(黄山书社 1993 年),由罗仑、范金民撰写洞庭商帮,对洞庭商帮的形成、活动范围、经营特点、历史作用和衰落原因等做了深入系统的研究,并出版《洞庭商帮》(香港中华书局 1995 年,黄山书社 2005 年同名书,为范金民与夏爱军合著)。马学强也著有《钻天洞庭》(福建人民出版社 1998 年)。

关于外地商人在苏州活动的研究,有范金民《明清时期活跃于苏州的外地商人》(《中国社会经济史研究》1989 年第 4 期),认为徽商、闽、粤商人等地域性商帮在苏州的活动,直接促进了全国最大工商业城市的经济发展,沟通了苏州与各地的联系。他的《明清时期徽商在江南的活动》(《货殖》1996 年第 2 辑)认为,从明初开始,徽商即在江南活动,经营丝、棉、粮等,经营方式有独资、商伙制、合资三种,经营手段巧妙,甚至有非经济手段。他还发表《明末清初徽州书画商人的经营活动》(《安徽史学》2014 年第 1 期)、《明清时期福建商帮在江南的活动》(《闽台文化研究》2014 年第 4 期),前者分析徽商文化活动与商业经营的关系,后者评价福建商帮对苏沪社会经济、生活和商品流通的促进。他有关商帮贸易的研究,都收入《赋税甲天下:明清江南社会经济探析》(生活·读书·新知三联书店 2013 年)一书。

类似的研究还有翟屯建《徽商与明清时期江南经济的发展》(《东南文化》1993年第3期)、潘必胜《明清陕商在江南棉布市场活动方式初探》(《西北大学学报》1996年第4期)、黄彩霞《明清徽商与江南粮食市场》(《甘肃社会科学》2008年第4期)。黄敬斌《明清江南的铺户当官与官商关系——基于碑刻资料的考察》(《史学月刊》2013年第10期)认为,江南铺户当官体现"非正式经费体系"特点,肯定了商人地位提高的历史趋势。

随着20世纪80年代初上海、苏州等地碑刻资料的出版,有关会馆的研究开始兴盛。不少学者认为会馆公所这类行会式的工商组织,对资本主义生产关系的发展产生了阻碍作用,但也有人不同意这种说法。主要研究有洪焕椿《论明清苏州地区会馆的性质及其作用》(《中国史研究》1980年第2期)和《明清苏州地区的会馆公所在商品经济发展中的作用》(《明清史偶存》,南京大学出版社1992年)。他认为苏州地区会馆、公所是商业性组织;它们在发展手工业作坊的营业和保护业主与工匠利益等有着多方面作用,是商品经济的产物,反过来又促进了工商业发展与繁荣,对商品经济发展具有积极作用。吕作燮《明清时期苏州的会馆和公所》(《中国社会经济史研究》1984年第2期)则进一步指出,会馆是同乡组织,其职能是多用途的;公所是同行组织,其职能是商业性的,两者有所区别,会馆并非工商业行会。至于具体数量,唐文权的《苏州工商各业公所的兴废》(《历史研究》1986年第3期),考证出苏州共有157个公所。日本新宫学著、杨宁一译《明末清初苏州府常熟县的同业组织与徽州商人》(《江淮论坛》1996年第2期),马斌、陈晓明《明清苏州会馆的兴起——明清苏州会馆研究之一》(《学海》1997年第3期),对明代苏州商人会馆也有研究。

有关会馆公所与商会的研究仍在不断向前推进。但应注意,江南相当部分的行业性公所与西方中世纪行会在产生背景、目的等方面都不一样,不能将明清江南会馆公所简单地比附为西方式的行会。范金民进一步通过计量,区分了江南地域性会馆公所与行业性会馆公所,两者的变化正好反映了不同时期商品经济的发展程度(《明清江南商业的发展》第283页)。吴建华则指出,苏州行业性会馆公所在江南的比重为最大,业缘性人口社会管理强度最强(《明清江南人口社会史研究》,群言出版社2005年),当然,这要注意区分阶段性。

范金民《从分立各契到总书一契:清代苏州房产交易文契的书立》(《历史研究》2014年第3期),考察清代苏州房产交易文契书立形式的变迁过程,肯定加找现象在明中期至清代苏州地区房产转移过程中一直实际存在,典卖而非绝卖的乡俗买卖习惯并未随着文契书立形式的某些变化而消亡。

六、明代苏州市镇研究

唐宋以来,尤其是从明代中期开始,江南城镇的发展,成为江南最为斑斓绚丽的一大地理景观。江南市镇化进程,被费孝通总结为当今中国所走的独特的小城镇式的都市化进程。明清江南地区农业、手工业、商业高度发展,货币商品经济发达,商品市场扩大与商品市场网络形成,促进了城镇繁荣;同时,城镇繁荣,甚至城镇化趋势,又促进了商品经济发展。

明清江南市镇,首先是市镇经济的发展,最先引起学者的注意。其中,苏州市镇具有重要地位。因此,关于明代苏州市镇经济研究,大多不单独出现,而是放在整个江南区域进行论述。傅衣凌在1964年发表《明清时代江南市镇经济分析》(《历史教学》1964年第5期),对江南市镇做了初步研究,涉及明代苏州部分市镇情况。

台湾地区学者刘石吉,也是明清江南市镇经济研究领域的代表人物。他发表的《明清时代江南地区的专业市镇》(《食货》1978年第6—8期),详细考察了长江三角洲地区棉花和棉织、蚕桑和丝织、米粮专业市镇;《明清时代江南市镇之数量分析》(《思与言》1978年第2期),计量分析江南市镇,指出中国以市镇形式呈现出都市发展过程,强调宋代是市镇机能转变的过渡时代。他后来在大陆结集出版了《明清时代江南市镇研究》(中国社会科学出版社1987年),发表了《明清市镇发展与资本主义萌芽——综合讨论与相关著作之评介》(《社会科学家》1988年第4期)。对于刘石吉的明清江南市镇研究,大陆学者做出了积极回应,如洪焕椿《评刘石吉先生的明清江南市镇研究》(《学术月刊》1984年第12期)、陈忠平《刘石吉著〈明清时代江南市镇研究〉述评》(《中国社会经济史研究》1988年第3期)、李伯重《刘石吉著〈明清时代江南市镇研究〉的评介与感言》(《中国社会经济史研究》1993年第3期)。

80年代后,致力于明清江南市镇研究的学者较多,取得了极大成就。樊树志有《明清长三角洲的市镇网络》(《复旦学报》1987年第2期)、《明清江南市镇的实态分析——以苏州府嘉定县为中心》(《学术研究》1988年第1期)、《明清长江三角洲的粮食业市镇与米市》(《学术月刊》1990年第12期)、《明清江南市镇的"早期工业化"》(《复旦学报》2005年第4期)等论文,而集中体现其成果的是专著《明清江南市镇探微》(复旦大学出版社1990年),探讨了市镇兴起与发展,反映乡村逐步都市化的进程,指出市镇作为城乡间的中介和过渡地带,其兴起与发展具有显著的历史意义。他后来缩小了江南范围,将专著修改扩大为巨帙《江南市镇：传统的变革》（复旦大学出版社 2005 年），在文献考证与实地调查的基础上，采取宏观考察与微观剖析相结合的论述方式，不仅系统地展现了明代江南市镇的分布格局、经济结构、文化传统和社会风尚，而且对这些市镇曾经引领时代潮流、带动传统社会变革的深刻原因做出了独到解析，书中涉及的明代苏州市镇有周庄、同里等。

王家范《明清江南市镇结构及历史价值初探》（《华东师范大学学报》1984年第 1 期）指出，明代江南市镇的发展进程，大多数勃兴于成化、弘治至嘉靖、隆庆、万历年间。市镇有大、中、小的区别，其中中小市镇居多，其基本格局是一线型，一河二街，店肆集中。他指出，部分市镇研究中过高地估计明清江南市镇的历史价值，被认为是资本主义萌芽重要标志的手工作坊，在明清江南市镇其实很少。江南市镇的历史价值在于，它显示了当时江南农业经济的显著发展与经济结构变革、乡村人口向市镇的转移、区域经济与市场网络的形成等变革的迹象。

何荣昌《明清时期江南市镇的发展》（《苏州大学学报》1984 年第 3 期），对市镇概念认真清理，指出"市"原指商贾贸易之地，"镇"原指戍兵置将的军镇，其含义为设置官将加强镇压。北魏始设军镇，隋唐沿袭其制。北宋建国伊始，赵匡胤废除藩镇以加强中央集权，但有些镇的名称被保留下来。置镇之处设有"监镇"，其功能主要是管理民政、征收商税。到了明清时期，镇的名称因主要具有"市"的功能而通称"镇市"或"市镇"。

陈忠平《明清时期江南市镇手工业的发展》（《南京师大学报》1987 年第 4 期）认为，明清江南市镇手工业，无论在生产力还是生产关系方面，都有突出发展和明显进步，从而有力地影响和推动了市镇及其周围乡村经济结构的发展和变化；《明清时期江南市镇的牙人与牙行》（《中国经济史研究》1987 年第 2 期）认为，江南市镇的牙人和牙行的经营活动十分活跃，在市镇经济生活中起了积极作用；《明清徽商在江南市镇的活动》（《江淮论坛》1985 年第 5 期）、《明清时期闽粤商人在江南市镇的活动》（《学术研究》1987 年第 2 期）指出，这一时期徽商、闽粤商人的活动，对于江南市镇经济发展和繁荣起了积极的促进作用，但又表现了作为商人资本独立发展的明显局限性。

王茂华、张金花《明清城市与市镇夜市探析》（《中国社会经济史研究》2016年第 1 期）描述和研究包括苏州在内的江浙城镇夜市。范虹珏等《明清时期太湖地区的市镇发展与劳动力转移——城镇化的视角》（《中国农史》2015 年第 2 期）认为，市镇数量和规模的扩充，以及劳动力向非农产业转移的趋势，体现了明清时期太湖地区城镇化的总体趋势。也有注意经济文化现象的关联。杨虎《明代江南市镇经济与蚕神祭祀》(《农业考古》2014年第1期),考察市镇经济与蚕神信仰的关系,强调来自市镇蚕桑业者的经济支持,是推动江南蚕神祭祀进入明代国家祭祀体系的保障。

林绍明《明清年间江南市镇的行政管理》(《华东师范大学学报》1987年第2期)认为,封建政府管理上的薄弱,是市镇得以兴起的条件之一。但随着市镇发展,行政上的强化便不可避免。这种自上而下的专制统治的深化,给市镇加上了沉重枷锁。朱苏南《试论明清时期盛泽镇社会经济的发展及其原因》(《铁道师院学报》1987年第2期)指出,盛泽镇本身丝织手工业和商业的发展很好,又处于江南这个大范围内,地理条件优越,交通便捷,几大条件综合作用,其经济的发展便势所必然。范金民《明清时期苏州市镇的发展特点》(《南京大学学报》1990年第4期)细化研究苏州具体市镇的发展特色。张华《明代太湖流域农村专业市镇兴起的原因及其作用》(《南京大学学报》1990年第4期)认为,这些市镇兴起的原因,在于太湖流域农村经济的变化,是社会经济发展的必然趋势。它的兴起有利于城市商品经济发展和国内市场扩大,反过来促进太湖流域农村经济兴旺。

吴建华《明清太湖流域的市镇密度及其人口结构变动》(《城市史研究》第11—12辑,天津古籍出版社1996年),将市镇密度与人口城乡结构变动结合起来进行了考察。

王卫平《论明清时期江南地区的市场体系》(《中国社会经济史研究》1998年第4期)认为,苏州为全国经济中心,杭州、南京属地域中心城市,以下为地方城市市场、市镇市场、中间市镇、标准市镇。叶依能《明清时期太湖地区市镇发展之研究》(《农业考古》1988年第1期)、《明清时期太湖地区的市镇经济》(《中国农史》2000年第3期)两文,也涉及苏州市镇发展。

进入21世纪,关于明代苏州市镇研究兴盛不衰,如方如金、赵瑶丹《明清市镇经济的特点与影响——以江浙地区为例》(《社会科学辑刊》2000年第6期)。任放《二十世纪明清市镇经济研究》(《历史研究》2001年第5期),对20世纪明清市镇经济研究的60年学术史,从阶段与区域、对象与方法、缺憾与趋势三大方面进行详尽叙述,有部分研究涉及明代苏州市镇。洪璞、李静《明代以来江南市镇的内涵与发展——太湖南部四镇的个案剖析》(《安徽史学》2004年第5期),探讨四个江南城镇不同的经济内涵、形成因素及对其自身发展前景的影响,其中有苏州盛泽镇。吴滔《明清江南基层区划的传统与市镇变迁——以苏州地区为中心的考察》(《历史研究》2006年第5期),认为明中叶以降,以"市镇"为单位的区划观念逐渐抬头,而巡检司制度则在事实上扩大了市镇原有的地域范围。

谢湜《十五至十六世纪江南粮长的动向与高乡市镇的兴起——以太仓璜泾赵市为例》(《历史研究》2008年第5期),提出16世纪下半叶以后江南市镇的构成问题,认为这些市镇其实是不同时代成立的市镇"层累"发展的结果,折射出明初以后江南社会经济结构的延续和内在转变。张海英《明清江南市镇的行政管理》(《学术月刊》2008年第7期),提出明清江南市镇管理的三种模式:设立县级以下的官方机构,在市镇设立府厅级官员管理,委派县级副职加强管理,肯定了地方官员在管理上的功效,也指出其造成的社会不稳定因素。

台湾地区关于明代江南市镇研究,继刘石吉之后的代表是范毅军。他主要有《市镇分布与地域的开发——明中叶以来苏南地区的一个鸟瞰》(《大陆杂志》2001年第4期)、《明中叶以来江南市镇的成长趋势与扩张性质》(《史语所集刊》第73本,2002年)、《明代中叶(1550年止)太湖以东地区的市镇发展与地区开发》(《史语所集刊》第75本,2004年)等论文,以及专著《传统市镇与区域发展——明清太湖以东地区为例,1551—1861》(联经出版公司2005年)。

涉及明代苏州市镇研究的日本学者有森正夫、川胜守等。森正夫主编《江南三角洲市镇研究》(名古屋大学出版会1992年),对江南三角洲市镇进行实地调查,把江南三角洲市镇作为适合地域社会论素材的调查对象,探索历史学和地理学共同的研究方法。川胜守有《明清江南市镇社会史研究》(汲古书院1999年)。

王卫平《明清时期江南城市史研究:以苏州为中心》(人民出版社1999年),李伯重《工业发展与城市变化:明中叶至清中叶的苏州(上中下)》(《清史研究》2001年第3期,2002年第1、2期),林达·约翰逊主编《帝国晚期的江南城市》(成农译,上海人民出版社2005年),(内有美国迈克尔·马默《人间天堂:苏州的崛起,1127—1550》、意大利保罗·圣安杰洛《帝国晚期的苏州城市社会》),他们都在不同程度上研究明代苏州城市。

赵思渊《明清苏州地区巡检司的分布与变迁》(《中国社会经济史研究》2010年第3期),考察巡检司的驻地分布和变动情况,强调明清时期苏州市镇管理机构并不具有持续性和正式性。张海英系列讨论了明清江南市镇管理的个案,刊发有《明清政府对浒墅关的管理与浒墅镇的发展》(《江南社会历史评论》第4期,商务印书馆2012年)、《明清政府对江南市镇的管理——以刘河镇为个案》(《江南社会历史评论》第6期,商务印书馆2014年)、《明清政府对双林镇的管理》(《江南社会历史评论》第9期,商务印书馆2016年)。其《"国权":"下县"与"不下县"之间——析明清政府对江南市镇的管理》(《清华大学学报》2017年第1期),考察了明清政府对江南市镇的不同类型和层次的管理模式,肯定国家权力延伸到县以下。不过,武乾在《官治夹缝中的自治:明清江南市镇的非正式政体》(《法学》2013 年第 12 期)中,强调市镇缺乏独立的法律地位,这限制了市镇社会组织的自治能力。

市镇研究视角也在扩展。乌再荣、鲍家声《明清江南民间信仰与市镇空间结构》(《城市规划学刊》2011 年第 2 期),在实例分析基础上,提出镇庙、镇市与桥相结合,是具有江南地域特色的市镇空间结构的核心。杨茜《明清江南的园林与市镇文化空间》(《江南大学学报》2015 年第 5 期),提出园林是市镇文人文化活动开展的重要空间。

七、明代苏州资本主义萌芽研究

中国社会历史上资本主义萌芽问题,在历史学界一直是长期争论的焦点。新中国建立以前的中国社会史大论战,涉及这一问题。中华人民共和国成立以后,历史学界盛开的"五朵金花",就有资本主义萌芽问题这朵"金花"。围绕资本主义萌芽的含义,出现的时间、地点、事实、原因,它的性质、程度、影响等的评价,各种学派、意识、观点都在交锋。实际上,中国资本主义或者其萌芽问题的讨论,反映了在中外历史的坐标上,对于中国社会的历史发展及其未来走向的认识。而这一讨论的重要支撑事实,常常离不开明清江南,尤其是手工业发展状况的把握。当然,明代苏州是其中涉及的极为重要的时空交会点。

早在 1936 年,吕振羽就提出中国封建社会晚期是否已经出现资本主义萌芽的问题。少数学者否认中国产生过资本主义萌芽,认为许多"萌芽"论学者把非商品生产与商品生产混为一谈,把农奴式劳动当作雇佣劳动,把农村副业和行会手工业当作工场手工业。也有学者提出这是与西方的类比。而多数学者在讨论中则主张中国出现过资本主义萌芽,只是在萌芽出现的时间与标志上有不同见解,有战国说、两汉说、魏晋说、唐宋说、元末明初说、清代前期说,而以主张最初出现在明代中后期经济最发达的江南地区这一说的学者居多。有关"萌芽"问题的讨论,可见尚钺《中国资本主义关系发生及演变的初步研究》(生活·读书·新知三联书店 1956 年)、《中国资本主义萌芽问题讨论集》(生活·读书·新知三联书店 1957 年)《中国资本主义萌芽问题讨论集》(续编)(生活·读书·新知三联书店 1960 年)、《明清资本主义萌芽研究论文集》(上海人民出版社 1981 年)、《中国资本主义萌芽问题讨论集》(江苏人民出版社 1982 年)。20 世纪 90 年代以来,对于资本主义萌芽问题的事实及其讨论,愈加引起学者深刻反思,甚至出现质疑与否定,认为中国资本主义萌芽问题是伪命题。在日益增强的中西文化平等对话的天平上,相信会有更为清晰的认识。

随着15至16世纪江南地区商品经济的发展,在丝织业中,织机和织工的数量有了明显增加,工场手工业已经形成,"机户出资,机工出力"的资本主义雇佣关系业已出现。在手工业发展的推动下,农村商业性农业开始兴盛,有些地区甚至专门为手工业提供原料,生产目的完全是为了进行市场交换,纯属商品生产。有关江南资本主义萌芽的论述大多涉及苏州。现将有关明代苏州手工业,主要指丝织业资本主义萌芽问题的研究,做一番梳理。

有关明代苏州手工业资本主义萌芽的研究论文,有罗耀九《再论明朝万历年间雇佣劳动的性质》(《历史研究》1962年第4期),认为对于还处在封建社会的明代苏杭丝织业劳动者的性质不能做过高的估计,单纯将丝织业的雇佣劳动定性为资本主义生产关系有待商榷。

谢国桢1980年写的《明末资本主义萌芽的出现及其迟缓发展的原因》(收入《明末清初的学风》,人民出版社1982年),引用了苏州实例。洪焕椿主编《明清苏州工商业碑刻集》(江苏人民出版社1981年),依据碑刻材料,认为明清苏州资本主义萌芽首先在所属各城镇的几个重要的手工业部门出现,比如纺织业、制纸业、木器业等。苏州地区手工业作坊是资本主义手工作坊和手工工场同时并存的,其中手工业作坊是多数,而手工工场是少数。他指出,决不能因为有行会手工业的存在,就否认当时已经出现的资本主义手工作坊和手工工场。许涤新、吴承明主编《中国资本主义发展史》第一卷《中国资本主义的萌芽》(人民出版社1985年),全书有几节专门考察明清江南地区资本主义萌芽问题,认为明后期苏杭丝织业中的工场手工业主,主要来自小生产者的分化,即生产者变成商人或资本家。

段本洛《苏州丝织手工业中资本主义萌芽的孕育》(《历史教学》1986年第1期),探讨明代苏州丝织手工业是怎样产生资本主义萌芽的问题,指出明朝嘉靖、隆庆、万历年间(1522—1620年),苏州民间丝织手工业就已经成为专门化的城市手工业。随着社会生产力发展、商品经济发达,引起了社会分工的扩大和农产品中商品化增加,原先以使用价值为生产出发点的城市手工业逐渐向以交换价值为目的的生产转化,出现雇佣劳动的形式,逐渐开始脱离传统的封建生产方式。

范金民《明清时代苏州丝织业的生产形式和生产关系初探》(收入洪焕椿等主编《长江三角洲地区社会经济史研究》,南京大学出版社1989年),探讨苏州丝织业生产方式变化,雇佣关系使得封建人身依附关系减弱。

王翔《中国资本主义的历史命运——苏州丝织业"账房"发展史论》(江苏教育出版社1992年),以苏州丝织业中具有数百年历史的"账房"制度为主要对象,考察丝织业历史演变过程,系统叙述苏州丝织业这一传统手工业中的资本主义孕育、萌生、发展的三个阶段,并充分注意到它和近代西方国家资本主义产生和发展的共性。同时,他的《论江南丝绸业中的资本主义萌芽》(《苏州大学学报》1992年第2期)指出,江南丝绸业的生产虽有资本主义萌芽,但与传统的封建生产关系联系依然密切。其《明清商业资本的动向与江南丝绸业资本主义萌芽》(《江海学刊》1992年第4期),以明清商业资本在江南丝绸业中的演变为例,对学术界长期以来一种较流行的观点,即过分强调商业资本对中国资本主义萌芽的消极影响,提出不同看法,认为商业资本的发展实际上对封建社会解体、资本主义生产方式出现产生巨大的积极作用。

王建华《明清时期苏州手工业的雇佣劳动和资本主义萌芽》(《吴文化与苏州》,同济大学出版社1992年),认为明清时期发展处于领先水平的苏州手工业,出现机户与机工的雇佣关系,封建人身依附关系大为削弱,代表着资本主义萌芽的出现。王廷元《论明清时期江南棉织业的劳动收益及其经营形态》(《中国经济史研究》1993年第2期),认为因为当时棉织业的劳动收益过低,导致江南棉织业绝大部分一直停留在"以织助耕"的经营形态,而没有滋生资本主义萌芽。

正如李伯重在《英国模式、江南道路与资本主义萌芽》(《历史研究》2001年第1期)指出的那样,中华人民共和国成立以后30多年间进行"资本主义萌芽"理论研究之所以陷入困境,与研究者套用英国模式解释中国历史的方式不无关联,这反映中国学人对本国历史独特性与各国历史多样性认识的逐步深入。

八、明代苏州党社、民变研究

明代苏州党社、民变研究,势必要牵涉到处于社会中上层的乡绅阶层和下层阶级,以及他们参与的政治活动或者反抗斗争。

明代乡绅阶层,包括未仕但具有准官僚资格的生员、监生、举人,或者通过科举途径做官而致仕的居乡官僚。他们既是中国古代知识分子,又是地主阶级的重要组成部分。有关明代苏州乡绅研究,包括在江南地区士大夫研究中。李洵《论明代江南地区士大夫势力的兴衰》(《史学集刊》1987年第4期),以传记、墓志、行状和笔记材料为主,分析明代江南士大夫的身世、在社会经济生活中的地位与作用,认为他们主要依靠科举考试进入政界。江南士大夫政治态度的转变是从士大夫的下层开始的,继而传到中间知识层,最后扩展到社会各阶层。王家范《晚明江南士大夫的历史命运》(《史林》1987年第2期),考察明中后期知识分子的命运,提出晚明江南士大夫在本地举足轻重,畸形的"人才过剩"造成了官场病态。杨杭军《朱元璋与明初江南士人》(《河南师范大学学报》1992年第1期),论述朱元璋在建国前后对江南士大夫的不同政策与态度,因为张士诚的缘故而迁怒到苏州士人。周学军《明清江南儒士群体的历史变动》(《历史研究》1993年第1期),从知识分子发展史的角度,肯定知识分子出现的社会批判意识,探讨晚明东林党、复社的政治活动。许周鹣《论明清吴地儒士的商业意识》(《苏州大学学报》1997年第2期),认为吴地商品经济的发达使儒士自觉地认同商业意识,在儒士商业意识的推动下,吴地形成了注重个人进取、讲求经济实力的较为宽松的社会环境和浪漫潇洒的区域新儒风,而且从商也不被认为是"末业"。邹莉《明清江南士子心态的变迁》(《华东师范大学学报》1997年第2期)认为,明中叶以后江南士大夫的社会地位发生了变化,以致他们心态失衡,纷纷弃业从商或堕入非门甚或为害乡里。

明清苏州人才自民初以来就得到学者的高度重视,如潘光旦专做近代苏州人才研究。吴建华《明代苏州兴盛的科举与人才》(《江南社会历史评论》第6期,商务印书馆2014年),以明史所载苏州科举等各类人物为主体,进行检索、统计与叙述。

科举群体的人才,尤其是进士研究得到重视。范金民《明清江南进士数量、地域分布及其特色分析》(《南京大学学报》1997年第2期),夏维中、范金民《明清江南进士研究之二:人数众多的原因分析》(《历史档案》1997年第4期),考察明清时期江南进士在全国所占比重的变化情况,分析其原因,发现江南进士分布多集中在苏、松、常、杭等府附近的望族中,显示了个别地区和家族在科举考试中极高的竞争力。范金民《明代江南进士事功述论》(《史学集刊》1997年第4期),进一步论述明代江南进士的功绩。吴建华《明清苏州、徽州进士数量和分布的比较》(《江海学刊》2004年第3期)、《明清苏州、徽州进士的文化素质与文化互动》(《史林》2004年第2期),重新计量并比较两地进士的数量与分布,讨论他们的文化素质与文化互动关系。

洪璞《江南进士地域分布趋势的社会与经济考察——以吴江为典型》(《江海学刊》2001年第4期),以吴江县为例,认为进士分布呈现的动态的空间分布特征,揭示出文化与社会政治经济生活之间的密切关系。黄健《明嘉靖朝江南匠籍进士考录》(《文化学刊》2015年第8期),则对嘉靖朝江南匠籍进士做了细致研究。

郑克晟《明初江南地主的衰落与北方地主的兴起》(《北京师范大学学报》2001年第5期)，认为由于江南地主对朱明王朝极为冷淡，明建国后朱元璋不遗余力地打击江南地主。建文帝时明与江南地主关系好转。永乐迁都北京后，大力扶持江北地主。明中期以后，南北地主的矛盾始终反映在明廷内部的一些政策中，几乎与明朝历史相始终。他对元末明初江南士人的境遇、明末清初江南地主与南北党争都有研究(见其《明清史探实》，中国社会科学出版社2001年)。其《论高启与魏观：再论元末明初江南士人之境遇》(《南开学报》2009年第4期)，讨论高启与魏观遭朱元璋杀害及不被实录记载的原因。史洪权《辞官与颂圣——高启"不合作"说之检讨》(《中山大学学报》2011年第3期)，否定高启之死源于不与明廷合作。闵永军、许建中《明初征辟制度与高启之死》(《江苏社会科学》2016年第3期)，更是提出高启的遭遇是由于避开朝廷征辟和违反法律规范而造成的。有关高启文学的研究动态，左东岭有《20世纪高启与吴中诗派研究》(《苏州大学学报》2014年第3期)。

陈江《晚明江南士人的地方意识与分权思想》(《史林》2004年第2期)，分析在经济发展背景之下，江南士大夫维护地方经济利益的努力、对本地生活方式的褒扬，以及出于本位考虑，对调整中央与地方关系、分割权力的建议。徐林《宴饮与明中后期江南士人社会交往生活》(《社会科学战线》2005年第2期)指出，士人乐于宴饮，既是不甘寂寞的表现，又是内心苦闷、事功心态弱化的产物。郑克晟、范金民《鼎革与变迁：明清之际江南士人行为方式的转向》(《清华大学学报》2010年第2期)指出，明代绅士生活奢侈、结社干预政治、肆意奴役乡民等行为方式，与清初闭门读书、不关心政事的行为完全不同。陈宝良《明代士大夫的精神世界》(北京师范大学出版社2017年)，在历史与社会的脉络中，阐释明代士大夫如何在传统知行观念与时代社会变迁之间取得各自的平衡。

明代士人文人结社活跃。郭绍虞《明代文人结社年表》《明代的文人集团》(收于《照隅室古典文学论集》，上海古籍出版社1983年)、何宗美《明末清初文人结社研究》(南开大学出版社2003年)、李玉栓《明代文人结社考》(中华书局2013年)，都勾画了明代文人结社的轮廓。其中，苏州等江南地区是结社的中心之一。

明代苏州的乡绅积极参与东林清议和复社等党社活动。复社是崇祯元年(1628年)太仓张溥等结合各地文社而成的一个复兴学术和救国的团体，企图通过舆论和科举考试制度以改革政治，与明末清初的学术和政治有重大关系。谢国桢1934年出版《明清之际党社运动考》(中华书局1982年重印)，专列复社研究以及其他结社、党争。

胡秋原《复社及其人物》(学术出版社1968年)、郭松林《复社初探》(《苏州大学学报》1985年第4期)、张建明《明末复社的活动》(《江淮论坛》1988年第1期),均论述复社的基本活动。王善飞《明代江南乡绅与政治运动》(《辽宁师范大学学报》2000年第6期),介绍江南乡绅参与东林党和复社的活动,认为他们这些政治活动与明朝中后期政治局势有极大联系,但影响是负面的,客观上不利于政治局面稳定。张宪博《复社的政党化趋向》(《明史研究论丛》第六辑,黄山书社2004年),分析复社初步成形的组织系统、社会权威、政治性集会、对现实政治干预等具有近代政党色彩的特点。他在《明代体制弊端与复社名士的变革主张》(《故宫学刊》2009年第5辑)中指出,复社讲论关涉明朝国家诸多体制问题,对其言论的考察,有助于揭示明代衰亡原因。丁国祥《崇祯朝局与复社社局消长关系考论》(《西北师大学报》2011年第4期),考察复社发展历程与政局的关系。他较为精深的研究成果体现于专著《复社研究》(凤凰出版社2011年)。

商传《从朋党到党社:明代党争之浅见》(《学习与探索》2007年第1期)认为,弘治二年(1489年)两京御史案以治朋党为立案之本,实为明代党争之始;自张居正夺情之争后,朋党政治渐成明廷政治主流;东林党虽非近代意义政党,却是一种士大夫政治集团,而复社与其一脉相承。明月熙《东林、复社"朋党"观念论说》(《北方论丛》2013年第1期)对比了两者对朋党问题的主张。

王恩俊《复社成员的家世及其影响》(《史学集刊》2007年第1期)认为,复社成员中官僚子弟与平民子弟各占一半左右,姻亲关系是复社成员内部的重要纽带,而家世背景则影响着复社成员的社交能力、成名速度以及对活动经费的支撑。他在《试论复社内部的政治分歧》(《东北师大学报》2007年第1期)中指出,地域、家世渊源、松散的组织结构及社内分层,是复社内部产生分歧的主要原因,而分歧的实质在于如何评价明代党争各方。《复社与明末清初江南地区衿绅势力的盛衰》(《辽宁大学学报》2009年第1期),以明末清初江南地区衿绅势力的盛衰为突破口,集中探讨衿绅阶层活动与复社行动理念和模式的关系,认为衿绅内部分层与清初的打击必然导致文人结社的衰落和致君泽民的理念流于形式。《复社成员学术活动中的合作与纷争》(《辽宁大学学报》2014年第4期),则评价复社分工编选书籍的得失。扈耕田《晚明复社〈留都防乱公揭〉事件新议》(《史学月刊》2011年第8期),认为此事件是复社介入党争的最高峰,也是复社运动的分水岭。

较多研究关注明代苏州下层民众,如奴隶、牙人、脚夫、医生等。蒋瑞珍有

《明清之际吴中的奴变》(《江苏研究》1936 年第 11 期)。段本洛《明清之际苏州丝织业中的牙行》(《光明日报》1981 年 5 月 18 日),从行会的角度认为牙行对封建生产方式起着强化作用。而陈忠平《明清时期江南市镇的牙人和牙行》(《中国经济史研究》1987 年第 2 期)则认为,市镇牙人和牙行是社会经济发展的必然结果,在经济生活中主要起了积极作用。沙郑军《试论明清时期的江南脚夫》(《中国史研究》1988 年第 4 期),论述江南脚夫这一特殊行业人员,认为脚夫是以职业化吸引了剩余劳动力,对封建生产关系有一定冲击力。

徐林《明代中晚期江南地区贫士的社会交往生活》(《史学集刊》2004 年第 3 期)、《明代中后期隐士与山人之文化透析》(《西南师范大学学报》2004 年第 4 期),分别对贫士、隐士、山人的社会交往模式及其与社会发展的关系做了探讨。其专著《明代中晚期江南士人社会交往研究》(上海古籍出版社 2006 年),以士人为对象,全面研究其社会交往。

谢娟《明代医人与社会——以江南世医为中心的医疗社会史研究》(范金民主编《江南社会经济研究(明清卷)》,中国农业出版社 2006 年),研究明代江南医生与医疗社会史。王涛锴《何以成医:明清时代苏松太地区的医生训练和社会》(《中国社会历史评论》2010 年第 11 期)认为,明清江南社会形成了具有多样形态和地域特色的医生训练模式。

明代苏州地区发生民变,主要有明神宗时苏州织工反税监斗争和明熹宗天启年间市民反阉党斗争。纪庸《明代苏州市民运动》(《江苏师院科学报告集》1957 年〈内刊〉)做过非常详尽的研究。

关于前次民变研究,有傅衣凌《明代苏州织工、江西陶工反封建斗争史料类辑——附论手工业劳动者在农民战争中所起的作用问题》(《厦门大学学报》1954 年第 1 期),李苹《从葛成的更名谈起》(《江海学刊》1962 年第 11 期),潘一安《明朝苏州丝织工人的一次罢工抗税斗争》(《浙江丝绸》1963 年第 12 期),廖志豪《概述明朝末年苏州手工业工人和市民的斗争》(《江苏师院学报》1977 年第 3—6 期),吴奈夫《关于葛成领导的苏州织工斗争》(《江苏师院学报》1981 年第 4 期),谭关《葛贤领导的苏州织工反税监斗争》(《教学通讯(文科)》1982 年第 7 期),沈嘉荣《苏州市民打太监》(《历史知识》1982 年第 5 期),潘树广《明末戏曲中的苏州织工斗争》(《江苏戏曲》1980 年第 4 期)、《万历苏州织工斗争在文学上的反映》(《文学遗产》增刊,十五辑,中华书局 1983 年)。周百鸣《明末苏州织工暴动的历史地位》(《教学月刊》1995 年第 9 期》,罗仑《明朝万历年间苏州市民的反税监斗争》(《江苏经济》1998 年第 8 期)等。徐进、赵鼎新《政府能力与万历年间的民变发展》(《社会学研究》2007年第1期),比较针对税监的苏州民变(1601)与武昌民变(1599—1601),指出地方政府失去控制能力,遂不得不寻求中央政府干预,从而在民变的处理过程中带入京城复杂的权力斗争因素。

关于天启年间民变研究,有纪庸、范烟桥《五人义(明代苏州人民抗暴的斗争)》(江苏人民出版社1957年),论述明朝天启年间苏州颜佩韦、马杰、沈扬、杨念如、周文元五位市民领导民众,反抗以魏忠贤为首的阉党残害忠良的斗争过程。美国贺凯(Charles O. Hucker)《1626年,苏州与魏忠贤的朋党》(《明史论文两篇》,密执安大学1971年),论述苏州市民与以魏忠贤为首的阉党的抗争。此外,还有王天有《万历、天启时期的市民斗争和东林党议》(《北京大学学报》1984年第2期)等。

台湾地区学者巫仁恕《激变良民:传统中国城市群众集体行动之分析》(北京大学出版社2011年),研究明末清初城市群众集体行动的不同类型、行动模式、参与者以及抗议行为,对发生在晚明苏州的几次"民变"进行了新的阐释。商传《晚明国家权力异化的历史思考》(《古代文明》2011年第3期)指出,明末"民变"的根本原因,在于晚明正处于社会转型期,不同利益诉求与国家权力之间存在异化。

许军《时事作品的叙事话语及影响因素——以明末清初苏州民变的时事书写为例》(《上海对外经贸大学学报》2014年第4期),从文学叙述话语的角度,认为有关苏州民变的时事叙述起到了记录社会情绪和思想变迁的功用。

有关明代苏州阶级斗争研究,还有傅衣凌《周玄暐〈泾林续纪〉事件辑录》(《明史研究论丛》第一辑,江苏人民出版社1982年),指出万历四十四年江苏昆山周玄暐因《泾林续纪》一书引发的民变风潮,纯属地方上大小地主之间的内争。另有丁易《明代苏、松、常三府人民反官僚地主的斗争》(《新建设》1950年第2期),傅衣凌《明代后期江南城镇下层士民的反封建运动》(《厦门大学学报》1956年第5期),金易占《从明末江南"奴变"事件谈到明代豪奴》(《光明日报》1963年10月9日),史兵《明朝苏松地区的阶级矛盾》(《人民日报》1966年3月29日)等。

国外学者对明代苏州阶级、阶层及其斗争的有关研究,主要有美国约瑟夫·麦克德莫特的《明末太湖地区奴仆身份的再探讨》(《中国史研究动态》1982年第6期),美国威尔斯的《中国苏州等地明末清初城市暴乱的研究》(《国外社会科学情况(江苏)》1983年第10期),日本夫马进的《明末民变和生员——江南都市舆论形式和生员的作用》(1981年名古屋大学举办中国史研讨会论文集《地域社会的视点——地域社会与领导者》,1982 年)等。其中,夫马进指出,明中叶以降,从作为县单位舆论形成者的生员的出现,可知明中叶以前未超过地域框架的县,在明代后期向地域社会的变化。

九、明代苏州社会风气与风俗研究

明代正处于一个历史转折点,特别是晚明社会风向发生了极大变化。而地处江南的苏州,因其经济条件优越,民众生活习惯与社会风气也较其他地区更易发生改变。

20 世纪初期,国内学者已经涉猎明代社会史研究,但研究领域十分狭窄。到 50 年代,傅衣凌论及"俗尚奢靡"问题,成为"明代社会风习研究的开拓者"(钞晓鸿《明代社会风习研究的开拓者傅衣凌先生——再论近二十年来关于明清"奢靡"风习的研究》,陈支平主编《第九届明史国际学术讨论会暨傅衣凌教授诞辰九十周年纪念论文集》,厦门大学出版社 2002 年)。

80 年代以来,明代社会史研究逐步开展,其中学术界关于明代苏州社会风气与风俗的研究成果丰硕。刘志琴《晚明城市风尚初探》(《中国文化研究集刊》第 1 辑,复旦大学出版社 1984 年)指出,晚明在中国历史上是一个引人注目的时期,风尚变化与礼制盛衰和时代变迁有着密切关系。她认为城市风尚的变化代表或预示着新旧交替的曙光,解决了城市人口的就业问题,冲击了封建伦理与等级观念,是对理学家禁欲主义的批判与唾弃,反映了晚明市民阶层的觉醒,推动了商品经济生产,刺激了手工艺进步与特色产品的产生。台湾地区学者徐泓《明代社会风气的变迁——以江、浙地区为例》(《第二届国际汉学会议论文集:明清与近代组》,台湾 1989 年;又收入邢义田、林丽月主编《台湾学者中国史研究论丛·社会变迁》,中国大百科全书出版社 2005 年)、《明代后期华北商品经济的发展与社会风气变迁》(《第二次中国近代经济史研讨会论文集》,台湾经济研究所 1989 年),研究明代江浙、华北地区社会风气,认为正统至正德的明代中期,一些地区的社会风气渐趋奢靡,嘉靖以后更甚,不过,社会风气转变的时间与程度是有差别的,社会风气的转变与社会经济的发展是互为因果的。正是商品经济水平的差距,造就了华北与江南奢侈风气的差异。吴仁安《明代江南社会风尚初探》(《社会科学家》1987 年第 2 期)和《明代江南地区商人与社会风尚》(《历史教学问题》1988 年第 5 期),对明代苏州地区风尚有所探讨,认为苏州地区社会风尚变化与商人活动存在很大关系。王家范《明清江南消费风气与消费结构描述》(《华东师范大学学报》1988 年第 2 期)、《明清江南消费风气历史探测》(《百年颠沛与千年往复》,上海远东出版社 2001 年),认为明清江南城市高消费以奢侈品消费为大宗,与乡村低消费形成强烈反差。

关于明代苏州风俗研究,还有汪维真、牛建强《明代中后期江南地区风尚取向的更移》(《史学月刊》1990 年第 5 期)、《再论明代中后期江南地区社会风尚的变化》(《河南大学学报》1991 第 1 期)、《明代中后期江南周围地区风尚取向的改变及其特征》(《东北师大学报》1992 年第 1 期),集中分析江南在工商观念、日常生活、人情世态的新变化,指出这些变化蕴含着一种观念和民风的危机,是商品货币经济繁荣所引起的必然结果。就某一地域而言,奢侈之风起初存在于城市,后传至城郊,由城市豪族大家到城市一般市民,然后再到"城郊"农民。他们按照经济发展水平,将明代中后期风尚取向的变化分为三个不同类型。王翔《明清商品经济与江南市民生活》(《苏州大学学报》1993 年第 3 期)、《论明清江南社会的结构性变迁》(《江海学刊》1994 年第 3 期),从农村经济、婚姻制度、价值观念等方面,探讨明清之际江南地区表现出来的封建社会旧秩序没落的最初痕迹。王卫平《明清苏州社会风尚的变迁:吴地民风嬗变研究之二》(《历史教学问题》1993 年第 4 期)、《明清时期太湖地区的奢侈风气及其评价:吴地民风的嬗变研究之四》(《学术月刊》1994 年第 2 期),指出苏州当时社会风尚的主流是读书求仕,但随着社会经济的繁荣和物质资料的丰富,人们的社会生活也发生了显著变化,尤其是商品经济的高度发展和资本主义萌芽的出现,引起了人们思想观念的改变。当时重商、拜金、奢侈等思潮日趋浓厚。社会风气的这一变化,使人们的思想和生活开始偏离封建礼教的轨道,为启蒙思潮的产生开辟了道路。

进入 21 世纪,关于明代苏州地区社会生活及风尚变化的研究,台湾地区林丽月有《大雅将还:从"苏样"服饰看晚明的消费文化》(《明史研究论丛》第六辑,黄山书社 2004 年),探讨明代服饰风尚中心由京师到苏州的转移、晚明士林对风尚的追逐、社会影响及其背后原因。樊树志《江南市镇的民间信仰与奢侈风尚》(《复旦学报》2004 年第 5 期),肯定民间信仰的世俗特征对市镇经济的促进作用,认为奢侈风尚与经济高度发达存在着正相关。

宋立中《论明清江南婚嫁论财风尚及其成因》(《江海学刊》2005 年第 2 期),探讨经济发展和外来文化冲击下婚嫁观念的变化。其《论明清江南消费时尚化现象及其社会学意义》(《青海师大学报》2007 年第 1 期),涉及明清江南日常生活与消费文化,分别从婚姻礼俗与社会变迁、消费服务与消费文化、休闲生活与雅俗冲突三个方面,探讨学界较少关注的明清时期婚礼消费、节日消费、娱乐消费、时尚消费、妇女游风、鲜花鉴赏、休闲文化等内容,认为明清江南时尚消费具有推进江南市场化进程、促进江南生产创新与产品更新、打破封建等级制度等积极意义,但同时也造成社会财富浪费等弊端。宋立中还著有《闲雅与浮华:明清江南日常生活与消费文化》(中国社会科学出版社 2010 年)。王美英《明清长江中游地区的风俗与社会变迁》(武汉大学出版社 2007 年),分析了明清长江中游地区的日常生活习俗、婚姻习俗与丧葬习俗,并对中游地区的风俗与长江上游、下游地区的差异做了横向比较。台湾地区巫仁恕《品味奢华——晚明的消费社会与士大夫》(中华书局 2008 年)一书中,有以江南为中心的讨论,并上升到消费社会的高度;而《优游坊厢:明清江南城市的休闲消费与空间变迁》(台湾近代史研究所 2013 年),则对女性、士商的各方面休闲消费活动进行考察。陈江《明代江南文人的文物鉴藏及其审美趣味》(《华东师范大学学报》2012 年第 2 期)认为,文人热衷收藏鉴赏古书字画背后的心理动机,在于以精神生活的快感缓解现实落差的创痛。

王健《明清江南毁淫祠研究——以苏松地区为中心》(《社会科学》2007 年第 1 期),统计有明一代苏松地区毁淫祠 21 次,从侧面反映经济发展,人们追求娱乐休闲,使得寺庙道观活动极为兴盛,以致政府不得不出面进行整顿。他还著有《利害相关——明清以来江南苏松地区民间信仰研究》(上海人民出版社 2010 年)。其论文《十五世纪末江南毁淫祠运动与地方社会》(《社会科学》2015 年第 6 期),将 15 世纪末频发于苏州府县的毁淫祠运动,置于同时期理学"在地化"趋势的历史脉络之下,解释毁淫祠对于地方社会的影响。《明代中叶吴中士人居官"毁淫祠"现象探析》(《史林》2015 年第 3 期),则从学术背景和士人网络的角度,分析苏州出身的士人何以热衷在居官地毁淫祠。这两篇文章体现了社会文化史品性。

朱绍华、王翔《"僭礼逾制":明清江南市民生活的潜流》(《浙江社会科学》2006 年第 4 期),探讨江南市民生活衣食住游四方面的僭越现象。徐茂明《明清以来江南妖术恐慌的衍变及其社会根源》(《史林》2012 年第 3 期),认为江南自古以来存在"信鬼神"风俗,在发生天灾人祸的时候,容易引发人为的妖术流行。

范金民《"苏样"、"苏意":明清苏州领潮流》(《南京大学学报》2013 年第 4 期),考察明后期至清中期三个世纪间苏州时尚的内涵内容、风行原因以及与苏州商品生产的相互作用关系。

冯贤亮《明清江南地区的环境变动与社会控制》(上海人民出版社 2002 年)、《太湖平原的环境刻画与城乡变迁(1368—1912)》(上海人民出版社 2008 年),都从环境角度,通过个案,多侧面实证研究明清江南社会变动与社会生活。

陈江《明代中后期的江南社会与社会生活》(上海社会科学院出版社 2006 年)较为全面地叙述分析了明代中后期江南社会与社会生活面貌。

唐力行主编《苏州与徽州——16—20 世纪两地互动与社会变迁的比较研究》(商务印书馆 2007 年),涉及明代苏州家庭、宗族、妇女、社会控制、社会保障、民间信仰、风尚习俗等社会史内容,并且在比较中显现出苏州特性。吴建华《明代苏州社会变迁与社会风尚的渐变》(《东吴文化遗产》第三辑,上海三联书店 2010 年),从明代社会变迁的整体上考察苏州社会风尚的渐变。他的《明清江南人口社会史研究》(群言出版社 2005 年),举用一些明代苏州实例,说明明清江南人口社会系统的变迁。

十、明代苏州家族研究

家族是传统中国社会长期存在的基本结构,因而成为许多学科共同关心的研究对象。家族研究的主要内容包括家族制度、家族教育、家族文学、家族经济、家族文化、家族社会等。在研究方法上,主要采用历史学、社会学、人类学、人口学、文化学等方法。可以说,家族研究综合了历史学科的许多内容,拓展了历史研究领域。

在环太湖流域的江南地区,从六朝开始就是江南土著士族、强宗豪族的聚集地,如吴郡(今苏州)的顾陆朱张四大姓,直至明清时期仍然属于江南著姓望族。明洪武年间所修《苏州府志》就有"氏族考"专篇,并被王鏊主修的正德《姑苏志》一体继承下来。20 世纪三四十年代,潘光旦研究嘉兴望族,开创江南家族研究先河。

王国平、唐力行主编《明清以来苏州社会史碑刻集》(苏州大学出版社 1998 年),收录碑刻 500 件,其中墓志铭碑刻 180 余件、邹氏与赵氏两个家族碑刻 16 件、义田义庄碑刻 13 件,为家族、宗族研究提供了第一手史料,其中明代碑刻占有一定比重。

吴建华、董玲《苏州地区的家谱——基于〈中国家谱总目〉的统计分析》(《江南社会历史评论》2011 年第 3 期,商务印书馆),基于全球新的中国家谱调查平台,系统梳理现存苏州家谱数量、姓氏等情况,为明代家族研究提供直接的感性认识根基。吴建华《明代苏州地区姓氏宗族的来源》(《江南社会历史评论》2016 年第 9 期,商务印书馆)、《姓氏文化与家族社会探微》(苏州大学出版社 2014 年)有关明代苏州家族姓氏的内容,都为明代苏州家族研究理清了基本线索。

徐茂明《江南无"宗族"与江南有"宗族"》(《史学月刊》2013 年第 2 期),对日本滨岛敦俊提出"江南无宗族"论(邹振环、黄敬斌主编《明清以来江南城市发展与文化交流》"圆桌讨论"部分之"江南无宗族",复旦大学出版社 2011 年)进行反思,认为这既是"他者"对异域文化具有独特观察视角的体现,也说明外国学者对中国历史理解存在文化隔阂,使真知与误解并存。

对明代苏州家族的具体研究,史学界成果不断。日本井上彻《中国的宗族与国家礼仪——从宗法主义角度所作的分析》(钱杭译,上海书店出版社 2008年),涉及明代苏州宗族。张学群《苏州名门望族》(广陵书社 2006 年),介绍苏州陆、顾、张、王、宋等大人家,有这些家族明代部分历史。杨维忠《东山大族》(广陵书社 2008 年)具体研究苏州东山家族。

关注明代吴江叶氏家族的研究较多,如陈书录《"德、才、色"主体意识的复苏与女性群体文学的兴盛——明代吴江叶氏家族女性文学研究》(《南京师大学报》2001 年第 5 期)、王晓洋《明清江南文化望族研究——以吴江汾湖叶氏为中心》(苏州大学 2004 年硕士论文)、张清河《晚明吴江叶氏女性文学研究》(武汉大学 2005 年硕士论文)、黄紫红《明清时期吴江汾湖叶氏家族的文学艺术活动与审美》(南京师范大学 2009 年硕士论文)。除了王晓洋的研究外,这些文章都以文学角度为主。美国高彦颐《闺塾师——明末清初江南的才女文化》(江苏人民出版社 2005 年),从"社会性别"和"阶层分工"角度,对苏州汾湖叶氏才女群的家族人伦与"家居式"结社文学活动做了新阐释,有后现代主义文化思潮色彩。还有从日常生活与文学活动关系入手,展现苏州文化士族生活态度和审美趣味的,如吴碧丽《文学与生活的融合——明末清初吴江叶氏家族的日常生活与文学活动》(《徐州师范大学学报》2006 年第 5 期)。孟羽中《明清之际吴江叶氏的闺阁生活与创作》(《绍兴文理学院学报》2013 年第 4 期)、《明末士子的治生与谋道——以吴江叶氏为例》(《苏州科技学院学报》2015 年第 2 期),也注重从日常生活角度研究这一家族。

与叶氏联系密切的吴江沈氏家族研究也在增多,如李真瑜《明清吴江沈氏文学世家略论》(《文学遗产》1992 年第 2 期)、《吴江沈氏文学世家作家与明清文坛之联系》(《文学遗产》1999 年第 1 期)、《略论明清吴江沈氏世家之女作家》(《中华女子学院学报》2001 年第 4 期)、《文学世家的文化意涵与中国特色——以明清吴江沈氏文学世家个案为例》(《社会科学辑刊》2004 年第 1 期)、《文学世家的联姻与文学的发展——以明清时期吴江叶、沈两家为例》(《中州学刊》2004 年第 2 期)、《明清文学主潮中的吴江沈氏文学世家》(《励耕学刊》2005 年第 1 期)、《明清吴江沈氏文学世家论考》(香港国际学术文化资讯出版公司 2003

年),郝丽霞有《吴江沈氏女作家群的家族特质及成因》(《山西大学学报》2003年第6期)、《吴江叶、沈两大家族的联姻与文学创作》(《太原师范学院学报》2004年第1期)《明清吴江沈氏家族的女性文学意识》(《西北师大学报》2005年第6期)、《吴江沈氏文学世家研究》(复旦大学出版社2009年)。周巩平《明清两代嘉兴卜氏曲学家族研究——及其与吴江沈氏的联姻》(《文献》2014年第2期),对卜氏家族及其与吴江沈氏的联姻做了详细的考证,《吴江沈氏戏曲家族之血缘婚姻关系研究》(《艺术百家》2015年第5期),则梳理沈氏四代血缘世系关系,以及与其他戏曲家族之间的联姻。他将对吴江沈氏、顾氏,吴中叶氏,太仓两大王氏曲学世家的研究论文结集成《江南曲学世家研究》(上海文化出版社2013年)。

台湾地区的沈德辅对明初首富沈万三家族有研究,撰《从沈万三的传记资料论修谱与寻根》(《第四届亚洲族谱学术研讨会会议记录》,1989年)。周祚绍著有《明清时期的王世贞家族》(山东人民出版社1997年)。余新忠《从苏州〈彭氏宗谱〉管窥明清江南人口状况:兼论谱牒与人口史研究》(《铁道师院学报》1997年第2期),探讨苏州彭氏人口增长、寿命以及婚姻状况,指出谱牒对人口史研究具有史料价值。吴建华《"一千五百年间事,只有滩声依旧时"——明清彭氏的寻根活动与根性认同意识》(《明清人口婚姻家族史论》,天津古籍出版社2002年),其中一个个案,就是从明代兴起的苏州科举世家彭氏家族。陶莎莎《明清时期苏州文氏世家研究》(苏州大学2009年硕士论文)、杨昇《长洲文氏的家族积淀与文徵明的出现》(《浙江师范大学学报》2009年第6期),都研究明清苏州文氏家族源流、交友、成就等。范金民《明清洞庭商人家族》(范金民主编《江南社会经济研究(明清卷)》,中国农业出版社2006年)全面研究了明清洞庭商人家族。

这些苏州本地望族往往与苏州地方社会有着密切关系,在社会交往方面会形成自己独特的婚姻网络、文学交游网络和仕宦网络。明代苏州宗族文化极为发达,其表现之一就是文化世家的形成。吴仁安《明清江南望族与社会经济文化》(上海人民出版社2001年),对明代苏州、太仓望族有分析。他的《明清江南著姓望族史》(上海人民出版社2009年),对明清时期江南著姓望族的历史概况、群体特点和社会影响等方面均有深入研究。

严迪昌《文化世族与吴中文苑》(《文史知识》1990年第11期),主要论述明清江南文化世族的成因及特点,认为江南文化世族的形成有其内外两个因素:内部因素是科举体制的刺激和家族文化习性,外部因素是经济发达、教育兴隆及相对稳定的区域社会生活环境。并且,江南文化世族具有数量多、影响范围广和存在时间长等鲜明特点。在此基础上,严迪昌对江南文化世族形成的人文心态因素,即"市隐"心态,做了进一步探讨,撰有《"市隐"心态与吴中明清文化世族》(《苏州大学学报》1991年第1期),认为江南吴地的"市隐"心态是在明初政治高压下形成的。这种心态在文化世族网络中发挥着十分活跃的能动作用,致使这一地区独多文艺大师、经史宗匠。

徐茂明《明清以来苏州文化世族与社会变迁》(中国社会科学出版社2011年),以文氏、王氏、叶氏、彭氏、潘氏家族为例,系统分析了明清以来家族迁徙与区域社会之间的文化互动,以及文化世族获取和保持社会文化资本的途径。解军《文化家族与区域社会互动——以明清以来常熟庞氏为例》(《历史教学问题》2012年第6期),以科举起家的庞氏为例,考察了这个家族在文化和社会领域的作为、影响及其原因。秦婷《明清时期洞庭秦氏家族研究——以〈洞庭秦氏宗谱〉为中心》(《江苏第二师范学院学报》2014年第6期),考察了一个洞庭西山望族的家系、家史和家风、家谱。

江庆柏对明清江南望族文化做了较为全面的研究。他的《明清苏南望族中的女性》(《传统文化与现代化》1999年第3期)、《明清苏南望族文化研究》(南京师范大学出版社1999年)等论著,从苏南望族的基本特征和文化特征、苏南望族的发展过程和社会环境、苏南望族的人才优势、家族教育和女性教育、苏南望族的文化学术交流活动、苏南望族的家族藏书、文献整理和宗谱编纂以及苏南望族与科举、地方社会的关系等诸方面进行了论述,详细考察了苏南望族发展的原因,分析了苏南的社会环境、自然环境、农业生产、市镇文化等因素对苏南望族的发展及其文化性格的形成所起的重要作用,认为苏南望族是一种文化型家族,本质上就是文化世家。姚蓉《明清江南文化世族刻书活动研究》(《思想战线》2011年第1期),对持续时间长、保存文献多的文化世族刻书活动予以肯定评价。杨惠玲《论明清江南家族文化与昆曲艺术的互动》(《厦门大学学报》2015年第4期),将家族史与艺术史结合起来,考虑两者之间的相互影响。

徐茂明《江南士绅与江南社会(1368—1911年)》(商务印书馆2004年),以文化权力为视角,阐释明清江南士绅与政治、社会的关系。杨昇《长洲文氏文化世家研究》(中国社会科学出版社2013年),系统梳理明代长洲文氏家族世系与社会网络、主要成员的生命轨迹与创作历程。孟羽中《明末士子的治生与谋道:以吴江叶氏为例》(《苏州科技学院学报》2015年第2期),从治生与谋道的角度,分析吴江叶氏家产不丰的原因,折射明末苏州士人群体的某种价值取向。王卫平、王莉《明清时期苏州家训研究》(《江汉论坛》2015年第8期),分析明清时期苏州家训的表现形式、主要内容与时代、地域特点。

在地方社会秩序上,家族通过协助政府倡讲乡约、宣扬名教、安抚流民、劝善等形式,广泛参与对地方社会秩序的维护及重建,关注社会公益事业。例如,宗族义田具有赡养族人、祭祀祖先、捐资助学的公用。范金民《宗族族产义田祭田的初步兴起》(罗仑主编,范金民、夏维中著《苏州地区社会经济史(明清卷)》,南京大学出版社1993年)和《明清江南宗族义田的发展》(范金民主编《江南社会经济研究·明清卷》,中国农业出版社2006年),探讨苏州宗族义田发展阶段及其原因,揭示江南宗族义田的发展特征。王健《明清江南地方家族与民间信仰略论:以苏州、松江为例》(《上海师范大学学报》2009年第5期),指出明清家庙宗祠往往和民间寺观结合在一起,两者存在互动关系。

当然,这些家族在经历了兴盛后会走向衰落,主要体现在人口、经济、仕宦等方面。王培华《明中期吴中故家大族的盛衰》(《安徽史学》1997年第3期),对明代吴中故家大族的盛衰过程及原因做了探讨,认为这些家族的式微既有来自社会历史现实方面的客观原因,也有来自家族自身内部主观方面的原因。台湾地区赖惠敏《明末清初士族的形成与兴衰——若干个案的研究》(《明清之际中国文化的转变与延续研讨会论文集》,台湾文史哲出版社1991年),重点分析了苏州申时行等家族。明代苏州望族的兴衰折射出明代政治、经济、文化的变迁,从而也反映了江南地区明代的大概情况。

十一、明代苏州文化研究

一方面吴中地区拥有悠久的文化传统基础,另一方面明代经济发展、科举兴盛,明代苏州文化因而呈现出繁荣景象,可以研究的课题甚多。关于明代苏州文化整体研究的,有吴建华《明代苏州文化成就述论》(《传统中国社会与明清时代》,天津人民出版社2013年),论述当今苏州区域在明代时期的文学(包括诗歌、散文)、艺术(包括书法、绘画、篆刻、昆曲)、科学技术(医学、建筑、园林与园艺等)、藏书与刻书,较为全面地清理与描绘了明代苏州文化成就的图景。而孟彭兴《明清太湖地区文化发展刍议》(《史林》1999年第1期),考察了明清太湖地区各种文化人才和经学、诗文、小说、戏曲、民间歌谣等高雅文化和通俗文化形式,认为在明清时期新的经济因素影响下,这一地区的文化带上了时代印记。苏简亚主编《苏州文化概论》(江苏教育出版社2008年),则以苏州长线专题文化研究,切及明代苏州文化的内容。范金民《明清地域商人与江南文化》(李伯重、周生春主编《江南的城市工业与地方文化,960—1850》,清华大学出版社 2004年),将商人与江南文化联系起来。

明代苏州文学方面的研究,范培松、金学智主编《苏州文学通史》(江苏教育出版社 2004 年),对明代苏州文学成就做过专题的详尽研究。

明代苏州文人基于同乡同城地域关系,同时性情爱好、人生理想相近,在日常文学交流中互相切磋,形成了固定组织即吴中文人集团。这一集团在成化至弘治间,主要以吴宽、王鏊、沈周为核心,弘治以后主要以文徵明为核心。他们普遍展现与其他地区文人不同的放旷隐逸的作风。有关其文学流派和写作活动的研究,有陆树楠《明代江浙文学论》(《江苏研究》1936 年第 9、10 期)、陈建华《明代江浙文学论稿》(复旦大学 1987 年博士论文),都描述明代江苏、浙江地区文学的历时性进程,揭示江浙文学与整个明代文学发展趋势的关系,涉及明中期"吴中四才子"。李玫《明清之际苏州作家群研究》(中国社会科学出版社 2000年),考察苏州作家群体,探讨其具体组成、活动年代、作品内容风格特点、作品存佚情形等。李双华《明中叶吴中派研究》(南京师范大学 2004 年博士论文),主要研究明代以沈周、祝允明、唐寅、文徵明等为代表的吴中派的文学活动,关注他们的生活、治学、写作态度的转变,分析其中的原因。其《吴中派与七子派——略论明中叶吴中诗派的文学史意义》(《学术论坛》2006 年第 7 期),论述吴中作家批评宋元以来文学的世俗化趋势,在实际文学创作中以个人日常生活内容为主,指出吴中派是推动近世文学转型的重要力量。邱晓平《明中叶吴中文人集团研究》(首都师范大学 2004 年博士论文),主要研究明朝中叶以沈周、文徵明等人为代表的吴中地区文人团体活动。刘廷乾《江苏明代作家研究》(东南大学出版社 2010 年),考察明代隶属于今江苏范围的六府一州作家,将江苏明代作家划分为苏常、金陵、广陵文化区域,对不同地区作家的文化形态以及产生原因进行研究,涉及一大批明代苏州作家。徐楠《明成化至正德间苏州诗人研究》(社会科学文献出版社 2010 年),介绍明成化至正德年间苏州诗人的基本情况和作品,从深层次分析这时期苏州诗界出现高潮的原因,并从这些诗人的个性意识出发,总结当时存在的两种典型心态。司马周《明中期文坛茶陵派与吴中派关系研究》(《江西社会科学》2011 年第 7 期)认为,因弘治、正德间茶陵派刚刚沉寂,"前七子"即登上历史舞台,而作为文坛一脉的吴中文学被边缘化,茶陵派与吴中派之间似乎毫无关联,文章由此着手,探究两派文学所隐现的联系。魏宏远《论明代中后期"吴风""楚调"之嬗替》(《学术界》2012 年第 2 期),认为吴中和楚地在明中后期进行着文坛话语权的争夺,先以王世贞为领袖的吴中文学为盛,接着"公安""竟陵"后来居上,而后"吴风"再兴。

日本青木正儿《明代苏州文苑》(《青木正儿全集》卷六,春秋社1966—1970年)、泽田亚弘《明代中期吴中文苑考——以名士培养为例》(《日本中国学会报》1983年第35期),都研究明代苏州文苑。吉川幸次郎《宋元明诗概说》(中州古籍出版社1987年汉译本),将沈周诗歌作为所谓"市民诗"的代表,予以高度评价。虽然没有充分论据支持,但这种提法至少表明,在吉川眼中,沈周的作品是与明代复古派有本质差别的。

艺术方面,主要包括戏曲、绘画和书法。

明朝万历年间,苏州吴江出了位戏曲大家沈璟,与另一位大家汤显祖在戏曲创作和理论上存在着分歧,发生争论,后人称之为"汤沈之争"。因汤显祖籍属临川,又称之为临川派与吴江派论争。有关这方面的研究很多,如吴新雷《论戏曲史上临川派与吴江派之争》(《江海学刊》1962年第12期),认为汤显祖的创作思想主要受当时浪漫主义文艺思潮和文学上公安派反对束缚的影响,与当时正流行的沈璟的声律无法融合,并引发出一场争论。钱南扬《谈吴江派》(《中华文史论丛》1963年第3辑),介绍明代戏曲界以沈璟为首的流派的创作思想和作品。邵曾祺《论吴江派与汤沈之争》(《中华文史论丛》1979年第2辑),认为汤沈之争是由万历时整个思想界的激荡和戏曲大发展造成的,两派的对立主要表现在剧本创作和文艺理论上。赵景深《临川派与吴江派戏曲理论的斗争》(《曲论初探》,上海文艺出版社1980年)指出,汤沈争论表现在语言、声律、对"封建道德"的态度三方面的差异。徐朔方《汤显祖和沈璟》(《文学评论丛刊》1981年第9辑),主张汤沈争论既是"当时思想意识领域内的斗争"在戏曲界的反映,同时也是"不同的政治立场的反映"。杨帆《吴江派研究》(苏州大学2006年硕士论文),主要介绍以沈璟为首的包括冯梦龙等成员在内的吴江派的创作与其理论的关系,认为吴江派初步建立了南曲传奇的理论体系,并奠定了明传奇的批评、演唱及戏曲改编的理论基础。刘召明《吴江派研究述评》(《艺术百家》2005年第6期),总结20世纪以来吴江派研究的薄弱之处,《晚明苏州剧坛研究》(齐鲁书社2007年),则详细论述吴江派崛起和昆山腔兴起的历史过程。

关于明代苏州戏曲艺术研究的还有,高厚永《明代流行的吴地山歌》(《音乐研究》1959年第4期),以明代苏州流传的民歌为研究对象,探讨吴地民歌的内容特色和当时的生活景象。张敏《明清时期苏州府梨园子弟的播迁》(《复旦学报》1997年第6期),研究梨园子弟这个特殊文化群体的播迁,认为苏州府梨园子弟的主要流动方向是与它对等或地位比它高的全国性或地方性的政治、经济、文化中心，必然引起这些城市社会风气的变化。李嘉球《论明清时期苏州梨园文化》(《史林》1998年第3期)，任孝温《试论明清曲会与江南昆曲的"大众化"》(《苏州大学学报》2009年第5期)，都对明清时期苏州戏曲文化做了考察。周亮《试析明末戏曲、小说版画新的造型样式和风格特征》(《美术研究》2007年第4期)，对明代金陵、苏杭、徽州等地的版画风格做了简要描述，认为各地版画风格互相影响。

明代苏州绘画人才辈出，绘画艺术成就灿烂辉煌，其中代表明代绘画最高成就的吴门画派，在明代中期延续了一百多年，而鼎盛于嘉靖年间，其主要代表人物为"明四家"，即沈周、文徵明、唐寅、仇英。吴门画派画家大多具有良好文化和艺术修养，其作品各具风貌，但总体风格上属于文人画体系。这些画家大多通过师生、姻亲、文友的交往，相互濡染，相互影响，形成了一种共同艺术倾向。有关这方面的研究很多，如温肇桐《明代四大画家》(香港幸福出版社1960年)、王春《略谈"吴门四家"》(《群众》1979年第6期)，研究中国画史上沈周、文徵明、唐寅、仇英四位明代画家，其中，沈周与文徵明是吴门派文人画最突出的代表。周积寅《浙派和吴派》(《江苏画刊》1981年第2期)认为，浙派绘画是明代前期中期中国画坛的重要绘画流派，明代中后期吴门画派占据优势地位，文章对比研究了这两大画派。林家治《论吴门画派》(《朵云》1983年第5期)、田遨《吴门四家：唐祝文仇的故事》(上海古籍出版社1989年)、王西野《"吴趣"及吴门画派》(《朵云》1983年第5期)，均以吴门画派活动为研究对象。王稼句《吴门四家》(古吴轩出版社2004年2月)与江洛一、钱玉成《吴门画派》(苏州大学出版社2004年4月)，分别集中研究了明四家与吴门画派。

刘羽珊《吴门画派对花鸟画的拓展与推进》(《美术学报》2013年第4期)，从题材、画面、笔墨和风格四个方面分析吴门画派写意花鸟画的艺术特色。朱琰《明代文人画的流变：略论吴门画派的兴起与衰落》(《东南文化》2013年第4期)，总结吴门画派衰落的内、外因素。此外，康凯《从吴门画派看"利家"与"行家"概念》(《南京艺术学院学报(美术与设计版)》2012年第2期)，从职业画家和文人画家的分野角度进行研究。许珂《吴门画派别号图的文化意义与社会功用——以文徵明别号图为例》(《南京艺术学院学报(美术与设计)》2016年第6期)，以别号图为例，探讨明代吴门画家在世俗化社会潮流中寄托艺术品位的意识和行动。

郭建平《明代江南文人画家的交谊及对绘画艺术的影响》(《江南大学学报》2006年第2期)，以明中叶"吴中四才子"及晚明"华亭三名士"的交谊为例，探讨明代画家"社群"与其绘画艺术之间的关系。屠祥《吴门画派中的"吴趣"》(《艺术探索》2010年第3期)指出,作为吴中文化重要代表的吴门绘画,与苏州的山水自然风情和城市文化意境相辅相成,文章从吴门画派的写景画、园林化及世俗化等几个方面入手,来讨论其中的"吴趣"所在。

吴建华探讨探花大学士文豪王鏊与平民诗人职业书画家沈周的交往诗文及其真挚情感,指出这种交游壮大了吴门画派的声名(《〈震泽集〉所记王鏊与沈周交往的诗文及其情感》,《中国书画》2016年第10期)。英国柯律格(Craig Clunas) 2004年出版《雅债:文徵明的社交性艺术》(刘宇珍等译,生活·读书·新知三联书店2012年),从社会交往的场域,研究伟大艺术家文徵明的书画成就。此外,于有东著有《文墨人生:文徵明的生活状态考察》(中国社会科学出版社2015年)。

有关明代吴门书法艺术的研究很多,如杨臣彬《明代吴中三家书法》(《中国书法》1982年第1期),研究以祝允明、文徵明、王宠代表的吴门派书法。葛鸿桢《论吴门书派》(荣宝斋出版社2005年),全面研究吴门书派。董粉和、吴建华、丁双平《明代书法篆刻史》(史仲文主编《中国艺术史·书法篆刻卷》,河北人民出版社2006年),客观记述较多的苏州书法家、吴门印派。王军平《吴门书派述评》(《艺术探索》2008年第2期),分析吴门书派兴盛的主客观原因、吴门书派在书法史上的地位。"文士之气"被视作吴门书派标志性特征,潘华琴《吴门书派的"文士之气"辨析》(《文艺争鸣》2011年第13期),梳理了这一特征的历史渊源。薛龙春研究王宠生平与书法成就,著有《雅宜山色:王宠的人生与书法》(上海书画出版社2013年),他还全面整理王宠资料,首次编著《王宠年谱》(上海书画出版社2012年)。

科技方面,主要指建筑工艺、刻书藏书、医学。

江南园林甲天下,源远流长。明代江南经济发展迅速,人们造园活动更加频繁,出现不少建筑上乘之作。有关此方面的研究有:王春瑜《论明代江南园林》(《中国史研究》1987年第3期),探讨明代园林与江南经济的关系,认为江南园林在明代迅速崛起,是明代高度发达的经济、文化产物,同时又有力地促进了江南经济文化的发展;江南园林建造有着商品化倾向,具有园与庄结合的特点。徐文涛《拙政园》(苏州大学出版社1998年),金学智《苏州园林》(苏州大学出版社1999年),对明代苏州几大名园有所涉及。顾凯《明代江南园林研究》(东南大学出版社2010年),以史料为基础,对明代江南园林实例做考察,指出明代四个时期江南园林各自的鲜明特色。郭明友《明代苏州园林史》(中国建筑工业出版社 2013 年），分阶段考察元末明初、建文至成化年间、弘治至嘉靖年间、晚明四个时期苏州园林的发展状况。汲晓辉《明代中后期苏州私家园林演剧初探》（《四川戏剧》2014 年第 7 期），认为私家园林和戏曲结合，是明代中后期苏州园林生活走向世俗化的反映。

英国研究明代中国物质文明史的重要学者柯律格，关注明代苏州研究。以文震亨《长物志》为例，1991 年出版明代文化消费的《长物：早期现代中国的物质文化与社会状况》（高昕丹、陈恒译，生活·读书·新知三联书店 2015 年），从物品视角切入艺术史，跨越学科界限，参照社会文化理论，研究明代文化消费，影响很大。

苏州香山帮是中国建筑史上的一个辉煌奇迹，工匠世家历代从事营造古建筑，北京天安门、故宫、十三陵的裕陵，均为香山帮匠人所建。改革开放以来，顺应经济发展和文化传承的需要，香山帮建筑工匠群体的历史与建筑工艺的研究连续不断，并且成为学者重复探索的对象，论著较多，层次不一。其主要成果有明代香山帮鼻祖蒯祥的事迹梳理，如《蒯祥醉画金銮殿》（江苏人民出版社 1989 年）、吴县政协文史资料委员会编《蒯祥与香山帮建筑》（天津科学技术出版社 1993 年）、曹汛《蒯祥的生平年代和建筑作品》（《北京建筑工程学院学报》1996 年第 1 期），从蒯祥上延下伸，构建蔚为壮观的苏式建筑传统，浓缩为香山帮的建筑工艺作品。崔晋余《苏州香山帮建筑》（中国建筑工业出版社 2004 年），深入探讨和论述香山帮的历史渊源、建筑成就、建筑技术、主要代表人物、在中国建筑史上的地位和作用以及香山帮传承和发展等问题。臧丽娜《明清时期苏州东山民居建筑艺术与香山帮建筑》（《民俗研究》2004 年第 1 期），采用实地考察方式，探究体现香山帮匠人技艺的苏州东山民居建筑艺术。马全宝《香山帮传统营造技艺田野考察与保护方法探析》（中国艺术研究院 2010 年硕士论文），从非物质文化遗产角度，研究香山帮传统营造技艺，在田野考察基础上，分析总结香山帮技艺的特征、价值和传承现状，探索香山帮传统建筑营造技艺的保护方法。沈黎《香山帮匠作系统研究》（同济大学出版社 2011 年），对香山帮这一国家级非物质文化遗产进行抢救性研究。孟琳《"香山帮"研究》（苏州大学 2013 年博士论文）围绕人、技术特征、作品特色三个方面，考察作为一种"无形文化遗产"的香山帮营造技艺，并出版《香山构驾》（凤凰出版社 2015 年）。

明代苏州经济、文化繁荣，书籍雕刻、印刷随之兴盛，特别是常熟毛晋父子及其汲古阁对藏书刻书事业做出了重大贡献，研究论文主要有，钱大成《毛子晋年谱稿》（《国立"中央"图书馆馆刊》1937 年第 4 期），刘盼遂《毛子晋与绿君亭》

(《图书季刊》1947年新8卷第1、2期),刘遂《汲古阁与绿君亭》(《经世日报文献周刊》1947年7月5日第13期),陈建《毛晋与汲古阁》(《社会科学》1984年第3期),沈燮元《明代江苏刻书事业概述》(《学术月刊》1957年第9期),陈作仪《汲古阁杂识》(《南开学报》1981年第4期),何忠林《明代吴中著名藏书家出版家毛晋》(《苏州大学学报》1985年第1期),叶树声《试论汲古阁对祖国图书事业的贡献》(《江苏图书馆学报》1985年第3期)、《明代南直隶江南地区私人刻书概述》(《文献》1987年第2辑)、《明代苏常私人刻书谈》(《淮北煤炭师院学报》1991年第1期),韩建新《明清时期江苏私家刻书初探》(《江苏图书馆学报》1987年第3期),唐有勤《明季著名刻书家毛晋刻书述略》(《南充师院学报》1988年第1期),孔毅《汲古阁刻书人员、组织小考》(《图书馆杂志》1989年第4期),刘奉文《毛晋与汲古阁研究献疑》(《大学图书馆学报》1993年第1期),李咏梅《毛晋汲古阁刻书规模初议》(《四川图书馆学报》1996年第6期),韩文宁《明清江浙藏书家的主要功绩和历史局限》(《东南文化》1997年第2期),曹之《毛晋身世考略》(《图书与情报》2001年第3期)、《毛晋刻书功过谈》(《出版科学》2001年第4期)、《毛晋藏书考略》(《山东图书馆季刊》2002年第1期),章宏伟《毛晋刻书活动考论》(《明史研究论丛》第七辑,紫禁城出版社2007年),毛文鳌《毛晋汲古阁藏刻书兴盛缘由新探》(《常熟理工学院学报》2009年第1期)、《毛晋与僧侣之交游及刻经考》(《宗教学研究》2011年第4期),岳淑珍《毛晋出版思想论略》(《中国出版》2012年第6期),等等。这些文章阐述毛晋的生平、刻书种类、编辑出版之法,既肯定他在保存书籍、传播文化方面的成就,也指出他刻书中存在的不足。

李伯重《明清江南的出版印刷业》(《中国经济史研究》2001年第3期),重点考察明清江南出版印刷业在印刷技术、风格方面发生的重大变化,涉及明代苏州地区。还有李正爱《明清刻书业与江南城市的文化生产》(《浙江科技学院学报》2012年第2期)、高雨《明清时期江南书坊的兴盛与医学传播》(《中华医学图书情报杂志》2012年第10期)。日本大木康《明末江南的出版文化》(周保雄译,上海古籍出版社2014年),考察明末苏州书籍出版业繁盛的条件、表现、社会影响,以及陈继儒和冯梦龙的出版活动。台湾地区陈冠至著《明代的苏州藏书:藏书家的藏书活动与藏书生活》(明史研究小组印行2002年)、曹培根《先秦至明代的苏州私人藏书》(《常熟理工学院学报》2015年第1期),梳理了从言偃开启江南藏书传统以至明代,苏州私人藏书的简要情况。

苏州名医辈出,且为温病学说的发源地,从而形成了独具特色、地域性极强的医学流派——吴门医派,亦可被称为"吴中医学"。对吴门医派研究,多从医学角度出发,有关其兴起、发展、流传等历史进程的研究,主要有张孝芳《吴门医派的渊源及拓展》(《江苏中医药》2003年第4期),介绍吴医的区域范围和历史源流,阐述吴门医派的形成、发展、特点。华润龄《吴门医派》(苏州大学出版社2004年),论述作为吴文化组成内容之一且独具特色的吴门医派的崛起,历代吴中名医和成就。葛惠男、欧阳八四《吴门医派概要》(《江苏中医药》2016年第10期),也大致勾勒了吴门医派的发展历程。

此外,王世贞除了杰出的文学成就外,还在史学上做出了重要贡献。郑利华著《王世贞研究》(学林出版社2002年),孙卫国著《王世贞史学研究》(人民文学出版社2006年),凌微年著《王世贞》(西泠印社2010年),都有较为全面的研究。

十二、明代苏州人物研究

明代苏州经济发展、文化昌盛、教育发达、科举繁荣,出现了许多杰出人物。他们有的是苏州本地的,也有外地来苏的,共同为明代苏州乃至全国政治、经济、文化艺术各方面的发展做出了贡献。学术界研究的明代苏州人物很多,此处重点介绍几位。有的已经在上述文化部分涉及,不再重复。

明代苏州本地人物,于此主要介绍对沈万三、唐伯虎、归有光、冯梦龙、张溥、钱谦益的研究。

对沈万三及其家族进行研究,可以了解明初政治、社会、文化各方面发展情况。从20世纪20年代开始,就有考察沈万三姓名、籍贯及家族事迹的文章,如柳诒徵《沈万三》(《史学杂志》1929年第2期)、吴绛雪《沈万三传说考》(《江苏研究》1936年第12期)、陆续《沈万三传说》(《新东方》1941年第4期)、流兮《关于沈万三》(《古今》1942年第2期)。在80年代,主要有范金民《沈万三其人其事》(《南京史志》1984年第3期)、吴仁安《明初江南首富沈万三籍里考辨》(《苏州大学学报》1984年第3期)。步入90年代,有潘群《沈万三姓名籍贯考》(《东岳论丛》1992年第5期)、顾诚《沈万三及其家族事迹考》(《历史研究》1999年第1期)。另有吴士勇《沈万三并非实名》(《史学月刊》2004年第5期)。沈向东口述、沈赤兵撰稿的《沈万三的屯堡后裔》(贵州人民出版社2008年),宣称贵州省平坝县天龙屯堡沈氏是沈万三、沈茂一支后裔,田野调查辅助解开了历史谜团。

有关沈万三经商及财富来源研究的,有简涛《沈万三的传说与迎财神的习俗》(《山东师范大学学报》1986年第2期)、潘群《沈万三财富来源考》(《齐鲁学刊》1993年第4期)、祁子青《锦衣玉食非为福：元末明初江南传奇豪富沈万三稗海寻踪》(《南京社会科学》1997年第8期)。樊树志在《东方早报》2012年5月6日发表《沈万三事迹考辨》,对顾诚断言的"沈万三在明朝建立以前即已去世"观点提出质疑。

苏州等地学者联合出版《江南巨富沈万三》(古吴轩出版社1994年),汇集沈万三资料与研究成果。其中,陈兆弘《江南巨富沈万三的致富和衰落》、陆允昌《沈万三生卒年时辨考》、吴建华《沈万三的名字和籍里考辨》等的考辨结论值得注意。

有关唐伯虎的研究,动态方面,邓晓东《百年来唐寅研究的回顾与展望》(《南京师范大学文学院学报》2008年第2期),分奠基、停滞、复苏繁荣三个时期概述了唐寅研究的内容和方向。综合研究专著,邓晓东《唐寅研究》(人民出版社2012年)考证唐寅交游,把握唐寅思想性格的因变,并从接受美学角度发掘他对后世的影响。买艳霞也著有《唐寅研究》(花木兰出版社2014年)。

一般而言,既有研究多从唐寅的诗、画及性格、思想入手,主要有《明唐六如山水图》(《河北第一博物院半月刊》1932年7月第20期)、阎风《唐六如评传》(《新华周刊》1932年38卷第4期)、程造之《唐寅的画》(《江苏研究》1937年第2—3期)、周瘦鹃《苏州唐伯虎》(《光明日报》1961年11月25日),谢孝思《唐寅三绝》(《名作欣赏》1980年第1期)、劳继雄《关于唐寅的代笔问题》(《文物》1983年第4期)、俞明仁《漫议唐伯虎》(《杭州大学学报》1986年第4期)、王文钦《唐寅思想初探》(《苏州大学学报》1987年第3期)、刘洪清《唐寅与唐寅墓》(《剧影月报》1989年第9期)。还有朱良志《论唐寅的"视觉典故"》(《北京大学学报》2012年第2期)、程日同《论唐寅诗画的"俗"化》(《淮海工学院学报》2012年第12期)、孙学堂《唐寅诗歌与唐宋诗传统》(《西北大学学报》2013年第2期)。黄文祥《审美取向的错位与选择——唐寅山水与花鸟作品形态及审美分析》(《华南师范大学学报》2014年第1期),比对唐寅两类作品的审美取向,探索明代文人画家某种共同的艺术状态。吴雪杉《世情与美人：唐寅〈秋风纨扇图〉研究》(《故宫博物院院刊》2016年第1期)、王中旭《唐寅〈风木图〉之年代、功能与创作情境》(《故宫博物院院刊》2016年第1期),分别通过钤印比对和画风定位,进而判断画作的创作时间,并分析画作内涵。王中旭还对唐寅《对竹图》的创作年代和意图进行分析(《唐寅〈对竹图〉性质、年代考——兼谈其罹祸后"归好佛氏"及"六如居士"印》,《美术研究》2016年第5期)。朱雯《论唐寅诗歌的俗化倾向》(《苏州大学学报》2016 年第 5 期),分析唐寅诗歌世俗化倾向的具体表现和形成原因。

立足于唐寅本人史事的研究,有马宇辉《文学史写作的一个挑战——唐伯虎之文化意义论析》(《南开学报》2004 年第 4 期)、《唐寅与弘治己未春闱案的文学史影响》(《南开学报》2008 年第 1 期),王文英《唐伯虎的人生历程及其立名思想》(《河北师范大学学报》2007 年第 3 期),李双华《论唐寅的人生态度及其文化意义》(《北方论丛》2008 年第 1 期),买艳霞《几种署名唐寅著作真伪考辨》(《东南大学学报》2010 年第 6 期),徐永斌《唐寅治生探微》(《安徽史学》2014 年第 6 期),范莉莉《唐寅南游史事考辨——兼论明代中期苏州落第士子的心理调适》(《历史教学(下半月刊)》2015 年第 4 期)。

还有一个研究方面,就是有关"唐伯虎点秋香"真伪的考证。马宇辉《"唐伯虎点秋香"考论》(华东师范大学博士后出站报告 2007 年)、《"唐伯虎点秋香"故事之文学史意义》(《南开学报》2010 年第 3 期》,否定了这件事的存在,但认为以唐伯虎作为文学创作材料,可以反映当时文学主流思想。有关演绎唐寅生平的文艺作品研究,有李悦眉《明清戏曲作品中的唐伯虎造型研究》(安徽大学 2010 年硕士论文),吕茹《"唐伯虎点秋香"故事的虚构与生成——以〈蕉窗杂录〉为中心》(《名作欣赏》2013 年第 6 期)。范莉莉、姚惟尔、吴建华《"唐伯虎现象"的传承与应用透视》(王卫平主编《明清时期江南社会史研究》,群言出版社 2006 年),不仅辨析"点秋香",而且对于"唐伯虎现象"的延续与社会诉求,提出了新看法。

有关归有光的研究,张付元、余梅年《归震川年谱》(上海商务印书馆 1936 年),系统介绍了归有光一生的事迹与成就。其他有关归有光的研究,多从其文学与史学思想出发,有马厚文《归有光之生平及其文学》(《光华大学半月刊》1934 年 2 卷第 7 期),陈庆惠《明代散文大家归有光》(《文史知识》1984 年第 4 期),张啸虎《归有光政论散文探》(《江汉论坛》1984 年第 5 期),郭预衡《归有光文章别解》(《文史知识》1984 年第 6 期),王培华《"因看吴越谱,世事使人衰":经世学者归有光》(《文史知识》1997 年第 5 期)、《归有光的史学批评及其意义》(《社会科学辑刊》1999 年第 6 期),孙之梅《归有光与明清之际的学风转变》(《文史哲》2001 年第 5 期)等。沈新林《归有光评传·年谱》(安徽文艺出版社 2000 年),研究归有光的家世、生平、思想性格、创作、地位与影响等。贝京《归有光研究》(商务印书馆 2008 年),研究他的文学、经学、史学、伦理价值观等。杨峰《归有光研究》(复旦大学 2006 年博士论文),调查归氏撰著的版本系统,据此评析其文学思想。

此外,邬国平《如兰的母亲是谁?——归有光〈女如兰圹志〉、〈寒花葬志〉本事及文献》(《文艺研究》2007 年第 6 期),重新释读与归有光家庭成员有关的两篇文献。吴正岚《归有光的文学思想与欧阳修经学的关系》(《南京大学学报》2011 年第 2 期),揭示宋、明之间文学与经学理论的相互影响。夏金华《归有光与佛教因缘考释》(《南京晓庄学院学报》2011 年第 4 期),刻画一个对佛寺、佛经、佛义具有浓厚兴趣却又固守儒家门庭的传统士大夫形象。刘尊举《归有光崇尚"质实"的文学思想》(《西北大学学报》2013 年第 1 期),提出"以质为文"是理解归有光文学思想"两面性"特征的关键。

有关冯梦龙的研究,陆树仑《冯梦龙研究》(复旦大学出版社 1987 年)、聂付生《冯梦龙研究》(学林出版社 2002 年),都较为全面地研究冯梦龙的生平、思想、成就、著作。

有关冯梦龙文学作品及创作方式研究的,有赵景深《"喻世明言"的来源和影响》(《学术》1940 年第 1 期)、刘锦《从"三言"的明代作品所写的知识分子看它的现实主义精神》(《南京大学学报》1956 年第 3 期)、范烟桥《通俗小说作家冯梦龙》(《新华日报》1956 年 8 月 22 日)、野孺《关于"三言"的纂辑者》(《光明日报》1957 年 6 月 23 日)、马兴荣《冯梦龙及其创作》(《华东师范大学学报》1985 年第 4 期)、卓连营《冯梦龙著述方式考述》(《北京图书馆馆刊》1996 年第 3 期)。考证他生平的文章,有野孺《关于冯梦龙的身世》(《光明日报》1957 年 11 月 3 日),钊君、煜奎《冯梦龙生平新探》(《福建师大学报》1982 年第 4 期),高洪钧《冯梦龙生平拾遗》(《天津师大学报》1984 年第 1 期),缪咏禾《中世纪文坛巨星冯梦龙》(《苏州大学学报》1985 年第 4 期),薛宗正、龚允怡《反封建启蒙思想家冯梦龙》(《学术研究》1985 年第 5 期),高洪钧《冯梦龙家世探秘》(《明清小说研究》1996 年第 1 期)等。综合性著作有傅承洲《冯梦龙文学研究》(中国社会科学出版社 2013 年)。

冯梦龙文学创作与戏曲主张对明代苏州派剧作家的显著影响,可参见傅承洲《冯梦龙与苏州派剧作家》(《北京大学学报》2011 年第 4 期)。作为话本体制规范的建立者,冯梦龙的话本与李渔的话本在创作理念和形式上有明显区别,可见傅承洲《冯梦龙话本与李渔话本比较》(《中南民族大学学报》2011 年第 3 期)。孙丽华《冯梦龙:衔接文学的高端和原生态》(《东岳论丛》2014 年第 11 期),围绕小说的文人、民间两个传统衔接这一命题,认识冯梦龙在中国古代小说发展史上拥有的地位与取得的成就。而范伯群、刘小源直接将冯梦龙的创作视作反映农业文明下古代都市生活场景与市民意识的大众文学链之始,见《冯梦龙们—鸳鸯蝴蝶派—网络类型小说——中国古今"市民大众文学链"》(《中山大学学报》2013 年第 6 期)。王小岩《冯梦龙曲学剧学研究》(中国社会科学出版社 2015 年),对冯梦龙与吴江派曲家群体的联系进行了考辨。冯保善《晚明"大众文化"的巨擘——谫论冯梦龙的历史地位》(《明清小说研究》2016 年第 4 期),在晚明"大众娱乐文化"兴起的历史语境下,分析冯梦龙著述的"大众文化"。

关于张溥研究,陆岩军《百年来张溥研究综述》(《重庆邮电大学学报》2012 年第 2 期)总结了 20 世纪以来张溥研究的阶段及其内容分类。文章主要有张继《〈复社巨子张六如先生年谱〉序》(《欧亚文化》1940 年第 3 期),许德楠《张溥和他的〈五人墓碑记〉》(《文史知识》1982 年第 5 期),毛佩琦《复社领袖张溥》(《人物》1987 年第 1 期),方良《试评张溥的史学研究》(《常熟高专学报》2001 年第 5 期)、《评晚明社会活动家张溥》(《江南大学学报》2003 年第 1 期),陈朝晖《论明末复社领袖张溥的教育思想》(《教育评论》2011 年第 6 期)。

专著有蒋逸雪《张溥年谱》(重庆商务印书馆 1945 年)。比较全面的研究有,陆岩军《张溥研究》(上海三联书店 2016 年),莫真宝《张溥文学思想研究》(首都师范大学 2008 年博士论文)。前者着力于张溥生平、交游、思想、著述、影响和意义,在此基础上评价与定位他的文学成就和社会活动的意义。后者以文学思想为中心视点,分别考察张溥的政治活动、参政意识、学术活动、文学批评观与其文学思想的关系,认为张溥的文学思想标志着明代以形式主义与个性化为中心的文学潮流向清初经世济用转变的趋势。

对于钱谦益复杂的人生经历、矛盾的心理及文学成就的研究,论文有李庆《钱谦益:明末士大夫心态的典型》(《复旦学报》1989 年第 1 期),孙之海《钱谦益与东林党》(《阴山学刊》1990 年第 1 期),韩国姜正方《论钱谦益和"东林"的关系》(《宁夏大学学报》1994 年第 3 期),陈宝良《论钱谦益的史学》(《明史研究》第 6 辑,黄山书社 1999 年),张永贵、黎建军《钱谦益史学思想评述》(《史学月刊》2000 年第 2 期),谢正光《钱谦益奉佛之前后因缘及其意义》(《清华大学学报》2006 年第 3 期),袁进《试论钱谦益的文学史观》(《社会科学》2012 年第 2 期),杨绪敏《论钱谦益与明史的修撰与考证》(《徐州师范大学学报》2012 年第 2 期),段晓亮《略论钱谦益对明代史学的认识》(《史学史研究》2012 年第 2 期),李竞艳《钱谦益〈列朝诗集小传〉的史料价值》(《史学月刊》2012 年第 7 期),余茜《钱谦益〈太祖实录辨证〉成书考》(《史学理论与史学史学刊》2014 年),王彦明《钱谦益佚文考释》(《文献》2014 年第 5 期),李舜臣《钱谦益〈列朝诗集〉编选释氏诗歌考论》(《文学遗产》2015年第3期),吴海兰《钱谦益经学思想的形成与演变探究》(《郑州大学学报》2015年第4期),等等。

考察钱谦益与柳如是的文章,有朱则杰《钱谦益柳如是丛考》(《浙江大学学报》2002年第5期)等。耿晶《王时敏与钱谦益交游考论》(《中国美术》2013年第3期),对王、钱二人交游过程和内容有所发凡。张小李《乾隆帝批判钱谦益的过程、动因及影响》(《故宫学刊》2013年第1期),将自上而下批判钱谦益的活动视作乾隆帝思想文化专制的一个重要节点。

专著方面,最为重视钱谦益的文学成就及生平事迹,如裴世俊《钱谦益诗歌研究》(宁夏人民出版社1991年)、《四海宗盟五十年——钱谦益传》(东方出版社2001年),丁功宜《钱谦益文学思想研究》(上海古籍出版社2006年),杨连民《钱谦益诗学研究》(社会科学文献出版社2007年)。罗时进将他的清代江南文化家族与文学研究,包括虞山派和钱谦益的文学,结集出版《地域·家族·文学——清代江南诗文研究》(上海古籍出版社2010年),对于明代苏州地域家族与文化文学的发展既有涉及,又有研究上的裨益。

方良《钱谦益年谱》(中国书籍出版社2013年),整理谱主一生行迹和文化成就。王红蕾《钱谦益藏书研究》(南开大学出版社2013年),系统考察钱谦益藏书旨趣、藏书聚散以及《绛云楼书目》相关问题。其《钱谦益藏书之所考述》(《中国典籍与文化》2011年第1期),对钱氏五处藏书之所在常熟的现址,在文献记载基础上进行了实地确认。胡松庆、曹培根《钱谦益与虞山藏书派》(《常熟理工学院学报》2015年第5期),分析钱谦益对虞山藏书派各方面的影响和作用。

明代在苏州的外地人物,于此主要介绍对周忱、况钟和海瑞的研究。

关于周忱的研究,除了前面赋税部分提到的成果,还有廖志豪《周忱二三事》(《中学历史》1982年第2期)、吴申元《明代经济改革家周忱》(《文史知识》1985年第6期)、伍丹戈《明代中叶的赋税改革和社会矛盾——所谓均田、均粮运动的开始和周忱的平米法》(《社会科学战线》1979年第4期)、易宗礼《惜民务实的理财家——周忱》(《争鸣》1992年第1期)和周志斌《明代周忱苏松赋役改革述略》(《学海》1993年第5期)等。

有关况钟的研究,论文主要有石珍《历史上的况钟》(《新观察》1956年第7期)、蒋星煜《关于〈历史上的况钟〉》(《新观察》1956年第8期)、黄长椿《论清官况钟》(《江西师院学报》1979年第4期)、吴奈夫《再谈治苏三十年的清官况钟》(《群众论丛》1980年第1期)、木子《况钟二三事》(《争鸣》1982年第3期)、李思桢《〈十五贯〉外的真况钟》(《历史知识》1983年第2期)、舒音《况钟和〈况太守集〉》

(《古籍整理出版情况简报(北京)》1983年第110期)、王仲《况钟"治政"思想探析》(《苏州大学学报》2001年第3期)、聂冷《明苏州况太守的后事》(《苏州杂志》2002年第2期)、徐锐《政治话语诠释下的典型——论昆曲〈十五贯〉中况钟的形象重塑》(《艺术百家》2004年第4期)、陆咸《况钟治苏的历史功绩》(《江苏地方志》2011年第2期)、龚汝富《"青天"功名起刀笔——浅析明代清官况钟的为官之道》(《南昌航空大学学报》2012年第4期)。著作有蒋星煜《况钟》(上海人民出版社1981年),廖志豪《况钟与周忱》(中华书局1982年),王仲《况钟》(古吴轩出版社2003年),集中铺陈况钟事迹,尤其是治理苏州的各项措施。

海瑞于隆庆三年(1569年)被任命为应天巡抚,驻署苏州。恰巧这一年江南发生了水灾,百姓流离失所,损失惨重。他亲临现场勘察,分析水灾原因,最后决定疏浚吴淞江,这也是我国水利史上一次大规模水利工程。对于海瑞疏浚吴淞江的研究有颜恢《为什么吹捧海瑞修治吴淞江》(《文汇报》1966年3月25日)、张草非《"清官"有利于生产发展吗?——从吴淞江、白茆河的兴修看海瑞》(《光明日报》1966年3月28日)、周维衍《海瑞整治吴淞江的历史功绩不容姚文元否定》(《学术月刊》1979年第1期)、黎纨《海瑞和太湖水利工程》(《党政论坛》1992年第2期)、朱少伟《海瑞疏浚吴淞江》(《航海》1993年第2期)等等。

黄锡之《海瑞与太湖平原治水》(《苏州大学学报》2005年第4期),注重海瑞"以工代赈"的治水主张、作用和影响。南炳文《海瑞之廉洁反贪与传统文化的优秀成分》(《史学集刊》2011年第4期),专门考察海瑞廉洁反贪的成效。范金民《海瑞江南施政述论》(《首都师范大学学报》2014年第3期),考察海瑞任职江南期间,主持水利、限令乡宦退田、推行一条鞭法、革除铺户无偿承值的得失。王丽婕、李小林《海瑞研究回顾》(《海南师范大学学报》2014年第2期),则提供了中华人民共和国成立以来海瑞研究状况的全景图。

明代由外地人出任苏州知府,行政管理苏州,对苏州社会发展产生促进或阻遏作用。已有知府群体研究的成果,如黄阿明《明初苏州知府任职情况考察:1367—1435》(《中国社会历史评论》第14卷,天津古籍出版社2013年)、范莉莉《明代中后期苏州知府任职考析》(《史林》2013年第5期)。此外,王家范撰《祁彪佳:任期短促的苏松巡按》(《华东师范大学学报》2008年第6期),也值得注意。

当然,不少苏州人在外地发展,成就很大,为国家与地方社会的繁荣贡献了力量,在此不再一一叙述。

综观百余年来明代苏州史的科学研究,仅从以上选择的12个专题介绍便知,其直接成果与间接成果堪称洋洋大观。往往一个人物、一次事件、一样名物、一宗故实，便可以专研深潜，洋洋洒洒，开花结果。不过，有几点值得注意，它们反映着研究趋势的变化。

首先，从具体研究走向整体的综合研究。具体的明代苏州事件、人物，题材极为丰富，随着社会变动、学术兴趣与学术风气移转，这方面研究将逐步扩大与深入。由点、线向平面、立体研究发展，这是毋庸置疑的。因此，必须在加强明代苏州事件、人物等具体问题研究的同时，拓宽、深入条线的专题研究，并积极开展平面与部分立体研究。

其次，加强理性思辩，从政治史、经济史结合社会史、文化史进行全面研究。明代苏州最为突出的历史现象，体现在政治、经济、文化方面，可以由一些事件、人物、成就等呈现出来，也很早就引起学者注意。但是，真正能够将这些方面有机结合起来，统一考察，瞻前顾后，融和贯通，形成整个明代苏州的立体镜面，却是十分艰难的学术工作。必须结合相关学科的方法与理论，在历史唯物主义指导下，充分挖掘各种资料，客观地倾心研究，庶几得到较为充盈可信的结论。

再次，在中国史和全球史范围内省思明代苏州的历史与地位，让明代苏州史独立出来。以往明代苏州研究为什么间接的成果多，即作为包含在江南中的苏州提到的多，作为明确的直接的苏州研究的成果少？而且明清苏州史事，清代的远远多于明代。其中一个重要原因，就是以为苏州可以代表江南，至少可以代表太湖流域的核心江南地区，甚至可以代替江南，作为表征。这种眼光固然有一定道理，然而，以此就轻易否定了作为独立的明代苏州的个性，使苏州史的整体性无法把握，这也是现今区域史研究亟待加强的缘故。不过，重视选定区域的个性，并非忽视其邻近地域的共性，更非另类于全国全球的视野之外。唯有在全球化的当代加强区域研究，才能更好地揭示国情，找到区域在全球、全国的合适定位。明代有着全球化开始的背景，明代苏州研究有着国内外学术兴趣的呼应与研究基础。在新的平台上，审视全球化进程中苏州的位置，当有十分重要的学术与现实意义。

最后，抓住重点，突出主线，简明扼要，客观叙述明代苏州发展与贡献，找出它存在的问题，以史为鉴，利于现今与未来苏州发展。正如上述研究动态所见，任何一个专题研究成果，即使不是直接研究苏州的，内涵也是十分丰富、难以短时穷尽的。因此，很有必要吸取中外历史编纂的优良传统与成功经验，写好明代苏州史。可以尽量吸取已有相关研究成果，如农业、手工业、商业、市镇、文化成就等，突出苏州的方方面面，丰富内容，补充不足，而在政治、社会生活的一些方面，文化审视的整合方面，人才与地域特性方面等，加强研究，争取新的开拓，走在国际国内学术研究的前沿。

清代苏州史研究

李　喆

一、政治史研究

（一）清初在苏州的统治

公元 1644 年，中国进入最后一个封建王朝——清朝。明清交替之时，统治与反抗是时代的主要命题，因此有关这个时期的政治史领域的学术研究也就集中于两个方面：一是清统治者对于苏州的统治策略与形式；二是江南地区，特别是苏州人民对清朝统治的反抗。

关于清初朝廷对于包括苏州在内的江南地区的统治，孟昭信在《论清初的江南政策》（《吉林大学学报》1990 年第 3 期）中进行了详细的论述。论文阐述了自多尔衮摄政时期开始，经过顺治到康熙初年，清廷对江南地区统治政策的嬗变。多尔衮时期，凭借军事优势，清政府并未将江南群众当作自己的"子民"，而是以征服者的姿态进行高压统治，实行重北抑南的政策压制江南士大夫阶层。同时，通过强征重赋满足满族贵族的物质贪欲。顺治帝即位之后，统治政策有所调整，试图减免苏州等江南地区的赋税，但由于满洲贵族传统势力的阻挠而未能真正得以实施。甚至在顺治帝统治的后期，还有所倒退。直至康熙帝即位，惩治鳌拜等守旧贵族势力之后，清政府的统治政策才开始全面调整。在用人方面，康熙帝利用内廷机构南书房，大量吸收汉族，特别是江南地区汉族士人参与决策，南书房"其人员与皇帝接触多，受信任，晋升快，为南方士大夫参政创造了有利条件。皇帝又可通过他们了解南人的疾苦和要求"[1]。其中，苏州长洲人宋德宜，任日讲官仅一年左右，即从翰林院侍读学士晋升为内阁学士，并通过谏言使康熙帝降旨减免了苏、松四府钱粮之半。与用人政策的改善相匹配，康熙帝在经济、

---

［1］ 孟昭信：《试论清初的江南政策》，《吉林大学社会科学学报》1990 年第 3 期。

文化和民族政策上同样进行了调整,为之后江南地区的重新繁荣奠定了基础。由此,作者得出结论:"清初社会从战乱到稳定,民族矛盾及满汉统治阶级内部矛盾由尖锐到渐趋缓和,以及经济发展、文化繁荣、盛世出现,无不与江南政策改善,能切合实际与顺应民心有关。当然,全面调整后的江南政策仍有其局限性。"

在军事统治方面,王刚的《清初苏州八旗驻防探析》,详细论述了清初顺治二年(1645)、顺治十八年(1661)和康熙十四年(1675),清八旗军队三次进驻苏州的情形,其中"唯有顺治十八年的第二次进驻,才是真正意义上的八旗驻防。清廷从顺治十六年的江宁之役中得到警示,为加强江南地区的防御而设立了苏州八旗驻防。随着郑氏政权势力衰落,清朝所面临的威胁大为减轻,随即在江南等地削减军队数量,苏州驻防裁撤便是该举措之结果,苏州驻防虽然只存在短短三年,但八旗军给当地社会造成的巨大侵害不容忽视,成为体现清初军民矛盾、旗民矛盾的典型事例"[1]。文中对清军八旗驻防苏州的军事背景,顺治十八年实际驻扎的旗分和人数,以及驻扎区域进行了说明,着重介绍了八旗苏州驻军的军费开支和扰民现象对苏州城市的影响,进而推及其被裁撤的原因,从军事方面阐明了清政府对苏州实施的统治政策。

关于清初清政府对江南士族知识分子的高压统治,最具代表性的是"科场案""奏销案""哭庙案"和"明史案"这四大案。此方面也一直是清初苏州历史研究的重要方面。有关顺治"科场案"的研究有李国荣的《顺治十四年的江南乡试案》(《历史大观园》1991年第7期),以及刘成禺的《顺治丁酉江南科场案》(《中国典籍与文化》1997年第3期)。有关"奏销案"的研究有赵践的《清初奏销案发微——从清廷内阁中枢一个文件说起》(《清史研究》1999年第1期),还有付庆芬的《清初"江南奏销案"补证》(《江苏社会科学》2004年第1期)。关于"哭庙案"的研究,由于事涉清初苏州著名才子金圣叹,成为研究清初江南知识分子与清廷矛盾的重要视角。1962年3月《光明日报》即发表有易名的《从"哭庙案"看金圣叹》(《光明日报》1962年3月24日),之后还有郝连昌的《金圣叹之死》(《北方论丛》1980年第4期)、陆林的《生命中的最后一次欢会——金圣叹晚期事迹探微》(《南京师范大学学报》2000年第6期)、王振羽的《金圣叹死因考》(《徐州师范大学学报》2006年第4期)。其中,周志斌的《论清初苏州的"哭庙案"》(《学海》2001年第6期),详细介绍了"哭庙案"的发生背景,涉及的有重点人物江苏巡抚朱国治和吴县知县任维初,以及牵连入案的顾予咸、程翼

---

[1] 王刚:《清初苏州八旗驻防探析》,《清史研究》2013年第2期。

苍、朱嘉遇、薛尔张等人。对于"哭庙案",论文按照时间线索详细记录,并重点阐述了金圣叹在事件中的行为举止。最后对事件政治原因的分析集中于五个方面:一是将案件定义为清廷官员蓄意制造的冤案;二是清初政府对江南地区士人反抗的异常敏感;三是苏州地区知识分子将反贪上升为反清;四是苏州地区知识分子本就有批评政府政策的传统;五是儒家传统文化的精神支持。

(二) 清代中期的苏州

进入清代中期,也就是所谓的康雍乾时期,苏州政治史方面的相关研究主要集中于苏州地域政治地位的变化上,特别是康熙和乾隆皇帝的六次南巡,对江南和苏州社会影响极大,亦成为清代中期苏州问题研究的重中之重。

进入清代中期前后,苏州首先面临的是其在江苏省所处政治地位的问题,王亮功《论清初江苏建省的若干问题》(《学海》1991年第1期)是此方面较早进行研究的论文。进入21世纪之后,又有多篇相关方面的文章发表。其中,傅祥林的《清代江苏建省问题新探》(《清史研究》2009年第5期),由江苏省建省的时间作为引起,自顺治十八年(1661)江南省分设左、右布政使开始,苏州的政治地位开始发生变化。起初,江南省右布政使是因催收江南士人所积欠的钱粮而分设,使得江南省的财政管理区域一分为二。其后,康熙三年(1664),分设江南、江北按察使,江南省的司法辖区一分为二。康熙六年(1667),"江苏等六省'照驻扎地名称布政使',虽然只是给布政使司取名,没有'分省'字样,但实际上是为新设各省命名。因此,江苏建省开始于顺治十八年,完成于康熙六年"[1]。直到乾隆二十五年(1760),清政府才正式下令将"苏、松、常、镇、太五府州,分隶苏州藩司管辖"。苏州正式取得省会的地位。

何一民和范瑛的《从府城到省会:清代苏州行政地位之变迁》(《天府新论》2009年第5期)也明确表示:"清初,苏州为江南省苏州府府治,但随着巡抚和布政使的相继入驻,城市行政地位比其他府城略高,然并不是省会。康熙六年,江南省分析为江苏省和安徽省,江宁巡抚和江苏布政使、按察使同驻苏州,苏州才升为省会。乾隆二十五年后,江宁布政使的设立,使江苏省出现了两个省会,形成了一省两治的特殊格局。"[2]

在谈论到任职苏州的江苏巡抚的职权问题时,龚小峰《地域、权力与关系:

---

[1] 傅林祥:《清代江苏建省问题新探》,《清史研究》2009年第2期。
[2] 何一民、范瑛:《从府城到省会:清代苏州行政地位之变迁》,《天府新论》2009年第5期。

对清代江苏督抚的考察》（《安徽史学》2012年第4期）认为："两江总督统管三省事务，驻守江宁府，不仅是为两江地区军事上调兵遣将、迅速应对军事突发事变而设，而且也是为了加强对江南这块财赋重地的统治而设。同时，掌管江苏一省行政事务的江苏巡抚又驻守在财赋重地的中心地——苏州，随时整理和征收税粮，与两江总督共同护守这块财赋要地。所以，清政府要求督抚遇事会稿，协商解决。当然，清政府的目的也很明确，就是让双方互相牵制，防止任何一方在江南坐大，从而确保其在江南的统治固若金汤。"[1]可见，江苏省重大决策的出台、重大问题的解决、重大工程的兴建等，都是在督抚会商后奏请完成的。这也是清廷赋予督抚的权力。

在有关苏州地区的管理中，还有一个特殊的机构是必须提到的，那就是苏州织造。清前期苏州织造在苏州地区的各类事务中均扮演着重要的角色。韦庆远在《江南三织造与清代前期政治》（《史学集刊》1992年第3期）中论述了苏州织造、江宁织造和杭州织造在清前期不同阶段所扮演的不同角色。在康雍乾统治时期，苏州织造等三家织造机构的地位、机制和作用可以"分为三个阶段：即从顺治元年到康熙二十年，为定制阶段；康熙二十年至六十一年为变制时期；雍正元年到乾隆六十年为复制和发展时期"。在定制阶段，苏州织造等机构基本上是按照最初的职能设置的，担负皇室制衣等相关服务内容，但到了康熙二十年后，随着康熙皇帝亲信李煦等人的上位，苏州织造的主要任务成了监视江南地区士人态度和民情动向的秘密机构，直至雍正帝登基，苏州织造才重新逐步回到原来的工作职能上去。但是，以苏州织造为代表的"江南三织造的职任虽然重新回复到立足于织造本业，但仍然是从各不同角度与清王朝的统治息息相关。它们虽然以为宫廷生活服务为主，但并不仅限于此，在国家的军备和贸易、文化学术等方面仍然在不同程度上做出过多功能的贡献"[2]。马学强《明清江南手工业品的制作、市场与消费群体——以苏州织造局特供服饰及上海顾绣为例》（《史林》2005年第4期）认为，皇家的需要决定着苏州织造局的生存、发展、荣辱盛衰，近代丝织工业的兴起对织造局是一致命打击。另外，学界还对苏州的手工业、现代化以及对外贸易等有专门研究。[3]杨勇《乾隆朝苏州织造成做宫廷御用漆器的

---

[1] 龚小峰：《地域、权力与关系：对清代江苏督抚的考察》，《安徽史学》2012年第4期。
[2] 韦庆远：《江南三织造与清代前期政治》，《史学集刊》1992年第3期。
[3] 段本洛、张圻福：《苏州手工业史》，江苏古籍出版社1986年；张海林：《苏州早期城市现代化研究》，南京大学出版社1999年；陆允昌：《近代苏州的对外经济贸易活动》，《江苏对外经贸论坛》1986年第5期；《苏州洋关史料：1896—1945》，南京大学出版社1991年。

初步研究》一文,以《清宫内务府造办处档案汇总》为研究对象,发现苏州织造实际上已经成为清宫造办处之外最大的御用漆器生产及维护中心。[1]汪建红、王建华《中央皇朝与江南社会:"苏州织造"述论》(《苏州科技学院学报》2015年第4期)中指出,苏州织造在明清的演变过程,折射出皇朝政府与江南社会的特殊关系,需要从中央与地方的互动视角加以认识。从经济关系观察,为江南商品经济所催生的明代"领织制"和清代"买丝招匠制",表明苏州织造中逐渐滋生出新质的雇佣劳动因素。在政治关系方面,苏州织造担负着极其特殊的政治使命,成为皇朝掌控江南官场动向和世风民情的枢纽。就文化关系而言,苏州织造通过昆曲在皇家与江南之间牵系起一条无形纽带,以此一方面应承专制政府的差事,另一方面以雅正之音整肃地方文化。

清中期苏州地区最有影响力的政治事件,便是康熙与乾隆各自的六次南巡,虽然不同时期清代皇帝南巡的政治意味有着显著的不同,但是其对于苏州本地的影响均是巨大的。相关清帝南巡的研究文章很多,并且由来已久。王俊义等在《文汇报》1983年8月15日即发表过《康熙、乾隆南巡评议》,范金民《康熙南巡与江南社会》(《南京大学学报》1989年第4期)以及李林《清代皇帝的南巡与东巡》(《清史研究》1991年第1期)都对清代皇帝南巡问题进行了深入的剖析,认为清帝南巡既带有笼络汉族官绅的意图,同时亲身视察江南民风民情,对推动江南地区水利兴修而促进江南地区的经济发展,有着显著的积极意义。其中,笼络汉族官绅则是最为主要的政治意图。吴恩培和吴亦农在《康熙第二次南巡驻跸苏州圣恩寺的政治原因》,将康熙第二次南巡时驻跸苏州圣恩寺单独分析,从康熙第二次到达苏州的主要行止切入,同时分析了圣恩寺在明代所处的政治地位,从而说明圣恩寺对于苏州乃至江南地区士人的重要象征意义。他们认为康熙南巡的主要目的就是"收拾人心——化解江南僧俗对清朝的敌意。而第二次南巡时,之所以选一座充满大明皇家'圣恩'的寺庙,其目的欲使这座寺庙原本就有的大明皇家'圣恩',混淆或置换成大清皇家的'圣恩',以在消解江南僧俗对清朝抵触情绪的同时,将江南百姓对大明王朝的依恋情结转移到大清王朝上来"[2]。

---

[1] 杨勇:《乾隆朝苏州织造成做宫廷御用漆器的初步研究》,《故宫博物院院刊》2011年第4期。
[2] 吴恩培、吴亦农:《康熙第二次南巡驻跸苏州圣恩寺的政治原因》,《苏州教育学院学报》2011年第4期。

(三) 太平天国时期的苏州

1860年6月2日太平军占领苏州后,创建了以苏州为省垣的苏福省。苏州是太平天国忠王李秀成的驻地,是太平军苏、浙根据地的军事、政治、经济中心,是抗击中外反动势力的战略重镇。关于太平天国时期苏州历史的研究主要集中于苏福省政区问题、李秀成与苏福省、太平天国忠王府[1]、苏福省枪船匪帮和苏州杀降事件等方面。

涉及太平天国苏福省政区问题的论述主要有:郭存孝《太平天国的"苏福省"》(《新华日报》1957年2月3日)、郭存孝《太平天国"苏福省"的疆界问题》(《江海学刊》1958年第6期)、郭存孝等《略论太平天国的"苏福省"》(《江苏师院学报》1980年第2期)、董蔡时《太平天国在苏州》(江苏人民出版社1981年)、郭伟《太平天国的"天京省"与"苏福省"》(《地名知识》1983年第1期)、华强《太平天国江苏建省考》(《扬州师院学报》1985年第1期)、王国平《太平天国的苏福省与苏州郡》(《苏州大学学报》(吴学研究专辑)1992年)、谢世诚《太平天国苏福省人口初探》(《学海》1993年第3期)、周志生《太平天国时期江苏省区划》(《江苏地方志》1993年第1期)。其中,郭存孝等《略论太平天国的"苏福省"》认为太平天国苏福省辖区包括长洲、元和、常熟、昭文、镇洋、太仓、松江、青浦、昆山、新阳、武进、阳湖、无锡、金匮、丹阳等县。董蔡时认为:"苏福省基本上包括常州以东的苏南地区,辖有常州郡、松江郡、太仓郡和苏州郡。""原清江苏省属的镇江府可能属于太平天国的江南省或苏福省,目前尚难得出结论。"[2]王国平则认为:"苏福省的辖地就是清江苏布政使的辖地即镇江、常州、苏州、松江等四府及太仓直隶州。太平天国将清朝地方省、道、府、县四级行政机构改为省、郡、县三级,则苏福省辖地为镇江、常州、苏州、松江、太仓五郡。"[3]

太平军建立苏福省以后,江浙当局利用枪匪来对抗太平军,出现了不少枪船匪帮,吴竞《太平天国苏福省枪船匪帮主要头目简介》(《苏州大学学报》1992年第3期)考证当时当地主要的匪目有平望吴沙哥、黎里卜小二、盛泽孙少襄、周庄费秀元、吴塘门金玉山等,还有一些次要的如震泽严墓沈三、金匮荡口华瑞芳等。

---

[1] 罗尔纲:《一座太平天国的大建筑——苏州忠王府》,《北京日报》1953年7月8日;《苏州太平天国忠王府调查记》,《文物》1953年第8期;《苏州忠王府小考》,《太平天国史迹调查集》,生活·读书·新知三联书店1958年。
[2] 董蔡时:《太平天国在苏州》,江苏人民出版社1981年,第54页。
[3] 王国平:《太平天国史论》,苏州大学出版社2011年,第60页。

太平军夺取苏常以后,在籍守孝的庞钟璐被任命为江南督办团练大臣,全权负责苏松常一带团练武装对太平军的防剿事务。孙萍《庞钟璐与太平天国：1860、1861年庞钟璐在江南督办团练大臣任上》(《常熟高专学报》2000年第1期)认为庞钟璐能认真办团练、积极剿"匪"、守卫常昭等是其"治国平天下"的具体表现。

1863年12月6日,投敌献城的苏州太平军守将郜永宽等八人被李鸿章杀死,震惊中外的"苏州杀降事件"发生。王洪运《苏州杀降事件与戈登李鸿章的矛盾冲突》(《近代史研究》1998年第4期)认为李鸿章与常胜军及戈登有着因饷、功等而产生的严重的矛盾冲突,为消除戈登借诱降成功来要挟自己的借口,李鸿章断然决定杀降。苏州杀降是一场针对戈登及常胜军的阴谋。费志杰则在《李鸿章苏州杀降事件还原》中指出,李鸿章苏州杀降的主要原因基于三个方面：降王提出非分要求、为清廷泄愤以及程学启的建议,其中降王在投降后提出增加兵员和提高军职等非分要求是被杀的最主要原因。[1]

还有一些文章涉及苏福省沦陷后苏州的政治经济研究,如吴竞《太平天国失败后苏州东永昌农民的抗租斗争》(《苏州大学学报》1986年第1期)指出,东永昌豪绅徐佩瑢、徐朝经等人在太平天国失败后欺压佃农,利用虫灾、水患"逼租酿命",引起东永昌农民在1880年和1890年发起两次大规模的农民抗租斗争。

(四) 清末苏州的政治变动

清末的苏州发生了较大的政治变动。其中,《马关条约》将苏州增开为通商口岸,以及辛亥革命对苏州的影响,是这一时期重要的政治事件。同时,商会、市民公社和南社的成立也是这一阶段的大事,学界的研究成果也比较丰硕。

1. 苏州开埠

关于清晚期苏州日租界问题的研究,徐云《苏州日租界述略》(《苏州大学学报》1995年第3期)指出,日租界的存在是对我国主权的严重危害,中国政府对日租界没有行政管理权,对租界内的土地失去管辖权,中国司法制度、税收制度在日租界内完全行不通。

翟玲玲、杨大春《苏州租界界址由来考辨》(《苏州大学学报》2002年第2期)和杨大春《张之洞与苏州租界的开辟》(《江南社会学院学报》2003年第1期),利用《张之洞全集》中的史料,对苏州日租界界址的确定过程进行了详细的

---

[1] 费志杰：《李鸿章苏州杀降事件还原》,《清史研究》2012年第4期。

分析,并剖析了张之洞在日租界划定谈判中所起到的作用。日租界确立之前,苏州地方官员在时任两江总督张之洞的授意下,原计划将日租界定于远离城区的澹台湖以南区域,而日本代表则要求设立在商业繁华的阊门附近;之后,经过苏州地方官员与日本代表的谈判,日方预备划定的租界区域由阊门移至胥门、盘门,而中方官员也做出妥协,同意改设在宝带桥地区;最后,在双方各自放弃部分要求的条件下,日租界的界址确立在灯草桥和觅渡桥之间。"苏州租界界址是由日本侵略势力逼迫清政府谈判确立的。在这场谈判中,日本方面表露出对中国明显的骄横和野心。中国方面虽然不得不做出妥协,但也进行了努力抗争,迫使日方有所让步,尽力挽救了一些主权,为国家争得了部分利益。苏州租界界址的确立对苏州以后的商业贸易、城市格局都有很大影响。"[1]

在关于苏州日租界的交涉过程中,黄遵宪也扮演了非常重要的角色。杨天石在《黄遵宪与苏州开埠交涉》(《学术研究》2006 年第 1 期)中进行了详细的阐释。《马关条约》签订后,清政府为了尽可能在条约落实中挽回部分权益,千方百计筹划"挽救"之策。张之洞提出,苏州日租界应采用之前的"宁波模式",即中国划出土地由外国人租用,但是租界内各项权利仍归中国自主。光绪二十二年正月,黄遵宪授命参加苏州日租界划界谈判,在处于外交劣势之下,提出六条通商章程,希望通过让渡其他权利,保证日本不能在苏州租界实行专管,从而最大限度地保证中国的权益。但是,张之洞对于黄遵宪在道路管理等方面的权利让渡不以为然,对黄遵宪表达了强烈的批评。同时,日本政府也无法接收这一章程,撤换了议和代表。面对此种局面,黄遵宪带着遗憾离开了苏州,未能完成他希望实现的外交意图。最终,苏州日租界的谈判以日本政府的强硬立场得以维护和租界内权利由日方全权管理的结果而告终。

2. 市民公社

20 世纪初的苏州具备特殊的政治经济与人文条件,其地方自治活动领先于同一时期的其他中国城市。张海林(《晚清苏州地方自治略论》,《江苏社会科学》2000 年第 3 期)认为,清末的苏州地方自治从总体上说虽达不到当时西方国家民主政治的水平,但它毕竟在民权基本建设方面迈出了可贵的第一步,在中国地方政治史上具有划时代的意义。苏州市民公社是苏州资产阶级在清末新政改革中创立的具有街区性质的地方自治团体。郑芸(《现代化视野中的早期市民社会:苏州市民公社个案分析》,社会科学文献出版社 2007 年)以苏州市民公社作

---

[1] 翟玲玲、杨大春:《苏州租界界址由来考辨》,《苏州大学学报》2002 年第 2 期。

为早期市民社会网络中的个案,力图通过对这只麻雀的解剖,再现中国早期现代化和市民社会发育的曲折历程,认为苏州早期市民社会的发展为建构、探索新时代中国市民社会提供了一面历史的镜子。廖志豪(《辛亥革命时期的苏州市民公社》,《上海师范学院学报》1983 年第 4 期)认为苏州市民公社在调解民事,举办保安、消防、卫生、建筑及其他公益事业以及在辛亥革命中曾起过积极作用。屠雪华(《关于苏州市民公社几个问题的探讨》,《民国档案》1995 年第 4 期)认为,苏州资产阶级将苏城的基层自治团体取名为"市民公社",是为了摆脱官府控制,实行地方人办地方事的真正自治,同时区别传统会、堂、馆、所名称,体现时代特点。李明、汤可可(《社会结构变迁视野下的苏州市民公社考论》,《上海师范大学学报》2009 年第 3 期)认为,苏州市民公社始终与地方政府保持着既平行合作又矛盾冲突的关系,是中国传统社会的老树上萌发的一簇具有现代意义的新叶。

3. 苏州商会

苏州商会与市民公社之间有领导与被领导的关系。苏州商务总会于 1905 年 10 月 6 日正式成立,比上海等地略晚,它以"调查商业,和谐商情,开通智商,研究商学"为宗旨,带有明显的资本主义色彩。屠雪华(《略论清末的苏州商务总会》,《近代史研究》1992 年第 4 期)指出,商会管理体系中体现了资产阶级的民主精神;苏州商会领导成员的结构是苏州工商业经济发展格局的一个缩影,作者认为在六届商会领导中不存在买办势力。商会成立后采取积极措施,促进了苏州工商业的发展。其另外一篇文章《论清末苏州商务总会的性质》(《南京大学学报》1996 年第 2 期)认为,商会的主体是从事新式商业、投资近代工业的新兴资产阶级。苏州商务总会是一个具有资产阶级性质的法人团体。马敏、朱英(《浅谈晚清苏州商会与行会的区别及其联系》,《中国经济史研究》1988 年第 3 期)认为,近代商会与传统行会有着许多原则性的本质区别,商会的产生是对传统行会的历史否定;当然,两者之间也存在着历史联系。朱英(《清末苏州商会的历史特点》,《历史研究》1990 年第 1 期)认为,抵制美货运动是苏州商会诞生的催化剂,苏州商会组织系统的特点在于其直接领导苏商体育会和市民公社这两个下属外围组织,商会成员中没有一个买办是苏州商会成员构成的,苏州商会积极反对帝国主义奴役侵略,但反封建意识却相对软弱。苏州商团是近代中国商人的独特军事武装力量。朱英(《苏州商团:近代商人的独特军事武装》,《江苏社会科学》2008 年第 1 期)指出,苏州商团有严格的军事化特征,虽然在政治上趋于保守,但在维持社会治安、保护工商业发展等方面发挥过积极作用。江华(《全球视野中的晚清国家与社会:基于苏州商会的研究》,《社会科学阵线》2007年第5期)通过对苏州商会的研究认为,晚清国家与社会的关系是欠发达的。邱澎生(《由代收税捐看清末苏州商会的"代表性"问题》,《四川大学学报》2014年第1期)认为,当清末政府主动立法鼓励商人成立商会时,透过商会和会馆公所的合作,包含苏州商人在内的商业群体,才有更坚实的团体力量为后盾,向政府抗争税收问题。清末商会参与抗争税收的过程反映了重要的历史转变:商人团体由原先会馆、公所时代作为在实际上保护商人权益的"代表",演变为商会时代能同时在实际上与名义上保护商人的"代表"。孙斌(《试析神明祭祀与清代行会活动的互动与影响——以苏州地区碑刻史料为视角》,《苏州教育学院学报》2015年第3期)根据碑刻史料记载,认为有清一代,苏州地区许多工商业行会都举办神明祭祀活动。行会不仅制定了专门的规约以保证神明祭祀活动的顺利举办,而且将许多重要的行会活动与之联系在一起。因此,祭祀活动的法制化与行会活动的宗教化是苏州地区工商业行会的一大特征,其中深受中国传统文化的浸润。通过苏州地区现存的碑文可以发现,清代商人们认为神明祭祀活动具有一种特殊的作用,它能够保证行规的执行,进而维护商人们的利益与行业的发展。晚清苏州商会的研究还有马敏、朱英等人的相关著作。[1]

4. 南社与柳亚子

南社是辛亥革命时期以鼓吹资产阶级民主革命、反对清王朝专制统治为宗旨的进步文学团体,吴江柳亚子是南社的主持人。关于南社和柳亚子的研究颇多。裘柱常《关于南社》(《上海师范学院学报》1980年第3期)指出,南社筹备初期就有"国学保存会"的许多人参加,这些知识分子具有民族民主革命的思想。南社在辛亥革命前后,曾经起过推动社会进步的作用。社员内部也有分歧。1916年,柳亚子开除社友朱玺,引起内部纠纷和分裂。不久,南社退出历史舞台。南社是在辛亥革命时期中国传统文化基础上成立的文人团体,其母体是中国传统文化。曾景忠《传统文化与西潮之交汇:南社创立思潮酝酿过程研讨》(《南京理工大学学报》2000年第6期)认为,南社人物是中国固有民族文化的传承者。同时他们又运用西方卢梭"天赋人权"、赫胥黎"天演论"等思想学说揭露批判清王朝的专制统治。他们既能够发扬中国传统文化的精神,又能吸收西方文化的优点,在提倡文学革新、诗界革命和推动中西文化交融方面进行了可贵的

---

[1] 朱英:《清末苏州商会述论》,《档案与历史》1987年第4期;马敏、朱英:《传统与近代的二重变奏:晚清苏州商会个案研究》,巴蜀书社1993年;马敏:《清末苏州商会组织系统试论》,《江海学刊》1988年第6期。

尝试和探索。李国平《南社人的生活与社会活动方式》(《史学月刊》2008 年第 5 期)认为,南社虽是一个革命的文学团体,但其成员身上表现的"名士风流"远比"革命空气"突出。他们更习惯于传统的名士或才子的文化观念,这就造成了他们内心深处"新政制"与"旧(传统)文化"的并存。王晶垚《南社爱国诗人柳亚子》(《社会科学》1983 年第 6 期)赞扬了柳亚子先生坚贞不屈的爱国精神和他在中国近代文学史上的贡献。沈坚《结盟南社 落笔千钧——柳亚子与周庄南社社员的活动及其诗作》(《南京理工大学学报》1997 年第 3 期)认为柳亚子先生性格豪爽,诗如其人。他同诸多周庄社员王大觉、王秋匛、凌蕙媛、费善衡、朱汝钰、陈蔽人、徐弘士、沈君崇等人的诗文相往,宣传了革命思想,激励了民众斗志,广泛地传播了爱国主义情感,对新文化的推崇和倡导也产生了深远的影响。郑逸梅、杨天石等亦对南社有重要研究。[1]

辛亥革命前夜,苏州下层群众的反抗斗争此起彼伏。廖志豪《辛亥革命期间资产阶级对苏南地区工农斗争的态度》(《江苏师院学报》1981 年第 3 期)指出,辛亥革命前夜,苏南地区农村经济迅速破产,农民的抗租、抗税与反饥饿斗争风起云涌,城市工人纷纷起来斗争。苏州和平光复的实现是与工农群众的斗争密切相关的。其另外一篇文章《辛亥革命时期的苏州"千人会"起义》(《社会科学》1985 年第 7 期)指出,辛亥革命时期,苏州地区的千人会起义则是这一时期声势最大、影响最深的一次自发的农民反封建运动。光复后的常熟、江阴、无锡三县新政权联合镇压了这次饥民斗争。

5. 辛亥革命之苏州模式

高钟在《非暴力革命——以苏州为典型的辛亥革命又一模式》(《常熟理工学院学报》2011 年第 9 期)中提出了"辛亥革命收功于江南、转折在苏州"的观点。关于苏州辛亥革命的非典型性,前辈学人多有论述,包括章开沅、林增平主编的《辛亥革命史》,金冲及、胡绳武合著的《辛亥革命史稿》,李新等主编的《中华民国史》,王树槐著《中国现代化的区域研究:江苏省(1960—1916)》,马敏、朱英合著《传统与近代的二重变奏:晚清苏州商会个案研究》,马敏著《官商之间:社会剧变中的近代绅商》等;此外,还有大批学术论文也有涉及,如李茂高等的《江苏光复与程德全》、王来棣的《立宪派的"和平独立"与辛亥革命》、李希泌等的《辛亥革命的两种起义方式》、马敏的《辛亥革命时期的苏州绅商》、耿云志

---

[1] 郑逸梅:《南社丛谈:历史与人物》,中华书局 2006 年。杨天石、刘彦成:《南社》,中华书局 1980 年。杨天石、王学庄:《南社史长编》,中国人民大学出版社 1985 年。孙之梅:《南社研究》,人民文学出版社 2003 年。卢文芸:《中国近代文化变革与南社》,社会科学文献出版社 2008 年。

的《张謇与江苏咨议局》、章开沅的《张汤交谊与辛亥革命》等。这些著作与论文主要是在论述苏州及其带动下的江苏和平光复过程中进行评价。高钟在文中明确提出,这一传统的社会领袖——绅与经济领袖——商的结合而形成的绅商集团,是当时东南社会的精英集合,这批精英以其文化、社会与经济的领导力与动员力,"合群力以迫长吏易帜",从而促成了苏州及东南各省的和平光复。这正是苏州模式之所以能成功并推广的关键所在。苏州"和平光复"的辛亥革命模式,是苏州地区经济、文化近百年潜移默化、与时俱进的结果。[1]

二、经济史研究

(一)清前期经济

清代前期苏州经济繁荣,农业生产力持续发展,商业性农业发展为高额的赋税以及苏州手工业、商业的发展和城市的繁荣奠定了基础。清代前期,苏州经济达到了中国传统社会的最高点。

1. 农业

清代苏州传统的农业生产方式成熟,范金民《清朝前期苏州农业经济的特色》(《中国农史》1993年第1期)认为,清前期苏州在农业经济结构、土地利用、田间管理、耕作制度和耕作技术上都有了明显发展,当时永佃制较为普遍,地权分化,这一切都标志着清代前期苏州农业经济发展到新的阶段。王克强《明清苏州地区土地利用的特点》(《中国农史》2000年第2期)认为,明清时期苏州传统的土地利用方式已经成熟,其土地利用结构、集约经营方式较为合理,因此,当时水稻产量大大高于全国平均水平。清代苏州农业经济发达,也体现在庙会活动中,潘国英《从庙会活动看明清苏州农业经济》(《中国农史》1992年第1期)认为,清代苏州形形色色的庙会活动反映了当地农业生产的特色以及农村经济的商业化和农村的城市化变动。清代江南的租佃关系中盛行一田两主制,作为土地所有权的"田底"和土地耕作权的"田面"明显分离。当时农民反抗不断发生。金诚《从两块碑石看鸦片战争前夕和太平天国革命失败后江苏昆山地区的阶级压迫和剥削》(《文物》1973年第12期)指出,清道光年间的两块碑刻——《奉宪永禁顽佃积弊碑》《奉宪放生官河永禁采捕碑》反映了当时当地农民进行抗租、抗粮斗争的史实。吴滔《清代江南的一田两主制和主佃关系的新格局——以苏

---

[1] 高钟:《非暴力革命——以苏州为典型的辛亥革命又一模式》,《常熟理工学院学报》2011年第9期。

州地区为中心》(《近代史研究》2004年第5期)认为,随着奴变的频发,地主更愿意采取转让田面权的办法,租地给佃农耕作,在一田两主制下,居城的地主士绅与农民之间只剩下土地租佃的关系。19世纪以后,业主更愿意选择类似租栈的专门收租机构进行收租,不再是传统的农民与地主之间"庇护—依附"的关系,从而形成了主佃关系的新格局。

苏州人多田少,人地矛盾突出,但自明代以来,苏州税额为全国之最。高昂的税额、尖锐的人地矛盾自然导致逋赋的发生。吴伯娅《顺康年间苏松逋赋与清政府的有关政策》(《社会科学辑刊》1989年第6期)指出,清初政府采取的极端措施,导演的"江南奏销案"并未解决逋赋问题,康熙帝屡蠲旧欠使当地赋重欠多的情况得到缓解。罗仑、范金民《清朝前期苏松钱粮蠲免述论》(《中国农史》1991年第2期)认为,额定的赋税超出了苏松人民的实际能力,赋税的蠲免实际上只是对重赋的补偿,蠲免的数量随清王朝财政收入的盈绌而升降。彭雨新《鸦片战争前清政府对苏松地区的减赋和治水》(《江汉论坛》1984年第6期)认为,鸦片战争前清政府对苏松地区水灾后一般采用蠲减田赋与兴修水利同时进行的办法,这是保证财赋的重要原因。

2. 手工业

发达的农业促进了手工业的发展,鸦片战争以前苏州以丝织业和纺织业为代表的手工业经济最为发达。关于苏州丝织业中是否出现资本主义萌芽的问题,一段时间以来是史学界一直争论不休的问题。杜黎《鸦片战争前苏松地区棉纺织业生产中商品经济的发展》(《学术月刊》1963年第3期)认为,鸦片战争前的苏州农业生产是一种商品生产,这种商业性农业的发展,促进了国内市场的发展,给资本主义因素的萌芽创造着必要的前提。彭泽益《鸦片战争前清代苏州丝织业生产关系的形成与性质》(《经济研究》1963年第10期)认为,苏州丝织业是古老的城市行会手工业,带有浓厚的封建行会色彩。鸦片战争以后,在半殖民地半封建的社会条件下,在逐步摆脱劳役义务和行会强制的基础上,苏州丝织业才取得了资本主义的家庭劳动的意义和性质。刘永成则认为,鸦片战争以前苏州丝织业中已经出现资本主义萌芽,其文章《对苏州"织造经制记"碑文的看法》(《历史研究》1958年第4期)经过解读"织造经制记"指出,在清代初期,特别是"召买"制度废除后,苏州丝织业不管是作坊主与封建官府的关系还是生产形态,尤其在作坊主与工匠的对立等方面都体现了资本主义萌芽形态。他的另外一篇文章《试论清代苏州手工业行会》(《历史研究》1959年第11期)认为,清乾隆以后,苏州地区行会性质上的变化非常明显,行会的斗争目标转向从事直接生产的手工工人。随着生产与贸易的扩大和自由竞争的发展,行会日益变成生产发展的障碍。帮工变为雇佣工人,帮工和行东之间的关系变为工人和工场主之间的金钱关系,是带有资本主义性质的雇佣关系。李景林等《对鸦片战争前苏松地区棉纺织业中商业资本和资本主义萌芽问题的探讨》(《史学集刊》1956年第2期)认为,鸦片战争以前苏松地区棉纺织业生产过程分工细致,商业资本虽还处在包买主的水平上,但是棉纺织业加工业中却出现了资本主义剥削关系。陈学文《明清时期的苏州商业——兼论封建后期商业资本的作用》(《苏州大学学报》1988年第2期)认为,明清时期的苏州商业资本向产业资本转化,生产关系与生产规模已进入作坊或工场手工业阶段,出现货币雇佣关系,苏州城市完全具有了若干资本主义因素的萌芽。彭雨新《从清代前期苏松地区丝绸手工业的生产来看资本主义萌芽》(《武汉大学学报》1959年第8期)认为,鸦片战争前苏州棉纺织手工业已经孕育着资本主义萌芽,但是地租、田赋以及宗法制度等封建因素,使资本主义萌芽的滋长很缓慢。其另一篇文章《从清代前期苏州的踹布业看资本主义萌芽》(《理论战线》1959年第12期)认为,踹匠受资本主义性质的剥削,但是踹坊包头对踹匠的剥削不是资本主义的剥削关系,封建政权的限制严重阻碍了资本主义萌芽的生长。对于棉布染踹业的生产关系,杜黎《关于鸦片战争前苏松地区棉布染踹业的生产关系》(《学术月刊》1962年第12期)认为,鸦片战争以前的苏松地区踹染业的生产关系是资本主义性质的,具有资本主义工场手工业的各项基本特征,它是萌芽于封建社会内部与封建经济相对立的一种新生的生产关系。另外,还有相当数量的作品是围绕苏州纺织业资本主义萌芽问题展开的。[1]

3. 商业

成熟的农业生产力和发达的手工业经济促进了清代苏州商业的繁荣,范金民《清代苏州城市工商繁荣的写照——〈姑苏繁华图〉》(《史林》2003年第5期)认为,清前期的苏州是少数几个云集全国乃至外洋货物的商品中心,全国著名的丝绸生产、加工和销售中心,全国最大和最为集中的棉布加工和批销中心,江南

---

[1] 黄冕堂:《论清代前期的苏州、松江、嘉兴、湖州、江宁五府的农业经济发展与资本主义萌芽》,《山东大学学报》1963年第3期;木伟:《从清代苏州丝织业生产讨论资本主义萌芽问题》,《新建设》1963年第9期;杜黎:《关于鸦片战争前苏松地区棉布踹染业的生产关系》,黄逸平编:《中国近代经济史论文选集》(二),上海师范大学出版社1979年;段本洛:《论清代苏州丝织业中商业资本的性质》,《中学历史》1980年第4期;王建华:《明清时期苏州手工业的雇佣劳动和资本主义萌芽》,石琪主编:《吴文化与苏州》,同济大学出版社1992年;王翔:《明清商业资本的动向与江南丝绸业资本主义萌芽》,《江海学刊》1992年第4期。

地区最大的粮食消费和传输中心,全国少见的金融流通中心、刻书印书中心,颇为发达的金银首饰、铜铁器以及玉器漆器加工中心,开风气之先和领导潮流的服饰鞋帽中心,独步全国的美味美食中心,设施齐备、服务周到的生活中心,交通便利的运输中心。徐扬《姑苏繁华图》将盛清时期苏州这一全国最为著名的工商都会之地的繁盛市容全方位、直观式地展示了出来。李华《从徐扬〈盛世滋生图〉看清代前期苏州工商业的繁荣》(《文物》1960 年第 1 期)亦认为,《盛世滋生图》反映了清代前期苏州工商业的繁荣。范金民《明清时期活跃于苏州的外地商人》(《中国社会经济史研究》1990 年第 4 期)指出,明清时期全国各地商人汇集苏州。他们结帮经营,不仅促进了自身的发展,也促进了苏州甚至江南经济的发展。苏州发达的农业经济,以及运河便利的交通条件,使浒墅关发挥了长三角米市形成过程中粮食中转的功能。廖声丰《试论乾嘉时期苏州浒墅关的粮食流通》(《江苏社会科学》2007 年第 4 期)、《试论清代前期苏州浒墅关的商品流通》(《上海交通大学学报》2007 年第 6 期)认为,由于苏州发达的粮食生产、繁荣的手工业以及运河的有利地位,浒墅关成为重要的中转站,苏州也由此成为清前期运河沿线乃至全国最主要的商品流通枢纽之一。作者同时指出,乾嘉以后,浒墅关中转粮食、商品数量减少,影响了苏州和江南地区经济的近代转型。范金民的《清代中期上海成为航运业中心之探讨》则着重分析了清中期上海取代苏州成为南北洋行业中心的综合性原因。[1]范金民对于清代苏州地区的房地产交易也进行了研究(《从分立各契到总书一契:清代苏州房产交易文契的书立》,《历史研究》2013 年第 3 期),他认为清代苏州房产交易文契的书立情形,至迟康熙十年即已出现一次性书立各种文契的现象,这种变化并不是新的经济现象的产物,而只是民间为了符合当地房产买卖俗例而已。大量文书形式和内容表明,苏州地区的房产交易遵行清律要求,乾隆初年即已开始以"总书一契"的形式具立相关文书,到乾隆后期已逐渐取得主导地位。文契书立形式的这种变化,不仅发生在苏州地区,而且也出现于常州、南京、杭州等周邻地区,在江南具有普遍性。文书书立过程、形式以及民间的找价实际表明,房产找价现象虽然自乾隆时期逐渐趋于弱化,但直到清末仍然存在,上海一带甚至更为普遍。

4. 城镇

以发达的经济为基础,清代前期苏州城市繁荣,中小城镇不断发展。李琰《苏州古运河文化景观探微》(苏州大学 2007 年硕士学位论文)认为,畅通的运

---

[1] 范金民:《清代中期上海成为航运业中心之探讨》,《安徽史学》2013 年第 1 期。

河滋生了苏州经济的繁荣,将苏州推至富甲天下、文才甲天下的政治、经济、文化中心的位置。

对清代苏州城市的研究还主要集中在苏州的工商业公所、城市经济、市镇、城市文化、城市人口、城市管理等方面。苏州工商业公所出现在康熙年间,绵延到民国前期。丁家钟《略论苏州工商业公所的性质和作用》,(《苏州大学学报》1990年第1期)认为,苏州工商业公所有限制同业间的自由竞争、控制行业队伍、办理善举,缓和同业矛盾,维持同业队伍三个方面的作用。清代中期城市工业在苏州经济中已经居于主导地位,苏州是以工商业发展为主要特色的城市发展道路。苏州在清代以前一直是地区性的政治行政中心,康熙六年江南省析分为江苏省和安徽省,苏州升格为省会。何一民、范瑛《从府城到省会:清代苏州行政地位之变迁》(《天府新论》2009年第5期)指出,苏州地位的上升与其优越的地理位置、深厚的文化底蕴、发达的城市经济分不开。反过来,苏州由府级城市升格为省会级城市也是为了适应经济发展的需要。王卫平《明清时期江南城市史研究:以苏州为中心》(人民出版社1999年)全书不仅介绍了城市发达的背景、城市的繁荣与市场体系、城市社会诸相、社会风气以及思想观念的变化,同时也指出了以苏州为中心的江南地区城市化的局限。他在另外一篇文章《明清时期苏州城市经济功能的增强》(《铁道师院学报》1998年第2期)中认为,明清时期苏州城市的经济功能明显增强,城市扩张并向城外寻求发展空间,城市布局呈职业性区域分工状。苏州城市人口增加,市民的主要成分已发生变化,工商业者在城市经济和生活中发挥主体作用,苏城内出现雇佣劳动关系,手工作坊主或工场主是典型意义上的近代市民阶级的雏形。明清时期苏州市镇经济发达,产生了一批有影响的著名市镇。范金民《明清时期苏州市镇的发展特点》(《南京大学学报》1990年第4期)详细归纳了明清两代在商品经济不断发展下苏州市镇的特点。樊树志《明清江南市镇的实态分析——以苏州府嘉定县为中心》(《学术研究》1988年第1期)认为,从清初到清中叶嘉定县市镇变化不大,清末嘉定县南翔镇与罗店镇在商品经济的刺激下有新发展,嘉定诸镇以棉布业及棉布交易为支柱的市镇经济,是导致市镇兴盛的基础。唐力行、申浩《差异与互动:明清时期苏州与徽州的市镇》(《社会科学》2004年第1期)认为,徽商造就了苏州市镇的繁荣,推动了苏州地区市场网络的发展,促进了苏州市镇资本主义萌芽的诞生。除了上述对市镇经济的研究外,亦有学者关注明清以来苏州地区基层区划的变迁。吴滔《明清江南基层区划的传统与市镇变迁——以苏州地区为中心的考察》(《历史研究》2006年第5期)认为,清中叶以后,稍具规模的商业聚落大多设立了巡检司之类的行政机构,巡检司是颇具行政色彩的"镇"的辖区,到了清末民初,才逐渐产生出我们今天所理解的"镇管村"的机制。唐力行、徐茂明《明清以来徽州与苏州基层社会控制方式的比较研究》(《江海学刊》2006年第1期)指出,明中叶以来国家对徽州基层社会的控制是通过民间宗族组织实现的,苏州则形成官方、半官方和民间组织的多元控制格局,太平天国运动后,苏州民间组织才取得较大的发展空间。

明清以来,苏州成为江南的经济中心以及城镇网络核心,伴随经济的发展,人口迅速增加。王宇川《浅析清代中前期苏州城市工业人口的职业构成》(《江苏地方志》2007年第1期)认为,苏州城市人口包括府城(城内及城厢附郭)人口和市镇人口。清中前期苏州府城人口约为80万,市镇人口约为30万,城市人口总数为110万。清代中前期苏州从事丝织业的人数至少为10万人,从事谷物加工业的人数约为1.5万人,酿酒业人数约为1万人,服装制造业大概为1万人。当时工具制造业以及造船业等难以做定量分析。从行业分析来看,清代中前期有轻工业超重、重工业畸轻的特点。以苏州为核心代表的江南地区走的是一条以"超轻结构"为特点、具有中国特色的早期工业化道路,自给自足的封建小农经济在整个经济结构中已不再占据绝对支配地位。李伯重《工业发展与城市变化:明中叶至清中叶的苏州(上)》(《清史研究》2001年第3期)认为,明中叶到清中叶苏州城市扩大表现为城市地域范围的扩展与城市人口的增加,形成一个以苏州府城为中心、以郊区市镇为"卫星城市"的特大城市。谢鸿权《古代文献中的城市保障:明清苏州仓储》(《山西档案》2015年第5期)认为,古代仓储体系是传统城市生活及城市空间的重要构成。通过梳理明清时期苏州仓储制度概况,并在分析官仓城市功能、分布情况的基础上,文章讨论了仓储建筑在群体布局和构造处理方面的特色。作为仓储建筑珍贵遗产的丰备义仓,具有不可忽视的文化价值,是发达农业文明的历史写照。

(二)太平天国时期苏州经济

关于李秀成与苏福省社会经济的关系,郭存孝等《略论太平天国的"苏福省"》(《江苏师院学报》1980年第2期)指出,李秀成通过各种措施经营苏福省,最终使苏福省在军事上成为东南地区指挥中心,经济上成了太平天国后期繁荣昌盛的基地,上层建筑领域成为"革故鼎新"的榜样。董蔡时《略论李秀成在苏州地区根据地建设》(《江苏师院学报》1980年第1期)认为,李秀成采取的释放在押人犯,稳定社会秩序,镇压地主武装,开科取士,发展生产,重征绅富等措施,一方面使农民群众得到了巨大的实际利益,另一方面为太平天国筹措了巨额的经费。郭毅生《太平天国开辟苏福省的意义与李秀成在苏福省所作的贡献》(《苏州大学学报》1983年第2期)认为,苏福省的建立,成了太平天国后期的支柱。李秀成在苏福省实行减赋、扶持商业的政策,短短三年内苏州各县集镇繁兴,商业发达。王国平《浅析太平天国在吴江芦墟颁发的"租凭"》(《苏州大学学报》1985年2期)指出,太平天国吴江地方政权在征收田赋中采取了四种措施,即"着佃办粮";设立租粮公收局,先粮后租征收田赋;颁发"租凭",让地主取租办赋;颁发田凭,照旧交粮纳税。这四种措施形式互异,其实质则同是对封建土地关系的承认和恢复。段本洛《关于李秀成在苏州推行的租税政策性质问题》(《历史教学》1979年第7期)对李秀成所推行的租税政策做了深入研究。

李秀成在苏州实行的种种政策尤其是其实行的招降政策,一直以来在学界争论不断,茅家琦《简议李秀成在苏州的招抚政策》(《苏州大学学报》1983年第2期)认为李秀成在苏州实行的招抚政策,总的说来是正确的,但是对于具体事件还应具体分析,分别对待,该肯定的要肯定,该否定的要否定,做出实事求是的评价。

涉及苏福省社会经济问题研究的还有:谢世诚《太平天国苏福省人口初探》(《学海》1993年第3期)统计1860年苏福省开辟时,"其所辖各县人口总数为10 720 096人"[1],到1865年苏福省人口大量减少,严重影响了苏南地区的社会经济,生产力水平下降。另据王国平《太平天国的苏福省与苏州郡》(《太平天国史论》,苏州大学出版社2011年)考证,苏州城区人口,道咸年间估计约数十万。事实上,由于种种原因,太平军入城前,苏州城区人口已经锐减。太平军占领苏州期间,出征班师,军队大规模频繁调动,人口流动性极大,实际上很难精确考定这几年间的苏州城区人口。大体上说,居民约近10万,加上驻军,城区人口约在20万。王晓南、廖胜《太平天国占领区清方妇女死难情形研究》(《绵阳师范学院学报》2014年第6期)通过对同治《苏州府志》列女传所旌表烈女事迹的梳理,认为苏州妇女死于太平战事的人数是相当多的,且殉难方式多种多样,死难情形相当凄惨。死难地点遍及苏州府各县、镇和广大乡村。战争带来的暴力和恐怖气氛,太平军的强制"掳妇"和奸淫妇女,以及吴越地区妇女浓烈的"名节"观念等因素导致大量妇女自杀身亡。

---

[1] 谢世诚:《太平天国苏福省人口初探》,《学海》1993年第3期。

(三) 近代经济的发生与发展

鸦片战争后，苏州开始了近代化的转变。朱小田《吴地近代化的特征》(《铁道师院学报》1993 年第 2 期)认为，吴地近代化有辐射性、整体性、近代性等特征，在半殖民地半封建的社会中，吴地人民把握机遇，不断踏上近代化的新台阶，以纺织业为代表的苏州工业取得一定程度的发展。段本洛《近代苏州丝织手工业八十年间的演变》(《近代史研究》1984 年第 4 期)认为，19 世纪末和 20 世纪初苏州传统的丝织业发展为资本主义工场手工业。随着外国资本主义的先进技术和小型动力机械的不断输入和仿造，苏州一部分丝织工场过渡到资本主义机器工业，构成了中国民族资本主义工业的一个组成部分。陈映芳《近代苏州棉纺织工场发展简论》(《苏州大学学报》1988 年第 2 期)认为，近代苏州棉布染织手工工场的发展历史揭示了这样一个规律：西方资本主义经济侵入后，我国资本主义萌芽曾出现过新的发展，但在半殖民地半封建经济形态下，这些萌芽已不可能像西方资本主义早期那样健康成长。肖楚龙《论吴文化冶铸(下篇)——吴地历代冶金业的发展》(《江苏科技大学学报》2006 年第 3 期)认为，明清时期苏钢的生产盛极一时，吴地金、银、铜、铁的许多优秀传统工艺品制作技术流传至今，并被发扬光大。中日《马关条约》规定开苏州为通商口岸，苏州通商场与日租界几乎同时开辟。金兵《论近代苏州通商场的变迁》(《苏州大学学报》2007 年第 6 期)认为，苏州通商场与苏州日租界在管理权、公共设施管理、土地制度等方面存在很大不同，由于地理区位的限制，苏州通商场后来陷于停滞状态。游欢孙《近代苏州地区市镇经济研究》(复旦大学 2005 年博士学位论文)认为，近代以来苏州地区大量的中小型市镇是各自所在区域的商品交换中心，吴江县的盛泽、震泽和同里工商业发达，在近代以前便有向工业城市发展的趋势。苏州地区其他的中小市镇虽然与地区的商品经济的发展不无关联，但可能更多的是与江南地区的地域开发和人口的自然增长有关。

清代末期，苏州的江南核心城市的地位逐渐衰落，胡勇军《绝对衰落与相对衰落：近代苏州滞后发展及其原因分析》(《聊城大学学报》2014 年第 4 期)认为，近代苏州的发展可以 1900 年前后为界分为两个阶段。1900 年之前，传统的自然经济占主体，战争、交通、上海崛起等外部因素导致苏州突发性衰落，是一种绝对衰落。1900 年之后，随着近代工业化的推进，苏州逐渐恢复并不断发展，但相对于邻近的上海、无锡等城市来说，呈现出明显的滞后性，是一种相对衰落。近代苏州发展滞后的内部原因主要是经济结构僵化和失调。首先，主导产业衰落,棉布业一蹶不振,丝织业中养蚕、缫丝、织绸三个环节发展不均衡,影响了整个产业链的发展。其次,工商业结构失调:商业畸形繁荣,而工业发展滞慢又无法吸收商业积累的资本,两者难以形成良性的互动循环。戴鞍钢《上海开埠与江南城镇格局演变》(《历史教学》2014年第6期)认为,1843年上海开埠后的崛起,对江南原有城镇格局的冲击是多方面的。它促使了经济中心城市由苏州向上海的转移,并相应导致原先以苏州为中心、以运河为纽带的城镇体系转而归向上海。这些城镇的商品流通结构,也由先前面向国内市场并以粮棉产品交换为主,逐步转化为纳入国际市场的以外国机制工业品与中国农副产品间的交换为主。

三、社会史研究

清代苏州社会在全国范围内都是成熟发达的典型代表。具体表现为清代苏州社会保障事业相对完善,民间的自救组织能够较为有力地补充国家政权在社会慈善方面的缺失;清代苏州相对自由开放,民间信仰多元;清代苏州社会风俗较前代亦有改变,重商风气的发展推动了苏州社会经济的前进;妇女在社会中的角色越来越受到当时人的重视。

1. 社会保障

明清以来苏州的社会保障事业不断发展。既有宗族义庄内的保障,也有其他的慈善组织,另外,一些会馆、公所也兼具一部分社会保障功能。范仲淹首创的范氏义庄在历史上产生了广泛而深远的影响。王卫平《从普遍福利到周济贫困——范氏义庄社会保障功能的演变》(《江苏社会科学》2009年第2期)指出,宋代的范氏义庄奉行普遍福利的原则,周济对象为本宗族的成员,后来由于入不敷出,转而以周济贫困为宗旨,并且开始资助教育和科举,逐渐增加了对被助族人的道德要求。清中后期苏州乡绅也捐建义庄,面向乡里社会进行救济。丰豫义庄就是由绅宦家族捐建,面向邻里的综合性社会救济机构。余新忠《清中后期乡绅的社会救济:苏州丰豫义庄研究》(《南开学报》1997年第3期)认为,丰豫义庄的创办既是时代的要求,也与乡绅个人及其家族的道德观念和社会、政治地位密切相关,反映了清中后期江南社会对救济由散赈向制度化发展的一种努力。乡绅的救济行为并不仅仅是一种慈善行为,还是一种比暴力更具道德内聚力和持久性的社会控制手段。葛慧晔、王卫平《清代文化世家从事慈善事业的原因——以苏州彭氏为例》(《苏州科技学院学报》2007年第3期)认为,彭氏家族行善有着极为复杂的原因,既有佛、儒杂糅产生的生生思想、道家因果报应说的影响,也有对社会现实问题的焦虑,国家的鼓励和地方社会的认同也对彭氏家族行善起到了促进作用。王卫平、黄鸿山《清代慈善组织中的国家与社会——以苏州育婴堂、普济堂、广仁堂和丰备义仓为中心》(《社会学研究》2007年第4期)以清代苏州的四种慈善组织——育婴堂、普济堂、广仁堂和丰备义仓为例,指出清代前期苏州的慈善组织中存在着一种"官民合作"模式,民办慈善组织往往能够得到官府的支持和资助,官办救助机构也同样能得到来自民间的捐助。在太平天国战争之后,苏州的地方绅士在慈善组织中的地位有所提高,但这些慈善组织并没有溢出"官民合作"的范畴。黄鸿山《中国近代慈善事业研究》(苏州大学2007年博士学位论文)指出,从清代苏州慈善组织的管理和收入看,晚清时期的"社会"并没有真正独立于"国家",强国家、弱社会的基本格局并没有改变,慈善事业并不能视作近代中国的"市民社会"或"公共领域"。王卫平、黄鸿山《继承与创新:清代前期江南地区的慈善事业——以彭绍升为中心的考察》(《苏州大学学报》2011年第3期)重点介绍了彭绍升的慈善思想和实践,以及他对之后江南地区慈善事业的影响。

张少筠《近代苏南宗族族田保护措施研究》(《中国农史》2009年第3期)认为,近代苏南宗族在族田的建置、存续以及受侵害或遭战乱破坏等不同阶段,结合自身和官府两方面的力量,综合运用多种方法对族田实施保护,体制堪称完备。清代后期以来,随着苏州地区工商业发达且外来异乡人增多,加之苏州有乐善好施的传统和近代某些慈善事业做法的影响,苏州地区公所的善举活动增多。宫宝利《清代后期苏州地区公所的善举活动》(《史学集刊》1998年第1期)指出,清代后期有许多工商公所订立善举章程,通过购置义冢、施棺助丧、恤孤赈贫、延医给药、创设义塾等多种方式救济同行业中的穷人。关于明清以来苏州与徽州社会保障的异同亦有学者进行研究,唐力行、徐茂明《明清以来徽州与苏州社会保障的比较研究》(《江海学刊》2004年第3期)认为,明清以来,徽州社会保障基本上由民间血缘性的宗族组织承担,苏州社会保障虽然也主要由民间承担,但除了宗族之外,地缘性的善堂善会、业缘性的会馆公所也承担了重要的保障职能。徽州商人是徽州与苏州互动的中介,两地的社会保障因而也发生互动联系。互动不仅对两地社会保障形式与内容产生影响,而且影响了两地社会的发展路向。陈希强《论清代苏州义学发展中的官方作用》(《黑龙江史志》2014年第15期)认为,清代苏州科举繁盛离不开义学的发展,而清代苏州义学的发展又离不开政府的积极倡导和保护,其中最直接地体现在创办义学、经济支持和法律保护等方面。

2. 民间信仰

苏州地区民间信仰历来兴盛，到了清代更趋发展。王健《祀典、私祀与淫祀：明清以来苏州地区民间信仰考察》（《史林》2003年第1期）认为，明清时代苏州地区的民间信仰作为民间社会的一部分，与国家正统处于相对立的地位。当它对现实秩序产生威胁时，国家便会加以干预、纠正，如果事态持续发展，神灵便可能遭到禁绝。其另一篇文章《明清江南毁淫祠研究——以苏松地区为中心》（《社会科学》2007年第1期）指出，明清时代苏松地区的官方毁淫祠行动主要通过毁祠庙、建社学、祀正神等方式加以展开，这一行为主要依赖地方官员的政治热情与利益趋向，且不可能真正从根源上铲除淫祠产生的土壤，因此，就其成效长远而言难以得到保证。庙界是明清以来苏松民间信仰中的一个重要概念，在该地区主要存在有围绕土地庙形成的庙界和围绕城隍庙、东岳庙等市镇庙宇形成的庙界。王健《明清以来江南民间信仰中的庙界：以苏、松为中心》（《史林》2008年第6期）认为，庙界的划分往往与地方行政区划有关，庙界之间，由于地域开发的先后、相关群体的利益驱动等原因，还存在相互间的竞争与冲突，经济利益的驱动是庙界之间竞争的直接起因。明清时期江南地方家族与民间信仰之间不存在绝对的疏离。王健《明清江南地方家族与民间信仰略论——以苏州、松江为例》（《上海师范大学学报》2009年第5期）认为，江南尤其是苏松两地大的家族的家庙会深入地介入地方信仰之中，对江南民间信仰的发展产生特有影响，而民间信仰的存在反过来也会对家族的发展产生影响。对于苏州与徽州民间信仰的差异，亦有学者进行专门研究，唐力行、王健《多元与差异：苏州与徽州民间信仰比较》（《社会科学》2005年第3期）认为，明清以降，徽州民间信仰始终处于理学与宗族的阴影下，得不到充分的发展。而苏州民间信仰则具有更为广阔的生存空间，信仰的多元性特征得到了充分展示，具有旺盛的生命力。谭鑫《明清苏州地区关帝信仰与民间社会》（《黑龙江史志》2013年第21期）指出，明清时期是关帝信仰形成并向江南发展的关键时期，也是苏州地区关帝庙祠兴修和扩建的重要阶段。苏州各州县庙宇称谓多样，地位较高。随着关帝信仰的演变，关帝的神职逐渐多样化，在官方，不仅保留其忠义的形象，还扩展到模范作用、勇武层面；在民间也被赋予求财、保平安等新的神职功能。统治者有目的地增加关帝神职，以此通过管理这一信仰形式，来组织民众，以达到维持社会稳定、控制百姓生活的作用。而普通民众也在热闹的祭祀活动中得到了心灵的满足。这两方面也同时促进了关帝信仰的不断深入发展。高万桑、张安琪《清初苏州的道教与民间信仰——穹窿山施道渊的个案》（《清史研究》2015年第1期）认为，清初苏州道士施道渊(1617—1678)的有关文献记载颇丰,为研究正统道教与当地民间信仰之间的关系,特别是道教神祠与"灵媒"信仰之间的关系,提供了独一无二的例证。施道渊曾应苏州当地士绅之邀,主持禳灾祛邪的仪式。在这个过程中,他不仅役使经典道教雷法传统上的各类"武神",同时还将地方神明纳入其神役体系。因此,像"五通"这类具有"正邪"两面性的神明,在某种程度上被"驯服",变得更容易被人接受。根据现有的田野调查显示,"五通"尽管仍然具有一定的边缘性,但其整体上已被纳入了主流道教。

3. 社会风俗

明清以来苏州城市文化和社会风气发生很大变化。唐力行《从碑刻看明清以来苏州社会的变迁:兼与徽州社会的比较》(《历史研究》2000 年第 1 期)认为,明清以来的苏州家庭经历了一个从大家族聚宗而居到以小家庭为主的变迁模式,形成了一个遍布城乡的社区保障网络,大众心态呈现出多元信仰及求实变通的趋势。在另外一篇文章《明清以来苏州、徽州的区域互动与江南社会的变迁》(《史林》2004 年第 2 期)中,作者也表达了类似的观点。王卫平《明清苏州社会风尚的变迁:吴地民风嬗变研究之二》(《历史教学问题》1993 年第 4 期)认为,明清时期苏州人的思想观念有了较大改变,重商的风气日趋浓厚,拜金思潮风行一时,人们的思想和生活开始偏离封建礼制的轨道。这就为启蒙思想的产生开辟了道路。明清苏州社会各风俗层之间彼此联系,相互影响。李明《明清苏州社会各风俗层的互动与交融》(《江苏社会科学》2006 年第 2 期)认为,上层社会风俗对苏州民众社会风俗产生的影响表现为制约、催化作用,反过来,大众风俗对上层社会风俗亦有影响,苏州社会风俗的对流传通,是苏州文化在明清取得长足发展的重要因素。其在另一篇文章《明清苏州、扬州、徽州三地风俗的互动互融——兼谈"苏意""扬气"与"徽派"》(《史林》2005 年第 2 期)中,认为苏、扬、徽风俗互动由徽商自任媒介,呈现不同方式。苏、徽之间因苏州文化底蕴厚,区位优势强,风俗互动表现为渗透基础上的互融;徽、扬之间,徽商在扬占主导地位,不仅塑造了扬州风俗的个性,还衍化为"扬气",与"苏意"共领一代风骚;徽州本土既接受苏、扬风俗的辐射,产生与之有密切联系的"徽派",也能基本保持原来的传统。唐力行《明清以来苏州的社会生活与社会管理——从苏州碑刻的分类说起》(《上海师范大学学报》2009 年第 3 期)认为,苏州碑刻之多与明清以来苏州的地位相对应,这些碑刻较为真实地反映了苏州区域社会和当地民间生活,反映了国家和地方制度以及已经消失了的历史场景。王卫平、王莉《明清时期苏州家训研究》(《江汉论坛》2015 年第 8 期)认为,明清苏州家训数量繁多,形式多样,内容丰富,其中多数家训依谱而生,形成家谱与家训共同昌盛的景象。究其原因,则与明清时期苏州社会经济文化的发展密不可分。家训的主要内容集中于探讨个人的修身观、家庭管理的治家观、教育子孙的训子观以及与家庭紧系而又超乎其上的社会观。从个人到家族再到社会,国家层面的逐步递进,表现出苏州家训的内在逻辑。明清苏州家训既承袭了历代传统家训文化的精神,又表现出苏州的地域特色,重视科举和工商业是其重要特点。

胡敏《明清苏州文化的闲适性及其功能》(《铁道师院学报》1994年第2期)认为,温柔秀美的自然环境、富足的社会经济环境、安宁的社会政治环境等因素,使明清之际的苏州文化具有了闲适性。在此影响下,苏州近代社会的发展缺少活力,处于"温"态,落后于新兴的上海及相邻的无锡,苏州因此失去了江南中心的历史地位。与胡敏观点类似,严明认为明清时期苏州城市文化的主要特点之一就是诗性文化。他在文章《明清苏州城市诗性文化的经济底气》(《浙江学刊》2006年第5期)中认为,商贸经济发达基础上的思想的自由化和生活方式的多元化是明清苏州城市文化的表现,其底气则集中表现在城乡经济一体化之后的一种追究适意的自由精神与审美趣味方面的雅俗交融。明清时期的苏州休闲空间分为私人休闲空间(园林)和公共休闲空间(寺观庙宇等宗教场所、旅游胜地、街巷河道交往空间、茶馆、会馆等社交场所)。曾琳《明清苏州休闲空间研究》(同济大学2007年硕士学位论文)在分析明清及明清以前的政治、经济、社会、城市格局的背景下,围绕分布规律、兴起原因、发展特点等对明清苏州休闲空间进行了研究,总结出了明清苏州休闲空间的特点,并对今天城市遗产保护、居住区建设、民俗文化等方面提供借鉴作用。[1] 近代以来,随着社会的发展,苏州民俗亦有很大变化。朱小田《近代苏南的民俗变迁》(《历史教学问题》1991年第4期)认为,近代苏南地区生产民俗、交易民俗、服饰民俗都有很大变化,民俗变迁是社会变迁的结果,反过来又影响社会的发展。

4. 妇女角色

清代尤其是近代以来,随着社会的发展,苏州女性角色越来越重要,名门才女崛起,闺阁诗人涌现,即使是普通家庭女性的地位亦显得重要起来。戴庆钰《明清苏州名门才女群的崛起》(《苏州大学学报》1996年第1期)认为,吴地深宅大院中具有深厚底蕴的园林文化、相对开明自由的社会风习、闺友间切磋琢

---

[1] 关于清代苏州城市的研究还有甘兰经:《清代苏州城市风貌》,石琪主编:《吴文化与苏州》,同济大学出版社1992年。

磨、互为师友所形成的风雅之习,造就了独具格调的苏州名门才女。王婕《清代苏州闺阁诗人研究》(苏州大学2006年硕士学位论文)认为,清代苏州闺阁诗人由于时代的局限存在种种不足,但她们的诗歌为清代诗坛增添了一道独特的风景线,对其他艺术门类以及吴地文化的传承也起到了重要的作用。张翔凤《从苏州碑刻看女性的家庭与社会生活》(《史林》1999年第3期)认为,明清以来苏州的重赋使女性角色显得重要起来,当时的女织是苏人赖以生存的产业;主妇除亲身参加劳动外,还承担组织生产的责任,女性还积极参与商业活动;中国资本主义萌芽最初产生于丝织业,产生于苏州,离不开女性的贡献。宋莉媛《明清苏州妇女日常生活变化探析》(《巢湖学院学报》2006年第1期)认为,在明清苏州地区的商品经济日益发展的大背景下,女性在日常生活中扮演的角色开始多元化,她们拥有丰富的文化生活,同时开始迈出闺门,跨入社会,积极参与商业活动、社会交往。鸦片战争以后,外国传教士大量来华,有一批外国女性传教士在苏州妇女中宣传教义,发展教徒,开办学校,兴办医疗。陈艳《近代苏州地区的基督教女传教士(1880—1930)》(苏州大学2006年硕士学位论文)认为,这些女传教士的活动客观上推动了苏州社会的进步与发展,但存在一定程度的负面影响。随着女性角色地位的明显提升,明清时期苏州文人创作中女性视角逐渐被认同。英子《三生花草梦姑苏——兼谈明清时期苏州文人创作中的女性视角》(《江苏地方志》2002年第4期)认为,明清时期苏州人们已经开始关注女性,尽管要达成精神上的对话、人格上的真正平等还有相当长的路要走,人们却不能不承认苏州由名士、名女、名文、名画组成的意韵悠长、流芳百世的文化特质。

总之,清代苏州尤其是太平天国运动以前的苏州以发达的农业经济为基础,加之畅通的运河、发达的海关,使其成为江南乃至全国粮食的中转站。不仅如此,农业的发达,交通的便利,又推动了手工业、商业的繁荣。同时,纺织行业中开始出现资本主义萌芽。在此基础上,清代苏州文才甲天下,各种文化事业繁荣,人才辈出,科第鼎盛,造就了一系列著名的科举世家。苏州成为传统社会中最成熟、最具代表性、最有活力的地区。鸦片战争以后,苏州开始了近代化的转变,清末新政的开展,苏州商会的成立,促进了苏州市民社会以及苏州城市的转型。学界对清代苏州的研究亦主要在上述诸方面开展。

四、文化史研究

清代的苏州既经济富庶又风光旖旎,这对当时的文化产生重大影响。清代苏州在文学评论、小说、昆曲、评弹、传奇、风俗画、雕砖、园林建筑、住宅民居、家具服饰等方面均取得较高的艺术成就。

1. 小说与文学评论

葛永海《明清小说与苏州风情》(《苏州科技学院学报》2004年第3期)认为,明清小说中以富贵和风流为两大特色,形象细腻地展示了苏州的城市风格。明末清初的吴县人金圣叹,是我国历史上著名的文学评论家。学界对金圣叹的研究主要围绕哭庙案、金圣叹及其思想的评价、金圣叹评改《水浒》等问题展开。以张国光《我国杰出的启蒙思想家金圣叹》(《江汉论坛》1979年第1期),潘云告《金圣叹与早期启蒙思想家之比较》(《求索》1985年第3期)、《金圣叹的性命之说及其民本思想》(《晋阳学刊》1987年第5期),金德门《金圣叹是不反动的封建文人——也与公盾同志商榷》(《社会科学》1980年第5期)为代表的文章认为,金圣叹是我国杰出的启蒙思想家,性命之说和民本思想是金圣叹思想的主要成分,他不是一个反动的封建文人。与他们观点正好相反的是高淡云的《不应该拿"哭庙案"来为反动文人金圣叹翻案》(《光明日报》1964年11月8日)、公盾的《关于金圣叹思想评价的几个问题》(《哲学研究》1965年第3期)等,他们认为金圣叹思想中有落后的成分,金圣叹是一个典型的封建文人。关于金圣叹评改《水浒》问题,学界也多有争论。吴志达《评金圣叹批改〈水浒〉的问题——兼与张国光同志商榷》(《江汉论坛》1979年第2期)认为,金圣叹恶毒诅咒农民起义,仇恨起义军,丑化农民革命,竭力鼓吹忠君孝亲思想。持有相同观点的是殷杰的《金圣叹文艺观辨略》(《华中师大学报》1987年第2期)。易名《谈金本〈水浒〉——与吴志达同志商榷》(《江汉论坛》1979年第4期)完全否定吴志达的观点,认为金圣叹是一个"同情人民、有正义感的、封建时代的评点家"。萧相恺、欧阳健《金圣叹〈水浒〉评改动机探》(《贵州社会科学》1981年第2期)认为,虽然金圣叹是地主阶级知识分子,但他提出了市民阶级的理想和愿望,具有进步思想。张国光《要全面评价金圣叹评改〈水浒〉的重大贡献》(《杭州师院学报》1985年第2期)认为,金圣叹批改《水浒》成绩是主要的,学界应该纠正在金圣叹问题上的"左"的倾向。学界还有关于金圣叹的小说理论、金圣叹评改《西厢》、金圣叹故居、金圣叹晚期活动及其死亡原因的研究。[1]

---

[1] 王齐洲:《金圣叹小说理论初探》,《社会科学研究》1981年第5期;刘文山:《论金圣叹评改〈西厢〉》,《社会科学研究》1981年第5期;金苏:《金圣叹故居新探》,《社会科学辑刊》1987年第6期;陆林:《生命中的最后一次欢会——金圣叹晚期事迹探微》,《南京师范大学学报》2000年第5期;《金圣叹之死》,《教学与研究》1981年第1期;王振羽:《金圣叹死因考》,《徐州师范大学学报》2006年第4期。

2. 戏曲

虎丘曲会是吴中一带终年不断的民间习俗,[韩]郑元祉《明清时期苏州"虎丘曲会"演剧史的考察》(《中华戏曲》2005年第2期)认为,虎丘曲会是继承古代祭月仪式的一种兼具群众性和竞技性的活动,是明清时期昆曲清唱活动的标本,证明清唱方式与舞台演出并列是明清两代戏曲活动的主流之一。周敏《清代苏州地区商品经济影响下的戏曲活动》(《中国音乐》1990年第2期)认为,清代苏州商品经济的发展对戏曲艺术的发展产生重要影响,当时戏曲班社有家班、草台班和梨园班,这三种班社都在不同程度上与当时社会经济生活发生联系。艺人社会地位的上升得益于经济地位的提高。梨园子弟是苏州的一大特产,明清以来苏州出了数以万计的优伶。李嘉球《论明清时期苏州梨园文化》(《史林》1998年第3期)认为,明清两代苏州优伶能在中国戏剧舞台上一统天下,得益于"乡音",更为重要的是特定的土壤即区域经济和文化。苏州梨园子弟是一个流动的群体,张敏《明清时期苏州府梨园子弟的播迁》(《复旦学报》1997年第6期)认为,梨园子弟播迁的主要方向是与苏州对等或地位比苏州高的全国性或地方性的政治、经济、文化中心,如扬州、北京、上海、南京等城市,梨园弟子的播迁对中国的戏曲文化、对迁入地的社会风气都带来了深远的影响。

昆曲和评弹是清代苏州曲艺的两种主要形式。文人对于昆曲的"清赏"与"雅玩"的态度,对昆曲的盛衰运势、艺术形态、审美风格等均有重要影响。王宁《"清赏"与"雅玩"——昆曲的文人环境与地域色彩》(《文艺争鸣》2005年第1期)指出,"清赏"是文人观赏昆曲的主体方式,形成了昆曲在表演方面的诸多特点。"雅玩"即昆曲在很大程度上成了文人的一种生存方式,成为文人生活的很重要的组成部分。"求精尚雅"是地域文化对昆曲的影响。同昆曲一样,昆曲戏衣也得到重要发展,束霞平《苏州昆剧戏衣对苏州其他艺术形式的影响》(《装饰》2005年第10期)认为,昆曲戏衣成为当时苏州重要的文艺形式,对苏州桃花坞木刻年画、泥塑、传统民居木雕、门窗雕刻艺术等形式产生了巨大的影响。乾隆年间昆曲式微,评弹勃然兴盛。评弹以"说、噱、弹、唱"构成独特的综合艺术,音乐、文学与说表三者互相烘托、融合,形成独特的艺术魅力。朱栋霖《评弹:中国最美的声音》(《文艺争鸣》2005年第1期)认为,吴文化的滋养决定了苏州评弹的文化品格和美学特征,评弹俗中见雅的文化品格来源于雅俗兼容的文学性。清代评弹弹词的创作者以女性为多,秦燕春《鸳蝴文人的民间情节——以案头弹词创作及评弹演出、发展为中心》(《苏州大学学报》2005年第5期)认为,近世以来,以鸳蝴文人为主的男性作者,对于弹词的案头创作投入了相当大的精力,并在理论探索中做出了一定努力,进而在以苏州评弹为主的民间曲艺演出中,以脚本创作、提携艺人、亲历书场、行业鼓励等多种形式,对其发展、成熟做出了重要贡献。评弹对苏州社会的发展具有重要影响。吴琛瑜《晚清以来苏州评弹与苏州社会——以书场为中心的研究》(上海人民出版社2010年)以小见大地通过晚清苏州评弹书场这一小社会,来考察其与苏州这个大社会之间的相互影响过程。关于苏州昆曲与评弹的研究,近年来硕果累累。[1]

清代苏州传奇创作亦有重要发展。李玉是明清之际的杰出戏剧家,一生创作三十余种传奇。陈美林《论李玉剧作题材的现实性》(《南京师范大学学报》1984年第2期)指出,李玉经常选择时代中的重大政治事件作为创作题材,现实性和时代感是其重要特色。林智勇《试论李玉的戏剧创作思想和艺术特色》(《江西社会科学》1986年第5期)认为,李玉的传奇创作具有高度的思想性、艺术性和现实性,爱国主义精神、揭露现实黑暗、初步的民族精神是其作品的突出特点,其局限性为封建的正统观念和落后保守的思想。周传家《试论李玉传奇的思想倾向》(《河北学刊》1983年第4期)认为,李玉的政治态度和世界观不属于市民阶层的思想意识,而与当时的东林党人和复社文人是比较吻合的。其着力表现的是忠奸斗争和爱国情感。同样,李玉思想中也有仇视农民起义和奴变运动的落后思想。《清忠谱》是李玉根据天启年间东林党人和苏州人民反抗魏忠贤的斗争而作,具有强烈的政治倾向和深刻的时代意义。

3. 绘画

吴门画派对吴地风俗画的发展有重要作用,社会通俗文化以及工商业的发展、市民阶层的形成对风俗画的发展起了重要作用。李涵《略论明清以来吴地的风俗画》(《苏州大学学报》2005年第5期)认为,吴地独立的文人品格和对世俗生活表现的热忱,造就了一大批极有成效的风俗画家。清代苏州风俗画作品中最有代表性的是《姑苏繁华图》,晚清吴地风俗画在画坛上最有影响的是"当代十洲"吴友如。桃花坞"姑苏版"木刻年画是特指清代乾隆年间带有"西法"风格的年画作品。周密《苏州桃花坞"姑苏版"木刻年画研究》(苏州大学2007年硕士学位论文)认为,乾隆年间是"姑苏版"年画产生、发展和繁盛的时期,社会大

---

[1] 关于苏州评弹的研究,主要有周良:《苏州评弹旧闻钞》,江苏人民出版社1983年;《苏州评弹》,苏州大学出版社2000年;《苏州评弹史稿》《苏州评弹艺术论》《中国苏州评弹》,百家出版社2002年等;《苏州评话弹词史》,中国戏剧出版社2008年等。关于昆曲的研究,则有高福民:《苏州——中国昆曲的发祥地》,上海人民美术出版社2003年;谢振东:《苏州昆曲》,苏州大学出版社2004年;顾聆森:《昆曲与人文苏州》,春风文艺出版社2005年;等等。

环境、文人画家的参与为其风格的形成提供了契机,且当时"姑苏版"作品已经销售到日本。凌君武《苏州桃花坞木板年画与艺术"新大陆"》(《苏州教育学院学报》2003年第1期)指出,苏州桃花坞木版年画以它独有的东方艺术形式和特点被深受中国文化影响的日本所吸收,中国绘画的一些规则亦在日本"浮世绘"版图的艺术中有充分的体现。

4. 园林和村落

明清苏州园林鼎盛,最多时有200多处园林,有"江南园林甲天下,苏州园林甲江南"之说。董正秀《明清苏州园林兴盛之背景透视》(《科学大众》2006年第5期)认为,明清苏州商业的发展,为苏州园林的兴盛提供了物质条件;王阳明的心学为文人的归隐提供了哲学基础;士大夫成为造园者的主流;造园艺术有了长足的发展,并出现了造园专论。杨旭辉《苏州园林的书卷气和隐逸气》(《中国典籍与文化》1995年第2期)认为,苏州园林是主人性格、心灵的艺术外泄,是出于自然的情景交融的艺术精品。园林艺术是自然环境、建筑、诗、画、楹联、雕刻等多种艺术的综合。陈晨《苏州明清第宅园林建筑的嬗变探微》(苏州大学2007年硕士学位论文)认为,苏州第宅园林在明清时期发展到历史的最高峰,明清时期是"俗文化"与"雅文化"的交叉融合期。而这一点在建筑装饰语言特别是雕刻题材、雕刻方式和彩画三方面得以集中体现,园主人在园林文化创作中的作用不容忽视。苏州园林以拙政园、网师园、留园、沧浪亭等为代表,体现了不同时代的建筑风格。《世界文化遗产——苏州古典园林》(《华东旅游报》2004年6月25日)一文认为,苏州古典园林运用了对比、衬托、对景、借景以及尺度变换、层次配合和小中见大、以少胜多等造园技巧和手法,将亭、台、楼、阁、泉、石、花、木组合在一起,在都市中创造出人与自然和谐共处的居住环境,在世界园林发展史上占有无可替代的重要地位。

清代苏州古村落崇尚自然,追求和谐与稳定的聚居空间,表现出典雅的人居思想和人居文化。王朗《明清苏州村落的景观要素及其变迁》(苏州大学2005年硕士学位论文)认为,明清时期的苏州地区村落生产条件优越,且村落中拥有一定数量的文人士大夫,为人们追求和营建一种优雅宁静的村落生活空间提供了条件。

5. 住宅和家具

清代苏州传统民居住宅有其独特的文化内涵和鲜明的地域色彩。刘长飞《浅析吴文化对苏州传统住宅建筑特点的影响》(《山西建筑》2007年第4期)认为,吴文化在建筑类型、平面布局以及建筑形象、细部甚至装饰、装修、图案、纹样等各方面都能有所体现。吴文化中的务实性、世俗性、辐射性、兼容性以及吴地水文化,古朴、精致的审美趋向,崇教尚文的精神,开放兼容的心态在建筑上均有体现。顾蓓蓓《清代苏州地区传统民居"门"与"窗"的研究》(同济大学2007年博士学位论文)认为,清代苏州地区的门窗艺术以地理环境为依托,以历史文化作底蕴,各个艺术门类的繁荣和建造工艺的快速发展,促成了它的兴盛,最终在苏州地区形成独树一帜的明清历史村镇、历史建筑群。该作者还专门探讨了苏州传统民居的门楣辟邪物,所撰《苏州地区传统民宅门楣辟邪物研究》(《东南文化》2006年第2期)、《苏州传统民居门楣辟邪物》(《江苏地方志》2006年第5期)认为,苏州地区传统民宅器物型门楣辟邪物有镜子、八卦、五彩布条、利器和竹簸箕。让辟邪物担负起保护家园的责任,其中蕴含着人们心灵上的寄托。苏州砖雕在清乾嘉时期达到鼎盛,居晴磊《苏州砖雕的源流与艺术特点》(苏州大学2004年硕士学位论文)认为,苏州砖雕在艺术上所呈现的精雅细腻、气韵生动、极富书卷气的特征是江南地区人文特征的集中反映,更是苏州地区综合审美取向与生活方式的集中体现。左亚琳《苏式家具江南文人的心灵之约》(《东南文化》2000年第2期)认为,明清时期苏式家具不事雕琢、不加虚设,追求造型委婉、比例匀称、线条清秀雅致的风格,弥漫着淳厚的文人气息。

6. 藏书家与藏书楼

苏州是江南藏书家中心,其所辖的常熟县也有众多藏书家。谢灼华《试论清代常熟派藏书家》(《江苏图书馆学报》2000年第1期)认为,常熟藏书家的主要特点是传承相续,具有地区特色,藏书注重版刻考证和文字校勘,重视装饰和保藏。吴翌凤是乾嘉年间的藏书家,范逸清、蔡建康《苏州藏书家吴翌凤》(《江苏图书馆学报》1999年第4期)指出,吴翌凤以藏书、抄书、读书为乐,成为当时的一个大学问家。学界还有众多关于苏州及常熟藏书家的研究成果。[1]

7. 教育

清代苏州教育发达,由儒学、社学、义学、书院及私学构成的教育体系完备。苏州文庙府学是北宋范仲淹所建,采取"分斋式"教育,培养学生立志成才。张晓旭《论古代苏州文庙府学的教育成就》(《南方文物》2002年第4期)认为,苏州文庙府学是"苏州状元甲天下"的重要前提。苏州紫阳书院是康熙五十二年江

---

[1] 瞿冕良:《常熟先哲藏书考略》,四川大学出版社1990年。简秀娟:《钱谦益藏书研究》,台北汉美图书公司1991年。江庆柏:《近代江苏藏书家研究》,安徽文艺出版社2000年。曹培根:《常熟藏书家藏书楼研究》,上海文化出版社2002年;《书乡漫录》,河北教育出版社2004年;《瞿氏铁琴铜剑楼研究》,苏州大学出版社2008年。

苏巡抚张伯行创建,经费由政府负担,戈春源《清代苏州的紫阳书院》(《铁道师院学报》1993年第2期)一文详细考察了紫阳书院的发展演变,以及其在苏州教育史上的地位。徐启彤《清代吴地书院的演进与学术思潮》(《苏州大学学报》1994年第2期)一文考察了清代以苏州为代表的吴地书院,认为其从教育制度、教育内容、学术地位、人才培养、社会影响等方面在江南甚至全国都具有代表性和典型性,并指出该地书院的发达和当时的社会政治、经济、学术思潮有密切的关系。

近代以来,苏州的封建教育逐渐衰落,新式教育兴起,留学生、教会学校增多并且出现女学。美国北卡罗来纳大学厉励的博士学位论文《兰纱斐与慧灵女中》着重探讨了传教士在苏州创办教会中学的背景与作用等。

马敏《清末苏州学制演变析论》(《华中师大学报》1987年第2期)一文指出,自1905年废止科举制到1911年,苏州学制演变进入了"推广学校"的大发展时期,同时也确定了清末民初苏州近代学校教育体制的基本格局。作者认为清末苏州教育制度的变迁对生活节奏长期缓慢、封建性甚为浓厚的苏州古城来说起到了巨大的社会效应,对当时苏州社会经济、政治和文化等各方面均有一定影响。光绪二十三(1897)苏州中西书院成立,光绪二十七年(1901)博习书院、苏州中西书院合并为东吴大学,吴竞《略谈东吴大学建校经过》(《苏州大学学报》1983年第1期)详细考察了东吴大学的创办过程。光绪三十二年(1906)苏州所辖吴县各镇都设有小学堂,宣统二年(1910)城区开设女子教育,许周鹣《吴县教育与社会近代化》(《教育评论》1995年第2期)指出,因地制宜办学、发展技术教育是吴县人士发展教育的特点。吴县近代教育培养的人才成为当地社会近代化的一支进步力量。近代苏州女子教育发展很快,辛亥革命前后,苏州成立了一批女子学校,陈赞绵《近代苏州女子学校研究》(苏州大学2006年硕士学位论文)认为清末苏州女学的兴起,标志着封建教育制度在苏州开始走向瓦解,近代教育制度逐步在苏州得以确立。近代苏州女子学校促进了近代苏州社会的发展,推动了苏州女子解放运动的发展,开化了社会风气,但是它也存在诸多弊端,具有时代局限性。随着近代苏州女子教育的发展,近代苏州女教师群体兴起,王文娟《近代苏州女教师群体研究》(上海师范大学2007年硕士学位论文)考察了近代苏州女教师群体的产生背景,即近代女子教育和女性就业两大思潮的兴起。接着从家庭和职业两个方面介绍了苏州女教师的生活,最后介绍了苏州女教师与苏州地方社会的交往与互动,展示了近代苏州知识女性对于苏州近代教育和社会事业做出的巨大贡献。苏州留学生有规模数量的出国是在1890年以后,女性留学生所占比例较大。杨思《近现代苏州留学生教育》(苏州大学 2006 年硕士学位论文)认为苏州坚实的经济基础、丰富的历史文化底蕴、较为完善的基础教育体系、优越的地理区域优势,以及良好的家庭(家族)教育条件为苏州近代留学生提供了条件。

8. 状元与进士

与梨园弟子一样,苏州的另一特产为状元,清代苏州府总共有 25 名状元、6 个榜眼、12 个探花,状元占全国的 22.5%,为全国各府之冠。田雁《清代苏州的状元》(《江苏师院学报》1982 年第 1 期)认为经济发达、政治安定、教育发达、藏书丰富是苏州多状元的重要条件。苏州被称作状元之乡,黄锡之《状元之乡的家庭教育》(《社会》2004 年第 1 期)认为浸染于浓厚教育氛围中的苏州家庭,产生了不落门第的心态,读书为先的观念影响学子勤奋苦读,传承不变的家训以及来自女性的教育,都为苏州状元做出了贡献。明清两代苏州地区的状元是一个独特群体,他们一方面精通科举取士的技巧,一方面学有专长,多有文集、著作流传。朱焱伟《明清苏州状元文学研究》(复旦大学 2004 年博士学位论文)认为发达的经济、安定的社会环境、丰富的藏书,以及兴盛的出版业和教育业为苏州状元的出现创造了客观的条件;苏州的灵山秀水、文风士风养成了他们独特的审美情趣,从而形成恬淡、典则、清丽为主的深具地域特点的文学风格;他们对苏州地区士风、文风的发展方向也同样有着巨大的影响和作用。对苏州状元、人才的研究还有很多。[1]

明清苏州进士 1 779 名,其中明代 1 016 名,清代 763 名。明清徽州六县的进士 652 名,其中明代 405 名,清代 247 名。有清一代,苏州有各类诗文集的作者 1 842 人,徽州 496 人;他们中各类有功名的诗文集作者数量,苏州是徽州的 3 倍。吴建华《明清苏州、徽州进士的文化素质与文化互动》(《史林》2004 年第 1 期)从进士与人口的比例、进士的名次、进士的诗文著述三个方面比较明清苏州、徽州进士文化家质的同异,探讨其地理和人文环境的根源,认为苏州与徽州模式的文化互动是两地进士人口文化素质提高的重要原因。其另一篇文章《明清苏

---

[1] 李嘉球:《苏州状元》,苏州大学出版社 1999 年;胡敏:《苏州状元》,福建人民出版社 1996 年;潘光旦:《近代苏州的人才》,《社会科学》1935 年 10 月 1 卷 1 期。学界亦有对钱谦益、柳如是的专门研究:裴世俊:《四海宗盟五十年:钱谦益传》,东方出版社 2001 年;方良:《钱谦益年谱》,线装书局 2007 年;孙之梅:《钱谦益诗选》,人民文学出版社 2009 年;杨连民:《钱谦益诗学研究》,社会科学文献出版社 2007 年;裴世俊:《钱谦益诗选》,中华书局 2005 年;丁功谊:《钱谦益文学思想研究》,上海古籍出版社 2006 年;朱则杰、陈凯玲:《钱谦益〈吾炙集〉及其他》,《文艺研究》2008 年第 9 期;陈寅恪:《柳如是别传》,上海古籍出版社 1980 年;石楠:《寒柳:柳如是传》,人民文学出版社 1988 年;郦千明:《钱谦益柳如是的老少恋》,《文史天地》2009 年第 1 期;朱则杰:《钱谦益柳如是丛考》,《浙江大学学报》2002 年第 5 期。

州、徽州进士数量和分布的比较》(《江海学刊》2004年第3期)认为明清苏州进士总数是徽州的近三倍,明代苏徽各自的进士数都比清代多,进士额县级单位分布上苏州属县的进士数远高于徽州属县的进士数,而且差距极大。

明清时期,苏州的一些文人出于各种原因参与教育活动,主要集中在授徒、就职于书院、卖文、刻书和撰稿等几个领域,一部分官员在去职后也加入了治生队伍的行列。徐永斌《明清时期苏州文人与教育市场》(《安徽史学》2007年第5期)指出文人治生呈现出多样化的特点,这与当时的环境、思想观念的变化是密不可分的。清代江南文化家族的发展过程,也就是清代文学创作力生成的过程。罗时进、陈燕妮《清代江南文化家族的特征及其对文学的影响》(《江苏社会科学》2009年第2期)认为清代江南文化家族重视家学,形成家族学术和文学艺术链;以儒为业,为世代簪缨而投入科场竞争;一门风雅,女性创作尤成蔚然大观;重视母系教育,培养学术与文学人才。

五、家族与人物研究

1. 家族研究

清代江南地区的世家大族是地方上重要的力量,地方社会生活中到处可见地方望族的深刻影响。汪庆柏《明清苏南望族与地方社会关系初探》(《常熟高专学报》1999年第1期)认为,当地望族积极参与地方的各项公益活动,使家族能够获得一个宽松和谐的发展条件,给地方带来了巨大的荣誉,并产生了实际的效益。徐茂明《江南士绅与江南社会(1368—1911)》(商务印书馆2004年)以文化权力为主线,以苏州大阜潘氏家族为个案,详细考察了明清时期江南士绅与江南社会的关系。其《明清时期苏州的宗族观念与文化世族》[1],则主要从苏州的宗族观念与宗族建设角度,探讨明清苏州文化世族形成的主导力量,同时对苏州文化世族的内涵、类型及与地域社会之基本关系进行了分析。2011年9月,徐茂明的《明清以来苏州文化世族与社会变迁》一书正式出版,以"文化世族"为核心概念,重点研究了明清以来苏州地区文化世族与地域社会之间的互动关系,成为清代苏州地区家族研究最为重要的成果之一。

清代苏州重要的科第世家有长洲彭氏家族、大阜潘氏家族、常熟翁氏家族、昆山徐氏家族等。

长洲彭氏家族是清代江南地区科举世家的典型代表,也是清代苏州四大望

---

[1] 徐茂名:《明清时期苏州的宗族观念与文化世族》,《史林》2010年第6期。

族之一。余新忠《从苏州〈彭氏宗谱〉管窥明清江南人口状况——兼论谱牒与人口史研究》(《铁道师院学报》1997年第2期)根据苏州《彭氏宗谱》,探讨了彭氏家族育龄、人口增长、人才状况、生子状况、寿命、纳妾状况以及死于太平军攻占苏州的人数等内容。胡艳杰《清代苏州科举世家研究:以长洲彭氏家族为例》(苏州大学2006年硕士学位论文)指出,在科举世家逐渐形成及发展的过程中,彭氏形成了包括理学思想、佛学思想和维新思想的家学及重教好学、朴素节俭、乐善好施的家风,并且构建了独特的婚姻网络、文学交游网络和仕宦网络;同时,广泛地参与对地方社会秩序的维护及重建,积极参与公益事业。康、乾、嘉以后,长洲彭氏渐露式微之势。晚清以后,彭氏转向新式教育与西学。彭氏的命运是清代江南科举世家命运的典型。

由徽州移民入苏的潘氏也是苏州重要的科第世家。徐茂明《士绅的坚守与权变:清代苏州潘氏家族的家风与心态研究》(《史学月刊》2003年第10期)认为,潘氏家族发展过程中所形成的科举与经商迭相为用的二元价值观、学宗宋儒与讲究实用的家学传统,是徽州和苏州两种不同地域文化整合的结果。而潘氏族人的仕途实践经验、因果报应观,生动地反映了清代江南上层士绅的行为方式和伦理道德观。其在另外一篇文章《清代徽苏两地的家族迁徙与文化互动——以苏州大阜潘氏为例》(《史林》2004年第1期)中指出,潘氏由徽入苏后通过科举、婚姻、社交努力融入苏州社会,同时,承袭徽州服膺宋儒、敬宗收族、务本求实的传统,由业贾为主转向业儒为主,家风则由"高风峻节"向"谨慎谦退"转变。徽苏两地潘氏族人互相来往,主要体现在潘氏迁苏族人的寻根意识、教化意识及其宗族观念的回输。

常熟翁同龢家族是苏州又一重要的科第世家。谢俊美《家族独特文化品位成因浅议——以常熟翁氏为例》(《台州师专学报》2000年第1期)认为,常熟翁家的文化特色是耕读而仕,以文经世,注重学问、道德、事功三者的统一,顺应潮流,与时俱进。其独特文化的成因得自当地丰富的文化滋润、严格的家教,以及重视文化的传承。对于翁氏家族的研究还有很多。[1]

清末民初,在西学东渐的过程中,苏州众多世家大族顺势而变。苏州东山王氏即为一例。张建华、徐茂明《清末民初江南士绅家族的"中西观"——以苏州东山莫厘王氏为中心》(《苏州大学学报》2009年第3期)指出,清末民初王氏家

---

[1] 谢俊美:《常熟翁氏:状元门第 帝师世家》,中国人民大学出版社1999年;《翁同龢 翁心存 翁斌孙》,河北教育出版社2006年。王振羽:《江南缂衣堂——翁同龢家族文化史》,长江文艺出版社2009年。

族涌现出王季烈等一批开明士绅,倡导女权,译介西方科技著作,对近代科学的发展产生了影响,他们的"中体西用"观在江南士绅家族中具有一定的代表意义。

下层士人是清代苏州又一个庞大的社会群体,他们在地方社会上的作用不容低估。吴琛瑜《清代中叶江南下层士人的社会文化交往圈——以〈吴门表隐〉作者顾震涛为例》(《上海师范大学学报》2008 年第 1 期)考察了与顾震涛有交往关系的下层士人,认为血缘关系是构成其社会交往圈的基础,地缘、业缘关系是对血缘关系的补充,而趣缘关系则是主导因素,它通过文化将前三者有机结合,使社会交往圈成为牢固社会关系的载体。这一文化圈的功能是促进下层士人文化素质与心理素质的提高、积累下层士人的社会资本、稳固社会地位、推动地方文化发展等。她的另外一篇文章《清代中期江南"准士"的社会生活研究——以姚廷遴、沈复、顾震涛为例》(《苏州大学学报》2008 年第 3 期)则对姚廷遴、沈复、顾震涛的社会生活进行了比较研究,认为三人都是自小失学的"准士",他们处在士人群体底层,无论是从小接受的家庭教育,还是长大后他们的内心深处,都保留着士人的特性,保留着独立的精神生活。

2. 人物研究

近代以后苏州人才鼎盛,具有全国影响的主要以冯桂芬、王韬、翁同龢等为代表。

冯桂芬为道光二十年(1840)庚子科探花,晚清著名的思想家。学界对于冯桂芬的研究,主要集中在冯桂芬的思想、冯桂芬的历史地位等方面。冯桂芬的思想主要体现在其著作《校邠庐抗议》中。陈旭麓《论冯桂芬的思想》(《学术月刊》1962 年第 3 期)认为,冯桂芬《校邠庐抗议》是沿着龚自珍、魏源以来的改革道路前进的。他所提出的问题和资产阶级改良主义的要求大体一致。冯桂芬属于资产阶级改良主义的范畴,是中国近代资产阶级改良主义思潮通过地主阶级知识分子进行推动的最初表现。申笑梅《冯桂芬思想浅析》(《辽宁大学学报》1979 年第 5 期)认为,冯桂芬的社会政治思想是进步的、有积极意义的,但不属于洋务思想体系。丁志伟《〈校邠庐抗议〉与中国文化近代化》(《历史研究》1993 年第 5 期)认为,冯桂芬的《校邠庐抗议》对于曾国藩、李鸿章等的影响不可低估,该书对"师夷长技"说既有继承又有发展,标志着中西近代文化交流史上发生了一个阶段性的进展。

冯桂芬在中国近代思想史上起着承前启后的作用,同时也有局限性。学界亦对冯桂芬的政治、经济、教育等思想进行了专门研究。陆纯仁《冯桂芬的政治思想》(《南京师大学报》1987 年第 3 期)认为,冯桂芬的政治思想标志着地主阶级改革派思想的顶点和早期资产阶级改良派思想的起点。陈为民《略论冯桂芬经济思想的矛盾性》(《江淮论坛》1986年第6期)认为,冯桂芬是地主阶级改革派代表人物之一。冯桂芬经济思想在对待外国资本主义侵略问题,封建土地所有制和封建主义剥削、奴役的问题,民族资本主义发展的问题上存在矛盾。对于冯桂芬的教育思想,雷克啸《冯桂芬教育思想述评》(《河南大学学报》1986年第3期)认为,冯桂芬是地主阶级知识分子,他重视经世致用之学,主张学习西学,改变科举考试内容。关于冯桂芬的革新思想,李永协《自强与西学——冯桂芬的革新思想》(《暨南大学学报》1981年第1期)认为,冯桂芬是中国资产阶级思想家前驱中最后的一人。他既认为学习西方为第一要政,又主张以中国伦常名教为原本;他主张采取新生产力,但不敢接触所有制问题;他主张学习西方,但又坚持尊孔读经,甚至主张复活宗法制度。

冯桂芬思想的阶级属性,学界争论不断。王栻在1956年作《冯桂芬是不是一个具有资产阶级民主思想的改良主义者?》一文,认为冯桂芬是洋务派的代表人物。陈旭麓《论冯桂芬的思想》则认为冯桂芬是我国近代最早的资产阶级改良主义者,冯桂芬思想属于资产阶级改良主义的范畴。赵婧《试论冯桂芬思想的阶级属性——与王栻、陈旭麓同志商榷》(《学术月刊》1962年第10期)则认为,冯桂芬的积极改革的主张还是局限在封建主义的框子内,没有明显的资产阶级民主主义的内容,因此冯桂芬的思想既不是洋务派,也有别于资产阶级改良主义,而和龚自珍、林则徐、魏源等人一样,属于地主阶级改革派。辛明《略论冯桂芬思想的阶级实质》(《浙江学刊》1964年第3期)明确认为,冯桂芬是地主阶级的代表人物,他的思想中存在着矛盾。冯桂芬没有认识到资本主义经济侵略的严重性,远没有接触到改变生产关系来发展民族资本主义经济,他的思想不可能是资产阶级改良主义的,只是地主阶级改革派思想在新的历史条件下的继续,只不过在其思想中封建性、妥协性占主要方面。张齐政《论冯桂芬思想的历史地位》(《衡阳师专学报》1984年Z1期)认为,冯桂芬是地主阶级的一员,是改革派思想的先行者,在近代中国资产阶级改良主义思想的发生发展过程中,起到了承前启后的重要桥梁作用。对于冯桂芬的思想以及其主持修纂《苏州府志》等,学界还有大量研究。[1]

---

[1] 周辅成:《冯桂芬的思想》,《历史教学》1953年第9期;刘兴华、孙孝恩:《关于冯桂芬思想评价的问题》,《哈尔滨师院学报》1963年第2期;林敦奎:《试论冯桂芬的思想》,《历史教学》1963年第9期;颉之:《冯桂芬思想述评》,《河北师院学报》1979年第4期;马敏:《冯桂芬思想辨析》,《华中师院研究生学报》1983年第5—6期;陆振岳:《冯桂芬与同治〈苏州府志〉》,《苏州大学学报》1996年第1期。

比冯桂芬略晚一点的王韬,是中国近代著名思想家,1847 年开始在上海主持墨海书馆,后因"黄畹案"出逃香港。1867 年王韬游历欧洲,1874 年在香港创办中国最早的华文报纸《循环日报》,1879 年王韬东游日本。王韬经历传奇,活动广泛,思想较为先进,学界对其进行了广泛而深入的研究。学界先后出版了《王韬日记》,以及其代表性著作《弢园文录外编》。[1]

学界对王韬的研究主要集中在王韬的思想、办报活动、"黄畹案"等几个方面。朱英《中国近代最早提出"变法"口号的思想家——王韬》(《史学月刊》1982 年第 6 期)指出,王韬是中国近代最早提出变法口号的改良主义思想家。他批评洋务派标榜"自强"学习西方的自欺欺人之谈,同时广泛介绍西方各种政治制度,但未能提出明确的纲领,也没有制定具体的措施。陈祖声《简论王韬的办报思想》(《学习与思考》1981 年第 6 期)认为,王韬是清朝末年的改良主义政论家,也是我国近代报刊的开拓者和近代办报思想的奠基人,他宣称办报的目的是宣传政治主张,提出了一些朦胧的新闻学观点。陈祖声在其另一篇文章《王韬报刊活动的几点考证》(《新闻研究资料》1981 年第 4 期)中,对王韬所办《循环日报》的"循环"二字进行了考证,认为循环非指太平天国革命循环不已,而是指由封建闭关到变法改良是一种循环规律,中国由弱变强也是循环的必然。王韬是我国近代专文表达报刊思想的第一人,他对办报的目的、报刊的言论自由、报刊的职能和作用及报刊中的新闻学观点提出了系统认识。作者考证,王韬并未担任过《申报》总编辑。夏良才《王韬的近代舆论意识〈循环日报〉的创办》(《历史研究》1990 年第 2 期)以所见的《循环日报》的缩微本,考证了《循环日报》的创办时间、创办宗旨等内容。作者认为王韬循环论的核心思想是"变",他发表在《循环日报》上的文章,充分体现了他资产阶级变法自强思想的实质。

学界对王韬思想的研究,主要集中在其文化思想、人才思想、外交思想、洋务思想等方面。李喜所《评述王韬及其文化思想》(《东岳论丛》1987 年第 5 期)指出,王韬的文化主张是"西体中用",即用西方的政治、经济、文化、技术来全面改造清廷,同时发挥儒家文化的传统,使中西并举,天下合一。王韬认为国家应实行变革,而其中心环节在于造就和选用"贤才"。他批判科举制度,主张废八股、科举,设新式学校。关学增《王韬人才思想述论》(《史学月刊》1987 年第 4 期)指出,王韬为近代中国提供了一套粗具规模的反映时代需要的人才思想,其进步意义与历史作用应予肯定。张国霖《试论王韬改革科举的思想》(《贵州社会科

---

[1] 王韬:《王韬日记》,中华书局 1987 年;《弢园文录外编》,中华书局 1959 年。

学》1995年第4期)指出,王韬认为科举制度埋没人才,应当在取士原则、考试科目等方面变革科举制。作者认为王韬的主张突破了传统八股取士的框架,对整个中国教育的近代化起了思想启蒙的作用。关于王韬的洋务思想,黄定平《王韬洋务思想的形成和发展》(《赣南师范学院学报》1990年第4期)认为,1859年,王韬在上海写下了《与周弢甫征君》的信件,标志着他洋务思想的初步形成。1867—1870年间,王韬的欧洲之行对他洋务思想的发展起了关键性的作用。1874年,王韬创办《循环日报》,宣传他的洋务思想。王韬的"民本思想"带有一定的民主因素,符合早期民族资产阶级的利益,揭示了近代政治形式的方向,所以说是带有资本主义性质的开明政治,是康梁维新思想的先导。傅美林《论王韬的洋务思想》(《历史教学》1996年第8期)认为,王韬的思想成熟于他主办《循环日报》期间,没有脱离洋务官僚"中学为体,西学为用"的窠臼,是具有明显资本主义倾向的地主阶级开明派的思想,也就是洋务思想。汤标中《王韬的商本论》(《湖南商学院学报》1996年第3期)认为,王韬提出的商为国本论不仅代表民族资产阶级的利益和要求,而且为中国独立发展民族资本主义经济提供了思想理论武器,在中国近代经济思想史上占有重要地位。王韬与洋务大员丁日昌关系密切,邓亦兵《论王韬与丁日昌》(《史学集刊》1987年第3期)认为,王韬与丁日昌同属于开始向资产阶级转化的地主阶级分子。他们的思想处于洋务思潮不同层次的认识阶段上,是地主阶级改革思想向资产阶级维新思想的过渡形态,都包含在洋务思想的框架之中。

王韬的变法自强主张是以他的世界观念和史学思想为重要依据的。肖永宏《论王韬的世界观念》(《江海学刊》1996年第6期)认为,完整体现王韬地理观的是他的"九州观","变局论"是王韬宏观认识世界的起点,世界成为一个整体是王韬"变局观"的核心内容,也推动了王韬世界"大同"构想的产生。学界对王韬"道器说"的看法存在差异,有学者认为王韬坚持"器可变,道不能变",有人认为王韬持"'道'是不变的,也是要变的"观点。王守正《王韬的"道器说"及对近代中国历史前途的认识》(《史学集刊》1987年第2期)认为,王韬的"器"的内涵不仅指科学技术,也包括政治制度,赋予"道"进化的解释。王韬"道器俱变"的思想表明他已经朦胧地看出资本主义在各国(包括在中国)发展的历史前途,这也是他与洋务派的根本不同点。王韬旅欧回国后写出《法国志略》《普法战纪》等著作。单素玉《王韬及其对法国大革命的述评》(《辽宁大学学报》1989年第4期)认为,王韬反对封建君主专制,不赞成民主共和,向往法国革命带来的社会生产力进步,否认资产阶级民主的积极作用,虽赞扬法国人民的巨大力量,又对人民革命的行动进行诬蔑。忻平《论王韬的史著及其史学理论》(《史学理论研究》1997年第3期)认为,王韬的政治主张与改革方案都以史学理论为依凭。他的史学思想具有鲜明的时代特色:进化史观,循环论与大同说,实用而可转换的道器论与体用观,选择君主立宪制却赞赏民主共和制,倡导科技兴国,重视科学对历史进步的影响。

有关王韬变法思想的研究,郑海麟《王韬与近代中外文化交流——兼评王韬变法思想的形成和发展》(《广州研究》1986年第8期)认为,王韬经历广泛,出走香港、欧洲旅行、东渡日本为其思想的形成提供了条件。他一生的事业都是在为发展中外文化交流而努力,从未停止过探求救国救民真理的思想步伐。朱健华《治中以驭外——王韬改良思想的主旨》(《贵州大学学报》1996年第1期)认为,"治中以驭外"是王韬改良思想的主旨,反映出他要求改变中国现状、重振华夏的强烈愿望,表现出一个早期资产阶级改良思想家的爱国热情,代表了当时中国社会的进步要求和先进思想。郑海麟在其另一篇文章《论王韬的外交思想》(《河南师范大学学报》1996年第4期)中指出,王韬的外交思想包括:学习西方文明,实行政治改革;外交必须建立在自身强大的基础上,以维护本国政治、经济利益为宗旨,强调外交的平等原则,坚决反对侵略者强加于我国的特权。张海林《论王韬"华夷观"的变化及其近代外交思想》(《江苏社会科学》1992年第1期)认为,随着王韬受香港、欧洲新环境、新事物的影响,其意识中"夷""夏"位置的转移,外交思想顺势发生了转变。王韬开创了中国务实主义外交思想的先河,把传统的中国外交思想推进到近代形态。王韬幼时受正统的传统教育,后来随着时代的发展,王韬的思想也不断改变。高申鹏《王韬与传统思想的变迁》(《贵州社会科学》1993年第6期)指出,柯文教授从伦敦教会的教徒登记考证出王韬1854年8月26日曾受洗入基督教,并参加过一些宗教活动,是个忠诚的基督徒。"黄畹案"后王韬逃亡香港,这是他思想真正转变的开始。他主张学习西方,还表现出对西方政治制度的向往,摒弃了"重农抑商"的传统观念。周利生《王韬思想述评》(《萍乡高等专科学校学报》1994年第2期)认为,王韬作为一名早期改良派思想家,其主要思想有反侵略的爱国思想,发展资本主义工商业的经济思想,抨击封建专制、提倡君民共主的政治思想。王韬的早期改良思想为后来资产阶级维新派康、梁所继承。关于王韬的思想,学界还有很多研究。[1]

---

〔1〕 沈镜如:《王韬的改良主义思想》,《浙江师院学报》1957年第1期;吉雁南:《试论王韬的改良主义思想》,《史学月刊》1958年第4期;马东玉:《王韬的"变法自强"思想》,《光明日报》1983年8月3日。

关于"黄畹案"的问题焦点在于王韬是否化名黄畹,上书太平天国。忻平《从王韬的名号观其坎坷曲折的一生》(《社会科学战线》1983 年第 3 期)考证,王韬一生共用过"利宾"等 5 个名、"子丸"等 9 个字、"甫里逸民"等 17 个笔名或别号,这些名号与其坎坷曲折的经历密切相关。罗尔纲、郭汉民等认为王韬化名黄畹上书太平军,提出了一系列的主张。[1] 而杨其民《王韬上书太平军考辨——兼与罗尔纲先生商榷》(《近代史研究》1985 年第 4 期)认为,上书太平天国的黄畹和王韬无关,王韬不会上书太平军。黄畹书是模仿王韬文章伪造的,其中几处思想与王韬有矛盾。王韬的名、号从来没有叫过黄畹。作者认为说王韬曾上书太平军难以成立。作者在另一篇文章《王韬是教徒吗》(《史林》1997 年第 3 期)认为,王韬以儒士自居,不会加入西教,日记中提到的到会堂听讲(做礼拜),无非是保持"洋饭碗"(佣书墨海),应付西教士的权宜之计,不足以证明他是一个教徒。

王韬在香港居住 22 年。居港期间,王韬一方面翻译儒家经典,一方面主持《循环日报》。陈本源《王韬与香港》(《苏州教育学院学报》1997 年第 4 期)认为,王韬走了一条与传统知识分子不同的道路,反映了中国近代早期资产阶级改良派的政治主张;其《香港略论》比较全面地叙述和分析了香港的方方面面,是最早的一篇由中国学者写的关于香港的专题研究报告。郭汉民《王韬与香港》(《湖南教育学院学报》1997 年第 4 期)认为,王韬注意考察香港的历史与现状,羡慕香港的资本主义制度及其所带来的巨大变化。张敏《晚清新型文化人生活研究——以王韬为例》(《史林》2000 年第 2 期)利用王韬与盛宣怀部分往来书信,认为王韬晚年的生活内容可分为著述、教书、刻书、交游与休闲生活四个方面。其生活来源是为报馆写稿、开书局印书卖书、担任格致书院山长、为达官做顾问、编书得些馈赠、挂名文案领取干薪、友人资助。

翁同龢是晚清名臣、两朝帝师,两入军机且兄弟封疆、父子帝师、叔侄状元,在晚清政坛上具有重要的地位,他参与了晚清几乎所有的大事件,如中法战争、中日甲午战争、戊戌变法。学界对翁同龢的研究也主要是伴随着这些问题展开的。徐国强《翁同龢的精神遗产与常熟地方文化》(《清史研究》1999 年第 2 期)认为,翁同龢的革新意识、忧国忧民的宽广胸怀、经世致用的教育思想,与常熟浓厚的地方文化是分不开的。杨增麒《翁同龢教育思想初探》(《吴中学刊》1994 年第 3 期)认为,翁同龢作为帝师,其教育思想的核心是儒家教育思想,特别重视

---

[1] 郭汉民:《王韬与香港》,《湖南教育学院学报》1997 年第 4 期。

政治思想、道德规范的教育。

谢俊美《翁同龢与中法战争》(《历史档案》1996 年第 1 期)指出,1882 年 12 月,入军机处后翁同龢坚决主张抗击法国侵略;甲申政潮后,翁同龢虽出军机,但是仍然协助奕䜣,为抗法斗争出谋划策,充分表现了翁同龢的爱国情感。其在另一篇文章《翁同龢与 1895 年反割台斗争》(《历史教学》1994 年第 11 期)中指出,《马关条约》签订后,时任军机大臣、户部尚书的翁同龢旗帜鲜明地反对割地,并且采用各种方式支持台湾绅民的护岛斗争,其与台湾人民患难与共的爱国之心,是值得尊敬的。戚其章《翁同龢与甲午和战之争》(《山东社会科学》1994 年第 2 期)指出,以翁同龢为代表的主战派认为只有改换人事,罢黜孙毓汶与李鸿章后才可实施其策略,然而几次上奏均未被认可,后来他们请恭亲王出山,恭亲王主政后继续维持和局,和战不定最终导致全面溃败。沈渭滨《甲午战争与翁同龢的士大夫本色》(《清史研究》1994 年第 4 期)认为,甲午战争时期的翁同龢表现了中国士大夫忧国忧民的本色,翁同龢以及清流一派的士大夫们在甲午战争中的表现是中国传统知识分子的一次绝唱。龚书铎《翁同龢与甲午战争》(《清史研究》1994 年第 4 期)认为,翁同龢主张抵抗日本侵略,反对妥协求和,是对的,是是非问题,不能简单地归结为翁同龢与李鸿章之间的个人恩怨。朱金甫《也论翁同龢在甲午战争中的作用与责任》(《清史研究》1994 年第 4 期)充分肯定了翁同龢的主战立场,同时指出甲午战争失败是主和误国,是清廷及清军的腐败导致的失败。甲午战争前,翁同龢结交一批新进清流,成为帝党领袖,文廷式即为其中一员。刘方《翁(同龢)文(廷式)交谊与其政治背景》(《史学月刊》1986 年第 1 期)指出,甲午战争期间,帝党公开与后党对峙,文廷式发动翰林院多次联衔上书弹劾李鸿章。甲午战后,翁同龢身居枢要却没有拿出办法整顿朝政,文廷式在其日记中多次指责翁同龢误国,对翁同龢任用私人、亲信也有异词。汤志钧《翁同龢和帝党》(《近代史研究》1994 年第 4 期)认为,甲午战后,以康有为为首的资产阶级改良派同帝党结合,推动戊戌变法,促使了变法的实现,应对这一时期的翁同龢和帝党给予肯定。陈光《翁同龢支持戊戌变法动因新探》(《上海师范大学学报》1995 年第 2 期)认为,忠君爱国是翁同龢思想的主导层面,其中体西用的变法主旨与康有为的政变主张有明显区别。翁同龢支持维新变法,忠君爱国是最主要的原因,其野心不可否认亦不可夸大。

维新风潮正盛之时,翁同龢被开缺,后交地方官严加管束。侯宜杰《略论翁同龢开缺原因》(《清史研究》1995 年第 4 期)认为,翁同龢在开缺之前,树敌过多,在中枢中已处于孤立无援的境地。1898 年 2 月开始,由于认识分歧,光绪帝与翁同龢之间逐渐产生了裂痕。作者认为翁同龢被开缺原因是多方面的。关于翁同龢与李鸿章的关系,翁飞《翁同龢、李鸿章关系探源》(《安徽史学》1994年第4期)指出,李鸿章与常熟翁氏有深厚的师门渊源,翁同书因寿州事件遭遇曾国藩纠参,参折并非李鸿章撰写,即使有某种程度的参与也是奉命行事。同样,翁同龢断不至于因政见不同而对李鸿章"好蓄小怨",落井下石,以私害公。李侃《翁同龢略论》(《历史档案》1994年第4期)认为,翁同龢是晚清政局中举足轻重的重要人物,一生毁誉参半。翁氏立朝时外患频仍,朝局纷争,他面对极端复杂的局面和盘根错节的内外矛盾,虽尽力调和,但仍未成功,最终成为那个时代的悲剧人物。王忠《晚清枢臣翁同龢思想探析》(《长春大学学报》1996年第1期)探析了翁同龢政治思想演变的轨迹,认为翁能摒弃祖宗遗训,为反对外来侵略、谋求国家独立而努力学习西方先进文明,奠定了他在中国近代历史上的地位,其思想闪烁着爱国主义光芒。学界另外亦有对翁同龢的研究。[1]

---

[1] 谢俊美:《翁同龢评传》,南京大学出版社1998年;《翁同龢传》,中华书局2000年;《翁同龢集》,中华书局2005年。

中华民国时期苏州史研究

朱小田

一、关于反帝爱国运动研究

在民国时期苏州反帝爱国运动研究中,以对五四运动和"五卅"运动的关注最多。早在1984年,苏州市档案馆和苏州地方志编纂委员会办公室就专门编印了"苏州五四、五卅运动资料专辑",作为《苏州史志资料选辑》第一辑印行。此资料以1911年至1982年修志时限内有关苏州地方历史的文献、口碑资料、专业志稿、人物传记及其他资料为主,为相关研究提供了方便。接着,就有张圻福和叶万忠合作的《五四运动在苏州》问世。苏州是一个历史悠久的文化古城,它位于沪宁线中段,东临上海,西接南京,同全国各地交往密切。苏州历来文化教育事业比较发达,学生思想活跃,政治敏感性强。苏州又是一个富有光荣革命斗争传统的城市,故苏州人民尤其是青年学生很快投入五四运动的洪流之中。苏州人民在这一划时代的伟大事件中贡献了自己的力量。该文比较详细地介绍了五四运动在苏州的情况,分析了其中的原因。[1]接着,两人发表的《"五卅"运动在苏州》介绍了苏州在声援上海"五卅"运动中的组织领导,对青年学生、工人和各界人民的声讨集会、示威游行、募款接济上海工人、提倡国货和抵制外货等方面的情况进行了详细梳理,同时分析了资产阶级对运动的矛盾态度。[2]吴竞则对两次运动在东吴大学的情况进行了专门讨论,凸显了青年学生在反帝爱国运动中的独特作用。[3]何振球利用《常熟日日报》1919年5月28日至6月10日期间的资料对五四时期在常熟的情况进行了介绍。五四运动在常熟历时两个多

---

[1] 张圻福、叶万忠:《五四运动在苏州》,《苏州大学学报》1984年第1期。
[2] 张圻福、叶万忠:《"五卅"运动在苏州》,《中学历史》1984年第3期。
[3] 吴竞:《五四运动在苏州东吴大学》,《苏州大学学报》1984年第2期;《"五卅"运动在东吴大学》,《苏州大学学报》1990年第2期。另,范崇山等的《江苏"五卅"风潮》(《江海学刊》1983年第3期)也涉及苏州的情况。

月,城乡中小学和各界人士都卷进了这一时代的狂飙,声援游行、演说、罢课、罢市、抵制日货等。运动显现出两个特点:运动的广泛性和宣传的通俗性。[1]

从1922年3月初"非基督教学生同盟"发表《宣言》,指称"现代基督教及基督教会,就是这(资本主义)经济侵略的先锋队",开始在全国范围掀起了一场"非基"运动。1925年12月25日,苏州爆发了一场由社会主义青年团员、进步青年知识分子发动和领导的"非基督教运动"。运动历时两年,参加者通过发表文章、宣传讲演、集会游行和散发传单等项斗争,给了在苏州的帝国主义侵略势力及其追随者以沉重的打击。对此进行过专门研究的郭必强认为,作为全国非基督教运动的一个组成部分,苏州在全国中小城市中具有一定的代表性,呈现出自身的特点和光辉:组织成员十分广泛,斗争形式多样,斗争时间长,因而留下了宝贵的历史经验。[2]

中共苏州市委党史工作办公室编著的《中共苏州地方史》(1919—1949)[3],对历次反帝爱国运动的线索有过系统的梳理。

二、关于工人运动研究

关于1949年前的工人运动,据复旦大学冯筱才的观察,目前学术界的研究集中于1921—1927年,论者尤其关注五卅及大革命时期各地工人运动的广泛开展。南京政府成立后的工人运动一般较少为人注意。既有的近世工人运动史研究中,"四一二"成为一个重要的分界点。一般看法认为,此后工人运动转入低潮。然而在江浙地区,"四一二"后,工运似乎并未因"清党"而停滞。冯筱才注意到,这时,此间不断发生的工运与国民党地方党部关系甚为密切。作者以苏州铁机工潮案为中心,"想从许多杂乱的线索中,试图找出一条潜在的左右北伐前后江浙地区劳资冲突历史的脉络"。作者认为,由于在中国有组织的长时间的工人抗议往往与党派甚至政府的作用密不可分,党人的利益关怀点往往又是针对资方也就是商人,所以在讨论当时这些劳资冲突案时,视角或许可以由劳资关系转移到党商(或者政商)这一面来。从党商关系出发,我们可以发现,20世纪20年代后华商企业的工人运动以劳资关系为其表,而以党商关系为其里。作者还特别注意到,苏州铁机工潮的发动与中共党团似乎都有一些牵连。中共干部往往

---

[1] 何振球:《五四时期的常熟》,《常熟文史论稿》,南京大学出版社1989年。
[2] 郭必强:《苏州近代史上一次反帝爱国运动》,《苏州大学学报》1985年第4期。
[3] 中共苏州市委党史工作办公室:《中共苏州地方史》(1919—1949),中共党史出版社2001年。

由于拥有地方社会网络的身份及其资源的支持,得以继续保持其影响力。[1]

1927年10月苏州爆发的铁机丝织工人大罢工名闻全国。这次罢工历时57天,时间之长,影响之大,在中国工运史上是不多见的。罢工发生在第一次国内革命战争已经失败,中国革命暂时处于低潮时期,而且在国民党统治的中心地区。因此,它成为学术界研究的热点。[2]王翔充分肯定这次斗争的意义,认为它是中国共产党人为保卫大革命时期的斗争成果,为保障工人群众切身利益而进行的一系列斗争中的一个环节。关于这次罢工的结局,传统观念认为是失败的。比如,超麟在中共中央机关刊物《布尔什维克》1927年第2期上的《苏州铁机工潮之悲愤》就称:"据最近消息看来,显然工人已受国民党政权的压迫而处于必败之势了。"但王翔通过分析这次斗争最后签订的《苏州铁机丝织业工商协定条件》,认为"这次罢工取得了一定成果,达到了预定目标,应该说基本上是一次胜利的罢工"[3]。

苏州工业资本家阶级的近代成长,在民初沪苏商民的"裁厘加税"斗争中明显表现出来。所谓"裁厘加税",即既要裁撤厘关税卡,废除封建性的厘金制度,又要增加海关税率,反对殖民性的协定关税制度。王翔在《民初沪苏商民的"裁厘加税"之争》中指出,民初沪苏商民的"裁厘加税"斗争,是以上海、苏州工商界为代表的中国民族资产阶级对帝国主义侵略掠夺,对军阀政府搜刮勒索的一次有力抗争,具有反帝反封建的性质,包含着爱国主义内容,成为其后一系列同样类型斗争的先导。1929年中国宣布关税自主和1931年宣布裁撤厘金,从某种意义上也包含有民初沪苏商民的"裁厘加税"斗争的积极成果。[4]如果联系清末江苏商民的"裁厘认捐"斗争,那么,"裁厘加税"从某种程度上也透露出中国工业资产阶级力量有所增长、资产阶级阵营内部力量对比发生变化这样一个信息。显而易见,"裁厘认捐"活动主要适应着商业资产阶级的需要,而"裁厘加税"之争则更多地显示出工业资产阶级的特征。[5]

三、关于抗日战争研究

抗日战争史的研究可以说非常丰富,包括苏州县区在内的地方志,政协文史

---

[1] 冯筱才:《劳资冲突与"四·一二"前后江浙地区的党商关系》,《史林》2005年第1期。
[2] 除了本文已揭的相关论文,还有王仲的《国民党与商会——一例劳资纠纷案折射出国民党政权建立后商会权利的沦丧》(《华东理工大学学报》2003年第3期),董建强的《正确的策略运用与二战初期苏州铁机工人大罢工的胜利》(《苏州铁道师范学院学报》2002年第4期)。
[3] 王翔:《苏州铁机工潮述论》,《档案与历史》1988年第2期。
[4] 王翔:《试论民初沪、苏商民的"裁厘加税"之争》,《史林》1987年第4期。
[5] 王翔:《从"裁厘认捐"到"裁厘加税"——清末民初江苏商民的两次重要斗争》,《近代史研究》1988年第3期。

资料部门出版的不少相关资料集,为此项研究提供了方便。[1]研究方面,最引人注目的是多种苏州抗日斗争史的著作问世,其中,以"江抗"为考察对象的著作最多。[2]

除了过程的梳理,专题的研究也不少。[3]在1941年下半年日伪对苏南地区发动的"清乡"活动中,常熟被确定为第一期"清乡"区的重点县,常熟抗日军民于当年的七八月经历了一场生与死的考验,接受了一次血与火的洗礼。沈秋农详细考察了这场"清乡"与"反清乡"过程,以及期间当地百姓所遭受的巨大痛苦与灾难。对"反清乡"斗争的失败原因,作者分析有三:缺乏正确的估计,造成决策上的失误;战术指导上的失误使部队陷于被动挨打的局面;工作上的"左"倾失误给"反清乡"斗争造成许多困难。但血的教训"为其他根据地的'反清乡'斗争提供了间接的经验,从而使日伪庞大的'清乡'计划最终以失败而告终"[4]。

关于抗战期间的财经工作,何振球有比较全面的叙述。抗战期间,在苏常太抗日游击根据地内活动的抗日武装最多时达三四千人,地方抗日武装和行政机关人数要超过上述数目。担负起给养任务的是苏常太抗日游击根据地的财经部门,他们为根据地的巩固、为抗战的胜利做出了巨大贡献。作者按阶段概述了他们的工作,揭示了取得成绩的原因:精干的队伍;帮助群众组织生产性的合作社;把财经工作作为贯彻执行党的抗日民族统一战线政策的一个重要方面来抓。[5]吴筹中等关注财经工作中的一个方面——"抗币"。中国共产党当年在苏南敌后抗日根据地根据既定的经济政策而发行的各种根据地货币,曾经对巩

---

[1] 此类资料,以日军暴行的口述资料集为多,也最有特点。如中共苏州市委党史工作办公室:《苏州大劫难——侵华日军罪行录》,中共党史出版社2010年;沈秋农:《常熟·1937》,上海社会科学院出版社2002年;王道伟:《牢记血泪史——侵华日军在昆暴行录》,上海科学技术文献出版社1995年。另,常熟市新四军历史研究会编辑的《沙家浜抗日诗词歌曲选编》(香港天马出版有限公司2004年)也很有价值,其中有任天石、周文在、杨浩庐、翁迪民等当时人的诗词、抗日歌谣等。

[2] 中共苏州市委党史工作办公室:《苏州抗日斗争史》,古吴轩出版社2005年;中共苏州市吴中区委宣传部:《烽火太湖——新四军太湖抗日游击支队史》,古吴轩出版社2011年;中共苏州市吴中区委宣传部:《苦难与抗争——抗战期间的吴中》(内部资料),2007年;中共江苏省委党史工作办公室《江抗战史》编写组:《江抗战史》,国家行政学院出版社2006年;中共江苏省委党史工作委员会、《苏南抗日斗争史稿》编写组:《苏南抗日斗争史稿》,江苏人民出版社1987年;中共江苏省委党史工作委员会编写组、江苏省档案馆:《苏南抗日根据地》,中共党史出版社1982年;江苏省中共党史学会:《江苏抗日斗争史》,中共党史出版社2007年。论文如葛德茂:《新四军在苏南浙西的抗日斗争》,《浙江师范学院学报》1984年第3期;潘容等:《太湖游击队的历史作用与主要经验》,《中学历史》1981年第3期。

[3] 相对集中的论文有:中共苏州市委党史工作办公室、苏州市新四军暨华中抗日根据地研究会:《苏南东路抗日根据地研究文集》,古吴轩出版社2005年。

[4] 沈秋农:《论抗战时期苏常太地区的"清乡"与"反清乡"斗争》,《民国档案》1995年第1期。

[5] 何振球:《苏常太杭抗日游击根据地的财经工作》,《苏州大学报学报》1986年第4期。

固和发展抗日民主根据地、支援抗日前线、发展经济和改善根据地人民生活发挥了很积极的作用。比如,当时的常熟县政府及东路经委会就批准发行过"双溪通用券",在常熟双溪镇各店号均可使用和流通,是一种小额的地方性辅币。这些"抗币"的产生和发展,是和当年华中地区进行的抗日战争密切相关的。[1]

关于抗战宣传,《江南》和《大众报》受到特别关注。《江南》1938 年 9 月创刊于无锡梅村,1939 年 5 月迁至苏州太平桥,后迁至苏州横泾、东唐市,11 月停刊;1940 年 3 月复刊于常熟县董浜,出至第 3 卷第 12 期,"清乡"时停刊,共出版 36 期,每期发行量大约 4 000 册。《大众报》创刊于 1940 年 2 月 8 日,地点在常熟县徐市镇,一直至"清乡"前夕的 1941 年 6 月 26 日,每期发行量大约在三四千份之间,最高达 13 000 份左右。萧和等人的文章介绍了两份杂志的重要内容和特色,揭示了报纸在艰苦环境中得以存在的原因。[2]

四、关于丝织业研究

在苏州民国时期所有的工业门类研究中,以王翔对丝织业的考察最为扎实。他认为,在中国传统丝织业走向近代化的历史行程中,苏州丝织业的近代革命具有一定的典型意义。由于丝绸生产的传统技艺和特殊要求,西方资本主义国家一时难以机器生产完全取而代之。时至 19 世纪末 20 世纪初,随着资本主义国家在丝绸科学技术上的突破,各国丝织业发展迅速,中国传统丝织业遇到了越来越强大的对手,衰象毕呈。面对危机,从民国初年起,传统丝织业开始了"产业革命"。以机器生产为起点,苏州丝织业将动物性原料与植物性的人造丝揉为一体,引起了丝织原料结构的根本性变化。尤其引人注目的是,经营方式由传统的分散的家庭劳动向新型的集中工厂生产转化,成为中国传统丝织业走向近代化的显著标志。与此过程相一致,丝织业的更新改造也造就了一个新的资本家阶级,他们一方面在丝织业的近代化过程中起了倡导组织、表率推动的作用;另一方面,其本身的阶级力量有所加强,阶级影响有所扩大,阶级意识有所深化,阶级组织有所增强。它展示了中国传统行业走向近代化的一条道路,其间所表现出来的一系列行业特征,构成了不同于那些移植产业部门(如棉纺织业、面粉业)的另一种典型。[3] 段本洛考察了苏州丝织手工业 1918 年至 1949 年 30 年间的

---

[1] 吴筹中、朱肖鼎:《苏南敌后抗日根据地发行的"抗币"》,《苏州大学报学报》1987 年第 2 期。
[2] 萧和、子江:《〈江南〉〈大众报〉及其抗日救亡宣传》,《苏州大学学报》1987 年第 3 期。
[3] 王翔:《中国传统丝织业走向近代化的历史过程》,《中国经济史研究》1989 年第 3 期。

演变,从另外一个侧面反映了苏州丝织业走向近代化的历史行程。[1]

在苏州丝织业的发展过程中,作为资本主义成长的途径之一,商业资本的产业化引起过学者的特别关注。从明清时期开始,在江南一些地区丝绸商品流通过程中出现了一种"绸领头"商人,其中以盛泽"绸领头"形态最为典型,发展过程也较为完整。王翔的《论"绸领头"》以此典型案例说明中国商业资本的转化问题。晚清盛泽"绸领头"显示出由商业资本向更高层次的产业资本转化的趋势。民国年间,伴随着中国传统丝织业由分散的家庭劳动向资本主义工场手工业和机器大工业的过渡,盛泽"绸领头"把资金从传统的流通领域抽出,转而投向生产领域,由商业资本转化为产业资本,为中国资本主义的产生提供了一条独特道路。[2]

对民国苏州丝绸业的发展障碍,王翔曾进行过分析。比如它跟繁复苛重的捐税关系极大:剥夺了企业"建厂购机"的资金,阻碍了生产技术的进步;提高了产品成本,削弱了市场竞争能力;打乱了正常的产供销秩序,干扰了企业的经营管理。对这一问题的研究,可帮助我们了解苏州丝绸生产由盛而衰的历史过程,也有助于我们加深对近代中国民族资本主义工商业艰难处境的认识。[3]至20世纪30年代中期,苏州丝绸业业务兴隆,销路畅旺,呈现出向前发展的趋势,但日本帝国主义发动的全面侵华战争中断了这一进程。沦陷期间的苏州丝绸工业饱受战火兵燹、苛捐杂税和各项统治的摧残和掠夺,受到了空前的毁灭性打击,丝绸生产急速衰落,濒临绝境。王翔在另一篇论文中具体考察了这一过程,周德华曾专文论述过沦陷时期的吴江丝绸业。[4]

苏州市档案馆从20世纪80年代初就着手组织编纂丝绸史料,并于1995年正式出版[5],可以作为苏州丝绸业的基本研究资料。

五、关于工业结构研究

在对主要的工业门类分别考察过后,段本洛、王翔等对晚清—民国时期苏州的工业结构进行了宏观的把握。段本洛指出,对中国资本主义工业发展史的研

---

[1] 段本洛:《欧战后苏州丝织手工业30年间的蜕变》,见段本洛:《中国资本主义的产生和早期资产阶级》,苏州大学出版社1996年。
[2] 王翔:《论"绸领头"》,《中国经济史研究》1987年第3期。
[3] 王翔:《民国苏州丝绸业的捐税》,《民国档案》1988年第3期。
[4] 王翔:《日本侵华战争与中国丝绸业近代化的中断》,《江南历史》1989年第4期;周德华:《沦陷时期的吴江丝绸业》,《江苏历史档案》1995年第2期。
[5] 曹喜琛、叶万忠等主编:《苏州丝绸档案汇编》(上、下),江苏古籍出版社1995年。

究不能仅仅偏重大城市里的大型工业,如果注意到中小城市和乡镇里的中小型民族工业和工场手工业,那么,我们就可以看出,19世纪末20世纪初在苏州及至整个苏南,形成了一种多层次的工业结构。从企业规模、设备、产品以及动力机械的使用等情况,大致可分为大型民族工业、中小型民族工业、工场手工业、简单协作的作坊和个体手工业等多个层次。各个地区各层次相互间既存在着竞争和排斥,又存在着协作和依存。作者以20世纪二三十年代至全面抗战前的苏南织物业为例进行的研究说明,这种复杂的关系在织物业的原料供应、商品产销、经营方式等各个方面明显地表现出来。民国苏州多工业结构存在的根本原因是,在半殖民地半封建社会的历史条件下,发展不充分的城市大型民族工业不可能充分发挥机器工业摧毁手工业的历史作用,全部剥夺工场手工业和个体手工业的市场;相反,不仅需要中小民族工业、工场手工业以及个体手工业作为补充,而且还要以其作为生存和发展的条件,由此形成一个多层次的工业结构。[1]就这种结构的性状,段本洛后来形容其为"宝塔式"。[2]王翔专门以苏州丝绸业为考察对象,从生产方式的角度所揭示的并存共生的"多元结构"则是这种工业结构的行业体现。在经济成分上,资本主义经济、前资本主义经济和小商品经济并存;在经营方式上,资本主义的工厂制经营、行庄制经营和个体经营并行;在技术设备上,完全机械化的电力织机、机械化的提花拉机和手工操作的旧式木机并举,构成了一幅繁复驳杂而有迹可循的画面。作为经济近代化过程中的一个必经阶段,"多元结构"适应着社会不同层次、不同方面的需要,发挥着近代化的功能。因此,"多元结构"并不一定就是现代化进程中的累赘和阻力,有时也有可能是一种必要的配合和补充。[3]

六、关于乡村经济研究

在以江南(或苏南)乡村经济为中心的考察中,民国苏州常常是其重心所在。曹幸穗、洪璞、段本洛、小田、单强等在这方面做出了有特色的贡献。曹幸穗的著作以20世纪三四十年代的日本"上海满铁调查资料"为"主要史料依据",其中涉及苏州太仓和常熟辖下的两个自然村。这份资料虽然存在"各种缺陷和问题,但相比之下,仍然是迄今为止我们所能见到的有关旧中国农家经济的翔实而丰

---

[1] 段本洛:《历史上苏南多层次的工业结构》,《历史研究》1988年第5期。
[2] 段本洛:《苏南宝塔式的工业结构》,见《中国资本主义的产生和早期资产阶级》,苏州大学出版社1996年。
[3] 王翔:《近代中国丝绸业的结构与功能》,《历史研究》1990年第4期。

富的资料"。作者对一些困扰学术界的问题给出了自己的答案,如伴随着近代工商业的兴起,苏南近代社会的土地占有关系呈现一个"分散"(自耕农)→集中(大地主)→"分散"(中小地主)的历史演变过程。这是在人口稠密、商品经济发达地区所特有的土地占有关系的演变形式。地权分散化使数额巨大的地租化整为零,最终只成为一批寄生地主的消费资料,转化为社会的有效积累。关于苏州乡村盛行的永佃制,作者的解释是,苏南城居地主多,人身依附关系松弛,主佃双方都需要寻求巩固这种关系的办法,这就是永佃制。地主只关心地租的收取,而佃农希望能够保有一份土地,这对提高土地生产率、合理利用土地、稳定租佃秩序都有一定作用。苏南农家土地经营面积狭小,小农场的单位面积投工量多于较大的农场,但他们的作物单产却低于后者。造成这种"规模效应"的原因有:一、农场规模不能维持家庭生计的最低限度,农户就会寻求农场外收入,农业耕作就会采取粗放经营的方式;二、农场投工量大,物化投入则会不足;三、小农场耕地多半是租入的,耕地零碎,远离房舍,管理不便。苏州农户的普遍兼业化,是小农生产与商品经济结合这个特定生产方式的产物。从积极方面说,它有利于利用农业剩余劳动力,增加农家收入和社会财富,但它也会给农业生产带来明显的消极影响。对于苏南乡村的农副产品及生活资料的商品化现象,作者指出,商品经济在小农经营为主体的社会环境中产生,必然会形成农产市场的多层化。就苏南地区而言,这样的市场结构至少有七个层次:农户→村落→初级市镇→中心乡镇→县城→中心都市→口岸都市,其中,与农民经济最为密切的是乡间市镇,它与周围十余里的周边农村共同组成一个乡村经济圈。[1]洪璞论著的主要观点是,明代以来,太湖南岸湖地的农桑经济体系是在自然环境与社会环境共同作用下自发形成的,正是这一内在的自发性,使其明代中后期以来的结构性转变过渡平稳,并且在清代至民国的三百年间保持着强劲的发展势头。也正是它的自发性,使这一经济区域在形成过程中始终缺乏一种自觉的意识,缺乏相适应的经济政策的引导和外部经济环境的配合,加之农民经济的薄弱性,使这一转变具有显著的局限性,在其经济发展到一定阶段后缺少下一步上升的后劲,使得这一转变的社会影响远未充分发挥。该著可圈可点之处颇多,其中之一是多学科的交叉研究方法。文理兼容的多学科训练,使作者有可能学习并运用微观经济学、

---

[1] 曹幸穗:《旧中国苏南农家经济研究》,中央编译出版社1996年。此前,曹幸穗的相关论文曾在一些重要杂志发表过,如《旧中国苏南市镇结构与农产市场》,《中国农史》1991年第4期;《旧中国苏南家庭农场农产商品率研究》,《中国农史》1992年第3期;《旧中国苏南农村工副业及其在农家经济中的地位》,《中国经济史研究》1991年第3期;等等。

农业地理学、统计学、社会学的方法,融会贯通地驾驭和解读史料,"因此新见迭出"(樊树志序言):诸如"蚕桑并非厚利""农民的经济伦理——生存第一";又如,用生产区位因素法分析丝绸业繁荣的原因,用"降低交易成本"来解释"绸领头"存在的合理性。[1] 段本洛、单强的《近代江南农村》可以说是两人此前在苏州手工业、江南乡镇市场、土地关系(永佃制)、棉纺织业和丝织业近代转型等一系列问题上研究成果的总结。

小田对苏州(江南)乡村经济的研究涉及下列几个方面:一是农民负担。近代江南,农民负担沉重,甲于全国。田赋正课外,附加税目庞杂,苛捐杂税不断。赋税占农民总收入比例颇大,且负担很不合理。地租以实物地租最为普遍,侵渔了农民的必要劳动成果。在永佃制下,租额表面较轻,实则相当苛重。商人的盘剥,对于农民来说,无异于雪上加霜。不适度的农民负担,影响了农业生产力的提高,阻滞了资本主义工业化的进程,蛀蚀着社会稳定机制,成为社会、政治危机的导火线。[2] 二是特种产品经济。所谓特种产品,是指在独特的自然和历史条件下,凭借独到的技艺所创造的具有特殊品质的产品。从一定意义上说,特种产品能以旺盛的生命力长久地存在和发展,取决于比较完备的运销市场体系。特种产品经济扩大了农民就业机会,增加了农民收入;提高了乡村产业结构的高度,经济总量为之增加;特种产品的生发性使其具有品簇拓伸的经济和社会意义;特种产品由于其特殊性常常成为现代乡镇企业和专业生产的历史依据,促成了社区产品的开发。[3] 三是妇女职业结构。近代以来,江南乡村社会发生的妇女职业结构分化,可从内部和外部两个侧面加以透视:职业的外部结构指的是生产方式、空间、行业等类别结构的变动,这些参数表明了它与传统职业结构的异质性。而职业内部结构的分化,指的是经济报酬、文化资源、社会声望等层级之间的变动,这些参数反映了乡村妇女职业结构的不平等程度。大致而言,晚清时期,乡村妇女职业结构进行着缓慢的部分的进化。从民国建立到20世纪30年代初这一时段,是乡村妇女职业稳定有序的转换时期。30年代以后,世界资本主义经济危机的波及、接踵而至的战争,使乡村经济陷入破产的深渊,乡村妇女职业变动不定,无序运行。[4]

美国加利福尼亚大学洛杉矶校区白凯(Kathryn Bernhardt)教授的《长江下游

---

[1] 洪璞:《明代以来太湖南岸乡村的经济与社会变迁——以吴江县为中心》,中华书局2005年。
[2] 小田:《近代江南农民负担论析》,《中国农史》1997年第1期。
[3] 小田:《近代江南乡村特种产品经济论》,《近代史研究》1996年第5期。
[4] 小田:《江南乡村妇女职业结构的近代变动》,《历史档案》2001年第3期。

地区的地租、赋税与农民的反抗斗争(1840—1950)》,试图回答这样一个问题:中国在20世纪中叶的变革中,地租被消灭了,政治经济结构转而建立在完全不同的原则之上。这种转变是如何发生的呢?她以商业发达的江南乡村为讨论的焦点,得出如下结论:地租的消灭,与其说是农民群众或共产主义革命行动的结果,不如说是长期的变化过程所致;这个变化过程早在中国共产党获得政权之前就已经开始了,它使得地主这一精英阶层在结构性崩溃的边缘摇摇欲坠。著作引人注目之处是其考察问题的方法。根据作者的归纳,对中国共产革命起因问题有观点不同的三大学派:正统的中国马克思主义的研究方法、道义经济的研究方法和所谓的市场经济的研究方法。马克思主义学者将革命归因于在商业化和帝国主义的冲击下农民生活状况的恶化。根据这种解释,共产革命是农村阶级冲突激化不可避免的结果。道义经济的视角十分强调在不断扩张的市场经济的冲击下,农民生活日益不稳定。就此而论,农民的集体行动基本上是一种防卫性的努力。在市场经济学家眼里,革命的爆发并不是因为只有通过彻底的社会变革才能治愈的任何深层的结构弊病,而是因为一个或更多的直接政治因素的影响。蒋介石的国民党无法建立有效统治,中国共产党超乎寻常的组织能力,日本人在1937—1945年间的入侵和占领,都对革命的爆发产生了不同程度的影响。作者认为,上述每一种视角都有助于解释这里所提出的问题:根据马克思主义的研究方法,该书注意到了阶级关系和地租问题;根据道义经济的研究方法,该书强调了国家与社会的关系以及田赋问题;根据市场经济的研究方法,该书注意到了市场关系,特别是运用物价资料来评估地租和赋税所造成的实际负担。然而,她认为,这些研究方法中的任何一种都无法单独用来解释19—20世纪江南事态的发展。因此,作者的研究有"扬"有"弃",以思辨性的分析对20世纪早期现代国家形成进程中的国家—社会关系的研究提供了新鲜的思路。[1]

苏州乡村经济其他方面的重要研究成果还有一些值得参考,比如乡村工价、农业资本主义经济、蚕丝业外贸、租佃关系、土地利用等。[2]

---

[1] [美]白凯:《长江下游地区的地租、赋税与农民的反抗斗争(1840—1950)》,林枫译,上海书店出版社2005年。

[2] 胡成:《近代江南农村的工价及其影响——兼论小农与经营式农场衰败的关系》,《历史研究》2000年第6期;单强、庄建勋:《江南农村资本主义农业经济的尝试——记庞山湖农场的兴衰》,《苏州大学学报》1994年第1期;[美]李明珠:《中国近代蚕丝业及外销(1842—1937)》,徐秀丽译,上海社会科学院出版社1996年;高王凌:《租佃关系新论——地主、农民和地租》,上海书店出版社2005年;黄锡之:《太湖地区圩田、潮田的历史考察》,《苏州大学学报》1992年第2期;张继恒:《苏州长江滩地开发利用》,《经济地理》1990年第4期。

七、关于地域市场史研究

在整个江南区域市场史的研究中,民国苏州占有很重要的地位。单强按照市场要素对江南市场体系进行过逐一的考察和体系的构建,基本成果体现在人民出版社 1999 年出版的《江南区域市场研究》中,有学者称之为"国内第一部系统研究近代江南区域市场体系的学术专著"[1]。就市场要素而言,江南区域市场包括空间、主体、客体和环境。从空间上观察,近代江南市场体系可以分成农村集市、乡镇市场和城市市场三种贸易体系。农村集市是整个市场体系的最基本的层次;乡镇市场上连城市,下通集市,成为城乡商品交流的桥梁,处于中级市场的地位;城市是现代工商业中心和金融信息中心,拥有十分完备的全方位市场功能。作者认为,近代江南乡镇市场不仅面广量大,其专业化趋向也日益明显,而庙会与茶馆交易以及市场经纪人的活跃,为我们透视江南乡镇市场提供了独特的视角,因此他曾专文加以研究。[2]在专著里,作者考察了江南区域市场的空间格局演变。在交通尚不发达、行政隶属关系较强的时代,江南区域市场又分为宁镇市场、苏锡常市场、杭嘉湖市场和松沪市场,分别依托于不同的中心城市,苏州为其中的重要依托中心。在县城、乡镇与集市间,纵向联系占主导地位,集市—镇市—城市,形成金字塔式的立体市场结构。至 20 世纪初,随着现代通讯的发展,市场联系便开始打破地域限制,向更大范围扩展。市场的纵向隶属关系被网络状的横向关系所取代,越级贸易成为现代市场联系的主要特征,各级市场都更加直接地指向区域性商业都市上海。在强大的商业渗透下,各级市场贸易区域的界限在不同程度上变得模糊不清,统一的区域市场逐渐形成。从主体观察,近代江南市场涉及商人及其组织、市场中介、劳动力市场;从客体观察,近代江南市场涉及农产品加工市场、工业品市场和金融市场。市场主客体要素两相结合及其现实运行,便形成市场形态。作者根据市场演变的一般规律揭示了江南近代市场的形态。江南区域市场在明清时期早已完成了从简单商品市场到一般商品市场的飞跃。在一般商品市场的发展过程中,自然经济不断被瓦解,从而为资本主义生产方式奠定了基础。20 世纪 20 年代,随着资本主义生产方式的逐步建立,市场交换突破了地域和地理条件的限制,逐步扩展到整个国家和世界,市场形态向现代市场转化。作者指出,从市场主体的自主性、市场客体的流动性

---

[1] 莫永明:《中国社会经济史研究的新开拓》,《学海》1995 年第 2 期。
[2] 单强:《近代江南乡镇市场研究》,《近代史研究》1998 年第 6 期。

和信息传递的及时性等特征分析,晚清民国时期,江南区域市场是比较完备的一般商品市场,并正在向现代市场过渡。另外,吴承明的著作具有方法论的参考价值。[1]

江南区域市场体系中的市镇受到学术界的特别关注,而以发达的苏州市镇研究尤其多。据任放的意见,成熟的市镇研究是在20世纪60年代之后,1964年傅衣凌发表《明清时代江南市镇经济的分析》,奠定了这一研究的基本格局。[2]此后,许多著名的江南史学者如刘石吉、樊树志、陈学文、陈忠平、王卫平、张海英、范金民以及日本学者森正夫等,都出版了各具特色的江南市镇研究论著。[3]据统计,1980年至1999年上半年,国内学者发表有关明清市镇经济的论文共约690篇,其中,有关江南市镇的论文共约244篇,占35%。[4]这些论著主要涉及明清时期的江南(包括苏州)市镇经济。出于研究的完整性,有些学者会在讨论时将某些方面延伸到民国,比如樊树志在描述江南市镇的网络化和市场圈(乡脚)时,即涉及民国苏州市镇。在"江南名镇的微观分析"中,他对苏州府属的盛泽、震泽、平望、同里、黎里、周庄和甪直等市镇的经济,同民国时期的情况一并加以讨论。[5]

以较多篇幅涉及民国苏州市镇的著作主要有两本,一是包伟民主编的《江南市镇及其近代命运,1840—1949》。该著试图回答一个富有挑战性的问题:在传统中国向近代转型的过程中,江南市镇的命运如何。以现代化理论作为分析工具,著作从八个方面对江南市镇的近代变迁进行了实证研究,分别是:市镇的盛衰变迁,镇区形制特征,近代交通对市镇的影响,近代棉业与市镇兴衰,市镇社会结构的嬗变,市镇社会生活的变迁,城镇化水平,市镇在近代文化传播中的地位。通过考察,作者缕析了一条江南市镇近代转型的轨迹:从19世纪末叶起,江南市镇在经济基础、市场结构、社会生活及至文化风貌等几乎所有方面,都逐步地、

---

[1] 吴承明:《市场·近代化·经济史论》,云南大学出版社1996年。
[2] 任放:《明清长江中游市镇经济研究》,武汉大学出版社2003年,第2页。
[3] 如刘石吉的《明清时代江南市镇研究》(中国社会科学出版社1987年)、樊树志的《明清江南市镇探微》(复旦大学出版社1990年)、陈学文的《中国封建社会晚期的商品经济》(湖南人民出版社1989年)、《明清时期杭嘉湖市镇史研究》(群言出版社1993年),陈忠平的《宋元明清时期江南市镇社会组织述论》(《中国社会经济史研究》1993年第1期)、《明清江南市镇人口考察》(《南京师范大学学报》1988年第2期)等,王卫平的《明清时期江南城市史研究:以苏州为中心》(人民出版社1999年),张海英的《明清江南商品流通与市场体系》(华东师范大学出版社2002年),范金民的《明清时期苏州市镇的发展特点》(《南京大学学报》1990年第4期),森正夫编《江南デルタ市鎮研究—歴史學と地理學からの接近—》(名古屋大學出版會,1992年)等。
[4] 任放:《明清长江中游市镇经济研究》,武汉大学出版社2003年,第5页。
[5] 樊树志:《江南市镇:传统的变革》,复旦大学出版社2005年。

或多或少地发生着变化。这些变化孤立地看,都是缓慢的、琐碎的或者说微不足道的,聚集起来却构成了一幅颇为生动的社会变革的画面,标志着市镇社会进入了现代化的进程。这一现代化的进程于19世纪末叶在江南农村地区真正启动,到20世纪30年代中期达到近代的最高水平,后遭到战火惨重破坏,抗日战争胜利后虽略有恢复,但程度有限。所以,江南市镇近代转轨的实际展开,前后持续不过50年时间。在看似雷同、缓慢的变迁过程中,江南各地市镇其实面临着并不相同的生存境遇:多数市镇仍然维持着作为"农村商务中心"的地位,并随着农村经济的兴衰起伏;少数市镇则因农村经济衰退、战争破坏、交通道路变易等缘故而走向衰败;更有为数不多的一些市镇,由于种种得天独厚的条件,成为近代工业扩展的前沿,聚集较多的现代因素,偶尔呈现些许工业小都市的面貌。因此,到20世纪20—30年代,江南农村地区的市镇开始出现分化的趋势。这种分化几乎体现在市镇政治、经济、文化等所有方面。比如,随着近代都市垄断社会文化中心地位及其文化的不断向外渗透,市镇也从原来作为乡土文化中心,转变为近代都市文化向农村传播的据点。可是,都市的这种文化渗透程度又十分有限。该书第八章根据蚕桑改良运动的例子所做的估计,仅涉及不到10%的地区,且基本都集中在那些条件最为优势的市镇。而苏州地区的市镇尤其是吴江的市镇,由于江苏省立蚕桑学校的存在和郑辟疆、费达生等一批知识精英的努力,明显属于"条件最为优势的市镇"[1]。通过本书的描述,我们发现了苏州市镇在近代经济变迁中的诸多细节,由此在整个江南地区的框架中认识了苏州市镇的变迁程度及其近代地位。

另一本较多涉及民国苏州市镇的著作是小田的《江南乡镇社会的近代转型》。该著将江南市镇研究的时段延展至晚清—民国,特别是民国。该著注意到了前人很少重视的乡村物质生活方式,揭示了近代乡镇化轨迹,从茶馆和庙会等独特的视角分析市镇经济的运行机制及其特征,得出结论:市镇是乡村工业的集聚地,是商品经济的枢纽,是现代生活的窗口,是乡村领袖的摇篮。[2]罗婧专门研究过苏州名镇盛泽的长时段经济和社会变迁。她借助"交往力"概念,从横向社会层面考察了盛泽的地域空间,分别将盛泽丝织业的发展与转型置于地域性交往圈与世界市场之中。并认为,其间所形成的交往扩张力(或径称"交往力")推动了市镇社会在形制、范围、人口以及社会结构等方面的深刻变迁,而一

---

[1] 包伟民:《江南市镇及其近代命运,1840—1949》,知识出版社1998年。
[2] 小田:《江南乡镇社会的近代转型》,中国商业出版社1997年,第28页。

系列源自经济与社会互动的地域性、制度性特质,又制约着交往力在盛泽经济、社会成长与变迁中的作用。[1]

另外,游欢孙的博士学位论文《近代苏州地区市镇经济研究——以吴江县为中心》(2005年复旦大学历史地理所博士论文)以近代苏州地区为研究对象,从市镇与清末民国以来江南县以下行政区划的演变关系入手,比较详细地讨论了传统市镇志的叙事空间范围,论证了确定市镇地域范围与乡村的大致边界对于江南市镇经济史研究的重要性,讨论了清末民国以来改划自治区域过程中,国家政治的制度性安排和以市镇为中心的地方应对之间的复杂关系。在对市镇数量变动的研究中,论文注意到传统地方志书在记载市镇情况时的写作背景、对市镇的不同界定标准、地方志本身叙事的"小传统",并对由以上三者而造成的地方志书中不同的市镇叙述景象,做出了一个基于文献本身的解释。从行政区与贸易圈的关系角度,论文探讨了1929—1934年前后吴江县市镇的贸易圈问题。循着确定市镇地域范围的思路,论文着力辨析各个时期地方志中的市镇人口数字,在此基础上详细地探讨了吴江、常熟市镇人口的数量以及近代上海城市的发展对周边地区市镇经济、市镇人口的影响与局限性问题。论文以民国时期吴江境内的10个市镇为例,利用民国时期及20世纪50年代初期该县丰富的档案与调查资料,对盛泽、震泽及其他中小市镇的市镇工商业结构进行了详细的分析;最后讨论了民国时期吴江县市镇工商业税收在县级地方财政收支中的比重以及市镇税收与市镇财政收支的关系。

特别要指出的是,费孝通的"小城镇"研究选取独特的社会人类学视角,许多结论一直非常经典,而为后学引用。[2]

八、关于城乡经济关系研究

对于民国苏州的城乡关系,马俊亚和孙海泉等相对关注得较多。马俊亚从工业资本与农村社会经济关系的角度说明江南城乡同步发展的历史过程。工业资本在近代江南地区帮助农村改良了农作物品种,引进了新的经营方式,提高了农村的商品化程度,也使大工业获得了适宜的原料。江南工业资本对土地的投

---

[1] 罗婧:《江南市镇网络与交往力:以盛泽经济、社会变迁为中心(1386—1950)》,上海人民出版社2010年。

[2] 费孝通关于市镇研究的集中论著重要者如:《费孝通论小城镇建设》,群言出版社2000年;《农村振兴和小城镇问题》(与日本鹤见和子等合著),江苏人民出版社1991年;《乡土重建》,上海观察社1948年;《江村经济——中国农民的生活》,江苏人民出版社1986年。

资,虽在形式上具有落后色彩,但在当时环境下,土地收入构成了工业资本积累的一部分;尤其是在企业处于困境时,土地是向银钱业押款的最好抵品,可收意外效果;工业资本设立的义庄,对于消除农村贫困有一定的积极意义。工业资本对农村生产力水平的提高,农村手工业、加工业的兴起,以及整个农村的发展,都发挥了巨大的推动作用;江南工业资本在发展自己的同时,也推动农村同步发展,而不是以牺牲农村为代价。[1]马俊亚的另一篇论文对学界的传统观点进行了修正。在考察近代中国工业资本的发展时,学者们比较注重工业资本与土地积累的联系,视之为工业资本短缺的重要原因,甚至视之为民族资本家阶级"畸形""不纯粹"的最有力证据。通过实证研究,作者认为,近代江南地区工业资本与土地积累关系极为紧密:土地积累补充了工业资本的不足,尤其在企业处于资金困境时,以土地积累投资工业企业,可以获得意外的效果;工业资本对农村的投资,引进了新生产方式,为大工业的发展提供了广阔的基础。[2]

孙海泉在考察苏南现代工业的投资环境时涉及城乡关系。甲午战争后,包括苏州在内的苏州现代工业走向辉煌是由其独特的创办动力和投资环境。创办动力包括外部压力、刺激和内部涌动着的举办工业的冲动;投资环境包括地理区位优、市场环境广、政策环境佳、基础设施好、人文环境善等因素。作者在说明这些因素的影响时,均涉及苏州。[3]孙海泉的博士论文以上海与苏南的发展关系为研究重点。作为近代以来上海的腹地,苏南的重心毫无疑问是苏州,而在接受上海辐射的意义上,苏州乡村又具有重要意义。作者指出,在上海的辐射下,苏州地区的城镇化进程大大地加快了步伐。城镇化水平的提高标志着大批农村农业人口开始聚集城镇,农业人口比重降低,农村人稠地稀的生存压力得以缓减。同时,伴随着城镇化进程的深入,城镇作为城乡结合点的功能越来越得以体现,这无疑又推动了农村的发展,推动了区域社会的发展。在上海的辐射下,苏南地区的思想观念也朝着有益于地域发展的方向变迁。在考察这些问题时,作者覃思精研,思考辩证,提出了以下问题:在城镇化进程中,城镇化对农村是否具有负面效应?城镇化是否能缩小城乡之间的差别?就思想观念变迁对苏南地域的辐射,是否应该进行理性的思考?对思想观念的变迁是否应该加以引导?在类似的城乡关系问题上,该论著不但为我们展示了一个场景,而且给出了自己

---

[1] 马俊亚:《近代江南地区工业资本与农村社会经济关系初探》,《中国农史》1998年第1期。
[2] 马俊亚:《近代江南地区工业资本与土地积累关系辨析》,《史学月刊》1999年第6期。
[3] 孙海泉:《简论苏南现代工业创办的动力和投资环境》,《徐州师范大学学报》2000年第3期。

的独特见解。[1]

九、关于商会研究

在关于民国苏州经济组织的研究中,商会是最重要的研究热点。苏州商会的档案资料丰富,价值极高。华中师范大学历史研究所、苏州市档案馆合编出版四部资料集,厥功至伟。[2]学者们利用这批资料进行了深入研究,其中有关民国苏州商会方面的研究以朱英、王仲等的成果最为突出。苏州商会作为商办的民间社团,在民国初期的一系列发展,可以说从一个侧面反映了近代中国民间社会从传统向现代的演变。就其具体表现,朱英指出,苏州商会不仅仅能够在辛亥革命后政体变更的新形势下,与时俱进地采取新的应对举措和发展措施,从而适应形势发展的需要,而且还不断完善自身的选举制度,使商会的选举与以往相比较更具有广泛性和民主性。此外,苏州商会还积极成立商事公断处等新的机构,在受理商事纠纷方面发挥了更为突出的作用。尤其值得重视的是,在五四运动等反帝爱国运动中苏州商会的态度更加积极,所产生的作用和影响也更加显著。[3]2008年,朱英出版《近代中国商会、行会及商团新论》,对国内外的商会、行会及商团研究状况做了全面系统的回顾和分析,指出以往研究的成就和不足,提出了今后的发展方向。该书对较多以往研究过的问题,采取新视角,论证更加充分,认识更加全面;对以往尚少研究或尚未研究的问题,进行了开拓性的研究。作者试图跳出传统商会史研究的单一政治史模式,运用不同解释路径对其进行深入分析,使研究不再囿于传统的"商会",而扩大到更多的商人群体,而且使研究从组织或制度走向具体的人和社会,使我们认识这一转型时期的组织有了更丰富的视角。该书问世,不仅是商会、行会及商团研究前沿动态的一种体现,并且对本课题研究的继续深入发展具有较高的引导意义。[4]

王仲有系列论文专门论及民国苏州商会。首先,作者以实证方法考察了南京国民政府时期(1927—1937)商会组织系统的变迁:南京国民政府初期,商会

---

[1] 孙海泉:《上海辐射与苏南发展研究》,人民出版社2002年。
[2] 四部资料分别为:章开沅、刘望龄、叶万忠:《苏州商会档案丛编(1905年—1911年)》(第一辑),华中师范大学出版社1991年;马敏、祖苏:《苏州商会档案丛编(1912年—1919年)》(第二辑),华中师范大学出版社2004年;马敏、祖苏:《苏州商会档案丛编(1919年—1927年)》(第三辑,上下册),华中师范大学出版社2009年;马敏、肖芃:《苏州商会档案丛编(1928年—1937年)》(第四辑,上下册),华中师范大学出版社2009年。另外,苏州工商业联合会、苏州市档案馆等编有《百年商会》图册,2005年由古吴轩出版社出版。
[3] 朱英:《民初苏州商会的发展演变》,《华中师范大学学报》2006年第5期。
[4] 朱英:《近代中国商会、行会及商团新论》,中国人民大学出版社2008年。

进行了大规模的改组。苏州商会从外部名称到内部结构以及选举制度等方面都进行了改革,改革的目标则是为了应对国民党的强势控制以图自保。论文证实了国民党强势控制的现状与商会从权应变的特征。[1]其次,就这一时期商会自身的现代化问题,作者认为,商会在组织和观念两方面加速了现代化的进程:一方面,在全国范围内重整了商联会,以应对国家对商会的控制;另一方面,各地方商会相应进行了改组,由议董制改为委员制。但商会自身背负的封建包袱及强势国家的控制,阻碍了它们作用的发挥,商会成为中国现代化失败的承担者。[2]另外,就这一时期商会对农业的扶持进行过专门考察。论文主要以档案资料为主,从三个方面考察商会以其组织性力量在农资、农产品、抗灾、金融等方面给予农业以积极的支持。文章还对商会扶持农业的内外原因进行了探析,认为商会作为一种民间组织对当时城乡社会的良性运行有一定的积极作用。[3]

王翔、魏文想等学者也涉及相关问题。[4]

十、关于城镇化研究

城市化、城镇化、市镇化、乡镇化这几个概念常常牵扯在一起,但都是指一个人口密集的居民区走向近(现)代化的过程。在类似的表达中,城镇化的概念稍广一些,但我们不必纠缠于概念,从其主词可以看出,这些表达似乎跟城市的规模相对应。单纯以民国苏州的城镇化作为研究对象的不多,方旭红、王国平对吴江城镇化进行了考察:民国时期,在苏南吴江乡村呈现出城镇化趋势,城镇数量、城镇人口达到一定规模;市政建设次第展开,邮政、电报、电话等现代通讯业陆续开办,城镇基础设施得到改善;文教卫生事业发展迅速。作者考察这一过程后认为,吴江城镇化主要得益于新型交通运输业的兴起,工业化和产业化的发展,国家和社会两方面的全力作用,以及地方报刊的思想引导等因素。吴江城镇化趋势既产生了深刻的社会影响,又有产业支撑上的不足,给我们以良多启示。[5]

---

[1] 王仲:《民国时期苏州商会组织系统的变迁(1927—1937)》,《江苏社会科学》2009第5期。
[2] 王仲:《民国时期商会自身的现代化(1927—1937)——以苏州商会为例》,《苏州大学学报》2006第1期。
[3] 王仲:《民国时期商会对农业的扶持——以苏州商会为例(1927—1937)》,《中国农史》2011年第1期。
[4] 王翔:《从云锦公所到铁机公会——近代苏州丝织业同业组织的嬗变》,《近代史研究》2001年第3期;魏文想:《试论民国时期苏州丝绸业同业公会》,《华中师范大学学报》2000年第5期。
[5] 方旭红、王国平:《论20世纪20、30年代吴江城镇化趋势》,《江苏社会科学》2004年第4期。

此类考察多以江南或江苏作为单位。小田的近代江南乡镇化考察所用资料多涉及苏州,着重考察的也是民国时期。他认为,人口迁移是乡镇化的外在发展机制。从人口统计、乡镇数量和规模的变化诸方面,可以显示近代以来江南乡镇化的走势。以人口迁移的推位理论考察,江南乡村现代工业的成长和第三产业的发展构成乡镇化的主要拉力;人口压力和土地制度是乡镇化的主要推力。江南乡镇化的历程呈现了这样一些明显特征:密集的中小乡镇是乡镇化的基础;江南区域内部的乡镇化存在着水平差异,但没有性质的不同;外来移民是江南乡镇化的重要动力。[1] 陈晓燕的论文以江南为单位,讨论了两个问题:一、从总体上看,自近代延续而来的江南市镇人口聚集规模与其结构,在近代社会转轨过程中有何变化;二、近代江南市镇人口聚集规模与其结构的变化,又在多大程度上影响了本地区的城镇化水平的提高。在她看来,这两个方面是决定市镇现代化水平的基本因素。作者的考察虽说以20世纪二三十年代的嘉兴和鄞县为案例,但其两个结论对民国苏州的城镇化水平研究很有启发:第一,近代的发展未能根本改变江南地域的中心—边缘结构。作者认为,到清代后期,太湖流域的东南区域,即大运河及其支流所经之苏松杭嘉湖等州府,是江南的中心,可与江南的其他区域形成"中心—边缘"的对比关系。近代以来,在工业都市的影响下,江南地区形成了一个以通商口岸为中心的、农业生产与国际市场直接相联系的沿海专业经济区,但从近代市镇人口结构的演变看,自明清承袭而来的江南地域的中心—边缘结构未见有明显改观,哪怕是在作为最早的口岸城市宁波周边的农村市镇,其发展水平仍较传统的苏松杭嘉湖等地存在较大的差异。第二,自19世纪末年直到1949年(即主要为民国时期),江南城镇化发展对传统农业经济的改造,"实在是一个过于短暂的过程"。在此短暂过程中,最值得重视的是,近代以来,以过密化农村专业经济为基础的江南市镇的发展看来已经趋于饱和,唯有促使农村人口大量向近代工业转化,才可能突破发展瓶颈。[2] 彭安玉以江苏为单位考察近代市镇化时,指出了江苏市镇化水平的层次性,即大致以松江府为中心,向西、向北递减,松江府最高,苏州府次之。从这个层次上大致可以看出,苏州市镇化的水平在全国也是比较高的。[3]

---

[1] 小田:《论近代江南乡镇化》,《苏州大学学报》1996年第2期。
[2] 陈晓燕:《近代江南市镇人口与城镇化水平变迁》,《浙江学刊》1996年第3期。
[3] 彭安玉:《近代江苏市镇化初探》,《江苏社会科学》1993年第6期。

十一、关于社团组织研究

最为深入的苏州社团研究是关于商团。章开沅等主编的《苏州商团档案汇编》史料价值极高,[1]以此为基本资料的研究不断深入。朱英是此项研究的佼佼者。就苏州商团的改组,朱英指出,它与商会相比较有着不同的历史命运。1927年年底江苏省政府即提出将商团改编为保卫团,苏州商团一直进行抵制,并请求国民政府颁布新的商团条例。但1929年年初行政院和立法院均认为商团无继续存在之必要,国民党江苏省党部更是主张将商团一律解散。在寻求法律途径争取合法地位无成效的情况下,江苏各地商团大多采取了拖延改组或是置之不理的策略。直至1935年10月,江苏省政府又严令所有商团一律改编为受县长及乡镇保甲长节制的地方武装,虽有遵令进行改编者,但苏州商团仍拒绝改编,宣布自行解散。遵令改编后的商团已完全失去作为商办独立武装团体的性质,因而苏州商团的决定不失为现实而明智的抉择。[2]就苏州商团的性质,朱英指出,苏州商团是近代中国商人的独特军事武装力量,其枪弹从无到有并不断扩充,一方面得益于清末民初地方官府的支持,另一方面也是商团自身积极努力和商人踊跃捐助的结果。作为一种准军事组织,其机构与编制有着明显不同于一般商人社团之处。在枪械、着装、训练、出防以及其他管理方面,苏州商团也体现出较为严格的军事化特征。苏州商团虽然在政治上趋于稳健甚至是保守,但在维持社会治安、保护工商业发展等方面所发挥的积极功能与作用仍相当突出,受到广大商人和社会各界的赞誉。[3]

付海晏等以民初苏州商会附设商事公断处为个案,从经济史、社会史、法制史的角度研究了民初苏州的社会变迁,即民初苏州社会经济之变迁、商人团体组织之关系及新兴阶层——律师在商事纠纷中的角色。作者认为,在研究社会变迁中应当摆脱"传统与近代(现代)"模式的线形思维误区,充分注重社会变迁的历史性与复杂性。[4]

在屠雪华关于苏州市民公社的研究中,与民国苏州史较密切的是两个问题:一是苏州商会与市民公社的关系。作者指出,苏州商会对市民公社的领导关系

---

[1] 章开沅等主编:《苏州商团档案汇编》,巴蜀书社2007年。
[2] 朱英:《南京国民政府建立后苏州商团的改组与消亡》,《历史研究》2008年第5期。
[3] 朱英:《苏州商团:近代商人的独特军事武装》,《江苏社会科学》2008年第1期。
[4] 付海晏、匡小烨:《从商事公断处看民初苏州的社会变迁》,《华中师范大学学报》2004年第2期。

到民国以后得到进一步加强,这种领导通过两条途径得以实现,或者对公社领导成员安排与渗透,或者商会将某些职能交给公社来执行。二是就市民公社在1928年"一下就销声匿迹"的原因,作者从市民公社产生的背景、中央集权与地方自治、民主与专制的关系等方面进行了说明。[1]

1924年的江浙军阀混战给人民带来了深重的灾难,为免覆辙,1925年5月24日,太湖流域地区社会名流、商绅宣告成立"太湖流域联合自治会"。为如实反映这一组织的成立经过及其活动,苏州市档案馆在《民国档案》上选编公布了一些十分有价值的原始史料,方便了研究。[2]沈慧瑛曾就此问题写过文章加以介绍。[3]

苏州红十字会的研究近几年来在苏州大学池子华教授的推动下进展迅速。池子华和郝如一在苏州大学社会学院"红十字运动中心"网站上发表的《苏州红十字会运动的历史轨迹》梳理了大量有关民国苏州红十字运动的资料,也揭示了苏州红十字会运动的历史轨迹;该文进行了清楚的学术史回顾,可直接为民国苏州史撰写提供参考,在此不赘。基本的苏州红十字会志资料则有严晓凤等编的《苏州红十字会志资料长编》(上、下)。[4]

十二、关于社会生活研究

民国苏州史的研究仅仅从数量上说,关于社会生活的成果不少,但真正称得上研究成果的并不多。原因可能很多,但资料的分散恐怕是原因之一,所以一些社会史资料的整理对于社会生活史的研究非常有限。[5]致力于书写民众生活的史学家顾颉刚先生一开始有些发愁:"民众文化方面的材料,那真是缺乏极了,我们要研究它,向哪个学术机关去索取材料呢?"[6]后来,他找到了不少民众生活史料,不是从"哪个学术机关"里,而是在田野;田野里有一种史料叫歌谣,苏州的歌谣称为吴歌。于是,他在20世纪二三十年代就吴歌进行了系列研究。[7]沿着这个方向,小田就江南的歌谣与村妇生活的关系发表了论文。[8]

---

[1] 屠雪华:《关于苏州市民公社几个问题的探讨》,《民国档案》1995年第4期。
[2] 苏州市档案馆:《太湖流域联合自治会档案资料选编》,《民国档案》1991年第2期。
[3] 沈慧瑛:《军阀混战谋自治》,《苏州杂志》1991年第2期。
[4] 严晓凤等:《苏州红十字会志资料长编》(上、下),安徽人民出版社2010年。
[5] 比如王国平、唐力行主编的《明清以来苏州社会史碑刻集》,苏州大学出版社1998年。
[6] 顾颉刚:《圣贤文化与民众文化》,《民俗周刊》1928年第1期。
[7] 顾颉刚:《〈吴歌甲集〉自序》,《顾颉刚民俗学论集》,上海文艺出版社1998年。按:1926年发表《苏州的歌谣》,1936年发表《吴歌小史》,1937年发表《苏州近代乐歌》等。
[8] 小田:《近代歌谣:江南村妇生活的凭据》,《江苏社会科学》2011年第4期。

小田尤其重视社会生活史的研究。其中,与民国苏州史关系密切的主要有:关于民俗变迁问题的考察[1],关于清末民国"抢亲"的研究[2],关于茶馆生活的研究[3],关于庙会生活的研究[4]。蔡丰明专门关注过的江南民间"社戏",跟庙会的关系十分密切。[5]更细致的考察还有朱恒夫的目连戏研究。[6]

关于民国苏州社会生活史的集中性研究有禁烟方面。储伊宁以近代江苏鸦片贸易为背景,在大量史实论证的基础上,揭示了鸦片烟毒对近代江苏社会的经济、政治和日常生活等方面所造成的严重危害。[7]薛丽蓉、池子华的研究专门针对苏州。清末民初,苏州鸦片烟毒泛滥,洋药、土药行销量庞大,烟馆、土膏店林立。为净化"天堂",苏州地方当局在社会各界的协助、配合下,自上而下,展开禁烟运动,这在一定程度上遏制了烟毒的泛滥,烟馆纷纷关闭,鸦片销售量、烟民人数大幅度减少,禁烟取得一定成效,但禁烟中存在诸多障碍因素,也不能忽视。[8]

太湖土匪的研究非常有特色。土匪也可称为匪民。清末民初,太湖土匪大量滋生蔓延。刘平分析,除当时整个中国动荡不安的局势外,就太湖地区而言,有三个因素更显重要:错综复杂、变幻莫测的地理环境,水旱灾害频仍,民国年间战火时起,遗祸更巨;太平天国时期遗存的枪匪与裁撤的湘淮军以及当地失业的百姓相结合,太湖又复形成"匪氛不靖"的状态;辛亥革命时期的社会动乱。作者分析太湖土匪土客各帮之后指出,这些帮派之间既有冲突,又有联合,而联合的情况又多于相互冲突的情况。作为典型的"反社会"武装,太湖土匪的社会危害性是多方面的。旧政府(清政府和北洋政府)对太湖土匪采取了以剿为主、剿抚兼施的手段,但在当时的历史条件下,消灭土匪是不可能的。"特别是民国以后,中国的政治与法律已经失效",所有地方都可能成为盗匪的逋逃薮,"太湖地区只不过表现得更有特色罢了"。[9]由于土匪的游民—游寇特性,没有明确的

---

[1] 小田:《近代苏南的民俗变迁》,《历史教学问题》1991年第4期。
[2] 小田:《社会史视野中的"俗例"》,《史学理论研究》2006年第4期。
[3] 小田:《近代江南茶馆与乡村社会运作》,《社会学研究》1997年第5期。
[4] 小田:《在神圣与凡俗之间——江南庙会论考》,人民出版社2002年。
[5] 蔡丰明:《江南民间社戏》,百家出版社1995年。
[6] 朱恒夫:《目连戏研究》,南京大学出版社1993年;《江苏南部的目连救母传说》,《中国民间文化》1994年第3期。
[7] 储伊宁:《试析近代江苏鸦片贸易的社会危害》,《南京社会科学》2001年第12期;《近代江苏鸦片贸易的形成过程及其基本特征》,《江海学刊》2001年第2期。
[8] 薛丽蓉、池子华:《中国禁毒史的一个断面——清末民初苏州禁烟研究》,《江海学刊》2007年第5期。
[9] 刘平:《清末民初的太湖匪民》,《近代史研究》1992年第1期。

政治目标,一旦国际国内局势发生重大变化,各匪股及匪股内部就容易发生分化和演变。同友发现,这种情况在抗战前后的太湖土匪中表现得十分明显。作者按照时段(抗战前、抗战中和抗战后),将太湖匪患置于当时的社会大局势下,联系当地的社会情态以及政府的不同政策(或清剿或招抚),考察了太湖土匪的分化和演变情况。[1]

对乡村风尚的研究集中于市镇方面。小田的茶馆、庙会研究也可视为此论题。包伟民、樊树志的市镇研究涉及相关论题。[2]在陈晓燕和包伟民的合著中,关于近代江南农村工业化与妇女社会地位变迁的考察,为民国苏州社会史的研究启发了一个方向。[3]更多的市镇个案研究不赘述。[4]

疫病防治研究可以视为医疗社会史。1926年春夏,苏州先后爆发了烂喉痧和霍乱,此所谓"吴门大疫",这给社会带来了较大的危害和损失,也引起了社会各界的广泛关注。根据方旭红的梳理,在疫病防治过程中,苏州地方政府的行政能力与以往相较有所加强,同时,社会各界的反应也更趋活跃,为疫病防治做出了相当努力,并取得一定的效果,对后来的苏州疫病防治事业产生了积极的影响。[5]苏州大学博士生李忠萍以苏州的公共卫生事业为专题撰写的博士论文,重点关注了苏州公共卫生事业的近代转型,让我们对民国时期苏州社会生活的此一侧面有了比较全面而深入的了解。

在民国苏州社会生活史的研究中,苏州评弹的研究独树一帜。

首先是苏州评弹的史料整理。蔚然大观的《评弹艺术》出版已积至55辑,颇有参考价值的"苏州评弹研究资料丛书",其中包括周良编著的《苏州评弹旧闻钞》(增订本)、江浙沪评弹工作领导小组办公室编的《书坛口头历史》、周良编著的《见证历史——二十世纪苏州评弹图像》等。[6]由唐耿良著,唐力行编的《别梦依稀:我的评弹生涯》,也是重要的口述史料。[7]此外,1963年苏州市曲联印发过卓人的《光裕社资料初辑》,苏州评弹研究室1980年曾编有《评弹传统书目流传概要及历代传人系脉》和《苏州评弹三十年大事记》,1983年曾编有《三四十

---

[1] 同友:《略论抗战前后太湖土匪的分化和演变》,《江苏教育学院学报》1995年第3期。
[2] 小田、樊树志的相关研究论见前揭书。
[3] 陈晓燕、包伟民:《江南市镇:传统历史文化聚焦》,同济大学出版社2003年。
[4] 如吴仁安的《明清以来江南水乡古镇同里的社会经济与文化风尚探微》,《学术月刊》1996年第5期。
[5] 方旭红:《1926年"吴门大疫"与苏州的疫病防治》,《苏州大学学报》2006年第6期。
[6] "苏州评弹研究资料丛书"2006年由古吴轩出版社出版。周良编:《苏州评弹旧闻钞》(增补本),古吴轩出版社2006年。
[7] 唐耿良著、唐力行编:《别梦依稀:我的评弹生涯》,商务印书馆2008年。

年代评弹史料专辑》,1984 年曾编有《明报、大光明报、戏报评弹史料辑》等,同样很有参考价值。

其次是苏州评弹的学术研究。比较早的有阿英的《女弹词小史》。[1]特别要提到的是周良先生的研究,[2]其主编的《苏州评弹文选》更多的价值体现在史料上。[3]唐力行的研究团队从社会史的角度对苏州评弹的研究有更高的学术品味,因而对于民国苏州史的撰写有更直接的帮助。周巍和吴琛瑜两位年轻的学者都有新著出炉。周巍的著作从"性别"角度对女弹词进行研究,弥补了以往研究的不足。作者运用大量被人忽略的报刊(尤其是苏沪两地的小报)和图像资料,以"女弹词"为研究对象,以"技艺"与"性别"的互动为线索,反观女弹词社会性别身份的形成与江南社会变迁之间的关系。吴琛瑜则在书场"小社会"与苏州"大社会"的关系中,以书场为中心考察苏州评弹。她指出,苏州书场是苏州社会的一个组成部分,出入苏州书场的各色人等构成"小社会",而整个苏州则是"大社会"。书场"小社会"内部要素的互动,推动着书场"小社会"不断发展,反作用于苏州"大社会"。大、小社会之间发生着信息和能量的互动:"大社会"的发展制约着"小社会","小社会"的变迁则处处投射着苏州"大社会"的影子,是"大社会"的浓缩与提炼。[4]类似的评弹社会史研究对于民国苏州史的撰写极有帮助。[5]

十三、关于教育史研究

苏州教育史以东吴大学校史的研究最丰富。根据周建屏、王国平主编的《苏州大学校史研究文选》"编辑说明",迄 2007 年年底,发表在各种刊物(含部分非正式出版刊物)上的校史研究文章共约三百余篇;《研究文选》选了近百篇。与民国苏州史研究相关度较高的论文有:杨恒源的《抗日战争时期的东吴大学》、张玉法的《东吴大学在近代中国史上的意义》、周一川的《春蚕到死丝方尽——

---

[1] 阿英:《女弹词小史》,《阿英全集》(七),安徽教育出版社 2006 年。
[2] 如《苏州评弹艺术初探》,中国曲艺出版社 1988 年;《再论苏州评弹艺术》,江苏文艺出版社 1996 年;《苏州评弹》,苏州大学出版社 2000 年;《苏州评弹史稿》(主编),古吴轩出版社 2002 年;《苏州评弹艺术论》,古吴轩出版社 2007。2012 年由古吴轩出版社出版的《周良与苏州评弹研究论集》,收有许多评弹艺术家、研究家和爱好者的研究论文和回忆文章,特别是汉平的《周良编著目录》为我们全面了解周良先生的研究成果提供了线索。
[3] 周良主编:《苏州评弹文选》(四册),江苏文艺出版社 1997 年、1997 年、2004 年、2006 年。
[4] 周巍:《技艺与性别:晚清以来江南女弹词研究》,上海人民出版社 2010 年;吴琛瑜:《晚清以来苏州评弹与苏州社会:以书场为中心的研究》,上海人民出版社 2010 年。
[5] 其他的评弹社会史偶有发现,如夏玉才:《环境民俗与苏州弹词》,《艺术百家》1992 年第 3 期。

记蚕丝专家费达生女士》、张燕的《葛赉恩与东吴大学校园文化建设》、黄孟弟的《春蚕到死丝方尽——忆蚕丝专家郑辟疆先生》、吴竞的《章太炎在东吴大学》以及其他五四和五卅运动在东吴大学的论文、黄履中的《回顾解放战争时期苏州东吴大学学生运动》、许周鹣的《评〈东吴学报〉的地方特性》等。[1] 其中,一些论文笔者已在其他部分涉及,一些论文从题目上即可看出它们对民国苏州史研究的价值,在此不赘。有关东吴大学校史的研究著作已经部分出版,自然对民国苏州史的撰写有相当的参考价值。[2] 另外,顾念祖主编的《东吴春秋:东吴大学建校百十周年纪念》,资料价值颇高。[3]

对于苏州的中学校史的研究成果中,有关江苏省苏州第十中学的校史材料最丰富。柳袁照主编的《振华之路——苏州十中百年纪程》是一本校史[4];另外两本他主编的《百年流响》和《百年足音》,前者是一本"校友回忆录",其中有早至1914年的校友回忆,后者是文史资料,资料价值都颇高。[5] 范小青、秦兆基主编的《瑞云韵语》是一本名人文集,所及并不仅仅是苏州十中之事,而扩展至民国苏州社会,也很有参考价值。[6]

高一鸣编著的《草桥春秋》是苏州第一中学的校史。[7] 杨斌编著的《文化的雕像》是一本名人文集,所及民国苏州社会的情况,很有资料价值。[8] 金德门主编的《苏州中学校史(1035—1949)》1999年出版。[9] 作为苏州的百年办学名校,有关苏州中学的史料一方面散见于《苏州史志资料选辑》等当中,更集中地见于蔡大镛、张昕主编的《道山情怀——苏州中学的千年传奇故事》,这是一本资料长编,"百分之七十以上的内容均由校友撰写"[10],价值较高。其他一些学校,如苏州第四中学校史也可在《苏州史志资料选辑》《苏州文史资料》等资料中找到。

---

[1] 周建屏、王国平主编:《苏州大学校史研究文选》,苏州大学出版社2008年。
[2] 王国平:《博习天赐庄——东吴大学》,河北教育出版社2003年;《东吴大学简史》,苏州大学出版社2009年。
[3] 顾念祖主编:《东吴春秋:东吴大学建校百十周年纪念》,苏州大学出版社2010年。
[4] 柳袁照主编:《振华之路——苏州十中百年纪程》,古吴轩出版社2006年。
[5] 柳袁照主编:《百年流响》,古吴轩出版社2006年;《百年足音》,古吴轩出版社2007年。
[6] 范小青、秦兆基主编:《瑞云韵语》,古吴轩出版社2006年。
[7] 高一鸣编著:《草桥春秋》,古吴轩出版社2007年。
[8] 杨斌:《文化的雕像》,古吴轩出版社2007年。
[9] 金德门:《苏州中学校史(1035—1949)》,苏州大学出版社1999年。
[10] 蔡大镛、张昕主编:《道山情怀——苏州中学的千年传奇故事》,古吴轩出版社2010年。

中华人民共和国时期苏州史研究

王玉贵　徐虹霞

与对古代特别是明清、近现代时期的苏州历史的研究相比,在很长一个时期里,学术界对当代苏州历史的研究明显要薄弱得多,这一方面是因为在新中国建立后的前三十年时间里,苏州地区既不是国家投资建设的重点,苏州地区的原有特色也未能得到充分发挥,也就是说,其个案的典型意义不是很大,因此也就自然地很难引起学术界的研究兴趣;另一方面也跟当代史研究较难开展有很大关系。改革开放以来,先是因"苏南模式"的声名鹊起,接着因苏州新区、工业园区等的成功实践、所辖六个县级市相继进入全国百强县(有的还一度名列前茅),苏州再次引起学术界的关注,相关成果如井喷式涌现。这些对策性较强的论著,一方面对苏州的未来发展能起到很强的理论指导和经验支撑作用,另一方面又在很大程度上为苏州当代史的研究提供了丰富且鲜活的素材。

一、研究的总体情况

在21世纪以前,对当代苏州史的研究,就总体而言,除少数领域如对"苏南模式"的研究外,是十分薄弱的。这种情况自20世纪80年代中后期起,特别是在21世纪初,随着新一轮地方史志修撰工作的启动而有了逐步且日益明显的改变。其主要成果如下:

第一,出版了一些具有很高学术水平的研究性著作。其中,段本洛等《苏州手工业史》[1]《近代江南农村》[2]中的部分章节是学术界最早对当代苏州历史进行研究的成果。王玉贵等的《当代中国农村社会经济变迁研究——以苏南地

---

[1] 段本洛、张圻福:《苏州手工业史》,江苏古籍出版社1986年。
[2] 段本洛、单强:《近代江南农村》,江苏人民出版社1994年。

区为中心的考察》[1]对中华人民共和国成立后至20世纪80年代中期苏州农村的社会经济变迁做了系统考察。孙柔刚的《厚德为民——高德正传略》[2]则对曾为苏州地区的创新发展做出过重要贡献的领导人之一的高德正在苏州地区的主要经历和重要贡献做了较为系统的介绍。王国平主编的《苏州史纲》对中华人民共和国时期的苏州历史做了一次较为系统的梳理。

第二，编写、出版了一批高质量的地方史志著作和年鉴。首先，2011—2014年间，苏州市以及下辖的5个县级市先后出版了《中共吴江地方历史》第2卷、《中共昆山地方史》第2卷、《中共太仓地方史》第2卷、《中国共产党张家港（沙洲）历史》第2卷、《中国共产党苏州历史》第2卷、《中国共产党常熟历史》第2卷。太仓市史志办公室还编辑出版了《太仓港发展史》。这些地方党史著作按照中共十一届六中全会通过的《关于建国以来党的若干历史问题的决议》为指南，对苏州市及原苏州专区所辖的吴江、昆山、太仓、张家港（沙洲）、常熟5个县（吴县因在地方党史二卷编写任务启动之前就已撤销而未编出类似著作）对1949—1978年间各地进行社会主义革命和建设的历史进行了全面梳理。其次，出版了《苏州市志》《张家港市志》《兆丰镇志》《李巷村志》等数量众多的市、县级市（区）、镇、村志以及《苏州农业志》《苏州工会志》《苏州农业机械化志》《常熟市地方税务志（1994—2013）》《吴江市民政志》《张家港市乡镇工业志》《望亭发电厂志》《留园志》等大量专业志。最后，一些史志机构还编辑出版了一些有关当代苏州地区的专题研究文集，如苏州市党史工作办公室自2011年起每年都编辑一本《研究与探索》论文集，常熟市党史办公室编辑出版《缔造辉煌》，张家港市委党史地方志办公室编辑出版《历史的回声》等党史专题研究文集。此外，由苏州市以及各县级市方（史）志办、政协文史委编辑的众多史志（文史）资料中，也有大量内容涉及1949年后的内容，为开展这一时期的史学研究提供了重要的材料依据。从20世纪80年代中后期起，大量市、县市（区）、镇年鉴，如《苏州年鉴》（从1987年起每年出版一部）、《吴江年鉴》等相继出版。这些史志资料和年鉴的编撰、出版，为《苏州通史·中华人民共和国卷》的编写提供了极大的便利。

第三，整理、出版了一大批高质量的专题资料集或工具书，如《中国共产党江苏省苏州市组织史资料（1925—1987）》《中国共产党苏州党史大事记（1949—1999）》《苏州对外经济五十年（1949—1999）》《苏州城市接管与社会改造》《社

---

[1] 王玉贵等：《当代中国农村社会经济变迁研究——以苏南地区为中心的考察》，群言出版社2006年。

[2] 孙柔刚：《厚德为民——高德正传略》，江苏人民出版社2008年。

会主义建设时期苏州经济工作》《苏州乡镇工业》《异军突起——苏州乡镇企业史料》《苏南模式在苏州的实践》《苏州民族工商业百年往事》《当代苏州人才录》等专题资料性或工具性图书。近年来,王国平主编的"苏州大学校史丛书",挖掘和整理了大批珍贵的苏州地区高等教育史资料。徐刚毅编著的《老苏州·百年历程》《苏州往事·图录》等公布了大批生动记录当代苏州历史的珍贵图片。此外,为记录土地改革而由中国共产党苏南区党委农村工作委员会于1952年内部发行的《苏南土地改革文献》中有大量涉及苏州地区的重要文献资料,苏州市统计局编辑的《数字见证苏州改革开放30年巨变》(2008年内部发行)等为研究改革开放时期苏州历史提供了丰富、权威的统计数据。类似这样的专题文献集还有很多,如《中国共产党苏州市历次代表大会(会议)文献汇编(1949—2001)》等。这些专题资料或工具性图书的出版,为《苏州通史》当代部分的编写提供了极为丰富的史料。

第四,在编写上述著作的过程中,有关人员发表了不少专题研究论文,代表性的有吴晨潮和张秀芹的《从苏南模式到新苏南模式的创新发展——科学发展观在苏南地区的成功实践》、宋立春的《抗美援朝运动在苏州》、顾业的《苏州市的"五反"运动》、靳海鸥的《1949年至1966年苏州的民兵建设》等。一些在苏高校的科研人员也先后发表了如《20世纪60年代初农村人民公社退赔研究——以苏州地区为考察对象》[1]《1953年江苏省苏州市人力车夫事件探析》[2]《新中国建立前后苏州地区企业年奖的演变》[3]等具有较高学术含量的专题论文。近年来,苏州大学中国近现代史专业的部分硕士研究生先后选择苏州当代史作为研究对象,其中有江祝霞的《"一五"时期企业职工社会保障事业研究——以苏州地区为考察对象》(2009年)、马海涛的《"大跃进"时期苏州地区"技术革命"研究》(2010年)、李婧的《苏纶纱厂的社会主义改造研究》(2010年)、丁启清的《军管时期苏州地区的经济恢复与社会改造》(2011年)、陶维娜的《苏州市工商界反右派斗争原因探析》(2014年)、洪松的《国民经济恢复时期苏州市劳资关系研究》(2015年)、董婧的《苏州地区"四清"运动研究》(2016年)等。

由上可见,尽管学术界对当代苏州历史的研究已取得了一些成绩,但客观地说,与学术界对明清时期苏州历史的研究相比,仍明显要薄弱得多。不过,这些

---

[1] 作者王玉贵,载《当代中国史研究》2003年第1期。
[2] 作者王玉贵,载《当代中国史研究》2003年第1期。
[3] 作者王卫平、王玉贵,载《中国社会科学》2015年第8期。

研究也表现出了一些明显的趋势和特征：首先，学术界已表现出对当代苏州历史越来越浓厚的研究兴趣，整理并公开出版了一些高质量的研究资料，出版并发表了一些高质量的研究性论著。其次，研究的起点较高，学术规范性较强。纵览已有研究成果，绝大多数中青年研究者都受过较为严格的博士或硕士研究生阶段的学术训练，或者是长期专门从事当代苏州历史研究的专家学者，从而保证了学术研究的质量。在这方面，特别值得指出的是周良关于苏州评弹的系列研究成果及其整理的大量原始资料[1]，为推动对苏州评弹的学术研究做出了重要贡献。最后，由于苏州经验、苏南模式等成功实践的影响，苏州地区以外的学者也越来越重视对当代苏州历史的研究。

二、关于土地改革的研究

在对苏州地区土地改革的研究中，当首推段本洛和单强合著的《近代江南农村》一书。该书根据当年的土改总结材料，将包括苏州在内的江南地区的土地改革分准备（1950.2—1950.9）、展开（1950.10—1951.3）、颁证（1951.3—1951.11）三个阶段。在准备阶段主要进行调查研究、训练干部、整理基层组织、宣传动员、典型试验等工作。在颁证阶段，主要分三步进行：第一步是宣传动员，建立发证组织，整理材料；第二步是进行申请登记，民主评议，统一面积，处理纠纷，出榜定案。第三步是进行填证、发证、统计和总结。作者认为：土改以后，"农村的生产关系发生了根本变化，农民生产积极性充分调动起来，整个农村呈现出勃勃的生机"。[2]

莫宏伟的《苏南土地改革研究》[3]是学术界第一部对包括苏州在内的苏南地区的土地改革进行深入、系统研究的专著。作者通过查阅大量档案资料并做了认真解读后认为，苏州（南）地区的土地改革可分为五个步骤，即宣传教育、整顿组织、调查研究、划分阶级；没收、征收土地及浮财，分配土地及浮财，总结、发证。由于苏州（南）地区工商业较为发达，农产品商品化程度高，种植经济作物的土地较多，地主多集中在城镇居住，寺庙和家族共有土地较多，土地产权不完整——即田底权和田面权分离，因此在土地改革中，做了许多具体规定：一是农民分得的原来耕种的土地的所有权（田底权）属于地主而使用权（田面权）属于

---

[1] 关于周良对推动苏州评弹事业的发展及学术研究的贡献，参见中国艺术研究院、苏州市文学艺术界联合会编：《周良与苏州评弹研究论集》，古吴轩出版社2012年。
[2] 段本洛、单强：《近代江南农村》，江苏人民出版社1994年，第650—656页。
[3] 莫宏伟：《苏南土地改革研究》，合肥工业大学出版社2007年。

农民的土地,田面折价部分的所有权属于农民,但田底折价部分,无论分给原耕农民还是抽出,其所有权均属于国家。二是确保工商业家在城市郊区发展工商业的用地,保护富农等具有进步设备和技术的农业经营。三是在划分阶级中慎重区别主要劳动与附带劳动。四是对地主兼工商业家和工商业家兼地主的工商业以及其他有利于工商业发展的土地、房屋、设备、技术等加以保护。五是对包括宗族、宗教、慈善团体在内的土地和学田等公田以及鱼池、桑田、果园等特殊土地,按照中央和华东局的指示精神,同时结合具体情况,做了许多灵活规定。在土地改革中,不同阶层的表现差异很大:绝大部分贫雇农积极参与,但普遍存在平均主义思想,有的还期待二次土改;中农怕露富,怕被提高成分,因而不甚积极,多消极旁观;富农一般保持中立,但由于运动的过"左"行为,使其怀疑"保存富农经济"的真实性;地主中除极少数开明分子外,普遍表现出无奈、恐惧,有的则采取多种方式进行抗拒,土改后则沉浸在失去土地、财产和政治权利的极度痛苦和不满之中。苏州(南)地区的土地改革和全国其他地方一样,也存在许多不足,主要有错划阶级成分(主要是随意提升和降低成分等级,甚至还出现了中央文件中没有规定的阶级成分,如土匪地主、土匪兼贫雇农等)和乱斗乱打乱杀,究其原因主要有:一是有的土改干部对是否劳动做出任意解释,随意提高劳动标准;二是单纯以土地占有和出租的多少为标准来划分阶级;三是以剥削作为划分阶级的唯一依据;四是以生活好坏作为划分阶级的主要标准;五是将政治态度、生活作风或人际关系的好坏作为划分阶级的重要标准;六是一些干部包庇或者借划分阶级成分的机会公报私仇等。乱打乱杀主要表现为:斗争地主不是进行说理,而是斗力斗蛮,且斗打的花样繁多;选择斗争对象不准确,将斗打的对象扩大到了农村各个阶层之中;被乱斗乱打的人数众多,其中部分人被斗打致死;打人者既有干部,也有群众,有的干部甚至示意群众或带头打斗;一些干部和群众借斗争之名,行敲诈勒索之实。[1]对这些乱象,著名民主人士黄炎培、柳亚子尽管提了许多意见,但未获足够重视,从而不仅导致一些党政干部在群众中的威信有所下降,也影响了土改运动的健康发展。苏州(南)地区的土地改革完成后,分得了土地和其他生产、生活资料的贫雇农的生产积极性普遍高涨,生活水平有所提高,富农和中农的生产热情有所下降,加上过重的农业税和自然灾害及意外事故的影响,部分农民仍未摆脱贫困,生产和生活资料均感缺乏。

陈一平从地权变动与社会重构相互关系的角度对包括苏州在内的苏南地区

---

[1] 莫宏伟:《苏南土地改革中的血腥斗争》,《当代中国研究》2006年第4期。

的土地改革进行了专题研究,认为在土地改革后,农民虽然获得了土地所有权,但这种土地所有权很不完整,且不久后就被收归公有;通过土改,国家政权扩充至乡村社会的每个角落,并以前所未有的气势对乡村社会进行了重构,具体表现在:土改之后,个体农民失去了对土地的所有权后,也就同时使国家掌握了对农民剩余产品的索取权,国家还由此直接介入农民的生产过程;租佃制度的消灭、雇佣关系的限制、民间借贷的减少,削弱了土地、劳动力和资金等生产要素的市场流动;土改后所形成的一个更为平均的个体农民经济,为国家推行农业现代化计划以及集体化提供了基础;阶级的划分,则改变了农村社会原来的权力结构以及农民对身份地位的认知评价,重新厘定了国家和乡村社会的关系,奠定了此后近30年中国社会结构的基础。[1]

还有学者着重对土地改革的结果进行了系统研究,认为土地改革的完成,彻底地废除了地主阶级封建剥削的土地所有制,实现了农民的土地所有制,农村的生产关系发生了根本性的变化;城乡之间的联系得到了加强;扩大了党在农村的影响,提高了农民的组织化程度,广大农民的政治觉悟不断提高;农民的政治热情空前高涨;农民的生产积极性大为提高,农业生产恢复和发展很快;农民生活有了明显改善,农村生活充满活力;农村的法制建设逐步完善。[2]

三、关于社会主义改造的研究

首先,关于农业社会主义改造的研究。对苏州地区的农业社会主义改造,几部地方党史著作均对其基本过程做了大同小异的叙述,一般分为互助组(1951.12—1952.6)、初级农业生产合作社(1952.7—1955.6)和高级农业生产合作社(1955.7—1956年年底)三个阶段。其中,中共昆山市委党史研究室编著的《中共昆山地方史》(第2卷)还重点介绍了毛泽东于1955年12月为该县总结西宿乡办社经验的《中共昆山县西宿乡支部是怎样领导全乡走向合作化的》(后改为《这个乡两年就合作化了》)一文所写按语的来龙去脉、主要内容及其影响。[3]

有学者指出,农业社会主义改造的完成,使苏州乡村社会发生了进一步的深

---

[1] 张一平:《地权变动与社会重构——苏南土地改革研究(1949—1952)》,上海人民出版社2009年。
[2] 王玉贵等:《当代中国农村社会经济变迁研究——以苏南地区为中心的考察》,群言出版社2006年,第100—128页。
[3] 中共昆山市委党史研究室:《中共昆山地方史·第二卷(1949—1978)》,中共党史出版社2011年,第90—91页。

刻变化,主要表现在:首先,农村社会的组织程度有了进一步发展,政权对乡村社会的渗入和统摄程度进一步加强。其次,有利于农田水利建设的开展,从而有利于农业生产的发展和农作物产量的提高。再次,对农民家庭规模、家庭周期、婚育观念和行为、家庭的教育和保障等职能等都产生了明显影响。最后,丰富了农村的文化娱乐活动。[1]

另有学者对苏州地区的渔业社会主义改造进行了专题研究,认为渔业因其自身特点,不太适合于规模化的集中生产。因此,即便是在20世纪50年中期社会主义改造高潮迭起的情况下,苏州地区的渔业生产也仍大多保持个体经营的状态;在"斗私批修"盛行的"文化大革命"中,渔业生产却快速完成了社会主义改造,但因其乏善可陈,很快又宣告失败。[2]

其次,关于手工业社会主义改造的研究。段本洛、张圻福合著的《苏州手工业史》是迄今为止学术界唯一一部对苏州手工业社会主义改造进行研究的学术专著。该著指出,苏州手工业的社会主义改造始于1951年6月竹筷生产合作社的建立,从1952年起,合作化的步伐明显加快。在农业和资本主义工商业社会主义改造高潮的推动下,苏州手工业的社会主义改造高潮也很快到来。到1956年6月底,基本完成了社会主义改造。手工业社会主义改造和其他行业的社会主义改造一样尽管也不可避免地存在某些不足,但由于在管理方法上坚持民主办社的原则,尽量保持了小型、分散、多样的特色,因此,苏州手工业在社会主义改造后,在扩大公共积累、提高劳动生产率、丰富和方便民众生活、出口创汇等方面都发挥了明显的积极作用。[3]

再次,关于资本主义工商业社会主义改造的研究。李婧的《苏纶纱厂的社会主义改造研究》一文以苏纶纱厂为个案,对苏州市的资本主义工商业社会主义改造进行了较为深入、系统的考察。论文在回顾了1949年到1956年间中国共产党对民族资本主义工商业和民族资产阶级政策演变过程后,首先探讨了苏纶纱厂在新中国建立初期的恢复和发展情况,然后着重揭示了苏纶厂公私合营的详细过程,分析了在公私合营过程中所出现的各种问题。作者认为,作为苏州地区资本主义工商业社会主义改造中一个较为成功的范例,在苏纶纱厂的社会主义

---

[1] 王玉贵等:《当代中国农村社会经济变迁研究——以苏南地区为中心的考察》,群言出版社2006年,第207—228页。

[2] 仇海燕:《江苏省社会史学会2014年年会暨学术讨论会综述》,《南京晓庄学院学报》2015年第2期。

[3] 段本洛、张圻福:《苏州手工业史》,江苏古籍出版社1986年,第582—590页。

改造中,国家宏观政策的演变始终占据着主导地位,从社会主义改造方针政策的制定到具体措施的实施,国家都牢牢把握着改造的方向,最终将企业的改造和改造后的企业运行都纳入了国家政策预设的轨道。作者还认为,苏纶纱厂之所以成为苏州市率先进行资本主义工商业社会主义改造的工商企业,除了宏观形势的大势所趋之外,该厂实行的资方代理人制度是相当重要的因素之一。[1]应该说,这一看法是有相当见地的。

四、关于农村人民公社的研究

对苏州地区的农村人民公社化运动,学界有较为系统、深入的研究。一些学者从发掘地方档案资料入手,对苏州地区农村人民公社化运动的兴起及原因,人民公社制度的调整、固守(一方面通过开展"农业学大寨"运动进行引导;另一方面通过对"包产到户"进行围堵、批判,开展"四清"运动,不断进行"斗私批修""割资本主义尾巴"等,以捍卫人民公社制度)和解体等进行了详细梳理,同时探讨了公社化时期苏州农村社会的权力系统及其运作、农村经济特别是社队企业的兴起与发展、农村人口的变化、农民家庭生活的变迁以及农村社会生活的基本特征,并从维护农村社会的稳定、对国家工业化的贡献、农业基本建设的得失、文化教育事业的发展与不足、农村社会保障的实施、农业技术的推广和进步等方面研究了公社制度的绩效。[2]

还有学者对20世纪60年代前期农村人民公社的退赔工作做了探讨,指出中共中央决定对农村人民公社制度进行调整,是苏州地区对"大跃进"和农村人民公社化运动中的"一平二调"进行退赔的背景;苏州农村的退赔主要是对房屋、土地、用具(包括生产和生活用具)以及劳动力等进行清理与退赔等;退赔工作的开展不断走向深入,不仅很快挽回了一度受到不利影响的党和政府的形象,而且由于这一工作是和压缩城市人口、精简城镇职工、整顿干部作风、取消公共食堂、停止各种"大办"、建立并完善多种形式的生产责任制、减少农产品统购数量、调整生产队规模、改进农业生产体制等工作结合在一起的,对于广大农村地区迅速恢复农业生产、走出困难时期起到了重要而又积极的促进作用;由于一些领导干部对退赔工作的重要性认识不足,对政策理解不深透,加上工作作风上存在的

---

[1] 王玉贵等:《制度变革与苏州社会经济变迁研究》,古吴轩出版社2014年,第102—190页。
[2] 王玉贵:《制度变革·社会变迁·制度绩效——以苏南农村人民公社为研究对象》,吉林人民出版社2009年。参见王玉贵:《论农村人民公社的制度绩效》,《高等学校文科学术文摘》2010年第3期(原载《中共天津市委党校学报》2010年第2期)。

问题,致使退赔工作弊端丛生。由此,可以得出这样的结论:任何一项涉及广大人民切身利益的重大决策的制定与出台,都必须经过反复的科学论证。[1]

五、关于改革开放的研究

学术界对苏州改革开放的实践活动的论著数量众多。代表性的有徐伟荣主编的《异军突起在苏南》,孟焕民的《崛起的热土——来自苏州各级开发区的报告》,张明主编的《苏南村级组织研究》,孙艺兵、邬才生主编的《苏州现代化建设战略研究》,张卫国主编的《对外开放在苏州》,邬才生等主编的《面向21世纪的小城镇建设——苏州小城镇建设的理性思考》,蒋宏坤等主编的《城乡一体化的苏州实践与创新》等,这些著作对改革开放以来苏州的乡镇企业、现代化发展战略、基层村民组织、对外开放、开发区建设、城乡一体化等进行了开创性的研究。徐国保主编的《走向现代化的苏州》,杨晓堂主编的《苏州基本现代化研究》,赵文博等主编的《苏州农村现代化》,包国新主编的《苏州工业基本现代化研究》,蒋宏坤主编的《张家港基本现代化研究》,顾敦荣等主编的《苏州教育现代化研究》,孔庆鹏等主编的《苏州市体育现代化研究》等则对苏州地区现代化的总体进程以及部分行业的现代化进程做了探讨。王国平等主编的"苏南发展研究丛书"也主要是对苏州(南)地区改革开放实践活动的探讨。

徐国良的《历史性的跨越——常熟市改革开放启示录》,张树成的《昆山开发之道》和《昆山发展轨迹纪实》,宣炳龙的《探索·创新——昆山经济技术开发区的实践》,中共张家港市委宣传部编著的《张家港之路》等,对苏州市下辖的常熟、昆山和张家港等县级市改革开放以来的发展历程做了详细介绍。

这类论著普遍具有很强的对策性,为苏州的未来发展能提供很好的理论指导。类似的代表性论著还有《苏州精神——"三大法宝"的价值与升华》《苏州之路——"两个率先"的实践与思考》《和谐社会理论与苏州实践》以及"新全球化语境中的苏南发展研究丛书"等。

王荣等主编的《苏州农村改革30年》[2]对苏州农村改革的回顾,苏南模式的形成、演变和发展,农业现代化、乡镇企业与民营经济,农村集体资产、土地承包和生产经营等三大合作,农村服务业、外向型经济、城镇化和新型农村社区、农村劳动力的就业和创业、农村社会事业和社会保障、村民自治与乡村治理、农民

---

[1] 王玉贵:《20世纪60年代初农村人民公社退赔研究——以苏州地区为考察对象》,《当代中国史研究》2003年第1期。

[2] 王荣等:《苏州农村改革30年》,上海远东出版社2007年。

生活质量、新农村建设与城乡联动发展等做了系统研究。王荣等主编的《改革开放三十年：苏州经验》[1]对苏州改革开放的历史、新型工业化道路、农村改革发展的成就和经验、开放型经济的发展及基本经验、城市化和城乡统筹发展、环境保护、社会建设、苏南模式及其演进等做了系统研究。比较而言，这类论著的学术性较强。

六、关于"苏南模式"的研究

（一）关于"苏南模式"的研究概况

需要说明的是，国内学术界在论及"苏南模式"时，对其地域范围常常存在明显的歧异，相当多的本土学者总是有意无意地将苏州、无锡两地对立起来加以考察。实际上，熟悉当代苏州历史的学者应当很明白，就"苏南模式"的起源来说，不仅苏州、无锡两市，甚至包括现在常州市的一些地方，原本都是同属苏州专区的，人为地将苏州、无锡加以区隔，有意地扬此抑彼的做法，都是既不科学，也不符合历史事实的。进一步说，"苏南模式"原本就是对整个苏南地区而言的。此处就是按照上面的理解来进行评介的。

自20世纪80年代初费孝通教授提出"苏南模式"这一概念以来，关于"苏南模式"的研究成果可谓层出不穷，研究角度也越来越多样、新颖，有些成果专门研究了"苏南模式"的成因，有些成果具体研究了"苏南模式"的形成和发展过程，有些成果则侧重于对这一模式的评价。随着"苏南模式"向"新苏南模式"的转变，学术界对"新苏南模式"的研究成果也颇丰。

检视20世纪80年代以来学术界对"苏南模式"的研究历程，呈现出明显的阶段性特征。

从20世纪80年代初到90年代初，为第一阶段。在这一阶段，重点是对什么是"苏南模式"以及这一模式的成因、基本内容、主要特征进行初步研究。代表性的研究性论著有朱通华的《论苏南模式》，陶友之主编的《苏南模式与致富之道》，顾松平等编著的《苏南模式研究》，等等。

从20世纪90年代初到21世纪初为第二阶段。随着中国改革市场化目标的明确提出，传统的以集体产权和政府推动为主要特征的苏南模式开始向产权主体明晰和市场化方向改革，"新苏南模式"的提法逐渐流行开来。学术界开始

---

[1] 洪银兴、王荣：《改革开放三十年：苏州经验》，古吴轩出版社2008年。

对"苏南模式"进行了越来越深入的反思,对"苏南模式"的弊端和不足进行了探讨,以配合宏观决策的演进。代表性的研究性论著有万解秋的《政府推动与经济发展——苏南模式的理论思考》,新望的《苏南模式的终结》,王家俊的《苏南模式的创新》,朱通华等的《苏南模式发展研究》,等等。

从 21 世纪初以来,对"苏南模式"的研究进入第三阶段,理性色彩越来越浓厚,基本摆脱了为现行政策做注解的研究取向,而且研究视野越来越宽广。以往学界较多从经济学、历史学等角度对"苏南模式"进行研究,从这一阶段开始,出现了大量从社会学、政治学和哲学等角度进行深入研究的成果。代表性的研究性论著有周海乐、陈红霞的《"苏南模式"的新发展——区域发展个案反馈的前沿信息》,黄文虎等的《新苏南模式:科学发展观引领下的全面小康之路》,韩云的《苏南模式的变革与创新》,陆学艺等的《苏南模式与太仓实践》和周海乐的《城镇化与小康社会》,等等。

从上述研究进程来看,学术界对"苏南模式"的研究体现出如下特点:第一,就研究成果的数量来说,大致以 21 世纪初为界,呈现出由少到多和由多到少的两个阶段。第二,进行学术探讨的成果越来越多,质量越来越高。第三,进行多学科交叉研究的成果越来越多。

下面对学术界研究"苏南模式"的主要观点做较为详细的介绍。

(二)关于"苏南模式"成因的研究

关于"苏南模式"形成原因的研究成果,代表性观点大致分为政府推动型、地域社会经济环境的作用两种。

1. 政府推动型

政府推动,意即政府在农村经济发展中起着一个主导性的作用。持此种观点的学者认为,"苏南模式"其实是一种"政府推动型经济",该种经济形式形成的原因大致有以下几点。

(1)起步时期的政策因素

公社化年代,不允许发展个体经济,在当时特定的历史条件下,乡镇企业只能由集体来兴办,地方政府在乡镇企业的兴办过程中自然有着不可替代的组织功能。以社会主义公有制和计划经济占绝对主导地位的政策背景,以及农村社(乡、镇)队(村)的集体积累为启动资金的投资主体,决定了苏南模式中的所有制结构只能以集体经济为主。因为在宏观控制稍有松动、计划经济稍有让步时,由集体经济出面兴办的乡镇企业才能师出有名,在夹缝中求生存、求发展。[1]

（2）发展时期的政策推动

有学者认为，1978年以后，农村家庭承包制的推行使原有农村经济体制结构受到巨大冲击。家庭分散经营与个体经营户的发展，使市场机制迅速得以恢复。土地实行承包经营，公共设施被分解，原有的协作关系被竞争关系所取代，社区共同利益大为减少，社区机制的作用力也迅速减弱（当然并没有完全消除）。市场机制的引入也削弱了原来的行政控制强度。但行政机制受到的影响相对较小，其主导作用地位未动摇，且其控制重点逐步转移到了不可承包分解的非农产业上来。因此，这一阶段，事实上已经形成了政府、市场、社区三者共同作用的体制结构。[2]

还有学者认为，"苏南模式"最根本的精华是走共同富裕道路，但共同富裕不是自然而然就能得到的，要有人组织才能实施，这个"组织者"就是政府。有学者将苏南模式称为政府推动型经济模式，这是有相当道理的。"政府推动"确是苏南模式的一个特征，尤其在帮助农民走共同富裕之路时，更是起到了积极的推动作用。学者举出大量例证来证明政府在苏南地区经济发展史上的三次"异军突起"中起到的重大作用。[3]

进入20世纪80年代，分权化改革使地方政府的经济权力得到了稳固的扩张，而且在中央政府放权的同时，地方政府负担的经济责任也在增大，各种社会费用负担上升，各种补贴都需要由地方政府负担开支，这种财政负担也迫使各级地方政府为了增加财政收入而积极地推动地方经济的发展。[4]

（3）政府对于利益的调节

有学者认为，从理论上说，苏南乡镇企业的财产所有权主体是全乡镇的农民，但在现实运行中却表现为地方政府充当着事实上的所有权主体。其原因在于，对属于全乡镇农民所有的乡镇企业财产必须由某一组织代表全体所有者行使财产所有权，否则，全乡镇农民的资产及其收益就极易被劳动者个人所分割。[5]

---

[1] 王荣等：《苏州农村改革30年》，上海远东出版社2007年，第34页；范从来：《苏南模式的发展与乡镇企业的产权改革》，《管理世界》1995年第4期。
[2] 万解秋：《政府推动与经济发展——苏南模式的理论思考》，复旦大学出版社1993年，第14页。
[3] 王荣等：《苏州农村改革30年》，上海远东出版社2007年，第39页。
[4] 万解秋：《政府推动与经济发展——苏南模式的理论思考》，复旦大学出版社1993年，第14页。
[5] 范从来：《苏南模式的发展与乡镇企业的产权改革》，《管理世界》1995年第4期。

（4）要素相对价格因素的影响

有学者指出，社区政府创办企业的动机主要是创造就业、增加收入，而企业作为一种节约交易费用的组织形式，在充分竞争的市场条件下，是以利润最大化作为其首要的也是唯一的目标。20世纪80年代初期，我国经济正处于短缺状态，资金、土地等市场资源和政策等非市场资源的短缺，成为制约乡镇企业生成和发展的主要障碍。因此，社区政府充当乡镇企业动员和组织资源的企业家角色，是一种最佳的理性选择；同时，由于市场发育不完善，政府组织资源的相对价格远低于市场组织资源的价格，这就导致企业经营所必需的要素如土地、劳动力、资本等基本上都由政府提供，而政府因此要参与企业的决策和索取剩余。[1]

（5）制度租金的推动

有学者认为，由于中央政府与不同所有制企业之间的利益相关程度不同，因此，中央政府的所有制偏好表现为先国有、后集体、再私有。计划经济体制下以国有经济为主导的城市工业化发展战略的不成功，导致中央政府的所有制偏好和所有制政策发生了较大的变化，中央政府需要寻找推动工业化的新动力。很显然，在当时的情况下，实施以乡镇集体企业为主导的农村工业化发展战略，符合中央政府目标函数最大化的要求。所以，中央政府先后出台了一系列有利于乡镇企业发展的政策和措施。这种在特定历史条件下由于制度环境落差造成的制度租金推动了乡镇企业在早期的飞速发展。[2]

2. 地域社会经济环境的作用

（1）文化素质水平较高

有学者指出，苏南地区的人们较早地接受了现代科学技术和商务教育，居民的文化教育水平相对地高于全国平均水平，此种状况对现代工业技术的扩散与企业经营管理人才的培养是极为有利的，有效地推动了苏南地区现代工商业的发展。[3]

（2）商品经济观念的传统

学界认为，苏南历来是我国人文荟萃之地和经济富庶地区。早自南宋开始，苏南以及杭嘉湖地区就已成为我国的经济中心地带。到了明清两朝，我国最早的资本主义生产和经营方式在这里萌芽、发展，商品经济在苏南地区有着较悠久

---

[1] 邱成利、冯杰：《"苏南模式"的发展及其路径依赖》，《中国工业经济》2000年第7期。
[2] 邱成利、冯杰：《"苏南模式"的发展及其路径依赖》，《中国工业经济》2000年第7期。
[3] 王荣等：《苏州农村改革30年》，上海远东出版社2007年，第32页；万解秋：《政府推动与经济发展——苏南模式的理论思考》，复旦大学出版社1993年，第14页。

的历史传统,商品经济的意识得到较早的普及。清末和民国初始,我国的现代工商业也在苏南以及上海率先诞生和发展,使传统的手工作坊向现代工业过渡,传统的小商小贩、商店、钱庄向现代公司、商行和银行过渡。苏南地区的这种历史文化传统和商品经济意识,是产生"异军突起"的乡镇工业以及较早采取"市场取向"的一个重要内因。[1] 人文荟萃与经济富庶的交融造就了苏南人的勤奋踏实、开拓进取、精益求精的优良传统和作风,不管干哪一行,总要努力做好,力争发展,有所建树。[2]

(3) 人多地少的矛盾

有学者指出,苏南地区人多地少,造成大量农村劳力的隐形失业,因而有着强烈的寻求劳动力新出路和经济发展新途径的愿望。这种强烈愿望的现实内因和历史内因的交汇,促使苏南地区从20世纪60年代的人民公社时期就开始创办社队工业;到70年代后期宏观控制的松动,以及80年代前期"双轨制"的推行,致使苏南地区蕴藏着的巨大经济潜能释放出来。[3]

(4) 地理位置和条件的优越

有学者认为,苏南地区地处经济发达的长江三角洲的"金三角"地带,交通发达,运输便捷。京沪铁路横穿其中,312国道等公路四通八达,长江、运河系统提供了舟楫之利,邻近的虹桥机场和上海港连接海内外。20世纪八九十年代开始的张家港、常熟港、太仓港(后组建成苏州港)的港口建设和沪宁、苏沪、沿江、苏嘉杭、绕城等高速公路的修建,更为苏州的经济发展插上了腾飞的翅膀。这诸多优越的条件,对以发展现代工业为主要内容的苏南模式的形成和发展,提供了一流的物流优势和由此引来的资金流、人才流等不可多得的优势条件。[4] 这里还有我国最大的工业中心上海和其他中等城市,还有众多小城市和星罗棋布的集镇。大城市的经济辐射力十分强大,大量的技术扩散与设备转移使该地区得到了非农产业发展的重要物质基础。[5]

---

[1] 王荣等:《苏州农村改革30年》,上海远东出版社2007年,第32页;吴祥钧:《"苏南模式"的历史功绩及其终结》,《现代经济探讨》2001年第7期。

[2] 王荣等:《苏州农村改革30年》,上海远东出版社2007年,第32页。

[3] 万解秋:《政府推动与经济发展——苏南模式的理论思考》,复旦大学出版社1993年,第14页;邱成利、冯杰:《"苏南模式"的发展及其路径依赖》,《中国工业经济》2000年第7期。

[4] 王荣等:《苏州农村改革30年》,上海远东出版社2007年,第34页。

[5] 王荣等:《苏州农村改革30年》,上海远东出版社2007年,第34页;万解秋:《政府推动与经济发展——苏南模式的理论思考》,复旦大学出版社1993年,第14页;邱成利、冯杰:《"苏南模式"的发展及其路径依赖》,《中国工业经济》2000年第7期。

（5）面临的各种机遇

有学者认为，从当时整个社会的大背景看，处于计划经济体制下的国有企业和城镇集体企业的机制不灵活，乡村企业的市场取向机制相对来说就显得非常灵活和有优势了；当时整个社会处于物资短缺的卖方市场，乡村企业只要有产品生产出来，不怕没有市场；那时工农业产品价格的剪刀差较大，乡村企业只要生产出工业品，就能取得较丰厚的利润。苏南地区更有发展乡村企业的特殊条件，主要是：苏南地区是我国近代民族工业的发源地，商品经济比较发达，有"重工（商）主义"传统；紧靠上海、苏州、无锡等大、中城市，交通便利，易于接受城市工业的辐射，加上苏南地区有大量从这些城市退休返乡的老工人，因此和这些城市的工厂有着紧密的天然联系；人多地少的矛盾较为突出；集体经济的底子相对较厚。[1]

还有学者认为，苏南模式的形成也有着以下两种因素的作用：一是集体化的实现和经济实力的增强。二是历史提供的各种机遇。比如"文革"期间城市部分企业向相对稳定的农村转移，为社队企业的发展提供了契机；大批干部、知识青年、技术人员和部分熟练工人的下放，为社队工业带来了管理经验、科学技术和信息等。[2]

（三）关于"苏南模式"形成与发展过程的研究

1. 关于"苏南模式"的内涵

人们把改革开放后在江苏南部地区兴起的以乡村集体工业企业为基础的经济社会发展的路子统称为"苏南模式"。这是相对于以个体经济为主的"温州模式"、以侨资为主的"泉州模式"和以"四轮齐转、双轨并行"的"耿车模式"而言的。[3]

有学者把"苏南模式"的内涵以及定位，总结为三种"模式观"，分别是：① 把"苏南模式"等同于苏南以集体为主的乡镇企业快速发展的经验结晶；② 把"苏南模式"看成是对苏南乡镇企业和农村经济社会全面发展的成功之路做出的似乎可以长远起作用的理性概括；③ 把"苏南模式"作为对苏南地区在乡镇企业发展的带动下和受城市经济的辐射下，农村经济转轨变型、综合发展的全貌进行规律性研究，而得出的动态概念。该学者认为这三种模式观下的"苏南

---

[1] 吴祥钧：《"苏南模式"的历史功绩及其终结》，《现代经济探讨》2001年第7期。
[2] 郑邦兴：《论苏南模式的生命力》，《华中师范大学学报》1990年第3期。
[3] 吴祥钧：《"苏南模式"的历史功绩及其终结》，《现代经济探讨》2001年第7期。

模式"作用于实践的时空范围是相应不同的。[1]

到了"苏南模式"逐渐发展并成熟时期,学术界对于"苏南模式"的内涵概括主要有三种观点:

第一种:"苏南模式"为在我国体制转轨的大背景下,由乡镇(社队)企业的蓬勃兴起所催化和带动而形成的苏南农村经济发展模式。[2]它是以农业为基础,以大中城市为依托,利用市场和市场机制,与农业上的所有制结构和经营方式相适应,兴办以集体经济为主体的乡镇企业,以农村工业化推动农村经济的分工、分业和产业结构调整,多行业的内向结合与多渠道的外向发展相结合,促进农村全面繁荣和农民共同富裕的农村经济发展模式。

第二种:"苏南模式"是指由江苏省南部的农民率先实践的,以集体经济为主、以乡办和村办工业为主、以市场调节为主、以依托中心城市为主、以县乡干部为主要决策人、以共同富裕为目标的一种农村经济和社会发展模式。

第三种:"苏南模式"的内涵可以概括成这样几句话:以农业为基础、工业为主导,以集体经济为主体、小城镇为基点的农工商相辅、城镇乡共同繁荣、经济社会全面发展的一种发展模式。而以集体经济为主的乡镇工业,则是这一发展模式的核心和主导力量;引导广大农民走共同富裕道路、逐步创造条件消灭三大差别,则是这一发展模式的基本目的。[3]

而对于"苏南模式"比较权威的概括是近几年形成的,即"三为主、二协调、一共同"。具体阐述为:①"三为主",就是在所有制结构上,以公有制、集体经济为主;在产业结构上,以乡镇工业为主;在经济运行机制上,以市场调节为主。②"两协调",就是实现地区性经济和社会协调发展,物质文明建设和精神文明建设协调发展。③"一共同",就是坚持按劳分配、多劳多得的分配方式和原则,兼顾国家、集体、个人三者利益,走逐步实现社区内农民共同富裕的道路。[4]

2. 关于"苏南模式"的特征

苏南模式经历了20世纪70年代的孕育萌生、80年代的形成发展、90年代

---

[1] 顾松年:《向区域经济模式拓展延伸——再论"苏南模式"的创新演进》,《现代经济探讨》2001年第7期。
[2] 顾松年等:《经济发展模式研究和苏南模式》,《江苏经济探讨》1987年第4期。
[3] 王淮冰、吴大声:《试论苏南模式和农村进步》,《江苏社会科学》1987年第4期;龚秀萍、孙海清:《"苏南模式"的产生背景及其对中国的启示》,《经济研究导刊》2009年第36期。
[4] 吴祥钧:《"苏南模式"的历史功绩及其终结》,《现代经济探讨》2001年第7期;王霞林:《"苏南模式"如何再创新辉煌?——无锡调查的启示》,《中国党政干部论坛》1994年第9期;孙月平:《"苏南模式"的创新》,《中国经贸导刊》1998年第17期;周海乐、陈红霞等:《"苏南模式"的新发展——区域发展个案反馈的前沿信息》,人民出版社2001年,第10—14页。

的改革完善三个阶段。在这三个阶段,"苏南模式"各有着自己的时代特征。

(1) 关于"苏南模式"处于孕育萌生阶段的特征,有学者概括为:① 农村实行农、工、副综合经营,全面发展;② 社队工业的能源、材料和产品销售以国家计划外的市场调节为主。20世纪70年代的中国农村,是人民公社集体经济一统天下,集体经济是基础。[1]这一时期,几乎所有的文献都毫无二致地把"苏南模式"的基本特征定义为"集体所有制"。[2]这是一种地方政府的所有制,是在一定社区范围内的集体所有制的表现形式,正是因为这种生产资料的直接归属关系,才使得地方政府在宏观政策有所松动的情况下能轻易地实现资源的部门间转移,并通过这种行政性动员,使地方政府的经济实力大为增强,拥有的资产总量扩张,从而使地方政府的所有制更为巩固、强大。[3]

(2) 关于"苏南模式"在形成发展时期的特征,学者认为主要包含五个方面:① 以集体经济为主体;② 以乡办和村办工业为主导;③ 以大中型城市为依托;④ 以市场调节为主要手段;⑤ 由县乡两级政权直接领导与决策。[4]还有学者认为,这一阶段"苏南模式"在原始意义上的基本特征为:① 集体所有制是"苏南模式"的主要特征;② 乡村工业发展的市场取向是"苏南模式"运行的外部特征;③ 基层政府的行政推动,是"苏南模式"的组织特征;④ 工农业协调发展,是"苏南模式"内在机制的显著特征;⑤ 坚持"两手抓、两手硬"的方针,实现物质文明和精神文明建设的协调发展,是"苏南模式"的本质特征之一;⑥ 坚持"按劳分配",兼顾国家、集体和个人三者利益,走共同富裕之路,是"苏南模式"的另一基本特征。[5]

也有学者概括为:① 集体经济占主体地位;② 冲破了过去"城市工业、农村农业"的格局,农民也办起了工业;③ 以大中城市为依托,与城市工业企业有着不可分割的联系;④ 市场调节为主要手段,通过市场机制取得能源、原材料,直至延揽技术力量,推销产品;⑤ 县乡两级组织是乡镇企业的实际决策者。[6]

还有学者认为,这一时期的"苏南模式"的特征是:① 农村产业结构以工业

---

[1] 徐元明:《新苏南模式呼之欲出》,《现代经济探讨》2001年第8期。
[2] 陶友之:《苏南模式与致富之道》,上海社会科学院出版社,1988年;朱通华:《苏南模式研究》,江苏人民出版社1987年。
[3] 万解秋:《政府推动与经济发展——苏南模式的理论思考》,复旦大学出版社1993年,第5页。
[4] 周海乐、陈红霞等:《"苏南模式"的新发展——区域发展个案反馈的前沿信息》,人民出版社2001年,第3页。
[5] 周海乐、陈红霞等:《"苏南模式"的新发展——区域发展个案反馈的前沿信息》,人民出版社2001年,第4页。
[6] 朱通华:《再论"苏南模式"的特点及发展趋势》,《南京师大学报》1993年第2期。

为主;② 产供销以市场调节为主;③ 所有制形式以集体为主;④ 农村社区成员之间经济收入平衡增长,社会矛盾较少;⑤ 农村一、二、三产业的发展,经济和社会的发展,相对于其他地区而言比较协调。[1]

另有学者将"苏南模式"在形成以来的最初 30 年内,即在萌育、形成和发展过程中的特点进行了总的概括:① 以生产资料区域性集体所有制为主要经济成分。② 乡村两级工业构成了苏南农村经济的主体。③ 农工副三业协调发展。④ 实现共同富裕是苏南模式在分配方面的特征。[2]

还有学者将这一时期"苏南模式"的特征概括为"十大特色":① 促进农村经济由自然经济转变为商品经济,促使农村商品化;② 促进农村产业由以农业经济为主转变为以工业经济为主,促使农村工业化;③ 促进农村经济实体由家庭和私人生产经营为主转变为以集体经济为主,促使农村集体化;④ 促进农村工业生产劳动由依靠体力和手工工具为主转变为以依靠智力和现代化高新科技为主,促使农村现代化;⑤ 促进农村生产方式由小生产转变为社会化大生产,促使农村社会化;⑥ 促进农村经济活动范围由自我封闭转变为对外开放,促使农村外向化;⑦ 促进农村企业经济管理由吃"大锅饭"转变到严格实行经济责任制,促使农村责任化;⑧ 促进农村基础设施建设由落后的村镇转变为现代化村镇,促使农村城市化;⑨ 促进农村由单纯抓经济问题转变为坚持物质和精神两个文明建设一起抓,促使农村文明化;⑩ 促进农村居民物质文化由贫穷落后转变为富裕文明,促使农村共富化。[3]

还有学者把"苏南模式"的基本特征概括为以下三点:① 以发展乡、村二级集体工业为主,实行农工商相辅,全面振兴农村经济;② 由城乡分割到城乡一体的协调发展,达到城镇乡共同繁荣的目的;[4] ③ 通过小城镇,协调镇乡关系,协调农村经济社会的发展,创造出一种适应社会主义有计划商品经济的农村人口流动的新形式。[5]

(3) 关于"苏南模式"在完善阶段,即 20 世纪 90 年代以来的新特征,有学者总结为:① 在管理体制上,从以行政管理为主要手段转变为以经济调控为主要手段并走向规范化;② 在经济格局上,从内向型为主逐步向内外结合型和外向

---

[1] 徐元明:《新苏南模式呼之欲出》,《现代经济探讨》2001 年第 8 期。
[2] 郑邦兴:《论苏南模式的生命力》,《华中师范大学学报》1990 年第 3 期。
[3] 李济模:《简述"苏南模式"的十大特色》,《当代经济科学》1993 年第 2 期。
[4] 龚秀萍、孙海清:《"苏南模式"的产生背景及其对中国的启示》,《经济研究导刊》2009 年第 36 期。
[5] 王淮冰、吴大声:《试论苏南模式和农村进步》,《江苏社会科学》1987 年第 4 期。

型经济转变;③ 在生产力水平上,从比较低级的作坊式生产逐步向技术密集型大生产和高新技术产业发展;④ 在企业规模上,从"船小好掉头"逐步向集约化、集团化发展;⑤ 在地区布局上,从"村村冒烟、遍地开花"转变为相对集中,向城镇靠拢,建设和形成工业小区。[1]

有的学者将这一时期"苏南模式"的新特点概括为十个方面:① 乡镇企业运行机制已进入良性循环;② 由于市场经济的作用,苏南模式乡镇企业的产品开发已经形成优胜劣汰的机制;③ 重视科技进步和人才开发,形成科技转化为生产力的良性循环机制;④ 重视开拓国际市场,形成吸引外资、对外出口创汇的良性循环机制;⑤ 乡镇企业"五个轮子"(即乡、村、队、户、联合体)一起转,形成了所有制结构的良性循环,而集体经济是苏南模式的精髓;⑥ 乡镇企业的发展壮大,逐步形成了国民收入分配中积累与消费的良性循环;⑦ 调整产业结构,促进生产要素的合理流动和优化组合,实现第一、二、三产业协调发展是苏南模式的核心;⑧ 控制人口增长,提高人口素质,坚持经济生产和人口生产一起抓,走上良性发展的轨道,是苏南模式的重要内容;⑨ 两个文明一起抓,是苏南模式的又一特点;⑩ 工农关系、城乡关系协调发展,苏南模式为中国特色的社会主义农村工业化、农业现代化闯出了一条新路。[2] 有的学者认为,这一时期的"苏南模式"呈现出许多与以往不同的新特征。其中,最重要的是外向型经济、企业改制和城市化。[3]

有的学者从"苏南模式"在这一时期面临的困境来总结其特点:这一时期,是我国向社会主义市场经济体制全面转型的时期,市场也由卖方市场转向买方市场,苏南乡镇企业所有制结构单一、政企不分、企业布局分散、产业层次低等体制和机制弊端日益突出,成为乡镇企业发展的重要障碍。同时,苏南乡镇企业的其他结构性矛盾也突出起来,苏南乡镇企业出现了少有的困境。20世纪90年代初期,苏南乡镇开始集体企业产权制度改革,进行了大规模的结构调整,实现体制转换和经济增长方式的转换,以适应我国向社会主义市场经济体制转换,适应经济市场化、国际化的大环境。经过结构调整,苏南模式更趋完善和成熟。[4]

还有的学者将经过重构和改制以后的"苏南模式"的特征用下面五句话来概

---

[1] 朱通华:《再论"苏南模式"的特点及发展趋势》,《南京师大学报》1993年第2期。
[2] 徐逢贤等:《苏南模式的新发展》,《经济研究》1993年第2期。
[3] 江苏全面小康研究课题组:《新苏南模式及其对建设全面小康社会的意义》,《江苏发展研究》2006年第2期。
[4] 徐元明:《新苏南模式呼之欲出》,《现代经济探讨》2001年第8期。

括:① 以新型集体经济为主的、多种所有制经济共同发展的所有制结构;② 在苏南广阔领域内(即不是一乡一村为范围)三次产业协调发展的产业结构;③ 基本适应社会主义市场经济要求的经济运行机制;④ 物质文明和精神文明协调发展,经济和社会协调发展;⑤ 允许和鼓励一部分人通过合法劳动和诚实经营先富起来,最后达到共同富裕。[1] 也有学者认为,"苏南模式"的主要特征是利用集体资本办企业,乡镇政府积极参与办企业,允许先富并追求集体富裕。[2]

另有些学者认为,20世纪90年代末期"苏南模式"出现了一系列新特点,主要表现为:① 通过产权制度改革,乡镇企业已经不再具有原先"苏南模式"中"以集体经济为主""以乡办和村办工业为主""以县乡干部为主要决策人"的特征;② 通过"工业向园区集中、人口向城市集中、住宅向社区集中"的"三集中",城乡工业的界限已经消除,城乡之间的劳动力流动也不再有制度性障碍,城市化进程进一步加快,城乡一体化成为苏南发展的新特征;③ 随着开放型经济的发展,在国内、国际两个市场的拉动下,苏南的高新技术产业迅速发展,苏南经济的国际化、信息化水平都得到了迅速提高。这些学者同时认为,"苏南模式"的这些新特点可以用"新苏南模式"来概括。[3]

3. 关于"苏南模式"的转型和乡镇企业改制的研究

有学者认为,"苏南模式"在发展中曾面临以下一系列挑战:① 资源与需求双重约束的挑战;② 资源优化配置的困难;③ 宏观经济环境的不确定因素。而其挑战在本质上与内在的发展模式是相关的,甚至是互为因果的,即经济发展的挑战主要来自自身的特殊模式与特殊策略。他们认为"苏南模式"的发展步入了转折期,并且分析了苏南经济发展模式转型的可能性在于:① 速度战略的局限性显露得越来越清楚,实现发展战略的转型已成为经济界、理论界、企业界的共识;② 连续十年的经济高速增长,为战略转型打下了必要的物质基础;③ 外向型经济的发展与"三资"企业的迅速扩张,为乡镇企业的发展与提高提供了极为有利的条件;④ 现有乡镇企业的调控与服务体系逐步完善,为进一步的发展构建了一个有利的外部条件。但是,这种转型同时也面临着很多障碍:① 行政目

---

[1] 吴祥钧:《"苏南模式"的历史功绩及其终结》,《现代经济探讨》2001年第7期。
[2] 江苏全面小康研究课题组、洪银兴(执笔):《新苏南模式及其对建设全面小康社会的意义》,《江苏社会科学》2006年第2期。
[3] 曹宝明、顾松年:《"新苏南发展模式"的演进历程与路径分析》,《中国农村经济》2006年第2期。

标与行政利益的日益强化,是经济发展模式转换的重大阻碍;② 乡镇企业的结构矛盾阻碍了发展战略的转型;③ 客观上存在的技术水平低、管理粗放化等状况也是工业发展的重要障碍。最后,还提出了苏南经济发展模式转型的方式:① 所有制结构的调整与企业制度的改革。可取的方向是推进产权结构的多元化与人格化,着力于真正解决政企不分,行政任意干预、任意摊派,企业经营动力不足等问题;实行乡镇企业组织管理体制的改革转轨;推进经济形式的多样化,促进市场竞争与经济的互补。② 政府、社区、企业关系的调整:基层政府职能的重新界定;社区利益关系的逐步调整。③ 宏观经济政策的相应调整:加强规划指导,协调乡镇企业与国民经济整体发展的关系;强化税收体制与财产收益制度,废除各种摊派,为企业走向市场奠定基础;规范地方政府与企业之间的行为关系,为企业的市场经营建立一个政策前提。[1]

还有学者认为,苏南地区社会发展中的基本矛盾在于:① 经济高速增长,但社会发展相对滞后。表现为:第三产业比重相对较低;社会事业建设与经济发展的要求不相称;生活质量仍有待改善。② 社会发展的滞后已经制约着经济的发展。苏南经济的整体素质还不高,根本原因在于与经济相关的一系列条件和环境,影响到持续、稳定、协调发展的目标的实现。③ 经济不发达阶段被掩盖的人们各种非物质的需要现在提了出来,但社会发展仍不能满足这些需要。④ 经济发展和社会生活的变化已经产生了一系列社会问题,需要通过社会的发展予以解决。他们还分析了形成这种矛盾的原因:① 投资范围被限制在狭窄的领域;② 投资重点在城市,忽视农村;③ 分配上实行平均主义;④ 严格限制的户籍管理制度;⑤ 社会发展体制的高度集中性。[2]

这一时期,有学者针对当时银根紧缩的制度环境提出,"苏南模式"面临的考验是资金缺口和负债经营。而克服的措施在于实行股份合作制企业,推广资产增量股份制;实行企业兼并和全员抵押承包;银企合作,优化贷款结构,管好用活现有资金,提高现有资金效益。[3]

还有一部分学者指出,"苏南模式"必须转型的原因还在于:面临三重依赖,乡镇企业举步艰难。首先,对政府的依赖;其次,对市场的依赖;再次,横向的技

---

[1] 万解秋:《政府推动与经济发展——苏南模式的理论思考》,复旦大学出版社1993年,第186页;《苏南模式:面临的挑战与选择》,《管理世界》1988年第1期。

[2] 苏南社会发展战略研究课题组:《转向质态提高阶段的苏南社会发展战略(上)》,《学海》1992年第3期。

[3] 石徐洪:《苏南模式面临新考验》,《中国经济体制改革》1989年第4期。

术依赖。而乡镇企业在面临转折时也不得不面对一系列的挑战：① 横向高低位投资流量减少；② 技术创新受到极大限制；③ 现行的管理体制与经济发展战略也在刺激原有的产值型增长，而不利于企业向新的增长方式转变；④ 求发展创新之路有待内外环境做变革。最后，他们还具体地提出了变革的对策：① 内部关系的调整。这包括两个层次的关系，一是企业内部管理体制的改革，二是企业与乡、村行政机构之间关系的调整。② 外部关系的调整。[1]

还有一些学者提出了乡镇企业向外向型经济转变的原因，从外部和内部因素分析了其必然性和可能性。必然性在于：党的十一届三中全会以后，乡镇企业面临城市企业、特别是大中型企业放活以后对乡镇企业的挑战；军工企业转向民用商品生产，参加市场竞争；更加灵活的个体经济，以及全国范围的乡镇企业之间的竞争，使得苏南乡镇企业靠起步早占据国内销售市场和获取廉价原材料的优势逐渐消失。可能性在于：① 从苏南乡镇企业的现状看，具有发展外向型经济的实力。第一，农村劳动力已基本实现了第一产业向第二产业的转移。第二，有一批资金雄厚、设备先进的骨干企业。第三，基本上形成了一个完整的加工工业生产体系，生产出口商品已有一定的基础。第四，新型的乡镇企业管理干部和科技人才已经壮大起来，职工素质有所提高。第五，发展横向联系，苏南乡镇企业有了自己的"后台"。② 从苏南乡镇企业的特点看，适应发展外向型经济的要求。③ 从国内外经济形势看，也有利于苏南乡镇企业发展外向型经济。学者们进而提出了苏南乡镇企业实现由内向型经济向外向型经济进行战略转移的对策：① 强化参加国际大循环的战略意识；② 加强出口创汇的规划领导；③ 培养对外经济贸易人才；④ 发展横向经济联合；⑤ 改善投资环境。[2]

也有学者认为，随着80年代中后期内外条件的巨大变化，苏南乡镇工业的战略转型已成必然，表现在劳动力、生产资料、借贷利息这三方面优势的消失。而其转型的可能性在于：① 治理整顿的宏观环境使速度战略的局限性暴露无遗，战略转型日益成为共识；② 10年的高速增长，为战略转型准备了必要的条件；③ 形成了较为完整的中观调控和服务体系。[3]另有学者提出乡镇企业改革的原因在于：① 从苏南乡镇企业的地位和作用看自觉调整的重要性；② 从乡镇企业面临的困难看自觉调整的紧迫性；③ 从苏南乡镇企业走过的历程看自觉调整的可行性。并提出了改革的具体方法：① 要从实效着眼。一是要明确调整内

---

[1] 万解秋：《"苏南模式"面临的挑战与选择》，《管理世界》1988年第1期。
[2] 江祥根：《论苏南乡镇企业向外向型经济转移》，《中国农村经济》1988年第5期。
[3] 徐文华：《论苏南乡镇工业的战略转型》，《苏州大学学报》1991年第4期。

容。二是要落实调整措施。三是要确立调整主体。四是要认准调整目的。五是要把握调整时机。② 乡镇企业的调整宜分段进行。第一阶段是适应性调整,第二阶段是结构性调整,第三阶段是开发性调整。[1]还有些学者提出了乡镇企业的改革主要在于其市场化的取向。[2]

还有的学者认为,要使苏南乡镇企业在苏南模式进一步发展中发挥出应有的作用,必须对其建立在社区集体所有制基础之上的产权关系进行深层次的改革[3],以此再造苏南乡镇企业的制度性优势,推进苏南模式的进一步发展。有学者认为产权制度改革的必要性在于:① 产权关系的实现机制受阻;② 所有权的约束机制不健全;③ 资源组织能力低下。并提出了改革的基本思路:① 集体资产个人产权持有;② 个人产权的合作社组织;③ 集体资产企业化经营。[4]

更有学者从解放思想、苏南模式本身问题、产业结构、发展战略、支柱产业、人才问题、市场经济制度、企业改制、资本市场、技术进步、分配机制与共同富裕、可持续发展等方面全面探讨了"苏南模式"的转型与完善。[5]也有学者以"机制"为出发点来探讨"苏南模式"的转型。[6]还有学者提出,要充分地运用"苏南模式"乡镇企业的相对优势,促进乡镇企业的改制和之前的优势的延续,运用的方式有以下三种:① 运用"苏南模式"集体资本相对雄厚的优势,促进和引导乡镇企业提升和转型;② 运用"苏南模式"已有产学研相结合的相对优势,通过"技术创新+风险投资+乡镇企业"的模式,在乡镇企业中形成一批创新企业;③ 运用"苏南模式"改制中股份化程度较高的相对优势,加快建设与国际接轨的现代企业制度。[7]

迈入21世纪之后,学者们对于"苏南模式"的转型的思考愈加理性,认为"苏南模式"要想继续发挥其生机与活力,必须做到以下三点变革:① 继续完善企业产权制度改革,彻底清资晰产,调动各投资主体的积极性,真正使企业成为自主经营、自负盈亏、自我约束、自求发展的市场经济主体;② 转变政府职能,形成新型的政企关系,逐步建立健全、规范、高效的管理体制;③ 通过资产重组、优

---

[1] 叶鼎:《谈苏南乡镇企业的自觉调整》,《经济管理》1991年第10期。
[2] 陶频:《论市场取向的苏南乡镇企业改革》,《江南论坛》1993年第3期。
[3] 王霞林:《"苏南模式"如何再创新辉煌?——无锡调查的启示》,《中国党政干部论坛》1994年第9期。
[4] 范从来:《苏南模式的发展与乡镇企业的产权改革》,《管理世界》1995年第4期。
[5] 《苏南模式再创新:深化改革与持续发展——"锡山市深化改革与持续发展研讨会"纪要》,《科学学研究》1998年第1期。
[6] 顾松年:《再造苏南乡镇企业的机制优势》,《江南论坛》1997年第2期。
[7] 薛家骥:《"苏南模式"的演进、再演进》,《现代经济探讨》2001年第5期。

化结构,大力提高集体资产整体质量和支配社会资本的控制力,在更高水平上保持集体经济的主导和优势地位。[1]

4. 关于"苏南模式"对区域社会经济的影响

（1）对人口的影响

一些学者从人口角度研究"苏南模式",提出了现代人口转变的苏南模式,描述了现代人口转变的苏南模式的基本特征,概要分析了现代人口转变的苏南模式形成的经济社会原因,在提出苏南人口管理面临的问题的基础上,对如何进一步完善苏南人口发展模式提出了构想。有学者认为,现代人口转变的苏南模式的特点为,在稳定计划生育改革的前提下,采用了以下管理方式:① 新型的双轨管理;② 科学的计划管理;③ 全面的规范化管理;④ 系统的网络工程;⑤ 优质的科技社会服务。此外,他们还采用了分期和分类管理、超前管理、强化舆论导向机制、健全社会协调机制、完善以法律为主的约束机制等方式,实现人口与计划生育的科学管理,进而分析现代人口转变的"苏南模式"形成的原因:① 它根植于苏南农村经济的蓬勃发展。乡镇工业已经变成了农村经济的主体,其经济效益已成为农村收益的主要来源,并且容纳了大量的农村劳动力。② 现代人口转变的"苏南模式"的形成还受到多种社会因素的影响,主要有以下几点:一是妇女地位的提高;二是老年社会保障的实施;三是卫生与营养条件的改善;四是思想观念的更新;五是生活方式的变更。[2]

还有学者提出了现代人口转变的"苏南模式"在发展过程中遇到的新情况和新问题:① 随着改革的深化,劳动力将会进一步打破地域界限,流动人口数量将呈继续上升趋势;② 随着开放的扩大,兴办的"三资"企业越来越多,由于这些按国际惯例管理的企业缺乏我们习惯上运用的党政群团的约束机制,这些企业中的人口管理将会出现"断层"问题;③ 尽管技术进步的重要性已被各级管理干部所认识并引起重视,但由于起步较晚和人力、财力上的不足等因素制约,计划生育管理的技术进步滞后于实际需要的问题,在较短的时间内不可能一下子解决;④ 由于人口再生产已进入"三低"类型,苏南地区人口老龄化趋势已经出现,为人口管理带来了新问题;⑤ 人口素质的提高,既是一个长远的战略任务,

---

[1] 周海乐、陈红霞等:《"苏南模式"的新发展——区域发展个案反馈的前沿信息》,人民出版社2001年,第28—31页。
[2] 刘洪光:《苏南模式与人口转变》,《人口与经济》1992年第4期。

又是一个摆在苏南乡镇企业面前的战略目标。[1]

还有学者提出,苏南人口转变模式的原因在于:① 乡镇企业作为支撑点和立足点;② "利益制衡"的内在运行机制;③ 集体经济的保证。[2]更有学者提出了人口现代化的概念,认为人口现代化在苏南地区已基本实现,并分析了苏南地区实现人口现代化的原因在于:① 乡镇企业迅猛发展,经济文化水平大幅度提高,有较好的物质文化基础;② 乡镇企业的兴起发展,加快了非农化过程,农村中逐步产生了城市化的各种社会文化功能。[3]

(2) 对教育的影响

有一部分学者从教育的角度来考察"苏南模式",研究了"苏南模式"之下的教育发展状况。有学者把"苏南模式"下的基础教育的发展分为三个阶段:第一阶段:普及教育阶段。从1949年到1985年,前后共36年之久。第二阶段:实施义务教育和合格教育阶段。从1986年开始到1995年,苏南全部实施九年制义务教育为止,共10年时间。第三阶段:优化教育阶段。即从义务教育办学条件达标以后开始,大体上要到2005年才能见到显著成效。尽管这主要是未来的目标,但事实上已有一些经济、教育基础比较好的城区和乡(镇)迈出了步伐。[4]

有学者认为,80年代的苏南教育模式有三大特色:① 较高的发展水平。表现在:一是基础教育上了新台阶。二是成人教育起步早、发展快。三是地方高等教育发达。② 多样化的办学形式。③ 教育与经济互依互促的办学机制。[5]

(3) 对环境的影响

还有学者从环境的角度来研究"苏南模式",认为苏州的乡镇企业给环境保护带来了很大的压力,提出了要使乡镇工业稳定、健康地发展必须实施的措施,主要从"五抓"入手:① 抓规划,搞好合理布局。具体表现在:一是要制定好县域规划。二是抓好乡镇环保规划。三是自然村规划。② 抓整顿,调整产品结构。③ 抓机构,健全环保网络。第一级县级环保机构,第二级乡(镇)环保机构,第三级是有污染企业的环保机构。④ 抓制度,强化监督管理。具体体现在:一是建立环保目标责任制。二是建立监督检查制度。三是建立环保合格证制度。

---

[1] 张明:《现代人口转变的苏南模式初探》,《社会学研究》1993年第6期;《试论现代人口转变的苏南模式》,《江苏社会科学》1993年第5期。
[2] 夏海勇:《现代人口转变的苏南模式及其运行机制》,《人口研究》1992年第5期。
[3] 基梅:《人口现代化在苏南已迈出了第一步》,《唯实》1993年第2期。
[4] 张曾明:《试论苏南基础教育发展的三个阶段》,《苏州教育学院学报》1993年第4期。
[5] 陈乃林等:《试析苏南教育模式的基本特色》,《中国教育学刊》1993年第4期。

四是建立建设项目管理工作制度。五是开展创环保"三好"活动。⑤ 抓治理,抓重点,按行业各个突破。[1]

（4）对城市化的影响

有学者从城市化的角度来研究"苏南模式",指出20世纪80年代以来苏南地区城市化水平大大发展,城市人口大幅增加,原因在于：① 这一地区的经济,特别是第二、三产业的高速发展；② 苏南地区非农业人口的机械增长比较多；③ 国家关于"农转非"的政策规定有所松动。但是,同时还存在着现有的城市化水平与其较高的经济发展水平和工业化程度有着显著差距的问题,并进而提出了一系列的解决措施。[2]

（5）对基层政权的影响

有学者从政治文化理论与我国村民自治制度相结合的角度,通过对以吴江盛泽的坛丘村为代表的苏南农村基层民主建设进程中普通村民的政治文化的分析,阐明了影响中国农村民主建设的政治文化变迁的进程、总体特点与影响,并对农村政治文化变迁的方向与未来做了展望。该成果通过对政治文化、民主政治思想同我国基层民主建设的政治理论基础、当代文化方向之主流及在政治理论基础和性质方面的形似神异的考察,揭示了苏南地区在走向村民自治进程中村落外部的历史、经济、政治、社会、文化资源与村落内部资源之间在政治文化影响下的互动关系,进而阐明改革开放以来通过国家与农村社会的互动而体现出来的村民自治的进程、特征和意义。[3]

5. 关于"苏南模式"与"温州模式"等的比较

评价一个模式的长短或优劣,只能从经济发展的角度,而不能从抽象的道德观念出发,因为任何一种所有制的产生,都是一定经济条件的产物。

关于"苏南模式"与"温州模式"的比较,有学者从成因、基本特征、运行机制等方面进行比较。

（1）原因方面。"苏南模式"的成因：苏南农村发展所以能形成一个苏南模式,主要有两个条件：一是集体经济有较强的资金积累；二是有赖于大城市的辐射。"温州模式"的成因：在政策放宽、经济搞活的大背景下,温州人先是从流通入手,设市场,做买卖。流通的繁荣,促进了生产的发展。进而广大农民在原集体经济变为家庭经营的基础上,根据投资少、周转快、设备简单、操作方便、市场

---

[1] 钱栋林：《苏州乡镇工业污染防治对策》,《中国环境管理》1991年第2期。
[2] 徐琴：《论苏南地区的城市化与社会发展》,《学海》1992年第2期。
[3] 于毓蓝：《农村基层民主的政治文化分析——苏南模式》,社会科学文献出版社2006年。

销路快的原则,借助了民间信贷网络自筹资金,纷纷办起了家庭工厂。家庭工厂的发展,又反过来促进了市场的繁荣,促进了民办商业、运输业和服务业等各业的发展。通过这样相互促进、相互影响,温州模式就此脱胎而出。(2)基本特征方面,学者们主要从苏南与温州农村的经济变化、两个模式经济运行过程与外部的联结方式、两个模式的所有制结构、两个模式的分配结构、两个模式产业发展的协调性和两个模式中的企业或个人行为这些方面进行了分析。(3)在运行机制方面:① 生产要素的组织与运行机制,包括资金运行与信贷机制、劳动力的转移与调节机制、信息、技术以及生产资料的运行机制。② 区域内经济的协调与运行机制,包括企业决策与企业行为、政府功能与政府行为、产业与区域经济的协调过程。③ 总体的运行结构。[1]

还有学者从特点方面来比较"苏南模式"与"温州模式"的异同。其中,"苏南模式"的特点有:第一,各级政府在自己力量所及的范围内尽可能地将资金集中起来,并且想办法从外部获取资金来发展生产。第二,各级政府积极发挥对内调节、对外沟通的作用,产业结构形成了以工业为主的格局。第三,政府在扶持工业企业发展的过程中利用各种形式对农业进行补贴和帮助,工农业协调发展比较好,农民收入比较平均。第四,政府在发展生产的过程中比较重视公共建设和城镇规划,每年不断进行公共积累和投资。第五,政府积极协调原有企业和新兴的乡镇企业以及工业与农业的关系,很好地发挥了大、中型企业的骨干作用,以大带小,以工带农,新型的贸、工、农一体化的经济体系逐步形成。"温州模式"的特点有:第一,商品经济有很大发展,形成了较为完整的民间市场体系,市场的开放程度很高,为生产力的发展开拓了空间。第二,在专业化生产的推动下,产业结构比较合理,形成了多层次的为生产服务的专业组织。第三,由于经营主要以家庭为单位,因此,积累率和资金的集聚程度都比较低,一般是以手工业和半机械化为主,产品以中、小型为主,劳动以密集型为主。第四,各项公共建设主要靠农民集资来解决。[2]

另有些学者比较的方位更为全面:① 总体比较:发展环境(地理环境、资源环境、人文环境);发展过程[启动期(1978—1985);转换期(1986—1991);创新期(1992—1995)];整体实力(经济水平,经济效益,社会结构,人口素质,生活质量)。② 分体比较:经济发展(农业,工业,服务业,外向经济);社会发展

---

[1] 陶友之等:《苏南模式与温州模式的比较研究》,《上海社会科学院学术季刊》1987年第3期。
[2] 黄旭:《什么是"苏南模式"?什么是"温州模式"?》,《学习与研究》1987年第1期。

(人口,劳动,社区,市场);文化发展(教育,科技,文化,卫生);政治发展(执政党建设,地方国家政权建设,精神文明建设)。③ 特色比较:主体组合(产权构成,体制兼容,制度创新);资源配置(配置轨迹,政府推动,市场构成);产业发展(内外环境,启动途径,现实水平);社区变革(动力机制,人口流动,空间布局);社会进步(需求满足,文明升华,阶层重组,环境优化)。④ 趋势比较:利弊分析(潜在优势,制约因素);目标转换(小康指标进程,2000年发展目标,2010年远景目标);战略选择(可持续发展总体战略,科教兴市主导战略,经济国际化战略,共同发展战略)。[1]

(四)关于"苏南模式"的评价

1. 基本肯定

评价任何一种经济社会发展模式,主要看这样四条:一是看它是有利于生产力的发展,还是破坏生产力的发展;二是看它是有利于正确处理国家、集体、个人三者关系,还是不利于正确处理三者关系;三是看它是有利于大多数人富起来,遏制两极分化,还是不利于大多数人富起来,促使两极分化;四是看它是有利于社会各项事业和城乡统筹发展,还是妨碍了它们的发展。

有学者认为"苏南模式"的功绩在于:① 率先破除"左"倾思潮和计划经济的框架,走出一条多种经营发展农村经济的路子,促使社会生产力空前发展。"苏南模式"的诞生和发展,就是冲破了"僵化的模式"并与之挑战的一场改革,促使了这一地区社会生产力的空前发展;农副工三业一齐发展,经济总量数倍、数十倍甚至数百倍地增长,出现了几十个"亿元乡"和几百个"千万元村"。② 从根本上解决了苏南农村地少劳多的矛盾,为农村剩余劳力提供了大量就业岗位和创业门路,对农村人口的科学转移、合理分布乃至有效控制,做出了成功的尝试。这期间迅速发展的乡镇工业就像海绵吸水一般吸纳了一批又一批的富余劳力。再加上"林牧副渔""商运建服"等行业的就业、创业,苏州当时的农村剩余劳动力基本"消化"了。③ 为长期陷入"高产穷队低收入"境地的农民大幅度增加收入,从而给农民造房建楼、创业兴业积累了"第一桶金",也引导他们较早地进入市场经济领域,为创业兴业奠定了思想基础。这首先得益于他们在按苏南模式发展经济的实践中发生的一系列观念上的变化:由单一的粮棉油种植的小农观念,向综合经营、全面发展的大农业观念转变;由封闭保守的观念向开放联

---

[1] 周德欣、周海乐:《苏州和温州发展比较研究——区际比较的实证分析》,苏州大学出版社1997年。

合、城乡一体化的观念转变;由"种田万万年,生意一蓬烟""无商不奸"等观念,向"无农不稳,无工不富,无商不活"的观念转变。④ 促进了乡镇公共事业的发展,推动了以小城镇建设为起步的城市化步伐,农民享受到以自己创造为主的公共产品。"离土不离乡"和"建设小城镇"是相辅相成的有机结合。"建设小城镇"是为更多更好的"离土不离乡"的农民服务的,是为提供"离土不离乡"这一发展方式的工商企业服务的,并非干部的"政绩工程";而"离土不离乡"的发展为小城镇建设带来动力上的促进和物质上的保证。这种形式是"苏南模式"的一大功绩。⑤ 异军突起的乡镇企业,为以后发展壮大的现代企业集团、风起云涌的民营企业打下了坚实基础,也为抓住国际产业转移的机遇、大力发展外向型经济打下了坚实基础。苏南乡镇企业的发展历程,可称为几起几落。然而,不管起还是落,异军突起的乡镇企业总是顽强地生存、发展,发挥了繁荣农村、致富农民、贡献国家的巨大作用,而且还锻炼提高了自身的素质。⑥ 培养和锻炼了一批农民企业家和优秀领导干部。在"苏南模式"下经过市场经济洗礼之后的农民企业家都具备这样几方面的优秀品质:一是有强烈的责任心和事业心;二是有宝贵的奉献精神;三是有刻苦的学习态度;四是有与时俱进的开拓创新精神,既勇于开拓,又善于创新;五是没有不良习气。⑦ 较早地创建了一批专业市场,并不断完善功能,创新开拓,成为苏南农民较早进入市场经济的重要载体。多姿多彩、形式多样、功能齐全、各具特色的专业市场已经成为向农民灌输市场经济观念的培训班,培养农民创业兴业的孵化器,吸引国内外众多客商交易商品的集散地,促进当地制造业、家庭工业发展的强大的助推机,同时还带动了物流、仓储、餐饮、宾馆、娱乐、旅游金融等服务业的兴起。⑧ 率先而有效地探索了"两个文明一起抓"的发展之路,为更好地落实中央建设社会主义新农村、构建和谐社会奠定了坚实基础。人们总认为苏南模式是经济领域的东西,只关注其发展经济、创造物质财富的一面,其实,苏南模式中还有抓好精神文明建设的另一面。⑨ 向国家缴纳了数以千亿元计的巨额税金,支援了国家现代化建设,也为地方经济社会发展提供了雄厚的物质基础。[1]

还有学者提出,"苏南模式"自 20 世纪 80 年代初基本形成之后,在 80 年代至 90 年代初期,显示了巨大的生命力,体现在:① 经济上,产值的增长,固定资产的增加,农民收入的增加。② 政治上,巩固和健全了农村基层政权。"苏南模式"的产生促使农村基层政权机构逐步健全并充分发挥其管理职能作用。③ 文

---

[1] 王荣等:《苏州农村改革30年》,上海远东出版社2007年,第55页。

化上,精神文明也取得了重大进展,体现在教育事业、文化生活、观念文化和道德风尚三个方面。[1]

还有学者认为,"苏南模式"的历史性贡献体现在六个方面:① 突破我国长期形成的"城市—工业,农村—农业"城乡分割的二元经济结构,为江苏、为全国乡镇企业的普遍兴起和高速发展起到了很好的示范作用。② 冲击、动摇了传统计划经济体制的根基。③ 成为区域经济发展的加速器。乡镇企业兴起前,苏南经济低速发展;乡镇企业的异军突起,才使苏南经济多年来持续高速发展。④ 为区域范围内农业的稳定、农民致富、农村繁荣起到了决定性作用。⑤ 改造、锻炼、培育出一代具有现代意识的新型农民,造就了一支具有开拓精神的企业家队伍。⑥ 发展外向型经济的生力军。[2]

还有学者将"苏南模式"下的乡村集体企业的发展对苏南农村的巨大贡献归结为十个方面:① 乡村企业是农业劳动力转移的重要场所;② 乡村企业是农民生活小康、逐步致富的源泉;③ 乡村企业是农村物质文明建设的重要支柱;④ 乡村企业为农村精神文明建设提供了雄厚的物质基础;⑤ 乡村企业是小城镇建设的物质支柱;⑥ 乡村企业是巩固农村基层政权的物质基础;⑦ 乡村企业是对外开放和出口创汇的重要力量;⑧ 乡村企业是国家财政收入的重要源泉;⑨ 兴办乡村企业是消灭工农差别、城乡差别、脑力劳动和体力劳动等"三大差别"的重要途径;⑩ 乡村企业具有深远的国际意义。[3]

还有的学者认为,"苏南模式"中集体经济和乡镇政府的作用,在很大程度上促进了苏南地区生产力的发展和经济的繁荣,具体体现在:① 集体经济的作用。实行集体经济的模式,乡镇企业上马快,也便于上规模和横向联合。进一步的分析发现,当时的乡镇企业相当部分是村办企业。"村"不是一级政府,是村民自治组织,进一步说是经济单元。村级经济可以说是集体经济,同样也可以看作是企业(经济单元)的公共积累。这部分积累成为发展乡镇企业的原始积累,加快了当地的非农化进程。② 乡镇政府的作用。在当时苏南地区的大部分乡镇企业是由乡镇政府,或者利用原有的集体积累,或者利用政府的动员力量,或者由政府出面向银行贷款兴办的。社区(乡镇)政府利用政府职能全力兴办和发展乡

---

[1] 郑邦兴:《论苏南模式的生命力》,《华中师范大学学报》1990年第3期。
[2] 徐元明:《新苏南模式呼之欲出》,《现代经济探讨》2001年第8期。
[3] 吴祥钧:《"苏南模式"的历史功绩及其终结》,《现代经济探讨》2001年第7期。

镇企业。[1]

2. 辩证分析

有些学者认为,乡镇企业的发展有着两面性:一方面,在市场取向的引导下,与未经改革或改革尚未到位的国有企业相比,它有机制优势,得以脱颖而出,后来居上,甚至能占有"半壁江山";另一方面,它的发展始终带有政府推动色彩,在速度与效益之间难以择定,影响了健康成长。而且苏南农村经济发展模式的转换由于初期工业化而带来了许多有利的条件,其创造的物质基础与人力资源、管理经验构成了经济发展的一个台阶。但是,由于其发展的特殊背景与特殊战略,它在构筑这个台阶的同时,也造成了进一步发展的一系列障碍。[2]

还有学者认为,"苏南模式"的机制优势既是"苏南模式"的"制胜之宝",又是造成后来的弊端的重要原因。从"苏南模式"的机制优势方面来说,这一机制使得苏南乡镇企业本身具有灵活进入市场、开拓市场、利用市场并善于与内外市场联结的机制优势。从微观层面上说,即表现为企业依靠市场机制而形成的自主、灵活的运营机制;从宏观层面上说,则表现为其在一定区域内发挥市场机制作用而形成的与我国推进市场取向改革基本一致的运行机制。但是,这一机制在20世纪90年代的双轨体制摩擦中逐渐退化,大部分乡镇企业仍然运作在浅层面改革所获成效的基础之上,某些方面产生的短期行为和行为扭曲在所难免。其主要表现在:① 以集体为主的苏南乡镇企业产权关系始终没有理顺,长期维系着社区与企业的双重决策模式,在政企不分的条件下,乡村的行政管理权与资产所有权"合二为一",转化为对企业的实际经营权,带来企业产权错位;② 靠市场调节起家的苏南乡镇企业的经济增长方式至今没有根本改变,重外延扩张,轻内涵发展,偏爱数量,忽视质量;③ 以灵活经营见长的苏南乡镇企业内部管理一直比较粗放,停留在家长制、经验型的管理阶段,前些年又出现"以包代管"的状况,管理工作不是强化,而是弱化、退化。[3]

20世纪90年代以来,随着各种经济发展模式的出现,一些学者通过对"苏南模式"与其他模式的比较分析,指出"苏南模式"具有以下四个方面的利弊:① 靠坚持公有制为主,壮大巩固社会主义经济基础,但在发展其他多种经济成分方面见事迟,发展慢。苏南农村经济的生产资料所有制结构一向以公有制经

---

[1] 江苏全面小康研究课题组、洪银兴(执笔):《新苏南模式及其对建设全面小康社会的意义》,《江苏社会科学》2006年第2期。
[2] 万解秋:《政府推动与经济发展——苏南模式的理论思考·序》,复旦大学出版社1993年。
[3] 顾松年:《再造苏南乡镇企业的机制优势》,《江南论坛》1997年第2期。

济为主,而集体所有制经济更占主体地位。苏南乡镇集体工业发展起步较早,而且实力雄厚,对绝大多数农民具有巨大吸引力。许多已在乡镇集体企业里务工的人员大多不愿放弃稳定的收入来源,去冒个体经营的风险。② 靠以"工业为主"增强了经济实力,但第三产业发展明显落后。在70年代后期,随着乡村企业的蓬勃发展,农村工业就已成为苏南农村经济的主体。苏南农村这种以工业为主的格局大大加快了农村工业化的步伐,苏南农村的经济实力迅速增强;苏南地区在推进农村现代化进程中,普遍对相应发展第三产业注意不够,导致第三产业的发展严重滞后。③ 靠中心城市的依托带动了农村经济的发展,但由于城乡互补不良,城市经济正面临相对萎缩。苏南地区农村工业之所以能在全国领先一步发展起来,其重要原因之一,就是依靠上海这一全国最大的经济中心以及苏州、无锡、常州三市经济的辐射和带动。但当前,与蓬勃发展的农村经济相比,苏、锡、常三市城市经济均面临相对萎缩的趋势,并日益陷入困境。④ 靠市场调节为主在竞争中得到发展,但市场机制的发育相对滞后。作为苏南模式主要特征的乡村工业的发展,一开始就不是靠国家计划起家的,而是靠市场调节,在市场空间寻找自己的生长点,并逐步兴旺发达起来。但如果按市场经济的客观要求,以及和珠江三角洲地区相比较,则存在着一个明显的不足,即在市场机制的培育、发育方面滞后。[1]

还有学者认为,"苏南模式"的功绩是不容抹杀的,但"苏南模式"也亟待向更好的方向演进。持此种观点的学者认为,"苏南模式"的根本功绩有两条:① 找到了一条有中国特色转移农村剩余劳动力的道路,通过乡镇企业的发展,致富农民,繁荣农村;② "苏南模式"乡镇企业在计划经济的夹缝里生长,却不断地冲击计划经济,开辟通向市场经济之路,使改革开放能趋易避难,较快地取得成效而吸收震荡。但是,"苏南模式"同时也有着政企不分、产权不明晰、资产负债率过高等等深层次矛盾,越来越不适应市场经济的需要,因此创新和演进就成为必要的步骤。[2]

还有学者认为,"苏南模式"具有推进区域发展的历史功绩,主要表现在:一是农村现代化道路的开拓者;二是农村城镇化道路的探索者;三是富农裕民路径探索的先行者。但同时,在"苏南模式"高速推进的过程中,有着无法克服的制度性缺陷,概括为以下"五大矛盾":① 集体经济为主乃至集体经济唯一与生

---

[1] 浦文昌:《对"苏南模式"的比较分析》,《中国农村经济》1993年第1期。
[2] 薛家骥:《"苏南模式"的演进、再演进》,《现代经济探讨》2001年第5期。

产资料公有制多种实现形式的矛盾;② 企业投资主体单一化与市场经济要求的投资主体多元化的矛盾;③ 乡村企业固有的政企不分、产权不清、职责不明、监督虚缺等制度性缺陷与现代企业制度化管理要求的矛盾;④ 出自社区或一己狭隘利益的近视眼界和短期行为同全社会优化资源配置、实施可持续发展战略要求的矛盾;⑤ 分配机制上的新平均主义和市场经济条件下"效率优先、兼顾公平"原则的矛盾。[1]

3. 基本否定

有学者认为,"苏南模式"的弊端集中在"小国有"上,具体表现为:① 在所有制方面,"苏南模式"乡村企业集体所有制的实现形式,其主体是"乡办乡有""村办村有"的社区独资所有制。这种所有制存在着投资主体过于单一、产权关系不明晰、政企不分、权责不清、管理落后等问题;[2]② 在发展生产力方面,存在经济结构层次较低,布局不合理,重复建设突出,各县市产业结构基本雷同,第三产业不发达,企业的初、中级产品多,最终产品少,品牌产品少,产品附加值低,企业规模效益不明显等问题;③ 在扩大开放方面,苏南乡村企业存在着重视利用外资的数量,忽视利用外资的质量的问题;④ 在集体经济的收入分配方面,一方面存在新的平均主义和"大锅饭",违反"效率优先"的原则;另一方面又存在分配差距过大,收入悬殊,没有"兼顾公平"的状况。[3]

也有学者认为,诞生于 20 世纪 80 年代的"苏南模式"存在着先天性的不足之处,表现在:① 乡镇企业利用了"双轨制"中市场调节的部分才得以迅速发展,但在要素市场和产品市场都十分扭曲的情况下,乡镇企业和国有企业之间形成了不公平竞争;② 当时学术界和政府部门对苏南乡镇企业集体所有制性质的过分宣传,使得乡镇企业难以进行产权制度的突破,这不仅导致了乡镇企业的激励不足、创新不足和发展后劲不足,而且在很大程度上制约了民营经济的发展;③ 乡镇企业分散在广大农村,不仅不能享受到城市所提供的生产性服务支撑,从而制约了企业素质的提高,而且也占用了大量耕地并对环境带来了日益严重的破坏。[4]

---

[1] 周海乐、陈红霞等:《"苏南模式"的新发展——区域发展个案反馈的前沿信息》,人民出版社 2001 年,第 15—24 页。
[2] 王霞林:《"苏南模式"如何再创新辉煌?——无锡调查的启示》,《中国党政干部论坛》1994 年第 9 期。
[3] 吴祥钧:《"苏南模式"的历史功绩及其终结》,《现代经济探讨》2001 年第 7 期。
[4] 曹宝明、顾松年:《"新苏南发展模式"的演进历程与路径分析》,《中国农村经济》2006 年第 2 期。

还有学者认为,从本质上讲,"苏南模式"是计划经济下的产物,其本身有着难以克服的弊端,具体表现在:① 经济形式单一;② 经济主体产权模糊;③ 政企不分;④ 就地城市化道路。[1]

七、对新"苏南模式"的研究

(一) 关于新"苏南模式"的含义

有学者总结了新"苏南模式"的特征为"三为主一并举二化两分开",即以股份经济(或混合型经济)为主、以集团型网络企业为主、以外向型经济为主;传统加工业与高新技术产业同时并举;城镇化、城乡一体化;政企分开,政经分开。分开具体阐述,为:① 经济形式多样化,所有制结构以股份制(或称混合型经济)为主;② 企业组织集团化、网络化;③ 市场结构外向型;④ 传统加工业与高新技术产业同时并举,新兴产业逐渐居主导地位;⑤ 城镇化、城乡一体化;⑥ 政企分开,政经分开(政府与社区合作经济组织分开)。[2]

有的学者认为,新"苏南模式"是"苏南模式"的创新,其内涵体现在:① 以开放为基础的外资、民资和股份制并存,经济充满活力的所有制结构;② 先进制造业和现代服务业并举的产业结构;③ 规模企业为主体的企业结构;④ 城乡一体协调发展的城乡结构;⑤ 市场管经济发展,政府管社会发展的调节结构。由此形成经济增长又快又好的发展模式。[3]还有学者认为,新"苏南模式"的基本内涵是:以"两个率先"为目标,以园区经济为载体,以打造现代国际制造业基地为引擎,坚持快速发展、科学发展、协调发展,在工业化、城市化、信息化、国际化互动并进的过程中,实现城乡经济和社会一体化。[4]

也有学者认为,新"苏南模式"是"苏南模式"的转换与升华,其内涵与外延是相当丰富的,简要概括为"四主导、双协调、两目标、一保障"。其中"四主导"是指以公有经济为主导的多元产权主体混合化,以外贸、外资、外经、外服、外技为主导的经济国际化,以知识密集产业为主导的产业结构高度化,以城市现代化为主导的区域城市化;"双协调"是指经济与社会发展相协调,物质文明建设和

---

[1] 宋言奇:《解读新苏南模式》,《城镇化研究》2005年第1期。
[2] 徐元明:《新苏南模式呼之欲出》,《现代经济探讨》2001年第8期。
[3] 江苏全面小康研究课题组、洪银兴(执笔):《新苏南模式及其对建设全面小康社会的意义》,《江苏社会科学》2006年第2期。
[4] 曹宝明、顾松年:《"新苏南发展模式"的演进历程与路径分析》,《中国农村经济》2006年第2期;参见周冬梅:《"新苏南模式"与"新温州模式"的对比研究》,《特区经济》2009年第11期。

精神文明建设相协调;"两目标"是指为完善居民生活质量应以优化人居环境、建设生态城市为目标,为提高居民富裕程度应以先富促后富最终实现共同富裕为目标;"一保障"是指在深化行政管理体制改革、加速政府职能转变的基础上,在强化调控、完善服务、优化环境、组织协调、政策引导和法制监督方面迈出实质性步伐,以为区域现代化达标提供制度保障。具体表现在以下四个方面:① 就其地域范围而言,随着区域化联动效应不断扩展,新"苏南模式"的外延将从苏州、无锡、常州进而向镇江、南京拓展,其土地面积、人口规模在原有基础上不断扩大;② 就其时代内涵而言,拥有吴文化深厚底蕴和优良传统的苏南可谓优势独具,面对日趋白热化的全球竞争与较量,全面开发与弘扬吴地文化遗产,并使之与现代文明有机融合,以大力培植与倡导"兼容、务实、协和、创新"的吴地人文精神,将其贯穿于现代化建设全过程,应是培养区域合力、增强发展核心竞争力的必由之路;③ 就其发展目标而言,经过20年来的改革与发展,到20世纪末的2000年,我国经济、社会发展已发生一系列实质性变动,并由此而进入战略性调整的关键时刻。[1]还有学者认为,新"苏南模式"的主要内涵有以下五点:① 经济形式多样化;② 经济主体产权明晰化;③ 政企分开;④ 经济布局集中化;⑤ 城乡一体化。[2]

另有学者认为,新"苏南模式"的基本内涵是:① 以开放为基础的外资、民资和股份制经济并存互补的所有制结构;② 先进制造业和现代服务业并举的产业结构;③ 规模企业为主体的企业结构;④ 城乡一体协调发展的城乡结构;⑤ 市场管经济发展、政府管社会发展的调节结构,由此形成经济增长又快又好的发展模式。[3]

(二) 关于新"苏南模式"的"新"的表现

有学者认为,新"苏南模式"的一系列"新"的表现在于:① 在所有制结构上以集体经济为主向多元化转变。由于一系列外在条件的刺激和内在因素的作用,20世纪末和21世纪初的乡镇企业产权制度的改革,99%以上的乡镇企业全部转制为民营企业、股份制企业和股份合作制企业。乘着转制的强劲势头,苏州

---

[1] 周海乐、陈红霞等:《"苏南模式"的新发展——区域发展个案反馈的前沿信息》,人民出版社2001年,第428—432页。
[2] 宋言奇:《解读新苏南模式》,《城镇化研究》2005年第1期。
[3] 江苏全面小康研究课题组、洪银兴(执笔):《新苏南模式及其对建设全面小康社会的意义》,《江苏社会科学》2006年第2期。

的民营经济得到了长足的发展,苏州经济的所有制结构因而形成了民营经济、外资经济、股份制经济、集体经济、国有经济等多种经济成分并存的格局。其他的中小型国有企业基本上也都转了制。② 在产业结构上由二产为主向一、二、三产并举转变,由内向型为主向内外向型并举转变。[1] 在继续大力发展工业经济的同时,苏南地区一方面拓展农业的发展领域,努力发展现代农业,一方面大力发展物流、仓储、中介、商贸、旅游等业为主的第三产业。不仅提高了"一、三产业"的发展,而且"一、二、三产业"相对之前涵盖的内容也有了很大的拓展。③ 在经济运行机制上,从初期的市场经济意识向逐步完善的社会主义市场经济理念和机制转变,提高了自身驾驭市场的能力,使苏南经济在市场经济的轨道上运行自如,越走越宽广。④ 在利益分配上,坚持"一共同"的原则,分配内容有了较大的扩展,分配方式有了更大的变革,促使共同富裕的道路走得更稳健、更持久。"一共同"就是"坚持按劳取酬、多劳多得的分配方式和原则,兼顾国家、集体和个人三者利益,走共同富裕道路"。其中,按劳取酬、多劳多得是社会主义的分配原则,不会变更。为了实现共同富裕的目的,要在执行程度上,减少水分,防止打折扣。⑤ 政府职能实现了根本转变,扬弃了"政企不分,乡镇政府直接掌控、管理企业"做法,使乡镇政府的职能转变为主要为企业服务,为发展经济服务,为人民谋利益服务,突出了党委、政府的引导、服务功能。

还有学者认为,新"苏南模式"的路径特征是:城乡联动的工业化之路,内外互动的经济国际化之路,以园区为载体的产业集聚之路,以大中城市为主导、以小城镇为纽带的城市化之路,竞相发展的县域经济之路,以人为本、富民为先的经济和社会协调发展之路,"以城统乡"的城乡一体化之路。[2]

也有学者从以下三个方面来分析新"苏南模式"的新特色:① 从全球发展总体态势看,将"高技术产业化"和"经济国际化"作为新"苏南模式"的战略重点;② 从模式转换的时代背景看,新"苏南模式"是在深化市场改革,逐步确立多元产权主体异质兼容、优势互补新格局,以全面建立社会主义市场经济体制的特定历史背景下应运而生的;③ 从发展特色看,新"苏南模式"在产权构成、外向构成、产业构成、社区构成、生态构成、收入构成和行政构成等领域的发展特色更全

---

[1] 周冬梅:《"新苏南模式"与"新温州模式"的对比研究》,《特区经济》2009年第11期。
[2] 曹宝明、顾松年:《"新苏南发展模式"的演进历程与路径分析》,《中国农村经济》2006年第2期。

面、更系统、更加凸显也更为鲜明。[1]另有学者从新"苏南模式"的效果来概括其特色：经济增长迅速，居民富裕和谐，城乡协调发展，人与自然和谐，社会发展水平较高，公共产品供给较为丰富。[2]

此外，有学者提出，新"苏南模式"的本质特征表现为：① 地方政府主导和世界市场调节共同作用；② 外来经济和本土经济双轮驱动；③ 股份制经济、民营经济、外资经济齐头并进；④ 经济与社会、城市与农村、人与自然协调发展。换言之，这是符合该地区经济社会发展规律的工业新型化、农业都市化、农村城市化、城市现代化、区域生态化的科学发展之路。[3]

(三) 关于新"苏南模式"的评价

1. 基本肯定

有学者对于新"苏南模式"给予了充分的肯定，认为这一既包含城市又包含农村的区域的模式的明显特色是经济增长又快又好，居民富裕和谐，城乡协调发展，人和自然和谐，社会发展水平较高，公共产品供给较为丰富，对于建设全面小康社会具有重大的意义。[4]

2. 基本否定

有学者认为，新"苏南模式"在新农村建设的运用中存在着下列三方面问题：① 投资成本高，资金回收压力大。新"苏南模式"下的新农村建设主要是运用城市资金建设新农村。② 旅游管理问题突出。新"苏南模式"下的新农村建设以发展农业观光、休闲度假旅游为载体，这就涉及景区管理问题，尤其是当游客人数大量增加后，如果缺乏有效管理主体，公共卫生问题、旅游配套服务问题将非常突出。③ 特色营造难度大，旅游竞争力提升困难。发展农业观光与休闲度假旅游，必须具有自身特色，才能够具备市场竞争力。[5]

---

[1] 周海乐、陈红霞等：《"苏南模式"的新发展——区域发展个案反馈的前沿信息》，人民出版社2001年，第426—428页。
[2] 江苏全面小康研究课题组、洪银兴(执笔)：《新苏南模式及其对建设全面小康社会的意义》，《江苏社会科学》2006年第2期。
[3] 朱同丹：《新苏南模式的理论定位与实践比较》，经济科学出版社2007年，第76—77页。
[4] 江苏全面小康研究课题组、洪银兴(执笔)：《新苏南模式及其对建设全面小康社会的意义》，《江苏社会科学》2006年第2期。
[5] 黄梅婷、张云：《"新苏南模式"下新农村建设的思考——以苏州树山社区可持续发展之路为例》，《苏州科技学院学报》2010年第1期。

八、关于文化教育的研究

对当代苏州文化教育史的研究成果不是很多,现有成果多集中于对独具苏州地域特色的评弹、昆曲等艺术品种的艺术特点、技艺传承等的探讨。在为数不多的对当代苏州文化史的研究中,周良对当代苏州评弹史的研究,成就最为突出。他编著的《苏州评话弹词史》以及由他主编、参与编写、整理的《苏州评弹史稿》《评弹艺术》《陈云和苏州评弹界的交往实录》《书坛口述历史》《苏州评弹研究六十年》《演员口述历史及传记》等将当代苏州评弹史的研究推到了很高的程度。

此外,在有些研究成果中,也涉及当代苏州文化的有关问题,如唐力行主编的"评弹与江南社会"丛书中的不少著作,都涉及对当代苏州评弹业的研究。郁永龙的《宗教文化在苏州》对当代苏州宗教文化的发展做了介绍。

在教育史研究方面,张圻福主编的《苏州大学校史》、王国平的《东吴大学简史》、李喆等的《苏州蚕桑专科学校简史》等是当代苏州地区高等教育史的拓荒之作。

从上可见,学术界对当代苏州历史的研究相对集中在"苏南模式"上,并且涉及历史学、政治学、经济学和社会学等多个领域。对其他问题的研究,则明显不足。与对古代特别是明清、近现代时期的苏州历史的研究相比,对当代苏州历史的研究则更显薄弱。

◎ 下篇　苏州史论 ◎

春秋吴国国号及苏州城市符号的"吴"及其溯源

吴恩培

"吴",为春秋吴国国号,亦为春秋时吴都(即吴大城,又称阖闾城),即今苏州的城市名称及城市符号。

作为一种客观存在的文化现象,现存文献记载的春秋吴国国号"吴"与留存于今的春秋吴国青铜器铭文中的吴国国号"𢑩""虞""敔""禺"等,呈现出一种文化背离现象。它表现在:春秋时期吴国青铜器铭文中出现的上述吴国国号"𢑩""虞""敔""禺"字等,在文献中却从没有记载。

一、文献记载的苏州城市符号"吴"

(一)春秋时期与吴都(苏州)有关的"吴"与"姑苏"

1.《史记正义》评述的"诸樊南徙吴"

唐张守节《史记正义》说:"吴,国号也。太伯居梅里,在常州无锡县东南六十里。至十九世孙寿梦居之,号句吴。寿梦卒,诸樊南徙吴。至二十一代孙光,使子胥筑阖闾城都之,今苏州也。"[1]南朝宋裴骃《史记集解》注司马迁《史记·吴太伯世家》"王诸樊元年"句时引"《世本》曰'诸樊徙吴'也"。[2]

由上可知,泰伯建立勾吴国即春秋时期的吴国后,从一世泰伯至十九世寿梦,其都城在梅里(今无锡梅村)。二十世吴王诸樊执政时期的"南徙吴",并非为迁徙当时的吴国都城,而只是选择了供后世南徙的地域,即后世与苏州紧密相连的"吴"地地域。这一地域,"至二十一代孙光,使子胥筑阖闾城都之,今苏州

---

[1] 张守节:《史记正义》,见司马迁:《史记》卷三十一《吴太伯世家》,中华书局1959年,第1445页。
[2] 裴骃:《史记集解》,见司马迁:《史记》卷三十一《吴太伯世家》,中华书局1959年,第1450页。

也"[1]。此处,明白无误地表述了"吴"与"苏州"的历史联系。故可认为,"诸樊南徙吴"成为阖闾时吴国迁都于阖闾城(即今苏州城)的历史先声,更成为苏州古城的最早历史雏形。

2.《春秋经》《左传》记载的"入吴"

吴王阖闾执政后,子承父业地继承了其父"南徙吴"的战略思维,并"委计"[2]伍子胥建城,从而以城池的实体形态将其父的战略思维固定下来。而伍子胥所建之城即为吴都,且依春秋时期文献记载的行文惯例而在《春秋经》《左传》中以"吴"称之。

春秋时期吴国军事力量在外时,越国曾两次偷袭并进入吴国国都内城,其时间分别为吴王阖闾伐楚的公元前505年(吴阖闾十年)及吴王夫差与晋国黄池盟会争霸的公元前482年(吴夫差十四年)。对这两次越国偷袭并攻入吴国都城的事件,《春秋经》《左传》亦依记载进入某国国都内城的行文惯例,分别记为"入吴",情况如下:

(1)公元前505年(吴阖闾十年,鲁定公五年)的"越入吴",《春秋经·定公五年》记载为:"於越入吴。"[3]《左传·定公五年》记载为:"越入吴,吴在楚也。"[4]

(2)公元前482年(吴夫差十四年,鲁哀公十三年)的"越入吴",《春秋经·哀公十三年》记载为:"公会晋侯及吴子于黄池……於越入吴。"[5](吴子,指吴王夫差)《左传·哀公十三年》记载为:"六月丙子,越子伐吴……丁亥,入吴。"[6]

上述"入吴"之"吴"均指春秋吴都(即今苏州),而"吴在楚""吴子""伐吴"之"吴",则依不同语境,分别作"吴国军队""吴王夫差"及"吴国"解。

3.《国语》记载的"袭吴,入其郛,焚其姑苏"及"姑苏"的得名

《国语·吴语》对上述公元前482年(吴夫差十四年,鲁哀公十三年)的"越入吴",即越国偷袭并进入吴国国都内城表述为:"越王句践乃率中军泝江以袭吴,入其郛,焚其姑苏,徙其大舟。"[7]意即越王勾践率中军逆吴江而上,袭击吴

---

[1] 张守节:《史记正义》,见司马迁:《史记》卷三十一《吴太伯世家》,中华书局1959年,第1445页。
[2] 赵晔:《吴越春秋》,江苏古籍出版社1986年,第54页。
[3] 《春秋左传正义》,北京大学出版社1999年,第1559页。
[4] 《春秋左传正义》,北京大学出版社1999年,第1559页。
[5] 《春秋左传正义》,北京大学出版社1999年,第1669页。
[6] 《春秋左传正义》,北京大学出版社1999年,第1670页。
[7] 上海师范大学古籍所校点:《国语》,上海古籍出版社1998年,第604页。

都,进入其外城,并烧毁了姑苏台,运走了吴国的大船。

上述"袭吴"指袭击吴都(今苏州);"郛",指吴都外城、外郭。"姑苏"一词,有二义。

其一,"姑苏"为苏州别名。这一苏州别名出现很早,战国时先秦诸子著作中已不止一处出现。如:《荀子·宥坐》篇:"女以谏者为必用邪?吴子胥不磔姑苏东门外乎!"[1]意指,你认为劝谏的人就一定会被任用的吗?吴国的伍子胥不是被碎尸于姑苏城东门外吗!又,《韩非子·喻老》篇:"勾践入宦于吴,身执干戈为吴王洗马,故能杀夫差于姑苏。"[2]意为,勾践到吴国服贱役,亲自拿着兵器为吴王洗马而做吴王前驱,所以后来能在姑苏把夫差杀死。

关于"姑苏"一词的渊源,张紫琳《红兰逸乘·卷一》记载说,汉王符"《潜夫论·边议篇》云:'范蠡收债于故胥。'盖胥者,舜臣名,佐禹治水有功,封于吴者也。故名其地曰故胥,后世转音为姑苏,而胥门之名见于《左氏春秋》(即《左传》),非因伍子胥得名也。姑苏台,《图经》亦作姑胥台"[3]。又,对上述《红兰逸乘》引文中的"范蠡收债于故胥"句,彭铎校正《潜夫论笺校正》则记为"范蠡收责于姑胥"[4]。责,通债。

按此可知,夏代以前"佐禹治水有功"的舜之臣"胥",其封地后世称为"故胥""姑胥"。后,又音转为"故苏"和"姑苏"。因此,"姑苏"为苏州最早地名,其得名渊源当追溯至中国古代"五帝"之一的帝舜之臣"胥"那里。

在苏州先秦历史的叙述语境中,帝舜之臣"胥"与春秋时的伍子胥极易混淆,故上引张紫琳《红兰逸乘》郑重其事地澄清说,苏州"胥门""非因伍子胥得名"。

帝舜之臣"胥"与春秋时伍子胥易相混淆的另一案例为"胥山"之名。

《越绝书》卷第二有"阖庐之时,大霸,筑吴越城。城中有小城二。徙治胥山"[5]的记载,即吴王阖庐(阖闾)之时,称霸于世,建造吴越城。城中有两座小城,后来移治胥山。此处记写阖闾筑吴越城,徙治胥山时,伍子胥正为阖闾重用,不可能以其为山名。故这一"胥山",指的是与"姑胥""姑苏"地名有关的"姑胥山"。

《史记·伍子胥列传》记载伍子胥死后,其尸"浮之江中。吴人怜之,为立祠

---

[1] 章诗同:《荀子简注》,上海人民出版社1974年,第322页。
[2] 《韩非子》校注组:《韩非子校注》,江苏人民出版社1982年,第223页。
[3] 张紫琳:《红兰逸乘》,见王稼句:《苏州文献丛钞初编》,古吴轩出版社2005年,第271页。
[4] 彭铎校正:《潜夫论笺校正》,中华书局1985年,第274页。
[5] 袁康、吴平:《越绝书》卷第二,上海古籍出版社1985年,第9页。

于江上,因命曰胥山"[1]。这一《史记》记写且与伍子胥有关联的太湖畔"胥山",今名清明山,位于今吴中区胥口镇。

经厘清可知,《越绝书》卷第二所记之"胥山"与帝舜之臣"胥"即与前述的"故胥""姑苏"有关,亦与由此而来的苏州得名之山——"姑苏山"有关,而与《史记·伍子胥列传》记载的与伍子胥有关联的"胥山"无关。

故,张宗祥校注《越绝书》时指出说:"'胥'即'苏',姑苏山一名姑胥,一名姑馀,此即后来姑苏、苏州之名所由起。"[2] 显见,张宗祥注与张紫琳《红兰逸乘》所说,为同一个意思。后世,"姑苏"转化成为苏州这座城市的雅称。明正德《姑苏志》王鏊为《序》时指出:"姑苏,山名,在城西南,昔以名郡,故今以名其《志》。"[3] 王鏊在这里指出《姑苏志》之所以"姑苏"这一雅称为其《志》名,皆因"城西南,昔以名郡"的"姑苏山"所致。

后世,出于对伍子胥忠吴而死的崇敬,民间将"胥门"与伍子胥的联系历代流传,并成了一种文化。苏州市地名委员会编《江苏省苏州市地名录》关于"胥门"条时,很好地兼顾了上述两种情况说:"胥门:位于城西,又名姑胥门,因姑胥山得名。相传伍子胥宅在近处,且后又悬头于此门,故名胥门。"[4]

《史记》提及"姑苏"的记载,为《史记·吴太伯世家》中记写吴王阖闾伐越失败而死的"败之姑苏"[5]及吴王夫差复仇而战胜越国的"报姑苏也"[6]。这里的"姑苏",均代指春秋时"吴"之城即吴都,进而代指吴国。

这是因为,公元前496年(吴阖闾十九年)夏,吴兵伐越,越王勾践带兵在欈李抗击且越兵自杀于阵前时,"吴师观之,越因伐吴,败之姑苏,伤吴王阖庐指,军卻七里。吴王病伤而死"[7]。此处"姑苏",古代注家明指或隐指"姑苏台"。如裴骃《史记集解》引"《越绝书》曰:'阖庐起姑苏台,三年聚材,五年乃成,高见三百里'"[8]。司马贞《史记索隐》:"姑苏,台名,在吴县西三十里。"[9]然而,参《左传》等记载,此战越军并没有深入到吴国国都附近。上述《史记》记载"伤吴王阖庐指"后,吴军"军卻七里"("卻"同"却")即退却七里的记载,也支持这一

---

[1] 司马迁:《史记》卷六十六《伍子胥列传》,中华书局1959年,第2180页。
[2] 张宗祥校注:《越绝书》,商务印书馆1956年,第2页。
[3] 王鏊:正德《姑苏志·序》,《天一阁藏明代方志选刊续编》第11册,上海书店1990年,第7—8页。
[4] 苏州市地名委员会编:《江苏省苏州市地名录》,福建省地图出版社2005年,第479页。
[5] 司马迁:《史记》卷三十一《吴太伯世家》,中华书局1959年,第1468页。
[6] 司马迁:《史记》卷三十一《吴太伯世家》,中华书局1959年,第1469页。
[7] 司马迁:《史记》卷三十一《吴太伯世家》,中华书局1959年,第1468页。
[8] 裴骃:《史记集解》,见司马迁:《史记》卷三十一《吴太伯世家》,中华书局1959年,第1468页。
[9] 司马贞:《史记索隐》,见司马迁:《史记》卷三十一《吴太伯世家》,中华书局1959年,第1468页。

说法。是故,吴军仅退却七里,故越军并没有深入到吴境,更没有兵临至吴国国都附近。而姑苏台系吴王夫差时筑,既与吴王阖闾无关,且阖闾时亦无姑苏台(另见下文)。因此,"败之姑苏"既非指越军在姑苏台大败吴军,亦非指越军在吴都郊外的离城大败吴军。而《史记·吴太伯世家》记载的吴王夫差"二年,吴王悉精兵以伐越,败之夫椒,报姑苏也"[1]。即公元前494年(吴夫差二年)吴王出动全部精兵伐越,在太湖中的西山夫椒(即西洞庭山,今苏州吴中区金庭镇)大败越军,终于报了吴国的失败之仇。这里"报姑苏也"中的"姑苏",其意与上述"败之姑苏"相同,均代指春秋时"吴"之城即吴都,进而代指吴国。

其二,"姑苏"另一义指姑苏台。《国语·吴语》记载的"今王既变鲧、禹之功,而高高下下,以罢民于姑苏"[2]及"越王句践乃率中军泝江以袭吴,入其郛,焚其姑苏"[3]等,其中"姑苏",均指姑苏台。

"姑苏台"与帝舜之臣"胥"及"姑苏""姑胥"等有着密不可分的联系,故前引张紫琳《红兰逸乘·卷一》说,"姑苏台,《图经》亦作姑胥台"[4]。而明正德《姑苏志》亦记载姑苏台的另一别名说:"姑苏台一名胥台……越伐吴,吴太子友战败,遂焚其台。"[5]

综上可知,"姑苏",除特定语境下指姑苏台、姑苏山外,其余均为春秋吴国都城"吴"的另一别称或代称。

4.《史记》记载的"夫吴,城高以厚"

《史记·仲尼弟子列传》记写孔子批准其弟子子贡进行个人穿梭外交——"存鲁、乱齐、破吴、强晋而霸越"时,叙述子贡来到齐国,游说田常并以反语对其说:"您攻打鲁国是错误的。鲁国城墙单薄而矮小,护城河狭窄而水浅,国君愚昧而不仁慈,大臣虚伪而不中用,士兵百姓厌恶打仗的事,这样的国家不可以和它交战。"接着,子贡话锋一转而怂恿田常说:"君不如伐吴。夫吴,城高以厚,地广以深……"[6]此处前一个"吴"(即"伐吴"之"吴"),指的是吴国;而后一个"吴"(即"夫吴,城高以厚"之"吴"),则是指春秋时的吴国都城。从子贡的描述可知,春秋吴王夫差时期吴都城墙的外在观感是"城高以厚"。

---

[1] 司马迁:《史记》卷三十一《吴太伯世家》,中华书局1959年,第1469页。
[2] 上海师范大学古籍所校点:《国语》,上海古籍出版社1998年,第599页。
[3] 上海师范大学古籍所校点:《国语》,上海古籍出版社1998年,第604页。
[4] 张紫琳:《红兰逸乘》,见王稼句:《苏州文献丛钞初编》,古吴轩出版社2005年,第271页。
[5] 王鏊:正德《姑苏志》卷第三十三《古迹》,《天一阁藏明代方志选刊续编》第13册,上海书店1990年,第104—105页。
[6] 司马迁:《史记》卷六十七《仲尼弟子列传》,中华书局1959年,第2197页。

(二) 战国末期的"吴县"

《吴郡志》卷一记载:"秦始皇二十五年,并天下,以吴、越地为会稽郡(郡,相当于后世行省),治于吴。汉因之,领县二十六。"[1]这里"治于吴"的"吴",指的即是会稽郡郡治(郡治,郡的行政中心,相当于后世省会)的吴县。

因此,秦王朝建立前夜的"始皇二十五年(前222年)置"[2]会稽郡,并在故吴旧都(即春秋"吴都")置郡治"吴县"。这一行政作为,为中国第一个中央政府在2 200多年前对故吴旧都(吴都)即为"吴县"的行政认定。而战国末期秦设会稽郡治"吴县",其县名为"吴"的原因,如顾颉刚所指出:"这地方的名称,称为吴县,从秦朝起,这因春秋之季吴国建都于此之故。"[3]而以"吴"为名称的"吴县""姑苏"与故吴旧都的"吴都"及苏州的同一关系,向为史家采信,并构成史学界的主流意见。如:

范文澜《中国通史》:"寿梦死后,长子诸樊迁都吴(江苏吴县)。"[4]

蒙文通《越史丛考》:"《史记》言吴、越皆古国……吴居今苏南,都于吴(今江苏苏州)。"[5]

李学勤《东周与秦代文明》:"吴国的国都姑苏,在今江苏苏州。"[6]

白寿彝《中国通史》记述黄池盟会时写道:"夫差正得意洋洋的时候,忽然听到越兵已乘虚进入吴的国都姑苏(今苏州)。"[7]

杨宽《战国史》:"越王勾践灭吴后,国都曾迁琅邪(今山东胶南西南琅玡台),到公元前三七八年(越王翳三十三年)迁回吴(今江苏苏州)。"[8]

顾德融、朱顺龙《春秋史》在论述"各国城邑的普遍兴起"时专门论及"吴国的吴(今江苏苏州)"[9]。

故此,"吴县"之名即从春秋吴都而来。有学者指出:"秦在会稽郡下设置了二十几个县。由于这片地区是吴、越故地,因此,除了海盐县以外,各县县名,基

---

[1] 范成大:《吴郡志》卷一,江苏古籍出版社1986年,第2页。
[2] 顾颉刚、史念海:《中国疆域沿革史》,商务印书馆1999年,第64页。
[3] 顾颉刚:《苏州的历史和文化》,见苏州市地方志编纂委员会办公室、苏州市档案局编:《苏州史志资料选辑》第2期(内部发行,1984年9月编印),第1页。
[4] 范文澜:《中国通史》第一册,人民出版社1978年,第122页。
[5] 蒙文通:《越史丛考》,人民出版社1983年,第17页。
[6] 李学勤:《东周与秦代文明》,上海人民出版社2007年,第120页。
[7] 白寿彝:《中国通史》第三卷《中古时代》(下),上海人民出版社1989年,第1035页。
[8] 杨宽:《战国史》,上海人民出版社1998年,第279页。
[9] 顾德融、朱顺龙:《春秋史》,上海人民出版社2001年,第245页。

本上都保持吴、越原名,但对于于越(原文如此,下同,前作"於越")故都却不然。于越故都即今绍兴……当时称为大越。为了清除这个部族的政治影响,这个地名当然是非改不可的。这就是《越绝书》卷二所说的:'更名大越曰山阴也。'……这说明,秦始皇是亲自主持对于越的移民和更改其旧都'大越'之名的。与当时作为会稽郡郡治的句吴旧都相比,句吴旧都仍然保留'吴'的名称,两者的区别就很清楚了。"[1]

由上可知,秦始皇对故吴、故越执行了不同的文化政策——对故越,改其国都"大越"为山阴(今浙江绍兴);而对故吴,则是在其旧都仍保留"吴"的名称。这使得春秋时的"吴都"(即"吴大城""阖闾城")与秦置"吴县"之间,建立起了明确的继承关系,而联结这一文化传承的纽带就是"吴"字。故"吴县"是春秋吴国灭亡后,由中国第一个中央朝廷——秦王朝予以命名的官方正式名称。因"吴县"系在原吴都(即前述的"句吴旧都")的地域基础上所设,故春秋末及战国时曾一度消失的苏州城市符号"吴",于秦初时又重新启用。这在苏州的历史及文化上,都有着承前启后的非凡意义。

"吴县"的出现,也意味着秦代时所置的"吴县"这一地名,与其后的"苏州"长期或等同或并存。因秦置"吴县"时,距吴、越灭国之时并不久远,故秦置"吴县"于故吴旧都时,不可能将故吴旧都(即吴都)的地望搞错。谨此,或已说明吴县与春秋"吴都"在地理上的同一性。

(三) 从吴郡、吴州到苏州

作为文化连续性的体现,"吴"字成为后世苏州城市名称的主要元素。

1. 官方正式名称

吴郡 东汉顺帝四年(129),据《后汉书》载:"是岁,分会稽为吴郡。"[2]所谓"分会稽为吴郡",其实是新一轮的吴、越分治,即从秦会稽郡中析分剥离出另一个行政区——吴郡,从而将秦会稽郡一分为二,为二郡:吴郡和汉会稽郡(后世为区分这析分前后的会稽郡,将之分别称为秦会稽郡和汉会稽郡)。二郡以钱塘江为界,故东汉所设吴郡,今苏州、无锡、常州、杭州、嘉兴、湖州等均在这一行政区内。因吴郡和汉会稽郡的设置延续至南朝刘宋,长达350多年,故上述苏、锡、常、杭、嘉、湖的语言、习俗等至今依然相同或相近。

---

[1] 陈桥驿:《吴越文化论丛》,中华书局1999年,第24—25页。
[2] 范晔:《后汉书》卷六《孝顺孝冲孝质帝纪》,中华书局1965年,第257页。

吴州 《姑苏志》卷第一之《郡邑沿革表》：梁武帝"太清二年（548），侯景陷吴郡。三年（549年）改吴郡为吴州"[1]。

苏州 隋文帝杨坚平陈，并于开皇九年（589）改吴州为苏州。这也就是《姑苏志》卷第一之《郡邑沿革表》所记载的："隋开皇九年，平陈，改吴州为苏州，领县五。"[2]而《吴郡志》卷一则记载："隋平陈，改曰苏州，以姑苏山为名。"[3]由此可见，不仅"姑苏"得名于与帝舜臣子"胥"有关联的"姑苏山"，后世隋代出现"苏州"名称，亦得名于"姑苏山"。

上述苏州的行政名称，即通常所讲的官方正式名称，为从吴县到吴郡，再到吴州，后据与"姑苏"别名密切有关的"姑苏山"而再改名为苏州。从中似可寻迹到春秋时的吴都、战国时的吴县、南朝时的吴州，及更早些时的"故胥""姑苏"等与"苏州"城市名称间的内在联系。

2. 民间别称、代称

"姑苏"在历史上向为苏州的雅名、别称，但随着2012年9月1日，经国务院、江苏省人民政府批准，撤销苏州市沧浪、平江、金阊三区而设立苏州市姑苏区，"姑苏"名称也同以上吴县、吴郡、吴州等一样，进入了官方正式的行政区域名称序列。

但在民间及文人的撰著中，历史沿袭下多种冠以"吴"或含有"吴"字的地域称谓或作苏州的别称，或作苏州的代称，而这些别称、代称也构成苏州的另名和别名。现择其要者，分述如下：

吴城 吴城，苏州别名。元高德基《平江记事》云："吴城，旧传吴王阖闾时子胥所筑，故名阖闾城。"[4]南宋吴文英《点绛唇·有怀苏州》词说："可惜人生，不向吴城住。"[5]这里将"吴城"与"苏州"直接相连。

吴门 吴门，有多种说法。其一指吴都阊门，又作昌门。唐李白《殷十一赠栗冈砚》诗："洒染中山毫，光映吴门练。"[6]其二泛指苏州的城门。明高启《伍公庙》诗："鞭尸楚墓生前孝，抉目吴门死后忠。"[7]个中"吴门"，即是。其三为

---

[1] 王鏊：正德《姑苏志》卷第一《郡邑沿革表》，《天一阁藏明代方志选刊续编》第11册，上海书店1990年，第51页。
[2] 王鏊：正德《姑苏志》卷第一《郡邑沿革表》，《天一阁藏明代方志选刊续编》第11册，上海书店1990年，第52页。
[3] 范成大：《吴郡志》卷一，江苏古籍出版社1986年，第2页。
[4] 高德基：《平江记事》，见杨循吉等著、陈其弟点校：《吴中小志丛刊》，广陵书社2004年，第25页。
[5] 吴文英：《梦窗词》，上海古籍出版社1988年，第180页。
[6] 李白：《李太白集》，岳麓书社1987年，第293页。
[7] 高启：《高青丘集》，上海古籍出版社1985年，第655页。

后世苏州代称。明代中期中国画流派之一的吴门画派,即以"吴门"代指苏州。此外,吴门曲派、吴门医派等,均是。

吴阊、吴练　吴阊,本意指苏州阊门。明王世贞《登岱》诗:"依微白马吴阊在,欲向秋风问羽翰。"[1]诗用孔子、颜回的"吴阊白马"之典。关于该典,朱长文《吴郡图经续记》记载:"传孔子登泰山,东望吴阊门,叹曰:'吴门有白马如练。'因是立名。"[2]后以"吴阊"代指吴地,即今苏州一带。清顾炎武《潘生次耕南归寄示》诗曰:"若到吴阊寻旧迹,《五噫》东去一梁生。"[3]亦是。

与"吴门有白马如练"典故相关联的词,另有"吴练"。吴练,《太平御览》卷八一八引《韩诗外传》:"孔子、颜渊登鲁东山望吴昌门,渊曰:'见一匹练,前有生蓝。'子曰:'白马、芦蒭也。'"[4]后遂以"吴练"为典实。其一指白马。唐刘威《伤曾秀才马》诗:"吴练已知随影没,朔风犹想带嘶闻。"[5]其二,即如上述指吴阊门,代指苏州。今泰山有"望吴圣迹"牌坊,即传孔子登泰山,望吴阊门处。

吴下　吴下,泛指吴地。清胡文英《吴下方言考》[6]即为研究吴地语言的著作。成语"吴下阿蒙",指生于吴地(即吴下)的东吴名将吕蒙,语出《三国志·吴书·吕蒙传》裴松之注引《江表传》:"吾谓大弟但有武略耳,至于今者,学识英博,非复吴下阿蒙。"[7]

吴中　吴中,原指吴县一带,后泛指吴地。《史记·项羽本纪》:"项梁杀人,与籍避仇于吴中。"[8]即指项梁、项羽曾避仇于苏州一带。宋张孝祥《念奴娇》词:"吴中何地,满怀俱是离索。"[9]元代陆友仁记写苏州旧事的著作,即名《吴中旧事》。而《吴中旧事》及明代杨循吉《吴中故语》《吴中往哲记》和明代华钥《吴中胜记》等均刊于《吴中小志丛刊》[10]。又,唐代"吴中四士",指唐代包融、贺知章、张旭、张若虚四人同时知名,均吴人,故称。《新唐书·刘晏传》:包佶

---

[1] 金性尧选注:《明诗三百首》,陕西师范大学出版社2010年,第279页。
[2] 朱长文:《吴郡图经续记》,江苏古籍出版社1986年,第8页。
[3] 顾炎武:《顾亭林诗集汇注》,上海古籍出版社1983年,第1090页。
[4] 李昉等撰:《太平御览》卷八九七,中华书局1960年,第3982页。
[5] 彭定求等编:《全唐诗》卷五六二,上海古籍出版社1980年,第6527页。
[6] 胡文英:《吴下方言考》,中国书店出版社1983年。
[7] 陈寿:《三国志》卷五十四《吕蒙传》,中华书局1959年,第1275页。
[8] 司马迁:《史记》卷七《项羽本纪》,中华书局1959年,第296页。
[9] 张孝祥:《于湖词》,上海古籍出版社1988年,第16页。
[10] 杨循吉等著,陈其弟点校:《吴中小志丛刊》,广陵书社2004年。

"父融,集贤院学士,与贺知章、张旭、张若虚有名当时,号'吴中四士'"[1]。而明代"吴中四杰",则指明代杨基、高启、张羽、徐贲四人并有诗名,均吴人,明沈德符《万历野获编·卷二十三》称他们为"吴中四杰"[2]。2000年时,经国务院批准,撤销吴县市设立苏州市吴中区和相城区。故"吴中"现已成为苏州市下属的官方正式行政区域名称。

  吴会 吴会,有多说,均与吴地有关。其一,秦、汉会稽郡治在吴县,郡县连称为吴会。清赵翼《陔馀丛考·吴会》:"西汉时会稽郡治本在吴县,时俗以郡县连称,故云吴会。"[3]今常熟虞山有"文开吴会"匾,系纪念言子学成南归,道启东南。匾上"吴会",即此意。其二,东汉分会稽郡为吴、会稽二郡,并称吴会,后亦泛称此两郡故地为吴会。元陆友仁《吴中旧事》:"府署之南名吴会坊……吴会当是吴郡与会稽,犹言吴越也。"[4]其三,称平江府(即苏州)为吴会。清纳兰性德《渌水亭杂识·卷一》:"世多称平江为吴会,意谓吴为东南一都会也。自唐以来如此,今郡中有吴会亭,府治前有吴会坊。"[5]

  吴趋 门外曰趋,吴趋,指吴门外,意同"吴门",泛指吴地。晋陆机《吴趋行》中有"四坐并清听,听我歌《吴趋》"[6]句。晋崔豹《古今注·音乐》中评点说:"《吴趋曲》,吴人以歌其地也。"[7]清顾炎武《王征君潢具舟城西同楚二沙门小坐栅洪桥下》诗:"仆本吴趋士,雅志凌秋霜。"[8]顾氏为明苏州府昆山县(今昆山市)千灯镇人,为吴地士子,故自称"吴趋士"。

  东吴 长江在今安徽芜湖、江苏南京间作西南至东北流向,不再江分南北,而是江分东西。故自此以下的长江南岸称为江东(又作江左)。三国时孙吴因其地处江东,故名东吴。后世,东吴乃泛指吴地。唐杜甫《绝句四首·之三》:"窗含西岭千秋雪,门泊东吴万里船。"[9]个中"东吴",即此。近代苏州以"东吴"为名称者甚多,其著名者有1901年由基督教监理会在苏州创办的中国第一所西制大学——"东吴大学",今为苏州大学。

  以上所列表明:自公元前514年吴王阖闾建苏州城(即吴大城,阖闾城)至今

---

[1] 欧阳修:《新唐书》卷一四九《刘晏传》,中华书局1975年,第4798—4799页。
[2] 沈德符:《万历野获编》,文化艺术出版社1998年,第623页。
[3] 赵翼:《陔馀丛考》卷二十一,商务印书馆1957年,第417页。
[4] 杨循吉等著,陈其弟点校:《吴中小志丛刊》,广陵书社2004年,第6页。
[5] 纳兰性德:《通志堂集》上册,华东师范大学出版社2008年,第295页。
[6] 陆机:《陆机集》,中华书局1982年,第72页。
[7] 崔豹:《古今注》,辽宁教育出版社1998年,第9页。
[8] 顾炎武:《顾亭林诗集汇注》,上海古籍出版社1983年,第494页。
[9] 杜甫:《杜工部集》卷十三,岳麓书社1987年,第236页。

的2500多年里,一个"吴"字,文脉相承,不绝如缕。而作为文化的比较,苏州的这一文化现象,在同为吴文化区域的江南诸城中,没有哪个城市能像苏州这样和"吴"字有着如此紧密的联系。

二、"吴"字溯源

(一) 中国早期文字中的"吴"字

这里所说的中国早期文字,主要指目前公认的中国最早的文字——商代甲骨文及其后的西周青铜铭文等。

1. 商代甲骨文中的"吴"字

"吴"字在商代的甲骨文中已出现,这从高明、涂白奎编著的《古文字类编》一书所列的甲骨文"吴"字,可以证实。

图29 甲骨文"吴"字[1]

上述甲骨文"吴"字出现的时间,《古文字类编》标示为"一期",即以董作宾的五期划分时代的第一期[2]——商王武丁及其以前的商王盘庚、小辛、小乙时期。而据《夏商周断代工程1996—2000年阶段成果报告》(简本)所列商王盘庚(迁殷后)、小辛、小乙及武丁的具体年代如表12[3]:

表12 商王盘庚、小辛、小乙及武丁年代表

朝代	王	年代(公元前)	年数
商后期	盘庚(迁殷后) 小辛 小乙	1300—1251	50
	武丁	1250—1192	59

由上可知,甲骨文中的"吴"字,其出现年代为公元前1300年至公元前1192

---

[1] 高明、涂白奎:《古文字类编》(增订本),上海古籍出版社2008年,第245页。
[2] 据高明、涂白奎:《古文字类编》(增订本)一书《旧本序》,每个甲骨文字下均有小字简注,说明其出处和年代。其年代"一期""二期"等,均以董作宾的五期划分时代所指的不同时期。而其余相关年代的"周早""周中""周晚"等分别指西周早期、西周中期、西周晚期等(见该书第2页),以下不另注。
[3] 《夏商周年表》,见夏商周断代工程专家组:《夏商周断代工程1996—2000年阶段成果报告》(简本),世界图书出版公司北京公司2000年,第88页。

年,即距今3 300年左右。其时,泰伯奔吴事尚未发生,故该字与后世的"勾吴"之"吴"并无关联。

2. 西周青铜器铭文中的"吴"字

上海博物馆编《商周青铜器铭文选》录西周懿王时期的"吴方彝盖"(陈梦家《西周铜器断代》作"乍册吴方彝盖"[1])铭文10行102字,其中四处出现"吴"字,分别为:"乍册吴入门立中廷""王乎(呼)史戍册令吴""吴拜颔首"(陈梦家《西周铜器断代》作"吴拜首稽"[2])、"吴其世子孙永宝用"。

西周懿王的年代,据《夏商周断代工程1996—2000年阶段成果报告》(简本)为"公元前899年—公元前892年"[3],距今2 900多年。而从"吴方彝盖"铭"乍册吴入门立中廷"句来看,陈梦家《西周铜器断代》分析周代康王时的"小盂鼎"时,曾据该器所示门廷之制,为图示意如下:

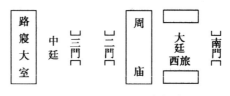

图30 门廷之制示意[4]

上图中的"路寝",始见《诗经·鲁颂·閟宫》"路寝孔硕"[5]。《毛传》:"路寝,正寝也。"[6]另,《礼记·玉藻》记曰:"君日出而视之,退适路寝听政。"[7]故"路寝"为帝王"听政"的正殿。上图标示的"中廷",为靠近帝王听政正殿最近位置的诸如王家档案等类行政机构。故"入门立中廷"的"乍册吴",或指西周懿王时期一位吴氏主管王家档案等类事务的近臣、史官。再联系另三处的"吴"字记载来看,吴方彝盖铭文中的"吴"当指姓氏或氏族、族群的名称,与时已南奔立国数百年的吴大伯(泰伯)、仲雍等无关联。

---

[1] 陈梦家:《西周铜器断代》,中华书局2004年,第157页。
[2] 陈梦家:《西周铜器断代》,中华书局2004年,第157页。
[3] 《夏商周年表》,见夏商周断代工程专家组:《夏商周断代工程1996—2000年阶段成果报告》(简本),世界图书出版公司北京公司2000年,第88页。
[4] 陈梦家:《西周铜器断代》,中华书局2004年,第110页。
[5] 《毛诗正义》,北京大学出版社1999年,第1424页。
[6] 《毛诗正义》,北京大学出版社1999年,第1424页。
[7] 《礼记正义》,北京大学出版社1999年,第879页。

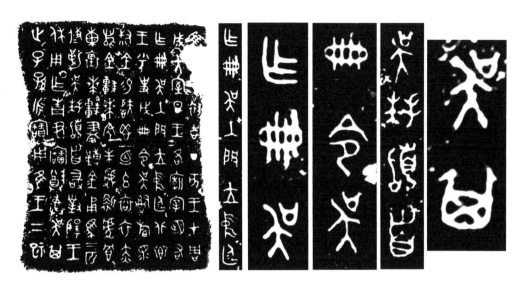

图31 "吴方彝盖"铭文及提及"吴"的铭文局部〔1〕

(二) 西周文献出现的"吴"字及其字义

1. 西周初《诗经·周颂》中出现的"吴"字及其字义

我国最早的政事史料汇编,且春秋时已有定本的《尚书》无"吴"字。"吴"字最早在《诗经》中出现,计两处,分别为《诗经·周颂》和《诗经·鲁颂》。"吴"字字形,"口"在"天"上,其意即与口发出的声音有关。故《诗经·周颂·丝衣》:"不吴不敖,胡考之休。"〔2〕毛亨传曰:"吴,哗也。"〔3〕其意为大声说话。《诗经·鲁颂·泮水》中"不吴不扬"〔4〕句,"吴"字字义与《周颂·丝衣》同。

《诗经·周颂》的年代,据程俊英、蒋见元《诗经·前言》指出:"《诗经》是我国第一部诗歌总集,三百零五篇。最早的是《周颂》,创作于西周初期。"〔5〕因此,《诗经·周颂·丝衣》中的"吴"字,其西周初出现时,与时已南奔立国的吴大伯(泰伯)、仲雍及"勾(句)吴"之"吴"等无关联。

2.《春秋经》《左传》记载的"吴"字

《春秋经》《左传》多次记载"吴",依不同语境,或指吴大伯(泰伯、太伯),或

---

〔1〕 "吴方彝盖"(甲器铭)(左一)及该铭中四处提及"吴"的铭文局部,分别为"乍册吴入门立中廷"(左二)及其局部"乍册吴"(左三)、"册令吴"(左四)、"吴拜稽首"(左五)及"吴其世子孙永宝用"句中的"吴其"(右),见上海博物馆:《商周青铜器铭文选》第一册,文物出版社1986年,第138页。
〔2〕《毛诗正义》,北京大学出版社1999年,第1368页。
〔3〕《毛诗正义》,北京大学出版社1999年,第1368页。
〔4〕《毛诗正义》,北京大学出版社1999年,第1402页。
〔5〕 程俊英、蒋见元:《诗经·前言》,见《十三经今注今译》,岳麓书社1994年,第235页。

指吴国,或指吴国都城——吴大城(即阖闾城,今苏州)。依时间为序,《左传》最早出现"吴"的两处记载,分别为《左传·闵公元年》和《左传·宣公八年》,其义又分别指吴大伯和吴国(本章节相关内容,另参《苏州通史》第二卷即先秦卷):

"吴大伯"和"大伯" 记载公元前661年史事的《左传·闵公元年》:士蒍曰:"大子不得立矣,分之都城而位以卿,先为之极,又焉得立。不如逃之,无使罪至。为吴大伯,不亦可乎?"[1]此处记写晋国史事时提及吴国开国先祖吴大伯(即泰伯,又作太伯,下同)及其在西岐周族部落旧事。记载年份为公元前661年(鲁闵公元年)。其时,泰伯奔吴已四百余年,但吴国尚未在《春秋经》《左传》的记载中出现。而记载公元前488年(吴夫差八年)史事的《左传·哀公七年》,其"大伯端委以治周礼"[2]句中的"大伯",即《左传·闵公元年》中的吴大伯,均指泰伯,或吴太伯。

"盟吴、越而还" 记载公元前601年史事的《左传·宣公八年》,记载本年(鲁宣公八年,前601)夏天,楚国因为众舒背叛的缘故,攻打舒、蓼这两个小国,并把它们给灭了。楚庄王给他们划定疆界在到达滑水拐弯的地方。接着,"盟吴、越而还"[3],即和吴国、越国结盟后就回去了。此处的"吴",为《左传》、同时也为现存文献最早关于吴国的记载。

对此,孔颖达疏指出:"《谱》云,吴,姬姓,周太王之子大伯、仲雍之后。大伯、仲雍让其弟季历,而去之荆蛮,自号句吴,句或为工,夷言发声也。"[4]这里,孔颖达一是将春秋时的吴国与商末南奔的泰伯、仲雍做了关联;二是指出"自号句吴,句或为工",故由此可知,"句(勾)吴"或为"工吴";三是"句(勾)吴"或"工吴"的音读,均为"夷言发声",即春秋时长江流域"蛮夷"地区的吴方言语音。

"入吴" 前述春秋时期吴国军事力量在外时,越国曾两次偷袭并进入吴国国都内城,其时间分别为吴王阖闾伐楚的公元前505年(吴阖闾十年,鲁定公五年)及吴王夫差与晋国黄池盟会争霸的公元前482年(吴夫差十四年,鲁哀公十三年)。对这两次越国偷袭并攻入吴国都城,《春秋经》《左传》依记载进入某国国都内城的行文惯例,分别四次记载为"入吴"。

---

[1]《春秋左传正义》,北京大学出版社1999年,第304—305页。
[2]《春秋左传正义》,北京大学出版社1999年,第1641页。
[3]《春秋左传正义》,北京大学出版社1999年,第619页。
[4]《春秋左传正义》,北京大学出版社1999年,第619页。

(三)"吴"字的贬义色彩及吴国拒绝接受该字为国号的事实

上述《春秋经》《左传》关于"吴"的记载,其中或与吴国先祖吴大伯,或与吴都有关,但数量均极少。因此,上述《春秋经》《左传》中记写的"吴",大多与春秋吴国有关。

而"吴"的字形、字义,如前所述,与口发出的声音有关。"吴,哗也"〔1〕的字义,即为大声喧哗之意。许慎《说文解字》也释为:"吴,大言也。"〔2〕故"吴"字字义显示出的贬义色彩与雍容典雅相悖。不能排除的是,中原史官们选择此字作为吴国国号,借之表达出对吴国"蛮夷"的鄙视用意。而吴国对此的反弹,未见诸文献,但表明吴国并不接受这一"吴"字作国号的事实是,自吴王寿梦前后至吴王僚时,现存吴国青铜器铭文中并未出现"吴"字作为吴国国号。

三、文献记载的吴国号与吴器吴国号铭文的文化背离

水网地区的吴地,鱼是自然对土著居民的一大奉献,并由此形成相应的食俗和穿戴习俗。是故,后世"吴"字字义与"鱼"有了密切关联。民国时期的学者卫聚贤,在《吴越释名》一文中指出:"就字形言,吴字即鱼字。""就字音言,吴字即鱼字。""就字义言,吴字即鱼字。"〔3〕从而将"吴"字与"鱼"字作字形、字音、字义诸方面的联系。而《康熙字典》释"吴"字,引南朝宋学者何承天云:"从口下大,故鱼之大口者名吴。"〔4〕更将该"吴"作"鱼之大口者"的细化描述。《战国策·赵策二》记载战国时赵武灵王说起历史上已灭亡的吴国是:"黑齿雕题,鳀冠秫缝,大吴之国也。"〔5〕南宋学者鲍彪注为:"鳀,大鲇,以其皮为冠。"〔6〕即意指头戴鲇鱼皮制成的帽子,身穿缝纫粗拙的衣服等,为春秋吴国的生活习俗。这里,与"吴"关联的"鱼",则明确指为鲇鱼。

而关于"吴"的字音即音读,前述西周初《诗经·周颂·丝衣》中"不吴不敖,胡考之休"〔7〕及《诗经·鲁颂·泮水》中"不吴不扬"〔8〕中的"吴",均系周王室

---

〔1〕《毛诗正义》,北京大学出版社1999年,第1368页。
〔2〕许慎:《说文解字》,见汤可敬:《说文解字今释》,岳麓书社1997年,第1413页。
〔3〕卫聚贤:《吴越释名》,见吴越史地研究会编:《吴越文化论丛》,江苏研究社1937年,第1—3页。
〔4〕《康熙字典》,中华书局1958年,第179页。
〔5〕王守谦等:《战国策全译》,贵州人民出版社1992年,第549页。
〔6〕见王守谦等:《战国策全译》,贵州人民出版社1992年,第551页。
〔7〕《毛诗正义》,北京大学出版社1999年,第1368页。
〔8〕《毛诗正义》,北京大学出版社1999年,第1402页。

及其分支鲁国王室歌颂祖先功德的宗庙祭祀诗,其发声当为北方语音,而与前引孔颖达疏所说的"自号句吴,句或为工,夷言发声也"[1]中的"夷言发声"无关。

《左传·哀公十二年》记载中原地区的卫出公"效夷言"[2],即卫出公学讲吴地方言的故事(详情另见《苏州通史》第二卷即先秦卷),也证实了春秋时被中原列国视为"夷言"的吴地方言的客观存在。

关于"夷言发声",除上引唐孔颖达疏提及外,唐司马贞《史记索隐》注《史记·吴太伯世家》"太伯之奔荆蛮,自号句吴"[3]时亦指出,唐"颜师古注《汉书》,以吴言'句'者,夷语之发声"[4]。元高德基《平江记事》也指出:"太伯有国,自号句吴。说者云:'句,语辞,吴音也'。"[5]

这里,唐代学者孔颖达、颜师古都在不同场合指出"夷言发声"和"夷语之发声",而元代学者高德基则将"夷言""夷语"与"吴音"直接相连。且孔颖达还说"自号句吴,句或为工",即指出了与"工"搭配、组合的"夷言发声"之字、词。而这些字、词,即为现存吴国青铜器铭文中的"工虞""工敔"等。

"虞""敔"二字,后字较前字右侧多个"攵"。攵,同"攴"。《广韵·入屋》:"攴,击也。凡从攴者作攵。"[6]《说文·攴部》:"攴,小击也。"[7]故"敔"较"虞",似更强调"击"的动作行为。而现存吴国青铜器铭文中,"工"亦作"攻",后字较前字右侧亦是多个"攵",故"攻"较"工",其意亦是强调"击"的动作行为。故上述"工虞""工敔"等,亦组合并等同成现存吴国青铜器中存在的"攻虞"等词。

这里,先将"工""攻"予以释义如下:

工:擅长,善于。《论语·卫灵公》记载孔子的话说:"工欲善其事,必先利其器。"[8]个中"工",即此。

攻,《尔雅·释诂》曰:"攻,善也。"[9]亦即"巧于""善于"之意。故"攻""工",二字通借,字义相同、相近。

现存吴国青铜器铭文中的"工虞""工敔",既与泰伯南奔前的江南新石器时期(指马家浜、崧泽、良渚及马桥等诸文化时期)及泰伯南奔后的历代吴王执政

---

[1]《春秋左传正义》,北京大学出版社1999年,第619页。
[2]《春秋左传正义》,北京大学出版社1999年,第1667页。
[3] 司马迁:《史记》卷三十一《吴太伯世家》,中华书局1959年,第1445页。
[4] 司马贞:《史记索隐》,见司马迁:《史记》卷三十一《吴太伯世家》,中华书局1959年,第1446页。
[5] 杨循吉等著,陈其弟点校:《吴中小志丛刊》,广陵社2004年,第25页。
[6]《广韵·入屋》,见罗竹风:《汉语大词典》第五卷,汉语大词典出版社1990年,第380页。
[7]《说文·攴部》,见罗竹风:《汉语大词典》第五卷,汉语大词典出版社1990年,第380页。
[8] 见《论语注疏》,北京大学出版社1999年,第210页。
[9]《尔雅注疏》,北京大学出版社1999年,第12页。

时期的这一地区的自称名称有关,也与孔颖达、颜师古所说的字音即"夷言发声""夷语之发声"有关。

(一) 文献记载的吴国号"吴"与现存吴器吴国号铭文"虞"的文化背离

1. "虞"字与"鱼"字、"虎"字及其出现年代

甲骨文中的"虞"字字形,从虎从鱼。据高明、涂白奎编著的《古文字类编》一书所录,该字字形如图32:

图32　甲骨文中的"虞"字[1]

上述"虞"字出现的年代,据《古文字类编》标示,如同前文的"吴"字一样,亦为董作宾的五期划分时代的第一期。故其出现(含使用)年代,亦为公元前1300年至公元前1192年,即距今3300年左右。这说明,在甲骨文同一时期内,"吴"与"虞"为同时并存且相互并无关联的两个字。

又,高明、涂白奎编著的《古文字类编》关于"鱼"字的甲骨文字如图33:

图33　甲骨文中的"鱼"字[2]

上文《古文字类编》中的"虞"字的结构,上为"虎"而下为"鱼"。而据商承祚《甲骨文字研究》所录,甲骨文中的"虎"字如图34:

图34　甲骨文中的"虎"字[3]

---

[1] 高明、涂白奎:《古文字类编》(增订本),上海古籍出版社2008年,第1262页。
[2] 高明、涂白奎:《古文字类编》(增订本),上海古籍出版社2008年,第1404页。
[3] 商承祚:《甲骨文字研究》,天津古籍出版社2008年,第93、124页。

甲骨文中的"虎"除象形外,虎的身体亦呈现出渐趋简化的现象,但不管是象形或是身体线条渐趋简化,其夸张性张开的大口,却未改变。

由此可知:甲骨文中的"虘"字,其上部取"虎"张开大口之态,其下部取"鱼",合之而作象形、表意。甲骨文中的"虘"字的这一造字特点,为其后吴国青铜器铭文"虘"字所继承,而其"夷言发声"所指的吴方言语音,又与"鱼"字有着联系。

关于"虘"字,须指出以下两点:

其一,现存文献无"虘"字。关于"虘"字,清《康熙字典》及现今《汉语大字典》《汉语大词典》等均未见该字。上述《古文字类编》所录,为商代时甲骨文出现的此字,后延伸至青铜器铭文。其后,或此字被与之有关联的"斪"字替代等原因,故"斪"字留存,而"虘"字则湮灭。现存古代文献中已无"虘"字。另,《康熙字典》"鱼"部有"鮽"字,音注与释义为"音鱼,与斪同"。[1]

其二,"虘"字的文字学意义:"虍"头下的"鱼"——鲇(鲶)鱼。"虘"字从鱼,即与"鱼"有关,而从"虍"头,亦指此鱼外形、习性等颇类动物中的虎。如前文所引《战国策·赵策二》"鳀冠秫缝,大吴之国也"[2]的记载及东汉鲍彪注释可知,该鱼为江南地区常见的鲇鱼。而明代黄省曾《鱼经·法》曰:"鲇鱼者,鯷鱼也,即鳀鱼也,大首方口,背青黑而无鳞,是多涎。"[3]故鲇鱼外形为上引《鱼经·法》所说的"大首方口"。所谓"大首方口",即头大、口(嘴)大及其利于吞噬其他鱼类。正是鲇鱼这一"大首方口"的外形及其习性,与同出于江南地区的其他生性凶猛且亦食其他鱼类的黑鱼(乌鳢)、鳜鱼(桂鱼)等在外形上有了区分。也正是这一"大首方口",使其成为鱼类"丛林"中的"虎"。从汉字的象形、会意造字法角度看,"虘"字无疑是将"虍""鱼"这两个字根组合起来,衍生出新的含义。

古代太湖流域以"虘"称之的鲇鱼,今又作鲶鱼。当今管理学界的"鲶鱼效应"即与该鱼有关。所谓"鲶鱼效应",指沙丁鱼在运输过程中,常因该鱼生性不动而缺氧窒息死亡。其后,人们为了让这些沙丁鱼动起来,故特意在装满沙丁鱼的鱼槽里放进了一条以鱼为主要食物的鲶鱼。鲶鱼进入鱼槽后,四处游动而觅食沙丁鱼。沙丁鱼见了鲶鱼,四处躲避,从而加速了游动。就这样,沙丁鱼运输过程中因缺氧死亡的问题迎刃而解,存活率大大增加。这就是"鲶鱼效应"。管理学上引申为鲶鱼在搅动小鱼生存环境的同时,也激活了小鱼的求生能力。这一"鲶(鲇)鱼效应",从另一侧面说明鲶(鲇)鱼在鱼类中如"虎"般的习性和地位。

---

[1] 《康熙字典》,中华书局1958年,第1466页。
[2] 王守谦等:《战国策全译》,贵州人民出版社1992年,第549页。
[3] 黄省曾:《鱼经·法》,见罗竹风:《汉语大词典》第十二卷,汉语大词典出版社1993年,第1246页。

鲶鱼是鱼类中的"虎"。古代太湖流域,这种体型巨大的鲶(鲇)鱼,正是古代江南先民的渔食对象,且其皮亦可为人们的衣冠。正是鲶(鲇)鱼的外形、习性,古人以象形、会意的造字方法创造出了这一"虞"字。

而有着浓烈江南水乡特色的"虞"字在商代中原地区的甲骨文中出现,从另一方面证实,商代或商代以前,中国长江流域与黄河流域的文化交流,或有着今人未知的沟通方式和沟通管道,文字的交流显示了这一沟通的密切程度。不过此类交流,因未有文字记载而不为后世所知。

2. 具"虞"字铭文的吴国青铜器实例

对吴国青铜器铭文中含"虞"字的现存实物器予以爬梳、整理并罗列其中部分如下(具"虞"字铭文的吴国青铜器相关情况,另见《苏州通史》第二卷即先秦卷中自吴王寿梦至吴王夫差的历代吴王留存后世的文化遗存之相关内容):

(1) 山东沂水出土的吴王诸樊用器——工虞王剑;
(2) 江苏六合程桥出土的吴王馀祭用器——工虞大叔盘;
(3) 湖北谷城出土的吴王馀祭剑——攻虞王叔戕此郳(邾)剑;
(4) 无锡博物院收藏的吴王馀祭剑——工(攻)虞(敔)王虘戕此邾剑;
(5) 山西榆社出土的季札剑——工虞季子剑("工虞王",指二十世吴王诸樊);
(6) 苏州博物馆新入藏"攻虞王"馀眛剑。

上述吴国青铜器含"工(攻)虞"铭文局部的图片,自左至右,如图35:

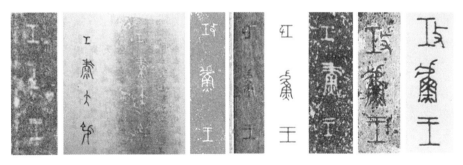

图35 现存吴国青铜器中含"工(攻)虞"的铭文局部图示[1]

---

[1] 山东沂水出土的吴王诸樊用器"工虞王剑"铭文拓本"工虞王"(左一)(见董楚平:《吴越徐舒金文集释》,浙江古籍出版社1992年,第93页);江苏六合"工虞大叔盘"铭文摹本、拓本"工虞大叔"(左二)(同前,第40—41页);湖北谷城吴王馀祭剑铭文"攻虞王"拓本(左三)(见陈千万:《湖北谷城县出土"攻虞王叔戕此郳(邾)"剑》,《考古》2000年第4期);无锡博物院吴王馀祭剑铭文"攻虞王"图片局部(左四)及摹本(左五)(见吴镇烽:《记新发现的两把吴王剑》,《江汉考古》2009年第3期);山西榆社出土季札剑铭文"工虞王"拓本(左六)(见董楚平:《吴越徐舒金文集释》,浙江古籍出版社1992年,第95页)及苏州博物馆新入藏"攻虞王"馀眛剑铭文图片局部(左七)与摹本(右)(见程义、张军政:《苏州博物馆新入藏吴王馀眛剑初探》,《文物》2015年第9期)。

(二) 文献记载的吴国号"吴"与现存吴器吴国号铭文"歔"的文化背离

1. 文献中的"歔"字及其释义

先秦文献中出现"歔"字并流传至今。

《周礼·天官·叙》:"歔人,中士二人,下士四人。"[1]汉郑玄注:"歔,音鱼,本又作鱼,亦作鮫,同,音御。"[2]郑玄这里所说"歔,音鱼,本又作鱼",即指其字义与"鱼"有关。《周礼·天官冢宰·歔人》篇记载:"歔人掌以时歔为梁。春献王鲔。辨鱼物,为鲜薧,以共王膳羞。凡祭祀、宾客、丧纪,共其鱼之鲜薧。凡歔者,掌其政令。凡歔征,入于玉府。"[3]意为歔人掌管按照一定的季节捕鱼,修筑鱼梁。春季进献大鲔鱼。辨别各种鱼的名称和性状,用鲜鱼或制成干鱼,以供给王膳食的美味所用。凡祭祀、款待宾客和丧事,供给所需的鲜鱼和干鱼。凡捕鱼的,为其掌管有关政令。凡所征收的渔业税,交入玉府。由此可见,"歔人"即为朝廷掌管渔政,并保障渔产资源,协助征收渔人税赋的小官。

另,《康熙字典》释"歔"为:"音鱼,同渔。"[4]故"歔"字字义本同"鱼",后扩展到"渔",从而表明先秦时太湖流域特指鲇鱼的"虖""歔"字,其在古代文献中的字义从"本又作鱼"扩展到了整个鱼类。

前引《康熙字典》收录的"鮫"字,音注与释义为:"音鱼,与歔同。"[5]故该字或为"歔"字变体。

而"虖""歔"字的南北差异,不在于字义而在于"音鱼"的字音。即吴方言语音与北方语音这两个不同语音系统在"鱼"字上的发音差异。这也是蒙文通《越史丛考》在论及"吴、越"等"都是比较特殊的方言"(罗常培、周祖谟《汉魏晋南北朝韵部演变研究》)时所说:"此类'特殊方言'之形成,正以其地原为少数民族居住区之故。此种特殊方言实为该地区原住少数民族语言之遗存。"[6]

2. 具"歔"字铭文的吴国青铜器实例

现存具"歔"字铭文的吴国青铜器,共有三器,分别为"者减钟""工歔太子姑发臀反剑"及"工歔季生匜"等。

---

[1]《周礼注疏》,北京大学出版社1999年,第11页。
[2]《周礼注疏》,北京大学出版社1999年,第11页。
[3]《周礼注疏》,北京大学出版社1999年,第102—103页。
[4]《康熙字典》,中华书局1958年,第1475页。
[5]《康熙字典》,中华书局1958年,第1466页。
[6] 蒙文通:《越史丛考》,人民出版社1983年,第17页。

(1)"者减钟"与"工䲹太子姑发訾反剑"

"者减钟"的制作年代虽有不同说法,但制作于吴王寿梦前,却是学界共识。关于该器铭文的释读,学者们将吴世系与该器铭文的"工䲹王皮難"及其子"者减",做种种对应和推测(相关情况另见《苏州通史》第二卷),其对应对象皆在十九世吴王寿梦之前。由此,可确定该器为目前所知除宜侯夨簋外的最早的吴国青铜器,其制作年代在十九世吴王寿梦之前。高明、涂白奎所著《古文字类编》一书,将者减钟铭文"䲹"字列入"虘"类字中。学者们注意到者减钟铭文"工䲹王皮難"对文献记载所具有的"补正"作用。马承源《关于翏生盨和者减钟的几点意见》一文指出:"《史记》云:'去齐卒,子寿梦立。寿梦立而吴始益大称王。'于是从寿梦开始以后的诸王,《史记》中正式冠以王字,如王寿梦、王诸樊、王余祭等。但是《史记》以为吴自寿梦始称王,这一点是和铭文相抵触的。铭文称'工䲹王',工䲹即句吴,皮難称王,早于寿梦二世。"[1]

"工䲹太子姑发訾反剑"为安徽淮南出土,剑身具"工䲹大子姑发訾反,自作元用"[2]等铭文。安徽省博物馆展出该剑时,将其命名为"吴太子诸樊剑",上海博物馆编《商周青铜器铭文选》将之命名为"工䲹太子姑发訾反剑",董楚平《吴越徐舒金文集释》则称此剑为"工䲹太子姑发剑",并指出:"此剑出土,说明'诸樊'是'姑发反'四字的缩写……公元前五六一年寿梦卒,次年诸樊即位,此剑作于即位前。"[3]由此可知,该具"工䲹"铭文的剑,制作于寿梦时期,或为吴王寿梦为其太子诸樊所铸。

上述"者减钟"及"工䲹太子姑发訾反剑"的铭文拓本图片及《古文字类编》所录"者减钟"铭文"䲹"字的摹本图片,自左至右,如图36:

图36 "者减钟"及"工䲹太子姑发訾反剑"的铭文拓本及《古文字类编》中的"者减钟"铭文"䲹"字摹本图示[4]

---

[1] 马承源:《关于翏生盨和者减钟的几点意见》,《考古》1979年第1期。
[2] 董楚平:《吴越徐舒金文集释》,浙江古籍出版社1992年,第90页。
[3] 董楚平:《吴越徐舒金文集释》,浙江古籍出版社1992年,第89—91页。
[4] 上海博物馆藏"者减钟二"拓本(左一)及其铭文局部"工䲹"(左二),上海博物馆《商周青铜器铭文选》将该剑命名为"工䲹太子姑发訾反剑"(左三)及该剑铭文拓本局部"工䲹太(大)子"(左四)(见上海博物馆:《商周青铜器铭文选》第二册,文物出版社1987年,第334页)和《古文字类编》所录"者减钟"铭文中的"䲹"字摹本(右)(见高明、涂白奎:《古文字类编》(增订本),上海古籍出版社2008年,第1262页)。

(2)"工𢊼季生匜"

"工𢊼季生匜",1985年出土于盱眙。该器内底有竖行铭文9字"工𢊼季生乍(作)其盥会匜",展出时该器名为"工吴季生匜"(另参《苏州通史》第二卷)。本器与前述"工𢊼太子姑发䳉反剑"一样,亦当为吴王寿梦时期所铸造。而含有"工𢊼"铭文的吴国青铜器,除乾隆年间出土于江西的"者减钟"以及前述"工𢊼太子姑发䳉反剑"(吴太子诸樊剑)外,另即为本器——"工𢊼季生匜"了。

关于本器器主即铭文中的"季生",已有学者指出:"此器为吴国公子季札所作。"[1]而铭文中称季札为"季生",则为寿梦时受中原文化的影响所致。春秋时期中原列国的王室成员如太子、世子、公子等以"生"称之者,并非个案,如晋献公大子(太子)、世子名"申生"[2],谋杀鲁桓公后被处死的为齐国"公子彭生"[3],齐景公之子、后成为齐悼公者为"公子阳生"[4]等。不仅如此,甚至连东周王室也有"王叔陈生"[5]。故与中原列国建立联系后的吴王寿梦,为其四子季札做器铸铭时,依中原列国习惯称公子季札为"季生",实是效法中原的礼节和称呼。而从"季生"之"季"在兄弟"伯(孟)、仲、叔、季"的长幼顺序来看,《仪礼·士冠礼》记载的"'……曰伯某甫。'仲、叔、季,唯其所当"[6]句,汉郑玄注:"伯、仲、叔、季,长幼之称。"[7]唐贾公彦则疏曰:"言'伯、仲、叔、季'者,是长幼次第之称。若兄弟四人,则依次称之。"[8]因此,"季生"之"季",既与季札的排行第四吻合,又与"季札"之"季"相重合。吴王寿梦极为宠爱季札,以致去世前因"季札贤,寿梦欲立之"[9]。此举遭季札出于礼制为由的拒绝,寿梦不得已将王位传于嫡长子诸樊时,"寿梦乃命诸樊曰:'我欲传国及札,尔无忘寡人之言'"[10]。意为我想把王位传给季札,你不要忘了我说的话。而《吴越春秋》的上述记载,也得到《左传》的印证。据《左传·襄公十四年》记载:"吴子诸樊既除丧,将立季札。"[11]意即吴王诸樊主持办了寿梦的丧事后,就想立季札为吴王,

---

[1] 王秀英:《春秋时期吴国公子季生作铜匜》,《收藏快报》(福建日报报业集团主管)第7期(2014.2.19)。
[2] 《春秋左传正义》,北京大学出版社1999年,第336页。
[3] 《春秋左传正义》,北京大学出版社1999年,第213页。
[4] 《春秋左传正义》,北京大学出版社1999年,第1632页。
[5] 《春秋左传正义》,北京大学出版社1999年,第843页。
[6] 《仪礼注疏》,北京大学出版社1999年,第51页。
[7] 郑玄注,见《仪礼注疏》,北京大学出版社1999年,第51页。
[8] 贾公彦疏,见《仪礼注疏》,北京大学出版社1999年,第51—52页。
[9] 赵晔:《吴越春秋》,江苏古籍出版社1986年,第7页。
[10] 赵晔:《吴越春秋》,江苏古籍出版社1986年,第7页。
[11] 《春秋左传正义》,北京大学出版社1999年,第919页。

从而把王位传到季札手中。因此,寿梦生前,能满足由寿梦为之铸器而又排行第四称为"季生"者,除季札外,并无他人。故"工䥨季生匜"器主"季生",非季札莫属。而"工䥨"之义,与"工䥨太子姑发䦿反剑"中的"工䥨"相同,均指吴王寿梦。寿梦后的诸樊时期,吴王诸樊为其弟季札所铸季札剑(山西榆社出土),有学者释读其剑铭为:"工虞王姑发反之弟季子者。"〔1〕此处"工虞王"诸樊,义同"工䥨"。而"工䥨""工虞",则为不同时期的吴王(指寿梦与诸樊)在不同时期所采用的不同的吴国国号。

"工䥨季生匜"出土于盱眙,当为春秋时吴国在盱眙附近进行某一外交活动并作宴前洗手用的礼器而后遗留。这一推测与《春秋经·襄公五年》"仲孙蔑、卫孙林父会吴于善道"〔2〕的记载及杨伯峻《春秋左传注》"善道,今江苏省盱眙县北"〔3〕的地望诠释吻合,从而为该器在盱眙出土,提供了证实其内在逻辑关系的确凿文献记载。

必须指出的是,"善道会吴"时的"季生"即季札,其时也只是个八九岁的少年。这是因为,距"善道会吴"80余年后,楚国子期(公子结)进攻陈国,"吴延州来季子救陈"〔4〕,即吴国由季札领兵救陈(相关情况,另参《苏州通史》第二卷)。杜预匡算"救陈"时季札的年龄说:"寿梦卒,季子已能让国,年当十五六,至今盖九十余。"〔5〕故按杜预推算,寿梦卒年的鲁襄公十二年(吴寿梦二十五年,前561)时,季札"年当十五六"。而由此倒溯七年至鲁襄公五年(吴寿梦十八

图37 "工䥨季生匜"及其铭文局部"工䥨季生"图示〔6〕

---

〔1〕 曹锦炎:《吴季子剑铭文考释》,《东南文化》1990年第4期。
〔2〕 《春秋左传正义》,北京大学出版社1999年,第842页。
〔3〕 杨伯峻:《春秋左传注》(修订本),中华书局1990年,第941页。
〔4〕 《春秋左传正义》,北京大学出版社1999年,第1654页。
〔5〕 杜预:《春秋经传集解》,上海古籍出版社1978年,第1767页。
〔6〕 苏州博物馆"大邦之梦——吴越楚青铜器特展"时展出的"工䥨季生匜"(左一);展出时,该器说明标牌作"工吴季生匜"及其内底竖行铭文九字铭文"工䥨季生乍(作)其盥會匜"的铭文拓本、摹本及其释文"工吴季生作其盥会匜"(左二)。"工䥨季生匜"器内底竖行铭文的图片(左三)及图片铭文"工䥨季生"局部(左四)(吴恩培摄)及该器铭文拓本"工䥨季生"局部(左五)(录自秦士芝:《盱眙县王庄出土春秋吴国铜匜》,《文物》1988年第9期)以及展出时的摹本"工䥨季生"局部(右)。

年,前568)的"善道会吴"时,季札只是个八九岁的少年。尽管舐犊情深式的宠爱并不会影响寿梦为其少年之子季札铸"工𠫑季生匜",而八九岁孩子以"工𠫑季生"称之的铭文,正体现了寿梦希望其早日长大的精神情怀。

3. "𠫑"字为"虡"字的变体,二字为同一字

前述商代时已出现甲骨文中的"虡"字,故其后出现的金文"𠫑"字或既是从甲骨文"虡"字变化而来,同时亦为"虡"字的变体。且"虡""𠫑"二字字义相同,故春秋时期此二字当为同一个字。而从汉字形声的角度看,"虡"字音读,与该字以特定形状"鱼"这一字根的音读有着联系,而"𠫑"字音读也当与"虡"字相同。由于"虡"字后世在文献中消失,故下文论述上述二字音读即字音时,以"𠫑"字作论述(前引《康熙字典》收录的"鮽"字为"𠫑"字变体,不另涉及)。

4. "夷言发声"与"因音通假"

前文引《康熙字典》释"𠫑"为"音鱼,同渔"[1],又引郑玄注《周礼·天官·叙》"𠫑人"时说"𠫑,音鱼,本又作鱼,亦作鮽,同,音御"[2]。所有这些,即如前所述,"𠫑"字的南北差异,不在于字义而在于"音鱼"的字音,即涉及"鱼"字在北方语音及吴方言语音这两个不同语音系统的发音差异。

"鱼"字,北方语音的音读为 yú 音,且如东汉学者郑玄所说"同,音御"。而前文引蒙文通等学者所说的"特殊方言"即吴方言中"鱼"的音读,显然与北方语音有较大差异。元代学者高德基《平江记事》指出元代时的情况说:"今吴中吴氏甚多,而语音呼'鱼'为'吴',卒以横山下古'吴城'为'鱼城'。方言以讹传讹有如是者。"[3]高德基所批评的"以讹传讹"的"方言",却也透露出元代时"吴中"(即苏州)民间中"语音呼'鱼'为'吴'"的情况。对此,当代苏州学者也持同一认知。如周国荣论述"虡"字的音读说:"这个虡字,除了在金文中与某些竹简上见得到外,所有的字词书中都见不到了,但是却保存在今天苏州一带的方言中,它读 ng 音 = 鱼音 = 吴音。苏州(含吴江、昆山、太仓、吴县、吴江、无锡甚至松江、上海、南通等)呼'吴'不作 wu 音而作 ng 音,比方吴县叫 ng 县,吴江县叫 ng gang 县,连人名吴某某也叫作 ng 某某。而且数目字'五'(古代写作✕、𠄡)也呼 ng 音。这,可明白为何春秋时代吴人青铜器上'工(攻)虡(𠫑)王'可以写成'工(攻)敔王'了,因为鱼、五是一个音。古代音同字就通的,但必须是当时的古音

---

[1]《康熙字典》,中华书局1958年,第1475页。
[2] 郑玄注,见《周礼注疏》,北京大学出版社1999年,第11页。
[3] 高德基:《平江记事》,见杨循吉等著,陈其弟点校:《吴中小志丛刊》,广陵书社2004年,第26页。

才行……这种吴方言的纯鼻音 ng 音,北方人是没有的(至今的北方人也不会发)。"[1]

由此可知,北方音读为 yú 音的"鱼"字,在吴地"特殊方言"的"夷言发声"中,发为鼻音浓重的 ng 音,从而与北方语音中的 yú 音差异极大。而"虞""敔"的发音与吴方言中的"鱼""吴"等一样,均读为 ng 音。正是这纯鼻音的 ng 音,令春秋时操持北方语音的鲁国史官无法模仿也无法接受,从而成为备受歧视的夷言、夷音。

故由此推测,春秋时操持北方语音的鲁国史官在撰著《春秋经》《左传》时记录长江下游这个与捕鱼密切有关、且自称为虞(敔)的族群和国度时,因无法发出这一纯鼻音的 ng 音,故不得已采取以北方语言系统中已有的"吴"字作为发音相近的字来代替本字的"虞(敔)",这就是语言学上的"因音通假",亦即许慎《说文解字·序》所表述的:"假借者,本无其字,以声托事。"[2]

正因有了这一"因音通假",故有学者意欲还原本字而指出,《史记·吴太伯世家》记载的"太伯奔吴"及"自号句(勾)吴"等,"应该写为'太伯奔虞,自号工虞',才最准确"。[3]按此,则《春秋经·成公七年》的"吴伐郯"[4],亦当为"虞(敔)伐郯"了。

而上述"因音通假"的原因,即一是对地处长江流域的吴国"蛮夷"的歧视,二是"虞(敔)"的"特殊方言"的语音障碍,使得鲁国史官难以发出这一被他们视为"夷言发声"的"虞(敔)"纯鼻音的 ng 音。

这里,再回到鲁国史官在撰著《春秋经》《左传》时记录长江下游这个与捕鱼密切有关,且自称为虞(敔)的族群和国度时,为何选择"吴"字来作为他们无法发出虞(敔)吴方言语音的纯鼻音 ng 音。撇开前及的吴"蛮夷"的文化歧视因素,其语言因素即为"因音通假"和"以声托事"的内在语音逻辑。这从表 13 中也可窥见一二:

---

[1] 周国荣:《"吴"姓源小考》,见程德琪、周亚楠:《吴文化研究论丛》,苏州大学出版社 1998 年,第 133—134 页。
[2] 汤可敬:《说文解字今释》,岳麓书社 1997 年,第 2167 页。
[3] 周国荣:《"吴"姓源小考》,见程德琪、周亚楠:《吴文化研究论丛》,苏州大学出版社 1998 年,第 134 页。
[4]《春秋左传正义》,北京大学出版社 1999 年,第 726 页。

表13　北方语音与吴方言语音中的"鱼""虖"与"吴"

```
鱼:上古北方语音为 yú 音。
    虖(虡):北方语音为"鱼"yú 音。
    吴:北方语音为 wú 音。
    上述"鱼""虡"在北方语音中发音相同,均为 yú 音,与"吴"音近。

鱼 →结论:鲁国史官以"因音通假"而选择与"鱼"音近的"吴"字。

    虖(虡):吴方言语音为 ng 音。
    吴:吴方言语音为 ng 音。
    上述"鱼""虡""吴",在吴方言中发音相同,均为鼻音浓重的 ng 音。
鱼:吴方言语音为鼻音浓重的 ng 音。
```

必须指出的是:

(1)因音通假又作古音通假。王力主编的《古代汉语》说:"所谓古音通假,就是古代汉语书面语言里同音或音近的字的通用和假借……假借字必须是同音字,至少也要是声音十分接近的字。这是假借字的原则,也是所谓古音通假的原则。"[1]

(2)上述春秋时期的鲁国史官在撰著《春秋经》《左传》时记录长江下游自称为虖(虡)的族群和国度时,选择"吴"字来作为他们无法发出虖(虡)吴方言语音的纯鼻音 ng 音的替代字。这里,其实是在两个不同的语音系统(指北方语音系统与吴方言语音系统)间作"因音通假"。关于这两个不同的语音系统,有学者研究明《洪武正韵》与吴音(即吴方言语音)的关系时指出:"吴音是与中原雅音对立的音系。"[2]这里虽说的是明代的情况,但对春秋时的语音状况,或依然可作参考。

(3)因音通假或曰古音通假,均无法绕开汉语语音学形成的问题。有学者指出,汉末时"反切的产生标志汉语语音学的开始……没有反切,就没有语音学"[3]。而在反切产生以前的先秦时期,中国文字的注音(主要为北方语音系统的文字注音)问题,周焕先《反切释要》说:"在先秦时期,汉字注音还有没有别的方法,这个问题不大容易搞清楚。我们现在能够知道的是,在反切出现之前,语言教育上曾用过'譬况''读若''直音'等方法来替一个字注音。譬况法,是用

---

[1] 王力主编:《古代汉语》(修订本)第二册,中华书局1981年,第541—545页。
[2] 甯忌浮:《汉语韵书史》,上海人民出版社2009年,第52页。
[3] 甯忌浮:《汉语韵书史》,上海人民出版社2009年,第1页。

打比方、做比较,以及描写发音情况的方法来替一个字注音。"[1]显然,在汉语语音学尚未形成的春秋时,鲁国史官以"吴"字代替吴方言中的"虖(虡)"字的做法,大致符合上述"譬况法"所描述的情况。更何况先秦时期北方语音系统的汉字注音尚"不大容易搞清楚",而其时吴方言正处于被中原列国歧视并被鄙夷为"夷言"[2]的边缘化地位。因古代时声音材料的无法保留,故吴方言语音在先秦时期的发音状况,时至今日或更"不大容易搞清楚"。

(4)上表中的"鱼""吴""虡"等字音注,均以现今出版的上古音读类的工具书(如王力等编著的《王力古汉语字典》[3]、李学勤主编的《字源》[4]、唐作藩编著的《上古音手册》[5]等)所标注的今汉语拼音示之,以适应今日大众读者的认知。而为适应小众读者需求,相关工具书关于上述"鱼""吴""虡"等字的古音标注,另以加注形式标示(见如下"鱼""吴""虡"古音标注[6],下同,不另注)。而相关文献依据则为前引或未引的如下论述:

东汉郑玄注《周礼·天官·叙》:"虡人"时说:"虡,音鱼,本又作鱼,亦作鮽,同,音御。"[7]

而关于吴方言语音的描述,则为前引元高德基《平江记事》:"今吴中吴氏甚多,而语音呼'鱼'为'吴'。"[8]近当代熟稔吴方言语言的学者对此的论述或更值得注意。浙江海宁籍学者王国维,在其《攻吴王大差鉴跋》一文中论及"者减钟"时说:"凡十有一,皆出临江。因思吴虡同音,工虡亦即攻吴,皆句吴之异文。

---

[1] 殷焕先:《反切释要》,山东人民出版社1979年,第4页。
[2] 《春秋左传正义》,北京大学出版社1999年,第1667页。
[3] 王力等:《王力古汉语字典》,中华书局2000年。
[4] 李学勤主编:《字源》,天津古籍出版社等2012年。
[5] 唐作藩编著:《上古音手册》,江苏人民出版社1982年。
[6] 1. 鱼 ①"魚(鱼)yú 疑纽、鱼部;疑纽、鱼韵、语居切。"(见李学勤主编:《字源》,天津古籍出版社等2012年,第1028页。)②"魚 yú 语居切,平,鱼韵,疑。鱼部。"(见王力:《王力古汉语字典》,中华书局2000年,第1714页)。③"yú 鱼——(韵部)鱼·(声纽)疑·(声调)平。"(见唐作藩编著:《上古音手册》,江苏人民出版社1982年,第159页。)2. 吴 ①"吳(吴)wú 疑纽、鱼部;疑纽、模韵、五乎切。"(见李学勤主编:《字源》,天津古籍出版社等2012年,第910页。)②"吳 wú《广韵》五乎切,平模,疑。"(见罗竹风主编:《汉语大词典》第三卷,汉语大词典出版社1989年,第186页。)③"wú 吴——(韵部)鱼·(声纽)疑·(声调)平。"(见唐作藩编著:《上古音手册》,江苏人民出版社1982年,第137页。)3. 虡 ①"虡 yú《广韵》语居切,平鱼,疑。"(见罗竹风主编:《汉语大词典》第五卷,汉语大词典出版社1990年,第525页。)②"虡 同'渔'。《玉篇·鱼部》:'虡'同'渔'。"(见《汉语大字典》(缩印本),湖北辞书出版社、四川辞书出版社1992年,第622页。)
[7] 《周礼注疏》,北京大学出版社1999年,第11页。
[8] 高德基:《平江记事》,见杨循吉等著,陈其弟点校:《吴中小志丛刊》,广陵书社2004年,第26页。

古音工攻在东部,句在侯部。二部之字,阴阳对转,故句吴亦读攻吴。"[1]显然,上述王国维所说的"吴敔同音"指的是吴方言语系中的"吴"与"敔"即"虞"以及"敽"等同音。而曹锦炎《吴王寿梦之子剑铭文考释》一文亦做如下论述:"从出土及传世的吴国青铜器铭文来看,吴国国名本来写为'工卢''工虞',后来写作'攻吾''攻攻''攻敔''攻吴',最后由'攻吴'省称为'吴',各种写法是在特定阶段形成的。将'攻吴'写作'句吴',乃是中原人记吴音的缘故。吴、五、敔以及从'鱼'声的虞、敔,古音相同,系通假字。至今吴方言中,五、吾、鱼这几个字的读音仍然与'吴'相同。"[2]其余,则为前引周国荣《"吴"姓源小考》一文中的相关描述。

（5）鲁国史官在以"吴"字替代"敔（虞）"字的过程中,很可能是以"吴"字代"敔（虞）"字的北方语音——"鱼"音。其因即在二字（指"敔"与"鱼"）的音近或音同。然而,"鱼"的词义南北相同,但其语音却是南北（指北方语音与吴方言语音）"对立的音系"。故一个"鱼（鱼）"字,南北间即呈现出词义相连（即前述"鱼"的词义南北相同）、语音"对立"的状况。北方语音读为 yú 音而吴方言语音中发为鼻音浓重 ng 音的"鱼"字,其南北不同的发音,既勾连起北方语音的"敔（虞）"同"鱼"的词义联系,又勾连起吴方言语音的"敔（虞）"同"鱼"的语音联系。而吴方言语音中延续至今的"鱼"与"吴"同为 ng 音的现象,使得"鱼"字成为"敔（虞）"与"吴"间存在着内在语音关系的桥梁。

5. 吴国国号:文献记载与吴国青铜器铭文的背离

上述被鲁国史官选择用来代替"虞（敔）"且作为吴国国号的"吴"字,其词性色彩偏贬义,个中含有的文化歧视意蕴,使得寿梦前（含寿梦）至吴王僚（含吴王僚）时期的吴国国君难免产生被黑的感觉,故而并不接受。这一不接受乃至抵制并呈现于今的形式是:上述吴王——寿梦前（含寿梦）至吴王僚（含吴王僚）时期的吴国国君铸作的吴器中,并无具"吴"字铭文并以之作国号的青铜器出现并留存于今。

关于吴国国号"敔""虞"及其后出现的"敔"等吴国青铜器铭文的出现先后,吴镇烽《记新发现的两把吴王剑》一文指出:"铭文中的'攻敔',即攻敔,是吴国国名,也就是《淮南子·缪称》所说的'句吴'。在出土的吴国青铜器中,吴国国名有作'工敔''攻敔''工虞''攻攻''攻敔''攻吾''敔''吴'等。其时代有早

---

[1] 王国维:《攻吴王大差鉴跋》,见《王国维先生全集》初编三,台湾大通书局1976年,第896页。
[2] 曹锦炎:《吴王寿梦之子剑铭文考释》,《文物》2005年第2期。

晚之别,就目前所知,称'工𢽳''攻𢽳''工䖒'和'攻䖒'者,大多在诸樊在位时期及其以前;此后一般称'攻敔''攻吾'和'攻吴',夫差时期还有省称'敔'或'吴'的。但也有所交叉,吴王寿梦之子剑是吴王寿梦在位时期铸造的,也作'攻敔'。"[1]上述"敔"字,显为"敔"字的金文变体。

但若将"𢽳""䖒""敔"等再行细分,则可看出:

其一,铭文具吴国号"𢽳"(工𢽳)者为前文已及的三器,均铸于寿梦前或寿梦时。它们分别是:铸于吴王寿梦前的"者减钟"及寿梦执政时分别为其太子诸樊所铸"工𢽳太子姑发反剑"及为其四子季札所铸"工𢽳季生匜"。但在寿梦时期也出现了有所交叉的特例,这就是曹锦炎《吴王寿梦之子剑铭文考释》一文在释读绍兴鲁迅路出土吴王寿梦之子剑铭文时指出的:"从本铭知道,寿梦时期已开始出现'攻敔'的写法。"[2]按此处的曹锦炎说,则意味着,寿梦时期,已出现"攻敔"的吴国国号。

其二,寿梦后,吴国青铜器铭文中的吴国国号"𢽳"被"䖒"取代。

其三,铭文具吴国国号"䖒"即"工(攻)䖒"者出现在吴王诸樊、馀祭、馀眛时期。

其四,从《左传·宣公八年》记载的鲁宣公八年(前601)"盟吴、越而还"[3]起,到《左传·哀公二十二年》记载的鲁哀公二十二年(前473)"越灭吴"[4]止,《春秋经》《左传》记载的春秋吴国国号均为"吴"。其他文献记载的吴国国号,亦为"吴"或"句吴"(《史记》)、"勾吴"(《吴越春秋》)。与此形成背离的则是如前所述,从吴王寿梦前(含寿梦)至吴王僚时(含吴王僚),吴国青铜器中并未出现以"吴"为国号的铭文,从而呈现出文献记载与留存实物存在着的文化背离现象。这一文化背离现象也证明以下两点:一为吴王阖闾前,即前述吴王寿梦前(含寿梦)至吴王僚时(含吴王僚)的吴国,并不接受带有文化歧视性质的"吴"字。另一为吴国在不接受"吴"字的同时,依然一如既往地在青铜器铭文中以"𢽳"字及其变体"䖒"字(也包含前文所说特例的"攻敔")自号。

---

[1] 吴镇烽:《记新发现的两把吴王剑》,《江汉考古》2009年第3期。上引文中"称'工𢽳''攻𢽳''工䖒'和'攻𢽳'者,"句中"攻𢽳"重复,原文如此。

[2] 曹锦炎:《吴王寿梦之子剑铭文考释》,《文物》2005年第2期。

[3]《春秋左传正义》,北京大学出版社1999年,第619页。

[4]《春秋左传正义》,北京大学出版社1999年,第1705页。

(三) 文献记载的吴国号"吴"与现存吴器吴国号铭文"敔"的文化背离

1. 文献中的"敔"字及其释义

敔,音 yǔ。《尚书·益稷》:"合止柷敔。"[1]孔颖达疏:"柷敔之状,经典无文。汉初已来学者相传,皆云柷如漆桶,中有椎柄,动而击其旁也。敔状如伏虎,背上有刻,戛之以为声也。乐之初,击柷以作之;乐之将末,戛敔以止之。"[2]由此可知,"敔"字在早期文献《尚书》中即已出现,其本义为古代打击乐器名,且这一古代打击乐器演奏时,以示乐曲终结,故由此引申出的另一字义为"禁""止"之意。显见,该字出现时,勾吴国尚未出现,故与吴国并无关联。

2. 西周及春秋早期,中原及楚地具"敔"字铭文的青铜器实例

"敔"字在早期文献《尚书》中出现的同时,也在西周等时期的青铜器铭文中出现。

(1) 西周中期厉王时期的"敔簋"。

上海博物馆编《商周青铜器铭文选》录西周中期厉王时期的具"敔"字铭文的青铜簋二,今人分别命名为"敔簋一"及"敔簋二"。二簋今已佚,其铭文均为宋代《宣和博古图》等录之留存。从"敔簋"铭文可知,西周厉王时期"敔"字就已出现在青铜器铭文中。其中,"敔簋一",铭文十三行一百三十九字,个中"敔"字竟有六个。"敔簋二"铭文五行四十字,器铭残泐,但所存"敔"字较清晰。

据《夏商周断代工程 1996—2000 年阶段成果报告》(简本)所列"厉王"年代为"公元前 877—公元前 841 年"[3],距今约 2 900 年。

图 38 "敔簋二"铭文及周中期青铜器"敔簋"铭文中的"敔"字[4]

---

[1]《尚书正义》,北京大学出版社 1999 年,第 127 页。
[2]《尚书正义》,北京大学出版社 1999 年,第 128 页。
[3]《夏商周年表》,引自夏商周断代工程专家组:《夏商周断代工程 1996—2000 年阶段成果报告》(简本),世界图书出版公司北京公司 2000 年,第 88 页。
[4]"敔簋二"铭文拓本及其局部的"敔"字(左、中)(见上海博物馆:《商周青铜器铭文选》第二册,文物出版社 1987 年,第 256 页)及《古文字类编》所录周代中期青铜器"敔簋"铭文中的"敔"字(右)(见高明、涂白奎:《古文字类编》(增订本),上海古籍出版社 2008 年,第 435 页)。

（2）西周晚期（偏早）之河南平顶山应国墓地 M95 墓出土的"敔铜簋"和"敔铜鼎"。

河南平顶山应国墓地，为周代应国贵族葬地。其 M95 墓地出土的西周青铜器簋、鼎，均有铭文"敔"。其年代，河南省博物院展出时，标牌上年代标示为"西周"，"敔"音注为 yǔ。朱凤瀚《中国青铜器综论》指出，出土上述青铜器的应国墓地"M95 这一墓葬的年代应在西周晚期（偏早）。铜器不成于一时，但年代相近。第一组实用器多有铭文，其中鼎、簋铭文形式同，均言'公作敔'器，公当是指应公"[1]。河南省考古研究所、平顶山市文物管理局编著的《平顶山应国墓地》一书指出该 M95 墓为"应侯敔夫妇墓"，而"西周中晚期之际，至少有两次征伐南淮夷的战争……在第二次战争中，作为应国国君继承人的敔虽然参战并取得胜利，却是以私名'敔'自称，而没有'称为'应侯。由发掘简报可知，敔的墓葬就是应国墓地 M95"[2]。故，上述青铜器铭文"敔"，当为西周应侯的"私名"——个人名字。

图 39　河南省博物院展出的"敔"铜簋等及相关铭文拓本[3]

（3）湖北襄阳博物馆展出的"春秋早期曾仲子敔铜鼎"中的"敔"。

湖北襄阳博物馆展出的"春秋早期曾仲子敔铜鼎"，为 1979 年襄樊征集。该器铭文中的"敔"，与平顶山应国墓地出土的"公作敔"器中的"敔"字一样，或为私名。而从"曾仲子敔"来看，当指"曾"的姓氏、排行第二且名为"敔"的人——曾敔。

---

[1] 朱凤瀚：《中国青铜器综论》（中），上海古籍出版社 2009 年，第 1353 页。

[2] 河南省文物考古研究所、平顶山市文物管理局编：《平顶山应国墓地》，大象出版社 2012 年，第 764—765 页。

[3] 河南省博物院展出的"敔（yǔ）"铜簋（左一）、展出时的说明标牌，文字为"敔（yǔ）铜簋"（盛食器，西周（公元前 1046—前 771 年），1990 年平顶山市应国墓地 M95 出土"（左二）、"敔铜簋"铭文中的"敔"字拓本（左三）以及该院展出的"敔铜鼎"铭文中的"敔"字拓本（右）（吴恩培摄）。

图40　襄阳博物馆展出的"春秋早期曾仲子敔铜鼎"及相关铭文拓本[1]

（4）中原及楚地具"敔"字铭文的青铜器之共同特点。

上述西周中期的"敔簋"、应国墓地 M95 出土的西周晚期（偏早）的"敔铜簋""敔铜鼎"及春秋早期的"曾仲子敔铜鼎"等，在器型、国别、年代等相关要素方面均相异，但其共同点则是：

其一，器身铭文均有"敔"字。

其二，年代均在春秋早期（含春秋早期）以前。

其三，器身铭文"敔"字或有他指，但均与春秋吴国无关。

从上述可以看出：中原及楚地具"敔"字铭文的青铜器，其年代均早于春秋后期吴国崛起时。故"敔"字在与吴国的交流中，只能是单向流动——即从中原及楚地向吴国流动。而吴国则是从这些具"敔"字铭文的青铜器中获得启发，并借用或借鉴了该字为国号。

3. 春秋晚期，吴国借用"敔"字铭文为国号的青铜器实例

春秋晚期，吴国借用从而具"敔"字铭文的现存吴国青铜器如下：

（1）浙江绍兴出土且具"攻敔王姑发难寿梦之子"铭文的吴王馀祭剑。

1997年，浙江省绍兴市在市区鲁迅路改造工程中出土该剑，剑身铸有铭文40字。该剑现藏绍兴越文化博物馆。曹锦炎《吴王寿梦之子剑铭文考释》指出："从铭文可知，器主为吴王寿梦之子，即后来继位于吴王的馀祭。""剑铭所记的'虡戉郚'，也就是吴王馀祭。"[2]该文又说："该剑器主为馀眛一经确认，铸器年代便大致可以确定。铭文自称其身份为'攻敔王之子'可见他尚未继承王位。若此时寿梦已卒，诸樊为王，按铜器铭文惯例则应自称'攻敔王之弟'或'攻敔大叔'。可见它做于寿梦为王之时。"[3]

上文所说的绍兴鲁迅路出土剑一器二主（即分别指说的器主馀祭、馀眛）

---

[1]　襄阳博物馆展出的"春秋早期曾仲子敔铜鼎"（左）、展出时的说明标牌（文字为"春秋早期曾仲子敔铜鼎，1979年襄樊征集，中"）以及该器铭文中的"敔"字拓本（右）（吴恩培摄）。
[2]　曹锦炎：《吴王寿梦之子剑铭文考释》，《文物》2005年第2期。
[3]　曹锦炎：《吴王寿梦之子剑铭文考释》，《文物》2005年第2期。

并不正常,不排除后者(指馀昧)可能系撰者笔误所致。这是因为,若"该剑器主为馀昧",则其寿梦三子的身份与铭文中的"攻敔大叔"并不相合。由此推之,该剑器主当为馀祭。而上文所说该剑(指绍兴鲁迅路出土剑)"做于寿梦为王之时",与前述及现存寿梦为其太子诸樊铸"工𫊥太子姑发䣄反剑"及为其四子季札铸"工𫊥季生匜"的实物器铭文相异,也与前述寿梦后的吴王诸樊、馀祭乃至馀昧时期制作的吴器铭文多为"工(攻)䥯"相悖。而从现存吴器实物的铭文来看,这一时期(指诸樊、馀祭乃至馀昧时期)也未有具"攻敔"国号的吴国青铜器留存。前引吴镇烽《记新发现的两把吴王剑》一文所做的"称'工𫊥''攻𫊥''工䥯'和'攻䥯'者,大多在诸樊在位时期及其以前"〔1〕及下文董楚平论及安徽霍山县出土的"工敔工叙"戟的器主存有夫差、季札、盖馀(掩馀)、馀祭等诸说后所指出的"诸樊、馀祭之际,可能是吴国国名正处于变更阶段"〔2〕,均反映了吴国青铜器铭文所示国号,大致从"𫊥"到"䥯",再到"敔"、到"吴"的一般变化规律。而上引董楚平所说的吴国国名正处于"变更阶段",其标志,或即指"工(攻)敔"国号名称的出现。所有这些,与前文所说寿梦时期出现的特例并不矛盾。

(2)无锡博物院收藏的具"攻𢽾(敔)王者彶𣃙虡自乍(作)元用鐱(剑)"铭文的吴王僚剑。

(3)安徽霍山县出土的"工敔工叙"戟。

该器1980年3月出土于安徽霍山县一座春秋晚期墓葬,董楚平《吴越徐舒金文集释》叙述其器主存有夫差、季札、盖馀(掩馀)、馀祭等不同说法后,另又指出:"本铭'工叙'未称王,应作于公元前五四八年(即吴诸樊十三年,鲁襄公二十五年——本书笔者注)以前。本铭国名已称'攻敔'而不称'工䥯'、'工𫊥',诸樊、馀祭之际,可能是吴国国名正处于变更阶段。"〔3〕

(4)山西省原平县峙峪出土的吴王阖闾剑——"攻敔王光"剑。

(5)安徽省南陵县出土的吴王阖闾剑——"攻敔王光"剑。

上述含"攻敔""工敔"铭文局部的图片,自左至右,如图41:

---

〔1〕 吴镇烽:《记新发现的两把吴王剑》,《江汉考古》2009年第3期。
〔2〕 董楚平:《吴越徐舒金文集释》,浙江古籍出版社1992年,第101页。
〔3〕 董楚平:《吴越徐舒金文集释》,浙江古籍出版社1992年,第101页。

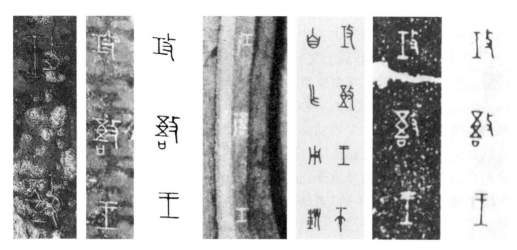

图 41　上文含"攻敔""工敔"铭文局部图示[1]

(6) 安徽省庐江县出土的吴王阖闾剑——"攻敔王光"剑。

(7) 安徽寿县出土、中国国家博物馆展出的吴王夫差剑——"攻敔王夫差自乍其元用"剑。

该剑"一九三五年安徽寿县西门内出土,于省吾旧藏,著录于《双剑誃古器物图录》上卷第四一页(一九四〇年),称'春秋攻敔王夫差剑'。建国后,于省吾将此献给故宫博物院,一九五九年由故宫博物院拨给中国历史博物馆"[2]。今中国国家博物馆展出该剑时,标牌介绍未作"于省吾旧藏"而作"1976 年河南辉县出土"器。相关情况,另参《苏州通史》先秦卷第五章"吴王夫差现存用器"的内容论述。

(8) 河南辉县征集、河南博物院展出的吴王夫差剑——"攻敔王夫差自乍其元用"剑。

上述含"攻敔""勾(句)敔"铭文局部的图片,自左至右,如图 42:

---

[1] 浙江绍兴出土的吴王徐祭(徐昧)剑铭文"攻敔"(左一)(见曹锦炎《吴王寿梦之子剑铭文考释》,《文物》2005 年第 2 期);无锡博物院收藏的"攻敔(敔)王者彶觑虒剑"剑身铭文"攻敔王"(左二)及其摹本(左三)(见吴镇烽《记新发现的两把吴王剑》,《江汉考古》2009 年第 3 期);安徽霍山县出土的"工敔工叙"戟铭文"工敔王"(左四)(见董楚平:《吴越徐舒金文集释》,浙江古籍出版社 1992 年,第 99 页);山西峙峪出土的"攻敔王光"剑铭文"攻敔王光自乍(作)用剑"(左五)(见董楚平:《吴越徐舒金文集释》,浙江古籍出版社 1992 年,第 337 页);安徽南陵出土的"攻敔王光"剑铭文"攻敔王"拓本(左六)(见上海博物馆:《商周青铜器铭文选》第二册,文物出版社 1987 年,第 335 页)及其摹本(右)(见董楚平:《吴越徐舒金文集释》,浙江古籍出版社 1992 年,第 107 页)。

[2] 董楚平:《吴越徐舒金文集释》,浙江古籍出版社 1992 年,第 136 页。

图42 上文含"攻敔""勾(句)敔"铭文局部图示[1]

（9）山东平度征集、山东博物馆展出的吴王夫差剑——"攻敔王夫差自乍其元用"剑。

（10）山东邹县发现的吴王夫差剑。

1991年4月，邹县（今山东邹城）城关镇朱山庄村村民在村西北整修地堰时发现一件铜剑，后送交邹县文物保管所。据胡新立《山东邹县发现一件吴王夫差剑》一文考证，该剑"下部有铭文2行10字，为：'攻吾王夫差，自作其元用'"[2]。刘延常、曲传刚、穆红梅撰《山东地区吴文化遗存分析》一文，将该剑及其铭文释读为："剑身有铭文2行10字：'攻吾王夫差，自乍其元用'。"[3] 然从该文所附剑铭摹本可以看出，该剑铭文当为："攻敔王夫差，自作其元用。"

（11）苏州博物馆征集并展出的"攻敔王夫差自乍其元用"剑。

上述含"攻敔""勾（句）敔"等铭文局部的图片，自左至右，如图43：

---

[1] 安徽省庐江县出土"吴王光剑"之"攻敔王"铭文拓本（左一）和摹本（左二）（见董楚平：《吴越徐舒金文集释》，浙江古籍出版社1992年，第109页）；于省吾旧藏，现为中国国家博物馆收藏的吴王夫差剑铭文"攻敔王夫差自乍（作）其元用"拓本（左三）及其局部"攻敔王"（左四）（见上海博物馆：《商周青铜器铭文选》第二册，文物出版社1987年，第366页）；河南辉县征集、河南博物院展出的吴王夫差剑铭文摹本"攻敔王夫差自乍（作）其元用"（左五）及其摹本局部"攻敔王"（左六）（见董楚平：《吴越徐舒金文集释》，浙江古籍出版社1992年，第137页）、拓本局部"攻敔王"（右）（见崔墨林：《河南辉县发现吴王夫差铜剑》，《文物》1976年第11期）。

[2] 胡新立：《山东邹县发现一件吴王夫差剑》，《文物》1993年第8期。

[3] 刘延常、曲传刚、穆红梅：《山东地区吴文化遗存分析》，《东南文化》2010年第5期。

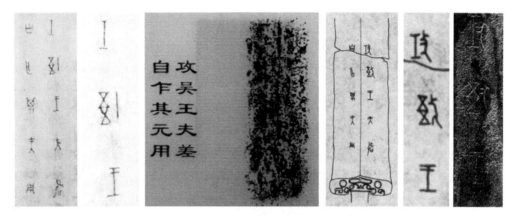

图43 上文含"攻敔""勾(句)敔"铭文局部图示[1]

(12) 湖北襄阳蔡坡出土、湖北省博物馆收藏的吴王夫差剑——"攻敔王夫差自乍其元用"剑。

该剑为"1976年出土于襄阳蔡坡12号战国墓"[2],且该剑"圆茎上无凸箍,剑身无花纹,剑首已残缺,残长37厘米,估计原长约40厘米。已锈蚀。剑身铸有篆书阴文二行十字:攻敔王夫差自乍(作)其元用"[3]。

(13) 洛阳出土及洛阳博物馆展出的吴王夫差剑——"攻敔王夫差自乍其元用"剑。

(14) 天津市艺术博物馆收藏的吴王夫差剑——"攻敔王夫差自乍其元用"剑。

该器为天津市艺术博物馆收藏的吴王夫差剑,以前未著录。据李先登《吴王夫差铜器集录》一文记载,该器器型为"圆柱状茎,首与锋已残失"[4]。董楚平《吴越徐舒金文集释》录其铭文说:"腊部铭:'攻敔王夫差自乍其

---

[1] 山东博物馆展出的吴王夫差剑之铭文"攻敔王夫差自乍其元用"摹本(左一)及摹本局部"攻敔王"(左二)(见董楚平:《吴越徐舒金文集释》,浙江古籍出版社1992年,第138页);山东省博物馆展出该剑时释读为"攻吴王"的释文及含铭文拓本的说明标牌(左三)(吴恩培摄);山东邹县(今邹城)发现且分别被释读为"攻吾王夫差"及"攻吴王夫差"的吴王夫差剑铭文摹本(左四)及其局部铭文"攻敔王"(左五)(见胡新立:《山东邹县发现一件吴王夫差剑》,《文物》1993年第8期;刘延常、曲传刚、穆红梅:《山东地区吴文化遗存分析》,《东南文化》2010年第5期)以及"2012年,苏州博物馆在政府的大力支持下,耗资4250万人民币征集到台湾古越阁旧藏的"吴王夫差剑局部铭文"攻敔王"(右)(见程义:《吴王夫差剑八问》,《大众考古》2014年11月;李学勤:《古越阁所藏青铜兵器选粹》,《文物》1993年第4期)。

[2] 襄阳首届亦工亦农考古训练班:《襄阳蔡坡12号墓出土吴王夫差剑等文物》,《文物》1976年第11期。

[3] 董楚平:《吴越文化新探》,浙江人民出版社1988年,第340页。

[4] 李先登:《吴王夫差铜器集录》,《东南文化》1990年第4期。

元用。'"〔1〕

上述含"攻敔"等铭文局部的图片,自左至右,如图44:

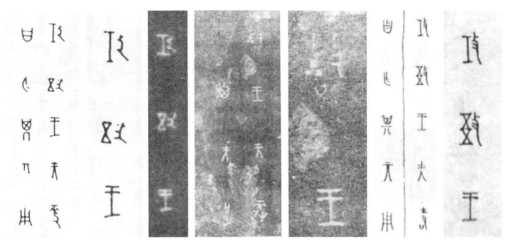

图44 上文含"攻敔"铭文局部图示〔2〕

（15）江苏六合县程桥出土的春秋末期具"攻敔"铭文的"臧孙钟"。

"臧孙钟"又称"攻敔臧孙编钟",1964年7月出土于江苏六合县程桥春秋末期一号墓。该墓出土"铜器五十七件,其中编钟九件……形制属春秋末期"〔3〕。"臧孙钟"今藏南京市博物馆。而关于该编钟铭文,董楚平《吴越徐舒金文集释》说:"钟的正面均有铭文,内容相同……九件皆有'攻敔'二字。"〔4〕

---

〔1〕 董楚平:《吴越徐舒金文集释》,浙江古籍出版社1992年,第140页。
〔2〕 湖北襄阳出土、湖北省博物馆收藏的吴王夫差剑铭文"攻敔王夫差自乍(作)其元用"摹本(左一)及其摹本局部"攻敔王"(左二)(见董楚平:《吴越徐舒金文集释》,浙江古籍出版社1992年,第139页);拓本局部"攻敔王"(左三)(见襄阳首届亦工亦农考古训练班:《襄阳蔡坡12号墓出土吴王夫差剑等文物》,《文物》1976年第11期);洛阳出土及洛阳博物馆展出的吴王夫差剑——"攻敔王夫差自乍其元用"铭文拓本(左四)及其拓本局部"敔王"(左五)(见洛阳市文物工作队:《洛阳C1M3352出土吴王夫差剑等文物》,《文物》1992年第3期)和天津市艺术博物馆收藏的吴王夫差剑线描图(左六)及其局部"攻敔王"(右)(见董楚平:《吴越徐舒金文集释》,浙江古籍出版社1992年,第140页)。
〔3〕 江苏省文物管理委员会等:《江苏六合程桥东周墓》,《考古》1965年第3期。
〔4〕 董楚平:《吴越徐舒金文集释》,浙江古籍出版社1992年,第80页。

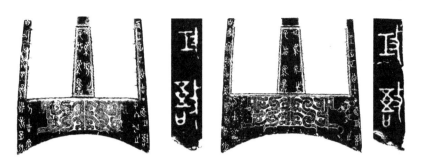

图 45　江苏六合县程桥春秋墓出土的"攻敔臧孙钟"部分拓本及其铭文局部[1]

（16）铭文特殊的吴器——上海博物馆收藏并展出的具"敔王"铭文的吴王夫差盉。

该器铭文一改春秋后期吴王的"攻敔王"自称而作"敔王"。这一自称，为现存吴国青铜器中的孤例。

（17）国别特殊的宋器——河南博物院收藏且具"勾（句）敔夫人"铭文的春秋宋国青铜器。

该器为唯一一件出自中原国家——宋国且具"勾（句）敔"铭文以称呼吴国的青铜器。同时，该器铭文"勾（句）敔"也是最接近司马迁《史记》称吴国为"句吴"的青铜铭文。

上述含"敔王""勾（句敔）"铭文局部的图片，自左至右，如图46：

图 46　上文含"敔王""勾（句）敔"铭文拓本及局部图示[2]

---

[1] 江苏六合县程桥春秋墓出土的"攻敔臧孙编钟"最小一件（出土编号 M1:60）铭文拓本（左一）及其局部"攻敔"（左二）以及最大一件（出土编号 M1:55）铭文拓本（左三）及其局部"攻敔"（右）（见上海博物馆：《商周青铜器铭文选》第二册，文物出版社 1987 年，第 341 页）。

[2] 上海博物馆收藏并展出的吴王夫差盉肩上的铭文"器吉敔王夫差"拓本（左一）及其局部"敔王"（左二）（见《苏州文物菁华》，古吴轩出版社 2004 年，第 27 页）；河南固始侯古堆勾敔夫人墓出土的宋国青铜器铭文拓本"宋公䜌作其妹勾敔夫人季子媵簠"（左三）及拓本局部"勾（句）敔"（右）（见河南省文物考古研究所编著：《固始侯古堆一号墓》，大象出版社 2004 年，第 48 页）。

4. 吴器铭文中"敔"的变体——敡及吾、五

前文提及无锡博物院收藏的具"攻敡（敔）王者彶叡虝自乍（作）元用鐱（剑）"铭文的吴王僚剑，"敡"后以括号形式注明"敔"，即指该"敡"字为"敔"字的变体，其左半部作双"吾"上下排列。

董楚平《吴越徐舒金文集释》记载外流而为荷兰波斯顿博物馆收藏的"攻吾（五）王光韩剑"说："此器鲜为人知。李家浩《攻五王光与虞王光趄戈》始作吴王光剑介绍，文载《古文字研究》第十七辑。现藏荷兰波斯顿博物馆，著录于《发掘中国的过去》九二页图三八。"[1]《吴越徐舒金文集释》引李家浩关于此剑铭文摹本的释读为："攻五王光韩台吉金自乍用鐱。"[2] 故从剑铭文摹本来看，李家浩将吴王光（即吴王阖闾）作"攻五王光"。

《古文字类编》录此"吾"字，则将李家浩释读的"五"字作"吾"字录入。《古文字类编》"吾"字类别中另录一柄吴王阖闾"攻敔王光剑"中鸟虫篆铭文的"吾"字。或因"攻吾王光"未见著述，故《古文字类编》的说明文字将"吾"字均改作"敔"字而作"攻敔王光剑"。显然，从剑铭文摹本来看荷兰波斯顿博物馆藏吴王阖闾剑铭文，李家浩作"攻五王"并无错。而从字形看，亦可作"攻吾王"，而《古文字类编》归于"攻敔王"则是将"五""吾"均作为"敔"的变体。

关于"五"与"吾"，前引曹锦炎《吴王寿梦之子剑铭文考释》一文说："吴、五、敔以及从'鱼'声的虞、獻，古音相同，系通假字。至今吴方言中，五、吾、鱼这几个字的读音仍然与'吴'相同。"[3]

"五"的北方语音读为 wǔ，与"吴"音同而声调异。而该字（指"五"）的吴方言音读为 ng，与吴方言中的"鱼"的音读相同。

"吾"的北方语音读为 wú，与"吴"音同。该字（指"吾"）的吴方言音读为 ng，与吴方言中的"鱼"的音读相同。

"敔"的北方语音读为 yǔ，与北方语音的"鱼"，音同而声调异。吴国引进此字为国号，或就是因其与"鱼"字的北方语音相近。

上述"五""吾""敔"字，亦循前例将相关工具书关于上述"五""吾""敔"等

---

[1] 董楚平：《吴越徐舒金文集释》，浙江古籍出版社1992年，第113页。
[2] 董楚平：《吴越徐舒金文集释》，浙江古籍出版社1992年，第113页。
[3] 曹锦炎：《吴王寿梦之子剑铭文考释》，《文物》2005年第2期。

字的古音标注,另以加注形式标示。[1]故"吾""五"既为"敔"字的字形变体,同时也与"敔"字的吴方言语音相同,同为吴方言"鱼"的 ng 音。

由以上语音梳理可见"攻五王"或"攻吾王",即为"工(攻)敔王"或"勾吴王"。它们在吴方言中的发音高度一致。而据目前所见吴国青铜剑遗存,铭文为"攻吾(五)王光"者也仅见此著录。

无锡博物院收藏的具"攻敔(敔)王者彶虡虝自乍(作)元用鐱(剑)"铭文的吴王僚剑,前文已做介绍。而具"吾"或"五"铭文的摹本图片,自左至右,如图47:

图47 含"吾"或"五"铭文摹本图示[2]

5. 吴国借用"敔"字为国号的吴国青铜器留存状况及借用原因

"敔"字为吴国选定后,即借用而成为吴国新国号,以取代在此以前吴国曾用

---

[1] 1. 五 ①"五 wǔ 疑纽、鱼部;疑纽、姥韵、疑古切。"(见李学勤主编:《字源》,天津古籍出版社等2012年,第1266页。)②"五 wǔ 疑古切,上,姥韵,疑。鱼部。"(见王力:《王力古汉语字典》,中华书局2000年,第11页。)③"wǔ 五——(韵部)鱼·(声纽)疑·(声调)上。"(见唐作藩编著:《上古音手册》,江苏人民出版社1982年,第137页。)2. 吾 ①"吾 wú 疑纽、鱼部;疑纽、模韵、五乎切。"又:"'吾'有从单五和双五两种繁简不同的写法,春秋以前多作繁式,双五作上下排列,战国文字中有双五作左右并排者。"(见李学勤主编:《字源》,天津古籍出版社等2012年,第81页。)②"吾 wú 五乎切,平,模韵,疑。鱼部。"(见王力:《王力古汉语字典》,中华书局2000年版,第106页。)③"wú 吾——(韵部)鱼·(声纽)疑·(声调)平。"(见唐作藩编著:《上古音手册》,江苏人民出版社1982年,第137页。)3. 敔 ①"敔 yǔ 疑纽、鱼部;疑纽、语韵、鱼巨切。"(见李学勤主编:《字源》,天津古籍出版社等2012年,第262页。)②"敔 yǔ 鱼巨切,音语,语韵,疑。鱼部。"(见王力:《王力古汉语字典》,中华书局2000年,第409页。)③"yǔ 敔——(韵部)鱼·(声纽)疑·(声调)上。"(见唐作藩编著:《上古音手册》,江苏人民出版社1982年,第160页。)

[2] 荷兰波斯顿博物馆藏"攻敔王光韩剑"铭文摹本(左一)及其局部"攻敔王"(左二)(见董楚平:《吴越徐舒金文集释》,浙江古籍出版社1992年,第113页);《古文字类编》将该"攻敔王光韩剑"铭文列入"吾"字(左三)及具鸟虫篆铭文"吾"字的"攻敔王光剑"(右)(见高明、涂白奎:《古文字类编》(增订本),上海古籍出版社2008年,第224页)。

过且不被中原列国认可的国号"虡""敔"等。

吴国借用"敔"字为国号的年代,前文引述有学者解读地下出土器认为吴王寿梦时已出现吴国国号"攻敔",但从现存吴国青铜器实物来看,具"敔"字或"工(攻)敔"等铭文者多为吴王阖闾、夫差时期。且相对前及具"虡"、"敔"铭文的吴器,后者即具"敔"字铭文者,数量相对较多且在现存吴器铭文中所占比例亦较大(限于目前吴器铭文资料搜集难全及相关资料考订、辨别等原因,故目前无相关准确数据。此处亦只是凭数量所作估计)。但这里立刻浮现出的一个文化问题是,在中原列国及楚地众多的青铜铭文中,吴国为何选中"敔"字?而换一表述,则是吴国选中了"敔"字,满足了哪些既定的选择要件或条件,这些选择要件或条件在吴国其后选用新的以示吴国国号的文字中,可否印证?

显然,吴国不接受含有贬义色彩的"吴"字,且"虡""敔"亦得不到中原列国史官认可且文献也不予记载的情况下,吴国选择新的字代替"虡""敔",当满足下列要件或条件:

其一,中原列国对该字并不生疏。吴国妥协而退一步地不使用"虡(敔)"而改用中原及楚国已出现的"敔"字作国号,就满足了这一要件。这可能也是吴王阖闾和夫差时制作而留存的吴器铭文中未出现"虡(敔)"字为国号的缘由。

其二,该字字义能为吴国所接受。"敔"字字义,如前文所说,"敔"及"柷",均为古代乐器,多用于宫廷雅乐。"柷"为演奏起始时用,而"敔"为演奏终结时用。故作为庙堂雅乐用器的"敔",其所表达的意思平和、高雅,从而满足了吴国所能接受的要件。这也形成前文所引董楚平《吴越徐舒金文集释》所指出的吴国"国名已称'攻敔'而不称'工虡''工敔',诸樊、馀祭之际,可能是吴国国名正处于变更阶段"[1]的文化现象。

其三,该字字音既为中原列国能接受,也与吴国原来的国号"虡(敔)"等有着语音联系。由此来看"敔"字,其北方语音为 yǔ 音,与北方语音的"鱼"yú 同音(今声调有异),故中原史官对此"敔"字当不存在语音障碍。另一方面,因"鱼"的吴方言语音为"夷言发声"的 ng 音,故其与吴国原来的国号"虡(敔)"的吴方言语音相同,且通过语音联系而与"鱼"字有着紧密联系。

因此,尽管"敔"字的北方语音为 yǔ 音,但吴国选择该字为国号时,或仍以"夷言发声"即仍以吴方言语音中的 ng 音呼之。因此,在这里吴国国号的字形变化,并不对其语音变化产生影响。故对吴国来说,以与"鱼"(虡、敔)同音的

---

[1] 董楚平:《吴越徐舒金文集释》,浙江古籍出版社 1992 年,第 101 页。

"敔"作国号,本就是其选择的要件或原因之一。只要与"鱼"同音的字,在吴方言中就仍读为 ng 音,从而在语言及文化心理上依然坚守住了吴国这一擅长捕鱼的族群和国度与"鱼"紧密相连的文化意识和尊严。

然而,在吴国国号问题上,吴国为抵制中原史官选定而替代"虞(虞)"的"吴"字主动更换国号为"敔",并以字形变而语音不变的应对情况,或也为当时中原史官知晓。故他们对吴国使用中原雅乐之乐器名称的"敔"字,但又换汤不换药地依然发为他们难以发出的夷言之 ng 音,他们的抵制情绪就不难理解了。

6. 中原史官对吴国选用"敔"为国号的不予记载及其后果

(1) 中原史官对吴国选用"敔"为国号的不予记载。

吴国变更国号为"敔"的目的,本就是为获得中原列国及其史官们的认可。但如上所述,中原列国及其史官们对吴国竟然使用中原雅乐之乐器名称的"敔"字,且以夷言、夷音的 ng 音呼之。故他们对之的抵制和批判,依然是不承认、不记载,并以之表达对吴国变更并使用"敔"为国号的不予认可。

而其中出现的一个特例,并非是文献记载而是青铜器铭文的记载,这就是前引中原地区的宋国青铜器中已出现"勾敔夫人"的铭文。由此来看,中原列国及其史官当是知晓吴国使用"敔"作为国号的情况,否则,就无从解释中原宋器中出现"勾敔夫人"的铭文了。然而,中原列国史官,尤其是编纂《春秋经》《左传》的鲁国史官,因政治、文化等原因及吴国与鲁国国家关系的纠葛——寿梦二年(鲁成公七年,前584)"吴伐郯"〔1〕及被鲁国正卿(首相)季文子斥为"蛮夷入伐"〔2〕,同时,亦由于吴王夫差时吴国"北上争霸",并开始全面窘迫鲁国。故他们的《春秋经》《左传》出于上述政治、文化原因而拒绝吴国以"敔"更换"吴",且在文献中不记载吴国国号的更换情况,就既是一种行为故意,更是一种对历史话语权的滥用了。

(2) 中原史官对吴国选用"敔"为国号不予记载的后果。

中原史官的历史话语权的滥用,首先是形成了上述文化背离的现象:留存于世的春秋吴国青铜器中,大量出现"工敔""攻敔"等以示吴国国号的铭文,但《春秋经》《左传》中却无丝毫记载。其次,在形成了上述文化背离现象的同时,更出现文化断层的现象。其负面后果表现在以下三个层面:

其一,在隔了两千余年后的清代中后期,中国学界翘楚对具"攻敔"铭文的出

---

〔1〕《春秋左传正义》,北京大学出版社1999年,第726页。
〔2〕《春秋左传正义》,北京大学出版社1999年,第727页。

土青铜器,竟不识此"敔"字为何字及何意了。

董楚平《吴越徐舒金文集释》记载了这一文化断层现象的实例:阮元、毕沅合撰的《山左金石志》最初著录于嘉庆初年(1797),其中的"吴王剑"释文为:"工□王天调自乍其天水",故该剑被称为"天水剑"。而上述铭文中的"□",即因不知此字为何字而留的空白。其后,阮元著《积古斋钟鼎彝器款识》,又改释为"宝用剑",释文为:"工□王天□自乍其宝用。"再其后,清光绪二十一年(1895)吴式芬《攈古录金文》释文为"攻□王元□自乍其宝用",认出"攻""元"二字。清光绪二十八年(1902)刘心源《奇觚室吉金文述》称"王元剑"。王国维《国朝金文著录表》开始认出第二字为"敔",并谓"攻敔",即"勾吴"。1935年刘体智《小校经阁吉文拓本》与1937年出版的罗振玉《三代吉金文存》遂称此剑为"攻敔王剑"[1]。上述文化断层现象使得清末民初的学者们,像辨认甲骨文似地辨认着春秋吴器中的铭文。

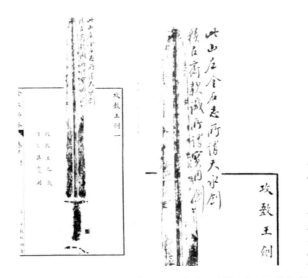

图48　刘体智《小校经阁吉文拓本》所录"攻敔王剑"(左)及其细部(右)[2]

《吴越徐舒金文集释》记载的另一个实例是,山西代州蒙王村出土的吴王夫差鉴,曾经光绪《山西通志》、民国《周金文存》《贞松堂集古遗文》等多部金石学著作著录。该器中华人民共和国成立前曾在北京,现下落不明。光绪《山西通志》著录时,已考定该器铭文中的"攻吴"即"勾吴"。但"1916年出版的邹安《周

---

[1] 董楚平:《吴越徐舒金文集释》,浙江古籍出版社1992年,第141页。
[2] 董楚平:《吴越徐舒金文集释》,浙江古籍出版社1992年,第146页。

金文存》读'攻'为动词,说:'此楚器也,自春秋至战国,周无伐吴事,而吴楚相攻不止一次。'称此器为《攻吴监》'"[1]。"监",通"鉴"(代州蒙王村出土的吴王夫差鉴铭文拓本,另见下文)。将"攻吴"误解为吴、楚相争而楚"攻伐"吴国,以致将该器认作为楚器。这在今天看来,似乎不可思议,但在中国学术史上却真实地发生过。

这样,也就构成了包括历史学、语言学、文字学等在内的中国学界的一个难以名状的奇葩现象——先秦吴国曾出现的国号"斀""虖""攽"字等为后世群体性遗忘。

其二,上述文化断层现象的负面后果还表现在文史类工具书、辞书的记载系统及苏州方志的记载系统上。

首先,为文史类工具书及辞书的记载系统。在这一系统中,后世已无"斀""攽"等曾经为吴国国号的任何记载。现谨以下列代表性著作为例:

《尔雅·释乐》"所以鼓攽谓之籈"[2]句,郭璞注:"攽如伏虎,背上有七十二鉏铻,刻以木,长尺,櫟之,籈者其名。"[3]

《康熙字典》"攽"字条,引《说文》:"禁也。一曰乐器,椌楬也,形如木虎。"[4]其余另引《尔雅·释乐注》等,不录。

《汉语大字典》"攽"的释义,一作"禁御,后作'御'。《说文攴部》'攽,禁也'"。二作"古代乐器,又名楬"。三作"止"。[5]

《汉语大词典》"攽"释义:"古乐器名。又称楬。形如状虎。雅乐将终时击以止乐。"[6]其余引《尚书·益稷》等,不录。

《现代汉语词典》"攽"字释义:"古乐器,奏乐将终,击攽使演奏停止。"[7]

上述代表性的工具书和辞书表明,在这一本应无所不包的工具书和辞书记载系统,已无"斀""攽"等曾经为吴国国号的记载。

其次,为苏州地方史志的记载系统。在这一系统所及的洋洋大观的诸多苏州方志中,亦无"斀""攽"等曾经为吴国国号的任何记载。

苏州历来被称为我国方志发源地之一,亦素有"方志之乡"的美誉。历史上,

---

[1] 董楚平:《吴越徐舒金文集释》,浙江古籍出版社1992年,第73页。
[2] 《尔雅注疏》,北京大学出版社1999年,第159页。
[3] 《尔雅注疏》,北京大学出版社1999年,第159页。
[4] 《康熙字典》,中华书局1958年,第471页。
[5] 《汉语大字典》(缩印本),湖北辞书出版社、四川辞书出版社1992年,第614页。
[6] 罗竹风:《汉语大词典》第五卷,汉语大词典出版社1990年,第459页。
[7] 《现代汉语词典》(第7版),商务印书馆2018年,1602页。

苏州编修的旧志达 390 余部,其中府志、州志、乡镇志、寺庙道观志、园林山水志、人物风俗志以及具有史料价值的笔记性杂志等,应有尽有。其总数约占江苏全省旧志的三分之一。其中著名者有东汉《越绝书》《吴越春秋》,唐代《吴地记》,两宋《吴郡图经续记》《吴郡志》,元《吴中旧事》《平江记事》,明洪武《苏州府志》《姑苏志》,清乾隆《苏州府志》《吴县志》、同治《苏州府志》及《百城烟水》直至民国《吴县志》等。然而,洋洋乎大观而又延绵不绝的苏州历代方志中,却均未出现"虡""敔"等曾经为吴国国号的记载。其中,清以后的方志(如康熙《常熟县志》、光绪《昆新两县续修合志》及民国《吴县志》)虽然出现过"敔"字,但均把"敔"字字义局限在孔庙等场所的祭祀乐器名称或人名了。

以苏州旧志之尾的民国《吴县志》为例,该《志》共八处提及"敔"字,其中作乐器者共五处,分别为卷第二十六上《舆地考·文庙》记载"祭器"时,记"敔一""敔状如伏虎"及"所以擽敔者""左柷右敔"等及该卷注释引冯桂芬《吴县学礼器记》时提及"敔一"。[1]作堂号书名者一处,为卷第五十七《艺文考三》提及"江湜《伏敔堂诗录》十五卷、《续录》四卷"[2]。作人名者二,一为卷第六十七《列传五》提及"礼部员外张敔"[3],一为卷第七十一中《列女二》提及"吴经敔,妻宋氏"[4]。

由以上分析可以看出,历史上曾作春秋吴国国号并以之自称的"虡""虡""敔"字,后世的苏州历代方志已完全不载。甚至如苏州籍的著名学者、清道光二十年(1840)科考榜眼(第二名)并担任同治《苏州府志》总纂的冯桂芬,在前引其所撰《吴县学礼器记》时,也只是把"敔"当作乐器来认识了。而上述苏州历代方志的撰者、总纂如陆广微、朱长文、范成大、卢熊、吴宽、王鏊、冯桂芬等,均堪为当时的一流学者。这些饱读经史的学者们之所以在苏州方志中未录先秦吴国曾出现过的国号"虡""敔"字等,主要原因即是春秋时期的中原史官对吴国国号"虡""敔"等的不予记载,从而在先秦古籍中毫无痕迹所致。

其三,在文博系统藏有且展出含"敔"字铭文吴国青铜器的展出介绍中出现不统一现象。以河南博物院为例,该院展出河南平顶山应国墓地 M95 墓出土且含"公作敔"铭文的西周青铜器展出时名称为"敔铜簋"和"敔铜鼎"。固然,这里

---

[1] 曹允源、李根源纂:民国《吴县志》卷第二十六上《舆地考·文庙》,苏州文新公司铅印本 1933 年,第 33 页。
[2] 曹允源、李根源纂:民国《吴县志》卷第五十七《艺文考三》,苏州文新公司铅印本 1933 年,第 71 页。
[3] 曹允源、李根源纂:民国《吴县志》卷第六十七《列传五》,苏州文新公司铅印本 1933 年,第 52 页。
[4] 曹允源、李根源纂:民国《吴县志》卷第七十一中《列女二》,苏州文新公司铅印本 1933 年,第 87 页。

的"敔"不可作"吴"解,但该院在展出具"攻敔王夫差"铭文的铜剑时,却作"'吴王夫差'铜剑"。这就形成"攻敔"等同于"吴"的等式。而现今国内展出具"攻敔王夫差"铭文的吴国青铜器时,均作"吴王夫差"。情况如表14:

表14 有关博物馆(院)展出含"敔"字铭文吴国青铜器情况

展馆	展器铭文	铭文释读文献	展出时标牌所示名称
中国国家博物馆	攻敔王夫差,自乍其元用。	一,中国国家博物馆展出时说明标牌所示拓本 二,李学勤:《古越阁所藏青铜兵器选粹》[1] 三,董楚平:《吴越徐舒金文集释》[2]	展出时作"'吴王夫差'青铜剑"。[3] "吴王夫差"青铜剑 春秋·吴 1976年河南辉县出土 此铜为吴王光之子、吴王夫差自作用器。
河南省博物院	释读一: 攻吾王夫差,自乍其元用。 释读二: 攻敔王夫差,自乍其元用。	释读一文献: 崔墨林:《河南辉县发现吴王夫差铜剑》[4] 释读二文献: 董楚平:《吴越徐舒金文集释》[5]	展出时作"'吴王夫差'铜剑"。 "吴王夫差"铜剑 春秋(公元前770~前476年) 1976年辉县市百泉征集
山东省博物馆	释读一: 攻吴王夫差,自乍其元用。 释读二: 工敔王夫差,自乍其元用。 (铭文摹本及其摹本局部"攻敔王"见前)	释读一文献: 一,山东省博物馆展出时说明标牌所示。 二,刘延常、曲传刚、穆红梅:《山东地区吴文化遗存分析》[6] 释读二文献: 董楚平:《吴越徐舒金文集释》[7]	展出时作"吴王夫差剑"。 03 吴王夫差剑 Bronze Sword of "King Fuchai of Wu" 春秋(BC770—476) 1965年山东平度废品收购站征集

---

[1] 李学勤:《古越阁所藏青铜兵器选粹》,《文物》1993年第4期。
[2] 董楚平:《吴越徐舒金文集释》,浙江古籍出版社1992年,第137页。
[3] 关于该剑,另参阅《苏州通史》(先秦卷)关于夫差剑的相关内容。
[4] 崔墨林:《河南辉县发现吴王夫差铜剑》,《文物》1976年第11期。
[5] 董楚平:《吴越徐舒金文集释》,浙江古籍出版社1992年,第137页。
[6] 刘延常、曲传刚、穆红梅:《山东地区吴文化遗存分析》,《东南文化》2010年第5期。
[7] 董楚平:《吴越徐舒金文集释》,浙江古籍出版社1992年,第138页。

（续表）

展馆	展器铭文	铭文释读情况	展出时标牌所示名称
洛阳市博物馆	攻敔王夫差，自乍其元用。（因锈蚀，现仅可见"敔王夫差……其元用"7字）	洛阳市文物工作队：《洛阳C1M3352出土吴王夫差剑等文物》〔1〕	展出时作"'吴王夫差'铜剑"。"吴王夫差"铜剑 春秋（公元前770年—前476年）1991年东周王城出土 洛阳博物馆藏
古越阁旧藏，苏州博物馆新藏并展出	攻敔王夫差，自乍其元用。	李学勤：《古越阁所藏青铜兵器选粹》〔2〕	展出时作"吴王夫差剑"。吴王夫差剑 春秋晚期 通长：58.3厘米，身宽：5厘米，格宽：5.5厘米，柄长：9.4厘米，重量：980克
上海博物馆	敔王夫差铸女子之器吉。	《苏州文物菁华》〔3〕	展出时作"吴王夫差盉"。吴王夫差盉 春秋晚期（公元前6世纪上半叶—前476年）何鸿章先生捐赠 HE (Wine Vessel) OF FU CHAI, KING OF WU STATE Late Spring & Autumn (early 6th century - 476 B.C.) Donated by Mr. Eric Hotung

上述与吴王夫差有关的吴国青铜器，现均为相关博物馆的镇馆之器或重要藏品。但在铭文释读上，除"吴王夫差盉"肩部铭文作为特例为"敔王夫差"，并释之为"吴王夫差"外，其余则均如李学勤《古越阁所藏青铜兵器选粹》一文在历数含上表所列吴王夫差剑后所说："所有这些柄吴王夫差剑，铭文都是2行10字，内容相同。"〔4〕然而，所有这些2行10字中的"攻敔王夫差"，几乎亦均被释为"吴王夫差"，从而在"敔王"等同于"吴王"外，又建立一个等式，即前文已述的："攻敔王"等于"吴王"。

上述春秋吴器中的吴国国号"攻敔"，即春秋中原宋器（指《固始侯古堆一号

---

〔1〕 洛阳市文物工作队：《洛阳C1M3352出土吴王夫差剑等文物》，《文物》1992年第3期。
〔2〕 李学勤：《古越阁所藏青铜兵器选粹》，《文物》1993年第4期。
〔3〕 苏州文物菁华编委会：《苏州文物菁华》，古吴轩出版社2004年，第27页。
〔4〕 李学勤：《古越阁所藏青铜兵器选粹》，《文物》1993年第4期。

墓》载"宋公栾作其妹勾敔夫人季子媵簠"）中的"勾（句）吴"[1]，亦即《史记·吴太伯世家》中的"句吴"[2]、《吴越春秋》中的"勾吴"[3]。

关于"句吴"的"句"，前文论及"夷言发声"时，引唐司马贞《史记索隐》注《史记·吴太伯世家》"太伯之奔荆蛮，自号句吴"[4]句引"颜师古注《汉书》，以吴言'句'者，夷语之发声，犹言'於越'耳"[5]。因此，"句（勾）吴"之"句（勾）"，与"於越"之"於"类同。关于"於越"，《春秋经》有两处记之，一为《春秋经·定公五年》记载"於越入吴"[6]。《左传·定公五年》释之为"越入吴，吴在楚也"[7]。另一为《春秋经·哀公十三年》记载"於越入吴"[8]。《左传·哀公十三年》释之为"越子伐吴……丁亥，入吴"[9]。故上述"於越"，一作越国，另一作"越子"即越王勾践，实指越王勾践执政的越国。上述，《春秋经》《左传》在"於越"与"越"之间画了等号。

相比之下，《春秋经》《左传》并无"勾吴""句吴"的记载，但"勾吴""句吴"即指后世春秋的吴国。故类同于在"於越"与"越"之间画等号而在"勾吴""句吴""攻敔"与"吴"之间画等号，本是理所当然的。

但不能不看到的一个情况是，吴国国号从"虖""鹰"及"敔"等，屡屡变换，且与文献记载的吴国国号"吴"之间呈现出文化背离的现象，而这又是非越国以及春秋诸多国号稳定且文献记载的国号与出土器铭文所示国号间并无背离现象的诸侯国所能等同或相提并论的。

因此，相关博物馆（院）对春秋吴国这一特定的国别及文化背离情况下的上述处理，固然有着使观众通晓明白的考虑。毕竟，对从来没听说过"攻敔王"的观众来说，蓦地冒出个知识储备外的"攻敔"，相关展馆少不得要加以诠释，但对之亦非三言两语就能说得清楚的。毕竟，尘封千年后的百多年前，著名学者王国维也是好不容易才将"敔"字认出来的。因此，将"攻敔王"释为"吴王"或是最简单的处理方法。但不能不指出的是，这一处理同时也将"敔"及前及的"虖""鹰"等吴国国号的演变历史做了屏蔽，更是隐藏了"敔"字与"吴"字所体现出的曾经

---

[1] 河南省文物考古研究所编著：《固始侯古堆一号墓》，大象出版社2004年，第48页。
[2] 司马迁：《史记》卷三十一《吴太伯世家》，中华书局1959年，第1445页。
[3] 赵晔：《吴越春秋》，江苏古籍出版社1986年，第3页。
[4] 司马迁：《史记》卷三十一《吴太伯世家》，中华书局1959年，第1445页。
[5] 司马贞：《史记索隐》，见司马迁：《史记》卷三十一《吴太伯世家》，中华书局1959年，第1446页。
[6] 《春秋左传正义》，北京大学出版社1999年，第1559页。
[7] 《春秋左传正义》，北京大学出版社1999年，第1559页。
[8] 《春秋左传正义》，北京大学出版社1999年，第1669页。
[9] 《春秋左传正义》，北京大学出版社1999年，第1670页。

的文化冲突。

因此,相关展馆在标注春秋吴国青铜器时,对吴国"曾用名"的"攻敔"(含"虞""虡"等)是否有必要标注及如何标注,是颇值得研究探讨的。

(四) 文献记载的吴国号"吴"与现存吴器吴国号铭文"禺"的文化背离

外流且现为英国大不列颠博物馆收藏的"禺邗王壶",盖外缘四周有铭文十九字:"禺(吴)邗王于黄池,为(因)赵孟介(予)邗王之怠(敬)金,以为(作)祠(祭)器。"[1]

该器因铭文的释读歧异,故存有晋国青铜器与吴国青铜器之争。国内众多学者均对之论证,但意见相左,"主要分歧是首字'禺'。一读作吴,名词;一读作遇,动词。这个分歧,关系到此壶是否为吴器的重大问题"[2]。吴聿明《禺邗王壶铭再辨》一文也道及这一释读论辩:"分歧的焦点是:① 关于'禺'字的释读:陈梦家先生释禺为虞、吴,认定'禺邗王'为'吴邗王',即指吴王夫差。② 而唐兰先生将'禺'释为'遇',认作动词。③ 关于'斾'字的释读:陈梦家先生释为动词'给予',唐兰先生释为'摈介'。鉴于以上对关键字的释读不一,因此对全句文意的理解和该器器主也有不同的看法。陈先生将全句文意通读为:'禺邗王(吴王夫差)在黄池,以赵孟(赵鞅简子)给予吴王的敬金,用来作祠器。'因此器主应是吴王夫差。唐兰先生将该句做如下通读:'遇邗王于黄池,为赵孟斾(摈介),邗王之惕(锡)金,以为祠器。④ 器主则认为是赵孟或赵孟介。"[3]

"禺"字的音读情况各家不一。李学勤主编《字源》作"禺 yǔ 疑纽、侯部;疑纽、遇韵、牛巨切"[4],王力等《王力古汉语字典》作"禺 yù 牛具切,去,遇韵,疑。侯部"[5],而唐作藩编著的《上古音手册》则作"yú 禺——韵部侯·声纽疑·声调平"[6]。

因此,"禺"字音读为 yǔ,与"敔"音同;为 yú,则与"鱼"的北方语音 yú 音同;为 yù,则与"敔""鱼"音近。从语音的角度来看"禺邗王壶"中的"禺"字,与吴国选择"敔"字作国号的语音条件相同。故该字(指"禺")为与"敔"字语音相同、

---

[1] 董楚平:《吴越徐舒金文集释》,浙江古籍出版社1992年,第76页。原引文中括号内字为董楚平另加,并以字体小一号示之,本处引文另加括号。
[2] 董楚平:《吴越徐舒金文集释》,浙江古籍出版社1992年,第76页。
[3] 吴聿明:《禺邗王壶铭再辨》,《东南文化》1992年第1期。
[4] 李学勤主编:《字源》,天津古籍出版社等2012年,第808页。
[5] 王力等:《王力古汉语字典》,中华书局2000年,第837页。
[6] 唐作藩编著:《上古音手册》,江苏人民出版社1982年,第159页。

字形相异的变体,即"禺"当释为"吴"或"敔"。

从铭文可知,该器铸造于黄池盟会后。其时,吴国在越国的打击下已急速衰落。正是在这非常时期吴国铸造了这一对吴国上升时期充满着美好回忆的青铜器。器名中的"邗",有学者说:"邗,在今长江北岸之江苏扬州一带。又名'干'或'吴干'。"〔1〕《管子·小问》记载了西周晚期或春秋早期吴国扩充领土期间所发生的"昔者吴干战"〔2〕。"经过一场激战,吴国灭掉江北干国(亦称邗)。根据当时惯例,此后吴亦有时称干","吴的疆域北达江淮之间"〔3〕。吴灭干后,作为历史记忆,语言上出现"吴""干"互文现象。《庄子·刻意》篇有"夫有干越之剑者,柙而藏之,不敢用也,宝之至也"〔4〕。清郭庆藩撰、王孝鱼点校《庄子集释》引曰:"干,吴也。吴越出善剑也。"〔5〕被吴国兼并了的"干"(又作"邗"),作为与"吴"互文通用的一个词汇保存下来,记录了吴国历史上的领土扩充过程,也揭示了"吴""干"之间的文化融汇。

因此,黄池盟会后,吴王夫差归吴而制此器。领吴军返归后的吴王夫差,面对着越人的窘迫和索取,《史记·吴太伯世家》记载这一情况说,夫差"引兵归国。国亡太子,内空,王居外久,士皆罢弊,于是乃使厚币以与越平"〔6〕,即指出吴王夫差归国后,吴国所面临的种种严峻情况——没有了太子,国内空虚,因吴国军事力量在远离吴国的北方连年争夺,既使吴国军团将士疲惫不堪,厌战情绪日渐滋生,也使得支撑连年战争的国内百姓士子日感疲惫。所有这些,使得从黄池归来的吴军战力及信心大衰,吴王夫差只能选择以"厚币"即众多财物与越人媾和,这无疑又加重了吴国国民的经济负担。因此,值这一时期吴王夫差制作的"禺邗王壶",以非常态的"禺邗王"即"吴邗王""吴干王"自称,既表达出对吴国早期扩充领土期间的回忆、思慕和向往,也使得这一以"禺"字代"敔"或"吴"并以之示为吴国国号的吴器成为存世吴国青铜器的唯一孤案。

如前所述,因铭文中的"禺"字与"敔""吴"的字音、字义关系,故该字与这一时期所具"敔"字铭文的吴国青铜器一样,共同成为与文献记载的吴国国号"吴"相背离的吴国自称的又一国号。

---

〔1〕 陈江:《吴地民族》,河海大学出版社1999年,第55页。
〔2〕 谢浩范、朱迎平译注:《管子全译》,贵州人民出版社1996年,第631页。
〔3〕 肖梦龙:《吴国的三次迁都试探》,引自江苏省吴文化研究会编:《吴文化研究论文集》,中山大学出版社1988年,第21页。
〔4〕 王孝鱼点校:《庄子集释》,中华书局1961年,第544页。
〔5〕 王孝鱼点校:《庄子集释》,中华书局1961年,第545页。
〔6〕 司马迁:《史记》卷三十一《吴太伯世家》,中华书局1959年,第1474页。

图 49 "禺邗王壶"铭文摹本及其局部"禺邗王"[1]

四、文献记载的吴国号"吴"与阖闾、夫差时期吴器铭文中吴国号"吴"的重合

吴王阖闾、吴王夫差分别执政十九年及二十三年。因此,具"吴"字铭文的吴国青铜器,当为二王执政、且为吴国最后的这四十二年中出现。而具"吴"字铭文的吴国青铜器在上述二王执政时期的出现,使得《春秋经》《左传》等文献记载的吴国国号"吴"与吴国青铜器铭文中的"吴"字开始出现了重合。

(一) 吴王阖闾时期具"吴"字铭文吴国青铜器的出现及其实例

1. 具"吴王"铭文的"吴王光"青铜鉴

"吴王光"青铜鉴,1955年出土于安徽寿县春秋墓,墓主为公元前506年(吴阖闾九年)吴伐楚前后娶吴王阖闾之女叔姬寺吁从而与吴国进行政治联姻的蔡国国君蔡昭侯。该墓出土器中,"有两件是吴王光鉴,原残,已修复。形制、大小、花纹、铭文都相同"[2]。该两件吴王光鉴,现分藏安徽省博物馆和中国国家博物馆。

2. 春秋晚期具"吴姬"铭文的"默叔乍吴姬簠"

默叔乍吴姬簠现藏上海博物馆。该器曾著录于《周金文存》《贞松堂集古遗文》《小校经阁金文拓本》等文献。器铭三行十六字,揭示春秋晚期时吴国王室女子"吴姬"与胡国的通婚事实。由此亦可推测,吴王阖闾伐楚时,吴国不仅与蔡国进行了政治联姻(即前文所述阖闾之女嫁与蔡国国君蔡昭侯),同时,还将另

---

[1] 董楚平:《吴越徐舒金文集释》,浙江古籍出版社1992年,第77页。
[2] 董楚平:《吴越徐舒金文集释》,浙江古籍出版社1992年,第45页。

一位身份不详的吴国王室女子(即本器铭文中的"吴姬")嫁与胡国国君胡子豹。胡国的这一亲吴抗楚立场,遭致楚国的报复。故当阖闾伐越失利并身死后的次年(指吴夫差元年,鲁定公十五年,前495),《春秋经·定公十五年》记载"楚子灭胡,以胡子豹归"[1]。而《左传·定公十五年》则记载了公元前506年(吴阖闾九年)当吴国攻打楚国时,胡子豹把楚国城邑靠近胡国的百姓全部俘掠。而楚国安定以后,胡国国君胡子豹又不事奉楚国,并说:"国家的存亡由于天命,事奉楚国干什么?只不过多花费一点而已。"正是胡国的这一反楚立场,当吴王阖闾伐越失利并身死时,楚国灭亡胡国,并如上所说地把胡子豹俘虏到了楚国。故由此文献记载来判断,该器(即敔叔乍吴姬簠)的制作年代当为吴王阖闾时。

3. 具"吴"字铭文的"配儿钩鑃"

配儿钩鑃于1977年6月出土于距绍兴城关4公里的狗头山,共两件,定名为甲乙两器。甲器铭文残缺,其中所具"吴"字,尚清晰可辨。二器年代为春秋晚期,现藏浙江省博物馆。关于"配儿钩鑃"中"配儿"释读,现存两种说法:一为沙孟海说:"器主配儿,当即《吴越春秋·阖闾内传》之太子波。配波双声,儿字是语尾。"[2]另一为董楚平考证说:"吴王光长子名配儿,字终纍……'终纍'是配儿的字。"[3]以上二说,无论是《吴越春秋》里的太子波,或是《左传》记载的终纍(纍),皆为吴王阖闾之子,且其后均未承接吴王位(关于"太子波"和"终纍",另参《苏州通史》先秦卷)。故该器当为吴王阖闾时期的吴国青铜器。

上述具"吴王""吴"字铭文局部的图片,自左至右,如图50:

图50　上文含"吴王""吴"字铭文局部图示[4]

[1] 《春秋左传正义》,北京大学出版社1999年,第1604页。
[2] 沙孟海:《配儿钩鑃考释》,《考古》1983年第4期。
[3] 董楚平:《吴越徐舒金文集释》,浙江古籍出版社1992年,第47页。
[4] 安徽寿县出土的"吴王光"青铜鉴铭文拓本(左一)及拓本局部的"吴王"二字(左二)(见上海博物馆:《商周青铜器铭文选》第二册,文物出版社1988年,第334页);上海博物馆藏"敔叔乍吴姬簠"铭文拓本(左三)及其局部"吴姬"二字(左四)(见董楚平:《吴越徐舒金文集释》,浙江古籍出版社1992年,第60页);出土于绍兴的"配儿钩鑃"(左五)及该器铭文拓本局部"吴"字(右)(见上海博物馆:《商周青铜器铭文选》第二册,文物出版社1987年,第337页)。

(二) 吴王夫差时期具"吴"字铭文吴国青铜器的实例

1. 具"吴王"铭文的"吴王夫差矛"

夫差矛是现存吴王夫差留存于世的最著名兵器,也是春秋吴国留存于今的最著名的兵器之一,现藏湖北省博物馆。

1983年,位于湖北荆州江陵县马山镇联山村10组的砖瓦厂取土时,发现一墓葬,该墓葬内仅出土该器——夫差矛。考古时,该墓被编为"马山5号墓"。该器器身装饰华美,遍饰菱形花纹,矛身近筒处有错字铭文两行八字,据董楚平《吴越徐舒金文集释》一书介绍,"张舜徽等隶定为:吴王夫差,自乍甬(用)鍦……《说文》:鍦,矛也"[1]。而从该矛具"吴王夫差"铭文来看,该矛为制作于吴王夫差时期当无疑义。

2. 具"吴王"铭文的夫差鉴(两件)

据文献记载,留存于世的吴王夫差鉴,共有五器,本书所列为其中之二。其一为前文所述邹安《周金文存》将该器铭文"攻吴"读作"攻伐吴国"从而误作楚器的夫差鉴。该鉴现下落不明,器腹内三行十三字的铭文却借著录而保留下来。该器铭文有"攻吴王大差"等字样。而"王国维原'以是器出山西,不得为吴物,故蠡以攻吴为工虞,当是官名。王大差则人名也。'后来对照《者减钟》'有工𢾭','因思吴𢾭同音,工𢾭亦即攻吴,皆句吴之异文。古音工攻在东部,句在侯部,二部之字,阴阳对转,故句吴亦读攻吴……至吴𢾭互用,亦与古器朱㝬互用,不碍其为一国,然则此器之攻吴王大差,或即吴王夫差矣。'"(《攻吴王大差鉴跋》)[2]

另一夫差鉴相传1940年(或曰1943年)河南辉县琉璃阁出土。原藏上海博物馆,后拨中国历史博物馆(今中国国家博物馆),著录于《商周金文遗录》《商周青铜器铭文选》等。中国国家博物馆展出的吴王夫差鉴,即为此器。

上述具"吴王""吴"字铭文局部的图片、拓片等,自左至右,如图51:

---

[1] 董楚平:《吴越徐舒金文集释》,浙江古籍出版社1992年,第133—134页。
[2] 董楚平:《吴越徐舒金文集释》,浙江古籍出版社1992年,第73页。又,前引《王国维先生全集》初编3一节辑录王国维《攻吴王大差鉴跋》一文中,上述董楚平所引"工𢾭""思吴𢾭同音,工𢾭亦即攻吴"等句中的"𢾭"字,均为"𢾭"字。"𢾭"同"𢾭"。

图51　上文含"吴王""吴"字铭文局部图示、拓片[1]

3. 具"吴王"铭文的孙无壬鼎（又作无土胝鼎）

1977年9月，陕西凤翔高王寺出土了一处东周铜器窖藏。该出土地在秦都雍城范围内的马家庄宫殿区附近。窖内出土有十二件铜器，其中一鼎，盖与器上均有相同铭文八字。对该鼎铭文，释读有异。马承源《商周青铜器铭文选》作"吴王孙无壬之胝鼎"；董楚平《吴越徐舒金文集释》作"吴王孙无土之胝鼎"，且该著作释铭文为"无土"时指出："'无土'，不见经传，可能与夫差同辈。"[2]

4. 春秋晚期具"吴王"铭文的"吴王御士簠"

吴王御士簠于1957年5月北京市海淀区东北旺村修建马号挖房基时发现。因清乾隆五十六年（1791年）王杰主持编修的《西清续鉴甲编》著录的"周叔绥簠"与该器铭文、型制、纹饰完全相同，故有学者认为："此器本是清宫旧藏，由于种种原因流落到海淀区，埋入地下，五十年代又被发现，海淀区并非其原出土地。"[3]该簠现藏北京首都博物馆。器内底有十一字铭文，诸多学者作不同释读，但前六字多读为"吴王御士尹氏"。"御士"为承担侍御等职责的官职名称。"尹氏"为作器者姓氏。董楚平《吴越徐舒金文集释》罗列诸多学者铭文释读后指出："此器国名称'吴'，不称'工䖒''攻敔'，当作于春秋晚期。"[4]

---

[1]　湖北省博物馆展出的吴王夫差矛铭文（左一）及其局部"吴王"二字（左二）；清同治中于山西代州蒙王村出土、现下落不明的"攻吴王夫差鉴"铭文拓片（左三）及其铭文局部"攻吴王"（左四）（见上海博物馆：《商周青铜器铭文选》第二册，文物出版社1987年，第336页）；中国国家博物馆展出的"吴王夫差鉴"铭文拓片（左五）及其铭文局部"吴王"（右）（见上海博物馆：《商周青铜器铭文选》第二册，文物出版社1987年，第336页）。

[2]　董楚平：《吴越徐舒金文集释》，浙江古籍出版社1992年，第79页。

[3]　王兆莹：《吴王御士尹氏叔毓簠的再发现》，《文物》1986年第4期。

[4]　董楚平：《吴越徐舒金文集释》，浙江古籍出版社1992年，第85页。

5. 吴王阖闾及吴王夫差执政时期的具"吴季子"铭文的"吴季子之子逞之剑"

"吴季子之子逞之剑"著录于《积古斋钟鼎彝器款识》《周金文存》等文献，"剑身铸造错金铭文两行十字：'吴季子之子，逞之元用鐱'"〔1〕。由铭文可知，此剑为季札之子逞的用剑。关于季札之子逞，未见诸文献。按吴国王室的辈分排列，他当与公子光（即吴王阖闾）同辈。因该剑铭文中的"季""用"二字使用鸟虫字形。而吴国使用这一字形且留诸后世的实物器为目前所知1961年山西万荣出土的吴王僚用器"王子于戈"及前引《古文字类编》所录具鸟虫篆铭文"吾"字的"攻敔王光剑"。故结合上述来看，"吴季子之子逞之剑"制作年代大致可确定为吴王僚后的吴王阖闾及吴王夫差执政时期。

吴国与季札有关而留存后世的青铜器有三：一为前述季札之父吴王寿梦为季札所铸且出土于江苏盱眙的"工𢻏季生匜"；二为季札之兄吴王诸樊为季札所铸且出土于山西榆社的"季札剑"；三则为制作于吴王阖闾及吴王夫差执政时期且具鸟虫篆铭文的季札之子逞的用剑。

上述具"吴王""吴"字铭文局部的图片、拓片等，自左至右，如图52：

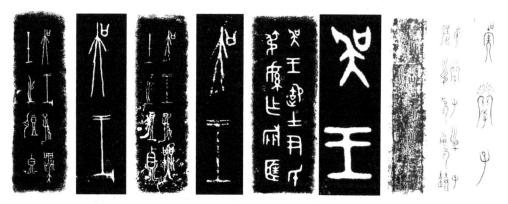

图52　含"吴王""吴"字铭文拓本、摹本及其局部图示〔2〕

---

〔1〕 董楚平：《吴越徐舒金文集释》，浙江古籍出版社1992年，第98页。
〔2〕 "吴王孙无壬鼎"盖铭拓本（左一）及其局部"吴王"二字（左二）；"吴王孙无壬鼎"器铭拓本（左三）及其局部"吴王"二字（左四）；北京首都博物馆藏"吴王御士簠"铭文拓本（左五）及其局部"吴王"二字（左六）（见上海博物馆：《商周青铜器铭文选》第二册，文物出版社1987年，第340页）；"吴季子之子逞之元用剑"的铭文拓本（左七）；摹本（左八）及摹本局部"吴季子"三字（右）（见董楚平：《吴越徐舒金文集释》，浙江古籍出版社1992年，第98页）。

(三）吴王阖闾、夫差时期具"吴"字铭文吴国青铜器出现的原因

从现存出土吴国青铜器铭文中吴国国号出现"吴",此后又发生从"敔"（含其变体）到"吴"的变化的,是在吴王阖闾时期。但须指出的是：一是吴器铭文中作为吴国号的"吴"字的出现,是与"敔"字同时并存,而不是"吴"字的全面覆盖或代替。二是其后的吴王夫差时,承继了这一变化,并在"敔""吴"继续并存时,另出现以"禺"字代文献中国号"吴"字的"禺邗王壶"这一孤案。因此,分析吴国青铜器铭文中吴国国号从"敔"（含其变体）为主体到出现"吴"字的原因,当主要分析吴王阖闾时期吴国政治、军事、外交的情况,尤其是后者——吴国对外交往的需要。而参照这一时期的文献记载,可以看出,导致吴国具"吴"字铭文吴国青铜器出现的主要原因,即为这一时期（吴王阖闾时期）对外关系的需要。

吴王阖闾时期涉及吴国政治、军事及对外关系的重大事件是：吴国联合唐、蔡伐楚并攻入郢都（相关情况参阅《苏州通史》第二卷）。而地处淮河流域的唐、蔡以及胡国等,均为吴国伐楚时的盟友。为加强这一时期吴国与盟友间的联系,阖闾之女叔姬寺吁嫁与蔡国、吴国宗室女子吴姬嫁与胡国并作陪嫁铜器时,循中原列国对吴国称呼已久的吴国国号"吴"而为青铜器铭文,是非常可能的。而佐证这一可能的另一实例是,宋国国君宋公栾为其妹季子作"宋公栾作其妹勾敔夫人季子媵簠"的青铜簠时,即循吴国的自称"工（攻）敔",而作该器中的铭文"勾敔夫人"。

因此,前述安徽寿县出土"吴王光"青铜鉴上的铭文"吴王光"及上海博物馆藏传世器"献叔乍吴姬簠"上的铭文"吴姬",就可能是吴国为加强盟友间政治联姻的外交路线下的产物。而吴王阖闾一旦在前述的"吴王光鉴"中开了自称为"吴王光"的口子,其后（含吴王夫差时期）,吴国制作的青铜器中,与"工（攻）敔"同时使用"吴"这一国号,就成为留存后世的吴国青铜器铭文中出现"吴"字的主要原因。

（四）背离与重合中吴国国号不变的"夷言发声"

从者减钟铭文的"工䱷",到诸多吴王留存吴器铭文的"工（攻）䖒"和"工（攻）敔"及"吴王夫差盉"铭文的"敔"、"禺邗王壶"铭文的"禺",再到吴王阖闾、夫差时部分吴器中铭文与文献记载重合的吴国国号"吴",春秋时期,吴器铭文中的吴国国号一直在变化中,但上述与北方语音读音与"鱼"同音或音近的"䱷""䖒""敔""禺",它们在太湖流域的吴国,发音可能都是"鱼"的"夷言发声",即

太湖流域土语方言的 ng 音。故"鱼"字的南北发音与文献记载的"吴"与吴器铭文中吴国国号诸字的关联度,如表 15 所示:

表 15　北方话与吴方言关于"鱼"的发音及其与吴国诸国号的联系

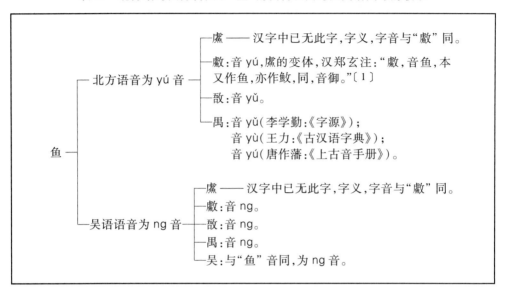

在罗列上述文献记载与吴国有关国号时,还当提及"虞"——与吴国密切有关的"虞国"。

《史记·吴太伯世家》记载:"周武王克殷,求泰伯、仲雍之后,得周章。周章已君吴,因而封之。"[2]与其同时,还"封周章弟虞仲於周之北故夏虚,是为虞仲,列为诸侯"[3]。这意味着西周初,吴五世周章受封的同时,泰伯、仲雍的曾孙辈的周章弟"虞仲",被西周王朝封于"周之北故夏虚"(今山西平陆),从而成为虞国的始封君。尽管其后虞国为晋所灭,但西周初周王朝对吴的"因而封之"及"封周章弟虞仲於周之北故夏虚",当属周王朝建立后执行"封建亲戚,以蕃屏周"[4]政策的延续,或本就是该政策的一个组成部分。

关于"吴"及与其析分出的"虞"的关系,向有相同或相异之说。所谓相同,指"吴"即是"虞"。高德基《平江记事》即指出:"太伯有国,自号句吴。说者云:

---

[1]《周礼注疏》,北京大学出版社 1999 年,第 11 页。
[2] 司马迁:《史记》卷三十一《吴太伯世家》,中华书局 1959 年,第 1446 页。
[3] 司马迁:《史记》卷三十一《吴太伯世家》,中华书局 1959 年,第 1446 页。
[4]《春秋左传正义》,北京大学出版社 1999 年,第 418 页。

'句',语辞,吴音也;'吴'者,虞也,太伯于此以虞志也。"[1]《左传·僖公五年》记载的"大伯、虞仲"[2],即《史记·吴太伯世家》中所说的"吴太伯,太伯弟仲雍"。[3]故前引《史记·吴太伯世家》之"封周章弟虞仲於周之北故夏虚,是为虞仲"句,司马贞《史记索隐》对之注曰:"《左传》曰'太伯、虞仲,太王之昭',则虞仲是太王之子必也……是仲雍称虞仲。今周章之弟亦称虞仲者,盖周章之弟字仲,始封於虞,故曰虞仲。则仲雍本字仲,而为虞之始祖,故后代亦称虞仲,所以祖与孙同号也。"[4]而《吴越春秋》则记载说:"古公三子,长曰太伯,次曰仲雍,雍一名吴仲,少曰季历……古公卒,太伯、仲雍归,赴丧毕,还荆蛮。国民君而事之,自号为勾吴。吴人或问何像而为勾吴,太伯曰:'吾以伯长居国,绝嗣者也,其当有封者,吴仲也。故自号勾吴,非其方乎?'荆蛮义之,从而归之者千有余家,共立以为勾吴。"[5]由上可知,仲雍即虞仲,虞仲又作吴仲,故"虞"即"吴"也。而所谓相异,即"虞""吴"两国,各为国号,从不混用。黄盛璋在《铜器铭文宜、虞、矢的地望及其与吴国的关系》一文中说:"虞字从吴,古音虽同在鱼部,同声可以互假,但作为国名,虞、吴从不混用,不仅史籍如此,铜器铭文也是如此。南方之吴,出土铜器很多,自称为吴、攻吴、攻敔、攻獻,从不称虞;而北方之虞,如虞司寇壶、虞侯壶等,亦自称为虞,从不称吴。"[6]

而在语音方面,"吴"与"虞"的关系却更值得注意。"虞"的北方语音读为 yú,与"鱼"的发音大致相同。[7]与吴国国号有关的"獻""虖""敔""禺"等,它们一方面与"鱼"的北方语音相近或相同;另一方面在吴国或吴地却都发为与"鱼"的吴方言语音相同的 ng 音。然而,这一规律却不适用于从吴国析分出去的虞国。

今常熟因虞仲(吴仲)墓葬地而得名的虞山,在吴方言中从不读为 ng 山,而是读为 yú 山。其因或为从吴国析分出去的虞国,一旦离开江南水乡泽国的地理

---

[1] 高德基:《平江记事》,见杨循吉等著,陈其弟点校:《吴中小志丛刊》,广陵书社 2004 年,第 25—26 页。
[2] 《春秋左传正义》,北京大学出版社 1999 年,第 343 页。
[3] 司马迁:《史记》卷三十一《吴太伯世家》,中华书局 1959 年,第 1445 页。
[4] 司马贞:《史记索隐》,见司马迁:《史记》卷三十一《吴太伯世家》,中华书局 1959 年,第 1447 页。
[5] 赵晔:《吴越春秋》,江苏古籍出版社 1986 年,第 3 页。
[6] 黄盛璋:《铜器铭文宜、虞、矢的地望及其与吴国的关系》,《考古学报》1983 年第 3 期。
[7] 虞 ① "虞 yú 疑纽、鱼部;疑纽、虞韵,遇俱切。"(见李学勤主编:《字源》,天津古籍出版社等 2012 年,第 434 页。)② "虞 yú 遇俱切,平,虞韵,疑。鱼部。"(见王力:《王力古汉语字典》,中华书局 2000 年,第 1133 页。)③ "yú 虞——(韵部)鱼·(声纽)疑·(声调)平。"(见唐作藩编著:《上古音手册》,江苏人民出版社 1982 年,第 159 页。)

环境,就与"鱼"及其吴地的 ng 音扯断了联系。而南方的吴方言中,再也不以有着强烈地域和族群特色的 ng 音呼"虞"及以之称呼这一迁徙于黄河北岸的虞国。

春秋时期,黄河流域的中原文化对长江下游的吴国"蛮夷"文化充满着歧视。其中之一即是对吴国"蛮夷"方言土语的歧视。吴王夫差时期,吴国与鲁、卫、宋三国在郧地会见。吴国本欲与三国结盟,但三国拒绝并私下里结盟。吴王夫差极为恼怒,于是囚禁了三国中的卫国国君出公。囚禁期间,卫出公接触到了吴方言,在被释放回到卫国国都后,竟"效夷言"[1]——学讲起吴方言来了。《左传》记载则借一孩童之口对卫出公"效夷言"此举予以讥讽,从而表达了是时中原文化对"夷言"的鄙视和歧视。而从《孟子·滕文公上》将南方"蛮夷"的方言称为"今也南蛮鴃舌之人,非先王之道"[2]中也可以看出。"鴃舌"即指南方"夷言"说话如鸟语,亦即前引孔颖达疏所说的"自号句吴,句或为工,夷言发声也"[3]。这一"夷言发声",指的就是长江下游太湖流域的土语方言。

从上表所列可以看出,无论是吴国国号自称的"虘""歔""敔""禺",还是与文献记载重合的"吴",其"夷言发声"即吴方言土语,一律读作与"鱼"相同的 ng 音。而上述"虘""歔""敔""禺"的北方语音,亦与"鱼"北方语音的 yú 音相同或相近。因此,吴国国号的"夷言发声",不论其字形如何变化,但其语音却始终是吴方言"鱼"的 ng 音。时至今日,苏州方言中,"吴"仍读为 ng 音就是明证。

从这一意义上讲,"鱼"的两种不同发音,即北方语音为 yú 音及吴方言语音的 ng 音,吴国国号似乎是在这两个不同的语音间切换,从而使得该字成为理解先秦时期与吴国国号有关文字的语音钥匙。

由此,可做如下总括式的评述:

其一,上述北方语音与"夷言"(吴语语音,或曰吴方言语音)的两个不同的语音系统,在交互作用的过程中呈现出的规律,既导致了春秋时鲁国史官在撰《春秋经》《左传》时出现对吴国或吴都的称呼——"吴"字;也直接影响了前述《史记》关于吴国国号"句吴"的文字记载。对今天来说,这一规律同样影响着不谙吴语语音对春秋吴国历史的相关研究——对出现在春秋青铜器且涉及"歔""虘""敔""禺"以及"五(吾)"和"吴"等铭文的内在语音联系,从而使他们难以理解上述诸字与"鱼"字的字义、字音联系。故当阖闾、夫差时吴国青铜器铭文

---

[1] 《春秋左传正义》,北京大学出版社 1999 年,第 1667 页。
[2] 《孟子注疏》,北京大学出版社 1999 年,第 148 页。
[3] 孔颖达疏,见《春秋左传正义》,北京大学出版社 1999 年,第 619 页。

中出现与文献记载的吴国号"吴"重合时,也即吴国采用"吴"这一国号及其后世为"吴县""吴郡"等名称时,"吴"字的语音却依然为吴方言的 ng 音。

其二,吴方言在其后的发展中,融合北方语音而出现文读(受北方语系影响而产生的官话)和白读(方言土语)的语言现象。这使得吴方言中的"吴"字出现了更为复杂的音读情况,即文读为"hú"(胡)音(苏州俗语所称的"吴胡不分"),即指此,而白读为历史保存下的 ng 音。以战国末秦所置"吴县"为例,"吴县"行政区名在十余年前尚存时,其音读为白读,即读为 ng 县。与其行政地位相同的"吴江县",亦白读为 ng gāng 县。而吴县撤县为吴中区、相城区后,今"吴中区"在当地人口中却一改为文读的 hú zhōng 区。而行政名称"吴江县"继为"吴江市"又改为"吴江区"后,却仍为白读的 ng gāng 区。同为含"吴"字的苏州下属区级行政名称,何以一为文读的 hú 音,一为方言白读的 ng 音,其间并无规律可循,乃是地方方言的约定俗成所致。以苏州俗语所称的另一"王黄不分"即"黄"读为"王"的语音现象来看,苏州话中"黄"多读为"王",但在"蛋黄"一词时,却颇特例地将"黄"却读为"荒"音。吴方言中的此类约定俗成或特例,使得操持北方语言的学者由此产生语言障碍,并致在对其历史上与"吴"有关的"虞""敔""敖""禺"研究中产生错讹。以前述"禺邗王壶"的"禺"字释读来说,当把吴国所曾使用过的国号"虞""敔""敖""禺"进行排列,则清晰地可看出它们既与"鱼"字的北方语音有着联系——这也构成了吴国选用该字的因素之一,也可看出它们与"鱼"字的吴方言语音也有着联系。而元高德基《平江记事》所说的吴方言中"语音呼'鱼'为'吴'"[1],则明显地显示出"禺"即为与"邗"相连的"吴"字,而不会作"遇"的释读。

其三,对古代操持北方语言的鲁国史官来说,当吴国以"虞""敔"的铭文作国号而自称时,他们因语言障碍而不予认可。而春秋以后出现的"吾"字自称,却又与吴国当初的国号自称"虞""敔"有着联系。李学勤主编的《字源》释"吾"字条中说:"西周金文中,'吾'也用为人名,但没有确切用为第一人称代词的用例(沈子它簋'吾考'多读为'皇考'或'宝考')。东周相当于第一人称的是敔(或省攵),《论语》及其以后的著作中,'吾'字作第一人称代词使用才逐渐多起来。"[2]

前文辨析"虞""敔"二字时,曾引《广韵·入屋》:"攵,击也。凡从攵者作

---

[1] 高德基:《平江记事》,见杨循吉等著,陈其弟点校:《吴中小志丛刊》,广陵书社 2004 年,第 26 页。
[2] 李学勤主编:《字源》,天津古籍出版社等 2012 年,第 81 页。

女。"[1]因此,上述《字源》所及东周相当于第一人称的"戲"字,即等同于"戲"字。而戲字"省攴"后则为后世从汉字系统中已消失了的"虞"字。

这意味着最初出现在吴国青铜器铭文中且以之自称的"虞""戲"等字,其后进入古汉语的文字系统后逐渐发展成古汉语中的自称——第一人称的"吾"字(或也包括"予""余"等第一人称代词)。而作为这一语言现象的残留,苏州现今仍有部分地区(如吴中区光福镇等)仍然以白读的"吴"即 ng 音为自称。而据《字源》提供的"虞""戲"等字进入古汉语的文字系统的时间段——"《论语》及其以后的著作中,'吾'字作第一人称代词使用才逐渐多起来。"这一时段,恰与公元前 488 年(吴夫差八年、鲁哀公七年)吴国北上争霸而"吴来徵百牢"[2]所开始的与鲁国的战争有关。是年(指公元前 488 年,鲁哀公七年),孔子已六十多岁。其后的日子里,孔子返鲁乃开始其晚年的教育生活,有若、曾参、言偃、卜商、颛孙师诸人皆先后从学。而吴鲁战争及其后吴国胁迫鲁国参与的两次伐齐战争,使得吴国曾自称其国号的"虞""戲"以前文所说的"攻敔""攻吾""攻五"等自称形式被带到北方,并转化为"吾"字的形式而成为自称的第一人称代词,并在其后由孔子弟子及再传弟子编写而成并主要记录孔子及其弟子言行的《论语》开始使用。《论语》首次出现的"吾"字,就是孔子学生曾子的名言"吾日三省吾身"[3]。

第一人称代词何以为"吾"字?这不外乎以下两种推测:一为直接使用了前及的吴国自称国号的"攻吾"之"吾";另一则为取"攻敔"之"敔"的字形一半——"吾"字。而吴王夫差时期,乃是较多使用并留存吴国自称"攻敔"铭文青铜器的时期。

历史在这里似乎画了个圆圈——当初吴国作以自称的"虞""戲"被鲁国史官否定,其后却又由鲁国的孔子弟子及再传弟子们在《论语》中以与"虞""戲"等吴方言语音相同、字义也相同的"吾"字或是"敔"字字形的一半"吾"字,以作自称。

由此可以看出,在这一过程中并非是采用当初繁杂字形的"虞""戲"字,而是选择了字形相对简约的"吾"字。而在发音上,也是将吴方言的 ng 音改造成被北方语音可以接受的字音。现以唐作藩编著的《上古音手册》中关于"鱼""吴""吾"三字的韵部、声纽、声调罗列来看:

---

[1]《广韵·入屋》,见罗竹风:《汉语大词典》第五卷,汉语大词典出版社 1990 年,第 380 页。
[2]《春秋左传正义》,北京大学出版社 1999 年,第 1640 页。
[3]《论语注疏》,北京大学出版社 1999 年,第 4 页。

"yú 鱼——韵部鱼·声纽疑·声调平"[1]；

"wú 吴——韵部鱼·声纽疑·声调平"[2]；

"wú 吾——韵部鱼·声纽疑·声调平"[3]。

显然，依唐作藩《上古音手册》所示，经改造后的上述"鱼""吴""吾"三字北方语音的韵部、声纽、声调高度一致，均为"鱼·疑·平"。而上述"鱼""吴""吾"三字在吴方言语音中，依然发为 ng 音。而王力《古代汉语》论及古汉语中的第一人称代词说："第一人称代词没一个本字，从一开始就借用本义是一种锯类工具的'我'来表示，后来一直沿用，并没有为它再造字，也没有为表示'我'本义的那个词造字。"[4]而该书在《古汉语通论》（十二）论及人称代词时说："人称代词有'吾''我''予'（余）……都属于第一人称。"[5]由此可见，中国古代汉语形成的过程，即是以北方语音、文字、词汇等为基础而吸收诸多南方方言中的语音、文字并逐步改造、融合、固定的过程。这就不难解释在推行普通话，从而仄声字消失的今天，相当多的古音及仄声字在吴方言（也包含其他地区方言）中被保存下的语言现象。

综上可见，一个"吴"字，不但涉及春秋吴国国号这一历史学范畴，涉及文献记载的文献学范畴，更涉及春秋吴国青铜器及其铭文判识等考古学、古文字学以及含上古音的研究、吴方言的文读、白读等语言学范畴。所有这些，使得"吴"字成为苏州城市符号的同时，更成为一个极具历史、文化含量的词汇。

---

[1] 唐作藩编著：《上古音手册》，江苏人民出版社 1982 年，第 159 页。
[2] 唐作藩编著：《上古音手册》，江苏人民出版社 1982 年，第 137 页。
[3] 唐作藩编著：《上古音手册》，江苏人民出版社 1982 年，第 137 页。
[4] 王力主编：《古代汉语》（修订本）第二册，中华书局 1981 年，第 541—542 页。
[5] 王力主编：《古代汉语》（修订本）第一册，中华书局 1981 年，第 351 页。

秦汉至隋唐时期吴城所辖行政区域及政治地位的变迁

孙中旺

在苏州地方史的研究中，秦汉至隋唐时期相对比较薄弱，但深入考察相关史料就会发现，在这长达1 100多年的时间中，今苏州地区在政治、经济和文化方面均有令人瞩目的发展，为宋元以后的繁荣奠定了坚实的基础。下面拟通过梳理以吴城为治所的行政区辖区及政治地位的变迁过程，对这一阶段的苏州地方史进行简单探讨。

秦汉至隋唐时期，以吴城为治所的行政区先后为会稽郡、吴郡和苏州，其辖区和政治地位也在不断变迁中，分述如下。

一、会稽郡时期

秦王政二十六年（前221），秦国统一六国后，全面推行郡县制。在原来楚国的江南吴越故地，设立了会稽郡，辖二十四县，管辖范围大致相当于今江苏省长江以南、安徽省东南、上海西部以及浙江省北部。在原吴国的故都设吴县，作为会稽郡治，吴县因此成为江南地区的行政中心。当时的吴县辖区广大，除包括今苏州市区外，还管辖今常熟、吴江等地。另外，在今昆山、太仓一带，秦政府还设置了娄县，因境内有娄水而得名，一名疁县。据《汉书》卷二十八上《地理志上》记载，娄县"有南武城，阖闾所以候越"，可见该地在先秦时期已有所开发。

西汉时期的会稽郡先后属于韩信的楚国、刘贾的荆国、黥布的淮南国、刘濞的吴国及刘非的江都国等，其中刘贾的荆国即建都于吴城，而在汉文帝前元九年（前171），会稽并故鄣郡，太守曾由吴县迁治故鄣，都尉迁治山阴。但在前元十六年（前164），会稽太守就归治吴县，都尉迁治钱唐。

西汉时期会稽郡的地理位置非常重要，"东接于海，南近诸越，北枕大江"〔1〕,有户二十二万三千三十八,口百三万二千六百四,始辖二十四县,即吴、曲阿、乌伤、毗陵、余暨、阳羡、诸暨、无锡、山阴、丹徒、余姚、娄、上虞、海盐、剡、由拳、大末、乌程、句章、余杭、鄞、钱唐、䣖、富春,后相继于闽越故都东冶之地置冶县(在今福州市),于东瓯故地置回浦县,这样会稽郡就辖二十六县,地域广大,为当时郡国之冠。因会稽郡位置重要,汉政府除在钱唐设西部都尉外,还在回浦设立了南部都尉。〔2〕

东汉顺帝永建四年(129),"以县远赴会至难",阳羡令周嘉和山阴令殷重上书东汉政府,"求得分置"〔3〕。东汉政府接受了建议,以浙江(今钱塘江)为界分会稽郡为二郡,以东为会稽,移治山阴,以西为吴郡,〔4〕仍治吴县,吴城为会稽郡治的时代至此结束。

在此时期,吴城的经济也有较快发展,据西汉司马迁在《史记·货殖列传》中载:"夫吴,自阖闾、春申、王濞三人招致天下之喜游子弟,东有海盐之饶,章山之铜,三江五湖之利,亦江东一都会也。"可见当时的吴城已经是全国重要的商业城市之一。司马迁曾经亲身到今苏州一带进行游历考察,"上姑苏,望五湖",他对于吴城经济文化地位的分析,应当是基本可信的。

二、吴郡时期

吴郡分立后,辖吴、海盐、乌程、余杭、毗陵、丹徒、曲阿、由拳、富春、阳羡、无锡、娄、钱唐十三县,〔5〕大体相当于今长江以南,镇江以东,钱塘江以西的江浙沪

---

〔1〕 班固:《汉书》卷六十四上《严助传》,中华书局1962年,第2789页。
〔2〕 班固:《汉书》卷二十八上《地理志上》,中华书局1962年,第1591页。
〔3〕 见郦道元:《水经注》卷四十。另外,《三国志》卷五十七《吴书·虞翻传》注引《会稽典录》又云:"永建四年,刘府君上书,浙江之北,以为吴郡,会稽还治山阴。"可见当时为此上书者,不止周、殷二人。
〔4〕 吴郡之名在秦汉间已有,《史记》卷九十五《灌婴传》载汉高祖五年(前202)十二月,灌婴败项羽于垓下后,"渡江,破吴郡长吴下,得吴守,遂定吴、豫章、会稽郡,还定淮北,凡五十二县"。有论者据此认为此时已经分别有吴郡和会稽郡(见郑炳林《秦汉吴郡会稽郡建置考》,《兰州大学学报》1988年第3期),但若当时吴、会稽为二郡,则灌婴应定"吴、豫章、会稽郡"三郡,而同传中却载灌婴"定国一,郡二,县五十二"。可见当时吴与会稽为一郡。另,《汉书》卷一下《高帝纪下》载"韩王信等奏请以故东阳郡、鄣郡、吴郡五十三县立刘贾为荆王",曹魏时人文颖注云:"吴郡,本会稽也。"清人何焯在《义门读书记》中释云:"当以会稽治吴,故亦得称吴郡。"
〔5〕 按司马彪《后汉书志》第二十二《郡国四》,吴郡所辖十三县,有安县而无钱唐,但安县所在不明。关于此问题,钱大昕在《十驾斋养新录》卷六"安县即娄县之讹"条谓前汉、晋、宋志皆无此县,本志又不言何年所置,前无所承,后无所并,疑即"娄"之讹,因"娄"脱其半而为"安",校者不能是正,疑有脱漏,又增"娄"于"无锡"后,并改"十二"城为"十三",此说颇得后世史家赞同。钱唐为西汉旧县,且为会稽西部都尉治,不见于《后汉书志》,可能是东汉初年撤并。但在吴、会稽分治后不久,钱唐县可能就再次恢复,并出现于《后汉书》所载的相关史实中,东汉末年为吴郡都尉治,故吴郡仍领十三县。

广大地区,仍以吴县为郡治。当时的吴城人口众多,据东汉应劭在其所著《汉官仪》卷上记载,当时长江中下游广大地区只有吴、临湘及南昌三县户数超过1万。

六朝时期,伴随着江东政治经济形势的变化,在原东汉时吴郡辖区内,新的郡县不断分立,吴郡辖区也越来越小。

孙吴时期,对吴郡的辖区先后进行了大规模的调整。首先是新县的设立,先后分余杭县新设立临水县,分乌程和余杭新置永安县,从富春县分出了建德、桐庐、新昌及新城四县,但不久新城县就并于桐庐县,还在海盐县设立了海昌屯田都尉,后为盐官县。在新县设立的同时,孙吴政权在原吴郡辖区内还新设立了郡一级的行政区。据《晋书》及《宋书》等资料记载,东吴时期分吴郡无锡以西为屯田,置毗陵典农校尉,[1] 辖原属吴郡的无锡(后省)、毗陵、曲阿、丹徒四县地,为郡级屯田区。宝鼎元年(266),孙皓分吴、丹阳二郡之九县为吴兴郡,治乌程。吴兴郡的建立,划去了原属吴郡的乌程、阳羡、永安、余杭、临水五县,太湖南岸的东、西苕溪流域自此从吴郡分离了出来。另外,黄武五年(226)秋七月,因山越攻没属县,孙吴政权还曾分吴、丹杨、会稽三郡的"恶地"共十县置东安郡,郡治富春,以全综为太守,平讨山越。吴郡的富春、桐庐、建德等县属东安郡。黄武七年(228),罢东安郡,以上诸县复归吴郡。至孙吴后期,吴郡辖吴、娄、嘉兴、[2] 海盐、富春、钱唐、建德、桐庐、新昌及海昌屯田都尉等十个县级行政区和郡一级的毗陵典农校尉。

西晋太康二年(281),原属吴郡所辖的毗陵典农校尉省置为毗陵郡,吴郡辖区从此退到无锡以东。吴郡所辖的海昌屯田都尉也被改为盐官县。[3] 太康四年(283),分吴县之虞乡设立海虞县,隶属吴郡,此为常熟建县之始。另外,在太康元年(280),吴郡下辖的新昌县改为寿昌县。太康十年(289),封皇子司马晏为吴王,"食丹杨、吴兴并吴三郡",吴郡为吴王晏奉郡之一。[4] 惠帝末年,司马晏遇害,国除。东晋咸和元年(326),司马岳被封为吴王,吴郡改为吴国,置内史,行太守事,历东晋一代未变。咸和二年(327)十月,司马岳徙封琅琊,但"犹食吴

---

[1] 陈寿《三国志》卷五十二《诸葛瑾传》注引《吴书》记载:"赤乌中,诸郡出部伍,新都都尉陈表、吴郡都尉顾承各率所领人会佃毗陵,男女各数万口。"可见,在赤乌年间毗陵已有大规模屯田,估计典农校尉设于此前后,为改吴郡西部都尉所置。

[2] 沈约《宋书》卷三十五《州郡志一》载:"此地本名长水,秦改曰由拳。吴孙权黄龙四年,由拳县生嘉禾,改曰禾兴。孙皓父名和,又改名曰嘉兴。"

[3] 郦道元《水经注》卷二十九《沔水》载:"谷水又东南径盐官县故城南,旧吴海昌都尉治,晋太康中分嘉兴立。"

[4] 房玄龄等:《晋书》卷六十四《武十三王传》,中华书局1974年,第1724页。

郡为邑"[1]。孝武帝时期,因简文帝之母郑太后讳"春",吴国(郡)所辖的富春县改为富阳县。东晋末年,吴国(郡)辖吴、娄、嘉兴、海盐、盐官、钱唐、富阳、桐庐、建德、寿昌及海虞十一县,户二万五千。在当今的苏州辖区内,有吴、娄、海虞三县。今苏州的张家港市域,在两晋时属南徐州的晋陵郡,[2]为当时的暨阳县和南沙县辖区。据《宋书》卷三十五《州郡志一》载,暨阳县为晋武帝太康二年(281)分无锡、毗陵所立,并割原吴县司盐都尉署(吴时名沙中)属之,"建治杨舍镇"[3]。东晋成帝咸康七年(341),罢盐署,立以为南沙县。

值得注意的是,东晋初年,吴郡境内还短暂设置过侨郡县。据《宋书》卷三五《州郡志一》记载,晋元帝初年,"割吴郡海虞县之北境为东海郡,立郯、朐、利城三县"。除了这三县外,南东海郡还管辖寄治曲阿的祝其、襄贲等县,隶属于南徐州。但到穆帝永和年间(345—356),南东海郡就移出京口,而侨治于海虞县北境的郯、朐、利城三县也"寄治于京",从而结束了吴郡境内的侨州县历史。

南朝宋永初二年(421),废除吴国,复称吴郡。刘宋大明七年(463),因孝武帝所宠爱的第八子新安王刘子鸾为南徐州刺史,孝武帝特意割富庶的吴郡隶属于南徐州,次年重新隶属于扬州。刘宋时期吴郡辖吴、娄、嘉兴、海虞、海盐、盐官、钱唐、富阳、新城、[4]建德、桐庐及寿昌十二县,户五万四百八十八,口四十二万四千八百一十二,户数比晋代的二万五千增了一倍多。而今张家港市域仍为南徐州晋陵郡的暨阳县和南沙县辖区,刘宋一代没有任何变化。

南齐虽然国祚只有短短的23年,但在今苏州区域内也进行了行政区划的调整。据宋人史能之纂修的(咸淳)《毗陵志·地理二》记载,齐武帝永明二年(484),"析南沙置海阳县",此时今张家港区域为暨阳、南沙及海阳三县所辖。

梁代吴郡辖区时分时合,变动频繁。州一级,梁太清三年(549)秋七月,以吴郡置吴州,与扬州平级。但次年就省吴州,复为吴郡,继续隶于扬州。郡一级,梁天监六年(507),在吴郡北境增置了信义郡,原属晋陵郡的南沙、海阳,原属吴郡的海虞,均划归信义郡管辖,另外还辖有前京、信义、兴国三县,信义郡治南沙,隶属于南徐州。梁太清三年(549)六月,已大权在握的侯景分吴郡的海盐、胥浦二

---

[1] 房玄龄等:《晋书》卷二十八《五行志中》,中华书局1974年,第860页。
[2] 晋陵郡即原毗陵郡,西晋时东海王司马越世子名毗,而东海国故食毗陵,因此在永嘉五年(311),改毗陵为晋陵。
[3] 陈延恩:道光《江阴县志》卷一《建置沿革》,清道光二十年(1840)刻本。
[4] 沈约《宋书》卷三十五《州郡志一》载:"新城令,浙江西南名为桐溪,吴立为新城县,后并桐庐。《晋太康地志》无。张勃云:'晋末立。'疑是太康末立,寻复省也。晋成帝咸和九年又立。"中华书局1974年,第1032页。

县置武原郡,但该郡在侯景之乱平定后很快就被撤销。县一级,梁代天监六年(507),分娄县置信义县,属信义郡。大同初,"又分信义置昆山县,仍隶吴郡,以县有昆山故名"〔1〕。梁代在原吴郡的辖区内还析海盐县的西北境置胥浦县,属吴郡,分娄县地置前京县,属信义郡,后属吴郡。另外,据史料记载,梁大同六年(540)以南沙之地置常熟县,县治之地设南沙城(即福山),是为常熟县名之始。常熟之名取"土壤膏沃,岁无水旱","原隰异壤,虽大水大旱,不能概为之灾,则岁得常稔"〔2〕之意。

陈代在今苏州行政区域内没有新的县设立,但对当时的吴郡也进行了区划调整。永定二年(558)十二月,割吴郡之盐官、海盐、前京三县置海宁郡,属扬州,后废。祯明元年(587)冬十一月,"割扬州吴郡置吴州,割钱塘县为郡,属焉"〔3〕。当时的吴郡城,为吴州、吴郡、吴县三级政府治所。根据胡阿祥教授的研究,截至祯明二年(588)年底,吴州辖吴郡、钱塘郡和吴兴郡,其中吴郡辖吴、娄、嘉兴、昆山、盐官、桐庐、海盐七县,而辖区基本在今苏州东北部的信义郡辖南沙、信义、海阳、前京、海虞、兴国及常熟七县,仍属南徐州。〔4〕而明人卢熊所纂洪武《苏州府志》认为,截至陈末,吴郡仅辖吴、昆山、常熟、嘉兴四县。〔5〕

三、苏州时期

开皇九年(589),隋王朝平定江南后,对行政区进行了大刀阔斧的重新划分,废郡级行政区,改为州、县两级制,并对县级行政区进行了大规模的撤并。改吴州为苏州,因姑苏山而得名,这是历史上首次出现苏州之名。废信义郡,所领海阳、前京、信义、海虞、兴国、南沙并为常熟县,以南沙城为县治〔6〕,并废昆山县。废吴兴郡,并废长城县,设乌程县,并东迁县入乌程。当时的苏州仅辖吴、常熟和乌程三县。开皇十八年(598)复昆山县,仁寿二年(602)复长城县。虽然仁寿年间曾短暂于乌程县置湖州,但隋炀帝即位后的大业初年即废州还县,并复改苏州

---

〔1〕 周世昌:万历《昆山县志》卷一《建置沿革》,明万历四年(1576)申思科刻本。
〔2〕 管一德:《皇明常熟文献志》卷一《建置沿革》,苏州图书馆藏旧抄本。
〔3〕 姚思廉:《陈书》卷六《后主本纪》,中华书局1972年,第114页。
〔4〕 胡阿祥:《六朝疆域与政区研究》,学苑出版社2005年,第494—495页。按:上述胡著吴郡所辖七县中,盐官、海盐两县此前已从吴郡割属海宁郡,海宁郡废后,所属三县中的前京县据《隋书》卷三一《地理下》记载,应是并入了信义郡,而盐官、海盐两县是并入新置的钱塘郡还是吴郡史无明载。另外,桐庐县似与其他县均不接壤,书此待考。
〔5〕 卢熊:洪武《苏州府志》卷首《三国六朝郡境图》,广陵书社2015年,第11页。
〔6〕 李吉甫《元和郡县图志》卷二十五《江南道一》载,隋开皇九年(589)平陈后,废晋陵郡,于常熟县置常州,因县为名,后割常熟县属苏州,移常州理于晋陵县。

为吴州。大业三年(607),吴州又改称吴郡。至此,吴郡辖吴、昆山、常熟、乌程(今浙江湖州)、长城(今浙江长兴)五县,终隋世未改。

唐武德四年(621),复改吴郡为苏州。[1] 武德六年(623),改苏州总管为都督,督苏州、湖州、杭州和暨州。[2] 武德九年(626),罢都督。贞观元年(627),唐太宗分天下为关内道、河南道、河东道、河北道、山南道、陇右道、淮南道、江南道、剑南道和岭南道十道。苏州属于江南道。开元二十一年(733),唐玄宗重新调整全国的行政区划,将江南道分为江南东道、江南西道和黔中道。又增设了京畿道和都畿道,天下为十五道。于各道置采访黜陟使,以监督地方州县的官员,并考察地方官吏的吏治。江南东道辖今江苏省苏南、上海、浙江、福建及安徽徽州等地,仍以苏州为治所,在此设有江南东道采访使(简称江东采访使),成为江南地区首要的行政中心。

安史之乱后,乾元元年(758),唐政府分江南东道为浙江西道、浙江东道和福建道,浙江西道领长江以南至新安江以北的原江南东道地,包括今天的苏南、上海、浙北和徽州等地,设节度使。苏州曾在乾元元年至二年(758—759)、永泰元年至建中二年(765—781)两度为浙江西道治所,在此期间的大历十四年(779),唐政府合并原浙江西道、浙江东道,设浙江东西道观察使,仍治于苏州。但建中元年(780),就复分浙江东西为二道,次年复合浙江东西二道观察使,设节度使,赐号"镇海军节度使",治所也由苏州迁至润州,自此苏州失去了江南地区行政中心的地位。

唐代苏州的辖区也在不断变动中。武德四年(621),唐政府以乌程县置湖州,并置雉州,领长城、原乡二县,乌程、长城二县自此脱离苏州,苏州仅辖吴、昆山、常熟三县。武德七年(624),常熟县治从南沙城移至海虞城,自此常熟县城延续至今。同年分吴县置嘉兴县,但次年就重新归入吴县。贞观八年(634),重置嘉兴县。至此,苏州辖吴、昆山、嘉兴、常熟四县。万岁通天元年(696),分吴县置长洲县,以长洲苑得名。景云二年(711),分嘉兴县复置海盐县,次年废,开元五年(717)复置。天宝年间,苏州辖吴、昆山、嘉兴、常熟、长洲、海盐六县。

开元四年(716)升吴县为望县。天宝元年(742),苏州有户七万六千四百余。天宝十载(751),吴郡太守赵居贞奏割昆山、嘉兴、海盐三县置华亭县。乾

---

[1] 唐代苏州与吴郡之名屡次变换,武德四年(621)改吴郡为苏州后,天宝元年(742)又改苏州为吴郡,至德二载(757),又改吴郡为苏州,终唐一代未再变动。

[2] 欧阳修《新唐书》卷四十五《地理志五》载,武德三年以江阴县置暨州,并析置暨阳、利城二县。九年州废,省暨阳、利城。

元二年(759),长洲改为军。大历十二年(777),长洲复为县。次年,苏州升为雄州,领吴、长洲、嘉兴、海盐、常熟、昆山、华亭七县,一直延续到唐末。

另外,唐代苏州的管辖范围还有一些小范围的调整。如开元以前,苏州的南界在今吴江的平望以北,据洪武《苏州府志》卷九《官宇》引《吴兴统记》记载,开元二十八年(740),"苏州耆老耻州境深远,请于刺史吴从众,割太湖洞庭三乡与吴兴换焉"。而平望驿北的官河在元和五年(810年)由湖州刺史范传正奉敕厘开,"又拨入苏州吴县"〔1〕。由上述记载可知,平望官河以西及以南之地,分别在开元及元和年间由湖州乌程县归于苏州吴县,由此而奠定了今天苏州南境的基础。

四、吴城的政治地位变迁

在秦汉至隋唐的1 100余年的历史中,吴城先后为会稽郡郡治、吴郡郡治及苏州州治,其政治地位在不同的时期有升降反复,但在相当长的时间内仍为江南的政治中心。

吴城为会稽郡郡治的时间为秦至东汉中期,共350年左右,在此期间,因江南地区仅设有会稽一郡,故吴城是江南地区的行政中心。

吴城为吴郡郡治的时间为东汉后期至南朝灭亡,即公元129年至589年,历时470年。在此期间,其政治地位大体可以分为三个阶段。第一阶段是公元129年至198年,在这70年间,江南地区只有两个郡,即吴郡和会稽郡,二者以钱塘江为界,郡治分别在山阴和吴县,并为江南两大都市。第二阶段是公元199年至209年,这10年间,东吴政权的孙策及孙权驻扎于吴城经略四方,在这里渐渐从弱小走向强大,最终奠定了三分天下的基础,著名的赤壁之战就是发生在孙氏屯吴时期。可以说,这十年间,吴城是孙吴政权实际的首都,其政治地位在江南城市中是首屈一指的。第三阶段是公元209年至589年,在这380年间,吴城所在的吴郡虽然也是当时的大郡、名郡,并在陈代短期设立了吴州,但江南地区的政治中心是六朝的首都建康,也就是今南京,这也是秦汉至隋唐时期,今苏州城的政治地位几乎是唯一落后于南京城的时期。

吴城为苏州州治的时间为隋唐时期,即公元589年至907年,历时318年。

---

〔1〕 卢熊:洪武《苏州府志》卷九《官宇》,广陵书社2015年,第130页。按:《吴兴统记》为北宋初年摄湖州长史左文质撰,前有景德元年(1004)序,可见《吴兴统记》成书不晚于此年。另外王鏊所纂正德《姑苏志》卷二十六《仓场》关于平望一带划归苏州的记载与洪武《苏州府志》大体相同,见《北京图书馆古籍珍本丛刊》第26册,书目文献出版社1988年影印本,第380页。

隋唐时期吴城的政治地位也可以分为三个阶段，第一阶段是公元589年至733年，即隋朝统一至江南东道设立。在这144年间，由于六朝的都城建康在隋代平定江南后被彻底摧毁，"城邑宫室，并平荡耕垦"，变成了耕地，仅在其地设蒋州，作为丹阳郡的治所。唐代前期，蒋州又被并入润州，六朝故都建康仅成为润州的一个县，政治地位一落千丈，吴城在此阶段的政治地位相应得以提高。第二阶段是公元733年至781年，即吴城先后作为江南东道、浙江西道及浙江东西道治所时期，在这40多年的时间内，吴城又重新成为江南地区首要的行政中心。第三阶段是781年至907年，即镇海军节度使由苏州迁往润州后至唐代灭亡，在这120余年间，苏州失去了江南地区行政中心的地位。但几乎与此同时，苏州升为江南地区唯一的雄州，实现了从江南政治中心到江南经济中心的转变。

从会稽郡、吴郡到苏州的过程，是以吴城为治所的行政区辖区不断变动的过程，也是其政治地位不断变迁的过程。通过以上的简单梳理，我们可以看出，在这1 100余年的时间中，苏州并非默默无闻，其为江南地区政治中心的时间远超同区域的南京、杭州等城市。宋元以后，伴随着经济的发展和形势的变化，苏州的政治地位渐趋下降，在建置上已成为普通州府。清代苏州虽然属于省府，但和同属于江南地区的南京、杭州等城市相比，在政治地位上已不占任何优势，再也没有重现过作为整个江南地区首要的政治中心的辉煌。但后世的苏州，却以发达的经济和昌盛的文化著称于世，其影响力远超江南区域，在全国范围内也占据着至关重要的地位。

五代宋元时期来苏移民问题

戈春源

苏州从五代至元,人口逐步增加。太平兴国三年(978),北宋政权接收苏州时,主户27 889,客户7 306,人口估计不满20万人。大中祥符二年(1009年),户数已达66 139。元丰三年(1080年),户数高达199 892户,丁口达379 487人。经两宋之间的战争,苏州主客户有所减少,但能迅速恢复。淳熙十一年(1184年),户数达173 042,接近北宋元丰时水平。到至元二十七年(1290年),苏州户口更高达466 158,人口达2 433 700。苏州人口迅速发展,除自然增长以外,外来人口的迁入,也是重要因素。今就外来人口迁苏原因、分类、特点与外来人口对苏州发展的贡献做一论述。

一、外来人口乐于迁苏的时空背景

苏州(宋元时亦称平江,惯称吴郡),土地肥沃,地温水软,气候适宜,水源充足,物产丰富,宜于居住。《史记》上称吴(苏州古称)"有海盐之饶、章山之铜、三江五湖之利,亦江东一都会也"。又说这一带"地势饶食,无饥馑之患"[1]。《吴地记》说,苏州"地广人繁,民多殷富"[2]。

北宋朱长文在《吴郡图经续记》中说,苏州"地沃而物夥";又说,"原田腴沃,常获丰穰;泽地沮洳,寖以耕稼","可谓天下之乐土"。[3]宋时由于这里粮食丰收,亩产达三四石,可供全国食用,故而有"苏湖熟,天下足"的谚语。农业产量的提高促进了工商业的发展,苏州被称作人间天堂。[4]这为人口的外来,准备了优越的物质条件。

---

[1] 司马迁:《史记》卷一二九《货殖列传》,中华书局1959年,第3270页。
[2] 陆广微:《吴地记》,江苏古籍出版社1986年,第111页。
[3] 朱长文:《吴郡图经续记》,江苏古籍出版社1986年,第11页。
[4] 范成大:《吴郡志》,江苏古籍出版社1986年,第660页。

苏州自五代以来,一直较为稳定。唐末军阀割据,互相争战,一片混乱。但苏州自贞明五年(919年)与杨吴作战以后,政局较为稳定。由于吴越当局钱氏实行保境安民政策,顺事中原王朝,避免了战祸的蔓延。太平兴国年间,吴越王钱俶入朝,献上所辖土地十三州一军,五十五万余户。宋政权兵不血刃,实行了"和平"的统一,从而维持了苏州长期稳定的局面。"吴人老死不见兵革"[1],长达三百年。

北宋末,临近苏州的青溪方腊举行起义,苏州有个名叫石生的做了响应。但方腊大军未过嘉兴,石生的部队也没有什么形迹可述,这支队伍似很快被消灭。这次起义,对苏州的安定,并未产生重大影响。对苏州破坏较大的一次是建炎四年(1130年),金兵从杭州北撤途中对苏州的骚扰。这次在苏州焚烧五昼夜,杀掠二三十万,使苏州遭到重创。但时间较短,恢复亦快。德祐元年(1275年),元军进占苏州时,平江太守望风遁逝,通判等官员到枫桥迎接,全城以降。元末农民起义,张士诚进兵苏州,元方守御之军由一些饥馑的农民组成,不习兵戎。时张军的先锋部队仅三四千人,弓不发矢,剑不接刃,沿城墙而上,元军迅速溃退。张军顺利地占领苏州,以承天寺作为王府,苏州附邑昆山、嘉定等相继降服。苏州除建炎祸乱外,所受战争影响一直较小。这一较为和平的环境,使苏州成为外来人口理想的迁居之所。

苏州这块地方文化气氛浓厚,有着深厚的文学艺术传统。西汉时就有严忌"以文辩著名"[2]。西晋时陆机写出不少具有真切感情的佳作,"才高辞赡,举体华美"[3]。其《阊门》诗,"阊门何峨峨,飞阁跨通波"描绘了苏州阊门的雄伟气势,一直传颂至今。隋唐时期,苏州文学以她全新的姿态出现,这主要是苏州当政者多为文人,韦应物、白居易、刘禹锡等著名文学家担任苏州刺史,有"苏州太守例能诗"之说。本地作家已逐渐成气候,顾况之诗,多反映社会生活,《过山农家》描绘茅檐鸡鸣、焙烟晒谷的景色。张籍善于抒情,抓住苏州"杨柳水斜,红柑白藕"的特征,抒发热爱家乡之情。晚唐的陆龟蒙与皮日休相唱和,其诗鲜明雄奇,其文犀利尖锐,多有讽刺时政之作。苏州山嵌水镶,泉石相配,有塔桥点缀,风光旖旎,醉人心胸。

苏州自先秦建"姑苏台"始,有建造园林的传统。秦汉时期有笮家园,南北朝时期有顾辟疆园,隋唐时更有孙驸马园、天随别业等十余所。苏州园林追求自然

---

[1] 龚明之:《中吴纪闻》,上海古籍出版社1986年,第143—144页。
[2] 班固:《汉书》卷五十一《邹阳传》,中华书局1967年,第2338页。
[3] 钟嵘:《诗品》,上海开明书店1929年,第15页。

情趣,缩融自然山水于一园,富有艺术创新。苏州是优越的自然、人文环境相融合的地方,因而吸引了人口的来附。

二、外来人口的来源与组成

这一时期苏州外来人口的成分较为复杂,人口迁苏最主要的原因是战争的驱使。苏州三次移民高潮的出现,都在战争之中。第一次是唐末五代的军阀混战,第二次是宋金之战,第三次是宋元之战。每次战争都有大量的"逃户"来苏,其中应以农民居多。郑亶在论及北宋吴中水利时,曾谈到北宋初从北方来苏的农民开垦水滨土地,逐步成为正式居民,使吴地所捐之税"昔少而今多",由十七八万石增至三十四五万石。[1]

因躲避战争来苏的有一些知识分子。徐彦伯,宋代苏州文学之士,本非苏人,其先"唐末避乱"而来。[2] 著名大族郑氏的祖先唐末从山东适苏,以后世代成为吴人。[3] 南宋苏州状元卫泾,其先为齐人,"唐末避乱南迁"[4]。此类例子不胜枚举。苏州著名经学家俞琰,"其先汴人,建炎间,始来吴"[5]。精于文学的武如愚,他的祖先是开封著名大姓,建炎年间(1127—1130年)"南渡后,定居姑苏"[6]。

一些士人在战乱南下之际,与求仕相结合。由于在吴越与宋元地方政府中任职,因而落户苏州。五代时正如皮光业所说:"中朝名士,在野遗人,或负笈担簦来投霸府(指吴越政府);或折襦为袴,而诣军门。"[7] 吴越国也大力招徕北方人才,"常使画工数十人居淞江,号'鸾手校尉',伺北方流移来者,咸写貌以闻,择清峻福厚者用之"[8]。因而当时就有大量人才至吴越政府任职,而著籍吴地。孙汉英因出仕吴越的昆山防御使而安家于昆山。同样,司马球以御史中丞的名义,担任昆山镇遏使,便定居苏州,其后代改马姓。北宋宣和年间,司马球之裔孙马友直以"孝"闻,以累次推荐,被任命为武康簿。友直曾孙马先觉,绍兴年间进士。马氏逐步繁衍而成苏州的旺族。陈泷的祖先是开封人,随宋高宗南渡,于绍兴初(1131年)家于吴。崔敦诗,原通州静海(今属河北)人,南来后在绍兴间中

---

[1] 郑亶:《六失六得》,顾沅辑:《吴郡文编》第1册,上海古籍出版社2011年,第364页。
[2] 张昶:《吴中人物志》卷十《流寓》,古吴轩出版社2013年,第123页。
[3] 胡宿:《文恭集》卷三十六《郑公墓志铭》,乾隆刻本,藏上海图书馆。
[4] 卢熊:洪武《苏州府志》卷三十五《人物》,广陵书社2015年,第445页。
[5] 张昶:《吴中人物志》卷六《儒林》,古吴轩出版社2013年,第61页。
[6] 张昶:《吴中人物志》卷七《文苑》,古吴轩出版社2013年,第80页。
[7] 皮光业:《吴越国武肃王庙碑》,吴任臣:《十国春秋》引,中华书局1983年,第1110页。
[8] 吴任臣:《十国春秋》卷七十八《吴越世家二》,中华书局1983年,第1115页。

进士,"晚寓常熟"。

在来苏的人口中,因到苏州任官而落籍者较多。颜度的祖先颜颢(颜鲁公之侄)任常熟令,因而成为吴人。富严因治苏有方,被吴人留苏。黄挺原是浦城人,绍圣(1094—1098年)中,由于丞相的推荐,为吴县尉,后虽至秀州(今嘉兴)、余杭等地任官而家于苏州,为苏州十老会成员之一。干文传,"其先汴人,五世祖武节大夫恭,建炎南渡,侨居于吴,子孙因占籍焉"[1]。邵光祖,"父宦游来吴,因家焉"[2]。徐师闵,因父"通判苏州",而成苏州人,曾以司农少卿知袁州,号称能吏。元朝孔渊,因父亲"监"通州(今南通)税来居昆山。[3]林宽,字彦栗,本是浙江乐清人,"父为昆山主簿,留居姑苏而卒"。元时,有不少人随军南下,或在吴地做官而留居苏州。吕某,曾任平江推官,后"以中大夫松江府知府致仕,寓居吴中"。本人或祖先在吴地任官而留居,是由于熟悉这里的优美地理环境和人脉关系,很自然地定居下来。正如王禹偁所说:"宦游之士,率以东南为善地,每刺一郡,殿一邦,必留其宗属子孙,占籍于治所,盖以江山泉石之秀异也。"[4]

这一时期尤其是唐末五代,苏州的移民也有来自战争的俘虏。乾宁四年(897年),两浙将领顾全武大破淮南杨氏军队计十八营,俘敌三千余人。后梁开平二年(908年),吴越军围攻占领苏州的淮南军得胜,生擒淮南将"三千余人,获兵甲生口三十万"[5]。乾化三年(913年),吴越钱传璙进攻淮南的东洲,"获敌将李师愈、姚延环等三千余人而还"[6]。建炎年间,金兵北撤途中,陈思恭带兵出太湖,攻击金兵之尾,一些被俘在金军中的宋朝军民做内应,纵火焚烧敌舟,取得一些胜利,也抓到了少量的俘虏。接着,韩世忠在黄天荡围攻金兵,相持48日,以八千精兵击败金兀术十万大军。其间,解救了被俘的宋朝生口,并抓获少量金兵。南宋时,尽管宋军一般处于守势,但亦有主动出击的举措。绍兴末,李宝率领水师,从苏州出发,沿海北上,直捣胶西(今山东北岛),俘获敌军,成功而返。无疑,这些被俘的官兵,成为开发苏州的生力军。

亦有一些人是热爱苏州而主动定居。杨备,原籍建平(今郎溪),天圣间(1023—1032年)任长溪(今属福建)令,后任华亭(今松江)知县,因爱苏州,归

---

[1] 卢熊:洪武《苏州府志》卷三十六《人物》,广陵书社2015年,第467页。
[2] 张昊:《吴中人物志》卷六《儒林》,古吴轩出版社2013年,第63页。
[3] 张昊:《吴中人物志》卷十《流寓》,古吴轩出版社2013年,第132页。
[4] 王禹偁:《小畜集》卷三十《建谿处士赠大理评事柳府君墓碣铭》,商务印书馆1937年,第422页。
[5] 吴任臣:《十国春秋》卷七十八《吴越世家二》,中华书局1983年,第1082页。
[6] 吴任臣:《十国春秋》卷七十八《吴越世家二》,中华书局1983年,第1089页。

家于吴。他感受到苏州风景与风俗之美,而仿效白居易的体裁,作《姑苏好》十首,其《游太湖作》"湖面风收云影散,水天交照碧琉璃"[1],反映了太湖波平浪静的景色。苏舜钦(1008—1048年),梓州铜山(今四川中江)人,在政治阴谋中被陷害除名,因爱苏州而到苏居住。在郡学之东,见有"草树郁然,崇阜广水"的高爽之地,而筑沧浪亭以居住。贺铸(1052—1125年),卫州(在今河南北部)人,落户苏州,住于城中,在郊区横塘置有别墅。他在《青玉案》词中,以"一川烟草,满城风絮,梅子黄时雨"来形容人之闲情愁绪,十分贴切。词中特地描写了苏州特有气象特征,反映了作者对苏州的感情。赵磻老,东平(今属山东)人,是门下侍郎赵野的从子,曾随范成大出使金国。由范成大的推荐,做"正言"的官职。后知楚州与临安府。因喜爱江南而落脚于吴江黎里,带动了黎里的繁盛。元朝诸多文人,如方澜、孔渊、王贞、柳贯、熊梦祥、俞登、文质、于立等,他们爱"吴中山水清旷,故多寓之"[2]。因热爱苏州而落户者,大多为文人与官僚。他们不仅来自北方,也来自其他各地,其中福建来苏的较多。原因是宋时福建文化发达,出仕者众,到自然条件较优与文化氛围较浓的苏州,也在情理之中。

还有是因投亲靠友而落户苏州。宋时陈遵,出赘李衡之女,因而在昆山安家。[3]陈侁,其先长乐(今属福建)人,因娶苏州林旦的女儿而家苏州。陈侁的儿子陈少方,为东宫讲官。或因是父母或祖先的坟墓所在,而置家于苏。李鳌,是寿昌令李璲的儿子。李璲罢官后,舟过吴江而卒,"葬于天平山,鳌时尚幼,奉母郑家于苏。天圣(1023—1032年)中,郑卒,与璲合葬"[4]。就此,李鳌居住于苏州。同样,方惟深,原是福建浦阳人,其父方龟年,"卒葬长洲,因家焉"。投靠友人的典型是南宋著名词人刘过。刘过,字改之,卢陵(今吉州)人,以"诗侠"有名于江湖间,与陈亮、陆游、辛弃疾交游。其词豪迈英特,尝抗疏光宗,力求恢复。性喜游,立志航海。他的旧友潘文友出任昆山县宰,延揽招致,因而刘过死于昆山。

三、外来移民的安排与移民的作用

政府对外来移民做了安排。吴越政权特别注意吸收南来的知识分子,根据才能,分别在政府中任用。政府还安排南逃人户开垦土地,给予牛具、农器与种子,支持其发展生产。宋政府对于开垦土地的外来农户特别照顾,给予贷借,减

---

[1] 范成大:《吴郡志》卷十八《川》,江苏古籍出版社1986年,第249页。
[2] 张昶:《吴中人物志》卷十《流寓》,古吴轩出版社2013年,第133页。
[3] 张昶:《吴中人物志》卷一《孝友》,古吴轩出版社2013年,第5页。以下人物未注出处者,多出此书。
[4] 张昶:《吴中人物志》卷七《文苑》,古吴轩出版社2013年,第77页。

少赋税,"有能广植桑枣,开垦荒田者,并令只纳旧租,永不以通检"[1]。北宋规定,一些荒地"许民请佃,便为永业,仍与免三年租调,三年外输税十之三"[2]。一些在南方做官的北方人,对同乡南来者有照顾的义务。周三畏任平江知府时,对乡人旧族"推食与衣,待之如骨肉",使移民安定下来。

众多来苏移民为苏州的繁盛做出了重大贡献,成为苏州发展的直接推手。首先是促进了经济的发展。他们带来了北方较为先进的农耕技术,一些铁工具的改进,借鉴了各方的经验而成功。北人南来,扩大了品种的来源,据《至顺镇江志》记载,当时江南优良的粳稻稻种有十六种,其中有"青州黄"一种,明显是从北方传来的。由于北人喜欢面食,因而苏州在南宋时麦类种植特别普遍。麦在冬天播种初夏收获,生长在春季,称"春稼",与秋天成熟的稻米"秋稼"相对。此时,麦子多种于高田,范成大曾赞美"高田二麦接山青"[3]的景色。但也有种于平田的,"小麦田田种,垂杨岸岸栽"[4]。麦的品种也逐步增多,有短麦、晚麦,还有北方的淮麦等。由于大量的北人流入两浙,一斛麦价高达一万二千钱,"农获其利,倍于种稻",于是"竞种春稼"。南宋的食品点心中,多有用面粉所做的食品,有四色馒头、细馅大包子、生馅馒头、煎花馒头、七宝包儿等二十种,[5]带动了面食业的发展。

外地来苏人员对苏州的文教科技事业也做出了重大贡献。五代时镇守苏州的广陵王钱元璙(即钱传璙)、钱文奉父子任中吴军节度使,开府于苏州。在他们的幕府中,有丁、陈、范、谢四人。丁名守节,冀(今河北)人;陈名赞明;范名梦龄,其先是邠(今属陕西)人,梦龄从浙江丽水转来;谢名崇礼,富阳人。他们都落籍苏州,其子孙对苏州的建设都做出了贡献。丁守节的孙子丁谓,官至丞相。他抑制苏州人口税"丁钱"与粮赋逐年增加的趋势,减轻了苏人的负担。苏人为感谢他而建造祠堂以作纪念。[6]陈赞明的曾孙陈子奇任屯田郎中。范梦龄曾孙范仲淹为参知政事,曾知苏州,兴修水利,多有政绩。谢崇礼的儿子谢涛,官至太子宾客,曾讲学于阳山澄照寺,声名鹊起,县令王禹偁、罗处约等都与他交游。

在教育方面,范仲淹捐出私地办苏州州学,从此,全国形成办学热潮。其子范纯礼在元祐四年(1089年)以"南隙地"扩展州学,使之获得发展。在州学中,

---

[1] 佚名:《宋大诏令集》卷一八二《劝栽植开垦诏》,上海古籍出版社2003年,第583页。
[2] 徐松:《宋会要辑稿》一之十六,上海古籍出版社2003年,第577页。
[3] 范成大:《四时田园杂兴》,北京大学古文献研究所编:《全宋诗》卷二二六八,北京大学出版社1998年,第26002页。
[4] 杨万里:《过平望》,吴之振等编:《宋诗钞·朝天续集钞》,中华书局1998年,第2253页。
[5] 吴自牧:《梦粱录·荤素从食店》,中华书局1962年,第268页。
[6] 范成大:《吴郡志》卷三十五《人物》,江苏古籍出版社1986年,第363页。

范仲淹聘请的教师不乏像胡瑗（原籍陕西安定堡，出生于海陵）这一类优秀的外地教师，提高了教学质量。范仲淹创办州学之初，"英才杂遝，自远而至，凡历五十余年，登科者前后殆逾百人，其后来者益众"[1]。苏州州学为苏州经济文化的发展起了重要作用。在范仲淹的影响下，各县也多有办学之举。

宋元以来的书院，大多为外来移民及其后裔所办，和靖书院、学道书院由平江知府创办，玉峰书院、鹤山书院、文正书院由外来人口的后裔所办。书院补充了官学之缺，开展学术争鸣，印刷经典文本，在古代教育体系中是重要一环，直接推动了科举的发展。由于苏州人才济济，苏州科举的解额逐年增多。宋祥符（1008—1016）年间，解额是岁贡四人，熙宁元丰（1068—1085）年间增至六人。至绍兴丙子（1156），由于外来人口的增多，特增"流寓"一人。无疑，人口的外来，推动了苏州科举的发展，促使苏州科举进入"渐兴"的阶段。

由于教育的兴起，文化的提高，苏州经学也随之兴盛起来，各学术流派在苏流传。更有一些学派，为"苏人"所创立，而这些"苏"人，几乎都是外来者或其后裔。范仲淹一派，特重个人修养与"易学"研究，具有务实与开拓精神。胡瑗所创学派，提倡直道，敦尚本实。讲《周易》发挥义理，又重象数，实用而利于国。震泽学派，为王苹所创，王苹的父亲为福州人，迁居平江。王苹继承二程（程颢、程颐）之学说，"资禀清粹，充养纯固"，主张经世大法与具体的帝王之学相结合。元人俞琰，其先为汴（今开封）人，建炎（1127—1130）年间南渡来吴，先隐西山林屋，后迁移至苏州城内的南园。俞琰为宋末元初人，宋亡不意仕进，钻研《易》学，曾采集诸家学说，辑成《大易会要》一百三十卷，并注上下经与《十翼》，凡四十卷，对《易》学做了总结与发挥。其他如晦庵（朱熹）、水心（叶适）、和靖（尹焞）、鹤山（魏了翁）诸学派，在苏州的门人中，不乏外来人员及其后裔。

外来人员及其子弟还参与了史志的编写。吴地这一时期从事《书经》与上古史研究的多来自外地。丘迪，其先朐山（今连云港）人，作《尚书辨疑》。俞元燮，其先建宁（今建瓯）人，因他的曾祖父任常州通判而定居江南，通《尚书》蔡氏传，并博采群说，作《书经集传》。余日强，本古田（今属福建）人，来吴居昆山，作《尚书补注》，对于《尚书》的文字与古代史实做了补充。另有前述邵光祖作《尚书集义》。外来者及其后裔还参加了全国性史书的编著。郑时是郑戬的孙子，对《左传》《史记》《汉书》《三国志》等名著进行纂辑编排，获一致好评。宋亡后移居吴

---

[1] 杨循吉：嘉靖《吴邑志》卷五附《界内府学》，《天一阁藏明代方志选刊续编》第10册，上海书店1990年，第850页。

下的龚开,不怕性命之忧,为宋臣文天祥、陆秀夫作传。[1]外来人员还参与了一些地方志的编写,如《玉峰志》的两位主编凌万顷、边实均属外籍。凌万顷原籍宜兴,因其父入赘于昆山颜氏,因而成昆山人。边实,原陈留(今属河南)人,其高祖始迁昆山。《玉峰志》所记沿革、风俗以及人物、古迹甚悉。[2]

外来人员及其后裔对苏州的文学艺术做出了重大贡献。在苏的一些誉满全国的文学家,外来人员及其后裔占62.5%。范仲淹的诗词气魄宏大,描写边塞之景尽含雄浑,而往往透露乡国之思,对于豪放与婉约两派都有影响。其散文情景交融,富有哲理。苏舜钦散文以叙事入景,抒发感叹,道出真言,"词气俊伟,飘然有超世之格"[3]。其散文风格,为后代散文大家归有光等所继承。从卫州迁苏的贺铸,善于用苏州地方风物来描写自己的心情,情真意奇,其词被广泛传颂。祖籍福建连江的郑思肖,诗文透着民族正气与爱国主义思想,对顾炎武、梁启超等大思想家有较大影响。

一些有一定名望的苏州文人中,亦有不少来自外来人员及其后裔。唐末鹿门皮日休移居苏州,其子皮光业善于文,吴越的"教令仪注"由他考定,作《皮氏见闻录》;其孙皮璨作《鹿门家抄诗咏》。皮家"三世以文雄江东,识者荣之"[4]。方惟深之诗富有艺术性和思想性,其《过黯淡滩》一诗,道出了"古来何事不由人"的道理。马云用对偶、衬托等手法,表现了踞湖山的幽深,并对煊赫一时的钱氏作了讽谕。由淮海迁来昆山的乐备,善写苏州山水,"小雨汀洲松浦雾,斜阳花草玉峰春"[5],充分表现昆山春色。他还与范成大、马先觉结成诗社,直接组织与推动了诗词的创作。

艺术领域亦有这一状况。五代罗隐自余杭迁苏州甫里(今甪直),其子罗塞翁善于画羊,精妙卓绝。宋末龚开亦"游戏翰墨,为山水人马,皆卓绝不凡,世争宝之"。元柯九思从天台(今属浙江)流寓吴中,"善画竹石,得笔法于文同"。焦白,本是淮人,迁居于吴,才志纵放,"间作诗画,率不凡"。熊梦祥来自江西,能"通音律,能作数体书,写山水,尤清古无俗工状",可以说是一个全能式的人才。

外来人员及其后裔也推动了科学技术的发展。他们之中产生了一些自然科

---

[1] 张昮:《吴中人物志》卷十《流寓》,古吴轩出版社2013年,第130页。
[2] 永瑢等:《四库全书总目》附录《四库未收书目提要》,中华书局1965年,第1865页。
[3] 王闢之:《渑水燕谈录·才识》,中华书局1986年,第40页。
[4] 吴任臣:《十国春秋》卷八十六《皮光业传》,中华书局1983年,第1247页。
[5] 乐备:《次马得闲幽居客至韵》,北京大学古文献研究所编:《全宋诗》卷二一二七,北京大学出版社1998年,第24047页。

学的专家。范仲淹"开渠、修圩、置闸"相结合的水利学说,被水利界奉为圭臬。胡舜申在绍兴年间(1131—1162年)从绩溪(今属安徽)迁苏州,他深入研究各地的风土人情,熟悉城市建筑的构画,考察苏州的城郭后,认为"蛇门不可废",特作《吴门忠告》一文,主张开南边的蛇门,方便行水,以利舟航。这一建议被郡守所采纳。在农业方面,韩世忠之子韩彦直著有专门研究果木的著作《橘录》,记述了柑、橘、橙的各种类别,进行品评,并介绍了种植柑橘的方法,至今仍有参考价值。原籍江都(今江苏扬州),后迁苏州的史正志,绍兴二十一年(1151年)进士,曾任司农丞。他在葑门内建渔隐园,自号"吴门老圃",作有《菊谱》。所列菊有27种,介绍了各种菊的形状与品性。后序中对菊花是否落英问题做了考辨,指出有落与不落两种。此说"可以息两家之争"[1]。

外来人员及其后裔,在苏州医药学上的成绩尤其突出。正是他们的到来,使苏州医药学形成集南北之长的特色。南宋时由开封迁来苏州的著名医师沈良惠,医术高超,高宗皇帝书"良惠"以赠,吴人因而称之,反而把他的真名忘记了。他的后代也以医术闻名,一直延续到元明时代。[2]刘岳世居星子县(今属江西省),宋末东游,定居吴地。他精通医术,诊病指点三下,就"洞知穴脉受病之源",时称刘三点。[3]后任太医院医官。刘勉,其祖先在两宋之交南渡至吴,世以"疡医"闻名。到刘勉一代,医术益进,善治痈疮,被推举为江浙官医提举。倪维德,先祖为开封人,以医传世。倪擅长眼科,著《敕山老人原机启微集》。论眼病根源,讲治理方法,在眼科医学史上有较大影响。赵良仁,朱丹溪的学生,祖籍亦是开封,元时来吴,医学纯熟,治疗多有奇效;掌握养生机理,以高年终,著有《医学宗旨》等。林文友,先世由闽迁吴。他立志学医以利众,其药室名"生意堂",有确保生机之意。由北方迁来的郑公显,以妇产科闻名。外来人员及其后裔的医学成就是多方面的,各科齐全。他们直接给本地医生以重要影响。吴中著名医生葛应雷就吸收了北方医术,而身价倍增。

外来人口的迁苏,促进了苏州经济文化的发展,是使宋元以来江南成为全国经济重心的直接推动力之一。这一史实也反映了苏州海纳百川的城市个性,未见原有土著与外地人的冲突。苏州,正是本地居民和全国各地来苏人士的共同努力,才成为历史文化名城与经济发达的重要城市。

---

[1] 永瑢等:《四库全书总目》卷一一五《子部·谱录类》,中华书局1965年,第991页。
[2] 张昹:《吴中人物志》卷十三《艺术》,古吴轩出版社2013年,第180页。
[3] 卢熊:洪武《苏州府志》卷三十六《人物》,广陵书社2015年,第466页。

明代苏州地位论纲

吴建华

明代苏州的研究,在各个专题领域,自清末民初以来的百余年之中,学术成果可谓丰硕,并且较多地将其置于江南地域的整体研究之内,而将明代苏州作为一个独立整体的研究则又较少。有鉴于此,很有必要在已有研究的基础之上,开展对于明代苏州发展地位的整体评估。

地域范围　明代苏州指的是今天苏州市行政区的范围。这是为了在整体上与苏州通史撰写的地域保持一致。事实上,今属上海市的嘉定、崇明两个县级政区,明代也是苏州府下的属县。它们完全以吴中苏州作为归属意识。因而我们在认识历史现象时候,理所应当对它们也加以适度重视。

时间范围　众所周知,明代苏州当指明朝统治时期的苏州。然而,明朝由朱氏建立,其兴亡有个过程,时间上前后有所伸展,因此,本文所言的明代苏州实质上是朱明统治时期的苏州。苏州属于朱氏政权的时间,包括从属于朱元璋朱吴王政权、朱明王朝(1368年正月一日—1644年三月十九日)、朱氏南明福王弘光政权。确切地说,从1367年九月,到1645年五月。由此,广义的朱明苏州史长达278年,要比严格的明代苏州史276年,在时间上增加2年。这是朱明苏州史于时间上稍具的特殊性。

地位与历史地位　地位就是所占的地方,所处位置的高低。历史地位是在历史上所占的地方,在历史上所处位置的高低。明代苏州的地位与明代苏州的历史地位有差别:前者指苏州在明代当时的地位,后者指在历史序列中论定明代苏州的地位。两者又有交叉,前者是后者考察的基础,后者是前者观察的提升。本文所指明代苏州的地位,主要是苏州在明代当时所处的位置,但是也适当兼顾明代苏州的历史地位。

一、明代苏州社会发展的三个阶段

根据我们对于明代苏州发展历史的把握,觉得大致可以划分为三个阶段,即明代初期洪武时期(1368—1398),社会恢复性发展;建文到弘治时期(1399—1505),社会持续性发展;正德到崇祯时期(1506—1644),社会转型性发展。至于朱吴王与福王时期,大致可以归入与此相应的一前一后的两个阶段。

建立自给自足的小农经济和社会秩序,以及相应为之服务的上层建筑,包括君权至上的政治制度和儒学一统的思想体系,是朱元璋洪武时期明朝社会的最大特征。

这种局势在洪武时期确立,经过建文(1399—1402)、永乐(1403—1424)的巩固,得以延续下来;到"仁(熙)宣(德)之治"(1425—1435),臻于明代小农社会的盛世;并经正统(1436—1449)、景泰(1450—1456)、天顺(1457—1464)、成化(1465—1487)、弘治(1488—1505),基本稳定地延续;从正德(1506—1521)开始,经过嘉靖(1522—1566)、隆庆(1567—1572)、万历(1573—1620)、泰昌(1620)、天启(1621—1627)、崇祯(1628—1644),才逐步地部分趋于解体。

官田重赋是明初洪武时期开始形成的苏州社会的特殊经济基础。此后围绕这一经济基础,中央与地方官员小心翼翼,持续修复、维护、改革,以至彻底解决这一问题。明代苏州社会恢复、持续、转型的三个阶段,都与此经济基础密切关联。

从嘉靖到隆庆(1522—1572)的半个世纪,江南苏州等地赋税改革围绕两方面进行:一是均粮。各县原先不同田则税粮不均,使之趋于一致。新税粮额以米的数量来表示,称平米,这一新方法叫均粮。二是征一。对品种繁多、数量混乱的各类实物种类和数量,一律统一为每征收单位纳米若干、纳银若干的形式。均粮、征一消除了原有官、民田则的区别,由此而生的税粮负担差别也基本消失,江南官田制度从此崩溃,社会真正走上由固有特性支配发展的轨道。

以上明代苏州地方社会历史的三个阶段的划分,与学术界关于明代历史的分期出现了不统一。

学术界关于明代分期的一般观点是:明前期,1368—1449年,从明朝建立到土木之变;明中期,1449—1581年,从土木之变到张居正改革,推行一条鞭法;明后期,1581—1644年,张居正改革到崇祯自缢身亡,明亡。

明代苏州史分期,依据苏州区域社会发展情况,与按照国家大事划分的明朝史分期并不完全一致,因为没有可能将社会状态由一个特定时间节点立即划分清楚。于是,两者要是对应起来,就会出现时间含糊不清、拖泥带水的说法:苏州明代发展,在明代初期洪武时期,社会恢复性发展;明代前中期,从建文到弘治时期,社会持续性发展;明代中后期,从正德到崇祯时期,社会转型性发展。这一说法并非代表我们思维混乱,而恰恰是社会发展复杂状况的真实写照,传承与发展,往往是藕断丝连、不能一刀切断的。

二、行政上的京畿之府,弹丸之地

苏州在朱明王朝建立之前已经归属于朱元璋朱吴王(西吴王)政权。

朱元璋在其吴元年(元顺帝至正二十七年,1367)九月,派大将军徐达等,经十个月攻围平江城,终于消灭张士诚张吴王(东吴王)政权,完全实现对江南的统治。他改张士诚之元平江路为苏州府,隶属江南行中书省,并沿元之旧,领吴、长洲二县,昆山、常熟、吴江、嘉定四州。苏州归属朱元璋管辖,作为吴政权的辖地,并且成为日后朱元璋北伐中原、统一全国的财富根基之地。

次年(1368)元旦,在北伐中原节节取胜之时,朱元璋在应天正式即大明皇帝之位,建元洪武,开始明朝统治,并逐步统一中国。洪武二年,苏州府的四州恢复为县。八年,改划扬州府崇明县来属。孝宗弘治十年(1497)正月,割昆山、常熟、嘉定三县之地在太仓卫设置太仓州,领崇明县,仍属苏州府。这是县级州领有的属县。

明初苏州府与应天等府直隶南京(后改为京师)的中书省,后直隶六部。永乐元年(1403)正月,朱棣建顺天府于北京,京师仍称南京。十九年(1421)正月,改北京为京师,以顺天等府州直隶六部,即为北直隶;南京名称不变,统应天、苏州等十四府、四直隶州,即是南直隶。

明末崇祯十七年(1644)三月十九日,李自成大顺政权攻进北京,崇祯皇帝自缢身亡,标志明朝灭亡。五月,朱由崧在南京称帝,南明第一个小朝廷福王弘光政权建立,江南包括苏州成为福王政权的立足之地,直到次年即弘光元年(1645)五月,南京被清朝占领,苏州归属清朝统辖。

从永乐迁都之后,到清军占领江南之前,明代苏州府凡领州一、县七,辖境一直不变。

历史上,苏州城除了周朝吴国作为诸侯国的都城外,只有张士诚建立大周政权,再次短暂建都于此,改元平江路为隆平府(1356),而次年张士诚受元朝封册,复称平江路,其余大多数时间,苏州城或作为地方会城,如秦会稽郡,汉会稽郡、吴郡,隋朝苏州、吴郡,清代江苏(巡)抚城(即省城),是地方最高一级行政中心；或降为地方二级行政单位，如唐代江南道苏州、江南东道苏州、浙西道苏州，宋两浙路苏州、江南道浙西路平江府，元江淮行省、江浙行省平江路。

明代苏州城仅仅是府城，地方二级行政机构驻地，先是京师、后是陪都南都的地方行政中心。具体行政归属，在明朝建立之前，苏州是朱元璋江南行省与朱吴王政权之地（1367年九月到1368年正月初一，1年）；明前期为京师畿下之地（1368年正月一日朱元璋建立大明，定都南京，到1421年永乐迁都北京，53年）；明中后期为南都畿下之地（1421年永乐迁都北京，到1644年三月十九日崇祯自缢死，明朝灭亡，223年）；南明福王弘光政权时期为京师畿下之地（1644年五月朱由崧在南京称帝，到1645年五月清军攻占南京，南明弘光政权灭亡，1年）。在以上所有朱氏政权时期，苏州在行政上始终都是一个府级建制的地位。

朱明政权时期的苏州一直没有享受到中央政府在行政级别上的重视，相比张士诚时期，当然大大降级，并且在政治上被施加高压，时刻防范，所以明初洪武赶散，人口迁徙，社会出现一片萧条，加上长期实施重赋重漕重役，在经济上既榨取又依赖，这种政治与经济地位的极不对称制约着苏州的发展。

三、人口密集之区

明初苏州户口、耕地面积增长反映经济的恢复与发展。这也是明代统计资料最为可信的阶段。

全府户口，洪武四年（1371），户473 862，口1 947 871；九年，户506 543，口2 160 463；二十六年，户491 514，口2 355 030。[1]这表明户数有盈缩，人口数量却一直增长。

据此统计，平均每户人口，洪武四年4.11口，九年4.27口，二十六年4.79口，也在增滋。

全府统计官民田地，洪武十二年67 490顷，二十六年为98 506顷，增加31 000余顷，增长近46%。

清查隐额田地，加上新开垦田地，成为耕地面积增加的两大来源。但是，这种情况在江南苏州等府县难以为继。因为土地开垦已近极限，而豪强隐占土地在明初极为严厉有效的清查下，应该得到了彻底解决，以后可能被新豪强地主隐

---

[1] 苏州全府户口数，除单存户数的，现存户、口数还能见到：弘治四年（1491）户535 409，口2 048 097；十六年（1503）户582 000，口2 009 300；万历六年（1578）户600 755，口2 011 985。据目前我国人口史研究结论，明代洪武以后，南方户口数失真，故苏州府这些户口真实性应存疑。但是，全府基本上保持在200万人口左右。

占,而数量再次逐渐减少,才是其主要趋势。[1]

从以上统计可得人地关系,洪武十二年,人均约 3.12 亩,户均约 13.32 亩[2];二十六年人均 4.18 亩,户均 20.04 亩,也在增大。

这说明洪武年间苏州人口、耕地都在增长,两者关系尚有发展余地,也表明社会经济在逐步恢复发展。

依据明洪武二十六年的人口数据,选取明代洪武年间南直隶中相当于清代江苏省范围的 8 个府州的面积和人口数,求出应天、镇江、苏州、松江、常州这苏南 5 府的各府人口在此一范围内的比重,可知 5 府的面积之和为 32 134 平方公里,占到 8 府州面积之和 92 007 平方公里的约 34.93%,人口却有 706.9 万,占到 8 府州人口之和 895.4 万的约 78.95%。即 5 府人口在 8 府州中的比重是 5 府面积在 8 府州中比重的 2.3 倍,苏南 5 府是以全省 1/3 强的面积承载全省 4/5 弱的人口。

明洪武二十六年的苏州府人口,在清代江苏省范围的各府之中,以 240.5 万的人口数量位居首位,占到全省人口的 26.86%,并且超过当时都城南京地区的 210.7 万占到全省人口的 23.53%。明初苏州人口之密集可见一斑,而且这已经是迁移走了不少富民之后的统计。明初苏州这种人口规模庞大、人口密集的势态在以后的明朝一代应该有着一致性的延续。

研究表明,苏州、苏南、江南是明代全国人口最密集之区、全国人口的重心之地。

从人口密度上看,洪武二十六年,相当于清代江苏省范围的人口约为 895.4 万,面积为 92 007 平方公里,得出人口密度约为每平方公里 97.32 人;浙江省人口约为 1 113.9 万,面积为 100 913 平方公里,人口密度约为每平方公里 110.38 人。这是全国人口密度最高的两个省级区域。

分府观察江南诸府的人口密度,在明洪武二十六年,以嘉兴为冠首,每平方公里 506.1 人,其下排序依次为松江 291.5,苏州 278.8,应天 229.4,湖州 193.4,宁波 159.3,绍兴 145.5,镇江 144.4,杭州 143.8,常州 120。显然,嘉兴人口密度最大,和松江、苏州、应天,同为中国人口第一个密集等级,每平方公里 200～300 人以上。这四个府是"中国人口极密集区"。"应天府的人口众多,完

---

[1] 苏州府弘治十五年土地 15 524 997 亩,难以理解,恐为错误。次年即为 9 478 500 亩,但少于此年官民田累计数 9 970 000 亩。万历六年 9 295 950 亩,比洪武年间减少。学术界研究,明代洪武、万历两次土地清查比较可信,而江南地区都是其中的清查重点。
[2] 权以洪武九年户口数比较。

全是因为首都京师集聚了大批人口的缘故。"其他江南6府,连同金华府(132)、江西抚州府(116)一起,则属于中国人口第二个密集的等级,每平方公里100~200人。这第一和第二个中国"人口最密集区和人口密集区共同形成了洪武二十六年中国人口分布的'高地'",主要在江南地区。它们跟全国人口次密集区(每平方公里超过50人)、人口中等密度区(每平方公里30~50人)以及由人口稀疏区(每平方公里10~30人)和人口极稀疏区(每平方公里不足10人)组成的人口分布的"洼地",悬殊都很大。[1]

连同苏州在内的江南弹丸之地,在明代确实已经成为全国最高人口密度区。

明代苏州人口汇聚、人口稠密,其中有不少外来入迁人口与人才,这为当地经济发展提供了充足的劳动力资源,又为社会消费、拉动商业与服务业经济提供内在需求和强劲动力,也使文教发达、人才辈出,人口与社会之间形成良性循环。

四、经济重心

总体上,明代苏州依旧处在传统社会以农业为主的自然经济时代,是农业社会农业文明。

明代苏州经济基本的发展脉络是:农业经济上,明初开始的苏州官田重赋在全国最为突出,税粮负担的数量和比重不仅居于全国第一,而且是位居其后的第二位(松江府)的一倍以上;重赋与重漕重役密切相连,逼迫当地户口大量逃亡,加剧了明初建立的地方基层组织的瓦解。这样引起两个后果:一方面,引发明朝政府的财政危机,苏州以及江南地方社会秩序动荡不宁,明政府不得不对此进行政策调整,逐步改革行政管理,略微减轻苏州赋役负担,稳定社会秩序,以确保中央财政收入。于是,社会基层制度、农业赋税政策发生重大变化,然而又不能取消对苏州赋役的依赖,从根本上解决重赋问题,因此只是缓和官民田税的矛盾,采用平摊总量的办法,而苏州整体赋税量没有减少,至清代延续不变;另一方面,导致苏州农业、手工业发生变化,货币—商品经济发展,专业、兼业生产发达,市镇勃兴,星罗棋布,市场兴旺,商业繁荣,贸易兴盛,外贸活跃,生产关系出现新因素,尤其是丝织手工业资本主义萌芽孕育,社会渐渐自发转型。

---

[1] 以上均可参见曹树基:《中国人口史》第四卷《明时期》,复旦大学出版社2000年,第240—247页;梁方仲编著:《中国历代户口、田地、田赋统计》甲表88,上海人民出版社1980年;吴建华:《明清江南人口社会史研究》,群言出版社2005年,第82—103页。洪武二十六年苏州府人口240.5万是曹氏的修正数。

(一) 官田多

明初苏州府官田增长是惊人的,成为南宋、元朝以来的高峰。洪武十二年(1379),全府田地总数 67 490 顷,其中官田 46 544.47 顷,约占 69%;民田 20 945.51 顷,约占 31%。而官田中,官田、功臣还官田、开耕田共 29 906.07 顷,约占 44%;抄没田 16 638.4 顷,约占 25%。[1]

洪武二十六年(1393),苏州府田土总数为 9 850 671 亩(即洪武二十四年第二次编修黄册时的汇总数)[2],比洪武十二年增加 3 万余顷,但其中官、民田数不详。

弘治十六年(1503),全府实征官、民抄没田地山荡等项共 94 785 余顷。其中,官田抄没等项 65 003 余顷,占 68.58%;民田 34 697 余顷,占 36.61%(但据细数相加为 99 700 顷,原文如此)。

森正夫依据正德《姑苏志》,考订苏州官田 60 094 顷,占 62.98%,民田 35 323 顷,占 37.02%,合计二项为 95 417 顷,略高于弘治年数,更接近洪武二十六年数。[3]

于此可知,洪武十二年后,苏州府官田总数增加在 18 459 顷到 13 550 顷之间,增长在 39.66%~29.11%之间。

无论如何,苏州府明初的官田数量不断增加,且官田数的比例总在 60%以上,甚至接近 70%。这种情况在全国罕见。[4]

(二) 赋税重

大量官田的存在使苏州税粮在明代继续增长。实征米麦,洪武二十六年 2 810 490 石。宣德五年(1430),2 779 109 石。宣德时期获得一次较大幅度的

---

[1] 田数见洪武《苏州府志》卷十《税赋·田亩》,《中国方志丛书》,台湾成文出版社有限公司 1983 年,第 425 页。

[2] 万历《大明会典》卷十七《户部四·田土》,广陵书社 2007 年,第 302 页。

[3] 王鏊:正德《姑苏志》卷十五《田赋·田地》,《天一阁藏明代方志选刊续编》第 11 册,上海书店 1990 年,第 977—981 页;[日]森正夫:《明代江南土地制度研究》,伍跃、张学锋等译,范金民、夏维中审校,江苏人民出版社 2014 年,第 31 页;并参见罗仑主编,范金民、夏维中:《苏州地区社会经济史》(明清卷),南京大学出版社 1993 年,第 34—35 页。

[4] 从梁方仲《明弘治十五年分区官、民田数及其百分比》看,全国只有大名府(99.51%)、松江府(84.52%)、湖广(78.73%)高于苏州府,但大名、湖广的官田数本身有问题,只有松江府的数据较为符合实情,也只是苏、松两府,才成为明朝的赋税聚宝盆。参见梁方仲编著:《中国历代户口、田地、田赋统计》乙表 40,上海人民出版社 1980 年;洪焕椿编:《明清苏州农村经济资料》,江苏古籍出版社 1988 年,第 49 页。

减免,以后苏州府正额税粮基本维持在 200 余万石,如弘治十五年(1502) 2 091 987 石,万历六年(1578)2 092 560 石。

洪武二十六年、弘治十五年、万历六年,苏州府实征米麦数分别占同期全国总数的 9.55%、7.81%、7.86%。[1] 同期苏州平均每亩田征粮额分别为:28.53 升、13.48 升、22.51 升。[2] 同期实征米数,苏州府分别是全国的 11.11%、9.20%、9.25%。[3] 以苏州一府弹丸之地,实征米数大约稳定在全国的 10% 上下。

从税粮总数、府征米数在全国的比例及亩平均赋税等指标上看,很明显,明代苏州府的负担或贡献,除了个别方面,只有松江可以与其并提,是全国其他地区无法望其项背的。从明初起,江南苏州等地形成的这种重赋奠定了明清苏州等江南重赋的基本格局,对社会经济等方面影响深远。明代苏松为全国重赋之区,名副其实。其重赋的根源就在于由政府直接控制的官田多,是官田的田赋重。

(三) 繁重的漕粮、白粮、漕运

漕运实行后,苏州运送的粮食主要是京粮,其中分一般漕粮、白粮两种。一般漕粮用于军粮和京官俸禄,白粮供内府使用。

明初运送京师的漕粮未有定额。洪熙元年(1425),苏州税粮输送北京达 60 万石。成化八年(1472),全国始定 400 万石,此后成为常数,并被清代继承。其中,南粮 3 244 400 石,而内中南直隶正粮 180 万石,苏州府正额约占 69.7 万石,耗粮在外。[4] 据洪焕椿计算,苏州府漕粮额数占全国漕粮总额的 17.82%;南直隶十三府二州合计漕粮额为 170 万石,占全国的 43.54%。[5] 若此,苏州府漕粮占南直隶漕粮总额的 41%。

---

[1] 梁方仲编著:《中国历代户口、田地、田赋统计》附表 3、5,上海人民出版社 1980 年。同期松江府占全国的比重分别为:4.14%、3.85%、3.87%,均不足苏州之半。常州府则为:2.22%、2.84%、2.86%。

[2] 梁方仲编著:《中国历代户口、田地、田赋统计》乙表 36,上海人民出版社 1980 年。同期松江府分别为:23.77 升、21.87 升、24.29 升,比例上反而与苏州府有参差,在后来有反超。其后的常州府同期分别为:8.19 升、12.32 升、11.85 升,亩赋税逐步上升。

[3] 梁方仲编著:《中国历代户口、田地、田赋统计》乙表 37,上海人民出版社 1980 年。同时期松江府分别为:4.50%、4.24%、4.26%,位居第二。常州府为:2.16%、2.74%、2.75%,位居第三。但苏松常之间差距愈大。

[4] 万历《大明会典》卷二七《户部十四·会计三·漕运·漕运总数》,浙江省兑运米 60 万石,苏州府为 65.5 万石。见广陵书社 2007 年,第 509 页。张廷玉:《明史》卷七十九《食货三》作 70 万石,见中华书局 1974 年,第 1918 页。

[5] 洪焕椿编:《明清苏州农村经济资料》,江苏古籍出版社 1988 年,第 532 页。同年,松江府漕粮额为 23.295 万石,占全国漕粮总额 400 万石的 5.59%,占南直隶漕粮总额的 13.7%。

从洪武起,苏松常嘉湖五府需要征收并运送白粮,而苏州数量最多。白粮主要是白熟细粳米、白熟粳米、糯米等,质量较好,上供宫廷、宗人府及京师百官享用。明廷迁都北京之后,大部分白粮必须转运北京。这是特殊的漕粮,一般全征本色,终明一代,全由民收民解,很少被蠲免。成化以前,苏州白粮数额或多或少,没有定额。弘治时大概维持在每年5万石左右。白粮是苏州漕运中负担最重的部分,加耗严重,还要缴纳户直接运送到北京各衙门(部分送到南京),在明中后期成为苏州一大困弊。

(四)货币-商品经济发展,新生产关系因素出现

明代苏州社会从持续性发展阶段开始,到正统时全国允许使用金花银,宣告贵金属可以流通,以及到转型性发展阶段,货币-商品经济发展是其社会经济发展的鲜明特征。它具体体现在农业、手工业方面,是专门为市场生产的专业、兼业的商品经济日益发展,出现一大批名特优的农副畜牧业渔业林业产品,促动商业经济繁荣起来、市镇勃兴、专业化市镇不断涌现,进入江南市镇自唐宋以来的发展高峰,推动贸易兴旺、外贸扩大、共同市场的规模扩展,致使生产关系出现新的因素、国家行政治理和社会治理出现新迹象,蕴含传统社会向现代社会转型的因子,即现代性的因子。

已有众多的研究分别围绕上述某方面逐一展开,目前取得不少基本共识。当然,并不排斥有的看法存在很大争议,如新生产关系因素,尚待继续深入探讨。

明代苏州农业发展水平的衡量,体现在农田水利、稻麦粮食生产、桑棉经济作物种植与家庭丝棉纺织副业方面。

明代苏州农村商品经济发展,较多地体现在农作物商品生产、农村家庭副业商品生产、农业经营方式上面。[1]

农业纯农生产发生变化,朝专业化、兼业化转向。这是农业商品经济发展的必然。[2]

地主经营情况有所不同。大多数地主仍是出租土地,收取地租,少数地主则在使用奴仆、雇工生产。

明中后期苏州劳动力生产形式大约有两种。

一种是农户为扩大某个劳动环节上的生产能力,采用曾有的形式,农户之间

---

[1] 这方面研究较多,可参见范金民:《明清江南商业的发展》,南京大学出版社1998年;罗仑主编,范金民、夏维中著:《苏州地区社会经济史》(明清卷),南京大学出版社1993年。

[2] 参见吴建华:《明清江南人口职业结构变动的思考》,《中国农史》2004年第4期。

进行自愿劳动力互助。如苏州明末,农村遇大忙插秧,"今田家或互相换工,或唤人代莳、包莳"[1]。苏州邻近地带情况也与此类似。这种劳力互助或协作是劳力组合的简单形式,层次较低。

另一种是农业雇工经营。弘治时,吴江有"长工""短工""租户":"无产小民,投顾富家力田者,谓之长工。先借米谷食用,至力田时撮忙一两月者,谓之短工。租佃富家田产以耕者,谓之租户。"[2]短工其实是以力抵债,债务雇佣。嘉靖时,吴江"若无产者,赴逐雇倩,抑心殚力,计岁而受直者,曰长工;计时而受直者,曰短工;计日而受直者,曰忙工;佃人之田,以耕而还其租者,曰租户"[3]。

相比弘治以前,在正德、嘉靖年间,吴江农业雇佣的计工报酬方式增多了,说明劳役束缚放松了。短工已是劳动力雇佣。还出现忙工这一新的类别。[4]

这种农业雇佣劳动发展适应农业生产发展需要,与水稻、春熟复种率提高,劳动力集约水平更高的棉花、蚕桑等经济作物种植面积扩大等紧密相关(但低于弘治前),说明社会处于新的变化发展期。

一些地主或其他身份的人使用雇工或奴仆等直接从事农业生产。他们的经营方式与一般租佃经营不同。一些庶民地主靠力田起家,不少人使用的是奴仆。这种情况在嘉靖、万历时继续存在。

另有使用奴仆、雇工经营的地主,不用传统租佃经营方式,自己直接经营土地,剥削方式发生变化。

嘉靖时常熟谭晓、谭照弟兄,利用乡民逃亡,湖田荒废,"佣饥者,给之粟",通过多种经营,以勤俭发家致富。[5]常熟乡绅钱籍,别号海山,"家滨江","方其盛时,粮田四万亩,庄房七十二所,僮奴数千人,豪冠郡邑"[6]。"一等游惰顽

---

[1] 陆世仪撰,张伯行编:《思辨录辑要》卷十一《修齐类》,《景印文渊阁四库全书》第724册,台湾商务印书馆1986年,第93页。

[2] 弘治《吴江志》卷六《风俗》,《中国方志丛书》,台湾成文出版社有限公司1983年,第225—226页。

[3] 嘉靖《吴江县志》卷十三《典礼志三·风俗》,《中国史学丛书三编》,台湾学生书局1987年,第692页。

[4] 有关这方面的新经济成分,可参见傅衣凌:《明代江南地主经济新发展的初步研究》,载其《明代江南市民经济试探》,上海人民出版社1957年,第57—77页。

[5] 参见李诩撰,魏连科点校:《戒庵老人漫笔》卷四《谈参传》,中华书局1982年,第153—154页;王叔杲撰,张宪文校注:《王叔杲集》卷十七《常熟谭晓祠议》,上海社会科学院出版社2005年,第364—366页。

[6] 崇祯《常熟县志》卷十四《摭遗·佚事》,电子版总第1779—1781页,苏州图书馆藏本。

民,或赁屋佣保,或佃种栖息,私相依藉。"[1]他将土地部分出租,小部分直接经营。

这两个事例曾被用来证实明代中后期苏州农业出现资本主义萌芽,影响很大,但也有学者反对。

明代苏州手工业发展与商品生产水平,以前学术界普遍承认明代苏州丝织业水平领先、生产关系变动的事实。

明代苏州手工业的重点是丝绸业。明政府从天顺四年(1460)开始,加派苏、松、杭、嘉、湖5府缎匹,于岁造7 262匹之外,增织7 000匹,负担加重一倍。成化、弘治年间加派逐年增加。这种加派名义上由官织局承担,实际上由民间织户承担。大部分民间织户集中在苏州,是承担加派的大头,但苏州城外的城镇、乡村丝织业必定在发展,否则加派无法增加,也无法完成。

明代苏州丝织业资本主义萌芽的孕育。明代苏州丝织业生产关系变化,出现新因素,包括苏城与吴江盛泽镇丝织业的雇佣生产关系,与杭州张瀚先世发家的例子一起,总是历来学术界讨论明代江南社会生产关系与生产方式变化的最重要的显证。无论曾经的中国社会史大论战、作为中国史学"五朵金花"之一掀起的讨论热潮,还是被称为历史"伪"命题的质疑,乃至全盘否定,都不能彻底消解苏州在明代真切发生的社会变动与转型的迹象。

明代苏州在其持续性发展与转型性发展的阶段,商业的恢复与发展,商业经济繁荣,通过商品运销、商路通畅、商业专业市场形成、城市与市镇经济发达兴旺、人口城乡结构变动、[2]地域商帮出现、外贸繁盛等来呈现,关注的重点则是市镇勃兴、市场的扩大发展与一体化功能,为商品性农业、手工业发展提供支持的平台。

五、文化中心

文化发展与文化创造离不开人才,人才辈出且经久不衰,成为人才渊薮,则离不开发达良好的教育。明代处于我国科举取士的成熟与制度化阶段,人才成功离不开科举考试这一大头。从明中期开始,苏州科举兴盛,涌现出各种各样的

---

[1] 李诩撰,魏连科点校:《戒庵老人漫笔》卷四《海山覆败》,中华书局1982年,第155页,并讲他"甲第庄所大小四十余处,课租田亩三万有余,财货山积,家口千计",与县志有出入。又言他在嘉靖丙寅(四十五年,1566)三月败,则其经营农业应为嘉靖时事。

[2] 此点可参见吴建华:《明清太湖流域的市镇密度及其城乡人口结构变动》,《城市史研究》11—12辑,天津古籍出版社1996年;《明清江南人口社会史研究》第六章,群言出版社2005年。

人才。[1]

明代全国正常取中文进士88科,苏州中式文进士1 016名,约占全国进士总数4%有余。[2]

明代苏州文化教育发达、优质文化环境培育,既有前代积累的深厚根基,又有从明代中期开始,自身积极主动的追求与营造。

明代全国独占鳌头的文状元共有89名。明初苏州遭受政治上的严厉打击,文风劲挫,科举萎靡,直到建明后71年的正统四年(1439)才诞生第一位状元,即吴县洞庭东山商人之子施槃。此前苏州无一鼎甲、传胪,仅有洪武二十一年(1388)会元常熟施显。但自施槃以后,苏州科举、状元蒸蒸日上,渐渐跃居全国前列,至明末共得状元8名,占全国总数的8.99%,比本地唐代7名、宋代4名,已进台阶,即在全国,已不容小觑其状元竞争力了。这种势头为清朝苏州状元大发,多达26名[3],遥遥领先于全国其他地区,打下了科举竞争夺冠的雄厚基础。

明代苏州榜眼7人、探花6人。合计明代苏州科举三鼎甲共21人,是明代全国267人的7.87%,低于状元的比例。这说明苏州士子在一甲一名上的优势高于三鼎甲统算的优势。

与唐代以来渐成中国富庶宜居的"人间天堂"相适配,苏州自明代开始,又能以状元作为全国独一无二的地方土特产,享有"姑苏文盛出状元""状元之乡"的美名,不仅明代苏州园林成为苏州园林的定型与典范[4],使苏州园林甲天下,而且苏州状元甲天下了,说明物质财富与人才辈出、精神文化财富的共振在空间上取得了高度密合。

明代苏州文化繁荣,由多元人才在各个领域孜孜不倦、辛勤传承与创新,进

---

[1] 参见吴建华:《明代苏州兴盛的科举与人才》,唐力行主编:《江南社会历史评论》第6期,商务印书馆2014年;《明清江南人才与人口文化教育素质》,徐采石主编:《吴文化论坛·2000年卷》,作家出版社2000年;《明清江南人口社会史研究》第八章,群言出版社2005年。

[2] 包括崇祯特科进士。此处比例,据全国24 878人估计,为4.08%。若按24 866人计,为4.09%。参见吴建华:《科举制下进士的社会结构和社会流动》,《苏州大学学报》1994年第1期。因统计口径和范围的差异以及明代全国进士名录的资料关系,明代全国和苏州进士数量存在差别。此处苏州进士数量,据吴建华:《明清苏州、徽州进士数量和分布的比较》,《江海学刊》2004年第3期。据范金民统计,明代苏州府进士1 025。如不计嘉定、崇明的进士共77人,则为948人。见其《明清江南进士数量、地域分布及其特色分析》,《南京大学学报》1997年第2期。依据李嘉球:《苏州状元》(上海社会科学院出版社1993年)一书"附四"苏州进士名录加以统计,得1 072人。他统计依据的是地方志的科举名录。一般而言,方志记载的科举人才会多一些。这是地方志记录与书写习惯造成的人才增多的特色之一。

[3] 参见李嘉球:《苏州状元》,苏州大学出版社1999年,第231—233页。历代文状元45名,加上武状元宋5名、明1名,则苏州历代文武状元共51名。不过,应当注意,由于唐代的资料较少,统计比较复杂,这是一个低估的数据。

[4] 参见郭明友:《明代苏州园林史》,中国建筑工业出版社2013年。

而全面开花,处处硕果累累:璀璨的文学艺术(文学巅峰、绚丽的书法、篆刻艺术、昆曲奇葩)、科学技术新成就、独特的工艺创新(苏式、苏样成为工艺典范)、丰富的藏书与刻书、兴起收藏热潮。

明代苏州文艺繁荣,体现在著作繁富、名称流派、声扬天下、才子文豪辈出、文坛领袖前后相继、引领全国文学发展,艺术大家巨擘光彩夺目、映射全国、播动海外。苏作精致巧雅、美轮美奂,苏式苏样工艺发达领先。思维活跃,程朱理学与陆王心学融通;实学思潮初现,扭转王学风气,成为清代朴学策源地。学术承接,学术开新,充满活力。[1]

六、社会风气移易的先导之区

与明代苏州社会发展相适应,明代苏州社会风尚也出现三个阶段,即明初洪武时期,社会恢复性发展,社会风尚朴茂;建文到弘治时期,社会持续性发展,社会风尚日趋开放;正德到崇祯时期,社会转型性发展,社会风尚张扬。[2]

明代苏州从社会持续性发展到转型性发展,经济发展,货币-商品经济大潮汹涌,社会风尚、文化思潮与此相关联,从日常生活的衣食住行、器物用具的款式用法,生活时尚与生活方式,到岁时令节、文艺鉴赏、戏曲娱乐、信仰心态等,无论物质文化,还是精神文化与心理状态,都在并生系统性变化,引领全国,风行海内外。

明中期之后,全国兴起收藏"时玩"热,收藏成风后,又导致赝品制作泛滥。这方面,苏州成为主导全国收藏风气的中心、制定品评鉴赏标准的权威。既有文化素养,以真功夫懂真鉴赏,又有金钱懂真珍藏,还要做到弃俗称雅,且天下书画古玩的风"雅"与否,由苏州人说了算。

"姑苏人聪慧好古,亦善仿古法为之。书画之临摹、鼎彝之冶淬,能令真赝不辨。又善操海内上下进退之权:苏人以为雅者,则四方随而雅之;俗者,则随而俗之。其赏识品第本精,故物莫能违。"[3]

"骨董自来多赝,而吴中尤甚,文士皆借以糊口。"[4]

---

[1] 参见吴建华:《明代苏州文化成就特色》,王国中主编:《吴文化与软实力》(国际会议论文集),凤凰出版社 2012 年;《简论明代苏州文化成就的特色》,唐力行主编:《江南社会历史评论》第 5 期,商务印书馆 2013 年;《明代苏州文化成就述论》,《传统中国社会与明清时代》,天津人民出版社 2013 年。

[2] 参见吴建华:《明代苏州社会变迁与社会风尚的渐变》,苏州大学非物质文化遗产研究中心编:《东吴文化遗产》第三辑,上海三联书店 2010 年。

[3] 王士性撰,吕景琳点校:《广志绎》卷二《两都》,中华书局 1981 年,第 33 页。

[4] 沈德符:《万历野获编》卷二十六《玩具·假骨董》,中华书局 1959 年,第 655 页。

关于冠名"苏样""苏意""苏式"的苏州生活习尚与社会风气盛行,范金民经过仔细的资料搜罗和周详分析后,首先定义:"所谓苏意、苏样、苏式,就是苏州风格。流行四方,则各地唱苏州戏,饰苏州头,穿苏州样式服装,用苏州式样器物,行为举止如苏州人状,亦步亦趋,惟妙惟肖,尽量体现出苏州风格。"

他得出综合结论:"自明代中期直到太平天国战争爆发,江南的苏州是全国经济最为发达的地方,无论社会发展,还是生活时尚,都处于引领潮流的突出地位。诚如万历时浙江临海人王士性所说:'苏人以为雅者,则四方随而雅之,俗者,则随而俗之。'时人将这种现象或潮流称为'苏样''苏意'。""明代后期流行起来的'苏样''苏意',是苏州风尚的代名词,从生活方式到行为方式,举凡服饰穿着、器物使用、饮食起居、书画欣赏、古玩珍藏、戏曲表演、语言表达,无所不包。自明后期至清中期绵延了近三个世纪之久的苏州风尚,不仅仅是一种炫耀性的风尚,而且还是品位和身份、意蕴和境界、风雅和脱俗的象征。在长期的模仿效法过程中,全国各地持续保持着对苏州的仰慕、崇敬以至迷信的状态,亦步亦趋式地效仿和追随。苏州时尚的风行,苏州强大无比的影响力,是由苏州人刻意制造出来的。苏州人擅长发挥和利用各种有利条件,始终牢牢控制着时尚的话语权,制定着适合自身、有利自己的苏州标准,操控着海内上下进退之权,而且还以无形的力量开拓和营造着有形的商品市场,使得苏州的商品生产始终走在前列。"

他看到"苏样""苏意"的深刻影响席卷全国:"世人以苏州为标准,于是将所有物事一概冠以苏州或吴地字样。""不独服饰,但凡稀奇新鲜少见之物,即是'吴样',即是'苏意'。""总之,苏样、苏式、苏意,不仅指妇女服装头饰,也不仅指苏州饮食器用,而是全方位的,无论服装头饰,饮食器用,屋宇布置,歌娱宴乐,生活好尚,以至言行举止,思想观念,但凡新奇新鲜新潮新样时髦少见之物,体现了风尚,就是苏意、苏样。苏意已经深入时人的心境中,浸淫渗透到时人的骨髓中,涵盖了时人社会生活的每一个方面。而观其盛况,也断断不仅是王士性时代所能见到的,嘉、隆、万三朝为盛,天启、崇祯时代,明朝虽已趋向衰亡,而苏式、苏意的推崇,却日盛一日,无所底止。"

范金民还将中国"苏样""苏意"的明清时代和法国路易十四时代相比,认为这一崇尚消费奢侈的时代中西具有同一性,只是法国比中国苏州及江南晚了一个世纪以上。

"颇有参考价值的是,法国路易十四(1643—1715年在位)时代,法国进入了奢侈和时尚时代,发型、时装、拖鞋、靴子、菜肴、咖啡馆、香槟、钻石、镜子、折叠伞、古董、香水、化妆品、古龙水,以及娱乐方式、夜生活,都进入了时尚视野,法国式大行其道。德国律师和哲学家克里斯蒂安·托马修斯在 1687 年宣称:'今天我们希望所有的一切都是法国式的。法国服装、法国菜、法国家具。'由法国国王路易十四带头兴起的法国时尚,其状况与 16 世纪后期江南的流行时尚何其相似乃儿。只是其劲风鼓荡的时代,晚了中国江南整整一个世纪以上。"

这种以苏州标准为城市生活和社会习尚的风气从明代中后期延续到清代中期,推动了苏州工商业生产发展的良性循环,推进了全国工商业发展和生活方式的变化。

最后,范金民得出结论:"当代美国学者若昂·让德认为,'我们正在按照路易十四的文化定义着我们的生活质量。我们希望凡尔赛统治者们掌握得极好的亮点也能为我们自己的生活增色'。套用其语,明后期至清中期,全国在一定程度上是按照以苏州为中心的文化定义着自己的生活方式。"[1]

显然,我们应当看到,这种城市生活方式与农村生活方式是全然不同的,讲究消费,崇尚生活,这就是苏州城市生活包含的城市性。

引"领潮流"的"苏式""苏样""苏意",是苏州生活方式的高度概况性称谓,是苏州城市生活方式体现在社会风尚上的城市性。它可以分为两个层次:一是吴服吴器,器物上的称谓,物质状态的苏州样式;一是苏意,精神上的称谓,精神观念上的苏州样式,实现了从器物层面到观念精神层面的凝练与升华,内中的生命力就是创意设计,通过苏州风格的呈现,实现其魅力的天下传播。从明代中后期到清时期,苏州具有社会物质文化和精神文化的双重合一的领头羊地位。

正是这种城市生活包含的城市性,才使得苏州生活方式能够引发如此广大而内力无穷的影响力,形成城市生活习尚的流变,造成天下羡慕并纷纷仿效的轰动效应,同时也引起争议多端的评论以及行为上的或支持或反对甚至抵制。

预兆未来中国社会即将发生翻天覆地变化的传统社会自生的城市性元素或城市性因子,在传统社会母体内自生的货币-商品经济的催生之下,悄悄滋生成长,在苏州等江南地区的明代中后期直到清代中期(中间因为清朝入关,王朝更替,有所中断,然后再行恢复),发出潜在变革的爆发力,松懈或逐步瓦解明代初期的社会经济模式,体现在行政管理、经济发展、文化风貌与质地、社会风尚、道德气度、行为心态等全方位的变动,引发社会结构的变迁、社会转型性发展。这是中国社会自然发生的历史性大变局。在全球化萌动、一体化世界形成的初期,这种城市性无疑呈现了中国正在迈进的同步节奏,拥有全球性的独特地位。

---

[1] 上引均见范金民:《"苏样"、"苏意":明清苏州领潮流》,《南京大学学报》2013 年第 4 期。

在传统中国社会的明清江南时代,苏州担当了重要角色,具有核心地位,发挥着极大作用。在明代中后期,苏州社会转型性发展时期,其自生性的本土因子带有传统社会与近代(modern times)社会接轨的"城市性"(urbanism)与"现代性"(modernity)。

应该可以肯定,明代中后期苏州社会生活和社会风尚变化的程度,从城市、市镇到乡村,会依次递减;从社会上层、富室豪户开始,影响了社会各阶层,如中产之家、城镇居民,农民则变化最小,处于边缘的状态;许多风尚源于苏城,源于苏州,辐射全国,又促使苏州继续前行,发生更多变化,引领全国风气之先,苏州成为江南与全国社会的先导地区、社会率先发展的中心地区。

晚清苏州的现代演进

王国平

一、咸同之际的战火终结了传统的"姑苏繁华"

苏州的经济社会发展,自泰伯奔吴,勾吴肇兴,历经孙吴开发、隋唐崛起,宋元至明清臻于辉煌,乾隆年间徐扬创作之长卷画作"姑苏繁华图"即为苏州传统繁华的一幅生动写照。苏州自明代中期起即以工商业发达著称于世,城区大体上分为东、西两个部分。东半城以丝织等手工业生产发达著称,西半城以商品流通商业贸易著称。西半城中,尤以胥门至阊门之间最为繁盛热闹。直到明末,苏州成为"两京各省商贾所集之处",上塘、南濠则"为市尤繁盛"。[1]入清后,阊胥之间、南濠山塘一路,市肆更加繁盛。

自清中叶以迄晚清,中国社会渐渐从传统向现代转型,苏州的经济社会也随之演进,其转折点则为咸同之交太平军与清军在苏州一带为期三年半的战争。战争对苏州经济社会造成了广泛而深刻的影响。

其一,由于清军纵火,苏州阊门、胥门外的商业繁荣毁于一旦。

咸丰十年闰三月十五日(1860年5月5日),太平军击溃天京城外的清军江南大营,军威重振,挥师东征苏常并攻取上海。闰三月二十九日(5月19日),太平军攻克丹阳。清军继续向苏常溃退。四月初四日(5月24日)下午,清军总兵马德昭率部逃至苏州。驻节苏州的江苏巡抚徐有壬即令马德昭布置城防。马德昭提出焚毁沿城民房,以免太平军利用民房接近城墙。徐有壬"遂出三令箭与之,首令居民装裹,次令移徙,三令纵火"。马德昭部却三令齐出,"顷刻火光烛天。徐率僚属登城坐观,署臬司苏府朱钧痛哭下城。城外遂大乱,广、潮诸人尽

---

[1] 牛若麟:崇祯《吴县志》卷二《乡都》,《天一阁藏明代方志选刊续编》第15册,上海书店1990年,第203页。

起,溃勇亦大至,纵横劫掠,号哭之声震天,自山塘至南濠,半成灰烬"[1]。阊门外向来万商云集,市肆繁盛,商民未及装裹迁徙,清军、广勇大肆洗劫。

关于苏州历史上的这一浩劫,时人多有记载。蓼村遁客记载:初四日(5月24日),"夜火起,火光烛天,延烧十二时,南、北两濠鱼鳞万瓦,尽为灰烬。居人挈资携襆,鸟逐鼗走,儿啼女哭,彻夜不绝。放火之由,或云提台马德钊(昭)假抚军徐有壬令"放火。[2]李寿龄诗云:"溃军十万仓皇来,三日城门扃不开。抚军下令烧民屋,城外万户成寒灰。"[3]佚名记载:"阊、胥二门外民房焚掠殆尽,火三日不绝。"[4]另据戴熙《吴门被难记略》记载:"四月朔,总督何由常退苏,巡抚徐不纳,遂有大营不支紧报。初三,有败勇无算,或步或舟进浒关,临城,阊、胥两门遂闭。初四晨,阖城顷刻罢市,居民望东而走者填街塞巷。申刻,得抚宪令,沿城房屋限日拆毁,行坚壁清野法,令未行。晚有马总镇者,登城纵火,阊、胥两门外烈焰四起,抢掠大乱,连烧十里许,三昼夜不熄。"[5]

其二,由于太平军大量占据民居府邸,东半城丝织等手工业荡然无存。

太平军占领苏州后,多在"大家第宅"居住。据《虎窟纪略》载,城中太平军馆"约有三千"。每馆约住十至数十人不等,为便于守城和出征,太平军住所又多依城门左近,城心较少。任蒋桥存诚堂是主持苏州民务的左同检熊万荃的府宅。南北两显子巷是听王陈炳文的王府。钮家巷留余堂为英王府。忠王府则以复园吴宅东向拓展至潘爱轩宅,西向拓展至汪硕甫宅。忠王部属多"就近居住,大小等差,鳞次排列,占满一条北街"[6]。自北迤西至桃花坞,又有太平军将领府宅多处。当时文人李光霁在《劫余杂识》中写道:穿桃花坞,"登北寺浮图,遥望烽火台矗立如林,沿途贼卡鳞次,慕龙街、临顿路等处,马步奔驰,男女杂沓,但见红云满目"[7]。太平军据苏期间,东半城丝织等手工业荡然无存,苏州已从传统工商业城市剧变为军事城堡。

---

[1]《能静居士日记》咸丰十年四月初七日条,罗尔纲、王庆成主编:《太平天国》(七),广西师范大学出版社2004年,第57页。

[2] 蓼村遁客:《虎窟纪略》,《太平天国史料专辑》,上海古籍出版社1979年,第13页。

[3]《姑苏哀》,李寿龄:《匏斋遗稿》第3卷,光绪刻本,第6页。转引自董蔡时:《太平天国在苏州》,江苏人民出版社1981年,第43页。

[4] 佚名:《东南纪略》,中国史学会主编:《太平天国》(五),神州国光社1952年,第236页。

[5] 戴熙:《吴门被难记略》,罗尔纲、王庆成主编:《太平天国》(四),广西师范大学出版社2004年,第396页。

[6] 戴熙:《吴门被难记略》,罗尔纲、王庆成主编:《太平天国》(四),广西师范大学出版社2004年,第396页。

[7] 李光霁:《劫余杂识》,中国史学会主编:《太平天国》(五),神州国光社1952年,第316页。

其三,战乱使苏州人口锐减。

苏州素以繁华著称于世。在英国记者安德鲁·威尔逊(Andrew Wilson)笔下,当时,包括"大量流动人口,据估计苏州约有居民二百万"[1]。据同治《苏州府志》,道光十年(1830),苏州府人口为340余万。同治四年(1865),苏州府人口不足130万。威尔逊的估计数字若指苏州府人口则大体近似,若指苏州城区(包括近郊),则过分夸张。苏州城区人口,在道咸年间估计约为数十万人。事实上,由于种种原因,太平军入城前,苏州城区人口已经锐减。

第一,由于清朝官府的屠杀。《北华捷报》咸丰十年五月二十六日(1860年7月14日)载文称:"只要叛军(按指太平军)快到一个地方的消息一经传出,地方官员便喜欢运用砍头的方法。以这种办法在苏州杀掉的人,为数的确很大。"

第二,由于民众恐惧而自杀。由于清方的宣传,"叛军部队的逼近,每每在城市内成为阴郁恐慌的征兆……自杀的事情怪不得很多"。

第三,民众由于战乱而逃难。太平军入城前十余日,苏州即有人离城逃难。如吴大澂日记四月初一日记:"午后闻常州警信……人心惊慌,外祖将眷属徙至太仓,是夜登舟。"四月初五日记:"连日城内居民闻警迁乡者,接踵而出娄齐两门,肩摩毂击,城门拥挤,几至不能容足。"初六日记:"至早自娄门放舟,一路塘岸难民络绎不绝。"[2]逃难人数之多,于此可见一斑。

太平军占领苏州后,在城乡普遍设立了乡官局,城区共设七局。乡官局首办之事就是分查户口,编造清册。约在咸丰十年(1860)五月,"七局送册,合计尚有八万三千余口许"[3]。这个统计数字是可信的。可资佐证者,《劫余杂识》记"盖一苏城已不过十余万人矣",其中包括太平军精兵一二万人和其他老弱牌尾。[4]另据艾约瑟在咸丰十年五月的报告,"城内叛军的人数不会少于三万"。根据这些材料可以确定,咸丰十年五月,苏州城区居民为8.3万余人,加上驻城太平军及其眷属,城区人口为10余万。太平军占领苏州期间,"以苏城为屯驻",出征班师,军队大规模频繁调动,流动性极大,很难精确考定。大体上说,相对稳定的城区人口为10余万,加上频繁调动之太平军,城区人口一般在20万上下。

阊门、胥门等处商业中心的毁灭,娄门、齐门等处丝织业中心的消失,城区以

---

[1] 安德鲁·威尔逊著,雍家源译:《常胜军:戈登在华战绩和镇压太平天国叛乱史》,北京太平天国历史研究会编:《太平天国史译丛》第三辑,中华书局1985年,第171页。
[2] 吴大澂:《吴清卿太史日记》,中国史学会主编:《太平天国》(五),神州国光社1952年,第327—328页。
[3] 潘钟瑞:《苏台麋鹿记》,中国史学会主编:《太平天国》(五),神州国光社1952年,第275页。
[4] 李光霁:《劫余杂识》,中国史学会主编:《太平天国》(五),神州国光社1952年,第316页。

及周边人口的锐减,凡此种种,终结了经千百年积淀的"姑苏繁华"。据当时居住吴江的倦圃野老记载:"有人自苏城回,见伪王府在娄门内,僭侈崇丽,极其壮观。内有园,本吴园改造,役民匠数千而成。伪府几处皆然。城上雉堞填平,搭廊棚盖瓦,以蔽风雨,较旧时高二三尺。阊门外至山塘街,市口(按:疑为廛)鳞次。元妙观前亦繁盛。余俱荒凉,屋多零落。(虎邱有白石坊,极高大,乃各处伪乡官所建以谀贼者。)文庙学宫词(祠)堂及一切寺观院,大半拆毁,所存者亦空殿几间,并无神像。官署公廨亦然。城外不留片瓦,虎邱惟剩一塔。"[1]这段文字大体上再现了苏州城区概貌。兵烬之余,繁华不再。

二、机器工业的产生与发展

中国向工业化迈进的起点是19世纪60年代,其主要历史背景则是19世纪40年代的鸦片战争与50至60年代的太平天国运动。鸦片战争使中国人接触了西方的坚船利炮和西方文明,但当时中国人印象最深的还不是西方文明,而是西方的现代武器。太平天国战争推动了敌我双方从向外国购买现代武器,到制造现代武器,特别是使用机器生产现代武器。

1. 太平军的军械所与"军火厂"

太平军占领苏州后,由于接近上海,方便了与洋人的贸易,太平军当局尤为重视军火贸易。军火贸易提升了太平军的现代武器装备和训练水平。在苏州的李秀成部已拥有较多的洋枪洋炮。同治二年(1863),美国人白齐文带了一批洋人投入苏州太平军,并训练太平军使用洋枪、洋炮,使太平军受到西方现代化军事训练。据史料记载,白齐文"在苏州统率九十至一百个欧洲人和太平军一营,约一千人"[2]。白齐文部下马惇说:"苏州城中可能有三万支外国枪,叛军中四分之一的兵士佩带步枪和来福枪,忠王的一千名卫队完全佩来福枪。"[3]

太平军中使用洋枪、洋炮的数量与日俱增,苏州太平军的兵册记事簿中即有"双响洋炮一条交洋炮官修整"[4]的记载。《太平天国革命亲历记》中也记载了

---

[1] 倦圃野老:《庚癸纪略》,中国科学院历史研究所第三所、近代史资料编辑部:《太平天国资料》,科学出版社1959年,第115页。
[2] 呤唎著,王维周译:《太平天国革命亲历记》,上海古籍出版社1985年,第528页。
[3] 《马惇的〈志愿陈述书〉》,王崇武、黎世清:《太平天国史料译丛》第一辑,神州国光社1954年,第73页。
[4] 金毓黻、田余庆等:《太平天国史料》,中华书局1959年,第197页。

"一个一直在苏州从事于制造枪炮弹药和其他重要工作的(外籍)汽轮机师"[1]。既然太平军的部队编制中有专门修理洋枪、洋炮的洋炮官,便应有规模或大或小的修械所,苏州马大箓巷便有太平军军械所。另据记载,当时昆山"城内有制造大炮、炮弹和开花弹的军火厂,由两个英国人经营"。正因为如此,英国史学家认为,"昆山对太平军斗争事业的重要性,是决不会估计过高的"[2]。董蔡时先生这样评论:"从十九世纪六十年代开始,太平天国内部也已经开始了'洋务运动'"[3],而这恰恰是从苏州开始的。太平天国的失败使太平天国的早期现代化止于青萍之末。

2. 苏州枪炮局惊鸿一瞥

同治元年(1862),江苏巡抚李鸿章根据同治皇帝的旨意,采纳了英国人马格里的建议,在上海松江地区的一座庙宇里创建上海洋炮局,仿造外国军火。上海洋炮局是一个手工作坊型小工厂,规模不大,设备简陋,没有机器。

同治二年十一月二十八日(1863年12月4日),李鸿章率淮军攻复苏州,巡抚衙门移驻苏州,上海洋炮局的人员和设备也随迁苏州,在此基础上,筹建了苏州洋炮局。

1864年年初,李鸿章买下了"阿思本舰队"的部分机械设备,其中有蒸汽锅炉、化铁炉、铁水包、车床、铣床、磨床等,这些机械设备被全部用来装备苏州洋炮局,苏州洋炮局初步摆脱了手工操作而进入机器工业阶段。李鸿章这样描述机器运转情况:"敝处顷购有西人汽炉、镟木、打眼、铰螺旋、铸弹诸机器,皆绾于汽炉,中盛水而下炽炭,水沸气满,开窍由铜喉达入气筒。筒中络一铁柱,随气升降俯仰,拨动铁轮,轮绾皮带,系绕轴心,彼此连缀,轮旋则带旋,带旋则机动,仅资人力之发纵,不靠人力之运动。"[4] 苏州洋炮局下设三局,一为西洋机器局,派英国人马格里雇洋匠数名,照料铁炉机器;另两局由副将韩殿甲、苏松太道丁日昌掌管,用中国工匠,仿照外洋做法。苏州洋炮局生产的枪弹和炮弹的质量与数量也达到了一定水平。

同治四年(1865)夏,李鸿章升任两江总督,将苏州洋炮局整体迁到南京,并以此为基础建立了金陵机器制造局。苏州洋炮局自1864年年初创立,到同治四

---

[1] [英]吟唎:《太平天国革命亲历记》,王维周译,上海古籍出版社1985年,第557页。
[2] [英]安德鲁·威尔逊:《常胜军:戈登在华战绩和镇压太平天国叛乱史》,雍家源译,北京太平天国历史研究会:《太平天国史译丛》第三辑,中华书局1985年,第247页。
[3] 参见董蔡时:《曾国藩评传》,苏州大学出版社1996年,第331页。
[4] 同治朝《筹办夷务始末》卷二五,第7页,转引自夏东元:《洋务运动史》,华东师范大学出版社1992年,第75页。

年(1865)夏结束,历时一年半。

从生产关系层面看,苏州洋炮局仍然只是官办兵工厂。然而,机器生产由此而发轫,成为旧生产方式的突破口。正如张海林所言:从机器生产这一角度来讲,它对苏州乃至全国都具有经济发展的历史指向意义,它标志着苏州现代工业的诞生,为苏州传统经济的涅槃更新指明了突破的方向。[1]

3. 外资工厂在苏州的建立

光绪二十一年(1895),中日《马关条约》签订。根据条约规定,苏州开放为通商口岸,允许日本在中国通商口岸城邑任便从事商业购销、租栈存货、工艺制造、客货运输,而应得优例及利益"均照向开通商海口或向开内地镇市章程一体办理"。根据"利益均沾"的片面最惠国待遇条款,其他列强都享有这项权利。

二十二年(1896),两家日资企业在盘门外租界青旸地开业,一家为大东汽轮公司,经营苏州至上海间的水上客货运输;另一家为商业店铺,经销日货。二十三年(1897),由意商和华商共同投资的"中欧缫丝有限公司"宣布成立,这是外商直接在苏州投资设厂的开端。根据《苏州对外经济志》的统计资料,光绪二十二年至宣统二年(1896—1910年)苏州外商企业情况如表16:

表16 1896—1910年苏州外商企业简况表

类别	国别	名称	经营范围	设在地	成立时间
交通	日	大东汽轮公司	客货运输	盘门外租界	光绪廿二年(1896)
商业	日	商店	洋货销售	盘门外租界	同上
交通	日	戴生昌汽轮公司	客货运输	盘门外租界	光绪廿三年(1897)
商业	日	商店	洋货销售	盘门外租界	同上
工业	意	中欧缫丝有限公司	缫丝	盘门外租界	同上
商业	德	商店	洋货销售	盘门外二马路	同上
工业	英	麦兹逊茧灶公司	烘茧	盘门外租界	光绪廿五年(1899)
旅社	日	繁乃家旅馆	日侨旅居	盘门外租界	光绪廿六年(1900)
商业	日	经营菜籽公司	土货购销		同上
交通	英	老公茂汽轮公司	客货运输	盘门外租界	同上
交通	法	立兴汽轮公司	客货运输	盘门外租界	光绪廿七年(1901)

---

[1] 张海林:《苏州早期城市现代化研究》,南京大学出版社1999年,第49页。

（续表）

类别	国别	名称	经营范围	设在地	成立时间
商业	日	蓬莱轩饼干		盘门外大马路	光绪廿八年(1902)
保险	英	永年人寿保险公司	人寿保险	阊门外南阳里	同上
旅社	日	吉原繁子旅馆	日侨旅居	盘门外租界	光绪卅一年(1905)
工业	日	酒作	酿酒	盘门外租界	光绪卅二年(1906)
商业	日	三盛堂大药房	药品销售	养育巷教堂对面	光绪卅三年(1907)
商店	日	东洋堂	洋货销售	盘门外大马路	同上
商业	英	亚细亚石油公司油栈	洋油销售	盘门外大马路	同上
交通	日	日清汽轮公司	客货运输	盘门外租界	同上
商业	英	胜家公司缝纫机器	洋货销售		宣统元年(1909)
商业	日	丸三药店	药品销售	盘门外大马路	同上
商业	英	亚细亚石油公司油栈	煤油销售	阊门外丁家巷	同上
商业	英	亚细亚洋油堆栈	煤油销售	万人码头	同上
商业	英	英美烟公司	纸烟加工销售	阊门外四摆渡	宣统二年(1910)
商业	美	美孚洋油堆栈	煤油销售	灯草桥	同上
商业	美	美孚洋油栈	煤油销售	三板桥	同上

资料来源：苏州市对外经济贸易委员会：《苏州对外经济志》，南京大学出版社1991年，第103—105页。

上述在苏州设立的外商企业（不含代理机构）计26家，其中日商企业计13家，英商8家，美商2家，法、意、德各1家。经营主要以交通和商业为主，其中商业15家、交通运输业5家、从事工业生产的3家，另外还有2家旅社、1家保险业。典型代表是英商亚细亚石油公司、美商美孚行、英美烟公司三家国际垄断性企业。它们先后在苏州设立分支机构，通过本地经销商，推销洋油、洋烟。其中，亚细亚石油公司苏州分公司的营业范围，最盛时包括苏州、常熟、无锡、江阴、常州、宜兴、溧阳、平望、南浔、湖州、泗安等地，每地设经理处一家，每家经理处在所在县境内的大小市镇设经销处，形成渗透城乡的火油销售网络。据《中国海关册》统计资料，两家石油公司在苏州设立油栈以前的光绪三十二年(1906)，苏州进口煤油量为613 150加仑，设栈以后的宣统三年(1911)，进口煤油量达5 476 099加仑，增长8倍。英美烟公司在苏州设立以前的宣统元年(1909)，苏州进口纸烟为163 218箱，设立公司以后的宣统三年(1911)，进口纸烟量为

274 460 箱,增长了 68%。[1] 洋油、洋烟从此垄断苏州以至邻近地区城乡市场。

4. 苏州民族工业的创办

甲午战争后,中国出现了投资兴办民族工业的高潮,民族资本主义进入初步发展时期。江苏是民族资本主义发展最早、最快的地区之一,受此环境风气的影响,苏州官绅和商人开始建立现代工厂和企业。苏经丝厂和苏纶纱厂等企业相继创办,标志着苏州民族现代工业的发端。

光绪二十一年(1895),经清政府批准,张之洞筹划成立苏州商务局,下设商务公司,额定资本白银一百万两,开办纺丝、纺纱两局,以丁忧在籍的原国子监祭酒陆润庠为公司总董,筹建两厂。后因商股一时难于筹集,由官方奏准借用中日战争商款移作股本,向苏州、松江、常州、镇江、太仓五地以典当业为主的商人,按年息七厘借得白银 54.8 万两,借户即作股东,官督商办,开办苏经丝厂和苏纶纱厂,厂址定在盘门外青旸地附近。

二十二年(1896)夏,苏经丝厂建成投产,这是苏州最早的现代化民用企业,也是江苏省最早使用机械缫丝的工厂之一。初建时有意大利进口的缫丝车共 208 台,以蒸汽机为动力,职工有 500 余人。一年后,缫丝车全部装齐,增至 336 台,职工有 857 人,使用蒸汽锅炉 2 台、引擎 1 台为动力,日产厂丝 170~200 斤,年产厂丝 500~620 担。产品由上海洋行转销英、法、美等国。其原料蚕茧免纳一切捐税,体现了官督商办的性质,并在投产时自设元记、亨记、利记、怡和等茧行,在苏州、无锡、常州一带收茧,烘干后运回工厂,每年约用干茧三四千担。苏经丝厂的产品质量较好,宣统二年参加在南京举行的南洋劝业会,所产生丝因品质优良,获超等奖。

二十三年(1897),苏纶纱厂建成投产,使用当时最先进的英国"道勃生"纺织机器,共有 1.8 万锭全套纺纱机器,配以蒸汽机、磨电机,是我国最早的十多家机器纺纱企业之一。光绪三十一年,以银 5.7 万余两,进口纱锭 4 368 枚,纱锭增至 2.24 万枚。投产时有工人 2 200 名,日夜两班生产,年产粗纱约 1.4 万件。苏纶纱厂还是苏州最早使用电能的企业,在二十三年(1897)即装置 3 台直流发电机供厂内电灯照明。苏纶纱厂、南通大生纱厂、无锡业勤纱厂等,"皆为中国纱业之先进,亦新工业之前导",在中国工业史上占有重要地位。

苏经、苏纶两厂的开办与发展带动了苏州丝织和纺织业的发展,也促进了其他现代企业的创办。光绪二十二年(1896),黄宗宪、王驾六等集资银 5.9 万两,

---

[1] 苏州市对外经济贸易委员会:《苏州对外经济志》,南京大学出版社 1991 年,第 103 页。

于葑门外觅渡桥筹建恒利丝厂（即吴兴丝厂），翌年投产，有意大利产缫丝车104台。三十二年（1906），由汪存志增资银4万两，缫车增为200台。二十六年（1900），由华商杨奎侯与意大利商人康度西合作，华商集资银10万两，在葑门外灯草桥开办延昌永丝厂，康度西任经理，用意商名义经营，有缫车200台，后增至300台。三十一年（1905），太仓富绅蒋伯言在沙溪镇创建济泰纱厂（后改称利泰纱厂），为当时江苏三大新式棉纺企业之一，有纱锭1.3万枚，所产太狮、醒狮牌棉纱誉满华南。三十三年（1907），怡和洋行的买办黄梅贤投资7万元，以其族人黄敏伯为经理，于苏州南浩街创设生生电灯公司。宣统元年，无锡民族资本家祝大椿及苏州银钱业庄主洪少圃等加入合资经营，改名为振兴电灯公司。三十三年，苏商董楷生招股1万元创办苏州颐和罐食有限公司，生产开发听装食品。同年，洞庭西山商人罗焕章在东村地方设立机器织布厂一所。详见表17：

表17　苏州地区创办工厂企业统计表（1896—1911）

企业名称	创办时间	地址	资本（千元）	创办人	备注
苏经丝厂	二十二年（1896）	苏州	140	周廷弼	绅商王立鳌、张履等有大量股份
苏纶纱厂	二十三年（1897）	苏州	420	陆润庠	同上
吴兴缫丝厂	二十三年（1897）	苏州	559		
苏经源盛缫丝厂	二十三年（1897）	苏州	300		
延昌永丝厂	二十六年（1900）	苏州		杨信之	
江苏工艺局	三十年（1904）	苏州		游云仙	
萃源榨油厂	三十年（1904）	昆山		徐杏生	
裕泰纱厂	三十一年（1905）	常熟	699	朱幼鸿	
生生电灯公司	三十三年（1907）	苏州	70	黄美颐	未发电
瑞记布厂	三十二年（1906）	苏州		吴次伯	
瑞记汽水厂	三十二年（1906）	苏州			
瑞丰轮船公司	三十二年（1906）	苏州及镇江等地	8	欧阳元瑞、潘诵鏖	
农肥有限公司	三十二年（1906）	苏州		张惟一	
张金有限公司	三十二年（1906）	苏州		徐梅安	
虞兴织布厂	三十二年（1906）	昭文	15	卢颐、吴逢奎等	

(续表)

企业名称	创办时间	地址	资本(千元)	创办人	备注
同益染坊公司	三十二年(1906)	昭文	10	邵庆盛、杨永丰	
颐和罐食厂	三十三年(1907)	苏州	10	董楷生、顾仁寿	
瑞兴胰皂公司	三十三年(1907)	苏州			
东村机器织布厂	三十三年(1907)	苏州		罗焕章	
公兴冰厂	三十三年(1907)	苏州	2	倪水泉、洪有方、叶梓寅	
勤华布厂	三十三年(1907)	常熟		夏云卿	
振兴电灯厂	宣统元年(1909)	苏州	442.8	祝大椿	绅商洪少圃等为股东
裕兴纺纱厂	宣统元年(1909)	昭文	324.47	高凤德	
苏州电话总局	宣统元年(1909)	苏州			刘善浤
三友垦牧公司	二年(1910)	苏州			
勤德布厂	二年(1910)	常熟	5	陈勤斋	
昭勤布厂	二年(1910)	常熟	5	陈云台	
锦华恒织布厂	二年(1910)	常熟	7.5		
大纶仁记布厂	二年(1910)	常熟	7.5		
中兴布厂	二年(1910)	常熟	14	许兰溪	
丰豫泰碾米厂	三年(1911)	苏州		顾楚臣	
善昌布厂	三年(1911)	常熟		翁寅初	
维新布厂	三年(1911)	常熟		谭芝溪	
华昌织布厂	三年(1911)	常熟	20		
华利布厂	三年(1911)	常熟		高长庚	

资料来源:《苏州地区近代商办工厂企业统计表》,马敏、朱英:《传统与近代的二重变奏——晚清苏州商会个案研究》,巴蜀书社1993年,第447页;张海林:《苏州早期城市近代化研究》,南京大学出版社1999年,第55页。

从上表可知,从光绪二十二年至宣统三年(1896—1911),苏州地区创办有约35个新式工厂企业,主要集中在缫丝、棉纺和食品工业,其中20个工厂企业在苏州城区,11个工厂企业在常熟。

从整体上来看,苏州地区现代工业呈现出创办较早、规模较大、企业较多等特点,其发展也面临重重困难,在经营方面也不能算非常成功。但是,苏州地区现代工业让我们看到了工业生产所带来的新的冲击与变化。首先,企业的性质逐步由官督商办到商办的转化,产权关系逐步明晰,有利于苏州民族资本主义的发展。其次,生产方式上,手工生产向机器生产转变。机器生产是一种全新的生产方式,生产效率高,为苏州经济的发展提供了方向。最后,管理方式上的变化,现代企业多数为招股经营,具有股份制企业的某些特征,体现了一定程度上的民主管理。此外,也产生了一批民族资本家和产业工人,成为新生的社会阶级力量。

三、现代医院和中西医汇通

光绪三年(1877),监理会传教士蓝华德(Walter R. Lambuth)在天赐庄租赁了三间民房办诊所,命名"中西医院"。八年(1882),蓝华德与其妹夫柏乐文(William Hector Park,1859—1927)着手筹建医院。光绪九年三月初二日(1883年4月8日)医院动工,历时半年告竣,十月初九日(11月8日)正式开业,命名"苏州博习医院"(英文名 Soochow Hospital)。博习医院的创办与发展,促进了现代医学在苏州的传播及苏州中西医的汇通。

博习医院带来了当时最先进的医疗技术,主要为"可卡因、白喉抗霉素,以及X光机的发明与引进"。相关成就使苏州的医疗技术在某些方面处于全国医院的前沿。

"可卡因"用于眼角膜麻醉是光绪十年(1884)刚由德国眼科学会承认和推广的首创性发明。光绪十二年春,柏乐文在博习医院即将此麻醉术运用于临床,治愈了无数眼疾患者。如南京的李炳寿(译音),失明八年后,经柏乐文手术治疗,视力得以恢复。一次柏乐文去乡村巡诊,某村民眼球被铁匠铺的热铁屑溅伤,疼痛不已,经柏乐文用"可卡因"滴患眼施行麻醉后,用手术刀将铁屑剔出,围观者将柏乐文视为神仙。

再如X光机的引进与使用。光绪二十一年九月二十二日(1895年11月8日),德国物理学家威廉·伦琴发现X射线。时隔不久,上海《点石斋画报》"宝镜新奇"一文中就描述了博习医院展示X光机的情景。博习医院是不是中国最早引进使用X光机的医院,学术界曾有不同意见。如刘善龄据"宝镜新奇"推测:"最晚在1896年……即伦琴发现X光的次年,博习医院已经开始使用这种世界最先进的医疗器械,其引进速度之快着实令人惊讶。"[1]戴吾三考证,"宝

---

[1] 刘善龄:《西洋风——西洋发明在中国》,上海古籍出版社1999年,第273页。

镜新奇"刊载于二十三年（1897）的《点石斋画报》。[1]汤清认为博习医院自三十二年（1906）起才"有 X 光设备"[2]。周承恩著《本公会之医药事业》称：监理会传教士罗格思（B. D. Lucas）于光绪二十九年（1903）"因病返国后专攻配药及 X 光科，重行来华至博习医院训练药剂师，主管 X 镜又兼传道"[3]。

除博习医院外，光绪十三年（1887），监理会的斐医生（Mildred M. PhilliPs）在博习医院以东建立了妇孺医院。[4]该院在医务和医护教育方面均与博习医院协作。此外，在苏州创建医院的还有美国南长老会和北长老会。南长老会的惠更生（JR. Wilkison）于光绪二十一年（1895）到苏州传教并行医，在齐门外洋泾塘岸"购地营屋"，越二年，传退堂、养病室完成（即福音医院），惠更生自任医院院长。[5]北长老会则于光绪二十五年（1899）创建了一所妇孺医院，院址在阊门上塘街，院长为北长老会女传教士兰医师（M. Lattimore）。[6]

教会医院与西医的发展也促进了苏州的"中西医汇通"。晚清的一些著名中医在西医的影响下，以中医出身而汇通西医。苏州的一些人士则以西医出身而汇通中医，代表人物有顾福如等。顾福如，字培吴，别号聋老人，苏州人。顾福如十五岁时应童子试，考中光绪乙巳科（1905）苏州府元和县首名秀才，旋因科举制度被废除，跟随父亲改学岐黄。后考入东吴大学医学院学医。先后师事美籍医师柏乐文，国人西医成颂文。期满毕业时，柏乐文赠予听诊器一只，成颂文授予抬牌一方。文曰"柏乐文、成颂文门人，伯平子，顾福如中西内外大小方脉"，悬壶于苏州市甫桥西街。顾氏在临床工作中，常以中西两法治病，并利用化验等先进手段察病。当时顾氏出诊，除自己乘轿外，还另用一工人肩挑药箱相随，药箱内置有体温表、听诊器、注射器、西药等，以备随时应用。这在当时中医界是非常罕见的。[7]中西医结合使顾氏诊断准确，疗效显著，行医不久，即声名大著。

---

[1] 戴吾三：《1897 年苏州博习医院引入简易 X 光机》，《中国科技史料》2002 年第 3 期。
[2] 汤清：《中国基督教百年史》，香港道声出版社 1987 年，第 585 页。
[3] 周承恩：《本公会之医药事业》，《中华监理公会年议会五十周年纪念刊》，民国二十四年十月，第 43 页。
[4] 《东吴》（1906 年 7 月第 2 期）载：妇孺医院在苏州葑门天赐庄。本院为女布道会于 1888 年设立，一切事务均由该地管理。
[5] 《东方杂志》民国四年第 12 卷第 6 号，第 54 页。
[6] 《江苏政治年鉴》民国十二年，第 53 页。
[7] 陈实：《苏州最早的中西汇通派》，苏州市地方志编纂委员会办公室、苏州市档案局：《苏州史志资料选辑》1988 年第 2 辑。

四、现代学校教育的兴起

苏州现代学校教育最早是由外国传教士引入的,教会学校在旧式封建教育体系之外的发展,开启了苏州学校教育现代化的先河。清末新政中,清政府于光绪二十八年(1902)、二十九年(1903)相继颁布了《壬寅学制》和《癸卯学制》,逐步以新式学校制度取代旧式教育。三十一年(1905),正式废除科举制,全国兴起了创办新式学堂的热潮。在苏州,省、府、县三级官府都积极提倡兴办新式学校,数年之间,新建了一批新式中小学堂和多所职业学校。

1. 教会中小学的兴办

苏州是基督新教尤其是美国新教差会在苏南传播发展的重要基地。在传教过程中,美国新教差会相继开办了苏州最早的新式小学和中学。至宣统三年(1911),苏州已有教会中学六所,另有教会小学十余所,多为教会中学附设。

新式小学有监理会的主日学校与存养书院(亦名存养书塾)、冠英女塾、申衙前小学以及美国南长老会在齐门外周家弄的崇道女学、美国圣公会在宝城桥弄的显道女学、南浸信会创办的浸会小学和北长老会在苏州的六所学校。[1]

新式中学有监理会在天赐庄的博习书院、在宫巷的中西书院、在长春巷(后迁慕家花园)的英华学堂、在天赐庄的景海女塾和东吴大学附中等,有美国南浸信会在临顿路谢衙前的晏成中学、慧灵女中,有美国圣公会在桃花坞的圣公会中西学堂(后定名桃坞中学),有美国北长老会在葑门十全街的萃英书院(后迁阊门外上津桥)。此外,还有监理会在天赐庄的博习医院护士学校。

教会学校的课程设置突破了传统的四书五经,包括有宗教、英语、儒学、自然科学、音乐、图画、体育等。宗教教育和英语教学是教会学校的两大特征。教会学校均模仿英美各校的教学法。教会中小学的开办,客观上使苏州较早地感受到西方先进的教育体制和科学的教学方法,培养了一批批新式人才,推动了苏州现代教育的改革。

2. 新式学堂的创办

新式小学堂　光绪二十七年(1901),清政府下诏将州县书院改为中小学堂。当年,刘光才等在盘门内西半朱巷创办公立毓元小学堂。二十八年(1902)二月,长洲、元和、吴县三县将平江书院改建为长洲、元和、吴县三县高等小学堂,仍名平江学堂。学校由长洲、元和、吴县三县共同创办,校址在三多桥驸马府堂前

---

〔1〕 陆允昌:《近代苏州通商口岸史料集成》,文汇出版社2010年,第62页。

卫守备旧署。课程设中文、英文、算术。不久,该校分成长洲高等小学堂、元和高等小学堂和吴县高等小学堂三所小学。长洲高等小学堂初在南园羊王庙余屋,元和高等小学堂在盛家带借民房作校舍,吴县高等小学堂仍在驸马府堂前。[1]此外,孺孤学堂、保育堂、义塾一律改为蒙养学堂。

光绪三十一年(1905)废科举后,苏州新式小学数量进一步增加。至宣统三年(1911),苏州城区共有小学106所。按学校性质可分为:官立小学堂,由政府投资开办;公立小学堂,由地方各业捐款开办;私立小学堂,由私人集资或外资津贴开办。按学年编制,分为初等小学堂(或称蒙学、蒙学堂)、高等小学堂和两等小学堂3类。除全日制外,还有专收贫寒子弟、不收学费、不拘年龄的半日制学堂。

表18 清末苏州新式小学简况表

类别	官立	公立	私立	简易学塾(官立)	半日制学校(公立)	总计
初等小学堂	34	29	7	10	10	90
两等小学堂	1	9	2			12
高等小学堂	3	1				4
合计	38	39	9	10	10	106

清末,一些女子教育家排除封建习俗的干扰,创办了一批女子小学,成为苏州新式小学的重要组成部分。光绪二十七年(1901),江溅芳在因果巷创办兰陵两等女学堂,是中国人在苏州办的第一所新式女子小学。[2]此外,还有三十一年(1905)冯王昭鹤于十全街创办苏苏女子两等小学堂,三十二年(1906)王谢长达所办的振华女子两等小学堂等。[3]至宣统二年(1910年),女子小学已发展至10所(公立2所,私立8所),约占当年苏州小学总数的10%。

新式中学堂 苏州的中等学堂以教会中学为多,官立和公立的中学堂数量相对较少。至宣统三年(1911),苏州府计有官立中等学堂10所,公立中等学堂2所,位于城区的主要有官立苏州府中学堂、公立第一中学堂等。苏州府中学堂,原为苏城历史悠久的正谊书院,校址在沧浪亭北。光绪二十八年(1902),署

---

[1]《沧浪区志》编纂委员会:《沧浪区志》,上海社会科学院出版社2006年,第942页。
[2] 江溅芳:《兰陵自传》,《苏州文史资料》第十五辑。
[3] 柳袁照:《一个女子和一个时代的教育——记女教育家王季玉先生》,《中小学管理》2008年第5期。

理江苏巡抚聂缉规将正谊书院改建为正谊中学堂,二十九年(1903)改名为苏省中学堂,最后定名为苏州府中学堂。[1]学校以中文、英文、算术为主要科目。三十三年(1907),主持江苏学务处的王同愈发起创办苏州公立第一中学堂。[2]因学校位于玉带河上草桥畔,俗称"草桥中学"。学校经费来源于社会公款,包括紫阳、正谊两书院常年息款,长、元、吴三县之"宾兴款"(科举时代地方招待乡试应举学子的款项)。

  职业学校 职业教育是现代学校教育的重要组成部分。由于新政对于各门类专业人才的迫切需求,以及"教育救国""实业救国"思想的影响,苏州省、府两级政权在清末十年创办了一批职业学校,开创了苏州职业教育的先河。至宣统三年(1911),苏州城已开办的官立职业学校有:创办于光绪三十年(1904)的江苏师范学堂(由在三元坊的紫阳书院改办)、创办于三十二年(1906)的江苏省官立法政学堂(在苏州海红坊巷)、创办于三十二年的江苏省铁路学堂(在盘门内新桥巷)、创办于三十三年(1907)的苏州府官立农业学堂(在盘门内小仓口)、创办于宣统三年(1911)的苏州官立中等工业学堂(在三元坊),以及创办于光绪三十三年的苏州英文专修馆等。

  此外,光绪二十六年(1900),由江苏巡抚奎俊创办的中西学堂,是苏州首家官办高等学校,校址在可园。[3]三十年(1904),改名为江苏高等学堂。民国元年,学校停办。

  清末苏州的职业教育虽然处于初创阶段,但在端方、何刚德、王同愈等一大批具有远见的地方官和士绅耆宿的推动下,短短十年间,已初具规模且门类齐全,培养出众多在当时十分紧缺的专门人才,对后来的苏州高等教育和职业教育的发展布局也产生了深远影响。

  清末苏州的新式学堂在苏州现代教育史上处于初创阶段,带有传统与现代因素并存的双重特征。在课程设置上,既有修身、读经等课程,又有自然科学、中外史地、外国文等现代化、科学化的课程。在教学方式上,废除旧式教学的个别授课方法,普遍实施班级授课制,课堂教学盛行从日本传入的赫尔巴特的"五段教学法"。在师资方面,既有传统儒生,也有较多的归国留学生和本地师范学堂培养的学生,有些学校甚至还延请了外籍教员。

---

[1] 孙迎庆:《苏州书院:延续城市百年文脉》,《寻根》2011年第3期。
[2] 《草桥名人馆·名人档案》,苏州市第一中学网站"草桥风华"。
[3] 《沧浪区志》编纂委员会:《沧浪区志》,上海社会科学院出版社2006年,第986页。

3. 东吴大学的创办

光绪二十六年(1900),监理会决定在苏州创办东吴大学,英文校名为 Central University of China。同年秋,东吴大学董事会成立。按照章程,孙乐文被校董会选为东吴大学第一任校长。1901 年 3 月 8 日,东吴大学正式开办。同年 6 月 24 日,东吴大学在美国田纳西州正式注册。

东吴大学开办后很长一段时间内仍使用原博习书院的校舍和建筑。光绪三十年(1904 年)主楼竣工。1912 年,"孙堂"(Anderson Hall)投入使用。除了这两幢主体建筑外,光绪三十二年(1906 年),开凿了自流井。三十三年(1907),建筑了水塔。至清末,共建成六幢教师住宅,所有学生宿舍也全部落成。现代校园初见规模。

按二十六年(1900)校董会章程,东吴大学应包括三个系科:一为文学系,二为神学系,三为医学系。此外,还可以设立诸如法学、工程学等可能被认为适宜的其他系科。东吴大学重视中国的传统文化,并多次强调学习中国传统文化。这种教育特色保证了东吴大学的学生在学习西学的同时对中学亦有相当的了解和掌握。

从东吴大学开办到清末,东吴大学的校园建设、办学实践与理念等方面都有令人注目的进展与现代特色。一所完全与现代大学教育接轨的高等学府充分体现了苏州教育的现代演进。东吴大学在苏州创办,苏州能出现中国最早的西制大学,可视为苏州历史上的重教传统在现代特殊条件下的延伸。

五、现代城市空间的拓展

1. 盘门—胥门—阊门商埠区的开发

在中日双方就苏州租界事宜谈判时,署理两江总督张之洞要求苏州地方官员:"宜急筹取益防损之道,早占先著。"并明确三点:"预留水道,畅道运货利便之处,利我工商,一也。指定各国界址,杜彼妄求,二也。将界外之地先行占定,限其界址,免其将来推广无穷,三也。"[1] 苏州地方当局在开埠后的应对措施,基本上依循张之洞的三点指示,也造就了苏州城市空间的一大转变,即盘门—胥门—阊门商埠区的开发。

苏州地方当局决定"拓展沿着城墙南边与西边直到西北阊门的运河沿岸马

---

[1] 张之洞:《致苏州奎抚台、邓藩台、苏州府三首县》,苑书义等主编:《张之洞全集》,河北人民出版社1998年,第6540页。

路"[1],并立即进行道路建设,先修筑从盘门至胥门的西式马路。光绪二十二年(1896)三月,沿河马路正式动工。二十四年(1898),运河沿岸马路造至胥门。二十五年(1899),造至阊门。盘门经由胥门至阊门的沿运河马路的开通,推动了沿线特别是盘门外和阊门外工商业的兴起。按总理衙门意见,为保商埠利权,江苏、浙江等地应"广设织布、织绸等厂,多行内河运货小轮以占先著"[2]。苏州地方当局划定阊门外五百四十方里,胥门外二百四十方里,盘门外一百一十方里为商埠,抓紧开办工商企业,开发商埠,以期控制租界的扩张,减少利权损失。

盘门外商埠开局　在张之洞的倡议下,苏州商务局同苏州士绅合作出资组织商务公司,划定盘门外一片土地,开工建设苏纶纱厂和苏经丝厂。同时,开发两厂以东的地块作为商业区,官方出面修筑了一批房屋用以出售或租赁,江苏臬司甚至命令原在苏州城内仓桥浜的长三、幺二等高级妓院搬至盘门外,以繁荣市面。

盘门外商埠开局状况不错。二十二年(1896),"盘门外,春间尚系荒郊,今则人烟稠密,大丝厂早经开工,纱厂将次告竣,开工当亦不远。至于茶寮、酒肆以及小火轮局等类,开设者争先恐后,地价且因之而涨,每亩约价值一千两"[3]。二十三年(1897),"盘门外丝厂缫丝盆先开一百……本年该厂缫丝盆已加至三百三十之数……盘门纱厂,亦于是月杪开工,该厂设有电灯,故日夜均可工做"。[4]事实证明,这一系列措施对盘门外的商业开发起了巨大的促进作用。在这片称为青旸地的地区,"店肆、房屋之在日界西偏者,鳞次栉比,其间之开船局、戏园及茶馆、酒肆者颇称繁盛"[5]。

盘门外工商业发展难以突破瓶颈,但现代工业却已在这里生根发芽,青旸地的苏纶纱厂、苏经丝厂发展迅速,奠定了苏州现代工业区域的基础。

阊门外商业的复兴　咸丰十年(1860),清军为防太平军利用城外建筑接近城墙攻城,纵火焚毁了阊门外的商业街区。自此,阊门外长期难以恢复原貌。

盘门至胥门马路的筑成推动了阊门的变化,一批新的商业街市发展起来。清末民初,阊门商业街区主要集中在"三路一街"。一为大马路,由火车站至盘门外日本租界的环城马路,这是当时苏州最大的一条路,故苏州人称之为"大马

---

[1] 陆允昌:《苏州洋关史料》,南京大学出版社 1991 年,第 5 页。
[2] 张之洞:《致上海经道、严道信厚(光绪二十一年闰五月十八日)午刻发》,苑书义等主编:《张之洞全集》,河北人民出版社 1998 年,第 6499 页。
[3] 陆允昌:《近代苏州通商口岸史料集成》,文汇出版社 2010 年,第 60 页。
[4] 陆允昌:《近代苏州通商口岸史料集成》,文汇出版社 2010 年,第 63 页。
[5] 陆允昌:《近代苏州通商口岸史料集成》,文汇出版社 2010 年,第 71 页。

路"。二为横马路,自新阊门至安福桥即今永新桥堍北至鸭蛋桥大马路。三为石路。一街为上塘街,自老阊门口经吊桥、普安桥至上津桥南堍。这些商业街市中,以大马路和石路最为繁华。光绪二十八年(1902),阊门外运河边设立了电灯公司。到三十四年(1908)夏季,阊门内外各街市都用上了电灯。

石路是这一时期在阊门地区新兴的一处商业地带。在大马路修筑时,盛宣怀出资修筑了自阊门吊桥堍鲇鱼墩至姚家弄口大马路的马路,因用碎石铺就,故人称"石路"。石路连接大马路和轮船码头,处于铁路和轮运两大交通方式的影响交汇处,地理位置优越,故在兴建时,就有义昌福菜馆等纷纷迁来择址开业。随着石路影响力的不断扩大,石路这一名称已经成为阊门外商业区的代称。

三十二年(1906),沪宁铁路苏沪段通车。三十三年(1907),从阊门到火车站的马路建成通行,阊门成为火车站与苏州城之间人流和货运的中转枢纽,商贸运输和批发市场的地位再次凸显,马路"两旁房屋建筑日多","铁路未开以前,无人过问之地,刻已渐获利益"。[1]

阊门商业区的强大吸引力,使租界的许多商户甚至日本商店、旅店迁移到阊门。租界的发展就此陷入停滞,阊门则获得了更大的发展。

2. 公共通商场与日租界的开辟

二十二年九月十三日(1896年10月19日),清政府与日本签订《通商口岸日本租界专条四款》,又名《公立文凭》。其中第1款规定:"添设通商口岸,专为日本商民妥定租界,其管理道路以及稽查地面之权,专属该国领事。"[2]日本由此取得了在苏州开辟专属租界的权利。在中日交涉苏州租界期间,经与各国驻上海领事商议,清政府决定在日本租界的东部开辟通商场,直至运河边,又称"公共租界"或"各国租界",成为日本租界之外另设的通商区域,面积约430余亩。

日租界开辟后一段时间,几乎没有什么重要的建设。直到二十八年(1902),日本租界才"填筑马路,开通沟渠,渐有振兴之象"[3]。到三十一年(1905),"日本租界内,有日本人开设酒作一所"[4]。一直到日租界开辟后的二十多年内,界内"只有一部分有房屋,其余仍是杂草丛生,一片空地"[5],建成的工厂、商店、洋行等为数有限。

---

[1] 陆允昌编:《苏州洋关史料》,南京大学出版社1991年,第200页。
[2] 王铁崖:《中外旧约章汇编》第一册,生活·读书·新知三联书店1957年,第685—686页。
[3] 陆允昌编著:《近代苏州通商口岸史料集成》,文汇出版社2010年,第91页。
[4] 陆允昌编著:《近代苏州通商口岸史料集成》,文汇出版社2010年,第103页。
[5] 苏州市港务管理处编志办公室提供:《中国通商口岸志·苏州》,苏州市地方志编纂委员会办公室、苏州市档案局编:《苏州史志资料选辑》第五辑,第94页(内部发行)。

与日租界相比,通商场的开发势头较好。按章程规定,通商场内的土地只限于租给签订条约国的居民,不过这个规定很快便有名无实,大多数外国人都把租界的土地转租给了中国人。[1]

光绪二十三年(1897),苏州海关在位于公共通商场内的觅渡桥畔建成海关公署、税务司公馆、验货房、关栈等一批建筑。过往船只进出苏州,皆要驶往觅渡桥接受海关检验和课税,以至觅渡桥畔运河"汽笛声相闻,昼夜不绝"[2]。

除海关公署外,通商场内还有不少西式建筑,如苏州关税务司公馆、帮办公馆、巡捕房以及邮政局、华洋合资的延昌永丝厂等,而"店肆、房屋之在日界西偏者,鳞次栉比,其间之开船局、戏园及茶馆、酒肆者颇称繁盛……各国租界已造马路数条"[3]。"共同租界人来车往,商店、戏院、鸦片铺等相继在盘门一带开设起来,形成一个活跃的郊区。"[4]

3. 沪宁铁路通车与城北商贸区的成型

光绪二十九年(1903)五月,英国与清政府签订沪宁铁路借款合同后开始修筑沪宁铁路。三十二年(1906),苏州至上海段先行通车。三十四年(1908),全线通车。

苏州火车站于三十二年五月二十五日(1906年7月16日)建成。"站有地道,翼以两月台,由东往,由西来,皆从地道行。站以内办事处,外设官厅、男女候车室,规模宏备,屋宇壮丽。总站以下第一完善之站所也。"[5]车站主体建筑完工后,又陆续增建货栈、商业用房、发电机房、水塔和小花园等配套建筑。

铁路通车后,苏州对外交通方式发生转变,原本以水路为主的交通方式逐渐转变为以铁路为中心、水路为延伸、公路为辅助的新式交通网络,苏州火车站也因此逐渐发展成为苏州对外交通的中枢,城市空间发展亦随之产生变化,原本荒凉的城北地区获得发展,封闭的城门开通,城内同火车站的联系加强。城北空间得到迅速拓展,主要表现在以下几个方面:

其一,提供旅客住宿的新式旅馆出现。其中,以惟盈旅馆和铁路饭店最为典型。鉴于苏州旅馆多集中在石路一带,距车站太远,惟盈旅馆选址于钱万里桥畔交通要道处。惟盈旅馆一半为二层洋式旅馆,一半为草坪花园,并建一座码头以

---

[1] 苏州市港务管理处编志办公室提供:《中国通商口岸志·苏州》,苏州市地方志编纂委员会办公室、苏州市档案局编:《苏州史志资料选辑》第五辑,第93页(内部发行)。
[2] 陆雨庵编:《吴郡地理志要》,崇办蒙塾光绪二十八年版,第12页。
[3] 陆允昌:《近代苏州通商口岸史料集成》,文汇出版社2010年,第71页。
[4] 陆允昌:《苏州洋关史料》,南京大学出版社1991年,第78页。
[5] 曹允源、李根源纂:《吴县志》卷三十《公署三》,苏州文新公司铅印本1933年,第54页。

供游人登舟起岸。[1]

其二,运输市场活跃。因火车站设于远离市区的苏州城北,所以旅客多乘车船往来车站与苏城,由此带动了车站附近运输市场的活跃。客运方面,因火车站距离河道码头较远,车站和苏城之间的交通主要依靠人力车和马车。为维护秩序,苏州火车站每月限定颁发700张人力车营业执照。货运方面,苏州火车站附近聚集了众多的转运公司,受理代办货物托运和报关捐税手续。平门码头在火车站南面,是直接装卸车皮的码头,分为上站、下站。上站是零担房;下站是仓库,堆放大米等物。

其三,美孚油栈建立。自苏州开埠后,外国煤油大量运销苏州,起先仅是由商人贩运,外国洋行没有专门设置油栈堆油销售。宣统二年(1910),美孚在齐门外西汇租借房屋自行设立油栈,而后陆续由沪宁铁路装运煤油存入此处,并在阊门外设立经销点。三年(1911),撤除美孚在齐门外西汇处的油栈,划定齐门外静心庵处面积3亩7分土地为美孚租赁设立油栈之用,[2]美孚洋行可通过铁路直接运输煤油至苏州存储销售。

4. 观前商业街区的兴起

道光二十一年(1841)冬,"郡绅潘筠浩等捐砌元妙观前,自醋坊桥起至察院场西口止,长石条路,其工甚巨,坦坦履道,行人传颂"[3]。整修后的观前街具备了现代道路的雏形,长770米,阔3米有余,颇为壮观。两旁店铺多数是栅板门面,"屋檐伸出尺余,下面还有木板'撑水闼',宽约三尺许,下挂木制店幌,有一块者,有数块者,上书店号以及所营商品"[4]。这一时期苏州商品经济的发展,推动了市民阶层的扩大,消费水平也随之提高,城市中涌现出一批名产名店,观前地区亦有分布,如恒孚金号、王鸿翥国药铺设店在观东大街,三万昌茶社择址在玄妙观西角门等。道路的兴建和名产名店的加盟打破了传统不固定零星摊贩肆意摆摊占道的混乱局面,推动了观前由传统集市向现代商业街区的转变。

太平天国战争时期,苏州城市面貌大变。城西满目废墟,蔓草丛生。太平军的王府与衙署馆舍大多偏于城东,自北向南沿临顿路分布,观前没有遭到太多的破坏。清同治二年(1863),"太平军退出苏州,逃亡商贾陆续回苏,观前开始受

---

[1] 饶金宝、施士英:《清末民初的苏州几家名旅店》,政协苏州市委员会文史资料委员会,民建、工商联苏州市委员会编:《苏州经济史料》1988年第1辑,第274页。

[2] 马敏等:《苏州商会档案丛编(第二辑)》,华中师范大学出版社2004年,第215页。

[3] 顾震涛:《吴门表隐》,江苏古籍出版社1999年,第362页。

[4] 朱宏涌:《漫话苏州商市变迁与观前街的发展》,政协苏州市委员会文史资料委员会,民建、工商联苏州市委员会编:《苏州经济史料》1988年第1辑,第107页。

到商人青睐"[1]。商人多择地在观前开业或复业,新建的商铺主要集中在观前东角门—洙泗巷口—醋坊桥等观东一带,如协记布店、稻香村、叶受和、九如书场、文怡书局、西兴盛皮丝烟、生春阳火腿店等。苏州的新兴行业也首选落户观前。光绪八年(1882),吴瑞生创办苏州第一家照相馆——日光照相馆于观前街,宣统二年(1909)又在宫巷太监弄口开办瑞记照相馆。人们图新奇,一时趋之若鹜。

至光绪三十四年(1908),观前已有 20 多个行业近 60 户店铺。据《苏州商务总会题名表》记录,"当时加入商会的观前商店约有 46 家,涉及绸缎、洋货、广货、布、南货、米、茶叶、药铺、烟、水果、典当、肉、履、纸、茶食、腌腊等 16 个行业,其中洋货业最多,观前有六户,几近全市洋货业总户的一半"[2]。由此可知,观前的某些行业在苏城已经占据相当大的比重,成为区域性的商业中心地。[3]

5. 教会小区的出现

晚清在苏州传教的主要是美国监理会、美国南长老会、美国北长老会、美国南浸礼会等。这些教会的主要活动是建立布道所和教堂,创办诊疗所、医院和学校。教堂、医院、学校这些同周围建筑截然不同的西方建筑和建筑群的相继出现,形成了一些异于传统的教会小区。如光绪四年(1878),北长老会在苏州建造了第一所外国人房屋。二十二年(1896),"'北方长老会'正在北门城外建造一家医院,同时在本城市各区建立了七个教堂、六所学校和两个诊疗所"[4]。又如,二十一年(1895),齐门外周家弄已有美国南长老会的福音教堂、福音医院和崇道女学;光绪宣统之际,宝城桥弄已有美国圣公会教堂、桃坞中学和显道女学;等等。

坐落于天赐庄一带的则为美国监理会创办的教堂、博习医院、东吴大学、景海女子师范学院、住宅等西式或中西合璧的漂亮建筑。自监理会在苏州传教开始,天赐庄一带就是传教士居住、布道的首要区域。至光绪五年(1879),监理会已在苏州陆续设立了四处布道所。一所在十全街石皮弄,一所在护龙街,一所在凤凰街,一所在濂溪坊,均在天赐庄附近。[5] 光绪七年(1881),监理会在"天赐

---

[1] 苏州市平江区编委会:《平江区志》,上海社会科学出版社 2006 年,第 631 页。
[2] 李长根等:《观前商业的历史特色》,苏州市地方志编纂委员会办公室、苏州市政协学习和文史委员会编:《苏州史志资料选辑》2000 年,第 102 页。
[3] 参见王波:《苏州观前街区研究(1840—1940)》,唐力行主编:《明清以来苏州城市社会研究》,上海书店出版社 2013 年,第 291 页。
[4] 陆允昌编著:《近代苏州通商口岸史料集成》,文汇出版社 2010 年,第 62 页。
[5] 王国平:《东吴大学简史》,苏州大学出版社 2009 年,第 11 页。

庄之折桂桥弄口谋得地基,建成设有四百人座位的耶稣堂",命名为首堂。[1] 19世纪90年代,首堂的西侧又建造了一座牧师楼。牧师楼周边为大草坪,整个院落面积为893平方米,建筑占地面积为225平方米,建筑面积为770平方米。整幢建筑由青、红砖镶嵌砌就,假三层砖木结构,西端呈六边形,内有玻璃窗,外有百叶窗。正中廊柱上用尖券,廊柱贯通一、二层,上、下外廊均有扶栏,高敞华丽,在当时粉墙黛瓦的民居中显得尤为突出。[2]

光绪九年(1883)建成的博习医院位于天赐庄东部,南面天赐庄大街,东至小弄(今苏州大学校址),北抵小河(今百狮子桥居民住宅),西与首堂(今圣约翰堂)毗邻。水上交通尤为便利,东面有城河,北面有百狮子桥小河,西面有官太尉河。博习医院还和景海女学、妇孺医院合资建造了天赐庄码头,病家的船只可直抵天赐庄。

医院为庄院式建筑,四周筑有围墙。房屋采用江南民居常见的人字形双坡屋面,复盖以小黛瓦,山墙图饰精美。平屋八幢,以走廊相连。其中一幢为门诊部(门诊部设有会客室,用以招待上等病人),三幢为内外科病房,一幢为割症室(即手术室),其余三幢为宿舍、洗衣房、厨房(厨房设备可供五十个病人用膳)。[3]

十三年(1887),监理会的斐医生另在博习医院以东建立了妇孺医院。

四年(1878),监理会得到美国肯塔基州科文郡的Buffington先生的捐款,便在天赐庄购地,兴建住宅和校舍。五年(1879),十全街主日学校迁入天赐庄,命名存养书院(亦名存养书塾)。十年(1884),存养书院改名为博习书院,规模进一步扩大。博习书院"有一片面积很大的建筑来开展书院工作。房子能容纳75名住校生和25名走读生,里面有宿舍、教室、教堂、图书馆、实验室和实验场所,实验室和实验场所配备了价值3 000多美元的仪器、工具和机器……还有一个天文台,里面配有一流的赤道仪望远镜(4.5英寸的物镜和5英尺长的焦距)"。学校自己发电,用电灯照明,可以通过自制的电报设备与别处联系。潘慎文还在屋顶小阁安装了一面购自伦敦的钟,并制成另外三个钟面,以便东南西北四个方向都能观看。

二十二年(1896),据苏州关税务司报告称,监理会所在"近葑门的地方,那里有六所外国人住宅,两家医院,三所寄宿学校,其中一所为英语学校,一所教

---

[1] 杨镜秋:《卫理公会传教士占据天赐庄八十年史话》(未刊稿)。
[2] 参见王馨荣:《天赐庄·西风斜照里》,东南大学出版社2004年,第24页。
[3] 参见王馨荣:《天赐庄·西风斜照里》,东南大学出版社2004年,第48页。

堂。另一所规模较大的英语学校建立在近市中心。人们要求学习英语的志愿正在展开,在街上,时常可以听到学生们练诵英语的声音","紧靠葑门里边,教会已形成了一个外国人自建房屋的小居留地"。[1]

二十六年(1900),监理会"于苏州就天赐庄博习书院旧舍之后广购基地约得五十六亩"[2]作为创办大学的用地。二十七年(1901),东吴大学在扩大后的博习书院校址开办。三十年(1904),由英国建筑师设计的主楼竣工。这座三层大楼非常气派。孙乐文校长甚至说"我怀疑在整个中国是否还有另一幢这样漂亮的大学建筑"。大楼内有通风、明亮、宽敞的教室,有图书室、实验室和必需的办公室,会议厅可以容纳500人舒适就座,全部配置美国运来的最新式样的家具。有足够的乙炔气灯为整个主楼照明,还有一台电动机和水泵用来供水。三十二年(1906),在校园内成功地开凿了一口自流井。三十三年(1907),新的学生宿舍楼落成,可供218个学生住宿。到三十四年(1908)年底,计划中的所有学生宿舍已全部落成,并已建成六幢教师住宅。规模宏大的第一幢教学大学正在兴建。"数十幢住宅和宿舍楼遍布校园内外,食堂、厨房和职工住所均配备齐全,校园遍植花草树木,一切都显示这里将逐渐发展为一个整齐美丽的校园。"[3]

稍晚于东吴大学的创办,为纪念监理会女教士海淑德,监理会另在东吴大学北面,紧邻东吴大学,创办了景海女学。景海女学优美的主建筑于二十九年(1903)落成,为一长排三栋相连的两层楼房。三十年秋,景海女学正式开学,一开始就有三十名学生。此后,校园不断拓展,建筑逐年增多。主建筑北边有一栋两层小楼。校园东北角另有两层小楼一栋,为景海女师的钢琴房。东南角还有一栋两层教师宿舍楼。这些建筑多为砖木结构,砖块以灰红两色为主。[4]

清末,天赐庄一带教会小区已颇具规模,并仍在快速发展。1912年,东吴大学建成另一座规模宏大的大楼——"孙堂",为学校提供了足够的办公、教学、阅读、自修等空间。校园北部陆续建成一排6幢与校门平行的西式别墅小楼。1915年,监理会拆除了首堂,新建了一座建筑面积1 855平方米,有800个座位的西式教堂,并改名为圣约翰堂。1919年,博习医院建造新馆的计划正式实施,不久,新馆建成,占地7亩6分,包括三层半住院大楼和二层门诊大楼各一幢,总

---

[1] 陆允昌:《近代苏州通商口岸史料集成》,文汇出版社2010年,第62页。
[2] 王国平:《东吴大学简史》,苏州大学出版社2009年,第31页。
[3] 文乃史著,王国平、杨木武译:《东吴大学》,珠海出版社1999年,第29页。
[4] 参见王馨荣:《天赐庄·西风斜照里》,东南大学出版社2004年,第177页。

面积达 3 329 平方米。[1] 荒僻的苏州城东南隅气象一新,苏州城未来的文教医卫重心已现雏形。

总而言之,晚清苏州的变化与发展是一个在传统"姑苏繁华"的余烬中的涅槃,是一个由传统向现代的转型过程。它的起点是咸同之际的太平天国战争与苏州枪炮局的设立。它的重启与加速始于光绪年间的苏州开埠通商。浴火重生的苏州,机器工业发展了,新型城市空间产生并拓展了,现代医院出现了,现代教育兴起了,社会生活中也渐渐萌生和植入了新的时代内容。这些现代元素赋予苏州新的生命力,推动着苏州的现代转型与进一步发展。

---

[1] 杨瑞兰:《博习医院简史》,苏州市地方志编纂委员会办公室、苏州市档案局编:《苏州史志资料选辑》第六辑,第 118 页(内部发行)。

民国以降苏州经济社会发展的传统规定性

朱小田

任何一个地域的经济社会发展都是在一定的传统规定之下进行的,这种传统规定性既为一定地域的发展提供了可能性,更重要的是,它暗含了将来发展的现实道路。忽视地域社会的传统规定性,或者不切实际地"借鉴"其他地区的"经验",或者异想天开地设想"跨越式发展",或者人云亦云地以全球普遍性代替地方特殊性,其结果只能在时代河流中一直"摸着石头",而无法到达希望的彼岸。

那么,地域发展的传统规定性是怎样的一个具体构成呢?问题可能涉及诸多方面,但其中两个方面是至关重要的,一是地域特质,二是共同体特色,地域经济社会发展的总体方向和现实道路主要是由这两个因素决定的。笔者以苏州社会为典型讨论地域发展的传统规定性,以期引起人们对于这一问题的重视。相信这样的理性思考,对于在全球化背景下民族经济社会的发展,其空间意义上的普适性和实践意义上的重要性,是不言而喻的。

一、苏州乡土特质:自然与人文的协调

纵观世界文明历程不难发现,距离现代越远,人类社会发展的地域差异越明显。世界几个主要的古老文明,在各自的自然环境中绽放出的绚丽之花,张扬出迥然相异的性格,集中体现了人与自然的独特互动方式及其结果。[1]人类学家对于至今还遗存于现代社会中的原始共同体进行比较考察时,都不约而同地特别强调共同体文化的不同样式。

始于17世纪工业革命以来的全球化浪潮席卷了世界的旮旮旯旯,人类历史同时开始了由封闭性共同体向开放性大社会的演变。1887年德国社会学家滕

---

[1] 许倬云:《中国古代文化的特质》上篇"第一讲",新星出版社2006年。

尼斯(Tonnies)从社会联结纽带的性质入手,敏感地发现了当时欧洲社会正在发生的这种变迁。随着人类社会互动的日益加强,地方特色似乎逐渐褪色,以"一体化"这样的术语来说明包括地域社会在内的文化特征几乎成为社会科学界的习惯,社会政策研究者也常常以世界的普适性策略作为地域发展的一般模式。在此思维定式之下,对于某个地域特质的认识简直变成多此一举。

一般地看,一个中观地域总是以某个大中城市为中心结点的。近代以来,城市被视为一个地域发展无与伦比的温床,而在现代世界观中,城市的个性总是面目模糊的,以此为结点的地域社会特质更是含糊其词。但是,对于以苏州为结点的中观地域区别于其他中观地域的本质属性,即其地域特质,民国时代的人们却有着相对一致的感受:来到苏州,纷纭复杂的人物声色,扑面而来的吴越古风,让人们对她的鲜明个性再不能漠然置之。直到20世纪20年代,"苏州城,竟还是一个浪漫的古都",诗人郁达夫描画道:"街上的石块,和人家的建筑,处处的环桥河水和狭小的街衢,没有一件不在那里夸示过去的中国民族的悠悠的态度。"[1]当代文化史家余秋雨的说法更积极一些,但意味似乎与郁达夫相类似:"唯苏州,给我一种真正的休憩。柔婉的言语,精雅的园林,幽深的街道,处处给人以感官上的宁静和慰藉……苏州,是中国文化宁谧的后院。"[2]苏州文化的这些特征在所谓"苏州女儿"身上体现得淋漓尽致:

> "苏州女儿"说着一口吴侬软语,固然是确论,苏州人的说话,确是软棉棉[绵绵]的,上海人有句老话:"宁可听苏州人相骂,不要听宁波人白话。"因为苏州人不单声音柔软,并且说话的技术也是圆妙的,同样一句骂人的话,从苏州人嘴里说出来,似乎轻松得多。要是隔着墙壁听苏州人的"白话",包管娓娓动听,久而不倦,如坐春风中。[3]

"苏州女儿"对于家政的处理,虽说城乡有异,但有着相近的苏州风范:

> 城市的苏州女儿,有着传统的大家风范,因为苏州在以往是科第不绝的,所谓"书香",所谓"乡绅",这两种因素,是使苏州女儿成就"大方""文雅"的气派。因此"治下"和"对外",都是极有礼貌,极有法度的。尤其是基于伦理的素养,待人接物,都从温和恳挚的热情里出发的。倘然拿现在上海人生活来比较,更是显然不同。上海人同住在一幢房子里,尽有终年不交一语的,真如宁波人所说:"死人弗关。"至于邻

---

[1] 郁达夫:《苏州烟雨记》,《郁达夫集·散文集》,花城出版社2003年,第187页。
[2] 余秋雨:《白发苏州》,《文化苦旅》,知识出版社1995年。
[3] 华留:《苏州女儿》,《新女性》1944年创刊号。

舍更是疏远,或许连人的姓名都不知道的。可是,苏州就不然,因着苏州女儿的热情,对于同居和乡邻,都是亲密得和自家人一样,有无相通,痛痒相关。苏州有一句老话:"金乡邻,银亲眷。"她们竟把睦邻看得如此的重要。这一种教训,就是造成坊里间的合作互助,推一家而到一街,就不是自私的表见〔现〕。

至于乡野的"苏州女儿":养蚕,种稻麦菜豆,这是她们的基本工作,她们不仅是"行馌",照样跣足裸臂,头上遮了一方布,在炎日之下,到田里去,耕耘,在冷风之中去收割。回来还要抚育子女,烧饭缝衣,又是"出而种田,入而治家"的兼能了。她们的享用的限度是极低的,有时或许连布衣暖菜饭饱都求不到。但是她们处之泰然,真有"安贫乐道"的精神。

总之,"苏州女儿"集中体现了这个城市的性格:

苏州是一个静的城市,什么都有一种安闲,从容的气氛,我们是到街坊上就可以感觉得,不像上海那么急急忙忙,好似要抓住一分一秒的时间,不肯放松的。并且苏州的屋舍比较宽舒,所占的空间有回旋余地,所以走到家里,也没有窒息的苦闷,因此苏州的女儿总是静穆而幽娴的。[1]

论者在与上海的对比中,从经济结构的角度说明了苏州性格的成因:"因为上海人家的经济制度建立于资本主义的,凡是从工商业得来的金钱,总看得轻易平常一面〔些〕,而多数的苏州人家,经济制度建立于祖产,究竟要重视一点。"[2]具体考察苏州的经济—社会结构,则可以发现:"苏州人的阶级差别,大概和城镇与乡村之别约略相合。地主,资本家以及小资产阶级,大部住在城里及四乡的市镇上,而纯粹的乡村里,大部分是农民,工人,和小贩。常州无锡似乎不如苏州那么分得清。"[3]这样的社会结构存在于特定的自然生态环境之中。苏州的土地最得太湖地利:"雨多时靠它涵蓄,雨少时靠它灌溉,不愁水灾不愁旱灾,农业遂有所赖,稻麦蚕桑,即提供了美食锦衣;而水泽宜于养鸭,湖中饶有鱼虾,也正是肴馔的资源所在,再加沿湖河道复杂,舟楫往还无阻,产物的交换自更便利,文化的构成也就更易。"水乡苏州的物质文化景观由此铺开伸展:"周围三四十里的苏州城,四面都有河道环绕,除了流贯城内,更是远通四境……定时开行的航船,

---

[1] 华留:《苏州女儿》,《新女性》1944 年创刊号。
[2] 华留:《苏州女儿》,《新女性》1944 年创刊号。
[3] 王庸:《苏州闲话》,《时代公论》(南京)1932 年第 10 期。

藉以装货载客的总有百数,城市与乡镇可通。"处于这种生态环境中的近代苏州便以浓郁的乡土气息区别于长江三角洲的其他城市:上海的繁荣,依仗工商业;杭州的繁荣,依仗游客;苏州的繁荣,却是依仗农业。[1]以一般而论,"苏州人都是潇洒闲适的",处在这样的环境里,人们"丝毫不会感觉到紧张。在苏州,没有局促,没有险恶,没有喧嚣;只有静,闲,笑……这种闲适轻松的生活美,是要有对比才会感觉到。住在上海四马路,久受了商业的烦嚣,或是住在南京,饱经了宦海的险邪……才觉到苏州人是潇洒温文的可亲近。苏州地方是和平轻松的可留恋"[2]。

这正是苏州的魔力所在:特定的人群吸附于特殊乡土,特殊的乡土滋养了特定人群。这特定的人群主要有两类:一类为地方土著,另一类是外来寓公。土著们"惟一的收入——收租米……其实收的是钱"。每当朱红漆黑字的收租牌挂起来的时候,"农人开始一串一串的走进这田主的大门,等到减少了他们所怀着的金钱,换到了一张批过'收讫'的'租籴'之后,又一批一批的跑出来"[3]。与此同时,在苏州各市镇的市梢上,"每有黑色墙垣的巨厦门上挂着'周□□堂栈'或'王□□堂栈'等牌子……原来就是地主们征收田租地租的场所"[4]。实际上,"苏州城里的土著怕不很多",一些所谓"英雄豪杰"之士干过了一番"为国为民"的"大事业"之后,多跑到苏州来"退隐"和"韬晦"。[5]比如,一般下野军阀,失意政客,以至于逊清遗老,等等,都来做吴门寓公。[6]另外,"一大批的用各种名义,同各种手段致富的资产阶级的一群,均迁移到这天堂内作寓公了,于是这天堂里逐年的继续的新陈代谢的增加了一些(老爷),(少爷),(太太),(小姐)有闲高贵的角色,度着有闲舒适的岁月,在苏州城内好像寻找不出人生的苦痛,同悲愁的事件的"[7]。

以地主和寓公为中心的苏州便造就了古城邑的有闲生活:"那些以田租为生的人,生活自然颇为闲暇,于是适于消闲的东西,就随着产生。同时又因农业都市的收益,还停滞在手工生产的阶段,不像工商业都市用机器生产那样饶有巨

---

[1] 陈醉云:《姑苏散曲》,《东方杂志》1933年第30卷第8号。
[2] 张思义:《苏州的魔力》,《敬中学生期刊》1933年第4期。
[3] 鹿平:《苏州的收租米》,《农业周报》1934年第3卷第42期。
[4] 陈醉云:《姑苏散曲》,《东方杂志》1933年第30卷第8号。
[5] 王庸:《苏州闲话》,《时代公论》(南京)1932年第10期。
[6] 蒙司:《天堂里的皇帝——苏州通信》,《新生周刊》1934年第1卷第46期。
[7] Q:《苏州的娘儿们》,《沙乐美》1937年第2卷第3期。

大的进益,高度的浪费势有所不能,所以物价也受相当的限制了。"[1]这么一个"一向被称为天堂,而静的古城,更可以使紧张匆忙的上海人,得到一点安慰与调节",于是在民国末年苏州平门内有好几幢新型的房屋,被叫作"周末新村"的,都是在"上海生活的,有钱的人"租赁的,他们"到了周末趁〔乘〕火车来盘桓一天两夜,星期一早车再到上海,和到吴淞真茹〔如〕浦东差不多,而物质的享受,或许更可以满足些"[2]。苏州以此与上海区别开来:

> 从洋楼大厦高耸入云的帝国主义者的东方商场——上海,骤然地走入了这依然笼罩着封建遗传的苏州,一种病态美的爱好余味,就一古脑儿的涌现在面前。不过,一些达官贵人们的别墅,专等游客光临的饭店和为时代所洗礼过的商店,却零星地散布了些新的模型。[3]

与上海的"洋气"不同,苏州多了一些"土气"。顾颉刚先生对于"乡土苏州"的文化根底进行过鞭辟入里的剖析:"从前苏州人生活于优厚的文化环境,一家有了二三百亩田地就没有衣食问题,所以集中精神在物质的享受上,在文学艺术的创造上,在科学的研究上。一班少年人呢,就把精力集中到科举上,练小楷,作八股文和试贴诗,父以此教,兄以此勉,每个读书人都希望他由秀才而举人,进士,翰林,一步步的高升。所以满清一代,苏州的三元一人,状元多至十八人,有的省份还盼不到一个呢。"[4]时至近代,基本的文化环境并没有发生根本的改变,无论是外来的寓公还是土著的地主,依然重复着数百年来"苏州人"的生活模式。"讲到绅士的日常工作,不外乎组织诗社,吟两首风花雪月,或是保护保护那些破得连骨头都要露出来的荒坟,或是代那些因某人一句话,书上一段历史纪载而成为所谓历史上有价值的古物立个碑,请个大手笔来写上几句。"[5]具有苏州地域特色的休闲生活情调便衍生于这样的经济—社会结构之中。

昆曲以其精英品位构成地域生活情调的元素之一。叶圣陶指出,昆曲是"彻头彻尾的士大夫阶级的娱乐品"。

> 宴饮的当儿,叫养着的戏班子出来演几出,自然是满写意的。而那些戏本子虽然也有幽期密约,盗劫篡夺,但是总要归结到教忠教孝,劝贞劝节,神佛有灵,人力微薄,这就除了供给娱乐以外,对于士大夫阶级

---

[1] 陈醉云:《姑苏散曲》,《东方杂志》1933年第30卷第8号。
[2] 烟桥:《周末新村》,《礼拜六》1946年第15期。
[3] 黑人:《苏州的印象》,《礼拜六》1936年第637期。
[4] 顾颉刚:《苏州的历史和文化》,见苏州市地方志编纂委员会办公室、苏州市档案局编:《苏州史志资料选辑》第二辑,第5页(内部发行)。
[5] 蒙司:《天堂里的皇帝——苏州通信》,《新生周刊》1934年第1卷,第46期。

也尽了相当的使命……听昆曲先得记熟曲文；自然，能够通晓曲文里的故实跟词藻那就尤其有味。这又岂是士大夫阶级以外的人所能办到的？[1]

20世纪30年代中期，在苏州还有"好几个"曲社在那里传习昆曲。热衷于此的人确实与传统"士大夫阶级"颇多相像："退休的官僚，现任的善堂董事，从课业练习簿的堆里溜出来的学校教员，专等冬季里开栈收租的中年田主少年田主，还有诸如此类的一些人，都是那几个曲社里的社员。"[2]

旧书业，与其说是古城生活情调的元素，不如说是一种符号。民国年间在一向被称作文化古城的苏州，旧书店、古玩碑帖、裱画等店的设立，"除了北平与上海，的确可以说苏州是甲于其他的地方，全城旧书店不下十余家，多数开设于横卧城中最长的护龙街上"。所以，护龙街可以被称为"文化街"，四面八方的游客，"比较爱好书画古董的是必来拜访这一段文化街的"。论者谓："买书藏书是需要在顺平的时代，有着多余的钱，才能享受到这种清雅之福的，旧书业的兴衰正可以象征着国家的升平与乱时。"[3]民国乱时不少，苏州的旧书业却以顽强的生命力始终给世人昭示着承平的光景和希望。

茶馆是构成苏州城乡生活情调的更为大众化的元素。茶馆普遍存在于近代中国社会，而江南的茶馆以其独特的社会意义格外引人注目："江南，那〔哪〕个较大的城市与集镇上没有这样中国的俱乐部？把吃茶看成一种了不得的罪恶，或者提到苏州人，就联想到他们的游惰生活，上茶馆居其一。"[4]苏州茶肆很多，"差不多都有茶肆挂着灯笼卖茶，坐满喝茶的人。这不是懒散不振，游手好闲人多的表现么？"[5]在苏州，确实有许多城市"闲人"，终日孵泡茶馆，成为日常生活的固定公式，"苏州人的喝茶，并不是要去喝茶，是去玩玩的，每日要去喝，有的二三点钟，有的终日坐在茶店里"[6]。至于乡下人，几乎有"一半可以工作的时间，耗费在茶馆生涯"[7]，以至"友朋初晤，辄问何处吃茶"[8]。茶馆构成苏

---

[1] 叶圣陶：《昆曲》，叶至善、叶至美、叶至诚编：《叶圣陶集》第5卷，江苏教育出版社1988年，第383页。
[2] 叶圣陶：《昆曲》，叶至善、叶至美、叶至诚编：《叶圣陶集》第5卷，江苏教育出版社1988年，第382页。
[3] 张益林：《苏州的旧书店》，《新学生月刊》1944年第4卷第2期。
[4] 秋文：《坐茶馆》，《盛京时报》1936年6月21日。
[5] 杰夫：《苏州印影》，《道路月刊》1923年第6卷第3号。
[6] 同兆：《论所谓天堂的苏州社会》，《妇女月报》1935年第1卷第5期。
[7] 陈醉云：《姑苏散曲》，《东方杂志》1933年第30卷第8号。
[8] 沈云：《盛湖竹枝词》卷下，1918年，第7页，苏州大学图书馆藏。

州社会生活的染色体。平时,田主们喜在"吴苑深处"闲谈,这是苏州最有名的茶馆,而租栈的栈友每每在"桂舫阁"茶寮聚集。到了每年农历十二月初的收租时节,租栈热闹起来,而"吴苑深处"和"桂舫阁"的茶客则明显地稀少。一个月之后,田主和栈友们开始各自重入茶寮,"闲谈着收租余话,热闹非凡"。[1]

苏州评弹无论从受众群体还是其艺术风格来说,都显示了更为浓厚的大众—民间元素。有论者认为,昆曲和说书"确可以代表苏州艺术",但许多人"对于昆曲的'委宛〔婉〕''扭捏'之态终觉得不合'胃口'……'说书'更是清淡得可以……这亦许正是苏州文明的精致微妙之处"[2]。以徐云志的说书生涯为例,在20世纪20年代初期的苏州书坛上,纤巧甜糯的"徐调"唱腔风靡一时。作为"徐调"创始人,徐云志在40年后回顾这一创新过程时深有感触地说:艺术源于民间生活之活水。清末时节,徐云志的邻居中有一班喜爱评弹的机房织工,他为织工们唱开篇,说《三笑》,织工们则教他唱民谣:"正月梅花阵阵香,螳螂叫船游春场;蜻蜓相帮来摇船,蚱蜢挡篙把船撑。"[3]他从小惯见金山石工造桥、打夯,惯听他们粗犷磅礴的"夯歌"。"吴苑"茶馆里卖闲食小贩的"太仓盐金花菜"的吆喝,太湖瓜农的"喷香喷喷香的黄香瓜"的叫卖,丝竹声中玄妙观三清殿"拜斗"道士们的念念有词……都深深地沉积在徐云志的脑海里。18岁那年,他用俞调在苏州乡村茶馆里说书的时候,老听客们提出要听听"新调头",令他一下子陷入了沉思。山歌、夯歌,吆喝声、叫卖声、"拜斗"声,这些民间天籁经过徐云志的多年回味,便脱胎出一个新调头——徐调。评弹就这样散发出乡土苏州的气息。

要而言之,苏州社会无论在经济构成、社会结构和人文景观,抑或在文化环境和大众心态等侧面都反映出明显的乡土特质,而这种特质不能仅仅通过诸如"乡土气息浓郁""城乡一体演进""经济—人文耦合"等词语加以刻画,因为这些表达涉及的不过是事物的表相;也不能仅仅以"苏州本来是一个植基在农村经济之上的农业都市"[4]的断语来论定,因为这样的界说虽触及本质却失之片面;在深层意义上,乡土特质从整体上体现为自然与人文关系的高度协调,所谓"天人合一"的古老原则在这里表现得淋漓尽致。

或许有人会说:传统社会里的城市,多多少少都着上了这样的乡土色调,并

---

[1] 鹿平:《苏州的收租米》,《农业周报》1934年第3卷第42期。
[2] 王庸:《苏州闲话》,《时代公论》(南京)1932年第10期。
[3] 谷苇:《艺术来自民间》,《解放日报》1962年4月22日。
[4] 张溪愚:《苏州剪影》,《年华》1934年第3卷第36期。

非仅仅苏州如此,我们说:在苏州,乡土性不浮泛于一种色调,更重要的是,在整个地域社会生活的斑斓画面上,乡土性底色清晰可见。着眼于苏州的这一底色,有论者认为:"苏州城市里的人既大部分是外来移民,那就不能以他们为真正苏州人的代表。真正的苏州民族应该在乡下。以前所说的话大抵指城市里的苏州而言。那么,真正'苏州民族'的文化,也许并不如是云云。我们如果希望'苏州文化'不一直退步到纤巧平庸的路上去,只有希望'乡村民族'活力的参入。"〔1〕

作为吴地一隅的上海,在近代崛起,取代传统吴文化而起的"海派文化"把苏州与上海清楚地区别开来。要不然,一个"乡土苏州"怎么会对地域文化观察者产生那么大的视觉冲击呢!是的,传统城市是建筑在乡土社会之上的,但有多少乡土拥有太湖流域这般得天独厚的自然生态?在类似的生态环境里,有多少乡村有别于一般意义上的种养业结构,以经济作物的高收益富足一方?在地方特产丰富的乡村,有多少共同体通过乡镇市场的有力枢纽,把地方共同体与外部世界联结在一起?在以乡镇市场为产品枢纽的乡村,有多少达到水乡苏州的密度,以至于使行驶于大小河港的航船成为一项制度?在无数的水乡,有多少小桥流水,不但贯通城乡,而且城乡风格如此一致,蔚然成为一个和谐的画面?让"小桥流水"几乎成为苏州的代名词的,其实并不是"小桥"和"流水",而是在桥头水烟之处挑出的一帘"茶"幌,从"茶"幌之后依稀传出的弹词开篇。倘佯在苏州城区的拙政园,人们能够领略到的隐逸心态,在吴江同里镇的退思园同样可以体味得到。这两种意境的相像,绝不是生硬比照的产物,而应当视作两种可以相互转换的城乡版本。"穷则独善其身,达则兼济天下",让传统士大夫们进退有据的园林天下多矣,为什么那么多人不约而同地想到苏州?从苏州的土地上走出去那么多状元,可一旦失意,为什么他们又会回到这片"壶天之地"?原因不是别的,这里弥漫着"天人合一"的思想气蕴。所有这些独特性构成了苏州的唯一性和唯一性的苏州,而把自然与人文如此巧妙地组合而产生的唯一性,就是苏州的特质所在。

二、苏州共同体特色:稀缺的文化资源

所谓特色,从哲学意义上说,即优质事物的规定性,是人们认识优质事物的依据。〔2〕世界上从事现代变迁研究的社会科学家,在具体发展层次上都注意到

---

〔1〕 王庸:《苏州闲话》,《时代公论》(南京)1932年第10期。
〔2〕 苏昌培:《特色论》,社会科学文献出版社1992年,第11页。

特色发展的重要性。日本社会学家鹤见和子教授的"内发型发展论"认为,人类的目标追求大致都是相同的,但是,"通往目标的途径,实现目标的社会面貌及人们的生活风貌,要靠各该地区的人和集团依据原有的自然生态环境,根据自己的文化遗产(传统),参照外来文明,自律地进行创造"[1]。现在的问题是,"各该地区"究竟是怎样的一个生活单元? 或者说,它指的是一个中观地域吗? 比如苏州,或者江南。作为人类学家,鹤见和子的"地区"不仅仅指中观地域,更重要的还应包括作为社会基本单元的生活共同体。在介绍人类学家的"调查的单位"时,她解释了所谓的"地区":"现代化论是把整个社会(把国民、国家和疆界视为一体)作为单位而创立的一种社会变动论。与此相反,内发型发展论则是以地区作为调查单位的。无论是费孝通还是柳田,都是以地区作为单位进行调查。两人都把村和街镇看成是个纽带,这一点他们是共同的。"[2]很显然,以"村和街镇"为"纽带"形成的生活共同体更能体现地域的特色。

关于近世以来中国生活共同体的样态,美国学者施坚雅(W. Skinner)指出:"如果可以说农民是生活在一个自给自足的社会中,那么这个社会不是村庄而是基层市场社区。我要论证的是,农民的实际社会区域的边界不是由他所住村庄的狭窄的范围决定,而由他的基层市场区域的边界决定。"[3]蒋梦麟则将这样的生活共同体称之为"自治的小单位":

> 千千万万的这种单位,由几千年来累积下来的共同的语言,共同的文化和共同的生活理想疏松地联系在一起。这些或大或小的单位是以家庭、行业和传统为基础而形成的。个人由这些共同的关系与各自治团体发生联系,因此团体内各分子的关系比对广大的社会更为亲切。他们对地方问题比对国家大事了解较深……个人如非特殊事故与所属社会破裂,永远是小单位的一部分。[4]

由此可以看出,共同体意味着一种常态的生活范围,在此范围内人们通过比较密切的直接互动而彼此熟识。近代以来,类似的生活共同体面临着工业革命的不断侵蚀,但依然广泛存在于世界各地。在苏州,尤其在乡下,这样的生活共同体仍然比较完整地存活着。吴江县震泽镇开弦弓虽号为村,却自成共同体:

---

[1] 费孝通、[日]鹤见和子等:《农村振兴和小城镇问题》,江苏人民出版社1991年,第44页。
[2] 费孝通、[日]鹤见和子等:《农村振兴和小城镇问题》,江苏人民出版社1991年,第46页。
[3] [美]施坚雅:《中国农村的市场和社会结构》,史建云、徐秀丽译,中国社会科学出版社1998年,第40页。
[4] 蒋梦麟:《西潮》,天津教育出版社2008年,第160页。

土地3 065亩,共11圩,相当于周边村落;[1]零售店10家,形成"消费者直接购买货物的初级市场",相当于共同体的中心;[2]村市"不仅是经济中心,也是宗教中心"[3],两座祠庙就是共同体信仰的物化象征。苏州西部濒临太湖的浦庄共同体与开弦弓共同体风格略有不同。1934年,在这里"教了三个月书"的沈圣时,为我们再现了浦庄共同体的实际运行状态。共同体由浦庄镇与周边村落构成:"小镇上开设一些小店的,只有一条街,还是窄狭得不成话的半面街,走到下堂街去,那完全是田野了……夜上,没有街市,也没有电灯,几只古式火油路灯……据说镇上每天原有早晨下午两集,近村农民来赶市做买卖,近两年来,已没有往日的盛况。"[4]乡村教师常有机会消受着另外一种风情,沈圣时写道:

> 我的寓所的邻居是一家大米行主人的住宅,黄昏上总开着话匣子,天赐与我一点小小享福的机会,隔着墙壁听梅兰芳的拿手好戏,听颤着肉麻嗓子的桃花江曲,同时有年轻的女儿们在应和着唱,歌声里渗着笑声;在这境界里,给你冥想到灯火里展开着的淡红色的幸福生活。[5]

一进冬,浦庄共同体呈现出另外一番景象:

> 一些客帮的做生意船全泊到河畔来,一长排地,从浙江开来的制称〔秤〕船;从江北开过来的,有捕鱼小艇子,修洋伞船;还有收旧货件船,同时,落花生船也开来了。

> 那些船,大多每年冬里一定时节来,到明年初春天开回去,他们在家乡种一些租田,因为吃口多,维持不下,到田事空暇的冬天再开一条船到外乡来做点儿零星小生意。[6]

晚上,"河滩边常有好多条贩卖东西的船泊着,好月亮的夜,听舟子在月光的河上扯闲话,哼伤感的歌调"[7]。沈圣时来自苏州东乡,相距不过四五十里路的浦庄让他感到既亲切又新鲜:亲切的是水乡味道,新鲜的是太湖腔调,而后者正是浦庄共同体的特色。

共同体特色是地方社会"自律地进行创造"的基本依据。大山町是日本大分

---

[1] 费孝通:《江村经济(中国农民生活)》,江苏人民出版社1986年,第12页。按,当地人称一块环绕着水的土地单位为"圩"。
[2] 费孝通:《江村经济(中国农民生活)》,江苏人民出版社1986年,第181页。
[3] 费孝通:《江村经济(中国农民生活)》,江苏人民出版社1986年,第73页。
[4] 沈圣时:《浦庄通信》,《申报》1934年11月16日。
[5] 沈圣时:《临别浦庄》,《申报》1935年1月24日。
[6] 沈圣时:《落花生船》,《申报》1935年1月7日。
[7] 沈圣时:《箱子盖上》,《申报》1934年11月20日。

县西部山沟里的一个村落,米、麦、麻等作物的实际产量都比较低,20世纪60年代初,那里的民间领袖毅然提出了以种植梅和栗等商品作物为主的办法,很快改变了当地的面貌,并影响到附近共同体。在此基础上,大分县知事平松守彦从1979年起在全县倡导"一村一品"运动。以共同体特色为依据的计划变迁深刻地影响了战后日本经济振兴的道路选择。共同体特色不仅仅是地方特产,更具特色之处在于与地方特产相结合的民间技艺。"战后日本的工业振兴中,民艺曾经起到过重要的作用,日本民艺学研究的杰出人物柳宗悦同时也是对日本现代设计产生深远影响的人物。柳宗悦从民艺与人的生活质量的关系中,得出美的物品必然形成美的生活、必然培养美的情操的结论,这个著名的公式在日本经济崛起中,形成传统和现代共生的两极。"[1]同样,近世以来逐渐定形的共同体特色便是民国以降苏州经济社会变迁的基础。

首先,苏州市镇的功能体现地域生活共同体的一般特色。以空间格局的视角分析,乡村是相对于城市的,包括村庄和集镇等各种规模不同的居民点的一个总的社会地域概念。[2]过去,谈到乡村,人们常常把它比喻为由散落的村庄构成的"麻袋里的马铃薯",忽略了作为乡村共同体集聚中心的市镇。苏州人将市镇周边的乡村取了个很形象的名称——乡脚。一般而言,一个市镇有固定的乡脚,基本上是若干个村落环绕着市镇,形成一个生活的共同体:市镇是共同体的中心,乡脚是市镇的腹地,它们彼此之间存在着紧密的传统联系,其中最关键的是经济联系:村落农户的农产品要出售,日用品要买入,离不开市镇。

中国的乡镇广泛存在,历史久远,至明代,乡镇已在全国普遍兴起。1934年,乡镇人口几占全国总人口的四分之一。[3]这其中,明清时期苏州各层次乡镇的勃兴特别引人注目。历史学家的研究表明,新质的资本主义萌芽正是在乡镇的枢纽之下破土而出的。吴江盛泽镇施复夫妇发家致富的故事,与地方史志材料相印证,成为证明中国资本主义萌芽的经典材料。近代以来,随着外国资本主义对工业原料和农产品的掠夺,以及中国民族资本主义的发展,苏州周边乡村更广泛地种植蚕桑和棉花等经济作物,投入国内外市场的农产品数量不断增长,农业的专业化倾向进一步增强;乡民家庭手工业为之改组,同商品市场和原料市场的联系日形紧密。近代农家经济的这一切交换过程须臾离不开市镇体系的联结、传导和枢纽。正是市镇的中介,把处于严重分散状态的农民在一定程度上组

---

[1] 杭间:《手艺的思想》,山东画报出版社2001年,第319页。
[2] 袁镜身:《当代中国的乡村建设》,中国社会科学出版社1987年,第1页。
[3] 冯和法:《中国农村经济资料》,上海黎明书局1936年,第22页。

织起来,"更多的农民进出乡镇,在买卖交易的商品经济中,改变思想观念"[1]。

苏州市镇在内向地串联底层村落的同时,又外向地沟通着上位大中城市。共同体世界以外的现代气息总是首先吹抵市镇,然后扩散于整个共同体:"跟着交通的发达,大都市里的时髦风气也很快地灌进内地去了,长旗袍,女大衣,廉价的人造丝织品,国产电影,一齐都来了。都市和乡镇现在正起了交流作用……都市的'现代化'风气的装饰和娱乐流到乡镇。"[2]清末民初,江南一带的穷乡僻壤之间,也"知有《申报》和《新闻报》。经常可以听到这样的话:'拿张申报纸来包包','这个窗户透风了,快找张新闻报来糊糊'。它们已成为报纸的代名词了。可见在旧中国,它们的影响的确是深广的"[3]。以浦庄镇来说,20世纪30年代来往于苏州和浦庄之间的轮船,投递到镇上的沪苏日报、邮件,将浦庄共同体和外部世界连接起来。[4]

其次,水乡村落的特殊条件彰显地域苏州生活共同体的个性特色。农业是乡村最重要的特征。随着市场经济的推进,农业在国民经济中的基础地位更加重要。根据库兹涅茨的经典分析,欠发达国家的农业部门对整个国民经济的增长和发展,具有提供四种形式的贡献能力:产品贡献、市场贡献、要素贡献和外汇贡献。[5]这一乡土本色是城市所不具备的,是产生乡村特色的潜能。要把这一潜能充分发挥出来,必须从传统的单一型种植观念中转变出来,提高种养业结构,这也是乡村产业结构高度化的应有之义。浙江四明山有着适宜多种经济作物生长的气候条件和生物条件,山地拥有率高,有论者认为,该区应该有平原地区难以替代的农产品,如竹笋、茶叶、食用菌、苎麻、香料、板栗等。[6]苏州的"四明山"并不在少数。与乡村工业相比,农副产品的加工,由于它与农业的紧密联系,又大大提高了农业的经济效益,对于乡村社会有着更为普遍的适应性。各地的农副产品类型不一,加工方式不同,就构成了特色。这种产业介于第一产业和第二产业之间,有人把它称为"一点五产业"[7]。

苏州地域内就存在着众多的这种产业的出品。苏州乡人将那些专门种植茭白、荸荠和芡实等的田地称为"烂田",近城一带如葑门外的大荡、杨枝塘以及城

---

[1] 段本洛、单强:《近代江南农村》,江苏人民出版社1994年,"序"第7页。
[2] 茅盾:《"现代化"的话》,《申报月刊》1933年第2卷第7期。
[3] 徐铸成:《旧闻杂记》,四川人民出版社1981年,第169页。
[4] 沈圣时:《浦庄通信》,《申报》1934年11月16日。
[5] [印]苏布拉塔·加塔克、肯·英格森特:《农业与经济发展》,华夏出版社1987年,第26页。
[6] 王炜:《老区的产业选择》,《浙江学刊》1988年6期。
[7] [日]平松守彦:《一村一品运动》,上海翻译出版公司1985年,第16页。

内的南园等处的农民大多数种"烂田"。种"烂田"的人家"总还有一两样主要的副业——如杨枝塘及大荡的农民几乎家家做'蒲包'或是做'蓑衣''灯草'"[1]。在苏州,划灯草以近郊的五龙桥小镇最为有名,"乡民千余,栉比而居,男子尽力田畴,女子则划灯草,以补不足,八口之家,融融如也";在银缸宝烛的时代,照明"莫不藉灯草以为心",时人称,"苏属诸乡镇之妇女生活程度,惟此镇为最高"。[2]此外,历史上常熟鸷山脚下的草籽,浒墅关的草席,阳山的白泥(高岭土),虎丘的花草、泥人,东山的澄泥石砚,吴江的黄草制品,等等,都很有经济价值。精彩纷呈的共同体特色产品的存在赋予乡村发展以独具特色的内涵。

综上所述,在经济社会发展模式上,苏州社会呈现出鲜明的特色,这样的特色单从微观共同体而言,只是一个事物的优质性,而在宏观社会的视野中,则与其他共同体(或地域)一道,展现出各具特色的多样性。对共同体独特性进行深入一步的思考,我们发现,共同体特色其实就是稀缺的社会文化资源。美国人类学家本尼迪克(Ruth Benedict)批评那些"文化中心主义者"根本"不能理解文化习惯的相对性,而且也不能在同具有不同标准的民族进行交往中获得巨大的益处与欢乐"。[3]在奉行市场经济制度的今天,应当不难明白共同体特色与稀缺资源的这一同一性原则。

三、苏州民国变迁与传统绵延

众所周知,经济社会的发展呈现为一个连续不断的纵向过程,而传统规定性就隐含其中。在这里,我们与其把传统规定性看作是地域发展的制约因素,毋宁将其视作可资利用的自然和社会资源。考察地域苏州的现代变迁,唯其浸淫于苏州社会的传统积淀,以及由此凝结而成的乡土特质,才能理会其间的发展脉络;而苏州历史上形成的共同体特色,则是日常生活空间中的人们融贯自然与人文要素,进行自我完善、自我发展的产物,昭示了地域社会的具体发展方向。事实上,民国以降苏州社会的现代变迁正是传统苏州合乎逻辑的延伸。

19世纪末20世纪初,苏州随着通商口岸的开放,民族工业产生的历史条件日渐成熟。一些传统手工行业特别是织物业,发展为工场手工业,其中一部分采用机器生产和电气动力,向机器工业过渡。较著名者,在棉纺织业如苏城的苏纶纱厂、太仓沙溪镇的利泰纺织厂、常熟支塘镇的纺织公司等;在丝织业如苏州的

---

[1] 吴大琨:《江苏苏州种烂田的农家》,《东方杂志》1935年第32卷第4号。
[2] 汪葆蕙:《划灯草》,《妇女时报》1913年第9期。
[3] [美]露丝·本尼迪克:《文化模式》,华夏出版社1987年,第9页。

振亚织物公司、吴江盛泽镇的经成丝织有限公司等。但总体说来,苏州的机器工业并不发达,据1931年的调查,与苏南各地的大型棉纺织厂的规模和生产能力相比,苏州瞠乎其后:[1]

表19 1931年苏州与苏南各地大型棉纺厂情况对比

地区	厂数	工人数	资本额	纱锭数(枚)
无锡	7	14 103	9 710 000元	198 168
常州	4	3 611	2 080 000元	46 504
苏州	1	3 130	600 000元	42 568
常熟	1	963	400 000元	12 740
太仓	1	1 534	1 000 000元	25 000
江阴	1	1 300	720 000两	15 000

鉴于大机器工业实在太少,有人甚至认为"苏州的工业,所说是连芽儿都没有一点"[2]。"少见到工厂的煤烟飘在天空,少听得马达的声音震动云霄,在这古城里,一切都是平和的,幽闲的,岁月在这里像要拉长一些。在这里(是)多的是胜迹,有的是好山水,邓尉的梅花,灵岩的乡廓,以及天平山,虎丘山,寒山寺,狮子林,都是动人清思,而使人依恋的好地方。"[3]然而,缺少大机器工业并不是意味着苏州停滞于中世纪。事实上,民国苏州已经发生巨大变化,并以现代城乡的姿态形象著称于时:"苏州的繁荣,是农业社会的残骸与资本主义的余气,构造成功的。"[4]其言外之意包含着,现代变迁过程中的苏州比较多地绵延了地域经济—社会传统。这样的地域传统绵延与变迁明显地体现为如下数端:

其一,传统经济结构催生新生产方式。

费孝通将传统中国乡村经济结构的特征概括为"农工相混的乡土经济",由"乡土(手)工业在劳力利用上和农业互相配合了来维持"[5]。在苏州,家庭手工业在北部为棉纺织业,偏南太湖洼地为丝织业:

> 太湖流域原是"上有天堂,下有苏杭"的好地方,其所以富庶的原因之一就是农村里的丝绸业十分发达。有些农村,农业只够一些日用的

---

[1] 参见段本洛:《历史上苏南多层次的工业结构》,《历史研究》1988年第5期。
[2] 同兆:《论所谓天堂的苏州社会》,《妇女月报》1935年第1卷第5期。
[3] 兰:《杂记苏州》,《评论与通讯》1934年第1卷第1期。
[4] 烟桥:《周末新村》,《礼拜六》1946年第15期。
[5] 费孝通:《乡土重建》,上海观察社1948年,第83—84页。

粮食,其他生活费用全是从养蚕、制丝、织绸以及有关的手工业中得来。[1]

也就是说,苏州乡村要富起来,不可能完全靠庄稼,在粮食之外要种其他经济作物,并从事农产品加工性的家庭手工业。这就是农工相辅这一历史传统的本质。及至近代,自然经济结构的瓦解,乡土工业的衰落,地主制剥削却依然如故,甚至更加狰狞。吴江开弦弓村一位王姓农民追忆当时的窘境:

> 在我们这里,种田主要是解决吃粮,日常用账要靠做丝做出来。那时的蚕种不好,是土种,养一张蚕种能收三、四十斤鲜茧算是上乘的了。鲜茧收上来要赶紧做丝,放久了蛾咬穿茧就什么都完了。那时是三只眼子的土丝车摇丝,一车土丝约20来斤。先前一车丝可以有10担米的收入,后不晓得啥道理,丝价越来越便宜,最低时一车土丝只能卖到三担米钱。这一来日脚就难过了,摇丝赚不了钱,只得去借债,大多数人家都前吃后空。[2]

苏州农民面临着生死攸关的选择。选择不可能是别的,它必须植根于既往的传统社会经济结构中,但是,这种选择又不可能是传统经济结构的翻版,而只能是承袭传统经济结构中的合理成分,而又有所创新。民国苏州乡村改革家费达生独具慧眼,敏锐地发现并明确提出要充分发挥这一特色:

> 丝业本来是农村的副业。丝业在中国的历史上开始脱离农村,是最近几十年的事。我们要达到的,是要把丝业留住在农村中,使它成为繁荣农村的一种副业。所以我们一定要就农村设厂,不能在都市中设厂而招农民离乡,使丝业脱离农村。要在乡立厂,这厂的规模,就受该地人口的限制。这是都市工业和乡村工业的一个根本分歧点。都市工业是以人去就机器,乡村工业是以机器去就人。但是工业的规模是直接影响其技术和效率。大规模的常比小规模的占便宜,所以一方要以机器去就人,一方又要能利用最新式的技术,于是我们需要寻求一最小规模、最大效率的工厂单位了。[3]

经过重新整合的现代乡土工业,保留了"农工相辅"的传统形式,更新了生产技术和生产方式。在费达生等人的运动下,吴江乡土工业次第出现。1929年,震泽镇开弦弓村建厂;2月,震丰丝厂在震泽建成,拥有丝车416台,工人950

---

[1] 费孝通:《芳草天涯》,苏州大学出版社1994年,第26页。
[2] 沈关宝:《一场悄悄的革命》,云南人民出版社1993年,第38—39页。
[3] 费达生:《丝业复兴的先声》,《纺织周刊》1934年第4卷第20期。

人,当时已属相当现代化的机械制丝厂。1939年6月初,平望制丝所开办,拥有新式立缫车60台,日制煮茧机、烘茧机各1台,为当时江苏最先进水平。吴江乡土工业的尝试,使人们看到了农村振兴的希望:"欲求产业之繁荣,经济之发达,自非深入农村,普遍提倡合作事业不为功也";此举"匪独为一县一省生产供销合作之楷模,抑亦全国之标榜也"。[1]这是一场静悄悄的革命,千百年来一直从事家庭手工业生产的乡民并没有感到特别的不适应,因为在苏州农民的眼中,乡村工业是扩大的"家"(集体)的副业,是他们自认为并不陌生、非常熟悉的东西。[2]

在苏州,地域社会的乡土特质与乡村的个性特色互为表里,相互关合。苏州乡土工业以及历史上普遍存在的家庭手工业突破了"乡村完全等同于农村"的观念,形成了不同于一般共同体的特色。

其二,家庭劳作形式的沿袭及其近代性。

清末民初苏州城乡的资本主义工场手工业和机器大工业出现后,小手工业时代就已存在的家庭劳动,与近代工业形式发生了重要联系,"变成了工厂、手工工场或商店的分支机构。资本除了把工厂工人、手工工场工人和手工业工人大规模地集中在一起,并直接指挥他们,它还通过许多无形的线调动着另一支散居在大城市和农村的家庭工人大军"。从生产关系性质上说,这种家庭工业"与那种以独立的城市手工业、独立的农民经济,特别是以工人家庭的住宅为前提的旧式家庭工业,除了名称,毫无共同之处"[3]。它被赋予了近代性。

近代性家庭劳作散布苏州各共同体,进入千家万户,成为影响百姓生活的不可小觑的日常经济行为。以纺织业为例,20世纪30年代中期近代机器生产已经动摇了传统手工操作的固有地位,但采用传统"放料收绸"经营方式的"账房"继续存在。据40年代日人小忍野的调查,"账房"的"经营规模显著缩小却没有就此消灭,现在苏州城内的'账房'尚有四十多家,经营着在形式上与过去没有多大变化的纱缎庄"。小忍野的调查报告可以从档案材料中得到印证:1926年苏州有新式绸厂49家,拥有电力织机800台和提花拉机1 200台;同时还有传统帐房57家,控制着木机1 800台。到1936年,新式绸厂增加为80余家,但仍有20余

---

[1] 徐绍阶:《本省唯一之模范合作社》,《江苏党务周刊》1930年第24期。
[2] 沈关宝:《一场悄悄的革命》,云南人民出版社1993年,第118页。
[3] 马克思:《资本论》第一卷(上),人民出版社1975年,第506页。

家"帐房"在开业。[1]糊火柴盒也采取外发加工方式。承担刘鸿生火柴厂火柴盒糊制的,一般是贫苦人家的妇女和儿童。这项活计收入极低,但由于这些活一般都可以利用工余间隙由妇女及孩童进行,不少生活不富裕的人家还是乐于接受的。一个看起来并不复杂的火柴糊盒的发料加工,也有周密的网络:各发料点先将原料发给糊盒包头,再由包头将料发给城乡劳动者。[2]

近代性家庭劳作在乡村更为普遍。在20世纪30年代的吴县光福,虽说"妇女也同男人一样的到田间工作;但大半时间,都做着刺绣。有人调查全村刺绣户数,除了在光福暂住的二[两]个小学教师的家庭外,就找不出第三家不刺绣的了。她们的作品,都是合于实用的,销售的地方,以苏州城内为最多"[3]。据1950年资料,吴县光福镇从事刺绣业的妇女约占总户数(405户)的81.7%。[4]近代性家庭劳作在经典理论家那里被称为"现代家庭劳动"或"资本主义家庭劳动"。[5]从家庭劳作前的冠名可见,无论是"现代"还是"资本主义",都强调劳作的生产关系性质,更具体地说,着重于家庭劳作的近代性,即资本主义性质。苏州近代性家庭劳作亦可作如是观。常熟棉织业需要的手工布机,常常由工场主提供,俗称"放机":将布机放于工人之家。例如,布厂以布机一百架,招女工一百人,此百人具保将厂中之布机领去,而置之自己家中,随时交货。[6]整个生产工序,商人或工场主事先置备原料和工具,之后回收制成品,村妇因此丧失了生产的独立性,实质上无异于雇佣劳动者了:不但产品完全为了出售,村妇的劳动力也变成了商品。家庭劳作的近代性以此体现出来。论及近代苏州的现代工业结构,苏纶纱厂、苏经厂、火柴厂等几个城区工业屈指可数,而勃勃发展的城乡近代性家庭工业,则形成一道别样靓丽的风景。

作为苏州农家经济结构中的关键要素,近代性劳作暴露出诸多传统性。家庭劳作的近代性主要是就其雇佣关系而言的,但它并非专业化生产,操作仍是手工的,工作场所在家庭,从形式上看,与简单商品生产几乎没有差别。这种中世纪式的近代性劳作,在19世纪末的俄国乡村已经出现过:恶劣的工作环境,冗

---

[1] 王翔:《中国丝绸史研究》,团结出版社1990年,第159页。按,小忍野调查报告见于《苏州的纱缎业》(《满铁调查月报》第22卷第6号),转引自王翔的论著。
[2] 张圻福、韦恒:《火柴大王刘鸿生》,河南人民出版社1990年,第28页。
[3] 赵丕钟:《苏州光福农民的副业》,《农报》1935年第2卷第27期。
[4] 华东军政委员会土地改革委员会:《江苏省农村调查》,1952年12月,第413页(内部资料)。
[5] 马克思在《资本论》中称"现代家庭劳动",列宁在《俄国资本主义的发展》中称"资本主义家庭劳动"。
[6] 《常熟之经济状况》,《中外经济周刊》1927年第214期。

长的工作日,非常便宜的工钱,等等。[1]同样的情形也出现在民国时期的苏州:"中等以下人家的妇女在家刺绣货品,糊火柴盒,每日二三角酬资可得。"[2]孙荣昌先生回忆起儿时(20世纪50年代前后)的糊火柴盒生涯还心有余悸:

> 我家领货一般一批是一万两千或两万四千只,那么这每道工序就都要做一万两千或两万四千次。从我的心理来说,当时感到有些压抑,如插壳子这一道工序,每次桌上堆得像山,插完了,又倒上来,又像座山,再插,正有一种无穷无尽、没完没了的感觉。有时为了赶交货,常常做到深夜,不仅我怕做,弟妹们也怕,实在也是没法,为了补贴家用。[3]

刺绣业的情况相似。20世纪30年代的苏州,"业此者多女子在家工作,出品颇精良,然报酬甚薄"。[4]在村妇的劳作空间上,近代性家庭劳作缩短了工作场所和生活空间的距离,同时也就更加离不开田间地头,不仅在生活共同体中,更在抽象的经济学意义上将村妇束缚在土地上。村妇既无法像"飞鸟一样自由",便只能屈膝于地主面前任其盘剥。近代性劳作的传统性及其对村妇的无情姿态,引发了人们不断的訾詈,这些訾詈很大程度上意味着对近代性的肯定。传统性也好,近代性也罢,不过都是现代人的价值判断;对史学来说,比价值判断更重要的,是关于事物发生必然性的探讨。

其三,传统与现实交织而成的职业结构。

确定家庭劳作的近代性,对于认识中国经济结构的性质,进而判明近代中国社会的性质无疑是有意义的,不过这样的意义,是在一番理论推导之后。事实上,与近代性家庭劳作关系更实在、也更为密切的毋宁是农家经济结构:近代性家庭劳作是农家经济结构的关键要素。这是近代江南村落经济生活的实态。

在苏州西乡,刺绣差不多是村妇们"世传的技艺,而且人物花卉,都绣得异常精妙"。据1934年的资料,"在上海市场上销行着的顾绣,实际上全是伊们的出产。顾绣庄派跑街下乡,把应做的工作交给伊们,约定时期再来收取"。由于包买刺绣的商业资本家控制了刺绣生产环节,村妇的报酬自然"异常的低薄,统扯只二三百钱一天。所以伊们一见有游客上山,都抢着来抬轿子,虽则劳苦,至少终有几毛钱可得"。[5]也就是说,村妇涉及多种劳作,但其中任何一项都不足以

---

[1] 列宁:《俄国资本主义的发展》,《列宁全集》第三卷,人民出版社1984年,第402—404页。
[2] Q:《苏州的娘儿们》,《沙乐美》1937年第2卷第3期。
[3] 孙荣昌:《山塘河畔苏州人》,吉林人民出版社2007年,第124页。
[4] 同兆:《论所谓天堂的苏州社会》,《妇女月报》1935年第1卷第5期。
[5] 朱维明:《苏州天平山下的抬轿妇女》,《申报》1934年8月11日。

充分利用劳动时间——兼业成为最佳选择。于是时人发现,就在抬轿间隙,她们还要"作些活计——砍柴织草鞋";"有些余钱的"便在山脚设摊,"卖自己把树枝砍成的手杖"等土产,为了"倾销自己的土产,招揽顾客",再搭卖些水果糕饼、正广和汽水、大英牌香烟之类。[1] 衍生于特定时代、特定生活共同体中的职业结构,让走马观花的外乡客惊讶不已:

> 等到[客人]一下车或船,路旁椅轿就靠着,同时有绣花的绷子架在一边放着,若是有了生意就停止绣花去抬轿,若是价钱说不好或没有客人来,她们就坐下来绣花,真是意想不到的那种出力的事和这些细工会在一个人身上同时具有的。[2]

在 20 世纪 30 年代的浒关,春蚕开始的时候,村妇们"便打一个衣包,带了两条被头,住宿到雇用[佣]她们的机关上去做女工。养一次春蚕连制种完毕,大约须两个月光景,而她们每人除了饭食之外,往往能得二十元左右的收入;一年年地做着,对于蚕业的新技术,确很有些经验了,外埠的蚕业机关,往往要到浒墅关来雇她们去做领袖工人"。同时,浒关女子蚕业学校约在农历十月初招收几十名女工检查蚕卵母蛾病毒,每日下午四时停工后她们赶忙回到自己农场。一个女工说:"她回去以后,还打掉了三亩田稻才吃晚饭!"寒冬里,"她们便整天的坐在家里,打草鞋,做席子,替蚕业机关上结兰草的网",留待养蚕时用。[3] 在通常的苏州农家可见,村妇劳作涉及一个家庭的全部劳作形式,如果将其全部劳作视为一个集域,村妇劳作的内部关系体现了一般农家的经济结构:勤快的江南村妇分别扮演着地主的佃农、农场的农妇、袜庄的工人、育蚕的劳力……诸多角色,多种角色之间并不冲突;各种劳作错落而成一体,稳定着家庭经济结构的基本样态。

以现代产业的成长规律判断,乡民的兼业行为并不值得肯定,因为"一个人兼做许多种事情的结果,是减少劳动的熟练,从而,减少劳动的生产率。所以,工业发展的趋势,不是增加农村副业,只是农村副业从农民手中被剥夺"[4]。然而,这不能通过理论推导做出判断,而必须正视社会变迁的现实。现实的变迁一方面取决于乡民的经济理性:兼业可以获得日常利益的最大化;另一方面,兼业结构往往与地域生态和历史传统息息相关。即以苏州西部山村为例,那里"土地

---

[1] 沈右铭:《山游拾得》,《十日谈》1934 年第 29 期。
[2] 杨步伟:《一个女人的自传》,岳麓书社 1987 年,第 287 页。
[3] 尧微:《浒墅关的妇女》,《生活》1930 年第 6 卷第 2 期。
[4] 郭大力:《生产建设论》,经济科学出版社 1947 年,第 234—235 页。

生产力薄弱,山田又是不值钱的,山上又没有什么出产"[1],像"和尚脑袋似的;上面竟没一株树,远望着仅是紫色山石而已"[2]。尽管如此,"乡民还得靠山吃饭",女子便操起抬山轿的营生——跟一般劳动不同,她们的劳动价值是在与买方的直接交换中实现的。

  苏州乡民的兼业行为还跟传统的土地分配制度相关。在半自耕农或佃农家庭,租佃关系中的农家不能专靠佃耕少量土地谋生,必须同时经营一些家庭副业作为补充,手工业生产则是这样的副业。但在另外的意义上可以这么说,正是近代性家庭劳作维持着传统的租佃关系:"只有这种农工相混的乡土经济才能维持原有的土地分配形态……同时也使传统的地主们可以收取正产量一半的地租,并不引起农民们的反抗。"[3]

  如果说传统经济关系给了兼业行为以必要的驱使,那么,近代性经济关系则为兼业行为提供了可能性。段本洛在考察近代苏南工业结构的层次时指出:在近代中国历史条件下,发展不充分的城市大型民族工业,不可能充分发挥机器工业摧毁手工业的历史作用,全部剥夺工场手工业和个体手工业的市场;相反,不仅需要中小民族工业、工场手工业以及个体手工业作为补充,而且还要以其作为生存和发展的条件,由此形成一个多层次的工业结构。[4]近代性劳作很明显地处于这一工业结构的较低层次,但是,低层次劳作却自有其存在的现实理由:"手工工场所以会产生,主要是由于资本家需要在自己手里拥有一支能适应需求的每一变动的后备军,但这些手工工场又允许分散的手工业生产和家庭生产作为自己的广阔基础与自己一起并存下去。"[5]苏州乡民的职业结构是由传统与现实交织而成的,这其中,传统的稳定性取决于外部环境的作用程度和方式:"稳定化本质是一个过程,它由环境因素引导和驱使,它的发展速度和成功都被环境变化的程度和特征决定着。"[6]

  其四,传统特色产业融入近代市场。

  在西方资本主义对中国进行全面经济侵略的形势下,力图创造出能够在国内外市场占有一席之地的产品,无疑是具有相当难度的。尽管如此,特色产品还是依据特殊品质找到了自身的地盘。在苏州市郊虎丘地区,玳玳、茉莉、白兰花

---

[1] 朱维明:《苏州天平山下的抬轿妇女》,《申报》1934年8月11日。
[2] 沈右铭:《山游拾得》,《十日谈》1934年第29期。
[3] 费孝通:《乡土重建》,上海观察社1948年,第48页。
[4] 段本洛:《历史上苏南多层次的工业结构》,《历史研究》1988年第5期。
[5] 马克思:《资本论》第一卷,人民出版社1975年,第517页。
[6] [美]托马斯·哈定等:《文化与进化》,浙江人民出版社1987年,第46页。

极多,为该地有名的特产种植,历史悠久。据 1950 年资料,这里共有 2 500～3 000 的种花户,所产之花都在虎丘镇整批销售,通过花行再转售给茶商,作茶叶香料之用(主要是玳玳花干),或者销售给小贩沿街零售(主要是白兰、茉莉)。[1]在浒墅关镇,"草席一项为主要之手工业生产品,亦为本镇重要输出物品,经常运销全国各地,数量至巨"。据 1947 年资料,全镇有席行五十余家,全镇全年营业量,估计达七八十亿元。[2]

特色产品最明显、也是最直接的经济效益,就是扩大了农民就业机会,提高了农民收入。攸关社区经济命脉的特种产品以其特有的生命力重新组合了传统经济结构,由此也提高了社区生民的生活水平。抗战前,沙洲凤凰乡的草籽,每两箩可卖到 1.5～2 元。由于价格看好,经济效益较高,人们对种植草籽特别重视。当时农户在安排秋播茬口时,种草头籽的面积一般不少于 30%,全乡种植面积不少于八千亩,每年销往外地的草籽有一万多担。[3]

近代中国许多传统的家庭手工业,在外国资本主义工业的竞争下逐渐衰落,首当其冲的是棉纺织业,丝织业以其特别工艺抵挡一阵,亦力竭而退,江南其他许多农村副业也遭致大致相同的命运,农民生活水平因此而急剧下降。从事特种产品生产的农民避免了这一命运。以虎丘种植茉莉的花农为例,富农平均每人四棵,可售三石两斗米左右;中农平均每人零点七棵,可售五斗六升米;贫农每人约零点三棵,可售二斗四升米。总计富农每年每人种花收入约八石四斗六升米,可维持一年半生活;中农每人每年可收入三石九斗六升米,可维持一年生活。加上一般农业收入,则富农、中农的生活水平一般较为优裕。[4]昆山西境诸湖所产虾蟹鱼腥之属肥美逾恒,"渔人赖以生活者甚众"。此地奚家浜村"所有居民,自务农而外,多数兼以捉虾为其副业。全村捉虾船,无虑三四十艘。捉虾时期,自春末至冬初,为时亘八阅月,几占全年三分之二(非此时期市上亦有虾售者,则因别有网船捕捉之故);每船一日所获之虾,少则五六斤,多则十余斤,售诸虾贩,除去开销,绰有余利可获。当兹农村经济日趋崩溃,而又值灾荒歉收之际,得此挹注,当然于生计方面,裨益良多,故其地居民生活,尚称富裕,不至感受外界若何影响"[5]。经济分析的出发点和归结点应该在劳动者,大多数劳动者

---

[1] 苏南行署财委、苏南区农协会:《苏南土地改革文献》,1952 年,第 661—663 页,苏州档案馆藏。
[2] 曹棠:《苏州浒墅关地方经济状况调查报告书》,《苏农通讯》1947 年第 5 期。
[3] 谢金良:《名扬沪杭的鸷山草籽》,《张家港文史资料》第 13 辑,1993 年 12 月。
[4] 苏南行署财委、苏南区农协会:《苏南土地改革文献》,1952 年,第 663 页,苏州档案馆藏。
[5] 陆士方:《昆山奚家浜之捉虾副业》,《京沪沪杭甬铁路日刊》1934 年第 1160 期。

生活水平的提高，是社区发展的重要标志。以此为基点，特色产品的存在具有特别重要的意义。

江南乡村存在着特种产品的产业结构呈现高度化的态势，经济总量为之增加。产业结构的高度化，不但是指乡村由单一种养业向一、二、三产业并存，特别是二、三产业占据主导地位的发展过程，而且也意味着形成更高经济效益的种养业结构。在"过密化"的农业里，存在着大量过剩劳动力，劳动的边际生产率大大低于其平均生产率。有专家估计，1930 年，缘于农业生产的季节性，中国"十五岁至五十五岁的农村人口中，每年至少有五千五百万人是失业的"。[1]这是一种隐性失业。特种产品的生命力增强了其劳动力的容纳量，实现了农业劳动力的转移。据调查，平望胜墩一村从事手工结网的人员就有 300 人，甚至八九岁的儿童亦谙此业。[2]浒墅关地方志亦言："乡村妇女，织席十之八九……席草之肆、席机之匠唯浒墅有之。"[3]这些劳动力的转移，非但不影响农业产出总量，反而因劳动力转入特种产品的生产，还增加了社区经济总量。

这里所出现的产业结构高度化独具特色。

第一，在传统经济结构中运作。在近代社会历史条件下，外国资本主义经济在中国肆虐，民族资本主义于夹缝中生存，在人口激增的乡村，要实现小农业与手工业相结合的传统经济结构的全面改造，是涉及一个更广阔范围的问题。于是，在传统经济结构的改造动力未能产生之前，江南乡村致力于发展特色产品，提高产业结构。20 世纪 20 年代末，在吴县焦山乡镇社会的一个访问者了解到：

> 这些村子里的农人就向来靠着在农闲的时候，到石宕里去做工，当作重要副业。而沿山左的种田人，也都把到石宕里做工，当作一件赚钱的大事情。
>
> 他们只晓得这是祖上传下来的老规矩，只要田里不忙，一有空功夫，总想到宕里来赚几个外快，贴补贴补，尤其是现在米麦菜子，桑业丝绸样样都不值钱的时候格外想来多赚几文；而同时远至木渎善人桥，各处乡村里的农人，远远的都到宕里来，抢着做工。
>
> "铁椎班"（凿石头的雇工）由作头介绍去做工，他们家里都是种田的，还得照顾田里的事。他们常在上午十时去上工，午饭是带上去，或

---

[1] 顾毓泉：《手艺工艺与农村复兴》，《东方杂志》1935 年第 32 卷第 7 号。
[2] 平望镇志办公室：《平望丝网》，《吴江文史资料》第 7 辑，1988 年 6 月。
[3] 凌寿祺：《浒墅关志·风俗》，道光七年（1826）刻本。

是家里送去的。[1]

诸如此类的亦工亦农家庭,依然处在传统的小农经济结构当中,但从社区发展的视角透视,产业结构已经提高到另一高度,其历史价值不容低估。

第二,在乡村共同体中实现。城乡关系的改变,城乡差别的缩小,即乡村城市化是社会发展的必然趋势。许多学者,特别是国外发展学理论家,都自觉不自觉地信奉这样一条理论逻辑:乡村城市化必然伴随乡村人口的空间转移,这是一个乡村人口城市化的过程。但是,近代中国城市工业不发达,人口膨胀迅速,无法容纳更多的乡村人口。以丝业为例,"若都市靠了它技术的方便,代替农村来经营丝业,使本来可以维持生活的农民,都成了饥民、成了负债的人,结果是使农民守不住耕地,向都市集中。在农村方面言,是经济的破产,在都市方面言,是劳动后备队的陡增,影响到都市劳动者的生机"[2]。20世纪30年代中期,江南乡村的妇女,"都提了小包裹,上上海来当'娘姨'……在上海,从南到北,几乎每一条街上,平均至少有一个门面上,挂着'姑苏×老荐头''宁绍老荐头''维扬×记老荐头'的招牌。而且每一家荐头店里的长凳,老是给候补的娘姨大姐坐满了……农村里的娘姨大姐,大量的输入上海,可怜这年头儿,上海也正闹着不景气,十家中倒至少有一半,正在家庭里紧缩裁员,怎能消纳这(么)多的娘姨大姐?"[3]在乡村社会发生的产业结构高度化,实际上减轻了对城市的压力,缓解了城市社会问题。

其五,传统生活方式的近代守望。

茶馆和评弹依然是民国苏州人生活方式的基本表征。城市茶馆主要为了满足市民的休闲和社交。"喝茶是苏州人社交上第一件要事,每天早上九至十时,下午四至五时是各界人士不用通知的默契的集会时间。试拿最大的吴苑来例罢,到那集会时间,前后各厅各棚,楼上楼下,走廊过道,都挤满了茶客,熙熙攘攘,来来往往,热闹非凡。"[4]在近代苏州乡村,农民家庭手工业与市场的联系更形紧密,市镇茶馆也因此而获得了新的发展动力。苏州茶馆类型之多,令人咋舌。从时间上看,除长年茶馆外,更有季节性茶馆,如暑天里的风凉茶馆、庙会时的茶亭;[5]一天之中,有早茶、午(中)茶、晚(夜)茶。依主人分,有夫妻、社团、

---

[1] 张潜九:《吴县焦山石宕访问记》,《东方杂志》1935年第32卷第16号。
[2] 费达生:《丝业复兴的先声》,《纺织周刊》1934年第4卷第20期。
[3] 贤贤:《坐荐头》,《申报》1934年6月22日。
[4] 顾仲彝:《喝茶》,《论语》1947年第135期。
[5] 顾友云、缪介夫:《杨舍茶馆史话》,《沙洲文史资料选辑》第4辑,1985年3月。

帮头等。[1]从功能讲,可分为交易型、休闲型、社会型或综合型。此外,还有所谓清茶馆、荤茶馆之说。[2]以乡村茶馆为视点,笔者曾揭示过苏州茶馆的特色所在:乡村市场之结点,共同体政治之焦点,闲暇生活之热点。[3]与沪埠茶馆相比,苏州茶馆自有其特色:

> 上海的茶寮,大都是一个若干开间的统楼面,茶客聚拢着谈天,喧哗的了不得,若使吾们好静的留在那里半个小时,头脑就要裂痛,苏州的茶寮却不然,往往分屋错列,略栽花木,所以茶寮中,有什么厅唎楼唎居唎山房唎的种种名目,地位既然宽展,那茶客谈话的声浪,也好得多了,这是苏州胜于上海处。[4]

评弹与茶馆相伴而生,"历来苏州人有到茶馆喝茶的习俗,随着评弹的兴起,一些茶馆就兼营书场"[5]。除了苏州城里,"各市镇的茶馆也有书场。听众是士绅以及商人,以及小部分的工人农民"。叶圣陶先生从七八岁起就开始听书,几年间听了不少"书",对"小书"之慢颇有感触。《珍珠塔》里陈翠娥听说表弟方卿来访,一副唱"道情"的穷道士打扮,料想必有蹊跷,下楼去见他呢还是不见他,踌躇再四,于是下了几级楼梯就回上去,上去了又走下几级来,这样上上下下有好多回,一回有一回的想头。这段情节在名手那里有好几天可以说。其时,听众都异常兴奋,彼此猜测,有的说"今天陈小姐总该下楼梯了",有的说"我看明天还得回上去呢"。[6]书说得细腻,听众也有耐心。书场设在茶馆里,两者共同宣示着城乡生活的慢节奏。

事实上,从20世纪20年代开始,"带有大众色彩的地方艺术"苏州评弹,其传播方式也发生了变化,书场从城市茶园"设到无线电播音室里去了。听众不用上茶馆,只要旋转那'开关',就可以听到叮叮咚咚的弦索声或者海瑞、华太师等人的一声长嗷"[7]。与此变化相伴随,苏州评弹的乡土气息更浓了:

> 近一二年来(30年代初),无线电盛行,几位光裕社头儿脑儿,顶儿尖儿的人物,都舍掉了书场,改往播音台。只不过要有产有闲的阶级,

---

[1] 社团开设的茶馆,如民国时期民众教育馆附设的茶室;常熟杨舍镇得仙园茶馆就是清帮头子陆瑞庭所开。
[2] 《茶馆儿》,《盛京时报》1936年5月9日。
[3] 参见小田:《近代江南茶馆与乡村社会运作》,《社会学研究》1997年第5期。
[4] 郑逸梅:《上海茶寮不及苏州》,《新上海》1925年第6期。
[5] 曹凤渔:《百余年来苏州市书场设置概况》,《评弹艺术》1988年第9期。
[6] 叶圣陶:《说书》,叶至善、叶至美、叶至诚编:《叶圣陶集》第5卷,江苏教育出版社1988年。
[7] 叶圣陶:《说书》,叶至善、叶至美、叶至诚编:《叶圣陶集》第5卷,江苏教育出版社1988年。

才置备得起无线电收音机,至于乡下茅草屋的小茶馆里,聚集了许多黄泥腿的乡下人,静悄悄地恭候着说书先生上台,一块醒木,一只弦子,是安慰劳苦大众的恩物;那里的说书,才是大众艺术,说书先生的报酬虽然菲薄,可是价值却超出专在播音台上侍候有闲的太太小姐们的所谓说书名家。[1]

苏州评弹的传统方式、思想内涵和空间格局的这些转换,按照"现代化的规律",速度也许不是足够的快,思想也许不是足够的现代,然而,这是地方社会的自然变迁,其间的所谓规律也是地方性的,受制于地方传统。

进入民国,随着城市生活的近代推进,苏州城乡居民的生活方式日渐散发出新的气息。以休闲方式为例,"自有电影以来,苏州人认为是他们一种生活沉闷的安慰,从前的安慰娱乐品想必大家都知道的,当然是推说书了,茶楼,烟馆,街坊,庙宇等,十分之九有书场的,男女老幼,都有听书成迷的,有钱的人家请到家里来,没钱的化〔花〕几个铜元到茶楼里去听"。[2]电影在清末就已进入苏州[3],但"固定一个场所,排日开演",是20世纪20年代中期的事儿。电影改变了苏州人的娱乐方式,也改变了时人的思想,"许多姐儿们思想上已受了新洗礼,决不再有那些传统观念了"[4]。她们"喜欢看现代剧和电影了,并且倾向于反抗性的作品了"[5]。

四、不绝如缕的传统脉络

抗日战争全面爆发之后数十年,历经战争的灾难,政权的更替,人事的兴废,苏州现代变迁中的历史传统仍然绵延不绝。乡土工业的历史传统到20世纪60年代末,又一次进行了自我扬弃。具有讽刺意义的是,引发这场经济革命的竟是"文化革命"这一特殊的历史环境:人多地少只是一股内在的动力,农工相辅的实现还需要外在因素的触发。社队工业兴起的外在因素就是"文化革命"这一特定的社会条件。对此,费孝通起初颇觉意外,后来听了一些社队工厂的开办发展史才了解到,大城市里动刀动枪地打派仗,干部、知识青年下放插队这两件使城里人或许到现在还要做噩梦的事情,从另一面来看,却成了农村小型工业兴起的

---

[1] 恂子:《在乡下听书回来》,《申报》1935年1月29日。
[2] 永庆:《记苏州之电影》,《影戏生活》1931年第1卷第29期。
[3] 据陈晖主编:《苏州市志》第三册,江苏人民出版社1995年,第759页:"宣统二年(1910)阊门劝业会场已有影戏(电影短片)。"
[4] 范烟桥:《电影在苏州》,《电影月报》1928年第3期。
[5] 华留:《苏州女儿》,《新女性》1944年创刊号。

必不可少的条件。[1]这就是后来举世瞩目的乡镇工业的缘起。到20世纪90年代初,有人自豪地宣称:如今的苏州靠"老乡"。1978年,苏州市的乡镇企业产值只有13.42亿元,只占全市工业产值的19.3%;1991年高达441.7亿元,占到63.03%。三分天下有其二。乡村完成了对城市的包围。

曾经养活甚至富裕了一方生民的特色产品,由于其特殊性,后来成为现代乡镇工业和专业生产的历史依据,促成了共同体产品的开发。在平望胜墩村,20世纪70年代末成立了渔网厂,1979年全村有996人从事该项副业,共生产10 100条渔网,人均结网收入100元。[2]在吴县焦山,1984年以来先后成立了藏书乡花岗石料厂、藏书联营采石加工厂和吴县花岗石标准板材厂。[3]在浒墅关及其附近乡村,中共十一届三中全会之后,四乡草席专业户以专业市场为依托,大量生产"浒墅席",年产各类草席200万条以上,其中一部分出口到东南亚地区,盛誉空前。[4]草编柴包是浒墅关的另一农家产业,历史悠久,在20世纪60年代的自然灾害时期获得空前发展,进入改革开放后的1984年,全镇草编专业户大量涌现,好的年份年产达190万条,大大改善了农家生计。[5]取代近代绣庄的是苏州刺绣厂和刺绣研究所等现代企业,从属于它的数万名绣女,仍然以传统的形式,散布于四乡,乘间而绣,计件取资。全苏州绣品年总产量逾亿元。作为我国优名砚之一的澄泥砚,随着人们书写工具的改变,市场逐渐萎缩,市区逐渐停止了专业生产,乡村则在时断时续的生产中,把这项特异的工艺保存到80年代。在这之后,因为砚雕绝技的复苏,吴县藏书一带的澄泥砚从日常工具砚向高档观赏砚方向发展,焕发出勃勃生机。在苏州城东的郭巷,以前只是作为照明、蓑衣或迷信耗材的灯草,在改革开放以后,因为国外市场的开拓,种植规模越来越大,成为共同体特种产品。据称,这种出口东洋的抢手货,一亩创汇近1 000美元。

近代以降,沟通和联系地方市场和外部世界的城市和市镇商行由此而生。绸行是专事经营丝绸交易的商行。民国年间,盛泽绸行招接来自全国各地的客商,交易地点多在庄面。这是一个封闭形建筑,格局类如科举贡院,庄内系一式的砖木结构矮房,由绸行租用。世纪初的庄面演变成世纪末的中国东方丝绸市

---

[1] 费孝通:《小城镇 大问题》,《小城镇建设探讨》,人民日报出版社1985年。
[2] 《平望丝网》,《吴江文史资料》第7辑,1988年6月。
[3] 周士龙、金云良:《漫话焦山采石史》,《吴县文史资料》第7辑,1990年6月。
[4] 殷岩星:《浒墅草席历古今》,《吴县文史资料》第9辑,1992年10月。
[5] 殷岩星:《浒墅阳山曲》,华夏出版社2001年,第156页。

场。据1998年资料,东方丝绸市场占地近30万平方米,建筑面积15万平方米,市场拥有固定经营部2 600户,经营丝绸仿真丝面料和化纤原料等2 000多个花色品种。场内有9个交易商区和3个分场,配有食、宿、运、托多种服务设施和交通、邮电、金融等服务系统,建立了遍及全国的通兑汇网点和快捷、安全的运输站和铁路、公路联运业务,辟有30多条专线,每天为客户起运数百吨货物至全国各地;还建立了现代信息网络,市场共有2 000余门国内直达电话,开办了全国首家有线电视台,发行《东方丝绸》信息报纸,商品辐射至全国31个省、自治区、直辖市。中国东方丝绸市场把昔日的庄面抛向了历史的暗角。考察常熟虞山招商城、妙桥羊毛衫市场、吴县渭塘的珍珠市场、东山果品市场,我们也会发出同样的历史感慨。

反顾地域经济社会的发展历程,人们不难体味隐含其中、一以贯之的"乡土苏州"的独特个性,也不能无睹于戛戛独造的苏州风格。这就是传统规定性无形而深刻的影响力。

20世纪90年代中叶以来,在全球经济社会一体化的时代背景下,地域社会的发展深入到制度创新阶段。就苏州而言,宏观层次上的制度创新就是地域发展的现实道路的思路革命。道路是连续的,由传统与现代交织而成。现代的事物往往在空间维度上展现为既存的、感官的、流行的,传统的事物常常在时间维度上显露为既往的、感受的、典雅的。在讨论地域发展问题时,许多人津津乐道于寻求传统与现代的契合点,但仅仅在口头上,及至最后结论或者实际操作过程,却满足于简单"进口"国外(或者其他地区)"先进模式",人云亦云,步人后尘。一度时髦的(也许如今在有些人心目中仍然是 Modern 的)把苏州打造成"现代化的国际(特)大都市""工业重镇""乡村再做不出什么文章"云云,都是这种思路的注解。在这里,我们提出传统规定性问题,就是提醒致力于制度创新的人们,认识论上的创新是在深刻领会传统和现代内涵基础上的"化学反应物",而不是浮躁地搬用他者成果的"物理拼凑品"。在此,以苏州城市建设问题为对象,来说明传统规定性对现实路径走向的影响。

走向现代化的苏州城市景观,是一种什么样的格调?这是苏州人的经常话题之一。唐代诗人杜荀鹤的《送人游吴》被人们传诵了千百年:

君到姑苏见,人家尽枕河。古宫闲地少,水港小桥多。

夜市卖菱藕,春船载绮罗。遥知未眠月,乡思在渔歌。

诗里行间传达出"乡土苏州"的独特神韵。苏州人、苏州乡亲、苏州友人都希望遗绪这份古韵。这种恋恋不舍的传统情绪,实际上是厌倦了整齐划一的钢筋混凝土"积木"的城市人向自然的回归。作为苏州基本现代化的目标指向之一，"东园西区，古城居中，一体两翼，四周山水"的城市格局，构架起历史传统与现代文明融为一体的城市形态框架。

古城之躯，是祖辈给予我们的一份无法拒绝的馈赠，我们要将她珍存，整饰一新，传之后世。1991年启动的十全街改造工程和1992年开始的桐芳巷小区试点改造工程，就沿着这条思路探索而来。已经改造完毕的地段，还是"前店后坊，枕河人家"的传统民居格局，还是"粉墙黛瓦，小桥流水"的水乡建筑风格，消失掉的是淤塞经年的水浜，也不见了马桶、浴桶、吊桶和煤球炉。这是老苏州，还是新苏州？这是现代苏州！

作为古城伸延和扩张出去的两翼——园区和新区，一者依水取景，一者靠山得势，青山软水相映生辉，构成了一幅现代苏州平江图。

苏州躲不开乡镇。余秋雨说："如果把它们全都躲开了，那就是躲开了一种再亲昵不过的人文文化，躲开了一种把自然与人情搭建得无比巧妙的生态环境，躲开了无数中国文人心底的思念和企盼。"[1] 岂止是中国文人！居住在现代化城市中的人们思念和企盼她，蜗缩在穷乡僻壤里的乡下人也思念和企盼她。这是时代的企盼，未来的企盼。江南小镇，乍看起来，都是古色古香，细加品味，却各具特色。拥有900年历史的昆山周庄本来也想引进项目，大力发展乡镇工业，同济大学的学者们建议开发旅游业。据称，著名画家陈逸飞以周庄为题材的作品在美国展出，轰动了媒体，周庄从宁静的渔村变成了旅游大镇。实际上，十多年前，上海等地的报纸上就有连篇累牍的对周庄的介绍。深闺中的周庄一旦为人所识，厚重的文化便转化成了可观的经济效益。在苏州西郊，随着太湖大桥的建成通车，花果从西山源源运出，游人向"桃源"岛镇源源涌进，原来的孤岛与光福、木渎、胥口、东山连成一片，形成了一个颇具整体效应的度假观光区。

苏州其他方面的建设难道不应该重视起传统规定性的影响吗？

---

[1] 余秋雨：《江南小镇》，《文化苦旅》，知识出版社1995年，第87页。

人民公社时期苏州农村社队工业的兴起与发展

王玉贵

农村工业有广义、狭义之分。广义上的农村工业是指所有办在农村地区的工业企业,不管其所属关系、企业性质如何,因为只要在农村地区兴办企业,总会在许多方面对农村地区的社会变迁发生影响。狭义上的农村工业是指农村社区自己所办的工业企业。从这两类企业与农村社区的关系来看,后者显然要更为密切、深刻得多。这里所探讨的主要是指农村社区自己所属的工业企业,即当年被称为社队工业的那部分。

一、社队工业的缘起

实现工业化,是中国共产党人长期追求、奋斗的目标。早在民主革命时期,毛泽东就指出:"中国工人阶级的任务,不但是为着建立新民主主义的国家而斗争,而且是为着中国的工业化和农业近代化而斗争。"[1]在《论人民民主专政》一文中,他又说:"人民民主专政的国家,必须有步骤地解决国家工业化的问题。"[2]不过,那时中共领导人对我国工业化的独特道路的认识还是很模糊的,因而在社会主义改造后,形成了"农村搞农业,城市搞工业"二元对立的经济发展格局。

人民公社化运动正式发动之前,毛泽东就提出要发展农村工业的问题。1958年1月,他在南宁会议上提出:"地方工业超过农业要多少时间,5年?10年?要做一个计划。"会后,国家经委根据毛泽东的意见,起草了《关于发展地方工业问题的意见》,提出:"在干部中应该提倡,既要学会办社,又要学会办厂。""农业社办的小型工业,以自产自用为主,如农具的修理,农家肥料的加工制造,

---

[1]《毛泽东选集》第三卷,人民出版社1991年,第1081页。
[2]《毛泽东选集》第四卷,人民出版社1991年,第1477页。

小量的农产品加工等。"3月,毛泽东在成都会议上又指出:"地方工业有四大任务,一为农业服务,一为大工业服务,一为城市人民生活服务,一为出口服务。"这实际上成了公社化时期发展社队工业的基本方针。同时,他还提出:"农业社也可办加工业。大社可办一些加工厂,最好由乡办,或几个乡镇合办。""苏联的集体农庄,不搞工业,只搞农业。""他们不工农并举,反对大中小并举。我们是大中小结合,基础放在小的上,靠地方,靠小的。"又说:我们"过去想过,赚钱的工业要乡政府搞,不要合作社搞,这有点斯大林主义残余"[1]。据此,刘少奇在八大二次会议上提出了我国工业发展的总方针:"在重工业优先发展的条件下,工业和农业同时并举;在集中领导、全面规划、分工协作的条件下,实行中央工业和地方工业同时并举,大型企业和中小型企业同时并举。"[2]人民公社化之初,毛泽东曾指出:"我国有一个特点,人口有6亿,如此之多,耕地只16亿亩,如此之少,不采取一些特别方法,国家恐怕搞不好。""中国农村有5亿多农村人口从事农业生产,每年劳动而吃不饱,这是最不合理的现象。美国农业人口只占13%,平均每人有二千斤粮食,我们还没有他们多,农村人口要减少怎么办?不要拥入城市,就在农村大办工业,使农民就地成为工人。""将来达到一半劳动力搞工业,这样我们的国家就像个样子了。"[3]1958年11月,毛泽东在《对15年社会主义建设纲要40条(1958—1972年)初稿的批语和修改》中首次提出了"公社工业化"的口号。他写道:"摆在我国人民面前的任务是:经过人民公社这种社会组织形式,高速度地发展社会生产力,促进全国工业化、公社工业化、农业工厂化。"[4]随后,他在对《郑州会议关于人民公社若干问题的决议》的修改和信件中再次强调:"要使人民公社具有雄厚的生产资料,就必须实现公社工业化,农业工厂化(即机械化和电气化)。"他还提出:"地方国营的中小企业,可以下放一些给公社经营。"[5]

12月10日,中共八届六中全会正式通过由毛泽东主持制定的《关于人民公社若干问题的决议》,提出人民公社"为我国人民指出了农村逐步工业化的道

---

[1] 毛泽东在南宁会议和成都会议上的讲话均转自王国平等:《江苏经济发展与现代化历史进程研究》,苏州大学出版社2008年,第327—328页。
[2] 刘少奇:《中国共产党中央委员会向第八届全国代表大会第二次会议的工作报告》,《新华半月刊》1958年第11号,第6页。
[3] 郭书田执行主编:《毛泽东与中国农业》,新华出版社1995年,第192页。
[4] 中共中央文献研究室:《建国以来毛泽东文稿(1958.1—1958.12)》第7册,中央文献出版社1992年,第504页。
[5] 中共中央文献研究室:《建国以来毛泽东文稿(1958.1—1958.12)》第7册,中央文献出版社1992年,第515、517页。

路"。决议还明确地规定了人民公社办工业的方向:"人民公社的工业生产,必须同农业生产密切结合,首先为发展农业实现农业机械化、电气化服务,同时为满足社员日常生活需要服务,又要为国家的大工业和社会主义的市场服务。"关于社办工业的方针,《决议》指出,"必须充分注意因地制宜、就地取材的原则,不要办那些本地没有原材料,要到很远很远的地方去取原材料的工业,以免增加成本,浪费劳动力。在生产技术方面,应当实行手工业和机器工业相结合、土法生产和洋法生产相结合的原则","逐步由土到洋,由小到大,由低到高"。关于社办工业的主要内容,《决议》指出,人民公社要"有计划地发展肥料、农药、农具和农业机械、建筑材料、农产品加工和综合利用、制糖、纺织、造纸以及采矿、冶金、电力等轻重工业生产"。[1]

当时,人们认为人民公社大办工业有很大的优越性,主要表现在:第一,投资少,便于吸收分散的资金;第二,建设时间短,投资效果发挥快;第三,可以自己设计和供应设备,便于因陋就简地利用当地各种现成的设备;第四,分布广,便于促进全国的工业化,促进全国技术力量的生长,促进各地区经济的平衡发展;第五,可以生产的品种多,改变产品也容易;第六,接近原料和市场,可以灵活地利用资源,节约运输费用,供产销也易于结合;第七,公社工业的职工可以农闲办工业,农忙办农业,亦工亦农,便于劳动力的合理使用;第八,便于广泛地组织分散在广大农村的手工业工人,发挥他们的技术才能,使农村手工业逐步实现工厂化、半机械化和机械化;第九,可以促进农业现代化;第十,是逐步做到消灭城乡差别的一个重要途径。[2]

1959年2月,在第二次郑州会议上,毛泽东再次强调:"目前公社直接有的东西还不多,如社办企业、社办事业,由社支配的公积金、公益金等。虽然如此,我们伟大的、光明灿烂的希望也就在这里。"[3]这实际上已赋予农村工业以缩小城乡、工农差别,体现社会主义优越性的重要政策目标。农村工业因此有了迅速发展。当然,就人民公社时期苏州农村社队工业发生发展的内部机理来说,还与我国历史上就是一个有着多层次工业结构的国情有关。[4]这可以说是"路径依

---

[1] 中华人民共和国国家农业委员会办公厅:《农业集体化重要文件汇编(1958—1981)》下,中共中央党校出版社1981年,第111、117页。
[2] 孙志远:《人民公社办工业的伟大历史意义》,《人民日报》1959年10月26日。
[3] 中共中央文献研究室:《建国以来毛泽东文稿(1958.1—1958.12)》第8册,中央文献出版社1993年,第69页。
[4] 参见段本洛:《苏南历史上多层次的工业结构(1958.1—1958.12)》,《历史研究》1988年第5期。

赖"的一个明显的现实例证,至少苏南地区是这样。

不过,农村工业在公社化时期的发展也显示出那个特定历史时期的风貌,强烈地映现出政治制度对经济生活的反作用力。从社队工业的发展历程,可以鲜明地看出制度因素在其中所起的作用。这主要表现在:一方面,社队工业是在计划经济占主导地位的情况下,依靠集体力量的保护而发展起来的。在当时的历史条件下,不可能出现非集体所有制性质的个体企业或私人企业,也不可能由非集体经济组织去兴办社队工业。只有集体经济组织兴办集体所有制性质的社队工业,在当时才是名正言顺的。不仅如此,集体经济组织还能对社队工业进行有力领导和管理,这既是原有体制的特色,同时也有利于在集体经济组织的范围内调度使用人力、物力和财力,重点扶持某些企业和产品的生产,充分发挥集体经济组织在较短时间内能够集中力量办大事的优势。正是有了这一条,才使得许多社队工业多次濒临绝境而大难不死,绝处逢生。因而有学者将其称为"政府推动型经济",是不无道理的。[1]另一方面,社队工业毕竟又是一种商品经济,它的发生、发展必须突破计划经济的禁锢,按照市场经济规律办事。这就决定了社队工业与原先的集体经济组织存在一定的矛盾。同时,高度集中的计划经济在现实生活中毕竟难以真正、完全地实现,这又为社队工业的诞生与崛起提供了体制条件。[2]如果说公社化时期社队工业的产生主要是因为当时特定的制度环境所决定的话,那么在改革开放初期,社队工业仍能得到长足发展,却主要是由集体经济组织的独特优势所决定的。这些优势包括:政策支持,如国家对集体经济的各种优惠政策、各地方行政审批文件等;政治待遇,如政治意识形态方面的支持(共同富裕等)、村庄和村干部的行政级别待遇等;经济资源,包括正式的市场机构控制的经济资源,如原材料、销售渠道、科技项目和技术转让权、股票上市额度、银行贷款等。在这些方面,集体较之个人或家庭有更多的优势,更易于为正式的体制和机构所接纳,它既可以利用原有的行政体制关系,在制度性空间内获取一定的支持,又可以利用非行政性组织的身份,在非制度性空间里大量地创造。此外,集体出面创办企业可统一调用乡土资源如土地、人力和社会性资

---

〔1〕 详细分析参见万解秋:《政府推动与经济发展——苏南模式的理论思考》,复旦大学出版社1993年。

〔2〕 参见朱通华等:《苏南模式发展研究》,南京大学出版社1994年,第17—21页;另见蔡昉:《制度创新与市场发育:我国农村改革的主线》,载韩志国等主编:《中国改革与发展的制度效应》(上),经济科学出版社1998年,第148页。

源,转用集体的产业积累、集体自身的行政权力等。[1]

就全国而言,人民公社时期社队工业的总体情况如表20:

表20 人民公社时期全国社队企业发展情况表

年份	社办工业				队办工业		二者之和	
	企业数量(万个)		总产值(亿元)		总产值(亿元)		企业数(万个)	产值(亿元)
	绝对数	比上年±%	绝对值	比上年±%	绝对值	比上年±%		
1958	—	—	62	—	—	—	—	—
1959	—	—	—	—	—	—	70	100
1960	11.7	−83.3	50	−50.1	—	—	—	—
1961	4.5	−61.5	19.8	−60.4	32	—	—	51.8
1962	2.5	−44.4	7.9	−60.1	33	3.1	—	40.9
1963	1.1	−56	4.2	−46.8	36	9.1	—	40.2
1964	1.1	0	4.6	9.5	40	11.1	—	44.6
1965	1.2	9.1	5.3	15.2	24	−40	—	29.3
1970	4.74	—	26.7	—	37.3	—	—	64
1971	5.31	—	39.1	—	38.3	—	—	77.4
1972	5.6	—	46	—	47.8	—	—	93.8
1973	5.96	—	54.8	—	52.5	—	—	107.3
1974	6.47	—	66.8	—	62.2	—	—	129
1975	7.74	—	66.8	—	82.6	—	—	169.4
1976	—	—	86.8	—	119.6	—	—	243.5
1977	—	—	123.9	—	147.4	—	—	322.7

资料来源:① 胡必亮等:《中国的乡镇企业与乡村发展》,山西经济出版社1996年;② 张毅:《中国乡镇企业——艰辛的历程》,法律出版社1990年;③ 于驰前等:《当代中国的乡镇企业》,当代中国出版社1991年;④《中国统计年鉴》1985年以前各卷。

从表中可见,公社化时期农村社队工业的发展存在明显的波动,但呈现的基本趋势是缓慢增长。苏州农村社队工业的发展所表现出来的基本特征也大体如此,只不过相对而言其波动的幅度要小一些,发展的速度则明显比全国的平均水平要快一些。

---

[1] 参见折晓叶等:《社区的实践——"超级村庄"的发展历程》,浙江人民出版社2000年,第70、82页。

二、社队工业的初步发展与整顿

从人民公社的兴起到 20 世纪 60 年代初,是苏州社队工业的起步阶段。在这一阶段,农村工业与公社体制本身一样,呈现出大起大落的特点。

毛泽东的提倡和中共八届六中全会制定的《关于人民公社若干问题的决议》的有关规定,加上"大跃进"运动所引起的狂热气氛,伴随着公社化高潮的到来,农村地区掀起了一个兴办工业的高潮。各地农村普遍搞"升级过渡""转产改向",纷纷将手工业生产合作社改建、扩建或新建成社队工业。截至 1958 年年底的统计,全国公社办的工业企业中,有工人 1 800 万,产值 60 亿元,到 1959 年年底进一步增加到 100 多亿元。[1]江苏省有公社工业 3.9 万个,从业人员 105.94 万人,创产值 14.79 亿元,占全省工业总值的 17%。这些企业尽管规模较小,设备也很落后,但在一定程度上还是推动了地方国民经济的发展,直接支援了农业经济的发展,特别是农具厂、修配站的普遍建立,承担了各地大量小农具、一般机械化农具的生产和修配任务。据 1959 年的不完全统计,江苏的社办工业共生产和修理了农具 3 556.69 万件,加工大米 61 060 万吨、棉花 24 万担、油料 3 810 吨,并生产肥皂 570.3 吨、丝织品 1 565 万尺、石灰 1 115 621 吨,补充了国家工业的某些不足,方便并丰富了广大社员的日常生活消费。[2]苏州各地的农村人民公社也相继办起了以农机修配、粮食饲料加工、砖瓦烧制、纺织服装等为主的千余家小型工业企业,产值达 6 000 万元。[3]截至 1959 年 7 月底统计,苏州地区的社办工业进一步增长到 1 936 个,职工 93 986 人。[4]

但公社化初期农村工业的发展并不完全反映客观经济规律的本质要求,在很大程度上是头脑发热、"左"倾思想发展、行政命令和瞎指挥的产物,表现出了很大的盲目性。有的厂是在高指标的压力下不得不办起来的;有的厂是浮夸风的产物,为了虚报"大跃进"的成绩;有的只是简单地挂了个牌子而已。这些一哄而起的公社企业大多是靠刮"共产风"、用无偿拉平和无偿调拨生产大队和生

---

[1] 林青松等:《中国农村工业:结构、发展与改革》,经济科学出版社 1989 年,第 10 页;袁镜身:《当代中国的乡村建设》,中国社会科学出版社 1987 年,第 99 页。

[2] 莫远人:《江苏乡镇工业发展史》,南京工学院出版社 1987 年,第 88、91 页。

[3] 姚福年:《苏州乡镇工业的发展历程与历史贡献》,载苏州市政协文史委员会编:《异军突起——苏州乡镇企业史料》,古吴轩出版社 2012 年,第 52 页。

[4] 《中共苏州地委农工部:关于整顿社办工业试点情况和今后意见的报告》,1959 年 8 月 28 日,载苏州市发展和改革委员会、中共苏州市委党史工作办公室:《社会主义建设时期苏州经济工作(1953—1966)》,中共党史出版社 2008 年,第 214 页。

产队的劳动力、资金、材料和设备搞起来的,在创办之初即损害了农民的切身利益。[1]时间一长,由于大批青壮年强劳力的抽调,严重影响了农业生产。同时,社队企业的原材料、燃料、设备等物资也无法解决。社队工业的一哄而起和大量兴办,管理水平也难以跟上,生产效率和产品质量均不高,浪费资源。此外,由于盲目集中和合并,给群众的生产和生活带来了不便。

于是,各地开始对社队工业进行整顿。据1959年8月中共苏州地委农村工作部向地委提交的《关于整顿社办工业试点情况和今后意见的报告》,苏州地区从1959年7月下旬起,按照江苏省委对社办工业"办、放、收、停"的总要求,开始在6个县各选了一个公社,进行整顿社办工业的试点。经过整顿,6个公社的94个社办工厂仍保留社办的18个,恢复手工和放回大队的43个,划归商业部门的5个,收回县办的7个,停办的21个。工人数从5 284人下降到3 132人。

与其他地区社办工业的大建大停、大起大落相比,苏州地区在整顿社办工业时,并不是一停了之,而是"为了巩固提高公社工业,使其更好地为农业生产服务",并确定了"办、放、收、停"的界线:(1)属于公社经手办起来的厂,或由大队副业集中起来的厂,既符合社办方向,又不宜放回大队的,仍保持社办。(2)由原手工业转为社办的,在办厂期间,公社投资扩建或增添了设备,且又是直接为农业生产服务的工厂,可仍保留社办,不再转为手工业;如果非直接为农业生产服务,则应恢复手工业社。(3)由手工业社转来的社办厂,公社并未投资增添设备或扩建,只是换了个牌子,仍应转为手工业社。(4)由副业或商业作坊、合作商店等集中起来的工厂,不宜于社办的,应恢复原样。这种区别对待的做法,为日后社队工业的复兴提供了基础。

经过整顿,社办工业的情况有了明显转变。首先,提高了生产积极性和劳动生产率,改善了服务态度。如太仓双凤公社卫星染织厂在整顿前实行二班制生产,日产棉布1 200米,整顿后工人由244人压缩到125人,日产量为1 000米左右。家具厂经过整顿,不仅恢复了市场上一度脱销的31种产品,还新增了8种。常熟浒浦公社缝纫、上鞋等手工业在整顿后,增设了服务点,恢复了走街串巷的服务传统,既得到群众欢迎,又增加了收入。其次,压缩出大批劳动力投入农业生产。6个公社的社办工厂中原有农民工1 423人,整顿后回农村参加农业生产的有1 060人。再次,加强了企业管理,改变了原先劳动纪律松弛、出勤率低、生产过程中无人负责等混乱情况。常熟浒浦公社农具厂的铁工,1959年上半年平均只出勤20天,经整顿

---

[1] 参见胡必亮等:《中国的乡镇企业与乡村发展》,山西经济出版社1996年,第37—38页。

后,工人基本做到准时上下班,产品质量有了明显提高,同时还制订了原材料收发保管、产品检验、安全卫生等制度。最后,调整各种关系,调动职工群众的积极性。在社队工业大发展过程中,对一些原手工业社转厂后社员的股金、投资、工资、企业资产、债权债务关系以及大队抽调的民工等,都未妥善处理。在整顿中,对上述问题都做了妥善处理,从而调动了职工群众的积极性。[1]

正当苏州地区社队工业经过整顿重获快速发展时,由于人为失误的加剧,三年困难时期随之到来,广大农民的日常生活已难以为继,社队工业面临新的更大的困难,已无法正常运转了。中央决定对国民经济进行"伤筋动骨"的大调整,在大量压缩城市工矿企业的同时,对农村的社队企业也进行了清理。1962年11月,中共中央和国务院联合发布了《关于发展农村副业生产的决定》。《决定》指出,由于在不少地方因发展副业,"破坏了原来农副业综合经营的传统习惯,不少公社和生产大队把农村中分散经营的副业不适当地集中起来,在生产计划和劳动力使用上忽视对副业生产的安排;在副业产品的收购上统得过多,管得过死,有些产品的价格又不合理,结果造成农业和副业生产都严重下降,集体和社员个人的收入减少,生产资金困难,有些地方甚至不能维持再生产"。因此,《决定》规定"公社和生产大队一般地不办企业,不设专业的副业生产队。原来公社、大队把生产队的副业集中起来办的企业,都应该下放给生产队经营,一个生产队无力经营的,可以归几个生产队共有,实行联合经营,按股分红;也可以归全大队各生产队共有,由大队统一管理;少数以公社或者生产大队为基本核算单位的地方,原来经营的副业办得很好的,可以继续归公社或者大队负责经营"。[2]到1962年年底,农村社办工业的产值急剧下降到7.9亿元,1963年又下降到4.1亿元。[3]不过,大队工业产值略有增加,1961年为32亿元,1962年为33亿元,1963年增到36亿元。[4]江苏省的公社工业到1962年底时下降到1 673个,产值6 600万元;1963年年底进一步减少为841个,产值3 419万元。[5]

苏州地区从1960年起,对社办工业进行了进一步的整顿,并坚持如下原则:

---

[1]《中共苏州地委农工部:关于整顿社办工业试点情况和今后意见的报告》,1959年8月28日,载苏州市发展和改革委员会、中共苏州市委党史工作办公室:《社会主义建设时期苏州经济工作(1953—1966)》,中共党史出版社2008年,第214—216页。
[2] 中华人民共和国国家农业委员会办公厅:《农业集体化重要文件汇编(1958—1981)》(下),中共中央党校出版社1981年,第659、661页。
[3] 林青松等:《中国农村工业:结构、发展与改革》,经济科学出版社1989年,第10页。
[4] 郭书田:《毛泽东与中国农业》,新华出版社1995年,第196页。
[5] 莫远人:《江苏乡镇工业发展史》,南京工学院出版社1987年,第97页。

总的是从维护国家计划的集中统一,有利于促进社会主义计划经济发展,有利于集中力量办好农业生产和便利群众生活出发,对那些生产方向不对头,违反"三就地"(即就地取材、就地生产、就地销售)原则的,应该坚决停办;对于那些产品确系农业生产和人民生活所需要,生产技术条件、经营管理基础又确实很好,必须保留的企业,应根据具体情况,分别转为手工业社(组)或商业作坊;对于操作技术不复杂,适宜分散经营、分散生产的,应分别改为农兼手工业、家庭副业或组织生产自救性的小组。经过整顿,社办工业的数量大为减少。到1961年年底,为946个单位、60 552人。到1962年年底,进一步减少为345个单位、13 903人。其中,城镇办的工业有101个、职工5 244人;农村社办工业244个、8 659人。[1]

由于前一阶段国民经济调整取得了明显成效,工农业生产特别是农业生产在稳步恢复,证明调整中提出的全国大办农业、大力支援农业的方针是正确的;另一方面,就全国来说,困难形势依然相当严峻。为此,中共中央和江苏省委多次发出指示,要求各地"必须对现有的社办工业进行彻底的整顿"。在这种情况下,苏州专员公署工业交通处于1963年6月向地委上报了《关于进一步整顿社办工业的意见报告》,提出要对社办工业进行进一步整顿。经过整顿,农村人民公社除了确实属于农业生产和当地人民生活需要,符合"三就地"原则,产供销正常,资金来源正当,质量好,成本低不亏本,国营工业、手工业又不能代替,而又不适宜下放生产队经营的,可暂时保留为社办。

具体办法分为关、转、放三种。首先是关。凡是生产方向不对头,违反"三就地"原则,技术低、质量差、成本高、亏本的单位,或者虽有利润,但来源不正当的,如化工、酿酒、机械、五金、眼镜、机制纸、发电等,都应坚决关闭。其次是转。凡是原来由于手工业上升,或者适合手工业经营,品种对路,产品质量较好,用料较省,成本较低的,如车木、造船、草席、缝纫、鞋帽等,可以根据具体情况,分别转为手工业社(组),或手工业供销生产社;凡是原来商业作坊上升的,又确为当地人民生活需要,仍应转为商业作坊,恢复前店后坊;凡是原来由居民家庭副业或自救性生产小组上升的,仍然改为家庭副业或生产自救性小组,分散生产。最后是放。原来是生产队副业上升,产供销正常,适合于一个生产队或者几个生产队能够联合经营的,如采矿(建筑石料)、石料加工等,可以放下去由生产队经营作为农兼副业;必须保留的社办工业,可以按生产性质交县主管部门代管,企业的所有制仍属公社不变,盈亏亦由公社负责;有关生产计划的安排、企业经营管理

---

[1] 苏州市经济贸易委员会等:《苏州乡镇工业》,中共党史出版社2008年,第69页。

等,由代管部门统一管理。[1]

由此可见,这次整顿的总体要求是严格限制社办工业的发展。经过整顿,到1964年,全区社办企业仅剩84家,产值为825万元。[2]这对于苏州这样一个传统乡村工业相当发达的地区来说,确实称得上是一次真正的"伤筋动骨"式的大调整。

三、社队工业的复苏

从经济调整后期至1970年,苏州地区的社队工业开始缓慢复苏,并略有发展。

尽管公社化之初的工业化遍地开花的做法是不成功的,既浪费了大量的人力、物力和财力,严重地挫伤了广大农民的生产积极性,对整个国民经济也造成了严重的冲击,但同时也为日后农村工业的复苏创造了一定的有利条件。具体表现在:在三年困难时期从城镇工厂精减了不少工人,他们身怀工业生产的技艺,却不精于农业生产,为了维持生计,在社队基层干部的默许下,就地帮助生产大队和公社恢复和创办了一些工业企业;其次,农村地区原有的手艺人如铁匠、木匠、砖瓦匠等,为克服困难开始从事小手工业生产,以提高家庭收入;此外,公社化之初各地农村工业的普遍发展,也激起了不少青年农民从事工业生产的热情。于是,社队工业在一些人地矛盾较为尖锐、历史上有较好的工业基础、资源也较丰富的地方首先得到恢复,不少大队利用公社的退赔财产创办了小型加工场,发展队办工业。1965年9月,中共中央、国务院颁发了《关于大力发展农村副业生产的指示》,指出:"集体副业应当以生产队(包括以大队为核算单位的大队)经营为主。一个生产队无力举办的,可以由几个生产队联合经营;在不'平调'生产队的人力物力财力的前提下,也可以由生产大队直接兴办。""适宜于下放到农村的农副产品加工,应当坚决地有计划有步骤地下放到农村。"并要求各地成立副业领导小组,公社、大队、生产队设一名副业社、队长。[3]1966年,毛泽东在"五·七"指示中又指出"在有条件的时候,也要由集体办些小工厂"。随后不久,"文革"即告发生,全国随即陷入全面动乱之中,"停产闹革命"风行一时,城

---

[1] 苏州市经济贸易委员会等:《苏州乡镇工业》,中共党史出版社2008年,第70—71页。
[2] 姚福年:《苏州乡镇工业的发展历程与历史贡献》,载苏州市政协文史委员会编:《异军突起——苏州乡镇企业史料》,古吴轩出版社2012年,第53页。
[3] 中华人民共和国国家农业委员会办公厅:《农业集体化重要文件汇编(1958—1981)》(下),中共中央党校出版社1981年,第847、849、850页。

市工业生产的正常秩序被打乱。与城市的极端混乱相比,农村地区所受到的冲击要轻微得多。农村工业正是在这种不正常的政治气候下有了较快的发展。可以这么说,此一时期城市工业的混乱客观上为农村社队工业的发展提供了有利条件:首先,"文革"时期城市工厂"停工闹革命",使工业生产大量下降,市场上工业消费品奇缺,工业简易生产设备也十分不足,许多工业品都要发证凭票供应,排队等候,才能买到。在短缺经济的大背景下,农村工业和产品不愁没有销路,这就为社队工业企业生产的产品留下了一个广阔的买方市场。其次,大量科技力量随着知识青年、知识分子、干部和工人的下放来到农村,为农民办工业增加了技术力量,使之不仅可以生产原来农村工业的产品,还可以生产许多过去不能生产的工业产品。最后,随着大批下放人员的到来,通过他们,方便了与城市的联系,在寻找原材料、市场和获得信息方面,有了不少方便。但这一时期农村社队工业的发展,也明显地受到了"文革"的消极影响。这里以江苏省南通县、海门县和苏州地区社队工业的发展情况为例加以说明。具体见表21:

表21　1964—1970年南通县、海门县、苏州地区社队工业发展情况　　单位:万元

地区	1964	1965	1966	1967	1968	1969	1970
南通县	153.71	281.18	336.33	437.62	702.22	1 193.96	1 617.30
海门县	59.40	108.65	127.64	115.15	100.67	161.33	308.75
苏州地区	5 595	8 264	10 995	9 988	9 315	11 257	8 984

资料来源:莫远人:《江苏乡镇工业发展史》,南京工学院出版社1987年,第100页。

从表中可见,苏州地区的社办工业明显受到"文革"的强烈冲击。直到1970年,仍未恢复到1966年的峰值。这从一个侧面说明,"文革"根本不是任何意义上的革命,试图通过"抓革命"来"促生产",结果只能是缘木求鱼,南其辕而北其辙。江苏全省社队企业的总产值到1970年也仅缓慢增长到6.96亿元。

这中间,有些地区在有些年份也出现过反复,这主要是因为受片面地宣传、推广"以粮为纲"的所谓"大寨经验"的影响,加上林彪、"四人帮"极左思潮的干扰和破坏。

四、社队工业的平稳发展

从1970年开始到1978年十一届三中全会的召开为止,是苏州社队工业较为平稳的发展阶段。在这一阶段,社队工业的发展尽管也受到当时特定的政治形势的影响和极左思潮的干扰,但总体来说是比较平稳的,为后来乡镇企业的大

发展奠定了雄厚的物质、技术基础。

1970年8月,周恩来主持北方地区农业会议,会议决定到1980年实现毛泽东提出的农业基本机械化的号召,要求各地尤其是社队大办农机厂、农具厂以及与农业生产有关的其他行业。这年春召开的全国计划会议决定把发展地方"五小工业"即小钢铁、小煤矿、小水泥、小化肥、小水电作为"四五"计划的重要任务之一。另一方面,随着人口的迅速增加以及城市知识青年上山下乡运动的开展,人地矛盾进一步尖锐化,农村的隐蔽失业更趋严重,严格的户籍管理制度和城市工业的低速发展难以吸收农村的富余劳动力,造成农业生产低效化的趋势进一步加重,农业生产的边际效益不断下降。这一状况在一向人口稠密、土地资源奇缺的苏南地区更为突出,具体情况见表22:

表22　苏州地区、无锡县1949—1970年人口、土地、收入变化

项目\年份	1949		1957		1965		1970	
	苏州地区	无锡县	苏州地区	无锡县	苏州地区	无锡县	苏州地区	无锡县
总人口（万人）	424.6	70.80	481.7	77.82	538.5	84.71	598.8	92.71
农村人口（万人）	380.9	67.47	429.6	71.42	488.5	80.35	558.8	89.46
农村劳力（万人）	168.8	24.26	192.4	24.21	244.6	35.13	306.9	43.35
耕地面积（万人）	805.6	102.86	792.7	100.36	741.2	73.76	737.6	92.69
人均占有耕地（亩）	2.1	1.45	1.8	1.29	1.5	1.10	1.4	0.99
劳均占有耕地（亩）	4.8	4.24	4.1	4.15	3.0	2.67	2.4	2.13
人均分配收入（元）	—		57.48	—	79.15		75.82	

资料来源:根据莫远人主编《江苏乡镇工业发展史》(第114—134页)有关表格编制。

社队工业在这些主客观条件的压力和推动下,获得了长足发展。全国计划会议召开后的3年时间里,每年新增的五小工业企业就达1万家。至1975年,"五小工业"中的钢铁、煤矿、水泥、化肥产量分别占到了全国总产量的6.8%、

37.1%、58.8%、69%。[1]全国2 000多个县中,有1500多个县拥有自己的小水电厂8.7万多个、小化肥厂1 900多个,其中有相当数量是社队工业。1970年农村工副业产值69亿元,到1976年则达到243亿元。[2]江苏的社队工业发展更为迅猛,其产值已由1970年的6.96亿元,增加到1975年的22.44亿元,在全部工业总产值的比重已由1970年的3.3%上升到1975年的9.3%,占农业总产值的比重则由8%上升到30%,占全国社队工业总值由11.9%上升到13.2%。[3]具体情况见表23:

表23 江苏社队工业发展情况表　　　　　　　单位:亿元

年份	1962	1965	1970	1971	1972	1973	1974	1975	1976	1977	1978
合计	0.66	3.17	6.96	9.29	11.4	13.63	16.69	22.84	33.73	52.02	63.38
社办	0.66	0.76	3.86	5.52	6.96	8.86	10.82	14.4	20.38	30.94	38.53
队办	—	2.41	3.10	3.77	4.44	4.77	5.87	8.44	13.35	20.18	24.85

资料来源:薛家骥主编:《江苏经济年鉴(1986)》,江苏人民出版社1986年,第3册第34页。

社队工业的大发展引起了"左"倾教条主义者的反对,他们视之为"搞资本主义",是与"以粮为纲"相对立的"以钱为纲",是"走资本主义道路"。有的极左分子还指责社队工业是"资本主义的老窝子""资产阶级法权的孳生地",社队工业转移了国家的利润,"挖了社会主义的墙脚",冲击了国家的物资供销计划,腐蚀了干部群众,把他们引向了资本主义。

为了使社队工业能沿着健康的轨道向前发展,同时减少"左"倾思潮的干扰与破坏,各地都十分注意解决已经出现的问题,有针对性地及时采取措施,避免不必要的麻烦。在经营方针上,始终坚持"围绕农业办工业,办了工业促农业","以副养农,以工补农",坚持"三就地""四服务"(即为农业、大工业、群众生活和出口创汇服务)。在一些具体问题上,各地的做法虽不尽一致,但都以有利于社队工业的生存与发展为目的。

以当时最为典型的无锡县(时属苏州专区)为例,他们着重在劳动安排和分配方式上进行探索,逐步形成了一套较为成功的办法。在劳动安排上,他们坚持机会均等,亦农亦工,要求务工社员定期参加农业劳动,有的试行轮换制,使更多

---

[1] 祝慈寿:《中国现代工业史》,重庆出版社1990年,第539页。
[2] 周维宏:《中日农村经济组织比较》,经济科学出版社1997年,第77、75—76页。
[3] 莫远人:《江苏乡镇工业发展史》,南京工学院出版社1987年,第141页。

的农民有务工的机会,避免出现"纯农户"或"纯工户"。这种做法虽然在本质上不利于工业生产的发展,但在当时工业生产技术水平不高的情况下,能有效地阻止极左思潮的攻击和阻挠,不失为一种权宜之计。在分配方式上,坚持既符合农业经济实际状况又贯彻按劳分配原则的分配形式。具体来说,就是处理好"三者""五方"的关系。所谓"三者",是指国家、集体和职工个人的关系,"五方"是指公社、大队(生产队)、企业、工人与农民的关系。分配收入时,采取向国家按章纳税,向务工社员给予工资和必要补贴的方式。企业的纯利润中,一部分上交所在社队,一部分留在企业扩大再生产;上交社队的利润主要用于支持农副生产和扩大工业再生产,举办农村集体福利事业和补贴行政费用以及照顾穷队、增加务农社员的收入。社队工业的职工实行月工资制,按能力定级,贯彻按劳分配的原则,具体实行"农忙务农,农闲务工,劳动在厂,分配在队",有的实行"劳动在厂,收入归队,评工记分,合理补贴,参加生产队统一分配",或"评工在厂,分配在队,厂队结算,适当补贴",等等。也就是说,在厂劳动的社员分配不是在厂里结算,工资不直接发给个人,而是厂方把工资交给生产队作为劳务收入,务工社员由生产队全体社员评定工分予以分配,以防重工轻农,扩大差别,从而克服了"亩产吨粮,不如办个小工厂""一人在干,十人在想""身在田当中,眼望高烟囱"等重工轻农的倾向,坚持工业生产不与农业生产争劳力、争资金、争物资、争土地。[1] 所有这些规定和做法,都是在集体经济为唯一合法的经济形态的特殊情况下,基层广大干群所做的制度创新。

社队工业还十分注意处理好与国营工业的关系,协调彼此在原材料与市场上存在的矛盾。有的为大工厂加工配套,有的搞来料加工,有的进行物资协作或议价购买原材料,有的则注重发展那些国营企业不愿或没有生产的商品,满足市场多层次需求,同时也补充了国家计划的不足,方便了人民的生活。

此外,一些有识之士面对极左思潮的破坏,不时地挺身而出,为社队工业的发展积极努力。丹阳县新桥公社有一个原上海市工业局的下放干部郭长胜,在公社办了一个规模不大的综合厂。1971年搞"一打三反"(即打击反革命破坏活动,反对贪污盗窃、投机倒把和铺张浪费)时,这个厂被批判为资本主义的苗子、烂干部的场所,勒令停办。郭长胜不服,带着毛泽东的"五·七指示"上访国务院,国务院信访部门特地批了"可以办"3个字并盖上了公章。这个综合厂终于

---

[1] 参见中共江苏省委办公厅:《无锡县调查材料·关于无锡县发展社队工业若干问题的调查报告》,1978年1月。苏州市档案馆馆藏资料,档号:H1-1-1978-67。

保存下来,以后有了发展。

当时的新华社记者喻权域在江苏等地调查后写了《为无锡县的社队工业申辩》一文,以事实和统计数字回答了社队工业发展会"造成国家财政收入减少""排挤国营工业""浪费原材料""不按国家计划生产""搞非法的资本主义市场经济""许多产品同农业生产毫无关系""社队工业没有发展前途"等责难。他认为无锡县的基本经验——走农副工综合发展的道路,对于中国农村的发展是"有普遍意义的"〔1〕。

1975年邓小平重新主持工作后,对社队工业持支持态度。这年8月,国务院讨论国家计委起草的《关于加快手工业发展若干问题》时,他发表了《关于发展工业的几点意见》的谈话,指出:"工业区、工业城市要带动附近农村,帮助农村发展小型工业,搞好农业生产,并且把这一点纳入自己的计划。"〔2〕

同年9月,当时在浙江省永康县人民银行工作的周长庚鉴于许多领导干部因担心被批判为"扶植资本主义自发势力",明知社队工业利国利民,大有好处,也不敢公开支持,有关部门甚至还互相推诿,不敢真抓实干,或者简单地把那些效益好的企业升级为国营工业等问题,给中共中央和毛泽东写了一封信,建议中央对农村办工业做出新的指示,明确主管单位,动员全党和全国各条战线,同心协力支持农民兴办各类企业,增加经济收入,以进一步加快现代化强国的步伐。〔3〕毛泽东批示请邓小平酌办。随后不久,《人民日报》于10月11日在头版通栏发表题为"伟大的光明灿烂的希望"的社论并全文转载《河南日报》报道回郭镇发展社办企业经验的文章,社队工业获得了进一步发展的有利条件。到1976年,苏州地区社队工厂达10 513个,其中社办厂2 339个,工人21万多,产值达9.92亿元(不含无锡、江阴两县的5.1亿元),比1965年增长18.4倍,占地区工业总产值的比重由1965年的6.8%提高到35.7%,全区财政收入增长部分的2/3来自社队工业。常熟、张家港、吴县的社队工业总产值都超过亿元,常熟虞山镇、张家港南沙公社、吴县枫桥镇的社队工业产值超过千万元。〔4〕

粉碎"四人帮"后,一度被颠倒的历史重新恢复过来,发展社队工业不再害怕被当作"复辟资本主义"受到批判,这从当时社队工业发展比较典型的江苏省有

---

〔1〕 转引自莫远人:《江苏乡镇工业发展史》,南京工学院出版社1987年,第153页。
〔2〕 邓小平:《关于发展工业的几点意见》,《邓小平文选》第二卷,人民出版社1994年,第28页。
〔3〕 周长庚:《毛泽东支持发展农村社办工业》,见郭书田:《毛泽东与中国农业》,新华出版社1995年,第201—205页。
〔4〕 姚福年:《苏州乡镇工业的发展历程与历史贡献》,载苏州市政协文史委员会编:《异军突起——苏州乡镇企业史料》,古吴轩出版社2012年,第54—55页。

关领导人的讲话中可以明显地反映出来。1977年江苏省先后召开了全省"工业学大庆"和地、市委工业书记会议。中共江苏省委明确提出要把发展农村地区的社队工业作为改变全省工业布局的重点工作,并指出:"社队工业遍地开花,为加快农业机械化的步伐,壮大集体经济的力量,进而实现公社工业化,找到了路子。"[1]。江苏省委于这年4月正式批转了由省计委和工办、农办、财办起草的一个发展社队工业的文件《关于积极发展社队企业的意见》,这是江苏省乃至全国范围内第一个较为系统地阐述社队企业的意义和政策的重要文件;经过修改、补充,1978年2月又印发了《关于进一步发展社队工业几个问题的决定》。其主要内容有:(1)从政策上支持社队企业的发展,对新办社队工业实行3年免税,对社队工业基础较弱的徐、淮、盐地区还可延长;省里拨款5 000万元作为发展社队工业的基金,无息贷给贫穷社队创办工业,地方财政和农业贷款也适当安排一定数量的资金支持创办社队工业;在物资和生产任务上对社队工业进行统一规划与协作。(2)城市工业与社队工业相互协作,把全省分为五个协作区。(3)对农副产品的收购,规定了一定的购留比例,把一部分增产的农副产品留在农村加工,以发展社队工业,并推广无锡县的做法,处理好务工与务农的关系。

到1978年底,江苏省的社队工业总产值已达63.4亿元,占整个农村经济的31%。从业人员249多万人,企业数达55万多个。就全国来说,社队工业的产值已占工业总产值的9%。苏州地区社队工业总产值达19亿元,比1977年增长20%。其中,无锡县突破了4亿元。上交国家税收13 467万元,比1977年增长34%。全区超过1 000万元的公社从1977年的35个增加到70个,超过100万元的大队达42个。全区社队工业利润达3亿多元,亦工亦农转队工资214 000万元,平均每个农业人口34元。[2]

五、社队工业的快速发展

1978年中共十一届三中全会后至1984年人民公社制度解体,是苏州社队工业进入快速、长足发展时期,无论是总产值、企业个数,还是从业人员所占比重都超过以前任何时期。由于受整个宏观经济进行"调整、改革、整顿、提高"的影响,发展速度并不稳定,但在质量上却稳步提高,加上人民公社体制不断地在解体之中,社队工业发展的束缚进一步减轻,能灵活接受价值规律的调控,基本适

---

[1] 转引自莫远人:《江苏乡镇工业发展史》,南京工学院出版社1987年,第148—149页。
[2] 中共苏州市委农村工作部:《社会主义时期苏州党史资料·苏州农业学大寨大事记(1964—1979)》(内部资料),第16页。

应了社会主义市场经济的要求。

在十一届三中全会上,中共中央提出的《关于加快农业发展若干问题的决定》(在四中全会上正式通过)指出:"社队企业要有一个大发展,逐步提高社队企业的收入占公社三级经济收入的比重。凡是符合经济合理的原则,宜于农村加工的农副产品,要逐步由社队企业加工。城市工厂要把一部分宜在农村加工的产品或零部件,有计划地扩散给社队企业经营,支援设备、指导技术。对社队企业的产、供、销要采取各种形式,同各级国民经济计划相衔接,以保障供销渠道能畅通无阻。国家对社队企业,分别不同情况,实行低税或免税政策。"[1] 1979 年 7 月,国务院颁发了《关于发展社队企业若干问题的规定(暂行草案)》的通知[2],这是国家第一次颁发的关于社队企业的完整的重要文件,被称为发展社队企业的"百科全书",对发展社队企业的重大意义、发展方针、经营范围、企业调整和发展规划、资金来源、所有制、城市工业的产品扩散、加强产供销的计划性、各行各业对社队企业的积极扶持、价格政策和奖售补贴、税收政策、劳动制度、劳动报酬和劳动保护、利润使用、建立健全经营管理制度、技术更新和技术改造、整顿企业、建立精干的管理机构、加强领导这 19 个方面,都做出了明确的规定,社队企业的发展完全合法化了,进入了一个新的历史时期。1980 年,国务院又先后发布了《关于推动经济联合的暂行规定》,使社队工业通过和国营、大集体企业相互之间的联合,把生产技术、产品质量、经营管理等提高到一个新水平,为社队工业的发展开辟了新的领域;还发布了《关于开展和保护社会主义竞争的暂行规定》,使社队工业能够在法规的保护下合理合法地和各种经济形式的企业开展有益的竞争,从而使自己的特点和优势得到较充分的发挥,而国营企业,由于其管理体制上的缺陷,暂时在竞争方面还不如社队企业得心应手。这些规定的发布在三个方面为社队企业的发展提供了有利条件:① 国营企业在流通领域中事实上的垄断地位被打破了,社队工业可以自己组织公司经理部推销自己的产品,还可以进入城市,委托代销,取得国营商业的支持;② 原材料供应放宽了,国营企业超额完成生产任务的生产资料产品可以进入市场;③ 财政金融方面放宽了,特别是农业银行的重新建立,对社队工业的购销活动在资金上提供了很大的支持。

---

[1] 中华人民共和国国家农业委员会办公厅:《农业集体化重要文件汇编(1958—1981)》(下),中共中央党校出版社 1981 年,第 996 页。
[2] 中国乡镇企业管理百科全书编辑委员会:《中国乡镇企业管理百科全书》,农业出版社 1987 年,第 551—555 页。

为推动并规范社队工业的发展，苏州地委也做出了《关于社队工业若干问题的规定》，指出："各行各业支持社队企业是一项光荣的政治任务，必须积极地、主动地满腔热情地扶持社队企业的发展"；"工业部门要通过厂社挂钩，继续搞好产品脱壳、零部件扩散，有计划地帮助社队办厂，促进平衡发展"；"商业、供销、外贸部门要按照'发展经济，保障供给'的方针，从生产门路、物资供应、产品收购等方面，积极为发展社队工业出点子，找路子，大力帮助挂钩衔接，组织加工订货，努力推销社队工业产品，拓宽供销渠道"；"财政和银行要从税收和资金上支持社队工业的发展，加强对资金使用的指导和监督，协助主管部门培训财会人员，搞好会计辅导，帮助社队企业进行经济核算。在开户、结算和托收、承付等方面给予方便"；"交通运输部门要把社队企业的物资运输作为支持工农业生产的一个重要项目，切实安排，及时运输"；"农业部门也要加强对社队企业的领导，正确执行有关的政策、方针，处理好发展农业和发展社队企业的关系，处理好务工社员和务农社员的关系。同时，要发动广大社员，大力发展种植业、养殖业，积极支持社队工业"；"大力开展城乡协作，积极争取城市的支援"；"各县要积极主动地搞好城乡协作，通过调查研究，全面规划，巩固现有协作，扩大新的协作，争取城市工业把更多的产品和零部件扩散到农村去"。[1]

在这些政策的支持下，社队工业迎来了大发展的春天。到1980年年底，全国社队工业的总产值已达506.4亿元，比1978年增长32.2%。江苏省的社队工业总产值达到107.77亿元，从业人数为312.51万人，比1978年增长175.6%以上。苏州地区（不含江阴、无锡两县）的社队工业产值达到23.1亿元，实现了两年翻一番的奇迹，在农村总产值中比重上升到40%以上，在全区工业总产值中的比重占一半以上。[2]

20世纪80年代初社队工业的迅猛发展，一方面是由于党和政府相继出台了有利于社队工业发展的优惠政策，以及"文革"结束后人们久被压抑的社会购买力的迅速膨胀，另一方面跟这一时期国家的经济政策失误、宏观调控不力有关。经济"过热"现象的产生一方面是宏观决策失误的产物，另一方面又加剧了这一失误的严重后果。中共中央和国务院虽然在1979年9月就做出对国民经济进行"调整、改革、整顿、提高"的决定，但是因社队工业在很大程度上是纯市场行为，对经济决策的回应不如国营企业那么敏锐。于是，中共中央、国务院于1981

---

[1] 苏州市经济贸易委员会等：《苏州乡镇工业》，中共党史出版社2008年，第75—76页。
[2] 姚福年：《苏州乡镇工业的发展历程与历史贡献》，载苏州市政协文史委员会编：《异军突起——苏州乡镇企业史料》，古吴轩出版社2012年，第58页。

年5月颁发了由中央书记处农村政策研究室主持起草的《国务院关于社队企业贯彻国民经济调整方针的若干规定》，提出对社队企业的调整，"既要坚决服从全局进行调整，又要尊重社队的主权，必须采取慎重步骤，做好调查研究，分别情况，发挥它的积极作用，限制消极因素，发展短线，压缩长线，使其健康地发展"。[1]

国家宏观经济的紧缩使社队工业的发展遇到了一些困难。例如，某些定点生产的企业接不到生产任务，某些实行城乡协作的企业联系中断，某些经济合同毁约，相当一部分产品在市场上找不到销路。面对这些问题，一些从事社队工业的领导人由于对经济全局缺乏了解，对微观经济要受宏观经济制约的道理理解不深，在经济生活变动面前思想比较混乱，认为"社队工业的黄金时代已经过去，从此要走下坡路了"。有些人还认为调整就是使没有纳入指令性计划的生产让位于计划内的生产，调整就是要社队工业为大工业让路。流行的说法是社队工业过去是"乱中取胜"，现在要"治中淘汰"。中共中央和国务院做出打击经济领域中的严重犯罪活动的决定后，更有人认为社队工业是不正之风的风源，有些国营企业的门口甚至张贴通告，不接待社队企业人员。有的地方由于过分地估计了问题的严重性，强令所有社队企业的供销人员在家交代问题，相当一部分企业不敢派出供销人员，正常的业务关系受到冲击，企业濒临倒闭。

在这种情况下，各级社队企业管理部门根据中央指示，强调对社队企业整顿的重点是以发展生产为中心，改善经营管理，建立合理的生产秩序。主要内容是要求社队企业进行清产核资，清理债权债务，建立健全资金和物资管理制度，反对乱挖乱用资金，反对贪污、浪费、请客送礼和行贿，反对滥发奖金，纠正不正之风。1982年，农业部召开社队企业整顿工作座谈会，强调社队企业整顿要以提高经济效益为中心，实行四个结合：一是整顿与调整结合，二是整顿与企业技术改造结合，三是整顿与企业改革结合，四是整顿与精神文明建设结合；抓住三个主要矛盾：一是整顿和建设好领导班子，二是建立和完善经济责任制，三是整顿财务管理和健全财会制度。这次会议还对社队企业提出了两项有深远意义的重要改革措施：一是建立健全企业的民主管理制度，二是实行多种形式的经营承包责任制。[2]

江苏作为社队工业的主要发源地，一向十分注意社队工业的发展方向，在国

---

[1]《中国农业年鉴》编辑委员会：《中国农业年鉴(1982年)》，农业出版社1983年，第370页。
[2]《中国农业年鉴》编辑委员会：《中国农业年鉴(1983年)》，农业出版社1984年，第320页。

家做出对国民经济进行宏观调控的决策之后,就主动地对社队工业进行整顿。一方面根据国家的统一部署,停止发展机械加工、棉纺织、轧钢、电炉钢、电石、焦炉、手表、油毡、石棉制品、兽药和烟花爆竹等行业;另一方面改变剩余资金的投资方向,用输出资金、技术、设备等方法,帮助开发能源和原材料基地,取得较稳定的能源和原材料来源。无锡、武进等县向国家煤矿投资,江阴县与陕西铜川达成协议,投资 200 万元,帮助对方改造一个煤矿。同时,根据经济联系的要求,支持企业调整结构,使相互分工协作,避免重复布点,四处开花。无锡县组建了钢铁总厂,把全县分属不同所有制的轧钢、钢门、钢窗等几十家工厂联合在一起,按各厂特长实行专业分工,总厂统一对外承接业务,既提高了生产效率,又使各厂都有较为饱满的任务,降低了生产成本,从而也就提高了产品的竞争能力。武进县社队工业局所属电子仪表工业公司组织 1 000 家社队工业专业生产电容、电阻、电位器、输入变压器等元器件,又组织 4 家整机厂分别生产电子管、晶体管、集成块和落地式收音机,大大提高了生产能力与产品质量。苏州地区还率先进行责任制的试点,在社办企业由点到面推行"五定一奖"的责任制。具体内容是:公社、大队对企业定人员、定任务(产量、产值)、定资产(固定资产、流动资金)、定利润(包括上缴利润)、定消耗,超额利润则大部分留在企业作为奖励,以扩大企业的自主权,调动企业的积极性。企业对车间、班组和个人定任务、定质量、定消耗。对超额完成三定的,从留成的超额利润中提取一部分作为奖励。

从 1981 年起,许多社队企业开展"两清一建",即清理资金、清理物资,建立财务管理制度。对社队企业经营中的不正之风,江苏省委、省政府认为应当正确估计和区别对待。对确实存在的不正之风要教育、制止、纠正;对因政策界限不清,承包办法不完善而使一部分人报酬偏高的,则要从工作上、制度上吸取教训,健全管理,一般不追究个人责任;对业务活动中的适当招待和陪餐等活动,要实事求是地对待,同时要教育社队企业特别是供销人员树立廉洁奉公的思想作风,抵制资产阶级腐朽思想作风;对严重经济犯罪活动要坚决打击,依法处理,不能以任何借口袒护、包庇,但要正确掌握政策,严格区分和正确处理两类不同性质的矛盾,划清工作失误与违法犯罪的界限,经济上的不正之风同经济犯罪的界限,因制度不完善致使少数人收入偏高和不择手段攫取非法所得的界限,等等;强调社队企业与有关部门、单位订立合同,双方都要继续执行,不得单方面废止;社队企业与各方面的协作关系要继续保持,有的还要发展。江苏省在注重对社队工业进行整顿的同时,还积极引导、扶持社队工业的发展,提出"质量面前,人人平等"的口号,要求社队企业必须在提高质量方面狠下功夫。另一方面,又提出对社队企业不要歧视,要做到"五个一视同仁",即一视同仁地鉴定、检验产品,一视同仁地审核颁发许可证,一视同仁地享受优质产品评比,一视同仁地给予定点,一视同仁地给予某些物资优惠。

经过一年多的整顿,社队工业不仅在数量上有所发展,而且在质量上也有了显著的飞跃。1982年,全国社队工业总产值增加到646亿元,1983年更发展到757亿元,1981—1983年每年平均递增16%。江苏省的社队工业总产值由1980年的110.3亿元,增加到1983年的162.1亿元。苏州社队工业总产值达37.41亿元,实现利税3.71亿元,比上年增长25%以上。[1]社队工业在国民经济调整时期总数增长缓慢的情况下,所以能取得这样的成绩,一方面说明了社队工业本身所具有的强大生命力,另一方面也说明经过整顿,社队工业已经适应了社会主义商品经济的要求,建立健全了适应现代企业发展的经营管理体制,这对社队工业日后的进一步大发展是至关重要的。社队工业已走出了以总量扩大为特征的规模经济的老路子,并逐步走上以质取胜的效益型经济的新道路。

随着人民公社体制的解体,1984年3月,中共中央、国务院以四号文件的形式转发了由农牧渔业部向中央和国务院呈送的《关于开创社队企业新局面的报告》,决定把原社队企业改名为乡镇企业。社队企业作为一个特定历史条件下的产物宣告结束。

考察社队工业20多年的发展功能,其鲜明地具有那个时代的固有特点。首先,在"以阶级斗争为纲""政治挂帅"的特定年代里,政治气候对经济生活的反作用力一度变成了起决定性作用的力量。透过社队工业的发展历史也能鲜明地折射出政治形势的风云变幻。公社化之初,社队工业的遍地开花并不反映客观经济规律的要求,在很多地方是当作政治任务来完成的,是狂热情绪的产物。"文革"爆发之初,社队工业又遇到了一次"乱中取胜"的特殊机遇,社队工业的迅速发展虽然与整个国家的动乱形势并不和谐,但从中也正反映出社队工业的产生与发展和客观经济规律的要求是有一定距离的。其次,社队工业是作为计划经济的对立物产生的,在很长一段时间里,不仅享受不到任何政策的优惠,极左思潮还要千方百计地对它进行阻碍和破坏,当作"复辟资本主义"的靶子进行攻击,应该说,社队工业生存和发展的环境是异常恶劣的。但是,社队工业仍能从无到有、从小到大地不断发展起来,从根本上说,又是合乎客观经济规律的。这是因为社会生活是丰富多彩的,人们的需求是千差万别的,再周密的经济计划

---

[1] 苏州市经济贸易委员会等:《苏州乡镇工业》,中共党史出版社2008年,第5页。

也难以满足人们多层次的不同需求。社队工业从盲目到逐步有序的发展历程说明,最终起作用的仍是客观经济规律。

六、社队工业的评价

社队工业的逐步发展并不断壮大,对苏州地区的经济、社会生活的影响是多方面的。[1]就消极一面来说,主要表现在:挤占极为可贵的良田,引发务工和务农之间的矛盾,生产的无序导致资源浪费,污染环境,因产权不明而引发腐败和效率低下,等等,但由于社队工业大发展的时期正是计划经济统得过死、产品严重短缺、物资紧缺、农村人口增长过快、人地矛盾不断加大、农村隐蔽失业现象十分严重的时期,因此,社队工业在发展过程中所表现出来的消极的一面尚不明显,或者说与积极方面相比,消极的程度要轻得多。实际上,在中国这样一个农村人口众多的国家里,农村富余劳动力向第二、三次产业的转移注定要经历一个相当长的时间,而且转移的具体方式也完全可以并且应该是多种途径的。同样,农村经济的发展、农民的富裕、农业的现代化也必然是要通过多种手段才能实现的。其中,从历史发展的过程来看,社队工业的发展自有其不可或缺的重要作用。对此,江泽民曾指出:乡镇企业(社队工业的前身)的发展"对于振兴农村经济,增加农民收入,就地安排农村富余劳动力,发挥了巨大作用,为提高国民经济总体实力,实现有中国特色的工业化做出了重要贡献"。[2]具体说来:

首先,社队工业的产生和不断发展为缓解农村中人地矛盾的紧张状况起了重要作用,为农业富余人员的分流找到了出路,这一点在人口稠密地区尤为重要。公社化时期是我国农村人口增长最快的时期之一,出于政治考虑,日益膨胀的农村人口,被严格地限制在农村地区,导致农村隐蔽失业人口激增,一方面使农业生产效率呈下降趋势,另一方面又使大量劳动力资源被白白地浪费了。越来越多的农村人口被限制在人均耕地面积越来越少的农村地区,使得人地矛盾更趋尖锐,成了农村形势不稳定的诱因,从而使维持社会稳定的成本更趋高昂。这里以江苏省中华人民共和国成立后人均耕地面积变化为例来说明人地矛盾的尖锐化趋势(见表24):

---

[1] 参见姚福年:《苏州乡镇工业的发展历程与历史贡献》,载苏州市政协文史委员会:《异军突起——苏州乡镇企业史料》,古吴轩出版社2012年,第71—81页。
[2] 中共中央文献研究室等:《新时期农业和农村工作重要文献选编》,中央文献出版社1992年,第793页。

表24　中华人民共和国成立后江苏省人均耕地面积的变化

年份	农业人口（万人）	农村劳力（万人）	耕地面积（万亩）	人均耕地（亩）	劳均耕地（亩）
1949	3 013	1 325.86	8 275.85	2.77	6.24
1970	4 651	2 041.52	7 236.56	1.56	3.55
1976	5 008	2 119.54	7 034.05	1.41	3.32
1980	5 086	2 143.3	6 962.07	1.37	3.25
1984	5 100	2 520	6 931.5	1.36	2.75

资料来源：莫远人主编：《江苏乡镇企业发展史》，南京工学院出版社1987年，第398页。

据估计，到20世纪80年代初，全国农村富余劳动力占总数劳动力的1/3强，达1.5亿多。[1]社队工业的发展为农村富余劳动力的转移提供了出路。据20世纪80年代中期的计算，城市每安排一人就业，就须投入固定资金1万元，还不包括必要的宿舍、公共设施如公路交通、医疗单位等建设，而社队工业每万元固定资金可安排10.9个劳动力就业。社队工业的发展避免了必要的基础设施建设。不仅如此，大量农民在社队工业工作，一方面也是一个不断提高技艺、积累经验、适应工业生产的过程，为城市的高技术工业提供了后备人才；另一方面，富余劳动力的就地转化，也能就近照顾农业生产，做到务农务工两相兼顾，"农闲进厂做工，农忙返田务农"，从而使农村劳动力的就业结构发生了明显变化。详见表25：

表25　1978—1987年苏州农村劳动力就业结构变化　　　　单位：%

部门/年份	1978	1980	1982	1984	1985
农村总劳动力	100	100	100	100	100
种植业	72.46	66.52	58.58	45.57	38.45
林牧副渔业	3.03	6.23	8.03	7.47	8.22
乡镇工业	17	22.25	24.35	32.97	38.15
乡村建筑业	2.57	0.93	3.2	4.99	5.35
交通运输业	0.8	0.26	0.87	1.79	1.96
商业服务业	0.28	0.09	0.27	1.03	0.75
科教文卫业	0.86	0.84	0.84	0.87	0.85
乡村管理	0.1	0.06	0.31	0.21	0.32
其他	2.9	2.82	3.55	5.1	5.95

资料来源：王荣等：《苏州农村改革30年》，上海远东出版社2007年，第43页。

---

[1] 中国农业经济学会等：《怎样办好社队企业》，中国社队企业报社1982年，第41、62、75页。

其次,社队工业的发展改变了农村经济的构成。不仅改变公社、大队、生产队之间的构成比例,与过去"三级所有、两级没有"的状况相比,社、队经济的比例有了加强,从而巩固了集体经济的地位,而且有利于调控队与队之间的不平衡。具体见表26:

表26　无锡县三级经济比重

年份	公社(万元)	%	大队	%	生产队	%
1970	1 750	9.78	2 283	12.75	13 868	77.47
1976	13 852	29.8	12 079	26	20 536	44.2
1977	17 978	32.63	17 342	31.48	19 776	35.89

资料来源:(中共江苏)省委调查组:《建设工农结合的社会主义新型农村——无锡县农副工结合全面发展调查之八》,1978年1月。苏州市档案馆藏,档号H1-1-1978-67。

更主要的是改变了农村经济中的工农业比例关系。这里仅以江苏的情况为例,社队工业在农村经济中的比重逐年有所增加(个别年份除外)。具体见表27:

表27　1970—1984年江苏社队工业在农村工农业总产值中的比重

年份	农村工农业总产值(亿元)	农业		社队工业	
		产值(亿元)	比重(%)	产值(亿元)	比重(%)
1970	107.9	100.9	93.5	7.0	6.5
1971	121.3	112.6	92.4	9.2	7.6
1972	126.4	115.1	91.1	11.3	8.9
1973	136.3	122.7	90.0	13.6	10.0
1974	139.6	122.9	88.1	16.3	11.9
1975	146.9	124.1	84.5	22.8	15.5
1976	162.7	129.0	79.3	33.7	20.7
1977	168.0	117.0	68.8	52.4	31.2
1978	204.2	141.2	69.0	63.4	31.0
1979	232.7	157.8	67.2	76.4	32.8
1980	257.9	150.1	57.2	110.3	42.8
1981	285.0	161.4	55.6	126.5	44.4
1982	317.2	185.7	57.7	134.2	42.3
1983	356.0	187.5	54.5	162.1	45.5
1984	462.9	236.7	51.1	226.2	48.9

资料来源:莫远人:《江苏乡镇工业发展史》,南京工学院出版社1987年,第402页。[1]

---

[1] 本表引自《江苏乡镇工业发展史》,部分数据有误,今不作处理,照录于此。(作者注)

无锡县的情况也是如此。具体见表28：

表28　无锡县社队工业产值变化情况　　　　　　　　　　单位：%

年份	社队工业产值的比重	农业产值的比重
1965	33	67
1970	51.3	48.7
1971	44.4	55.6
1972	50.6	49.4
1973	53.6	46.4
1974	59.6	40.4
1975	62.8	37.2
1976	67.4	32.6
1977	74.8	25.2

资料来源：（中共江苏）省委调查组：《重大的创举——无锡县农副工结合全面发展调查之一》，1978年1月。苏州市档案馆藏，档号：H1-1-1978-67。

社队工业的发展改变了农村经济构成的比例关系，从而增加了国家的财政积累和农民的收入。仅以1977年为例，苏州地区社队工业的转队工资就达17 500万元，每个农业人口平均达30元。全区财政收入增长中的50%左右，连续几年都来源于社队工业。当年，全区社队工业上交国家税收达到近1亿元。[1] 无锡县的变化更为明显。1976年与1965年比较，社队工业产值由553万元上升到25 500万元。与此同时，为集体积累的资金由120多万元上升到96 680万元，农业机械动力从每29亩田一马力，增加到3亩多一马力，粮食总产量从83 400万斤增加到119 000万斤，社员分配收入平均每人从79元增加到104元，其中亦工亦农人员的转队工资平均每个农业人口达52元。[2]

同时，社队工业的发展也极大地改变了农民的生产和生活方式。一方面，社队工业的逐步壮大为农业的进一步发展提供了大量资金。据统计，1976—1977年苏州全区社队工业的积累达40 259万元，直接用于支农的达9 962万元。[3]

---

[1] 中共苏州地区委员会：《社队工业工作会议纪要》，1978年2月10日。苏州市档案馆藏，档号H1-1-1978-70。

[2] 《刘锡庚同志在工业工作会议结束时的讲话》，1977年9月29日。苏州市档案馆藏，档号H1-1-1977-64。

[3] 中共苏州地方委员会：《社队工业工作会议纪要》，1978年2月10日。苏州市档案馆藏，档号H1-1-1978-70。

1978—1984年,江苏全省社队工业的支农资金则高达25亿多元。具体见表29:

表29　1978—1984年江苏社队工业提供"以工补农"资金情况表　　单位:万元

年　份	合　计	用于农田 基本建设	用于购置 农业机械	用于支援 穷队	用于返还 生产队分配	用于集体 福利事业
1978	25 986.12	10 756.62	7 124.98	4 145.96	—	3 958.56
1979	25 721.3	10 275.45	6 034.79	3 861.12	—	5 549.94
1980	53 402.31	10 494.79	6 353.3	8 949.52	19 800	7 804.7
1981	45 657	7 891.06	5 633.51	2 334.02	18 085.67	11 712.74
1982	38 682.24	7 805.78	3 012.4	1 196.93	16 486.23	10 180.9
1983	41 471	8 795	2 788	1 188	13 635	15 065
1984	19 290	6 910			5 162	7 218

资料来源:莫远人:《江苏乡镇工业发展史》,南京工学院出版社1987年,第411页。

另一方面,在社队工业较为发达的地区,城乡差别在缩小,跟现代化的工业生产方式相结合的广大农民的价值取向、行为方式、思想观念等都在迅速发生变化。这种变化愈是到后期表现得愈为明显。因为在社队工业发展之初,曾受到多方限制,社队工业的技术水平又十分低下,多是手工操作,因而务工社员与务农社员相差不大。公社化时期,官方一直在宣传要逐步消灭城乡、体脑、工农三大差别,但在实际工作上却始终没有找到有效的途径。"文革"中大批知识分子曾作为"牛鬼蛇神"被遣送到名目繁多的干校劳动,但那是对广大知识分子的变相惩罚和人身迫害,是"左"倾思想急剧发展后的产物,城乡差别不仅远未消灭,反而始终存在并趋于扩大;至于知识青年大规模的上山下乡运动,也越来越误入歧途。社队工业的发展为消灭三大差别做了有益的尝试。在一些乡镇企业特别发达的地区,城乡差别已不很明显,至少是在物质生活方面。

再次,社队工业用自己的实践为我国的经济体制改革提供了理论依据和丰富经验。社队工业发展之初不仅得不到任何优惠,甚至还屡受阻挠与破坏,极左思潮指责它是"资本主义尾巴",意欲"砍掉"。但是,就在这样的恶劣环境中,社队工业仍能从无到有、从小到大地发展起来,说明任何新生事物只要符合客观经济规律的要求,同时也只有按照客观经济规律的要求,才会有远大的前途。回顾党对社队工业的态度由默许、承认到大力扶持的转变过程,可见认识是逐步深化的。不仅如此,中共从社队工业的成功实践(当然还有其他经济成分的实践)中获得了这样的深刻认识:经济活动必须用经济手段来干预、调控,用行政手段来管理经济的办法必须让位于经济手段的办法。社队工业的发展为后来乡镇企业和私人企业的发展提供了大量的管理人才和产业后备军,积累了丰富的组织、管理经验。改革开放后,我国乡镇企业异军突起和私营企业应运而生,其中的绝大部分经营管理人员都来自原先的社队工业企业。这些人懂生产、善经营,容易接受经济杠杆的调节作用来规划企业的生产营销活动,灵活的经营自主权使其在跟其他经济成分竞争时占据优势。

最后,社队工业的兴起与发展改变了"城市工业、农村农业"的经济格局。社会主义改造后,由于政策上的盲目性,逐渐形成了"城市工业"和"农村农业"僵化的经济结构模式。尽管这一结构模式的产生与形成有其一定的历史依据,但从长远的发展趋势看,并不适合我们这样一个经济落后的农业大国。最大的弊端在于导致经济结构更加不合理,为维持这一结构的正常运转所花的社会成本持续上升。原本可以就地加工和就地销售的农产品不得不运往城市加工,无形中增加了产前和产后等许多中间环节,造成了不必要的人力、物力的巨大浪费。"城市工业、农村农业"的模式对农村经济的影响主要表现在:限制了农村多种经营的发展,农业经济只能"以粮为纲",八亿农民只能搞饭吃。社队工业的兴起在客观上有利于上述弊端的消除,这也是社队工业始终能不断克服困难、逐步发展壮大的客观依据之所在。

改革开放时期苏州经济发展的三次跨越

张秀芹

回望改革开放以来苏州经济社会发展的轨迹,苏州人民始终以宽广的战略视野审视发展全局,善于立足苏州区域发展的历史条件、现实基础,充分发挥苏州的区位优势、历史文化优势,先后抓住乡镇工业发展、外向型经济兴起和建设全面小康社会三次重大机遇,历经"农转工""内转外""量转质"三个发展阶段,渐次实现了从贫困到温饱、从温饱到总体小康、从总体小康到全面小康的历史性跨越,探索出了一条富有区域特色的率先全面建成小康社会、迈向基本现代化的发展之路。

一、农转工:乡镇工业崛起推进工业化

现代化的主要内容之一是工业化。改革开放初始阶段,苏州紧紧抓住农村改革的历史机遇,大力发展乡镇工业,被邓小平誉为"异军突起"的乡镇工业[1]在苏州经济社会发展中创造了骄人的成绩。

1. 苏州乡镇工业发展的背景

苏州的乡镇工业,萌生于20世纪50年代后期,其后几经风雨曲折,至20世纪80年代迎来了大发展的势头。苏州乡镇工业的诞生,绝不是偶然的社会历史现象,其间有着极其深刻的历史原因和社会背景。

传统的家庭手工业和早期的民族工业是后来乡镇工业发展的原始基石。苏州传统家庭手工业发达,也是早期民族工业的发祥地之一,历史上形成了较为发达的吴江丝绸业,吴县刺绣、工艺、建材业,常熟花边、服装业以及张家港、常熟、太仓沿江地区的土纺土织等传统农村工副业。在20世纪20年代,苏州的乡村

---

[1] 当代中国农村崛起和发展起来的农民办的工业,在人民公社时期称为社队工业,改革开放后更名为乡镇工业。"异军突起"的乡镇工业,发轫于以苏州为核心区域的苏南地区。

工业已具有相当规模,是当地民族工业的重要组成部分。后来,各地乡镇工业的优势行业大多是在当地传统工副业基础上形成的。传统的家庭手工业和早期的民族工业为乡镇工业的发展储备了人才,大多数乡镇工业在起步阶段主要就是农村中的"五匠"[1]和原手工业从业者的再就业。20世纪60年代,上山下乡的知识青年、下放到农村劳动的城镇企业职工,以及部分城市退休技术人员,他们文化程度较高,掌握一定的工业技术和管理经验,在乡镇工业的初创阶段,成为创办乡镇工业的重要参与者。

发展乡镇工业是农业过剩劳动力寻求出路的必然选择。苏州农村的主要特点是人多地少。随着农村人口的快速增长,耕地面积急剧减少,特别是在农村推行家庭联产承包责任制后,劳动力过剩的矛盾更为突出。户籍制度极大地限制了劳动力的自由流动,这是农业现代化过程中必须解决的首要问题,大量的农村剩余劳动力的根本出路在于农民"离土不离乡",发展非农产业经济,所以农民办工厂、发展乡镇工业成为必然的选择。这也是广大农民"离土不离乡,进厂不进城"唯一可行的选择。

乡镇工业的发展还得益于城市工业的辐射带动。苏州有着得天独厚的地理区位环境,紧靠中国最大的经济中心城市上海,苏州、无锡、常州等城市商品经济也相对比较发达。城市工业设备更新后旧设备的利用,简单零配件的加工等,一般就近选择条件较好的农村来扩散。由于苏州农村接受经济、技术辐射能力较强,往往成为首选之地。同时,距离市场中心较近、水陆交通便捷、运输成本较低、产品选择范围较大等有利条件,也为乡镇工业的发展创造了良好基础。

2. 苏州乡镇工业发展的历程

苏州乡镇工业的发展,从1958年人民公社积极创办社队工业,到乡镇企业产权制度改革工作基本结束,大致可以分为以下几个阶段。

社队工业初创阶段。1958年,随着"大跃进"和人民公社化运动的兴起,国家鼓励人民公社大办工业。擅长传统手工业的苏州农民以此为契机,积极创办社办、队办工业,以农机修配、粮饲加工、砖瓦烧制、纺织服装等为主的一批小型工业企业破土萌芽。这一时期兴办的社队企业规模小,生产力水平低下,但基本满足了当时农业生产和农民生活的需求,并初步积累了农村办工业、农民办企业的经验。在20世纪60年代国民经济调整时期,苏州社队工业主动收缩,关停了一批工业企业。

---

[1] 五匠指农村中的木匠、铁匠、泥瓦匠、竹匠和裁缝。

社队工业初步恢复发展阶段。1970年,国家号召大力发展"五小工业"[1],为社队工业的重新兴起提供了有利的政策环境。苏州地区认真落实"就地取材、就地加工、就地销售"的方针,积极发展社队工业。由于发展方针正确,市场对计划外产品的需求不断增长,受"文革"严重冲击的苏州社队工业走出低谷。"文革"结束后,苏州提出"农副工综合发展"新思路,在全国领先一步部署促进社队工业的发展。

乡镇工业异军突起阶段。1979年9月,国家对社队工业分别不同情况,实行低税或免税政策。面对有利的大环境,苏州对社队工业开展全面整顿,并开始同城市大工业进行横向联合。1985年后,随着经济体制改革的推进,国营和城镇集体企业的活力增强,我国经济逐步由卖方市场转变为买方市场。这对已经形成较大生产能力的苏州乡镇工业是一个严峻的挑战。面对国营和城镇集体企业的竞争压力,苏州乡镇工业在发展战略上从注重产值增长转向注重提高经济效益,从粗放经营为主转向集约经营为主,从负债经营为主转向以自我积累为主,从内向型为主转向内外结合型发展,把工作重点转到提高企业整体素质和市场竞争能力上来,从而成功应对了外部政策和市场环境的变化。苏州乡镇工业成为全国乡镇工业"异军突起"的典型范例。

乡镇工业在调整中提高发展阶段。1989年起,全国上下开始治理经济环境,整顿经济秩序。在宏观经济紧缩的情况下,苏州乡镇工业存在的基建投资过量、负债经营过度、管理水平不高、资金短缺、能源和原材料供应紧张、价格上涨、市场销售疲软等问题集中暴露。面对治理整顿的考验,苏州乡镇工业围绕"调整、整顿、改造、提高"八字方针,主动开展全面调整,努力进行"二次创业"。随着上海浦东开发开放的推进,作为上海近邻的苏州,根据自己的战略区位,一方面以积极的姿态接轨浦东,服务浦东;一方面抓住机遇,相应完成自身的提升和发展,担当起长江三角洲以及沿江经济带接受上海辐射的第一接力站的重要角色。由此,苏州乡镇企业大胆开拓,开始走集聚化发展的道路,并积极发展外向型经济,迅速形成前所未有的发展势头。

乡镇工业在全面改革中多元化发展阶段。随着我国经济体制改革的不断深化,苏州乡镇企业深层次的产权制度改革也在积极酝酿突破,对处于不同发展阶段、生产力水平处于不同层次的各类企业,采用不同的企业组织形式和所有制形式来推进改革。对大中型骨干企业,主要按现代企业制度要求,组建股份有限公

---

[1] "五小工业"一般是指县级及县以下单位兴办的小钢铁、小水电、小化肥、小煤矿、小水泥工业。

司或有限责任公司,以实现企业经营机制的创新;对中小型企业,主要推行股份合作制,以实现投资主体的多元化;对小、微、亏企业,主要实行向经营者或社会全资拍卖,转为私营企业,或者公开招租,转为租赁经营企业;对原来挂集体牌子经营的企业全部进行"摘帽"。2000年6月,苏州乡镇企业开展以"一转、二变、三提高、四促进"(股份合作制企业向公司制转;租股、售股企业变租为股,变租为售;提高企业股权的集中程度,提高经营者、经营层的持股比例,提高非集体股份的比重;促进政企分开,促进集体资产保值增值,促进企业法人治理结构的完善,促进社会保障体系的建立)为主要内容的二次改革。至2001年年底,历时五年多的全市乡镇企业产权制度改革工作基本结束。经过全面改制,苏州乡镇工业一改几十年集体投资、集体经营居主导地位的模式,完成了投资主体多元化、集体资产实现形式多样化、企业组织形式多层化的新格局。

3. 苏州乡镇工业发展的主要成就

苏州乡镇工业虽然只有短短几十年的发展历史,却给苏州带来了历史性巨变。20世纪80年代,"异军突起"的乡镇工业在苏州经济社会发展中创造出骄人的成绩。到1990年,全市乡镇工业产值已占到全市工业总产值的60%。该年苏州进入全国25个国民生产总值超百亿元城市行列,位列第7位,并进入全国36个人均国内生产总值超800美元城市之列,整体达到小康水平。对于苏州乡镇工业发展的主要成就,可从以下几个方面来认识。

走出一条经济发展成功之路。苏州乡镇工业的发展,冲击了壁垒森严的二元经济结构,突破了"农村—农业,城市—工业"的传统分工格局,走出了一条依靠发展乡镇工业来实现农村工业化、城镇化的新路子。苏州乡镇工业从率先起步到在全国保持领先地位,从大中型乡镇工业的迅速崛起到整体素质的稳步提高,使苏州的经济总量急剧增长,被视为社会主义集体经济的成功范例。这种在产业结构上,以乡镇工业为主,带动农村各业经济(农林牧副渔)全面发展;在所有制结构上,以集体经济为主,依靠村、乡自身的积累投入发展;在经济运行机制上,以市场取向为主,率先进行依靠市场指导发展经济的探索和实践;在利益分配上,坚持按劳取酬、多劳多得的分配方式,以及兼顾国家、集体、个人三者利益,走共同富裕道路的"苏南模式",已经被实践证明,是一条经济快速发展、农民共同富裕的成功之路,是一条农村加速全面实现工业化、城镇化的成功之路,是一条有效缩小城乡差别、实现城乡一体化发展的成功之路。

苏州经济快速崛起的重要支柱。快速发展的苏州乡镇工业,在全市经济总量中的贡献份额逐渐加大,并推动苏州经济每隔几年即上一个大的台阶,于20

世纪80年代实现了"第一次腾飞"。1984年,全市乡镇实现工业总产值56.09亿元,占全市工业总产值的33%,可谓"三分天下有其一"。1985年,全市乡镇工业总产值增至96.34亿元,占全市工业比重上升至38.4%,把苏州工业总产值推上200亿元新台阶,位列全国大中城市第四位。1988年,全市乡镇工业总产值增至244.67亿元,占全市工业总产值近50%,占据"半壁江山"。1992年,全市乡镇工业产值达887.56亿元,占全市工业总产值的70%,已是"三分天下有其二"。这年,国务院发展研究中心、中国社科院等联合公布了全国188个地级以上城市经济社会发展水平评价结果,苏州市列第七位。苏州逐步确立在全国大中城市中的领先地位。

解决苏州"三农"问题的有效途径。第一,促进农业现代化建设。乡镇企业孕育于农村,利用农业的原始积累逐步发展壮大,反过来又自觉地承担起反哺农业的义务,以工补农,以工建农,使农业稳定发展和提高。依靠乡镇企业和集体经济优势建立起来的农村合作发展基金制度,大大加快了苏州农业现代化建设的步伐,农业机械化水平不断提高,农田水利设施不断改善,农林牧渔等各业生产保持了较高水平。第二,实现农民脱贫致富。社队工业发展初期,农民靠务工转队工资,在生产队获得了较高的工分报酬,生产队提高了集体分配水平。乡镇企业实行工资制后,务工农民得到了比务农高得多的收入。乡镇企业转制改制后,绝大多数务工农民在企业入股参股,还有一批企业经营管理人员通过转让获得企业经营权,或者自己创办企业,这些都使广大乡镇企业职工有了股份分红或资产经营性收入。据统计,2000年全市农民人均纯收入增长至5462元,与城市居民收入比为1.7∶1。第三,推动农村社会事业发展。乡镇工业使集体经济迅速壮大,集体凭借乡镇工业创造的效益和积累的资金,大力发展农村文化、教育、卫生、社会保障等各项社会事业,使各项社会事业在改革开放以来得到长足进步。

苏州发展外向型经济的生力军。由于乡镇企业具有与生俱来的与市场经济相适应的机制,在实行对外开放、发展外向型经济中,苏州的乡镇工业见事早、谋事快,无论是大搞外贸生产还是引进国外先进技术设备,无论是大办中外合资企业还是走出国门办厂,都是一马当先。到1995年年底,全市乡镇企业已形成年交货额580亿元左右的出口产品生产能力,占全市外贸出口交货额的70%;全市乡镇企业累计合同利用外资100亿美元,占到全市总量的50%。这表明,乡镇工业对苏州外向型经济的发展同样有着举足轻重的地位。正是这一时期由乡镇企业为主打下的坚实基础,加上1995年后苏州各开发区共同构筑的外向型经济发展新高地,使苏州在20世纪90年代迈开了经济国际化的大步,开放型经济成果显著,并借此实现了苏州经济发展史上的"第二次腾飞"。

苏州民营经济发展的奠基者。1994年起开展的乡镇企业转制改革,贯彻集体经济"有所为有所不为"和"抓大放小"的原则,推动农村私营工业的陆续兴起。在1996年后苏州乡镇工业的全面改制过程中,集体经济从一般竞争性领域有序退出,大多数乡镇企业转制为民营企业。这批新改制组建的民营企业,与前一时期相比,规模和水平都上了一个大的档次,由此促使苏州民营经济的发展出现了历史性的突破,开始成为苏州经济的一个新亮点。正是乡镇工业改革创新奠定的这一坚实基础,使苏州的民营经济在新世纪头几年中迅速发展壮大,在全市经济新格局中,业已成为与开放型经济、具有自主知识产权的规模经济"三足鼎立"之中的重要一足,并跨入全国民营经济发展的领先行列。

二、内转外:"三外"齐上推进国际化

经济国际化程度是衡量一个地方现代化水平的重要标志。20世纪80年代苏州的乡镇工业以其强烈的内在扩张和顽强的生命力异军突起,走出了一条具有中国特色的农村工业化和农村城镇化道路,受到国内外的广泛关注。然而,苏州并没有陶醉于乡镇工业崛起的喜悦之中,而是凭借乡镇工业发展积累起来的资本和经验,凭借自己对国内国外形势的研判,抓住国家实施沿海开放战略、改革开放重心从珠三角转向长三角、跨国公司在全球低成本扩张、全球制造业加快梯度转移的发展机遇,较早地确立了外向带动的发展战略,开始了从"内向发展"到"外向开拓"的转变,外贸、外资、外经齐上,合作、合资、独资并举,大力发展外向型经济,使苏州的外向型经济成为继乡镇工业发展之后的又一次异军突起。

1. 苏州外向型经济发展的背景

对外开放是建设中国特色社会主义的一项长期的基本国策。20世纪80年代中期,国家加大了对外开放的力度。1985年2月,国家批准苏州为沿海经济开放区,享受沿海地区对外开放的各项政策优惠。这为苏州全市扩大对外开放、发展开放型经济创造了前提条件。随着20世纪80年代后期国家陆续出台了一系列加快对外开放的政策措施,作为沿海经济开放区的苏州也相应获得了引进技术设备限额进口权、有限对外贸易经营权和外贸切块自营权。

苏州乡镇工业发展到一定规模后,市场的份额越来越大。而与此同时,随着城市商业流通体制改革的启动,国家开始通过扩大企业经营自主权、实施承包经

营责任制等手段给缺乏生气、效率低下的国有、城镇集体企业松绑。此外,家庭工业、私营经济开始大规模崛起。乡镇工业的市场优势开始受到威胁,国内市场出现了由长期的卖方市场向买方市场演变,短缺经济向低度过剩经济转变,低端产品市场的竞争日益激烈。当时以低端产品更新换代为主产业、以乡镇工业为主体的苏州经济,就是在这样的市场环境挤压下开始探索新的生存和发展空间。

同一时期,以知识经济为产业经济基础的新全球化时代来临。发达国家纷纷抢占知识产业制高点,利用雄厚的高端科技力量狠抓自主知识产权和产品研发。为了更好地利用低廉劳力、占领市场和转移生态赤字,赚取更多利润,发达国家将消耗资源、能源较多的末端制造业及传统制造业向发展中国家和地区大力转移,在全球范围内着力构建发达国家对欠发达国家的"知识文明—工业文明"的经济结构。跨国公司在全球的低成本扩张战略,以及在产业结构和经济结构方面进行的全球布局大调整,给发展中国家带来了引入制造业资本投资的绝佳机会。对于发展中国家来说,引进外资企业,可以加速从农业国向工业国的转变;而谁率先步入工业化的中后期,谁才有资格谈区域化的后工业文明、自主创新和知识经济。正是基于这一思路,苏州紧紧抓住外向型经济这一重大机遇,抓住全球制造业梯度转移和新的国际分工协作关系,为经济冲出国门、跻身国际市场赢得了极为有利的外部环境。

苏州并非严格意义上的沿海地区,之所以能自觉抓住这一机遇,客观上也得益于苏州独特的区位优势和人文环境。首先,苏州地处长江黄金水道和西太平洋黄金海岸的交汇点,位于蓬勃发展的长江三角洲中心。其次,苏州土地肥沃,物产丰富,具有悠久的外贸出口历史:早在三国孙吴时期,苏州就已与海外有了人员交往和经济联系,到清朝康熙年间清廷宣布开放海禁,苏州成为全国著称的内外贸易转口中心。即使在中华人民共和国成立以后的数十年里,苏州的丝绸、工艺品和土特产品的出口也从未停止过。再次,苏州还具有深厚的历史文化底蕴,尊师重文,善于经商,善于与外国人交往,这样一种独特的"吴文化"氛围,在对外开放中更是流韵不减,强烈地吸引着海外投资者。更为重要的是,由于"苏南模式"第一轮发展所形成的巨大的加工生产能力和发达的市场流通网络,加上政府推动经济的意识和能力,使得苏州经济走出国门、参与国际市场竞争的条件更趋成熟。1996年,国际著名的英国永道咨询公司受英国贸工部委派来苏州做投资环境考察后给予了苏州极高的评价:(1)绝佳的地理位置,良好的基础设施以及同国际广泛的联系网络;(2)通向庞大国内市场的能人;(3)完备的工业体系、开明的经济政策以及欣欣向荣的经济;(4)悠久而深厚的文化遗产和素质良好的人才资源基础;(5)各级政府进一步改善投资环境的推动力。这应该是一个很好的注解。由此,也就不难理解,在国家做出沿海经济发展战略之后,苏州为何能继深圳、上海之后迅速崛起,在经济国际化的进程中一路迅跑,引进外资和进出口贸易在全国各大城市中名列前茅。

2. 苏州外向型经济发展的历程

纵观苏州的开放型经济发展历程,总体上可以分为三个阶段,每个阶段苏州所面临的挑战和机遇各不相同。

20世纪80年代开放型经济发展的启动阶段。1985年,国家决定把长江三角洲列为沿海经济开放地区。这为苏州全市扩大对外开放、发展开放型经济创造了前提条件。这时,苏州明确提出发展外向型经济,正式开始实施外向带动战略。这一阶段苏州发展开放型经济的决策思路是,发展重点仍放在扩大出口创汇方面,由于已争取到部分出口自营权,出现了外贸较大幅度的增长,与国际经济联系和交往迅速扩大,这就为通过外贸引进外资打下了基础。1988年以后,国家实行治理整顿的紧缩政策,严格控制投资规模,国内市场不振。这时,苏州抓住国家对发展外向型经济的积极政策,及时调整发展战略,把吸收外商直接投资、大办三资企业放在突出地位,作为加速发展外向型经济的战略重点和突破口,并逐步形成外贸、外资、外经"三外齐上""三外联动"的发展路子,从而出现了外资大量涌入、外贸高速增长、外经不断拓展、出口引进相互推动、内外经济交织呼应的新局面,苏州经济实力和整体素质显著提高。

这一阶段,苏州主要采取了四项措施。第一,积极争取对外贸易经营权。长期以来,苏州的外贸进出口公司没有对外贸易经营权,名为外贸公司,实际上是出口商品收购公司,无权直接对外签约成交。为此,苏州通过争取成立地方外贸公司、争取有限的对外贸易经营权、争取外贸自营承包权等,积极向上争取对外贸易经营权。第二,坚定不移地把利用外资作为战略重点。在大力发展对外贸易的过程中,苏州借鉴国内外发展外向型经济的经验,结合自己的实际,把利用外资作为战略重点来抓。通过改善投资环境、加强对外宣传、贯彻落实各项优惠措施,从1988年起在苏州的外商直接投资逐年较大幅度增长。第三,采取外贸、外资、外经"三外联动"的新思路。在工作实践中认识到,外贸、外资、外经是一个有其内在联系的整体。以外贸开路,就可以由外贸引进外资,到海外去创办企业;而外资、外经的发展,又可推动外贸的迅速发展。因此,坚持三外结合,做到相辅相成、全面推动,使发展外向型经济的路子越走越宽广,层次越来越高。第四,发挥乡镇企业利用外资的先锋队和生力军作用。苏州乡镇企业发达,机制灵活,外向开拓冲劲大。根据这一特点,苏州坚持把乡镇企业推向利用外资、兴办三资企业的第一线,充分发挥其先锋队和生力军作用。为把利用外资这一战略重点变成广大干部群众的共识和自觉行动,苏州采取了思想发动与下放审批权限结合起来的举措。一方面广泛宣传发展外向型经济的重要性和必要性,让全市能够始终保持你追我赶、奋发向上的竞争氛围;另一方面坚持以放权促开放,苏州市政府将享有的审批外商投资项目的权限基本上都下放到各县(市),充分调动县(市)利用外资的积极性。

20世纪90年代开放型经济发展的推进阶段。80年代对外开放的主要目标在于改变原来与世界经济隔绝的封闭发展模式,充分发挥自身的比较优势,利用发达国家和地区劳动密集型产业外移的机遇,大力吸引外资,发展出口导向的劳动密集型制造业,以解决大多数发展中国家存在的储蓄和外汇的缺口,缓解国内经济发展的资源瓶颈。90年代国家确立了社会主义市场经济体制的改革方向,中国的对外开放进入全面加速推进的时期,逐步实现了由点状开放向国内不同区域的全方位开放格局。

随着全国对外开放的不断深化,20世纪80年代后期,苏州乡镇企业的先发优势逐渐削弱,产权的集体性质和乡镇政府的主导地位制约了其进一步发展的活力。在国内竞争日趋激烈、产品市场逐渐由卖方转向买方的情况下,在资金、技术、人力和管理等诸方面落后于外企的粗放式的苏州乡镇企业出现了生产和销售的颓势,在90年代初大多陷入亏损的境地。1993年后,国家紧缩宏观经济政策下的银根收紧更是使对国有银行和财政依赖较大的苏州乡镇企业难以为继。苏州地方政府自觉做好与浦东开发开放相衔接的配套工作,全面实施"面向世界,依托浦东,四区领航,四沿推进,城乡联动,各业奋进"[1]的开发开放举措,加快改革和发展的步伐。"四区领航,四沿推进"的战略布局,抓住全国改革开放重心从珠三角地区移向长三角地区、跨国公司在全球低成本扩张、全球制造业加快梯度转移的机遇,为苏州改革开放、经济发展指明了方向。此后,苏州凭借紧邻上海的得天独厚的区位优势,依托乡镇工业的生产能力、流通网络和人力资源基础,外贸、外资、外经齐上,合作、合资、独资并举,各级各类开发区并进,开创了外向型经济突飞猛进的崭新局面。

在经济开发区建设方面,1991年至2000年,自建立苏州国家高新技术产业

---

[1] "四区"指苏州国家高新技术产业开发区、昆山经济技术开发区、张家港保税区、苏州太湖国家旅游度假区。"四沿"指沿长江、沿大运河、沿太湖、沿沪宁线。

开发区即苏州新区开始,苏州共建成5个国家级开发区和10个省级开发区,其中,面积最大、层次最高、规划超前的中新合作苏州工业园区占地78平方公里。而一开始自费开发的昆山经济技术开发区更是中国开发区发展中的一个创举,并在1992年被列入国家级经济技术开发区行列。在开发区的基础上,为了便于加工贸易中的进出口通关,苏州工业园区和昆山开发区还设立了出口加工区,苏州新区则被列为国家首批高新技术产品出口基地。作为重中之重,自"八五"期末至"九五"期末的1999年,全市开发区面积累计达到167.43平方公里。至1999年,全市国家级、省级开发区累计实际利用外资和当年进出口总额分别占全市总量的58.6%和92.5%。在开发区外向发展的有力带动下,2000年全市实际利用外资额达到28.83亿美元,比1991年的0.79亿美元增长了35倍(见表30),出口额增长了39倍,形成了苏州外向型经济向开放型经济发展的飞跃。

表30 1985—2007年苏州市实际利用外资额　　　　单位:亿美元

年份	实际利用外资额	年份	实际利用外资额
1985	0.02	1997	24.47
1986	0.04	1998	28.41
1987	0.13	1999	28.56
1988	0.40	2000	28.83
1989	0.35	2001	30.21
1990	0.33	2002	48.14
1991	0.79	2003	68.05
1992	8.35	2004	50.33[1]
1993	15.08	2005	51.16
1994	21.76	2006	61.05
1995	23.27	2007	73.8
1996	22.56	2008	81.3

资料来源:根据历年《长三角和珠三角及港澳统计年鉴》《苏州统计年鉴》整理计算。

21世纪以来开放型经济发展的提升阶段。中国于2001年12月正式成为WTO成员,对外开放进入了一个全新阶段,实现了由有限开放向全方位开放、由政策主导下的开放向法律框架下可预见的开放、由单方面为主的自我开放向与

---

[1] 2004年国家对实际利用外资采取新的统计口径,即有验资报告的实际利用外资。这造成统计上2004年的实际利用外资低于2003年,实际上,如果加上没有提交验资报告的实际利用外资额,当年苏州实际利用外资额达到90多亿美元。

世界贸易组织成员之间相互开放的三个转变,中国经济进入国际化阶段。随着中国加入WTO带来的市场进一步开放和投资环境的进一步稳定,国际产业资本和技术加速向中国尤其是长三角地区转移。这给苏州在更宽领域、更高层次上参与国际经济技术合作、全面融入国际分工体系带来了新契机。

针对当时苏州经济结构中外资偏大、民资偏小、自主创新能力偏弱的问题,苏州进一步倡导"亲商"理念,着力营造国际资本"引得进、留得住、发展好"的综合投资环境,并提出"三足鼎立"战略构想,即苏州在大力发展民资和自主规模经济的同时,提升发展开放型经济。针对苏州开放型经济优势的形成和外界对苏州的种种质疑,苏州努力实现由先发优势、区位优势向竞争优势、综合投资环境优势的转变,由规模优势、数量优势向结构优势、质量优势的转变。2005年,苏州明确把开放型经济作为苏州的"第一性经济",将国家加强宏观调控、调整出口退税政策以及人民币升值、国内招商引资竞争激烈等作为提升开放型经济发展质量和水平的难得机遇,坚持以科学发展观指导开放型经济的发展实践。在利用外资上,苏州加快由招商引资到招商选资的转变,重点引进科技含量高、产业链长、占用资源少、符合国家环保要求、对地方经济贡献大的龙头型、基地型项目;在对外贸易上,加快转变外贸增长方式,大力发展一般贸易和服务贸易,在实行加工贸易转型升级的同时,积极承接国际服务外包,建设外经贸强市;在外经工作上,实施"走出去"战略,支持有比较优势的企业到境外投资。

苏州的开放型经济在"十五"期间获得了更快更好的发展。"十五"期间的五年是苏州开放型经济增速最快、拉动国民经济增长作用最明显的时期。"十五"期间,苏州实际利用外资198亿美元,是"九五"时期的2.6倍;进出口总额年均增幅47.5%,高于"九五"时期15.5个百分点,其中高新技术产品出口年均递增67.9%,占全市出口总额的比重由38.4%提高到59.2%;五年内,全市对外投资1.4亿美元,是"九五"时期的15倍。苏州实现了"内转外"的历史性跨越。

3. 苏州外向型经济发展的主要成就

苏州的开放型经济发展不断取得突破,在外资、外贸、外经高速发展的同时,全市综合经济实力不断提高,开放型经济对全市经济社会各方面的发展起到了全面的带动作用。

首先是外资外贸外经全面发展。苏州的利用外资在20世纪80年代中后期基本处于探索阶段,真正快速发展是在1992年国家实行社会主义市场经济体制改革以后。1992年苏州实际利用外资额达到8.35亿美元,是1991年的10.6

倍。其后的1993年至2008年,苏州每年实际利用外资额稳步、快速增长,由15.08亿美元增至81.3亿美元,年均增速超过39%。在利用外资规模迅速提升的同时,利用外资的质量也在不断提高。从外资进入的行业结构来看,以科技进步、信息技术为先导的电子通讯信息等先进制造业成为利用外资最为集中的产业领域。从利用外资的主体来看,跨国公司竞相进驻,单体规模持续扩大。在利用外资方式方面,随着投资环境的日益完善,外商独资比重增加。在制造业利用外资稳步增长的同时,服务业利用外资也取得突破。利用外资的迅速发展,使得苏州在全国利用外资中的地位不断提高。至2007年,苏州以实际利用外资73.8亿美元反超上海的70亿美元,位居全国第一位。

苏州利用外资额的迅速增长,直接推动了苏州对外贸易的快速发展。苏州对外贸易出口额与实际利用外资额保持了同步高速增长的态势。由于"十五"期间在外资推动下的苏州外贸增速大大高于其他城市,使得苏州在全国对外贸易中的地位不断提高。2005年以来,苏州进出口总额、进口额和出口额占全国的比重都在10%左右,在全国大中城市中仅次于上海和深圳,居第三位。在外贸规模迅速扩张的同时,苏州致力于转变外贸增长方式,大力优化对外贸易结构。

经济全球化的实质是要素的双向流动,一个国家或地区要想提高自己的国际分工地位,获取更多的贸易分工利益,就必须在吸引国外资本等生产要素流入、接受国外资本对本国本地区要素进行整合的同时,也要开展对外投资,到国际市场上主动整合国外要素。为此,早在20世纪80年代中后期,苏州就开始尝试以合资、合作形式到西欧、东南亚等国家投资设厂,1991年对外直接投资额为34.9万美元。其后,境外投资步伐不断加快,规模不断加大。"十五"期间,苏州的对外投资与对外经济合作取得快速发展,外经营业额比"九五"增长155.9%。在苏州的对外直接投资中,具有一定自主知识产权的品牌企业日益成为投资主体,对外投资领域也由生产、贸易向研发、服务拓展,由体力型向技术、管理型转变。投资区域更加广泛,既有埃塞俄比亚、柬埔寨、印度等发展中国家,也有美、英、德等发达国家。特别是对欧美发达国家的研发型投资有助于打破国外跨国公司的技术封锁,提高苏州的生产技术水平。

其次是开发区经济的产业集聚与整体带动效应日益凸显。园区经济的发展不仅在于它便于进行基础设施等准公共产品建设,实现基础设施和土地利用的规模经济效应,提高政府的服务与管理效率,更重要的在于它适应当代国际分工中产业集群化发展的需要,便于区内产业和企业实现外部规模经济效应。因此,在国际分工中,经济技术开发区、高科技产业园区等各种形式的外向型经济园区对外资企业尤其是跨国公司具有强大的吸引力。

大力发展开发区经济、吸引国内外产业向各类经济技术开发区集聚是苏州开放型经济发展的重要举措,同时也充分体现了苏州在开放型经济发展中的探索与创新。苏州的开发区建设起步于 20 世纪 80 年代,是在我国对外开放大背景下,结合苏州实际,探索开放型经济发展道路过程中应运而生的。1984 年,在国家首批批准了 14 个沿海开放城市建立国家级经济技术开发区的情况下,当时不属沿海地区、工业基础还比较薄弱的昆山不等不靠,于 1985 年创造性地建设了全国第一个自费开发区同时也是苏州最早的开发区——昆山经济技术开发区,并创立了苏州第一家中外合资企业、江苏省第一家外商独资企业,实行了第一例有偿出让土地,开放型经济取得突破性进展,并于 1992 年被列入国家级经济技术开发区序列。截至 2008 年,苏州市陆续建立了国家级的苏州工业园区、苏州高新技术产业开发区、江苏省张家港保税区和苏州太湖国家旅游度假区,以及常熟经济开发区等多个省级经济技术开发区。这些经济技术开发区成为苏州开放型经济发展的主体,扮演着苏州现代制造业的集聚地和新的经济增长极的角色。开发区经济在苏州开放型经济发展中的作用突出地表现为经济总量不断扩大、产业结构不断优化、集聚效应日益明显,伴随着开发区的综合功能的不断完善,从而带动了社会的整体发展和城市化进程。

再次是开放型经济带动民营经济发展,促进了内外资企业的外向配套与共生融合。所谓外向配套是指外资企业特别是跨国公司进入东道国(地区)后,向联系产生的本地企业向外资企业提供中间产品的行为。外向配套可以使外资企业就近获得中间产品供应,降低生产成本,增强在当地的根植性;对当地企业而言,不仅可以通过配套融入外资企业的国际分工体系,获得稳定的市场,更重要的是可以借此接受外资企业的技术指导和技术、管理经验的外溢,提高技术水平,发挥后发优势。另外,配套企业在满足外资企业配套要求的同时,还可以间接地为本国本地下游产品厂商提供多样化的低成本中间品投入,进一步扩大外资企业的技术外溢效应。

外向配套协作是苏州民营企业发展的重要途径,外资企业与当地民营企业在开放中呈现良性互动的发展态势。民营企业与外资企业的外向配套及共生融合在昆山开放型经济发展中表现得尤为突出。通过外向配套协作,昆山的民营经济与外资经济实现了"你中有我,我中有你"的共生态势。就昆山的民营企业而言,外向配套降低了其进入跨国公司全球产业链的门槛,减少了新办企业的市场风险,加快了民营企业利用外资企业的技术"溢出"进行改造升级、从事自主创新的道路。另外,外向配套还促进了民营企业积极引进世界先进的管理和营销模式,企业经营管理水平明显提高。

通过配套实现的外资企业群与民营企业群的集合形成了巨大的规模经济,增强了苏州开放型经济的竞争优势,同时也有力地证明外资推动型的开放型经济发展模式并不必然压制国内本土企业的发展,在配套协作中可以实现外资企业与本土民营企业的融合与双赢。到2008年1月,苏州民营企业注册资本总量达到3 038.6亿元,成为继上海、北京、深圳、广州之后,全国第5个民营注册资本突破3 000亿元的城市。

复次是自主创新方兴未艾,自主创新能力不断增强。在开放型经济发展过程中,注重科技创新,不断吸引国内外科技要素向本地集聚,以提高区域自主创新能力和国内外竞争优势,是苏州开放型经济发展的一个重要方面。就自主创新而言,与周边的上海、南京以及国内的北京等地区相比,苏州的科技资源相对薄弱。为此,苏州从本地实际出发,充分利用跨国公司、本土企业、区内外科研院所的创新资源,将引资与"引智"相结合,探索出"集成创新和引进,消化吸收再创新"的自主创新道路。

在苏州的自主创新中,各类开发区特别是国家级开发区是自主创新的主要载体。在促进自主创新方面,各开发区主要采取了以下措施:一是制定并完善科技创新规划。根据规划,各开发区结合自身的产业、人才和资源状况,建立了以政府为引导、企业为主体、市场为导向、金融为支持、产业化为目的的"产学研金政"相结合的科技创新体系,加大对已落户的龙头型生产企业的招商力度,动员其研发机构向生产基地靠拢,鼓励建立外资独立研发机构。二是深化科技创新体制改革。苏州工业园区、苏州高新区等开发区先后调整、充实了科技工作领导小组,组建了专业的科技招商中心,培育了一批创新创业投资主体,设立了高新技术产业投资基金、创业投资引导基金和科技发展基金等,制定并实施科技创新创业领军人才引进计划。三是加快科技创新载体建设。各开发区全力打造科技创新平台,在创新载体、创新环境、创新亮点等方面呈"多点开花"之势,探索出不同的创新路径。

最后是开放型经济促进了苏州经济社会的全面发展。作为一种经济发展战略,开放型经济的发展不是目的而是手段,是为一个国家和地区的经济社会发展服务的。发展开放型经济的根本宗旨是通过它的发展,来弥补当地资金、技术的不足,带动经济社会的全面发展。开放型经济的持续高速增长对苏州经济社会的发展起到了全面的带动作用,使苏州的综合竞争力不断提升,在外资企业的拉动下,苏州市在 2005 年成为仅次于上海的全国第二大工业城市。虽然由于地域面积原因,上海的 GDP 年增量大于苏州,但苏州的增速却高于上海,人均 GDP 苏州市也在 2005 年超过上海市。2007 年,苏州市人均 GDP 已超过 10 000 美元,进入联合国所定义的发达国家或地区行列。开放型经济带来的财政收入的快速增长,也为全市社会事业的协同发展提供了强大的经济基础。

三、量转质:绘就全面小康的现实图景

经济发展质量是经济发展能否持续的终极仲裁者。进入新世纪以来,尤其是 2002 年党的十六大以来,苏州紧紧抓住中央提出的全面建设小康社会、贯彻落实科学发展观等战略性决策的机遇,走科学发展之路、和谐发展之路、率先发展之路。

1. 苏州全面小康建设的背景

实际上,经济增长不代表经济发展,经济总量达到一定高度,并不代表社会发展、生态建设等也处于同样的水平。总体而言,直至 20 世纪末,以乡镇工业为基础的"苏南模式"和外向型经济这两次苏州发展的经济波,其发展突出一个"快"字。这种发展模式的成功得益于当时的环境,如全国的工业化总体水平较低,环境和资源约束较为宽松,偏重粗放型的增长方式没有得到应有的限制。苏州的快速发展,迅速改变了人民生活和城乡面貌,但也遇到了资源消耗大、环境污染重等突出问题,加快经济结构调整和增长方式转变,对苏州来讲显得尤为重要和迫切。

到了 21 世纪,有两大时代背景成为转变苏南发展模式的基本前提,即国家相继提出了全面建设小康社会的奋斗目标和科学发展观的战略思想。在全面建设小康社会中落实科学发展观,首先要具有反思意识。苏州人民以全新的观念对以往在总体小康的建设和发展中的实践作客观的反思和实事求是的总结,找出哪些是必须长期坚持的科学经验,哪些是不科学的必须摒弃,以与时俱进的精神,从当年强调"发展是硬道理"转变为强调"可持续发展"。

在科学发展观的引领下,苏州开始了全面建设小康社会的进程,启动增长方式的转型,将经济发展建立在以自主知识产权为支撑、着力于提高技术水平和劳动者素质的基础上,建立资源耗损低、环境污染少、可持续性和独立性强的经济体系,由此推动苏州在发展方式上的转变。苏州人民全面建设小康社会的创新性实践,基本的内涵是科学发展、和谐发展下的率先发展,最鲜明的特点是富民优先、科教优先、环保优先、节约优先,本质上是科学发展观在苏州大地上的群众

性实践。

2. 苏州全面小康建设的历程

创新经济发展方式,走科学发展之路,农业在发展方向上转型为现代农业。进入21世纪后,苏州农业发展以市场为导向,以新技术的应用和实施为发展动力和先导,大力实施农业科技化、外向化、标准化、产业化、生态化战略,全市农业的生产布局结构、高效技术结构、经济功能结构得到很好的优化,以生产功能为主的传统农业向融生产、生活、生态功能于一体的现代都市型农业转变的步伐明显加快。到2005年年底,全市农业初步形成了沿太湖和阳澄湖周边的水产养殖区、丘陵山区的花果苗木区、沿长江的创汇蔬菜种植区和阳澄淀泖优质水稻区四大生产布局区域,苏州已经逐步形成了优质水稻、特色水产、高效园艺、生态林地现代农业发展格局,初步实现了传统农业向现代农业的转型。

工业在发展方向上转型为新型工业化道路。进入21世纪后,苏州工业发展水平已处于工业化的后期阶段。苏州根据工业化后期阶段的经济社会特点,针对原有制造业科技水准不高、劳动密集型为主的情况,加快科技创新,推动产业结构优化升级,从要素驱动、投资驱动向创新驱动战略转变,重点引进高新技术,突出研发中心建设,致力于由劳动密集型向技术密集型升级,走出一条科技含量高、经济效益好、资源消耗低、环境污染少、人力资源优势得到充分发挥的新型工业化道路,制造业发展的能级和层次得到了显著的提高,形成了集聚高等级、高科技含量、高开放度、高附加值的产业集群,初步实现了从"苏州制造"到"苏州创造"的跃升。

倡导二、三产业并重,大力发展现代服务业。随着经济全球化进程的不断深入,第三产业逐渐成为促进国民经济效率提高和经济增长的主导力量,第三产业的发展水平也已成为衡量地区综合竞争力和现代化水平的重要标志。它的发展,不仅有利于扩大地区经济规模,提高地区经济素质,而且有利于促进充分就业,提高人民收入,改善人民生活,推进社会文化的进步。同时,还能够有效减轻经济发展对资源、环境的压力,是建立资源节约型、环境友好型和可持续发展的和谐社会的重要力量。进入新世纪后来,苏州紧紧抓住入世后服务业加快发展的有利时机,在工业化、城市化加快推进的同时,充分发挥比较优势,努力提升传统服务业,培育新兴服务业,发展特色服务业,全面提高服务业的质量和水平,进一步增强城市的综合服务功能,促进服务业实现跨越发展,全面形成与经济社会发展相吻合、与现代制造业和现代农业相配套、与城市化进程相协调、与国际市场相对接、与城乡居民需求相适应,机制灵活、结构优化、开放度高、功能完善的服务业体系,促进全市经济快速健康协调发展和社会全面进步,苏州的服务业初步实现了由传统服务业向现代服务业的转型。

创新社会发展方式,走和谐发展之路,追求人与自然的和谐,创建环境友好型社会。进入21世纪以来,在科学发展观的引领下,苏州摒弃了早期苏南模式粗放的增长方式,转变发展理念,实现科学有序的发展,将生态环境的保护和经济的可持续发展联系起来,以发展循环经济为核心,以转变发展方式为出发点,更加注重环境效益,兼容经济、生态和社会效益的统一,从不同范围、不同层次实践可持续发展,建设环境友好型社会。苏州走上了关注生态环境的可持续发展之路。

追求城市与农村的和谐,创建城乡一体化社会。进入21世纪以来,苏州各地在构建适应社会主义市场经济体制下平等、和谐、协调的城乡关系,实现城乡经济社会一体化方面进行了有益的实践和探索。优化城乡空间布局,积极推进乡镇企业向工业小区集中,农村人口向小城镇集中,服务业向中心城镇集中;加大城乡社保并轨力度,注重解决城镇商业、教育、医疗、购物等基本的服务设施,使农民在城镇就能享受到城市的现代文明,提高城镇的城市化功能;加快城乡公共服务均等化步伐,进一步加强城市与农村的交通、网络快速通道建设和体制的对接。苏州各地逐步成为全国城乡差距最小的地区。

追求"有形之手"与"无形之手"的和谐,发挥政府和市场的合力。处在不同的经济发展阶段,政府的经济职能是不一样的。在工业化启动的初期,政府在经济运行中常常被用来发挥"拐杖"的作用,部分替代市场和企业家,开拓和发展市场,成为工业化的第一推动力。[1]随着经济的发展和市场的发育,政府的第一推动力的效率会逐步递减,政府应该逐步退出和还原。[2]在新的发展阶段,苏州地方各级政府在经济社会协调发展中充分发挥主导性作用,其职能逐步转到经济调节、市场监管、社会管理和公共服务上来,做市场做不好和做不了的事情,做为市场经济的健康发展营造良好环境的事情,在为企业提供良好服务的同时,加强对企业的管理,妥善处理劳资关系、商民关系,积极构建和谐社会;充分发挥市场机制在资源配置中的基础性作用,企业在供求机制、价格机制和竞争机制的引导下,真正成为自主经营、自负盈亏的独立法人实体和市场竞争主体。即使是政府为低收入者提供的医疗保险,也充分利用了市场化的运行机制,即政府只负

---

[1] 曹沛霖:《制度纵横谈》,人民出版社2005年,第160页。
[2] 陆德明:《中国经济发展动因分析》,山西经济出版社1999年,第46页。

责保险基金的征缴,保险公司负责保险基金的运作和补偿,卫生行政部门负责保险基金和医疗机构的监管。苏州的市场化水平在全国处于最前列,市场配置资源的基础性作用得到了充分发挥。

创新区域发展方式,走率先发展之路。2003年8月,江苏省明确把"两个率先"[1]作为新世纪之初江苏发展的总目标和各项工作的总要求,经过深入调研和反复论证,在全国率先制订了包括4大类、18项、25条的省级全面建设小康社会指标体系,并以苏南为全面小康指标的样本区。这一指标体系坚持富民优先、科教优先、环保优先、节约优先,走全面协调可持续发展之路,较好地体现了科学发展、和谐发展的要求,有力地推动了"两个率先"的进程。

苏州在发展上先行一步、率先突破,必然更早更多地遇到各种新情况、新问题。苏州人民在实践过程中,坚持改革开放,克服体制机制的障碍,以创业求发展,以创新谋突破,以争先鼓士气,百折不回,艰辛探索,在全省乃至全国率先开拓全面小康之路。至2005年年底,苏州率先建成高水平全面小康社会,其后又踏上率先实现基本现代化的征途,并留下了诸多率先发展的足迹。例如,随着经济的迅速增长,环境问题凸显出来,苏州人认识到,"只要金山银山,不要绿水青山"的路走不通,唯有"既要金山银山,又要绿水青山",才能走上小康社会的康庄大道,于是着力治理环境,取得显著成效。在经济效率提高的同时,居民收入差距呈现逐步拉大的趋势,苏州及时实施以"三有五保"("三有"指"人人有技能、个个有工作、家家有物业"三项富民举措;"五保"指"低保、养老、医保、征地补偿、动迁补偿"五项社会保障)为基本内容的社会保障措施,使收入差距逐步缩小,形成"橄榄形"的收入结构。在经济快速发展的同时,一些社会问题暴露了出来,如原有医院、学校已经不能满足大量外来人口就医及其子女就读的需要,同时也出现了交通拥堵、治安恶化等情况。苏州人积极面对、及时着力解决这些问题,向着经济社会协调发展的方向又迈进了一步。苏州人就是这样发扬敢为人先、不断开拓、勇闯新路的精神,遵循客观规律,因势利导,勇于探索解决各种矛盾和问题的办法与途径,创新区域发展方式,走率先发展之路,从而为全

---

[1]"两个率先"指率先全面建成小康社会、率先基本实现现代化。2002年11月,国家确立了在21世纪前20年全面建设小康社会、到世纪中叶基本实现现代化的两个重要的阶段性发展目标,并指出有条件的地方可以发展得更快一些,在全面建设小康社会的基础上,率先基本实现现代化。2003年8月,江苏省要求苏南发达地区走在全省"两个率先"的前列。同年9月,苏州正式确定了苏州实现"两个率先"的指标体系和时间表。在主要指标上,苏州设定全面建设小康阶段人均地区生产总值48 000元,基本实现现代化阶段人均地区生产总值96 000元,均比省定标准高出一倍。在实现时间上,苏州明确到2005年率先完成江苏省全面建设小康社会的指标任务,到2010年率先基本实现现代化。

省乃至全国提供了多方面的经验。

3. 苏州全面小康建设的主要成就

新世纪以来,苏州人民以科学发展观统领全局,紧紧围绕"两个率先"、富民强市目标,全面实施科教兴市、新型工业化、经济国际化、城乡一体化、可持续发展战略,协调推进经济建设、政治建设、文化建设、社会建设、生态文明建设,积极应对国际金融危机的挑战,全市经济社会发展取得重大成就。到2005年年底,苏州已经率先完成省定全面小康的指标任务,成为江苏全面小康建设的先行军,从而完成了从总体小康到全面建成小康社会的历史性跨越。

经济社会和谐发展。经济发展是社会发展的基础和前提,为社会发展提供必需的物质条件,而社会发展是经济发展的力量源泉和有力支撑,社会发展为经济发展提供动力和支持,经济繁荣发展和社会全面进步是基本现代化的重要标志。新世纪以来,苏州始终坚持注重经济和社会协调发展,把社会事业的发展和经济发展放在了同等重要的位置上,经济发展取得了巨大成就,社会事业也有了长足的进步。"张家港精神""昆山之路""园区经验"得到弘扬,民主法制和城乡社区建设切实加强,社会文明程度持续提升,苏州荣膺全国文明城市称号。

城乡统筹共同繁荣。新世纪以来,苏州始终坚持推动城乡一体化发展,以统筹城乡规划、统筹城乡建设、统筹城乡就业、统筹城乡保障、统筹城乡公共服务为主要内容,以工促农、以城带乡、城乡联动,全面推进城乡协调发展。全市积极推动城乡一体化综合配套改革,构建关系农业、农村、农民的就业、社会保障、农村宅基地及住房置换城镇商品住房等政策框架体系,继续增加公共财政对农村的投入,统筹城乡社会事业发展和基础设施建设,促进城乡公共服务均等化。从密切城乡关系、提升城乡功能、加强资源整合、促进城市集约发展出发,进一步调整优化市域空间格局,调整优化工业与农业、城镇与农村的空间布局,构建起以苏州中心城市为核心、5个县级市城区为枢纽、一批中心镇特色镇为基础的现代化市域城镇框架体系。

发展方式加快转变。新世纪以来,全市以加快转变发展方式为主线,从粗放型增长向集约型增长转变,从主要依靠增加生产要素占用和消耗转变为主要依靠优化生产要素配置方式和提高利用效率来实现经济和社会的全面发展。围绕提升产业竞争力的总目标,促进一般简单加工向产业链高端环节提升,促进"苏州制造"向"苏州创造"提升,促进生产型经济向服务型经济提升。全市紧跟国内外产业发展新趋势,以"绿色、低碳"为导向,优先培育和发展战略性新兴产业,推动产业结构优化升级,加快构建现代产业体系,发展具有国际先进水平的新产业制高点。同时,抓住国际服务业加快转移的重大契机,加快制造业中的前后道环节向现代服务业转移的步伐,金融、现代物流、商务服务、软件与服务外包、科技和信息服务等现代服务业加快发展,文化、旅游、商贸等消费性服务业的发展规模和水平迈上了新台阶。

对外开放提质增效。新世纪以来,全市外向型经济发展注重提质增效,对外开放取得新突破。面对国际金融危机的巨大冲击、国际环境的复杂多变以及不确定性的增加,苏州主动应对,危中寻机,共克时艰,坚持经济结构调整与应对金融危机的有机结合。全市以结构调整为主线,发挥制造业的核心优势,在引资提质增效上取得突破;以高端拓展为主线,积极发展软件、服务外包、商务服务、研发设计和总部经济,在产业叠加与价值链延伸上取得新突破。加快转变外贸发展方式,推动加工贸易企业就地转型升级。"走出去"战略稳步推进,全市境外投资量质齐升,企业跨国经营能力进一步增强,形成了境外资源开发、境外高科技风险投资、境外传统产业投资三足鼎立的新格局。苏州工业园区等开发区的示范带动作用显著提高,开发区集聚发展、科学发展的新优势进一步增强。

富民强市并重共赢。新世纪以来,苏州始终把提高人民生活水平和质量作为经济社会发展的根本出发点和落脚点,在经济持续快速发展、主要经济指标跃居全国城市前列的同时,人民群众的生活水平也得到了明显提高。全市大力拓宽就业渠道,形成了劳动者自主择业、市场调节就业、政府促进就业的机制。同时,大力支持自主创业,激发民间的投资和创业热情,制定并实施了民营经济腾飞计划。在农村大力推行"三大合作"〔1〕改革,保障农民能长久稳定地增收致富。全市把完善社会保障作为共享发展成果的重要举措,建立健全城乡社会保障体系和低保制度,积极发展社会福利、社会救济、社会救助事业,保障全体人民能共享改革发展成果。

苏州经济社会发展量质并举,全面小康社会的现实图景已然绘就:2008年苏州地区生产总值达到6 701亿元,城镇居民人均可支配收入、农民人均纯收入分别达到23 867元和11 680元;全市新增劳动力就业岗位26.7万个,城镇登记失业率控制在3%以内;城镇职工养老、失业、医疗、工伤和生育五大保险覆盖率

---

〔1〕 所谓农村"三大合作"改革,是指在农村集体资产、农村承包土地、农村生产经营等方面,通过合作或股份合作的形式进行改革,发展新型合作经济组织,促进富民强村的一系列政策措施的统称,其改革成果主要包括社区股份合作社、土地股份合作社和农民专业合作社三种基本类型。进入新世纪以来,苏州市把深化农村"三大合作"改革作为调整生产关系、促进生产力发展的重要手段,作为富民、强村和发展现代农业的有效途径,作为优化农村资源要素配置、加快农村"三个集中"进程的关键举措,农村"三大合作"改革得到全面推进,改革得到不断深化。

达到98%,农村劳动力基本养老保险覆盖率达到96.5%;义务教育阶段教育现代化学校实现全覆盖;城乡社区卫生服务覆盖率达100%;陆地森林覆盖率达到20.3%。率先基本实现现代化的宏伟蓝图正在化为苏州大地上的美好现实。

改革开放以来,从农转工的"苏南模式",到内转外的"开放样板",再到量质并举的"小康典范",苏州以敢为天下先的胆气与睿智一路走来,一直担当为国家改革发展探路的排头兵。纵观改革开放时期苏州经济发展的三次跨越历程,苏州人民以发展为主题,以改革为动力,发扬敢于争先的"张家港精神",走出不断创新的"昆山之路",践行开放融合的"园区经验",在实现总体小康、全面建成小康、基本实现现代化道路上不断探索,用极具创造性的实践和令人瞩目的成就对国家小康战略构想进行了真理性验证和诠释。